U0730733

陈其人文集

第七卷

陈其人 著

复旦大學出版社

陈其人，广东新会人，著名的马克思主义政治经济学家、上海首批社科大师、上海市哲学社会科学“学术贡献奖”获得者、复旦大学国际关系与公共事务学院教授，一生致力于对《资本论》的深入研究和阐释以及对马克思主义政治经济学的传承和发展。

陈其人雕像于2023年11月13日在复旦大学文科楼和五教间的“国箴园”揭幕。

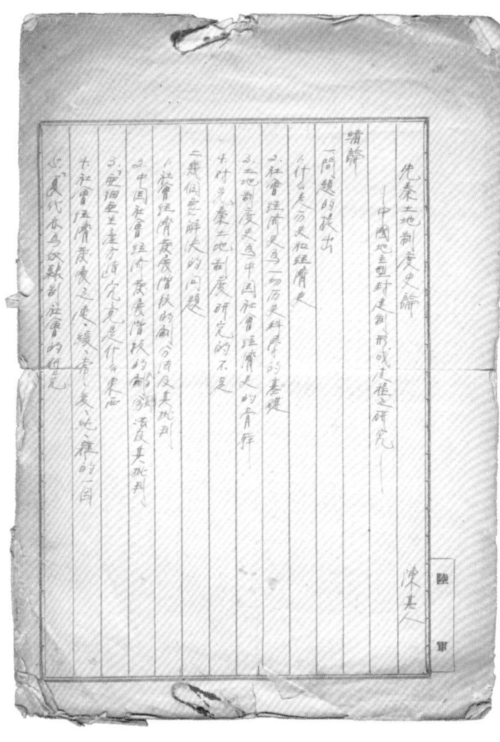

陈其人著《先秦土地制度史论——中国地主型封建制形成过程之研究》手稿

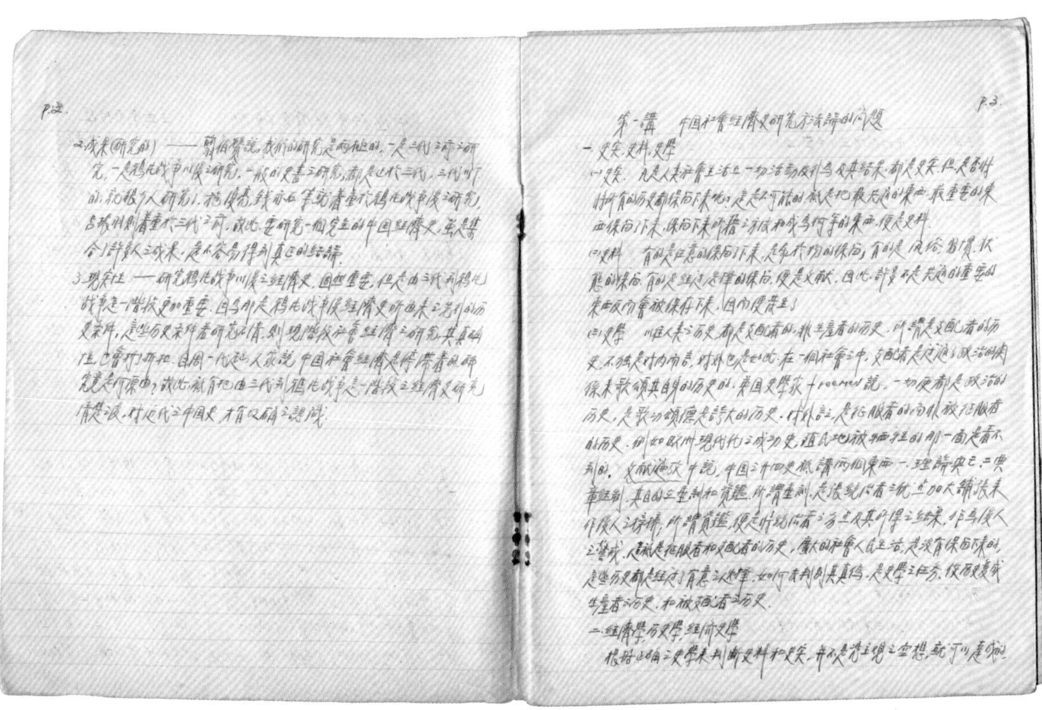

王亚南先生讲“中国社会经济史论纲”，陈其人笔记手稿

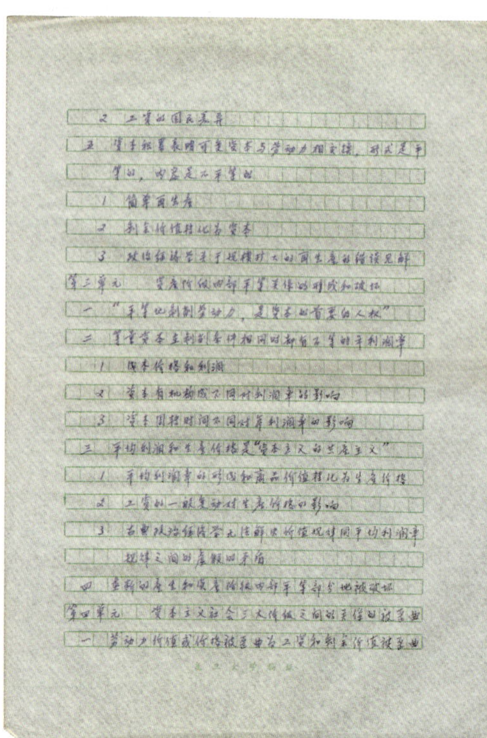

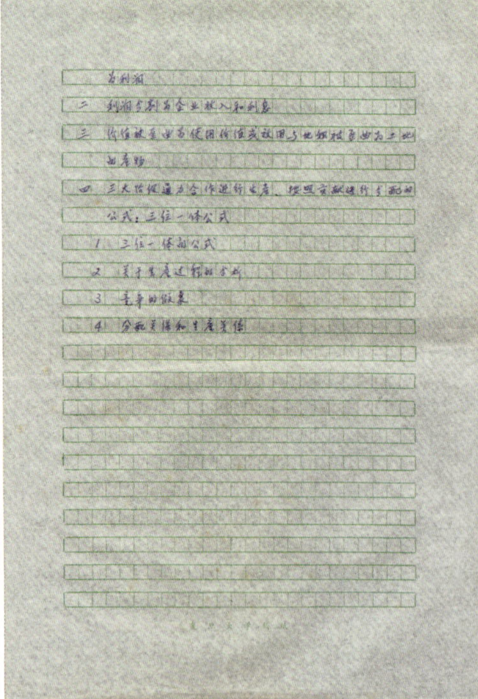

陈其人著《〈资本论〉中的政治学原理》手稿

世界经济发展与南北关系

前　言

陈其人教授出生于1924年10月16日，广东新会人，1943年考取中山大学经济系，1947年毕业，获法学士学位。1949年2月到上海市洋泾中学工作，同年考入复旦大学经济研究所，1952年2月进入复旦大学经济系任助教，1954年晋升为讲师，1957年至1959年在上海宝山县葑溪乡参加劳动，1959年回到复旦，任教于复旦附中。1962年调入复旦大学政治系，1964年复旦大学政治系改为复旦大学国际政治系，担任国际政治系讲师，1980年晋升为副教授，1985年任教授，1986年起担任国际关系专业博士生导师，1994年12月离休，2017年10月1日在上海岳阳医院逝世，享年94岁。他先后担任复旦大学校务委员会委员和学位评定委员会委员、复旦大学国际政治系学术委员会主任、综合性大学《资本论》研究会理事、美国经济学会理事等。

陈其人教授学养深厚、著述等身，长期从事马克思主义政治经济学理论教学和研究，在经济学说史、古典经济学说、《资本论》、殖民地理论等学术领域多有建树，为我国马克思主义经济学理论的研究和发展作出了独创性的贡献。他胸怀天下，坚持“为穷人摆脱贫困而研究马克思主义经济学”，几十年如一日，年逾90仍笔耕不辍。七十多年来，陈其人教授出版专著24部，发表论文150余篇。1984年获得上海高等学校哲学社会科学研究优秀成果论文奖，1986年获得上海市论文奖，专著《李嘉图经济理论研究》获得上海市第十届哲学社会科学优秀成果著作类三等奖，《卢森堡资本积累理论研究》获得上海市第八届邓小平理论研究和宣传优秀成果著作类三等奖。鉴于陈其人教授在马克思主义政治经济学理论研究方面的突出贡献，他于2012年荣获作为上海市哲学社会科学领域最高奖项的“学术贡献奖”，2018年荣获首批“上海社科大师”称号。

陈其人教授是著名的马克思主义政治经济学家、政治学家、《资本论》研究专家，长期从事帝国主义政治与经济、殖民地经济、南北经济关系的研究，其学术活动几乎涉及政治经济学的所有领域，尤其精通古典政治经济学和帝国主义理论。他的研究贡献主要有：批判斯密教条并指出它对西方经济理论的影响；对商品生产、货币价值和物价上涨问题提出独特的见解；对危机理论和战后危机周期性作出系统的分析；提出帝国主义是垄断资本主义的世界体系的理论；全面总结斯密-马克思-列宁的殖民地理论；明确界定世界经济学的研究对象和基本范畴——外部市场；研究再生产理论及其历史；研究马克思的亚细亚生产方式理论，并以此为指导研究东西方发展同中有异的原因——亚细亚生产方式的存在。

陈其人教授在大学时代，师从梅龚彬教授，并深受王亚南教授的影响。早在1946年，他就着手研究了亚细亚生产方式理论、中国先秦时期的土地制度、中国封建社会发展等理论问题。他继承和发展了王亚南的“地主型封建制理论”，对中国封建社会长期发展迟缓原因的解释得到学界认可，不仅在当时引起学术界的重视，即使今天也仍有学术价值。1954年，他开始研究经济思想史，尤其是马克思政治经济学的主要理论渊源——英国古典经济学，在商品价值量、工资与物价的关系，货币理论等领域都取得令人瞩目的成果。1985年，陈其人教授的研究专著《大卫·李嘉图》出版，得到学界很高评价。1962年，转入国际政治系后，他曾集中研究过空想社会主义理论和政治思想史。1978年，根据工作需要，陈其人教授着手研究帝国主义理论、殖民地理论和一般的世界经济理论问题。为深入研究帝国主义理论，他又把研究重点转入中国半封建半殖民地经济形态，力求在方法论方面有所建树。他独立建立的殖民地经济关系理论（尤其是国内殖民地理论），可以与七八十年代国际盛行的依附理论学派相关论述媲美。他先后出版了《帝国主义理论研究》《帝国主义经济政治概论》《殖民地的经济分析史和当代殖民主义》等多部专著。九十年代以来，在改革开放的新形势下，陈其人教授还关注并研究经济改革中出现的理论问题，如工资物价理论、货币理论、中国社会主义计划经济与商品经济的关系等。

陈其人教授从教四十余年，潜心教书育人，桃李满天下，先后荣获1979年复旦大学先进工作者、1980年复旦大学优秀教学一等奖、1985年复旦大学优秀工作者等奖项。他每年主动承担繁重的教学任务，为本科生开设“帝国主义政治和经济概论”等一系列课程。在教学中，他既坚持马列主义基本观点，又关注理论研究的新动向；既严密和细致地说明问题，又努力提供新的研究视角，授课效果好，深受学生欢迎，他的学生至今仍对此记忆犹新。在研究生教育方面，他特别注重培养学生的抽象思维和创新能力，尤其要求掌握马克思主义方法论，为国家为社会培养了一大批有创新能力、理论联系实际的优秀研究生。他十分重视扩展学生的基础知识、基础理论和研究能力，支持学生在学术上深入研究；他提倡学生多读书，要求学生研究问题要有理有据；他爱护学生、爱惜人才，注意发挥学生的特长，培养了很多硕士、博士研究生。这些研究生毕业后，无论在教书育人、学术研究、国家建设方面都作出贡献，取得很大成绩。

陈其人教授非常关心青年教师的成长。工作期间经常和年轻教师谈心，介绍自己的治学经验，在业务上支持鼓励，在生活上关心照顾，使他们能全身心投入工作。在青年教师准备新课时，给予他们诸多指点和帮助，使青年教师能尽快进入角色，更好地完成新承担的任务。

陈其人教授一生以教书育人、学术研究为己任。他淡泊名利、甘于奉献，为复旦大学马克思主义政治经济学、国际政治学教学、研究的发展作出巨大贡献；他热爱国家、追求真理，持之以恒地耕耘在马克思主义政治经济学研究领域；他关心学生、提携后进，为国家为社会培养了众多优秀人才。先生曾在古稀之年作一对联，堪为其人生写照：“执教著文中有我，吃饭穿衣外无他。”思考和学术，就是他的生命的全部。

陈其人教授是国务学院教师的楷模！他是大先生也！

2024 年是陈其人先生诞辰一百周年。复旦大学国际关系与公共事务学院于 2019 年立项《陈其人文集》编辑出版工作，成立了编委会。陈其人教授学术思想宏富，体系严密，作品时间跨度大，我们按照先生作品内容，按照主题分为八卷，较为完整地体现先生的政治经济学思想体系。复旦大学国际关系与公共事务学院多位教授全身心投入文集的编选、编校工作中，他们是：第一卷（《古典政治经济学与庸俗政治经济学批判》）：周志成；第二卷

(《资本主义政治经济制度》):陈晓原、陈周旺;第三卷(《马克思主义政治经济学》):陈周旺、熊易寒;第四卷(《货币理论与价值理论》):周志成、郑宇;第五卷(《殖民地与帝国主义理论》上、下):殷之光;第六卷(《世界经济体系理论》):张建新;第七卷(《世界经济发展与南北关系》):苏长和、李瑞昌;第八卷(《社会主义经济制度》):苏长和、陈玉刚、张骥。复旦大学副校长陈志敏一直关心文集的出版工作;陈其人先生子女在著作权授权上给予了很大方便;复旦大学出版社董事长严峰、副总经理王联合以及编辑邬红伟、朱枫、张鑫等,为文集出版作出了不可替代的贡献。我们对以上各位表示衷心的感谢。

复旦大学国际关系与公共事务学院

《陈其人文集》编委会

于 2024 年 9 月 10 日第四十个教师节

编校说明

一、《陈其人文集》(全 8 卷)收录了陈其人教授各类已出版作品,并在此基础上对原作品进行了校订。具体编校工作之依据参见各部分辑封页说明。

二、全卷注释采用脚注形式,编者对原著文献引用统一进行校订处理(补齐、增加、规范化处理),部分文献因年代久远,现已无法查证,遂保留了原出版物中的注解。

三、若未特别注明,全卷所引马克思主义著作,译者均为中共中央马克思恩格斯列宁斯大林著作编译局。

四、为保证上下文内容的完整连贯,部分重复内容予以保留。

目　　录

第一部分　南北经济关系研究

第二部分　世界经济发展研究

第三部分　东西方经济发展比较研究

第一部分

南北经济关系研究

（本部分内容根据陈其人先生著、复旦大学出版社1999年4月出版的《南北经济关系研究》一书校订刊印）

序　一

陈其人同志的新著《南北经济关系研究》付梓了，在出版一部学术专著十分困难的情况下，这是一件值得庆幸的事。其人同志再三叮嘱要我为这本书写个序，作为我们 40 多年友谊的纪念，情辞恳切，难以推托，只得应命了。

我是在 1949 年 10 月间认识其人同志的。那时许涤新同志是复旦大学经济研究所领导，要我协助办理招收研究生工作。其人同志前来报考。短促的接触交谈，给我留下了深刻的印象。其人同志幼时受外祖父和双亲的熏陶，立志以教师为终身事业。他的家境原相当不错，但在帝国主义侵略和国内战乱的频频打击下，日益衰败。从初二起，他就失学流浪，当过中学职员、书店店员，后来进入中山大学附中。在书店当店员时，他阅读了政治经济学方面的书籍。在中大附中读书时，有一次他听了我国著名的马克思主义经济学家，当时任中山大学经济学系主任的王亚南教授的报告，深受启发，决心报考中山大学。他以同等学力考入中山大学经济系后，受到王亚南教授的言传身教，王教授"要以中国人的资格来研究经济学"的教导，以及他在半殖民地半封建社会下辛酸生活的亲身感受，使他决意献身于马克思主义经济理论的教育和研究事业。在中山大学求学期间，为了维持生活他不得不自开书店。就在这种艰苦的环境下，他发奋做学问，着手研究亚细亚生产方式理论、中国先秦时期的土地制度以及中国封建社会发展的理论问题，并写出了一些文稿。我与他有共同志趣，年龄相仿，在辽阔的人生海洋中与他相逢，大有一见如故、相见恨晚之感。当时他虽因任教的中学不肯放他走，未能前来读研究生，但经多方努力，1951 年春，他终于到复旦大学经济系任教。

其人同志到复旦以后，我向他请教访谈的机会增多了。他的马克思主义经济理论的深厚功底，严密的逻辑思维和高超的抽象概括能力，严谨踏实、一丝不苟的治学态度以及他的耿直笃厚、纯朴真诚的思想品质，处处显示出一位马克思主义经济学者的素质。1955 至 1957 年，他在繁重的教学工作之余，每年出书两部，发表论文多篇，正当他进入创造力旺盛、学术上丰收的时期时，1958 年，他被打成修正主义分子，被迫离开了他热爱的马克思主义经济理论教学和研究岗位达 20 年之久。其间他被下放到农村劳动，调到复旦附中工作。1962 年复旦马列主义教育系改建为政治系(国际政治系前身)，需要开设一些新的课程，系主任吴常铭同志爱才识才，对其人同志也有很多了解，在他的关心支持下，其人同志从附中调回到政治系工作。我知道他的志趣是搞马克思主义经济理论教学和研究工作，但他顾全大局，并且也深知政治与经济不可分，于是接受了开设政治思想史课程任务。然而不久“文化大革命”就发生了，其人同志又陷入受审查、挨批斗的难堪境地。

恶劣的环境摧残人，也考验、锤炼人。在这样困苦的条件下，他仍没有完全停止对马克思主义经济理论的研究工作，这需有多么坚定的信念和顽强的毅力啊！他先后完成了对亚当·斯密教条的批判，完成了《19 世纪上半期法国和英国庸俗政治经济学》的写作。正因如此，“四人帮”被粉碎，党的十一届三中全会召开，祖国进入了社会主义现代化建设的新时期后，其人同志能针对国际政治系的特点，迅速地开设关于帝国主义和殖民主义的系列课程，并写作出版了帝国主义和殖民地问题系列理论专著。这部《南北经济关系研究》便是他继《帝国主义理论研究》《帝国主义经济和政治概论》《殖民地理论研究》《布哈林经济理论》《殖民地经济分析史与当代殖民主义》等之后的新的力作。

其人同志完成的学术专著已有 16 部，论文百余篇，理论建树表现在诸多方面，可以称得上博大而精深。我认为其中特别突出的是这样两个方面：第一，他是国内最早总结由亚当·斯密提出而为马克思肯定的关于资本主义两种殖民地的理论，并探讨这两者不同发展方向的学者，他第一个挖掘由马克思提出而由列宁概括的关于经济殖民地的理论。据此他对认为战后的帝国主义是没有殖民地的帝国主义的论点提出疑问。他还挖掘了马克思关于产业革命使世界划分为成为宗主国的工业国和成为殖民地的农业国的理论，并根据条件的变化，深刻地揭示了发达资本主义国家与发展中国家之间也即南北经济关系的表现形式和实质，对种种流行的说法提出自己不同的见解。第二，他继承并很好地概括阐发了王亚南教授关于中国半封建半殖民地经济形态的研究成果，并突破王亚南教授按照《资本论》体系从商品开始研究的框架，提出从土地关系开始研究中国半封建半殖民地经济的论纲。当然，他根据马克思的经济理论，对亚当·斯密教条及其错误根源和影响的批判分析，对马克思创建的货币直接是社会劳动理论及发达国家货币相对价值较低理论的阐发，对历史上几次关于物价上涨原因探索的评述，对危机理论和战后危机周期性问题的看法，对帝国主义是垄断资本主义的世界体系的论述等等，也都发人之所未发，富有理论深度和新意。可惜我只是断断续续地读了他的一小部分论著，希望今后能有机会系统地深入地研读，并就近向他讨教。

这些年来，我有幸应邀参加他指导的几位博士、硕士研究生论文的评审和答辩，也深感其人同志在培养年轻一代学术骨干方面成就卓著。我认识的他指导的几位研究生，都对马克思主义理论有较深的功底，有较强的抽象概括能力和严密的逻辑思维，有较好的思想修养和情操，难能可贵的是，他们甘于清苦，甘于寂寞，愿为我国高等教育和社会科学的繁荣埋头工作。显然这是同其人同志身教言传、精心培育分不开的。马克思主义理论是立国之基，教育是兴国之本，我们国家多么需要像其人同志这样数十年如一日，默默耕耘的学人啊！

今年 10 月 16 日，是其人同志七十华诞的喜庆日子。君子之交淡如水，秀才人情纸半张，让我在此预祝他在马克思主义经济理论研究和培育人才方面取得更大的成就，祝他精神愉快，健康长寿，家庭幸福，祝他今后在为之奋斗了几十年的事业上作出进一步的贡献！

余开祥

1994 年 8 月 10 日

序　二

正如书名所指，这是一本有关南北经济关系的理论专著，也是该领域基础性研究又一新的成果。南北关系研究，如从法国学者阿尔弗雷德·索维于1952年发表的《三个世界，一个星球》的论文算起，在西方国家已有50年的历史了！其中不少专著已在我国翻译出版。就我国而言，南北关系的研究起步较晚，严格地说是从20世纪80年代改革开放后逐步兴起的，而且至今主要还是资料的搜集、积累，或对一些发展中国家的发展战略和政策设计进行初步的研究。至于深层次的理论专著，尚为数不多。陈其人教授的《南北经济关系研究》一书，得到上海市马克思主义学术著作出版基金的资助而出版，无疑会取得学术界的称道和赞赏！

本书首先探讨了南北关系的历史根源及其形成的契机，进而从商品交换、货币关系、资本与劳力的输入和输出等四个方面展开，由此揭示了南北关系的实质和未来的走向。作者将历史的分析和逻辑的论证高度结合，构筑了本书的理论框架。作者对马克思主义的国际分工理论和关于两种殖民地（移民垦殖殖民地与奴役土著殖民地）的论述，进行了全面、系统的挖掘和整理，并依据当代历史现状，作出创造性的结论。同时就早期和当代其他著名学者对上述问题的论述，或合理地吸收，或给以恰如其分的评论。全书结构严谨，思路清晰，资料丰富，内容充实，显示出作者的理论功底和治学之严谨！

陈其人教授长期以来，孜孜不倦地钻研马克思的《资本论》和列宁的帝国主义理论，已经取得了丰硕成果。80年代在指导研究生的过程中，他结合教学迈入南北关系的研究领域。1986年出版的《帝国主义经济与政治概论》，也已涉及殖民地和南北关系问题，本书的问世，既是前书的姐妹篇，又是前书的续篇。两书对照阅读，可以更进一步地了解陈教授的学术造诣和一以贯之的学术见解。

南北关系是当代世界最重大的问题之一。而且随着冷战的结束，这一问题更具有历史的复杂性和时代的挑战性。中国作为一个人口最多、面积最大的发展中国家，又是一个社会主义的大国，我们社会科学研究人员应当急起直追，对南北关系研究作出贡献。陈其人教授的这本著作，是一个良好开端。至于其中的某些学术见解，只是作为一家之言，提供给学术界研究和探讨！

刘星汉

1993 年 12 月 17 日

前　　言

一

萌发写作本书的念头，是在1983年春。因为在那一段时间里，国际经济和国际政治领域中南北谈判或南北对话的事例很多，我想在已有的知识的基础上进行研究。从那时起，我一直思考这个问题。因种种原因，直到6年后的1989年，我才能动笔。

现在的写法，和6年前的最初设想，有很大的不同。当时，我想写关于南北经济和政治关系的内容，当然要谈理论，但是以谈事实为主，即写成概况类的著作。现在，我将本书定名为《南北经济关系研究》，写的全是理论，即我对南北经济关系的理论研究，以及我对某些学者的南北经济关系的理论和其他有关南北经济关系的理论的述评。之所以有这种变动，主要原因是，在这段时间里，以教科书和专著形式出版的世界经济、当代资本主义、当代帝国主义、世界政治经济与国际关系的书籍，以及也属于这一领域的论文，数量已很多，谈论南北经济和政治情况很详细，我如果仍按原来的设想去写，实属多余。因此，就想改为从理论方面进行研究。这是一方面，另一方面，近年来我有计划地研究帝国主义理论和殖民地理论，也为此准备了条件。

进行理论研究，当然要有事例。但是，我根据举一反三的原则，将某一理论和事例结合起来分析清楚后，就不一定每谈一理论，都刻板地这样做，因为读者会触类旁通。由于这样，当我强调现在的南北关系不同于过去的宗主国和殖民地国家的关系的特点，现在的民族独立国家是主权国家，它们可以根据主权原则向发达资本主义国家作斗争或同这些国家进行谈判，并举一些事例的时候，我就只在商品交换方面举一些著名的或不易理解的事例,在货币关系和资本输出方面,就不再举这样的事例了,以免公式化和累赘。有些问题,我根本不提,因为我相信读者一旦了解我的方法,他们就会尝试去分析我没有谈到的问题,并对我的方法加以检验。

在这里我要说明的是,谈论发达国家向落后国家输出资本以攫取垄断利润时,我除了提出我个人的看法外,没有提到跨国公司在其中的作用。这是因为,许多书刊都谈到这问题,我没有独特看法,没有必要谈;我以前在某些著作里谈,是由于写类似教科书的读物,不得不谈。这是我在这里不提跨国公司的浅层次的原因。深层次的原因有二:其一是,近来一些著作指出某些作者断定跨国公司是第二次世界大战后产生的,这种见解会使经济史专家吃惊。由此我就想到列宁在《帝国主义是资本主义的最高阶段》中提到的,英国在荷属印尼建立的壳牌石油公司,以及其他类似的企业,是不是跨国公司。其二是,近来一些著作,认为发展中国家和几乎所有社会主义国家也有跨国公司,其中有一种见解的根据是统计资料;某国在国外办企业,雇工在若干人以上,该企业就是某国的跨国公司。前者促使我进一步研究问题,后者使我困惑。在这些问题尚未解决时,我即使想写,也无法下笔。

在这 6 年多的时间里,我在进一步钻研马克思主义的有关著作的同时,也读了一些非马克思主义的著作。前者给我以理论指导,后者在个别论点和叙述方法上对我也有启示作用。本文的叙述方法,就有后者影响的痕迹。

在这 6 年多的时间里,我出版了几本书,发表了一些论文,其中一些有关的内容,有的甚至连文字,都移植到本书中了,我坦率地说,这是我之所以能在一个半月的时间里,利用看护亲人和护理自己的空隙,近乎一气呵成写成本书的一个因素。

从学习某人的叙述方法看,我深恐本书会画虎不成反类犬。

二

以上写于 1989 年 9 月 21 日,是交付打印时写下的。

朋友们看了打印稿,提了一些建议;根据这些建议,我本来增写了三章,即现在的第一章:《绪论——南北关系的方法论》,第五章:《民族独立国家的发展战略》,还有现在决定抽去的一章:《南北经济关系的历史前提》。经过如下:

1991年春节期间，我因患甲状腺瘤住院手术，术后发音嘶哑至今。除了某一必修课程无法中断，借助扩音器、录音机勉强讲完外，我至今都没有在教室里对学生讲课。从那时以来，我除了像带徒弟那样在家里辅导研究生外，便集中精力写这三章。

对于第一章《绪论——南北关系的方法论》和抽去的一章，我有一种特殊的感情。20世纪40年代中期，在大学里读经济学时，我最爱读的课程是经济学和中国经济史，并想研究中国经济史；毕业论文是《先秦土地制度史》。当时，我无论如何都想不到，我后来会研究帝国主义理论、殖民地理论和南北经济关系。但是，命运之神却为我作了这样的安排。病后，我常常想将读大学时的爱好和现在的研究结合起来，这两章就是这样磨出来的。这就是说，写完它们，我就了却一桩心事。

但是，正因为这样，其中的"历史前提"的写作本身成了目的，同全书稿缺乏有机的联系。因此，申请出版资助时，评审委员会中肯地指出，这部分内容有些离题，建议抽掉。我接受这建议。当然"历史前提"中有一部分同全书稿还是存在着有机联系的，这部分我改写为"西方最早产生资本主义"，构成现在的第二章第一节。

写作和修改本书稿的时间，断断续续，前后共四年。在这段时间中，世界政治和世界经济的最大变化是苏联瓦解和东欧剧变。我没有据此修改变化前写下的内容，就是说有关的内容，要放在当时的历史条件下来理解。

书稿是在两段时间里写成的，表述方式会有不同，有的地方衔接不紧，这是已知的缺点。其他缺点和错误，诚希读者告我。

我衷心感谢我的老师余开祥教授、同事刘星汉教授，他们对书稿提出宝贵意见，并将书稿推荐给有关部门，以申请出版资助。当然，这并不意味他们要对书稿的缺点和错误负责。

陈其人

1993年11月26日

于上海碌乐斋

引　　言

近年来在书刊，尤其是在国际经济和国际政治研究中开始出现的南北关系一词，是用来表现在地理上居于不同位置，而社会经济发展程度又不同的国家和地区之间的关系的；在我看来，就是垄断资本主义国家或发达资本主义国家同战后的民族独立国家和极少数殖民地国家之间的关系。换句话说，我将发达的社会主义国家同民族独立国家和极少数殖民地国家之间的关系，不视为南北关系；将落后的社会主义国家同垄断资本主义国家或发达资本主义国家之间的关系，也不视为南北关系。

从历史事实看，南北关系就是战前垄断资本主义国家或帝国主义国家同殖民地国家和半殖民地国家之间的关系，在战后演变下来的一部分。[①] 而帝国主义国家同殖民地国家的关系，又是从资本主义工业国同经济殖民地的关系演变而来的。之所以形成这种关系，又同世界划分为工业国和农业国有关。但不能认为，在战后产生大量民族独立国家之前，上述这些关系就已经是南北关系。不是的，它们只是南北关系的起源。南北关系的形成，要有一些特定条件。

南北关系中最重要的是经济关系。其他关系是由它派生的，为它服务的。本书只着重研究南北经济关系。南北经济关系，在我看来，可分为商品交换关系、货币关系、通过资本输出或输入结成的关系和通过劳动力输出或输入结成的关系。这些关系不能孤立地加以考察，而要用发展的和联系的观点进行研究。这些关系的有机结合，大体上就是我所理解的国际经济秩序。它是对这两种经济发展水平不同的国家之间的关系的实质的揭示。

分析南北经济关系时，必然涉及许多经济学家对同一问题的分析，即遇

① 我认为另一部分不是南北关系。

到许多有关的理论。本文当然不能全部涉及,只能就其中有重大影响的加以分析。进行分析时,我不按照它们的理论体系来进行,而是将其安排在本书的理论体系中进行。

南北经济关系是当代世界基本矛盾中的一对矛盾,它受世界基本矛盾中其他矛盾的影响。对此,本文也略加分析。

最重要的,本文本应指出南北经济关系的未来,但这个问题不仅太大,而且又涉及许多政治问题,它的变化要以政治变化为条件。我们只能从历史发展的角度,简单谈谈。

下面我们就按上述理论体系进行研究。

第一章　绪论——南北关系的方法论

第一节　在国际经济和政治生活中出现的用语

南北关系是在国际经济和国际政治生活中出现的用语，正如许多在日常生活中形成的用语一样，它只是对于现象的感觉和印象，一般并不反映本质。本质和现象不一致，才需要科学。科学的任务就在于透过现象，揭示本质。与此同时，这些用语就会被反映本质的科学范畴所取代。

马克思主义发展史上这种范例很多。现在选择最重要的来说明。例如，劳动价值或劳动价格，亦即劳动报酬或工资，这些表示同一意思的不同用语，是在日常生活中形成的，指的是工人劳动后得到的报酬。英国古典经济学家虽然正确地提出了劳动决定价值的学说，但是由于不加批判地将劳动价值当作科学范畴来使用，就认为工人的劳动创造的价值全部成为工资，这样一来，剩余价值就没有来源了。古典经济学家亚当·斯密，虽然极其深刻地指出，在土地私有权和资本积累的条件下，劳动者创造的价值，要抠出两部分来，成为地租和利润，因而这地租和利润就是马克思所说的剩余价值，是劳动创造的；但是，这样一来，工资就只能等于扣除了地租和利润后的那部分价值，它显然不等于劳动创造的价值，与工资的含义相悖。为了自圆其说，斯密只好认为土地创造地租、资本创造利润、劳动创造工资，地租、利润和工资合起来构成价值。这就推翻了劳动创造价值的学说和建立在其上的剩余价值学说。马克思怎样批判劳动价值这一用语，大家是了解的。可以说，没有这种批判，马克思就不可能建立科学的劳动价值学说和剩余价值学说。

再如，帝国主义也是在日常生活中形成的用语。它出现在 19 世纪最后

30年。最初使用它的英国人，用来表示扩大一个国家的版图以及将占领的土地并入一个国家的版图的意图和行动。这种行动和古罗马帝国的行动相似，于是称为帝国主义。许多理论家事实上未加批判就接受这用语，将帝国主义定义为执行一种对外扩张的政策。当时影响最大的是第二国际重要理论家考茨基的定义。他将帝国主义定义为：工业国实行的取代自由贸易政策以取得农产品的另一种政策，这政策的对象是农业国或农业民族，前一政策适用于英国没有竞争对手时期，后一政策适用于多国和英国竞争时期。列宁认为，将帝国主义定义为执行一种对外扩张政策，就不能区别历史上不同时期的帝国主义和殖民主义，就会将大不列颠和大罗马相提并论；将帝国主义定义为多国竞争条件下为取得农产品而实行的政策，就必然认为一旦多国联合，帝国主义就归于消灭，就无法解释非农业国为何也被侵占。列宁仍然采用帝国主义这一用语，但将它定义为资本主义的垄断阶段或最高阶段，或金融资本主义，这个阶段的资本主义必须取得垄断利润，必须侵略任何一块地方。列宁的帝国主义理论在列宁主义中的重要地位，是大家都了解的。

这两个例子表明，在科学研究中，对日常生活中形成的用语，必须加以分析，加以改造。我们应该以此态度对待南北关系这一用语。

第二节　从用语产生的对“南”和“北”的各种划分

目前，对南北关系中的“南”和“北”有多种划分法。单从南北关系这一用语看，各种划分法虽然不同，但似乎都能成立。

一种方法大体上以地处南半球的国家为“南”，地处北半球的国家为“北”；而大多数发展中国家地处南半球，大多数发达国家地处北半球。或者反过来说更恰当，由于大多数发展中国家地处南半球，大多数发达国家地处北半球，它们之间的关系才称为南北关系。根据这种划分法，发展中国家和发达国家都包括一部分社会主义国家。在这种划分法中，有的更进一步，提出北纬30°是划分线：在这以北是“北”，在这以南是“南”。

另一种划分法以贫国为“南”，富国为“北”。这显然是从前一种演化而来的。因为相对而言，发展中国家较为贫困，发达国家较为富裕。在这种划分法中，有的更提出以人均收入若干美元为划分线，在其上者为“北”，在其下者为“南”。这种划分法和前一种相同，“南”和“北”都包括一部分社会主义国家。

但是，这两种划分法导致的结果，有一部分会不相同。因为地处南半球的某些国家，例如某几个石油输出国，从经济发展程度看，是发展中国家，但从人均收入看，都是富国。这是矛盾。

第三种划分法以发展中国家为“南”，发达资本主义国家为“北”，前者包括社会主义国家，后者排除社会主义国家。这种划分法和前两种其所以不同，是由于认为南北关系是第二次世界大战前，殖民地和半殖民地和宗主国的关系的演变，将发达的社会主义国家排除在“北”之外。

很明显，这三种划分法导致的结果是不相同的，但从南北关系用语看，这三种划分法似乎都是正确的。这又是矛盾。

此外，还有一种划分法，以及对南北关系性质的不同看法，下面再谈。

有一派经济学家不提南北关系，而相应地提出“中心——外围”的图式或关系。但这并没有解决问题。因为中心就是发达国家，外围就是发展中国家。这两者是否都包括社会主义国家在内，中心——外围的用语并没有回答这个问题，虽然这个用语的提出者认为是包括在内的。

第三节　南北关系在第二次世界大战前是否存在

南北关系这个用语并不能表明这种关系是什么时候开始的。对这个问题的回答，往往与“南”和“北”，尤其是“北”包括的内容有关，尽管有关的论者并不意识到这一点。

一种看法认为，当代的南北关系问题，有深刻的历史根源。广大第三世界（相当于当代的“南”）国家，在独立以前，曾是帝国主义长期统治、掠夺和剥削的殖民地与半殖民地。在漫长的历史时期，西方资本主义国家和亚、非、拉广大地区之间的关系，表现为帝国主义与殖民地之间统治与从属、掠夺与被掠夺、剥削与被剥削的关系。第二次世界大战后，昔日的殖民地、附属国成为主权国家，成为国际社会的平等成员，理所当然地要求独立自主地求得发展。但是，旧殖民主义统治虽已被冲垮，旧的不公正、不平等、不合理的国际经济关系和国际经济体制都依然存在，成为第三世界独立国家发展民族经济的严重阻碍。由此就产生了战后的南北关系。这就是说，南北关系是战后由于殖民地和附属国成为主权国家之后才产生的，战前只存在它的历史根源。

另一种看法认为，在资本主义世界经济中，战后南北关系发生了重大变化，即从战前的宗主国和殖民地、半殖民地之间的统治与被统治、剥削与被剥削关系，变为当前的发达资本主义国家和发展中国家既相互依赖又相互斗争的关系。之所以有这种变化，是由于两方都是主权国家，已经摆脱了在法权上的统治与被统治关系。这是一方面。另一方面，发展中国家在资金和技术上对发达资本主义国家仍有不同程度的依赖，但又要防止对方利用这些来控制自己，发达资本主义国家在原料和市场上对发展中国家的依赖仍然存在，它们要从资金和技术方面控制对方。这就是说，南北关系战前和战后都存在，战前表现为统治与被统治关系；战后表现为相互依赖和相互斗争的关系。

值得注意的是，这两种看法都谈到，殖民地和附属国之成为主权国家在南北关系产生或演变中的重大作用，但对南北关系的历史起点，看法不同。很明显，这个问题不能从南北关系的用语中得到解决。

第四节　南北关系中的经济关系及有关问题

南北关系包含着经济关系、政治关系和文化关系等，或者正确地说，后几种关系综合为南北关系。绝大多数人认为，其中最重要的是经济关系。因为人们总要在解决物质生活问题的基础上，才从事其他活动，这些活动是为物质生产服务的，也是受它制约的。从一个社会看，这就是经济基础和上层建筑（包括政治上层建筑和思想上层建筑）的关系；从具有不同生产关系的国家结成的关系看，这就是经济关系、政治关系和文化关系；其中经济基础和经济关系是最重要的。从这一点看，不论对南北关系的理解如何不同，就其中的南北经济关系来说，它之所以成为问题，要加以研究，就是由于在世界史上曾经同时存在着两大类性质不同的社会，它们大规模接触时，有一种其经济是先进的，有一种则是落后的。“北”是由前者演变而来，“南”是由后者演变而来的，具体说，前者首先是西欧国家，其后是欧美国家，后者则是亚、非、拉国家。

但是，有极少数人不是这样看。有的人认为文化是最重要的。所谓文化就是解决生活问题的方法。据此，世界文化有三种：努力取得所要求的东西，这是西洋文化，以产业、科学和民主为特征；不改变局面而求得自我满足，这是中国文化，以调和、融合和折中为特征；取消问题而实行禁欲主义，这是印度文化，以后退、清静和超脱为特征。最先进的是印度文化，最落后的是西洋文化，居中的是中国文化。有的人虽不认为文化是最重要的，但看法和上述的相似。他将经济分为三种类型：宗教的经济型，以印度为代表；哲学的经济型，以中国为代表；科学的经济型，以西洋为代表。三者各有缺点，都要发展为艺术的经济型。这两种看法，实际上取消了南北经济关系问题。因为研究这个问题，必定要从物质利害关系着眼，而这两种看法都不涉及这种关系。

还有一种看法是最近流行起来的。就是认为日本这个战后以来经济发展极其迅速的国家，是采用中国儒家学说来管理企业，变“为富不仁”为“为富且仁”，才取得如此良好的效果的。如果说，旧中国的经济是落后的封建经济，儒家学说是与它相适应的思想上层建筑，而日本的经济则是发达的资本主义经济，那么怎样才能说明儒家学说可以管理资本主义企业并且取得良好效果呢？关于这个问题是有争论的。首先是事实真相问题。接着是各种各样的解释。这里不拟涉及，也不谈论这个问题。伦理道德，如像哲学、艺术、宗教一样，是迂回曲折地反映经济基础，远离经济基础而“浮悬在空中”的思想上层建筑，它的发展有相对的独立性，它们之间也有渗透性。这样，儒家学说的个别因素被用来管理资本主义企业，也不是什么奇怪的事情。我们不直接具体谈论这个问题，是因为它的背后藏着一个更为重要的问题：世界几大文明古国，除西方以希腊罗马为基础发展为发达资本主义国家外，东方的埃及、巴比伦、印度和中国，后来都不能发展为资本主义社会，它们即使有灿烂的文化遗产，也不能促进其经济发展，以致它们和西方大规模接触时，其经济比西方大为落后，其原因是什么？

我们必须从回答这个问题来开始我们的研究。

第二章　南北经济关系的起源

第一节　西方最早产生资本主义

西方尤其是欧洲，比东方或非欧国家和地区，较早进入资本主义，较早实现工业化和现代化。对于这个问题，社会科学家进行了大量研究，探究其原因，提出不同的看法。在我看来，依据马克思的有关论述，是可以作出正确的解释的。他这段论述，对我们的研究具有方法论的意义。他说："相同的经济基础……可以由于无数不同的经验的事实，自然条件，种族关系，各种从外部发生作用的历史影响等等，而在现象上显示出无穷无尽的变异和程度差别……。"①这里我们不谈种族关系的作用，因为西方或欧洲同东方或非欧地区发生大规模的种族关系，是在 15 世纪的地理大发现和新航路发现以后，这时西方的经济发展水平和社会发展阶段已不同，这种不同应该有其内因；我们只侧重谈西方所处的自然条件不同，使它们处于同一社会发展阶段时，不同地区就有差别，正是这种差别，使欧洲早产生资本主义，非欧地区产生资本主义较晚、较难，当后者产生时，由于受到欧洲资本主义，亦即外来种族关系的影响，而不能正常发育为资本主义社会。

马克思指出，自然条件在经济上可分为两类："生活资料的自然富源，例如土壤的肥力，鱼产丰富的水域等等"，这在文化初期具有决定性意义；"劳动资料的自然富源，如奔腾的瀑布、可航行的河流、森林、金属、煤炭等等"②，这在较高的发展阶段具有决定性意义。第一类自然富源，除了能养活人（人

---

① 《马克思恩格斯全集》（第二十五卷），人民出版社 1974 年版，第 892 页。

② 《马克思恩格斯选集》（第二卷），人民出版社 1995 年版，第 219 页。

是生产力的因素)，能以此影响生产力之外，由于其产品一般不能当作劳动资料，尤其是劳动工具(也许兽骨和树干例外)，所以不能从这方面影响生产力。第二类自然富源与此不同。它不仅影响而且转化为生产力，同社会生产力结成相克相成的关系。我们知道，在文化初期，洪水泛滥，毁坏田地，冲走鱼虾，“人或为鱼鳖”，其破坏生产力的作用，十分明显；在较高的发展阶段，筑坝蓄洪，用以发电、灌溉和航运，其发展生产力的作用，也十分明显。这就是说，生产力和社会发展相互促进。

我们先从这一角度，分析自然条件和产生资本主义的关系。我们知道，土壤的肥力和剩余劳动成正比；但不能由此得出结论说，最肥沃的土壤最适合于资本主义生产方式的产生。马克思明确指出：“资本的祖国不是草木繁茂的热带，而是温带。”①他接着又论证了土壤的绝对肥力和资本主义的关系。他说：“不是土壤的绝对肥力，而是它的差异性和它的自然产品的多样性，形成社会分工的自然基础，并且通过人所处的自然环境的变化，促使他们自己的需要、能力、劳动资料和劳动方式趋向于多样化。社会地控制自然力以便经济地加以利用，用人力兴建大规模的工程以便占有或驯服自然力，——这种必要性在产业史上起着最有决定性的作用。”②这就是说，有利于资本主义产生的自然条件是：第一，由自然产品多样性导致的社会分工的发达，从而商品生产较发达，而不是土壤的绝对肥力本身；第二，更重要的是，人们不是消极地适应自然力，而是积极地控制和驯服自然力，主要是将劳动资料变为巨大的社会生产力。而过于“富饶的自然‘使人离不开自然的手，就像小孩子离不开引带一样’。”③当然，我们不能反过来说，土地越贫瘠，自然条件越恶劣，就越容易产生资本主义。马克思非常赞同纳·福斯特这段论述：“对于一个民族来说，最大的不幸莫过于他们所居住的地方天然就能出产大部分生活资料和食物，而气候又使人几乎不必为穿和住担忧……当然……投入劳动不能带来任何结果的土地，同不投入任何劳动就能出产

---

① 《马克思恩格斯全集》(第二十三卷)，人民出版社 1972 年版，第 561 页。

② 同上。

③ 同上。

丰富产品的土地是一样坏的。”①

由此我们就可以了解，为什么古代文明诸国，其摇篮都是生活资料的自然富源较富饶的江河流域和内海沿岸；但最早产生资本主义的不是它们，而是这样的国家，即生活资料的自然富源不如前者，劳动资料的自然富源却较为富饶，商品生产较发达，社会条件促使它们去开发和利用这些劳动资料，使其转化为巨大的社会生产力的国家。它们是濒临大西洋的葡萄牙、西班牙、荷兰和英国等；而不是地中海内海的希腊和罗马本身，以及尼罗河流域的埃及，两河流域的巴比伦，恒河流域的印度和黄河流域的中国。

以上我们从利用劳动资料的自然富源的角度，论述它对资本主义产生和发展的作用时，提到利用海洋问题。现在进一步阐述马克思对这个问题的看法。他认为，首先，是否和如何利用海洋，要受生产关系的制约；其次，利用海洋进行外贸，取决于生产发展，尤其是商品生产发展的程度，亦即“不是商业使工业发生革命，而是工业不断使商业发生革命”②；最后，外贸本身不是资本主义产生的条件，因为商业不能创造一种新的生产方式，但在新的生产方式已在旧的生产方式中产生的条件下，它能加速后者瓦解，促使前者发展。

根据这些原理，我们就可以了解，15 世纪末新航路的发现而导致的西欧对外贸易，以及比这约早半世纪的中国明朝的郑和下西洋，分别对西欧和中国之所以有不同的作用，原因在于它们各自的经济关系不同。关于前者，马克思说：“如果在 16 世纪，部分地说直到 17 世纪，商业的突然扩大和新世界市场的形成，对旧生产方式的衰落和资本主义生产方式的勃兴，产生过非常重大的影响，那么，相反地，这种情况是在已经形成的资本主义生产方式的基础上发生的。”③中国当时尚未产生资本主义生产方式（原因下面还要说明），结果就不相同。郑和未能远航到大西洋沿岸的国家，下西洋未能导致对西欧的贸易，下西洋同新航路的发现有助于西欧资本主义发展不同，无助于中国资本主义的产生和发展，都不是偶然的。

从上述可以看出，马克思十分重视商品生产的发展对资本主义产生的

---

① 纳·福斯特：《论当前粮价昂贵的原因》，1767 年伦敦版第 10 页。转引自《马克思恩格斯全集》（第二十三卷），人民出版社 1972 年版，第 561 页注 4。

② 《马克思恩格斯全集》（第二十五卷），人民出版社 1974 年版，第 372 页。

③ 同上。

作用。这是当然的,因为资本主义是商品生产制度。正是从这里出发,他认为有一种生产方式不利于商品生产的发展,因而不利于资本主义的产生。这种生产方式直到不列颠入侵印度时,在印度仍大量存在。因此,他称之为亚细亚生产方式。它的存在当然不限于印度。它的特点是:在私有制的社会里,原始公社末期的农村公社,即在公社内部土地是公有的,但由各个家庭使用,各个家庭既经营农业又经营手工业,自给自足,公社外部存在着中央集权的专制政府,公社全体成员要向政府提供贡纳。马克思指出:“这些自给自足的公社不断地按照同一形式把自己再生产出来,当他们偶然遭到破坏时,会在同一地点以同一名称再建立起来,这些公社的简单的生产机体,为揭示下面这个秘密提供了一把钥匙:亚洲各国不断瓦解、不断重建和改朝换代,与此截然相反,亚洲的社会却没有变化。”①

马克思和恩格斯都认为,亚细亚生产方式的存在,同自然条件即地理环境有密切的关系。马克思指出,从非洲的撒哈拉穿过阿拉伯、波斯、印度和鞑靼区,直到亚洲高原最高地区这一广阔的荒漠地域,使利用运河和水利工程进行灌溉成为东方农业的基础。无论在埃及和印度,还是东方其他国家,都是利用泛滥来施肥,河中涨水则用来灌溉。节省和共同用水是基本的要求。这种要求在西方,例如在佛兰德尔和意大利,曾使现代私人企业家结成自愿的联合,但是在古代东方,由于处于文明初期和地域广阔,不能产生自愿的联合,就要有集中统治的政府来干预,这些国家的政府就多了一个举办公共工程的职能。印度,一方面由于这个原因,另一方面由于居民散居全国各地,生活在那些还保留血缘关系的工农结合体中,这样一来,农村公社就不易解体。全国各地都存在着孤立的村社。这又导致道路的缺乏,反过来又使村社更孤立,并使其丰富的产品不易变为商品。工农结合的生产更为牢固。② 这种组织在西欧早已瓦解。以致 1832 年不列颠在印度的总督梅特加夫的报告惊奇地提到,印度各村落社会都是些“小共和国”。这才引起欧美学者的注意,并进行普遍的调查,结果发现,从印度到爱尔兰都有过这种组织,但在东方则大量遗留下来。直到西方殖民主义者到来时还是这样。

---

① 《马克思恩格斯全集》(第二十三卷),人民出版社 1972 年版,第 396—397 页。

② 《马克思恩格斯全集》(第九卷),人民出版社 1961 年版,第 147 页。

以上是我根据马克思的论述，对西欧最早产生资本主义，东方或非欧地区产生资本主义较难之原因的解释。

现在要特别指出的是，不能根据马克思关于亚细亚生产方式的理论，认为凡是存在着这种生产方式的地区，如果没有外力的作用，就永远产生不出资本主义来。这种将马克思的论述绝对化的做法，是违反马克思的本意，并且明显地和他在下面的论述相矛盾的。第一，在历史上，商品交换先于商品生产，它最初是在两个农村公社之间交换剩余产品，但物对外成为商品，由于反作用，对内也成为商品。这是规律，只是在东方发生的作用很弱，以致商品生产未导致农村公社解体，就进入阶级社会。第二，由此形成的亚细亚生产方式，农村公社的土地从外部看，是属于中央集权国家的君主的，也就是在亚洲，“国家既作为土地所有者，同时又作为主权者同直接生产者相对立”，“地租和赋税就会合为一体”①，这种缴纳多半是以货币形式进行的。因为中央集权国家要以货币来支付各级官吏的俸禄。出于这个原因，农村公社的产品也要商品化。这就缓慢地使各个家庭贫富分化，农村公社消解。这就是为什么殖民主义者东来时，中国和印度都已经存在离开农村公社的个体生产者的原因。有了这个条件，终究是要产生资本主义的。

亚当·斯密的《国富论》出版于1776年，在其中，他对比了欧洲的和中国的“劳动工资”，认为中国已出现了与欧洲相同的雇佣劳动。这时约为清代中叶。王亚南教授也认为，清代中叶中国已产生了新的生产方式。②

中国以及其他非欧国家产生的资本主义幼苗，由于殖民主义和其后的帝国主义入侵，就不能茁壮成长。这和它们逐渐成为单纯的农业国、成为经济殖民地和殖民地国家有密切的关系。

第二节　世界划分为工业国和农业国

正如有人认为，郑和的船队如果再向前，绕过好望角而西至欧洲，中国

① 《马克思恩格斯全集》(第二十五卷)，人民出版社1974年版，第891页。

② 王亚南：《中国官僚政治研究》，载《王亚南文集》(第四卷)，福建教育出版社1988年版，第270—271页。

从那时就会产生资本主义，并且比西欧早些，正如这种看法是错误的一样，有一种看法认为，地理大发现和新航路的发现，直接致使世界划分为工业国和农业国，这也是错误的。因为从这时开始，直到18世纪中期，西欧各国和东方的印度、中国等，同样既经营农业，又经营手工业，西欧并不特别需要东方的农产品作为工业原料。这种情况，要从英国首先从18世纪中，由工场手工业过渡到机器工业时，才发生明显的变化。

美洲大陆也没有因同欧洲接触，便成为农业地区。这时，欧洲对美洲的兴趣，与其说是美洲的动物和植物，不如说是它的金矿和银矿。这是斯密在《国富论》中一段生动的记述：西印度群岛"居民的植物性食物，虽由于农业不发达，并不甚丰饶，但不像动物性食物那么稀少。其中，主要为玉米、芋、薯、香蕉等等。那些食物都是欧洲所不知道的，但不为欧洲人所十分重视，他们并不认为那些植物和欧洲原来生产的一般谷豆有同等的营养力"；"诚然，棉花是一种极重要制造业的材料，而在当时欧洲人看来，亦就是那些岛上极有价值的植物性产物了。虽然在15世纪末，欧洲各地都极重视东印度的软棉布及其他的棉织品，但欧洲各地都没有棉织制造业，所以，即使这种生产物，在当时欧洲人看来，亦不很重要"；由于这样，哥伦布就把眼光转到矿物上来，并发现那里居民的服装上挂着小片的金，使他们相信那里的山必有最丰饶的金矿，此后的计划就是"希望发现此等地方的金宝藏"。①

18世纪中期，随着英国从工场手工业向机器工业的过渡，世界划分为工业国和农业国的趋势已初露端倪。斯密这段论述具有十分重要的科学价值，虽然他并不意识到这一点；他针对当时各国的工业和农业生产的情况，指出："富国的土地，一般都耕耘得较好，投到土地上的劳动与费用也比较多，生产出来的产品按照土地面积与肥沃的比例来说也较多；但是，这样较大的生产量，很少在比例上大大超过所花的较大的劳动量和费用。在农业方面，富国劳动生产力未必都比贫国劳动生产力大得多，至少不像制造业方面一般情况那样大得多。"因此，"贫国的耕作，尽管不及

---

① 亚当·斯密：《国民财富的性质和原因的研究》(下卷)，郭大力、王亚南译，商务印书馆1974年版，第132—133页。

富国，但贫国生产的小麦，在品质优良及售价低廉方面，却能在相当程度上与富国竞争”。① 工业和农业增加投下的劳动，各自增加的产量在比例上有如此的不同，斯密认为其原因在于：分工在工业上很精细，在农业上则不是如此，而分工越来越精细，则是提高生产力、增加国民财富的动力。以后我们看到，李嘉图和马克思都利用斯密这一思想财富，构成自己的思想，各自建立起不同的国际分工理论。

李嘉图是英国产业革命发展期的经济学家。他已看到英国成为工业国，其他国家成为农业国的事实。他在 1817 年出版的《政治经济学及赋税原理》(比斯密的《国富论》约晚 40 年)中说：在商业完全自由的制度下，各国都必然把它的资本和劳动用在最有利于本国的用途上。这种个体利益的追求很好地和整体的普遍幸福结合在一起。由于鼓励勤勉，奖励智巧，并最有效地利用自然所赋予的各种特殊力量，它使劳动得到最有效和最经济的分配；同时由于增加生产总额，它使人们都得到好处，并以利害关系和互相交往的共同纽带把文明世界各民族结合成一个统一的社会。正是这一原理，决定葡萄酒应在法国和葡萄牙酿制，谷物应在美国和波兰种植，金属制品及其他商品则应在英国制造”。② 李嘉图用来说明国际贸易，并进而说明国际分工的原理，就是一百多年来争论至今的比较成本理论。它能否说明 200 年来世界分为工业国和农业国(或其演变即生产初级产品)，这一点留在下面再谈。

马克思写作《资本论》(第一卷)时，产业革命在英国已进行了将近一个世纪，在法国也进行了 40—50 年，世界划分为工业国和农业国的格局，已经完成了。他在 1867 年出版的《资本论》(第一卷)(比李嘉图的《政治经济学及赋税原理》晚 50 年)中描绘了这个格局：“一方面，机器直接引起原料的增加，例如轧棉机使棉花生产增加。另一方面，机器产品的便宜和交通运输的变革是夺取国外市场的武器。机器生产摧毁国外市场的手工业产品，迫使这些市场变成它的原料产地。例如东印度就被迫为大不列颠生产棉花、羊毛、大麻、黄麻、靛蓝等，澳大利亚就变成了羊毛产地。一种和机器生产中心相

---

① 亚当・斯密：《国民财富的性质和原因的研究》(上卷)，郭大力、王亚南译，商务印书馆 1974 年版，第 7—8 页。

② 大卫・李嘉图：《政治经济学及赋税原理》，郭大力、王亚南译，商务印书馆 1962 年版，第 113 页。

适应的新的国际分工产生了,它使地球的一部分成为主要从事农业的生产地区,以服务于另一部分主要从事工业的生产地区。"①他对引起这种国际分工的原因的极其深刻的论述,没有引起应有的重视,我们留在下面再谈。

如果说,上述的理论家是在资本主义自由竞争阶段论述国际分工的,那么,布哈林则是在资本主义垄断阶段论述这个问题的。他在其1915年写成,但到1918年才出版的《世界经济和帝国主义》[比马克思的《资本论》(第一卷)约晚50年]中,对国际分工有详细的描述:"从前,'城乡的分离'与'这种对立的运动',只局限于一国的范围内,而现在这一过程在规模大得多的基础上再表现出来。从这个观点看,整个国家变成了'城市',即工业国,而整个农业地区变成了'乡村'。在这里,国际分工同社会生产中两个最大部门的分工——工业与农业的分工是一致的,从而形成所谓'一般的分工'。我们对比一下工业品的产地和农业品的产地,就可以清楚地了解这一点。小麦的主要产地是加拿大、美国的农业地区、阿根廷、澳大利亚、西印度、俄国、罗马尼亚、保加利亚、塞尔维亚和匈牙利。裸麦的主要产地是俄国。肉类由澳大利亚和新西兰、美国(农业地区)、加拿大(专门从事大规模的肉类生产)、阿根廷、丹麦、荷兰等国供应。牲畜主要由欧洲的农业国输往工业国,欧洲生产牲畜的中心是匈牙利、荷兰、丹麦、西班牙、葡萄牙、俄国以及巴尔干国家。木材由瑞典、芬兰、挪威、俄国北部供应,小部分由前奥匈帝国的某些地区供应。加拿大的木材输出也开始增长。如果我们选择一些输出制成品的国家,它们无疑是世界上最发达的工业国。棉织品市场的主要供应者是英国,其次是德国、法国、意大利、比利时以及在西半球的美国。毛织品由英国、法国、德国、奥地利、比利时等国生产,供应世界市场。钢铁制品的主要生产国是英国、德国和美国,这三个国家已达到工业化的最高水平,其次是比利时、法国和奥匈帝国。化学品由德国生产,它在这方面占第一位,其后是英国、美国、法国、比利时和瑞士。"他总结说:"这就是世界资本主义生产力所特有的分布状况。社会劳动的主要部门被一条界线隔开,划分为两种不同类型的国家。社会劳动在国际范围上划分开了。"②他对造成这种国际分工的原因的说明,也留在下面再谈。

① 《马克思恩格斯全集》(第二十三卷),人民出版社1972年版,第494—495页。

② 尼·布哈林:《世界经济和帝国主义》,蒯兆德译,中国社会科学出版社1983年版,第4—5页。

第三节　世界划分为工业国和农业国的原因

斯密清楚地看到，“现在最富裕的国家，固然在农业和制造业上都优于邻国。但制造业方面的优越程度，必然大于农业方面的优越程度”①；这虽然包含了贫国不能在制造业方面，但能在农业方面同富国竞争的意思，并由此可以引申出富国应该专门从事制造业生产，贫国应该专门从事农业生产的结论，但其理论基础是绝对成本理论，即富国制造业产品耗费的劳动比贫国的要少，贫国农业品耗费的劳动，比富国为不断增加的那部分农业品而耗费的劳动要少。从短期看，这能说明工、农业国的国际分工；但从较长期看，就发生问题。因为有了这样的分工之后，富国停止农业生产，贫国则发展农业生产，这样，依照斯密说过的原因，贫国为不断增加的那部分农产品而耗费的劳动，就逐渐变成比富国停止农业生产时生产农产品耗费的劳动要多，一旦发生这种情况，根据绝对成本理论，贫国就要停止农业生产，富国恢复农业生产。待富国农业生产的发展，使农产品绝对成本又变得高于贫国停止农业生产时的绝对成本时，富国才停止农业生产，贫国又恢复农业生产。这同历史上相对牢固的国际分工现象相矛盾。斯密未能深刻地揭示富国的劳动生产率在制造业上优于贫国，但在农业上并不优于贫国的真正原因，也未能科学地说明国际分工的原因。

李嘉图用比较成本理论来说明国际分工。他认为一国生产的所有商品，其绝对成本都高于他国生产的所有商品时，仍可专门生产比较成本较低的商品。他先以两国生产的毛呢和葡萄酒为例来说明：生产 1 单位毛呢，英国需要 100 单位劳动，葡国需要 90 单位劳动；生产 1 单位葡萄酒，英国需要 120 单位劳动，葡国需要 80 单位劳动。他认为从绝对成本看，英国商品都较高，葡国商品都较低，但两国都应专门生产比较成本低的，这能增加总产量，

---

① 亚当·斯密：《国民财富的性质和原因的研究》(上卷)，郭大力、王亚南译，商务印书馆 1974 年版，第 7 页。

然后交换，两方都有利。从英国看，两种商品比较成本是 100∶90 和 120∶80，前者比值即比较成本低，英国应专门生产毛呢；从葡国看，两种商品比较成本是 90∶100 和 80∶120，后者比值即比较成本低，葡国应专门生产葡萄酒。两国分工前，英国 220 单位劳动和葡国 170 单位劳动，合起来生产 2 单位毛呢和 2 单位葡萄酒；分工后，英国 220 单位劳动生产毛呢，可得 2.2 单位，葡国 170 单位劳动生产葡萄酒，可得 2.125 单位，合起来看产量增加，然后两国交换，大家有益。关于交换的标准，下面再谈。他认为，英国所以成为工业国，其他国家成为农业国，是由这原理决定的。

在我看来，完全根据这一点，还不能说明工、农业国的国际分工。因为这不能说明为什么有些国家只是工业品比较成本低，另一些国家只是农产品比较成本低，并且在相当长的时期内都是这样，以致产生比较固定的工、农业国的国际分工。

让我们进一步研究李嘉图的思想。上述他说英国情况比葡国差，只是一种理论上的假设。他认为英国的实际情况应该是这样的："一个在机器和技术方面占有极大优势因而能够用远少于邻国的劳动来制造商品的国家，即使土地较为肥沃，种植谷物所需的劳动也比输出国更少，也仍然可以输出这些商品以输入本国消费所需的一部分谷物。"①但这仍不能说明这个在制造业和谷物上都居于优势的国家，其制造业的比较成本是较低的，它应专门从事制造业生产。他必须把情况说得像这样："比方说，如果两人都能制鞋和帽，其中一个人在两种职业上都比另一个人强一些，不过制帽时只强五分之一或百分之二十，而制鞋时则强三分之一或百分之三十三，那么这个较强的人专门制鞋，而那个较差的人专门制帽，岂不是对于双方都有利么？"②如果将英国看成这个较强的人，那么在李嘉图看来有什么规律性的东西，使英国的制造业的比较成本总是低于农业的呢？或者说，这两种生产部门有些什么不同的规律足以说明这一点呢？

在我看来，李嘉图从斯密上述的论述中找到了理论依据。这就是增加劳动，在工业上生产率是递增的，在农业上生产率是递减的。我们知道，李

---

① 大卫·李嘉图：《政治经济学及赋税原理》，郭大力、王亚南译，商务印书馆 1962 年版，第 114 页脚注。

② 同上。

嘉图始终认为，随着工业的发展，农业生产或者从耕种优良地到耕种劣等地，或者在同一土地上增加投资，到某一点后，其生产率都在降低，这和工业不同。只要情况是这样，首先发展工业，其工业和农业都比他国强，但工业更强的国家，例如英国，其工业品的比较成本必然在一个相当长的时期内是较低的，它成为工业国，其他国家成为农业国。我们修改一下李嘉图的例子，并用他的抽象法来说明问题。

生产 1 单位毛呢，英国所需劳动为 80 单位，葡国所需劳动为 120 单位；生产葡萄酒 1 单位，英国所需劳动为 90 单位，葡国所需劳动为 100 单位。从上述可知，比较成本低的，在英国是毛呢，在葡国是葡萄酒，它们应分别专门生产，并相应划分为工业国和农业国。此后，按照李嘉图的理论，英国生产毛呢，劳动生产率提高；葡国生产葡萄酒，劳动生产率降低；这样，在一个相当长的时期内，比较成本低的，在英国仍是毛呢，在葡国仍是葡萄酒。假设英国生产毛呢和葡国生产葡萄酒的劳动生产率，以相同的速度向相反方向变化，并将它们各自耗费的劳动，分别同两国各自停止葡萄酒和毛呢生产时，生产这两种商品所需的劳动相比，如果英国生产毛呢所需劳动降为原来的十分之一，葡国生产葡萄酒所需劳动增为原来的十倍，那么英国两种商品的比较成本如下：毛呢为 8∶120，葡萄酒为 90∶1 200，前者仍然较低。但如果农业因特殊原因，越是增加投资，生产率下降速度越快，快于工业生产率的提高，情况就不同了。例如当比较成本毛呢为 8∶120 时，葡萄酒为 90∶1 500，则葡萄酒低于毛呢，英国应改为专门生产葡萄酒，葡国应改为专门生产毛呢了。

可见，李嘉图的比较成本理论，并不能说明长时期的工、农业国的国际分工现象。此外，按照这一理论，农业国在保留其农业国地位的最后时刻，农业劳动生产率必然下降到十分严重的程度，以致即使按照李嘉图的国际交换规律(以后说明)，农产品价格从而货币工资必然上升到要吞噬全部利润的程度，这在资本主义制度下是不可能的。总之，李嘉图的理论不能科学地说明问题。

为了全面理解马克思关于资本主义生产将世界分为工业国和农业国的理论，我认为有必要指出它由两个部分构成，即：一定高度的农业劳动生产率是资本主义生产的基础；较早产生资本主义的国家，经过产业革命，工业品变得便宜时，农产品反而变得昂贵，落后国则相反，由此产生工、农业国的国际分工。

一定高度的农业劳动生产率，使农产品除了满足农业劳动者的消费外，还有剩余，它的大小决定有多少劳动者可以从农业劳动中解放出来，从事工业等劳动：这被称为“自由的手”理论。它是1767年由斯图亚特提出来的，其实1734年坎蒂隆已提出初步看法①，一般经济学家在这基础上说明：农业为工业提供原料、粮食和市场。马克思则在这基础上进一步说明：一定高度的农业劳动生产率，是资本主义生产即剩余价值生产的自然基础。因为工人的消费资料直接间接都是农业生产的，要使剩余价值能够生产出来，就要使这些农产品的价值小于工人创造的价值，例如工人一天消费的农产品价值小于他一天劳动创造的价值，要不延长工人劳动时间而增加剩余价值，就要降低农产品的价值，这一切只有具有一定高度的农业劳动生产率，并不断将它提高，才能办到。农业劳动生产率与自然条件有关。

这样，先产生资本主义的国家，例如西欧尤其是英国，由于竞争和追逐剩余价值，资本主义生产便从单纯协作，发展为工场手工业，再发展为机器工业，这就是工业革命。从技术变革的角度看，这应该在工、农业生产部门同时进行。但农业部门的技术变革，一般都落后于工业部门。这除了农业中往往存在着自然经济外，最重要的原因在于土地私有权的存在妨碍技术进步。大多数农业资本家是租地经营的，如果他估计在契约有效期内不能收回改良耕种的投资，他就不仅不增加投资、进行改革，反而拼命掠夺土地肥力。只要技术变革在农业部门尚未全部开展，进行工业革命时，工业品就变得便宜，农产品都变得昂贵。

马克思指出，工业革命使“汇集在各大中心的城市人口越来越占优势，这样一来，它一方面聚集着社会的历史动力，另一方面又破坏着人和土地之间的物质变换，也就是使人以衣食形式消费掉的土地组成部分不能回到土地，从而破坏土地持久肥力的永恒的自然条件”。② 这就是说，在落后国家，人们以衣食形式取自土地的，不必另外耗费很多劳动，就以生活垃圾、排泄

① 参阅我为坎蒂隆著《商业性质概论》中译本（商务印书馆1986年出版）写的序言。

② 《马克思恩格斯全集》(第二十三卷)，人民出版社1972年版，第552页。

物等形式回到土地，使土地恢复肥力；工业化国家，就要另外耗费很多劳动，才能使土地恢复肥力，这还要加上在租地契约期内有可能取回投资这个条件，否则就变成加紧掠夺土地肥力。用马克思的政治经济学范畴来说，工业化国家的农业技术变革尚未全面展开时，为了得到同量的农产品，增加土地肥力所需追加的物化劳动即C，大于由于技术开始进步而减少的活劳动，即作为总体的(V＋m)的减少部分，结果总劳动量即价值增大，农产品价值变得昂贵。

马克思还指出，“就工业品来说，大家知道，拿英国比如说同俄国相比，100万人生产的产品，不仅数量多得多，而且产品价值也大得多[①]，虽然英国的单位产品便宜得多。但就农业来说，看来在资本主义发达的国家和比较不发达的国家之间就不存在这样的关系。落后国家的产品比资本主义发达国家的产品便宜”。这是因为，“无论如何，有一部分不变资本的价值加入英国土地耕种者的产品的价值，却没有这样一部分不变资本的价值加入俄国土地耕种者的土地产品的价值”。假定这部分不变资本的价值等于10个人的日劳动。“再假定这个不变资本由1个英国工人推动。……如果1个英国人用(等于10个工作日的)不变资本生产出来的产品，需要5个俄国工人才能生产出来，如果俄国人使用的不变资本等于1工作日，那么，英国人的产品就等于10＋1＝11工作日，俄国人的产品就等于1＋5＝6工作日。如果俄国的土地比英国肥沃，以致不使用不变资本或只使用十分之一的不变资本生产出来的谷物，就和英国人使用十倍资本生产出来的一样多，那么，同量的英国谷物的价值和同量的俄国谷物的价值之比将是11∶6”。[②] 就这样，先进国成为工业国，落后国成为农业国。

可以看出，马克思的国际分工理论中的最后一部分，是对斯密的在农业方面，富国劳动生产力未必都比贫国大得多的论述的发展。斯密用农业分工较难来解释，并且不了解它对国际分工所起的重要作用；马克思通过资本主义的生产关系来解释，清楚地说明它对国际分工所起的重要作用。

布哈林的国际分工理论没有涉及前人的理论。他认为国际分工要有两

① 因为多使用C，消耗的物化劳动多。

② 《马克思恩格斯全集》(第二十六卷第二册)，人民出版社1973年版，第543页。

种前提:自然环境不同所决定的自然前提和文化程度、经济结构,生产力水平不同所决定的社会前提。自然前提不同对国际分工的作用,他认为是不言而喻的。其实从李嘉图的比较成本理论看来,问题没有那样简单,但对这理论他没有谈及。他进一步认为,“生产条件的自然差别虽然重要,但是,如果同各国生产力发展不平衡所造成的差别比较起来,它的作用愈益减少了”。[①] 这是因为,“如果不具备开采煤炭的技术和经济前提,煤矿藏就会成为‘死的资本’。另一方面,山脉从前阻碍交通,沼泽使生产遭到困难,等等。而在拥有高度发达的技术……的国家中,它们就失去消极作用了。更重要的是,随着生产力的不平衡发展,出现了各种不同的经济类型和各种不同的生产部门,从而使国际分工的范围扩大起来”。其实,这只能说明生产不同商品的国际分工,不能说明工业国和农业国的国际分工,即不能说明布哈林自己提出的这个问题:“输入农产品并输出制成品的工业国同输出农产品并输入工业品的农业国之间的差别”[②]是怎样产生的。

诺贝尔经济学奖获得者阿瑟·刘易斯在1978年的著作中认为:“18世纪末的工业革命有一个显著特点:它是在农业劳动生产率最高的国家、即英国开始的。……但是一些农业生产率低的国家,例如中欧、南欧、拉丁美洲或中国,各工业部门的规模都比较小,所以工业革命的进展就比较慢。”[③]这是用“自由的手”的理论来说明问题。他又认为:“当主要国家在19世纪上半叶发生工业革命时,这场革命就从两方面对世界其他国家提出了挑战:或者是仿而效之,或者是进行贸易。正如我们刚已了解的,贸易的机会很小,而且拖延到十九世纪末。但是,进行仿效和进行工业革命这一挑战却迫在眉睫。在北美和西欧,许多国家立即作出了反应。然而,大多数国家,甚至中欧国家都没有反应。正是在这一点上,世界开始分成工业国和非工业国。”[④]这就是说,这些国家没有进行农业革命、提高农业劳动生产率,就无法对工业革命作出反应。最后他承认:“现在还不清楚,为什么工业革命的结

---

① 尼·布哈林:《世界经济和帝国主义》,蒯兆德译,中国社会科学出版社1983年版,第3页。

② 同上书,第3—4页。

③ 阿瑟·刘易斯:《国际经济秩序的演变》,乔依德译,商务印书馆1984年版,第7页。

④ 同上书,第5页。

果竟使热带国家成为农产品出国口。”①

在上述的世界划分为工业国和农业国的理论中，我认为马克思的最为深刻，并且正如下面将看到的，它和马克思的殖民地理论结合得浑然一体，我们完全可以以它为基础，解释帝国主义宗主国和殖民地国家的经济关系，以及解释战后形成的南北经济关系。

第四节　农业国成为工业国的经济殖民地

在历史上先于殖民地国家、同殖民地国家有区别又有联系的经济殖民地，作为一个范畴，首先是马克思提出来的。列宁将其加以整理，并用来研究问题。但是，迄今为止，它没有引起注意。绝大多数理论工作者认为，殖民地就是在政治上丧失主权的殖民地国家，即政治殖民地。这是一种片面观点。

在马克思看来，农业国对于工业国、农业地区对于工业地区，是经济殖民地，它与主权问题无关，甚至不分国外和国内。马克思这种思想，散见于三卷《资本论》和《剩余价值理论》中。列宁将其整理时指出：什么是经济殖民地即政治经济学上的殖民地②呢？“根据马克思的意见，这一概念的基本特征如下：(1)移民容易获得的未被占据的闲地的存在，(2)业已形成的世界分工、世界市场的存在，因而殖民地可以专门生产大量农产品，用以交换现成的工业品。”③其中的(1)，马克思的原话是：“殖民地之所以成为殖民地，——在这里，我们只是就真正的农业殖民地而言，——不只是由于它拥有尚处于自然状态中的大量肥沃的土地。而是由于这样一种情况：这些土地还没有被人占有，还没有受土地所有权的支配。就土地来说，造成古老国家和殖民地之间巨大区别的，正如威克菲尔德所正确指出的，是土地所有权在法律上或事实上的不存在。”④这种殖民地，同斯密指出的古代希腊奴隶社

① 阿瑟·刘易斯：《国际经济秩序的演变》，乔依德译，商务印书馆1984年版，第5页。

② 这里的殖民地，在下面提到的《列宁全集》(第三卷)的译文中，都译为移民区。这不妥，解放社曹葆华译的《俄国资本主义底发展》译为殖民地是正确的。这一点，还可以从列宁引用的马克思的有关论述的中文译文，得到证明。下面就会谈到。

③ 《列宁全集》(第三卷)，人民出版社1959年版，第543页。

④ 《马克思恩格斯全集》(第二十五卷)，人民出版社1974年版，第852—853页。

会的人民，到西西里、小亚细亚、爱琴海各岛的荒地去殖民（colonia）相似。其中的（2），马克思的原话是："一个像密歇根这样的地方，在开始的时候，几乎全部人口都从事农业，特别是从事大宗农产品的生产，他们只能用这种产品来交换工业品和各种热带产品。所以，他们的剩余产品全部都是谷物。这一点，从一开始就把以现代世界市场为基础的殖民地国家，同以前的特别是古代的殖民地国家区别开来。"①这种殖民地，同下面提到的马克思认为独立后的美国和独立前一样，是欧洲特别是英国大工业的经济殖民地相同。

在论述《现代殖民理论》时，马克思说："这里说的是真正的殖民地，即自由移民所开拓的处女地。从经济上来说，美国仍然是欧洲的殖民地。"②在论述《机器和大工业》时，马克思说得更清楚："美国的经济发展本身就是欧洲特别是英国大工业的产物。目前（1866 年）的美国，仍然应当看作欧洲的殖民地。"马克思说这话时，美国独立已 90 年。值得注意的是，24 年后恩格斯对这段话加注时说："从那时以来，美国发展为世界第二工业国，但它的殖民地性质并没有因此完全失掉。"③

按照马克思的经济殖民地概念，它同国家疆界是没有关系的，即它既可以是国外的，也可以是国内的。如果说，上述马克思论及密歇根州几乎全部人口都从事农业，并指出"密歇根州在美国西部④各州中就成了最早输出谷物的州之一"⑤，因此按照定义它是经济殖民地，但是如果马克思并没有明确说它是国内经济殖民地的话，那么，列宁运用这概念研究俄国经济时，则说得很清楚了。他说：按照马克思的经济殖民地概念，"在改革后时代中移民所居住的欧俄南部与东部边区，正是具有这些特点，从经济学的意义说来，它们是中部欧俄的殖民地……殖民地这个概念更可以应用于其他边区，例如高加索"。⑥

在我看来，经济殖民地（包括国内经济殖民地）是个值得重视的概念。下面将看到，这个概念的缺少，怎样使一些经济学家的殖民地理论发生逻辑矛盾。

---

① 《马克思恩格斯全集》（第二十五卷），人民出版社 1974 年版，第 755 页。《列宁全集》（第三卷），第 223 页注 1 也引用马克思这段话，现中译本也将殖民地译为移民区。下文不再指出。

② 《马克思恩格斯全集》（第二十三卷），人民出版社 1972 年版，第 833 页注 253。

③ 同上书，第 495 页注 234。

④ 美国经济发展到太平洋沿岸即最西部后，旧的西部就变成中西部了。

⑤ 《马克思恩格斯全集》（第二十五卷），人民出版社 1974 年版，第 754 页。

⑥ 《列宁全集》（第三卷），人民出版社 1959 年版，第 543 页。

第五节　殖民地对垄断前资本主义经济的作用

殖民地(主要是国外经济殖民地，不论其是否丧失主权，是否成为殖民地国家，我们现在只从经济殖民地的角度进行论述；严格说来，我们现在还没有提出殖民地国家这一概念)对垄断前资本主义经济的作用，主要是加速资本主义的产生，提高其利润率，阻止其利润率下降，承受资本主义的矛盾，但绝不是资本主义生产必不可少的条件。

在资本主义产生即资本主义原始积累时期，殖民制度对促使资本主义产生起巨大的作用。马克思指出:“美洲金银产地的发现，土著居民的被剿灭、被奴役和被埋葬于矿井，对东印度开始进行的征服和掠夺，非洲变成商业性地猎获黑人的场所:这一切标志着资本主义生产时代的曙光。”①这些行动集中到一点，是为了掠夺和骗取更多的金银货币，将其转化为资本，加速资本主义的产生。但是，没有这些，如像某些落后资本主义国家所经历的那样，其资本主义也能产生，只是缓慢些，艰难些。

英国在资本主义工场手工业时期，同殖民地例如北美的贸易，使英国的利润率明显提高。对于这个事实，斯密的理论说明是:英国一国独占殖民地贸易，使购买和出卖的竞争减少，竞争减少使利润率提高。这解释存在的问题留在下面说明。由此，斯密又认为，利润率提高，使英国商品的自然价格提高，这对开拓英国国内市场和非英国殖民地的国外市场不利，说到底对发展英国制造业不利。因此，他认为英国不要在经济上独占殖民地贸易。从这里可以看出，殖民地不是资本主义生产的必不可少的条件。

工业革命意味着机器工业代替工场手工业，因此社会资本的有机构成提高，平均利润率的下降趋势日渐明显。李嘉图对它的解释是:随着社会生产的发展，农业劳动生产率降低，农产品价值从而工人货币工资提高，这样一来，工人创造的价值分解为 v 和 m 时，v 的部分增大，m 的部分就减少，利

① 《马克思恩格斯全集》(第二十三卷)，人民出版社 1972 年版，第 819 页。

润便降低。在这理论指导下，要阻止利润的降低，就要有便宜的供工人消费的农产品。由此，他就看到殖民地能起这样的作用。为此，他首先要说明同殖民地贸易本身，同斯密的说法相反，不能提高英国的利润。因为存在的是等价交换。斯密用竞争减少来说明，这只是暂时现象，因为这只是发生在英国独占、他国退出北美贸易的短暂时期，随着英国资本增加，提高了的利润率不久就会降低到原来的水平。这里存在的问题也留待以后再谈。李嘉图认为殖民地能提高母国的利润率，只是由于它能提供便宜的粮食，这或者是价值较低的，或者是由于向母国出口时实行补贴而售价较低的。本来，殖民地提供便宜的工业原料，虽然不能降低货币工资，因此不能增加利润量，但是却能够增加利润率，因为这能降低 C，而利润率是$\frac{m}{C+V}$。李嘉图由于信奉斯密教条，即认为 C 最终全部分解为 V+m，而不复存在，就看不到这一点。

马克思根据他那个时候的情况，全面地论述了殖民地的作用，并解决了斯密和李嘉图未能解决的问题。他首先指出，对外贸易包括对殖民地贸易，“一方面使不变资本的要素变得便宜，一方面使可变资本转化成的必要生活资料变得便宜，它具有提高利润率的作用，因为它使剩余价值率提高，使不变资本价值降低”。[①] 这就是经济殖民地作为农产品和初级产品提供者的第一个作用。但是，不要认为，这必然是由于殖民地的土壤特别肥沃，矿藏特别丰饶所致。不一定是这样。马克思深刻地指出：“下面的假定是错误的：殖民地，一般来说年轻国家，可以按比较便宜的价格出口谷物，所以，那里的土地必然具有较大的自然肥力，在那里，谷物不仅低于它的价值出售，而且低于它的生产价格，即低于由较古老的国家的平均利润率决定的生产价格出售。”[②]之所以如此，因为在殖民地缺少资本主义，或者存在大量个体农民，其再生产条件是收回 C+V，m 可以奉送，或者存在种植园，“工资”即 V 可以压在生理需要以下，在这两种情况下，其产品价格就特别低。

其次，马克思指出，对殖民地贸易所以能提供较高的利润率，“首先因为这里是和生产条件较为不利的其他国家所生产的商品进行竞争，所以，比较

---

① 《马克思恩格斯全集》(第二十五卷)，人民出版社 1974 年版，第 264 页。
② 同上书，第 755 页。

发达的国家以高于商品的价值出售自己的商品”①，即在落后国出售商品，比在本国实现更多的价值，在自由竞争条件下，它提高了该国的平均利润率。因此，原因不是斯密所说的竞争减少，而是生产条件优越；只要这条件不变，较高的利润率就不会像李嘉图说的那样，降到原来的水平。

此外，马克思认为，“投在殖民地等处的资本，它们能提供较高的利润率，是因为在那里，由于发展程度较低，利润率一般较高……”②这个问题，留待以后详谈。他还指出，殖民地是工业国“过剩”人口的输出地，这个问题留在下面结合两种不同的殖民地，以及其后出现相反的情况，即落后国、殖民地的劳动力向发达国家输出时，再论述。

从马克思的分析中可以看出，殖民地对提高资本主义的利润率等虽有重大作用，但它绝不是资本主义生产必不可少的条件。正因为这样，马克思在提出其社会资本再生产理论时才说：对外贸易“不影响生产资料和消费资料这两个部类互相交换的价值关系”，因而，“在分析年再生产的产品价值时，把对外贸易引进来，只能把问题搅乱，而对问题本身和问题的解决不会提供任何新的因素”。③ 这就是说，包括对殖民地贸易在内的对外贸易，不是资本主义再生产的必要条件。

马克思曾经论证，资本主义生产无政府状态，必然使各部门之间比例失调，它最容易发生在社会的各种固定资本的折旧部分和重置部分的不平衡上，即使在简单再生产条件下，也很难避免，更不要说扩大再生产了；资本主义生产和消费之间的矛盾，其原因在于资本主义的剥削条件和实现这种剥削的条件不是一回事，前者只受社会生产力的限制，后者受不同生产部门的比例和社会消费力的限制，这种消费力又受资本主义分配规律的制约，这样产品价值的实现就遇到困难：在这两种情况下，对外贸易或殖民地都能成为调节矛盾的场所。列宁将这些思想加以发挥，指出：资本主义“彼此互为‘市场’的各种生产部门，不是均衡地发展着，而是互相超越着，因此较为发达的生产部门就寻求国外市场”④，短缺的产品也要由国外市场提供；“资本主义

① 《马克思恩格斯全集》(第二十五卷)，人民出版社 1974 年版，第 264 页。

② 同上书，第 265 页。

③ 《马克思恩格斯全集》(第二十四卷)，人民出版社 1972 年版，第 528—529 页。

④ 《列宁全集》(第三卷)，人民出版社 1959 年版，第 45 页。

企业必然超出村社、地方市场、地区和国家的界限。……所以资本主义每个生产部门的自然趋向使它们需要‘寻求国外市场’。”①经济殖民地就是这样的国外市场。但是，如果没有这市场，生产无政府状态就由经济波动和局部的经济危机来解决；生产与消费的矛盾就由全面的经济危机来解决：经济危机是调节资本主义生产的方法。总之，经济殖民地不是资本主义生产的必要条件。

上述全部看法，同卢森堡的看法完全不同。由于她对殖民地的作用的分析，是不分垄断前和垄断后的，这样，只能将这问题放在后面再谈。

第六节　殖民地对垄断资本主义经济的作用问题

大约从19世纪80年代开始，欧美一些书刊开始出现帝国主义一词，用以表明时代的特点。根据从19世纪末就开始研究帝国主义的考茨基在1914年的说法，一个时代（30年）以来，“英国人把帝国主义一方面理解为把巨大殖民国家的所有部分同宗主国合并成一个统一国家的意图，另一方面理解为越来越扩大这个国家的意图。在‘大不列颠’以外的其他国家中，所谓帝国主义实际上是指后一种意图，因为没有别的国家像英国那样拥有独立的殖民地”。② 历史上曾出现过不同的帝国或帝国主义，如古代社会的罗马帝国、中世纪的蒙古帝国和日耳曼帝国，近代的法国拿破仑（第一）帝国，等等。现在帝国主义又出现，理论家们开始时是按照流行的看法，从宗主国和殖民地的关系中，去解释帝国主义。由于对殖民地对宗主国的经济作用，有不同的看法，就有不同的帝国主义定义。

考茨基认为，任何社会生产都要求各生产部门之间有一定的比例关系，这种比例关系也存在于工业和农业之间，资本主义农业的发展落后于工业，随着工业发展农产品就不足，工业资本主义取得农产品有两种政策：自由贸易和帝国主义。从历史上看，英国独霸世界时，它实行自由贸易政策。但

---

① 《列宁全集》（第三卷），人民出版社1959年版，第45页。

② 卡尔・考茨基：《帝国主义》，史集译，生活・读书・新知三联书店1964年版，第1—2页。引文中的着重号是引者加的。

是,19 世纪 70—80 年代,“西欧各国和美国东部各州同英国的工业相对立而从农业国发展成工业国。它们以保护关税来对抗英国的自由贸易。它们用大工业国对世界上还没有被占领而又无力抵抗的那些农业地区的瓜分来代替英国所追求的、在英国的工业工场同所有其他地区的农业生产之间的世界分工。英国对此进行了反击。帝国主义就这样产生了”。① 因此,考茨基认为帝国主义是工业国在竞争激烈时,所实行的取代自由贸易政策而取得农产品的另一种政策,殖民地就是农业国或农业地区,其作用就是为工业国提供农产品。

这种理论的缺点在于不能说明在当时的条件下,工业国要纳入自己的势力范围和版图的,不仅是农业国,而是任何地方,殖民地要提供的不仅仅是农产品,也不仅只是充当工业品的销售市场。

卢森堡认为,殖民地是为资本主义实现用于积累的那部分剩余价值的场所。她认为,积累可以在资本主义生产两大部门之间和内部实现:马克思的这一理论是错误的。按照马克思的理论,用于积累的剩余价值,其物质担当者一部分是生产资料,一部分是消费资料,两者有一定的比例,可以用来扩大第一部类和第二部类的生产,这本来是正确的。但卢森堡认为,这样一来,第一部类扩大生产,是为了满足自己和第二部类的需要,而第二部类扩大生产,又是为了满足自己和第一部类的需要:资本家就成为为了扩大生产而扩大生产的糊涂虫了(资本主义生产本来就是为了生产而生产,这一点李嘉图早就说过)。因此,卢森堡进一步认为,用于积累的剩余价值,只能在资本主义以外,即既非资本家又非工人的“第三者”来实现。“第三者”主要是个体生产者,既包括国外的,又包括国内的,从实现剩余价值的角度看,国家疆界的划分是没有意义的。她认为,实现的过程是两次交换:第一次,资本家将这部分剩余价值的物质担当者卖给“第三者”,从后者那里得到货币,这时,积累在价值上实现了,但扩大再生产还没有在物质上实现,因为还没有买到生产资料和劳动力。她又认为资本主义缺乏农产品和劳动力,因此资本家要用货币向“第三者”购买,这是第二次交换,这时,扩大再生产才在物质上实现。这样,兜了一个圈子之后,她还是回到资本家是为了扩大生产而

① 卡尔·考茨基:《帝国主义》,史集译,生活·读书·新知三联书店,第 1—2 页。

扩大生产的糊涂虫这上面来。

按照这种理论，殖民地就是这种“第三者”，它的经济作用，就是通过为资本主义销售工业品和提供农产品以及劳动力，成为实现积累的场所。这场所本可不分国外的和国内的，因为作用相同。但她认为，只有在国际舞台上出现的“第三者”，才是殖民地。这就离开积累这个经济因素，而从政治因素去考察殖民地了。这是一个例子，它说明经济殖民地，尤其是国内经济殖民地概念的缺乏，怎样使一个理论家的理论发生破绽。

与此相关，她将帝国主义定义为：它“是一个政治名词，用来表达在争夺尚未被侵占的非资本主义环境的竞争中所进行的资本积累的”。① 这样一来，再争夺已被侵占的非资本主义环境，以及争夺资本主义环境，都不是帝国主义。因为它们或者在资本主义化，或者是资本主义，已不能或将不能实现积累。这定义与实际情况相矛盾。

她努力想说明殖民地是被剥削的。她说：“资本积累的另一方面……（是）在国际舞台上出现的。它的主要方法是殖民政策……要想从这些乱纷纷的政治上暴力和权力的掠夺中，探求出经济过程的严格规律，那是需要费一点气力的。”②应该说，即使费气力也无法说明剥削关系，因为正如布哈林说的，剩余价值只要是在那里实现的，就与剥削无关。

布哈林认为，殖民地的作用是在成为原料产地、商品市场和投资场所的基础上，提供额外利润。这理论深受希法亭的影响。布哈林先描绘了一幅资本主义世界经济的图画：“世界资本主义，即世界性的生产体系，现在呈现如下面貌：一方面是少数几个组织强固的经济体（‘文明的强国’），另一方面是外围的半农业或农业体制的不发达国家。这一组织化的过程……是追求最高利润的客观结果……（并）具有越出‘国家’疆界之外的倾向。”③他认为这是垄断引起的结果。因为资本积聚和集中所形成的垄断有两种形式：同一生产部门的横向集中，如德国工业试图并吞比利时的工业；不同生产部门的纵向集中，如英国纺织业并吞埃及的植棉业；其目的在于减少竞争，增加

---

① 卢森堡：《资本积累论》，彭尘舜、吴纪先译，生活・读书・新知三联书店 1959 年版，第 359 页。

② 同上书，第 364 页。

③ 尼・布哈林：《世界经济和帝国主义》，蒯兆德译，中国社会科学出版社 1983 年版，第 51—52 页。

利润。为此垄断资本就要以高关税来保护国民经济，由于有高关税的保护，垄断资本就能以垄断高价出售商品，获得额外利润，在争夺市场的斗争中，它可以被用作出口奖励金。增加额外利润，有两种办法：在国内增加销售量，这是困难的；扩大国家经济领土，即扩大销售市场、原料市场和投资范围。

扩大销售市场是追求额外利润的规律所决定的。他说，总利润取决于商品销售量和单位商品利润，后者又取决于单位商品售价和成本，而单位成本和销售量成反比。这样，假如由于扩大销售量而使单位成本降低，那么，在国外增加的那部分销售量即使无利可图，即使按照成本出售，总利润也仍然增加。但这样一来，这些额外利润就不是来自国外，而是来自国内了。

他努力说明额外利润有的也来自国外。我们记得马克思说过，发达国家劳动生产率高，其商品在对外贸易中能实现比国内更多的利润。布哈林以此来说明问题。但这还是在国内生产的，只是在国外实现，即说明不了剥削关系。他正确地指出卢森堡的剩余价值实现论，无法说明剥削，他的额外利润实现论，同样如此。

他还运用马克思的理论，说明在农业国取得廉价原料，在落后国投资，能取得较高的利润和提高利润率。这些理论，以后再谈。

现在要谈一谈，在布哈林看来，被兼并的农业国是殖民地，这是清楚的；被兼并的较弱小的工业国是不是殖民地，他没有回答。可以看出，他被一个理论问题难住了。他将殖民地定义为向垄断资本提供额外利润的地区，农业国能起这样的作用，较小的但高度工业化国家不能起这样的作用。殖民地的现实和定义之间的矛盾，他未能解决。

列宁和布哈林几乎是同时开始研究垄断资本主义和殖民地的关系，他们相互影响。对于布哈林提出的金融资本条件下的世界经济，是一方的工业强国和另一方的落后农业国的有机体的理论，他接受了并将其发展为“世界体系”的理论，即“资本主义已成为极少数先进国对世界上大多数居民施行殖民压迫和金融扼制的世界体系”①；对于布哈林有时认为、其他一些理论家完全认为帝国主义是一种政策的理论，他坚决反对，而提出帝国主义是垄

① 列宁：《帝国主义是资本主义的最高阶段》，人民出版社 1959 年版，第 7 页。

断的资本主义的理论。在这基础上他指出:“殖民政策和帝国主义在资本主义最新阶段以前,甚至在资本主义以前就已经有了。……但是,‘一般地’谈论帝国主义而忘记或忽视社会经济形态的根本区别,这样的议论必然会变成最空洞的废话或吹嘘,就像把《大罗马和大不列颠》拿来相提并论那样。就是资本主义过去各阶段的资本主义殖民政策,同金融资本的殖民政策也是有重大差别的。”①他认为,同过去相比,垄断资本主义殖民地的新作用,就是向垄断资本主义提供垄断利润。他并且已经指出垄断企业向殖民地取得垄断利润的种种渠道;特别说明,将资本输出到这些落后国家去,获得的“利润通常都是很高的,因为那里资本少,地价比较低,工资低,原料也便宜”。② 但是,列宁研究帝国主义的目的,在于说明当时的战争是帝国主义战争,说明无产阶级的革命任务;他写作《帝国主义是资本主义的最高阶段》,也只限于“通俗的论述”;因此,有些基本理论就没有涉及,有些理论没有发挥。

第七节　殖民地是垄断资本主义经济存在的条件

卢森堡认为“第三者”(其中位于国外的就是殖民地)是资本主义经济存在的条件,从理论看是错误的;从方法论看,则是有启发性的。因为深入研究一下就可以看出,有的经济成分,例如奴隶制经济和垄断资本主义经济,的确是这样。因为前者一定要从其他经济成分捕捉奴隶,后者则要取得垄断利润,而垄断利润不同于平均利润和不稳定的额外利润,不能由垄断经济自己生产,只能从其他经济成分攫取。一种经济成分要以另一种经济成分为存在条件,它就成为一种世界体系。

问题要从垄断企业为什么必须攫取垄断利润谈起。列宁没有论述这问题。斯大林在《苏联社会主义经济问题》中谈到这问题。他是用垄断资本主义实现扩大再生产所需的条件来说明的。从 1956 年起,我就研究这问题,至

---

① 列宁:《帝国主义是资本主义的最高阶段》,人民出版社 1959 年版,第 74 页。

② 同上书,第 56 页。

今仍然坚持这样的观点：垄断企业是庞大的企业，其产品在本生产部门中占绝大多数，其生产条件成为平均的生产条件，其商品的个别价值决定该商品的社会价值，其商品按价值(或生产价格)出售，它就只得到平均利润而得不到额外利润；而这个平均利润相对于垫付总资本来说，还会因此而迅速减少，因为这类企业的资本有机构成很高，导致全社会的平均利润率下降。这是一方面。另一方面，竞争迫使这类企业提高生产力，扩大生产，但又要按市场需要调节生产，就必然有一部分设备闲置起来①，或者生产过剩的商品在国外市场低价倾销，其中的损失，不能由根据市场需要而生产的那部分商品按价值(或生产价格)出售所获得的利润来弥补；此外，由于企业规模巨大而又要进行竞争，固定资本磨损厉害，企业耗费巨大；收买发明而加以垄断，以及在经济外进行竞争，也是如此。平均利润率下降而必需的弥补和开支巨大，这就是生产条件所存在的矛盾。这个矛盾的解决，就是垄断企业向其他经济成分和社会阶层夺取其部分收入，归己所有。这就是垄断利润的必要性。而垄断企业在经济上所居的地位，又使它攫取垄断利润成为可能。这就是说，垄断资本主义的存在要以其他的经济成分和社会阶层的存在为条件，它是一个世界体系。

垄断利润的一个来源，是非垄断的资本主义的部分剩余价值。由于随着垄断资本主义的发展，垄断企业不仅绝对数增加，而且在全部经济中的比重增大，非垄断的资本主义企业比重降低，只靠攫取后者的部分剩余价值来满足前者所需的全部巨额资金，是困难的。更何况要攫取它们的部分剩余价值，便要让它们也能生存下去，这就不能过多地攫取。这就是说，当作一个总体看，垄断资本主义向非垄断的资本主义攫取部分剩余价值，客观上有一个经济界限。垄断利润的另一个来源，是工人的部分劳动力价值。根据同样道理，它也有一个客观的经济界限。垄断利润的第三个来源，是小生产者和一般居民的部分收入。这也是有客观经济界限的。攫取垄断利润的方法，主要是运用价格工具，即向资本主义经济和小生产者出售生产资料时，将价格提到价值以上，购买生产资料时，则将价格压到价值以下；向工人出售消费品时将价格提到价值以上，但不相应提高他们的货币工资。

---

① 前面谈到的布哈林的论述，没有指出这一点。

很明显,上述原理既适用于国内,也适用于受垄断资本控制的国外;卢森堡说,德国资本主义对国内个体农民的剥削,同对非洲个体农民的剥削,并无本质的不同,这道理是正确的,也适用于垄断资本主义。如果说,有所不同,这就是程度不同,即内轻外重,以便巩固基地。此外,在国内,垄断资本还可以通过政权,运用财政政策和金融政策,以税收、信贷优惠,时政赠与,国家订货等形式,获得垄断利润;在国外,这种办法,就较难实行。但是,通过货币制度,垄断资本主义国家可以剥削落后国家,这一点下面再谈。

长期为垄断资本主义提供垄断利润的经济成分,就是殖民地。它可以分为国内的和国外的,并且可以转化。英国许多殖民地原来是独立的,即国外殖民地;但英帝国一旦产生,它们就成为帝国的国内殖民地。爱尔兰早在12世纪就是英国的殖民地,即国外殖民地;1801年大不列颠及爱尔兰联合王国成立,爱尔兰成为联合王国国内的殖民地;1949年爱尔兰南部26个郡独立,联合王国改为大不列颠及北爱尔兰联合王国,但爱尔兰两个部分同大不列颠的经济关系并没有实质性的变化,它们仍为英国的殖民地——一为国内殖民地,一从国内殖民地变为国外殖民地。

基于上述分析,可以得出结论:垄断资本主义必须攫取垄断利润,垄断利润只能来自其他经济成分,提供垄断利润的经济成分是殖民地,垄断资本主义是对其统治下的经济成分进行剥削的世界体系。

第八节　殖民帝国和殖民地国家的形成

以上论述的是经济殖民地,还不是殖民地国家。经济殖民地可以分为国外的和国内的。国外经济殖民地,如果被某一个资本主义国家控制,并且无法摆脱被控制的境地,发展下去就会丧失国家主权,成为政治上的殖民地国家。从国外经济殖民地到殖民地国家,这种变化在垄断前和垄断资本主义阶段都同样存在。

但是,说明殖民地国家的形式,并不等于说明垄断资本主义就是帝国主义。这是因为,资本主义母国剥削和统治殖民地,从而殖民地国家的形成,早就发生，马克思曾详尽地研究了英国对其殖民地和殖民地国家，例如对北美和印度的统治，但是，他就没有提出帝国主义理论，而只有殖民地或殖民主义理论，这时，在政治和经济生活中，还没有帝国主义这个概念。一些人回过头来分析英国对我国发动的鸦片战争时，往往称这战争是帝国主义侵略我国而发动的战争，严格说来这不符合马克思列宁主义，因为当时还不存在列宁所理解的帝国主义，而在马克思看来，这是“欧洲各国以地球为战场而进行的商业战争”①的一部分。

垄断资本主义的世界体系表现为帝国主义，是由于垄断资本主义国家将其国外经济殖民地和殖民地国家，和本国在政治上组成殖民帝国。在这过程中，即使原来还不是殖民地国家的国外经济殖民地，也变成殖民地国家了。殖民帝国是在一定历史条件下形成的。

19 世纪 80 年代以前，殖民帝国尚未产生，国外经济殖民地和殖民地国家，如考茨基所说，是“独立”即独自地存在着的，这样，母国对它们的剥削就不表现为帝国主义。不仅如此，这时占有殖民地最多的国家——英国，还产生过应该“解放”即在经济上不要独占殖民地的经济理论和政治主张。经济理论如上所述，是斯密提出来的；政治主张是迪斯雷利于 1852 年任财政大臣时提出来的，他认为“殖民地是吊在我们脖子上的石磨”，以快点将其放下为好。因为从 18 世纪 70 年代到 19 世纪 70 年代，英国工业革命迅速进行，它在工业、航海和外资方面都占有优势，与其耗费大量军事费用和行政管理费用，在经济上独占殖民地，倒不如放弃这种独占，完全实行自由贸易，得到的利益反而多些。在这条件下，即使是拥有殖民地最多的英国，也不会将殖民地和本国在政治上联结起来，组成殖民帝国。

19 世纪最后 25 年，上述情况发生变化。1902 年，第一本系统地研究帝国主义的专著出版，它的作者即英国经济学家霍布森写道：1870 年以后，英国的经济优势开始削弱，德国、美国、比利时的进展很快，它们的竞争使英国在销售制造品以获利方面，感到越来越困难；它们侵入英国的旧市场和属地，迫使英国采取有力的措施以获得新市场；英国的竞争者也这样做，它们兼并新领土，一旦兼并了，就中止英国同这些地方的贸易；这样，英国为了迫

① 《马克思恩格斯全集》(第二十三卷)，人民出版社 1972 年版，第 819 页。

使它的新市场同自己谈判，就运用政治和武装力量；经验证明，获得和开发这些市场的最安全办法，是建立“保护地”或进行兼并。

殖民帝国就在这条件下产生。1887年英国政府举行的殖民地会议，就是英帝国的开始。1911年改名帝国会议。1944年又改名英联邦总理会议。其他列强也加紧兼并殖民地和组成各种形式的殖民帝国。这样，19世纪最后30年，世界领土已瓜分完毕。正如列宁所说的，世界分为占有殖民地的国家和殖民地国家，而半殖民地和附属国则是一种过渡形态。从这点看，世界已分成若干个殖民帝国。

霍布森根据事实说明了殖民帝国的产生，但没有指出其中深刻的经济原因。这个原因就是1873年严重的经济危机，使先进的资本主义国家，同一生产部门内的企业开始联合起来，组成卡特尔等组织，根据市场需要，调节生产。根据前面说过的原因，这些企业要取得垄断利润。正如列宁所指出的，这使垄断资本主义国家争夺势力范围的斗争加强，殖民帝国产生。

由于殖民帝国的产生，垄断资本主义的世界体系中就表现为帝国主义。

第九节　关于垄断利润和“世界体系”的问题

我提出的关于垄断资本主义是一种世界体系的看法，其基础是垄断企业必须取得垄断利润，而垄断利润又不能由垄断企业自己生产出来，而必须经过流通，从其他经济成分那里挖取而来。从劳动价值理论来看，这应该是清楚的。李嘉图和马克思谈论包含着垄断利润的垄断价格时，都认为它不能增大价值本身，垄断利润是对已生产出来的价值，在流通中（这是主要途径）进行再分配的结果，一方的多得，就是他方的损失。但是，我的看法受到批评；批评者认为，垄断利润不是在流通中进行再分配而来的。

他说：“在尔虞我诈的资本主义竞争条件下，企图通过流通领域，分割其他资本家占有的剩余价值以及其他经济成分的收入，真是谈何容易。”①竞争而又是“尔虞我诈”的，这主要是在流通领域进行的，垄断企业为什么不能从

① 龚维敬：《论现代垄断资本主义的垄断利润和垄断价格》，《学术月刊》1984年第2期。

中分割别人的剩余价值和收入呢？重商主义所说的利润就是这样来的，这是事实。英国经济学家米克对这问题的看法，与我相同，他说，在垄断占统治地位的条件下，“还是假定（垄断）利润的唯一来源是资本家雇佣工人的剩余劳动，在我看来，是不合理的。……某些垄断资本家得到的超额利润的一部分，应该正确认为是类似重商主义时代所特有的旧式的‘让渡利润’。”[①]他还明确指出，垄断价格所包含的利润，“不仅来自剩余价值，而且还有其他一些来源”。[②]

批评者继续说：“一个资本家不是在主要资本增殖的生产过程中攫取垄断利润，而要跑到不创造价值的流通领域里去占有他人剩余价值，到竞争极其激烈，甚至需要付出相当代价的其他企业里去分割利润，这在逻辑上也是令人费解的。”因此，“垄断资本家是通过比其他垄断组织和非垄断资本高得多的劳动生产率，获取巨额垄断超额利润”。[③] 这里存在两个问题：(1)“高得多的劳动生产率”由于竞争的缘故，也会变成不高的，由此得到的超额利润只能是暂时性的，严格说来，不是“垄断”的超额利润；(2)“其他垄断组织”由于没有那么高的劳动生产率，它们或它们之中劳动生产率最低的，就没有任何“垄断超额利润”了。因此，这是以垄断企业之间的超额利润来替代垄断利润本身，这在逻辑上倒是清楚的。

如果批评者是正确的，垄断资本主义是一种世界体系的看法就不能成立。

有两种看法认为资本主义（不仅是垄断资本主义）是一种世界体系，并认为资本主义和垄断资本主义没有质的区别。在我看来，这会妨碍我们对南北关系的理解。

美国经济学家哈里·马格多夫在讨论战后帝国主义是否存在时，提出了战后的帝国主义是“没有殖民地的帝国主义”的理论。可以看出这是由于缺乏经济殖民地这一概念而提出的论断。这一点，后面还会谈到。这里要谈的是，与这论断相联系的，他认为资本主义是一种世界体系。因为追求财富的动力，促使资本主义积累越来越多的财富，并在这过程中席卷世界的每

① 米克：《劳动价值学说的研究》，陈彪如译，商务印书馆1963年版，第324页。
② 同上，第331页。
③ 龚维敬：《论现代资本主义的垄断利润和垄断价格》，《学术月刊》1984年第2期。

一个角落——这就是他理解的资本主义是一种世界体系。这就是说，他将资本主义和其他的经济成分在事实上发生的联系记录下来，就认为这是一种世界体系，这同我理解的世界体系是指一种经济成分的再生产条件不能由它本身提供，有一部分要由其他经济成分提供而构成的经济关系，是不相同的。

正因为他将资本主义看成一种世界体系，他就认为国际贸易和资本输出，都是资本家企业的一般职能。他认为，商业资本主义时期，欧洲资本输到美洲等地经营种植园和矿山，工业资本主义时期，欧洲国家贷款给东方国家，让它们购买欧洲的工业品，都是资本输出。总之，资本主义由于是一种世界体系，资本输出总是存在的。我认为这是对资本输出的误解，以为资本只要离开一个国家就是资本输出，而不分析它所包含的经济内容。在我看来，欧洲资本输到美洲经营矿山等，这是资本流动，如像欧洲资本在国内向边远的地区流动一样，随着这种流动，资本主义的生产关系也在延伸。至于欧洲国家贷款给东方国家，这是借贷用以购买工业品的货币，货币在这里是流通手段和支付手段。这并不是输出生息资本。他的例子说明的是欧洲的贸易顺差转化为货币借贷。当然，我并不认为，垄断以前的资本主义没有资本输出，我只认为那时的和垄断资本主义的资本输出，有不同的经济内容，后者是为了攫取垄断资本主义实现扩大再生产所必需的垄断利润。①

由于马格多夫认为资本主义是一种世界体系，资本输出是这个体系自然而然地存在着的，它的目的不是攫取垄断利润，他就无法说明帝国主义和一般资本主义对殖民地的剥削，有何区别。他认为帝国主义的基本决定因素是：a.宗主国大公司的垄断结构；b.经济中心国迫切需要控制原料来源和市场；c.继续实行适应宗主国需要的国际分工；d.工业强国在各自对方市场及世界其他地区，为争夺资本输出而展开的竞争。这 4 点按照马格多夫的理论，除 a 点外，其余 3 点在垄断资本主义产生前和产生后，都同样存在，只有 a 点即垄断结构是垄断资本主义特有的（这本来是同义反复），但他又离开垄断结构的本质——攫取垄断利润，去论述问题，这就无法说明一般资本主义

① 希法亭将资本输出定义为：输出一种旨在国外生产剩余价值的价值，这剩余价值要由国内资本来处理。我认为这是一个深刻的命题，它暗含着资本输出是由于国内资本主义进行扩大再生产的需要这种思想，尽管他不一定认识这一点。

和垄断资本主义有何区别。

美国社会学家伊曼纽尔·沃勒斯坦也认为资本主义是一种世界体系。在他看来,任何社会制度都不是封闭的体系,因为社会体系中各部门、各地区都依赖于同其他部门、其他地区的经济交换。资本主义是一种世界体系,因为资本主义经济是一种由市场交换联结起来的世界经济。资本主义和世界经济是一枚分币的两面。

他认为资本主义世界体系内的国家可分为三个层次:中心国、次外围国和外围国。首先是中心国和外围国。它们两者之间的关系,涉及不平等的交换关系、不平等的地理关系、垄断和自由竞争的关系。愈靠近中心的愈有垄断权,愈靠近外围的愈有被挤破头的竞争。中心化和外围化是两极分化的结果。次外围处于联系中心和外围的地位,中心国能从次外围产生,次外围又是中心地区衰落的归宿。资本主义世界体系有一套与它相适应的政治上层建筑,这就是由主权国家组成的国际体系。

在沃勒斯坦看来,中心国和外围国的形成,以及它们之间的不平等交换的产生,是由于前者的生产容易形成垄断,后者则否。他认为,凡企业必想赢利,赢利必求垄断,从这点看,垄断是常态。但是,由于地理上的不平等,从历史上看,西欧专门从事制造业和畜牧业,这需要较高的技术,由薪金较高的劳动者来经营,这样的结构易于操纵市场,易于形成垄断;拉丁美洲从事开发矿藏,波罗的海以东的欧洲从事粮食生产,这需要较低的技术,资本家是通过强制的劳动来经营的。这样一来,通过贸易,西欧就从拉美、东欧取得“剩余价值”,结果前者力量增大,后者力量削弱,前者成为中心国,后者成为外围国。关于不平等贸易和“价值转移”问题,下面还要谈论。

可以看出,沃勒斯坦理论中的世界体系,同我论述的世界体系,有不同的含义。根据他的理论,资本主义自始至终都是世界体系,这样,一般的资本主义和帝国主义就没有区别了。此外,他认为垄断是企业家都想采取的经营方式,也使这区别成为不可能。

以后我们会看到,上述三种看法,无法看到南北经济关系同战前垄断资本主义、一般资本主义同国外殖民地的经济关系之间,有何不同。

第三章　南北经济关系的形成

第一节　两种殖民地和两大移民潮流

不论何种划分，南北关系中的“北”，总有一部分是由殖民地发展而来的，而南北关系中的“南”，则是另一种殖民地的一部分，这就是说，原来的殖民地有两种。一种发展为工业化的或发达的资本主义国家，另一种是尚未工业化的或发展中的国家。[①] 从事实看，由欧洲人移民垦殖而形成的殖民地，如北美和大洋洲，都成为或正在成为发达的资本主义国家。由欧洲人奴役土著而形成的殖民地，如亚洲、非洲和拉美绝大部分地区，都成为发展中的国家。现在首先要说明，两种不同的殖民地是怎样形成的？

第一个说明这问题的是斯密。他认为这是由于欧洲殖民者踏上后来成为殖民地的土地时，土地主人的生产力水平不同。他说：“非洲或东印度最野蛮的民族，都是游牧民族，连好望角的土人也是游牧民族。但美洲各地的土人，除了墨西哥及秘鲁，只是狩猎民族。同样肥沃和同等面积的土地，所能维持的游牧人数与狩猎人数，相差很大。所以，在非洲及东印度，要想驱逐土人，并把欧洲殖民地推广到土人居住的大部分地方，那就比较困难。”[②]这种分析是正确的。至于奴役土著的殖民地的物质生产劳动者，为什么不是欧洲人，而是当地的土人，斯密认为是由于：“生长在欧洲温带的人民

---

① 下面我们将说明，原来的殖民地和附属国有的发展为社会主义国家，我们论述的南北关系中的“南”，不包括它们。

② 亚当·斯密：《国民财富的性质和原因的研究》（下卷），郭大力、王亚南译，商务印书馆1974年版，第203页。

的体格，据说，不能在西印度炎日下从事挖土劳动”。① 应该说，这是白种人的种族偏见。1941年，日本帝国主义发动太平洋战争，在扩大“大东亚共荣圈”的同时，将关在集中营里的白种人放在田野里劳动数年，他们完全胜任，这说明斯密的观点是错误的。

马克思也将殖民地分为两种。一种是移民垦殖殖民地，亦即“本来意义的殖民地，例如美国、加拿大等地的殖民地。这里从事农业的大部分殖民者，虽然也从宗主国带来或多或少的资本，但并不是资本家阶级，他们的生产也并不是资本主义生产。这是在或大或小的程度上自己从事劳动的农民。他们主要是为了保证自身的生活，为自己生产生存资料，因此他们的主要产品并不是商品，目的也不是为了做买卖。他们把自己产品中超过他们自己消费的余额卖掉，换取运入殖民地的工业品等等”。② 只要取得土地十分容易，移民中的工人容易变成占有土地的个体生产者，资本主义生产和商品生产就不能迅速发展。为适应欧洲资本主义的需要，殖民经济学家曾绞尽脑汁，提出在这种殖民地用法律制造无产阶级的方案，这一点在下面再谈。

另一种是奴役土著殖民地，它的一个显著特点，就是其中有一些存在着种植园。马克思认为，欧洲人经营这种殖民地，“一开始就是为了做买卖，为了世界市场而生产”。③ 殖民者对这里已有的生产关系，根据不同的情况，运用不同的方法，使其为世界市场而生产。原来的商品经济较发达的，便对原来的方式加以利用；商品经济不发达的，便用种种方法促使自然经济瓦解；几乎没有商品经济的，便用经济方法使其变成商品经济，但因过程太长，不适应需要，便用武力夺取土地，强制丧失土地的劳动者就地劳动，即经营种植园。种植园是一种大农业生产，资本主义大生产只是形式，内容却是奴隶制的强迫劳动。这才是这些殖民地的物质生产劳动者不是欧洲殖民者的经济原因。

霍布森也用种族论来说明两种殖民地的不同。他说：“从英国和主要大

---

① 亚当·斯密：《国民财富的性质和原因的研究》（下卷），郭大力、王亚南译，商务印书馆1974年版，第157页。

② 《马克思恩格斯全集》（第二十六卷第二册），人民出版社1973年版，第338页。

③ 同上书，第339页。

陆强国的扩张所证明的帝国主义（奴役土著的殖民地——作者）之成长，我们发现帝国主义和殖民主义（移民垦殖殖民地——作者）之间的区别”：(1)“帝国主义扩张几乎都是在政治上并吞热带或亚热带的土地，白人是不愿意在这些地方安家立业的”；(2)“几乎所有这些土地都稠密地居住着‘低等人种’”；“这种帝国的扩张同居民稀少的温带地区的殖民主义完全不同，在那些地区，白人殖民者带来了本国的统治方式、工业和其他文明的技术。随着这些新领土之‘占领’而来的，出现了少数白人，其中有官吏、商人和工业家，他们对广大居民实行政治和经济统治，这些居民被认为是低等的，在政治上或工业上都不能行使相当的自治权”。[①] 这无非说，欧洲殖民者将母国的生产关系移到移民垦殖殖民地去，他们在那里生根定居；对奴役土著殖民地则通过其原有的生产关系进行统治，他们在那里只是当统治者和剥削者，并不生根定居，而要满载而归。

两种不同的移民潮流，对两种殖民地有不同的作用。要说明这一点，先要说明种植园的经济规律。这种经济规律，是马克思在论述美国南部的种植园时首先予以阐述的。美国是移民垦殖殖民地，其南部之所以存在过种植园，是由于那里适宜种植欧洲特别是英国大工业所需要的棉花。棉花是经济作物，其种植需耗费大量劳动。从欧洲移入的工人不能解决问题，因为他们很容易获得土地，从工人变为个体生产者，进行自给生产；从欧洲移入的契约奴也不能解决问题，因为契约有一定期限。于是，从非洲捕捉黑人，运送到美洲出卖，使其成为奴隶，强制其劳动，即种植园便应运而生。种植园的强制劳动，一方面使精良工具不可能使用，并很快耗尽地力，因此耕地要经常变动，恩格斯说，美国南部的大地主“用他们的奴隶和掠夺性的耕作制度耗尽了地力，以致在这些土地上只能生长云杉，而棉花的种植则不得不愈来愈往西移”[②]；另一方面使劳动者很快死亡，“更新”劳动力的周期很短，让劳动者成立家庭以解决劳动力来源问题，显然是不合适的。再说，由于这种劳动的生产率很低，尽管“工资”很低，剩余劳动还是很少，用上述方法培育劳动力，显然是不合算的。可行的办法是用低

---

① 约·阿·霍布森：《帝国主义》，纪明译，上海人民出版社 1960 年版，第 21—22 页。

② 《马克思恩格斯全集》(第二十卷)，人民出版社 1971 年版，第 192—193 页。

廉的代价从外输入。卢森堡对南非的“围地”即矿山经营中的种植园,有生动的描绘。①

刘易斯对两大移民潮流对两种不同殖民地发生的作用,有一段论述。他说:“19 世纪下半叶,国际移民的两大潮流促进了农业国家的经济发展。约有 5 000 万人离开欧洲前往温带殖民地,其中约有 1 300 万人来到我们现在称之为温带殖民地的新兴国家:加拿大、智利、澳大利亚、新西兰和南非。大约同样数目的人——5 000 万——离开印度和中国,主要是去热带,在种植园、矿井或建筑工地当契约劳工。这两股移民潮流的出现,分别决定了热带农产品和温带农产品的贸易条件。”②我们现在要研究的还不是贸易条件问题,也不是欧洲人移民到温带殖民地(这个问题已经清楚),而是为什么会发生一部分奴役土著殖民地中的人,向另一部分奴役土著殖民地移民当契约劳工的问题。

前面已经说明种植园怎样急切需要“更新”劳动力,现在要说明印度和中国怎么会有众多的廉价劳动力,愿意接受强制性的劳动和极低廉的“工资”。我们知道,印度成为英国的经济殖民地的过程,就是英国的机器工业,即科学和蒸汽瓦解印度的农业与手工业的结合体,并使手工业者破产的过程,这个过程的继续,就是使印度最终于 1849 年全部成为政治殖民地。经济与政治力量相结合,又使印度不能发展资本主义。这样,破产的劳动者就丧失生计,只好接受任何条件的劳动。同样,中国的农业与手工业的结合体,除了遭受英国一般工业产品的袭击外,还受到英国鸦片的毒害,使农民和手工业者成为“瘾君子”而破产;鸦片战争的浩劫,使中国进一步遭受外国资本主义的控制,破产的农民和手工业者日众,而资本主义又不能顺利发展;他们为了糊口,也只好接受任何条件的劳动。③

这两大移民潮流,当然对两种殖民地的经济发展起很大的作用。但是,

---

① 卢森堡:《资本积累论》,彭尘舜、吴纪先译,生活·读书·新知三联书店 1959 年版,第 287—288 页注 2。

② 阿瑟·刘易斯:《国际经济秩序的演变》,乔依德译,商务印书馆 1984 年版,第 10 页。

③ 刘易斯不是从种植园本身的经济规律来说明问题,而认为其他国家的工业革命促使热带国家出口农产品,于是,“有很多国内外商人,他们走遍农村,从数以千计的小农或者土地所有者手里收购零星农产品;他们乐于用进口印度劳工或华工来经营种植园”(阿瑟·刘易斯:《国际经济秩序的演变》,乔依德译,商务印书馆 1984 年版,第 7—8 页)。

它们的发展方向却不相同：一种向着资本主义发展，一种则维持原有的生产关系，不能顺利地发展为资本主义。

第二节　两种殖民地的发展方向不同

历史已经清楚地表明，两种殖民地的发展方向是不同的。最早指出这一点的是恩格斯。1882 年他在致考茨基的信中说："依我看，真正的殖民地，即欧洲人占据的土地——加拿大、好望角和澳大利亚，都会独立的；相反地那些只是被征服的、由土著人居住的土地——印度、阿尔及利亚以及荷兰、葡萄牙、西班牙的领土，无产阶级不得不暂时接过来，并且尽快地引导它们走向独立。"①他没有说明其所以不同的原因。在恩格斯之前，理论家们只认为两种殖民地的经济发展，只存在快慢的差别，不存在方向的不同。

斯密侧重从对两种殖民地的独占情况不同来说明问题。他指出，在移民垦殖殖民地，荒地和土人被赶走而腾空出来的土地很多，获得土地容易，工人容易变成独立生产者。殖民者多半经营个体农业，以剩余的农产品交换欧洲的工业品。有一段时间，母国对他们不予管束。后来当他们发展得较为可观，同母国矛盾日益严重时，母国才对其加以种种限制。这和欧洲国家对奴役殖民地一开始就加以压制和统治，是不相同的，对它们的经济发展，有不同的影响。这是一。此外，欧洲国家后来才对移民垦殖殖民地实行的独占，和它一开始就对奴役土著殖民地实行的独占，这两种独占的经济作用是不同的。前一种独占，是由一个欧洲国家排除其他国家，对其殖民地的贸易和航运实行独占，以获取较高的利润，而对该殖民地的生产，基本上不实行独占，英国对其北美殖民地后来实行的政策，就是这样；后一种独占，是由一个欧洲国家在殖民地上创立独占公司来进行的，它不仅不允许其他国家染指其殖民地，而且对殖民地的生产和贸易都加以独占，如英国的东印度公司，有时命令农民掘翻罂粟良田以栽种稻米或其他谷物，有时又命令农民掘翻栽种稻米或其他谷物的良田以栽种罂粟，其对生产发展的障碍，当然甚

① 《马克思恩格斯全集》(第三十五卷)，人民出版社 1971 年版，第 353 页。

于前一种独占。经过这样的分析，斯密便认为，移民垦殖殖民地的经济发展，比奴役土著殖民地快些。

英国经济学家威克菲尔德清楚地看出，妨碍移民垦殖殖民地发展资本主义经济的因素，是移入的工人容易获得土地，是这里的经济规律同母国的相反：不是从个体生产者中分解出工人来，而是工人变成个体生产者。他研究的具体对象是澳大利亚。18 世纪 80 年代第一批移民到达澳大利亚后，就发生这种现象。他的研究结论，适用于一切移民垦殖殖民地。

他认为解决问题的根本办法，就是用法律手段即如像用保护关税“制造”出资本家那样，用人为的“土地价格”“制造出工人”。这个人为的“土地价格”他称为“充分价格”，它的决定与土地的供求关系无关，只由以下因素决定：一方面使工人从工资中积攒用来购买土地的资金，必须要经过相当长的时间，亦即使工人经历时间较长才能获得土地，另一方面这资金构成一个基金，这基金足够支付移入新工人所需的费用，亦即使一个工人不再是工人时，他要有一个替身。为了实现这个一举两得的妙计，他认为这个“充分价格”的高度必须取决于：“第一，‘价格太低’意味着什么；工人被雇用的恰当时间应该多长；这又要取决于殖民地人口增长率，尤其要取决于移民的方法，这要由一个工人变成土地所有者，由另一个工人做替身所需的时间来决定。而工人移入率还要取决于殖民地发展的前景、宗主国和殖民地之间的距离、移入工人所需的旅费。第二，要得到预期的效果，制定价格就要考虑殖民地的生活费用和工资率，因为这两者（的差额）就成为工人变为土地所有者所必须积攒的资本；工资率和生活费用的比例，将决定积攒必要资本的时间是长些还是短些。第三；殖民地的土壤和气候，这将决定一个工人为了让自己成为一个土地所有者所需土地的数量。”①以上谈的，只是最重要的，但已可看出，“充分价格”的制订，确实是一项“系统工程”，是一门“艺术”。

随着殖民地资本和劳动的增加，进入使用的土地数量也增加。这样，政府的土地政策，就像一条松紧带；与其相适应的“充分价格”的高度，就成为一个争论的问题。1829 年，威克菲尔德在其关于殖民地化的最早著作，即《澳大利亚殖民地化建议草图》中，曾建议新南威尔士每英亩土地的价格为

① 威克菲尔德：《殖民地化的艺术》，1849 年英文版，第 347—348 页。

2 英镑，并同那些主张定为 1 英镑的人进行争论。但《草图》改版为《来自悉尼的信》时，这个土地价格问题被删掉了。他终于认为，土地的“充分价格”只能由经验决定。不过，他曾表示，必须经过三年，才能让工人成为土地所有者。

按照威克菲尔德的方案，“充分价格”适用于肥沃程度和地理位置不同的土地，但这种土地的数量以适合需要为限度，并且应是集中的，他认为这有利于殖民地资本主义的发展。这样一来，较差的土地，生产力如果低于“充分价格”，似乎就无人购买了。但是，即使这样，他认为是不成问题的，因为总的来看，“充分价格”构成的基金，是用来移入新工人的，随着工人增加，这个价格就可以降低，而当殖民地能由此吸引更多的工人时，工人必须被雇用的时间也可望缩短。

这样，“充分价格”就成为劳动供给和需求的调节器。这是因为，“随着出卖土地的增加，对耕耘新土地的劳动需求就增加，而随着出卖土地的增加，用来取得新劳动的基金也增加”。①

他还考虑移民对象问题。他认为，用基金移入强壮能干又暂时没有儿女拖累的夫妇，无论对宗主国还是对殖民地，都有好处。这样做，除节省旅费外，还可以提高殖民地的声誉，因为它再也不是乞丐的栖身地和囚犯的流放地。他非常注意移入工人时，保持两性之间的平衡，以避免男多女少和妓女产生。

他认为实行这一“社会系统工程”，移民垦殖殖民地的资本主义就能发展起来。

从历史事实看，英国根据这一建议，对其殖民地的土地和移民政策实行改革，是从 19 世纪 30 年代到 40 年代，但以失败告终。正如马克思所指出的，它使移民潮流从英国的殖民地转向美国（美国已独立，英国的法律管不到它，尽管这时美国仍是英国的经济殖民地）；最重要的，欧洲资本主义生产的进步，以及随之而来的政府对工人压迫的加重，使他的方案成为多余的。在美国，巨大的移民人流在东部停滞并沉淀下来，而向西部去的移民浪潮又来不及把人们冲走，于是形成了一个劳动市场，其后，南北战争的结果，造成

---

① 威克菲尔德：《英国和美国》（第二卷），1834 年英文版，第 130 页。

了巨额的国债，以及随之而来的沉重的赋税，产生了最卑鄙的金融贵族，使极大部分公有土地被滥送给经营铁路、矿山等的投机公司，工人容易获得土地的时代过去了。在澳大利亚，英国政府无耻地把未开垦的土地滥送给贵族和资本家，发现的大金矿吸来了人流，英国商品的输入引起的竞争使一些手工业者破产，产生了一个充分的相对过剩的工人人口。总之，历史发展到这一点，欧洲资本主义的发展，客观上促使移民垦殖殖民地的资本主义的发展。

在马克思看来，两种不同的殖民地都会产生资本主义，都会实现工业化，两者没有什么不同。关于移民垦殖殖民地，如上所述，他认为只要工人容易获得土地的条件再不存在，资本主义就能发展起来，然后就像母国那样，逐渐实现工业化。关于奴役土著殖民地，他认为只要破坏其自然经济，使农业和手工业的结合体瓦解，或者说，只要亚细亚生产方式瓦解，资本主义就能发展起来。因为它们原来之所以比西欧经济落后，不能产生资本主义，就是由于存在着亚细亚生产方式，而外国资本主义对这种殖民地的统治，恰恰就能破坏亚细亚生产方式，并为了自身的利益，要在殖民地兴办铁路之类的企业，这就不仅使殖民地的资本主义发展，而且使其不可避免地实现工业化，而一旦能够这样做，其殖民地的命运也就结束了。

马克思是在论述英国对印度的统治时，谈论这个问题的。他认为英国统治它的殖民地印度，不像以前印度的统治那样被印度同化，相反地，英国将印度的经济基础加以破坏，并将它建成英国所需要的社会，其重要原因，是英国处于资本主义阶段，印度则处于前资本主义阶段，并存在着大量村社制度，从所处社会发展阶段看，英国高于印度，因此，英国能改变印度。前面说过印度存在农村公社。由于大量村社的存在，印度在政治结构上是四分五裂的，它本来就逃不过被征服的命运。问题在于哪一个征服者对印度的发展有利。马克思指出，相继征服过印度的阿拉伯人、土耳其人、鞑靼人和莫卧儿人，不久都被当地的居民同化了，只有英国人不是这样。他们在印度要完成双重的使命：一个是破坏的使命，另一个是建设的使命。

破坏的使命：英国人破坏了印度的村社制度，摧毁了印度的手工业，从而消灭了印度的文明。马克思指出，英国人在印度接受了财政部门和军事部门，却忽略了西欧政府当时所没有的公共工程部门，这样印度的农业便衰落下来了。这当然是对印度的严重破坏。但是，马克思认为，这和“同时发生(的)……在整个亚洲史上都算是一种新事物的情况”①相比，是轻得多的。这种“新事物”是什么呢？这就是：英国侵略者打碎了印度的手织机，毁掉它的手纺车，起先把印度的棉织品挤出了欧洲市场，然后再向印度输出棉纱，最后使印度这个棉织品的祖国充满了英国的棉织品。他认为，只有这样，才能摧毁村社制度，才能结束“从遥远的古代直到19世纪最初10年，无论印度的政治变化多么大，可是它的社会状况始终没有改变”②的状况，所以，这种破坏是消灭旧的亚洲式的社会，是亚洲最大的，也是亚洲历来仅有的一次社会革命。

建设的使命：为建设西方式的社会奠定物质基础。开始时除了破坏，就没有其他的，但是渐渐地建设也有了，这首先表现在政治统一、自由报刊、管理科学和交通发达上。英国人在印度用武力实现的政治统一，将被电报巩固下去；他们的教练训练出来的印度人的军队，是印度人自己解放自己和不再一遇到侵略者就被征服的必需条件；在亚洲第一次出现并且主要由印度人和欧洲人的共同子孙所领导的自由报刊，是改造这个社会的新的和强有力的因素；从那些在英国人监督下，在加尔各答勉强受到一些很不充分教育的土著居民中间，正在成长起一个具有管理国家的必要知识，并且接触了欧洲科学的新的阶层；最重要的是，由蒸汽机产生的铁路和轮船，把印度的主要港口同东南海洋上的海港联系起来，使印度摆脱了孤立状态，而孤立状态是它过去处于停滞状态的主要原因。

马克思特别指出，英国的工业巨头们，其所以愿意在印度修筑铁路，完全是为了降低他们的工厂所需要的棉花和其他原料的价格。但是，只要他们把机器应用到一个有煤有铁的国家的交通上，他们就无法阻止这个国家自己去制造这些机器了。如果想要在一个幅员广大的国家里维持一个铁路网，就不能不在这个国家里把铁路交通日常需要的各种生产过程都建立起来，这样一来，也必然要在那些与铁路没有直接关系的工业部门里应用机

① 《马克思恩格斯全集》(第九卷)，人民出版社1961年版，第147页。

② 同上书，第146页。

器。总之,在破坏村社制度的基础上,铁路的发展,将改变印度的社会关系,使印度逐渐工业化。

最后,马克思深刻地指出,英国资产阶级看来将被迫在印度实行的一切,既不会给人民群众带来自由,也不会根本改变他们的社会状况,因为这两者都不仅仅决定于生产力的发展,而且决定于生产力是否归人民所有。但是,为这两个任务创造物质前提的,则是英国资产阶级一定要做的事情。难道资产阶级能做更多的事情吗?“问题不在这里。问题在于:如果亚洲的社会状况没有一个根本的革命,人类能不能完成自己的使命。如果不能,那么,英国不管是干出了多大的罪行,它在造成这个革命的时候毕竟是充当了历史的不自觉的工具。”①

我想,正是马克思这些分析,使他在《资本论》(第一卷)的序言中断言:“工业较发达的国家向工业较不发达国家所显示的,只是后者未来的景象。”②马克思这个预言,并没有全部实现;他没有看到,两种殖民地的发展方向不同,有的殖民地不能实现工业化。

上述马克思对印度农村公社和英国对其破坏在历史上起的作用的看法,是19世纪50年代初作出的。从70年代,尤其是从巴黎公社失败后开始,马克思大量阅读有关原始社会尤其是农村公社的书籍,特别研究了在阶级社会中存留的农村公社土地制度的发展,随着认识的深化,他对俄国农村公社在与世界市场发生联系的条件下,在历史上起的作用的看法,有了根本的变化。1881年初,他致俄国查苏利奇的复信(草稿一)中说:“俄国是在全国范围内把‘农业公社’保存到今天的欧洲唯一的国家。它不像东印度那样,是外国征服者的猎获物。同时,它也不是脱离现代世界孤立生存的。”由于这样,“一方面,土地公有制使它有可能直接地、逐步地把小土地个体耕作变为集体耕作,并且俄国农民已经在没有进行分配的草地上实行着集体耕作。俄国土地的天然地势适合于大规模地使用机器。农民习惯于劳动组合关系,有助于他们从小土地经济向合作经济过渡;最后,长久以来靠农民维持生存的俄国社会,也有义务给予农民必要的垫款,来实现这一过渡。另一

① 《马克思恩格斯全集》(第九卷),人民出版社1961年版,第149页。
② 《马克思恩格斯全集》(第二十三卷),人民出版社1972年版,第8页。

方面，和控制着世界市场的西方生产同时存在，使俄国可以不通过资本主义制度的卡夫丁峡谷，而把资本主义制度的一切肯定的成就用到公社中来”。[①] 这样，俄国就可以不经过资本主义的苦难（卡夫丁峡谷）而进入社会主义。

由于这样，他改变了以往对英国统治印度的看法。他认为，英国在印度消灭农村公社、消灭私有制、建立私有制并不意味着社会的进步。他在给查苏利奇的复信（草稿三）中说："谁都知道，那里的土地公社所有制是由于英国的野蛮行为才消灭的，这种行为不是使当地人民前进，而是使他们后退。"[②]

第三节　两种殖民地的工业化问题

一般说来，移民垦殖殖民地在第二次世界大战前就已工业化了，有的是获得政治独立后工业化的（美国），有的是工业化后获得政治独立的（加拿大），它们已成为南北关系中的"北"了；奴役土著殖民地有的是由于未能工业化而成为殖民地的（旧中国），有的早就是殖民地（菲律宾）而一直没有工业化，它们直到第二次世界大战后获得政治独立，有的至今仍未能工业化，成为南北关系中的"南"。

英国经济学家霍布森在其《帝国主义》（1902 年）中论述殖民主义和帝国主义的区别时，涉及两种不同的殖民地及其工业化问题。他说的殖民主义就是："一个国家向无人居住或人口稀少的国家移民，移民充分享有祖国的公民权利，或者建立近似祖国制度的地方自治，并在祖国的最后支配之下……即是国家的种族、语言和制度在领土上的扩大。"[③]这就是我们所说的移民垦殖殖民地，也就是大洋洲和加拿大等英属自治领。在这些地区，"白人殖民者带来了本国的……工业和其他文明的技术"。[④] 而英国"其他殖民

① 《马克思恩格斯全集》（第十九卷），人民出版社 1963 年版，第 435—436 页。

② 同上书，第 448 页。

③ 约·阿·霍布森：《帝国主义》，纪明译，上海人民出版社 1960 年版，第 3 页。引文中的着重号为引者所加。

④ 同上书，第 22 页。

地都显然是帝国主义精神的代表，而不是殖民主义精神的代表。在殖民地国家有相当一部分人口包括英国移民在内，他们的家属都是遵照英国的社会、政治习惯和法律生活；在多数情况下，他们是少数人对多数异邦的和隶属的人民进行政治和经济上的统治”。① 这就是我们所说的奴役土著殖民地。他认为“这些居民被认为是低等的，在政治上或工业上都不能行使相当的自治权”。② 这是从种族论出发，认为有一种殖民地能自己实现工业化，有一种则不能自己实现工业化。这种论调的错误已被事实所证明。但这种论调包含着帝国主义对两种殖民地的政治统治方式不同（是否自治领），对其工业化的影响不同的看法，这值得重视。

美国经济学家罗斯托的《经济成长阶段论》（1960 年）是分析经济成长的，其中涉及上述问题。他将社会发展分为五个阶段：传统社会、为起飞创造前提条件阶段、起飞阶段、向成熟推进阶段、高额群众消费阶段。这里只谈有关的二、三、四这三个阶段。他认为为起飞创造前提条件阶段是一个过渡的阶段。起飞的前提条件是现代科学在农业和工业生产中发生新的作用。它不是由内部引起的，而是由较为先进的社会对传统社会带来的震动引起的。这样他就无法解释第一个起飞的英国，其动力是什么，而认为是由偶然的因素引起的。这种外力论对南北经济关系的分析所起的作用，下面再谈。在这个阶段，国民收入要有 5%—10%用于积累。起飞阶段是妨碍不断成长的旧障碍物和阻力最后已被克服的时期。在英国和栖息着主要来自英国的居民的世界上得天独厚的地方，即美国和加拿大等，刺激它们进入起飞阶段的最直接的力量最主要的是技术。这时要有 10%以上的国民收入用于积累，只有这样，投资率的增长才超过人口增长率。向成熟推进阶段是超出原有的、推动它起飞的各种工业之外，把当时的现代技术有效地应用于它的大部分资源的时期，新的工业替代起飞阶段的旧工业。这时的积累要占国民收入的 20%，以便使生产的增加超过人口的增加。他并且认为，人口多增加 1%，就要从国民收入中多拿出 3%用于积累。这样一来，那些未能实现工业化的殖民地，虽然时刻都受外力的影响，但由于人口多而积累低，就只

① 约·阿·霍布森：《帝国主义》，纪明译，上海人民出版社 1960 年版，第 4 页。

② 同上书，第 22 页。引文中的着重号为引者所加。

能滞留在传统阶段。这就是用罗斯托的理论来解释奴役土著殖民地未能工业化的原因,所得出的逻辑结论。

对于这种理论,除了其政治倾向留待下面指出外,我在这里要指出的是,它完全离开社会制度谈问题,只将表面现象加以记录,因而是不科学的。例如,没有抽象的人口规律;也没有抽象的投资规律,因为只要高利贷资本仍然存在,在一般情况下,人们就不会将资本投在工业上,其原因在于前者的利率比后者高;等等。

刘易斯对农业国的工业化问题的研究,在西方经济学界被认为是具有权威性的。他先对工业化的标准加以说明,这就是农业人口下降到劳动力的50%以下。接着,他就根据斯图亚特的"自由的手"的理论,认为农业革命是工业化的前提,并提出"在一个封闭的经济中,工业部门的大小是农业生产率的函数"①的命题。这是正确的。我们在前面论述马克思的有关理论时,已经谈到这一点。问题在于刘易斯没有说明,为什么有的国家能够进行农业革命,有的国家却不能,这当中的社会原因,他没有探讨。

为了说明工业化的这个前提,他根据历史事实予以验证。他说:"帝国主义列强对其殖民地和'门户开放'国家的工业化采取了敌视的态度,这是不容争辩的。但是,在19世纪中期,世界并未全都殖民化。当咖啡种植业在1850年左右开始在巴西迅速发展时,并没有来自欧洲或北美的外部政治力量,迫使巴西发展成为咖啡出口国而不成为一个工业国。巴西、阿根廷和拉丁美洲所有其他国家都可以根据自己的意愿进行工业化,但是它们没有这样做。印度、锡兰、爪哇和菲律宾确是殖民地,但在1850年,泰国、日本、中国、印度支那或者印度尼西亚群岛的其他部分仍旧没有实行工业化的迹象。非洲直到1880年才被分割,而那时工业革命已进行了100多年,我们不能回避这样一个事实:在工业化方面,东欧和南欧那时恰恰和南亚或拉丁美洲一样落后,仅有政治上的独立,工业化的基础还是不充分的。"②这里不分政治上的殖民地和非殖民地,说明工业化的前提是农业革命。

他认为,"缺乏投资气氛"是工业化的另一个限制。这指的是有些国家

---

① 阿瑟·刘易斯:《国际经济秩序的演变》,乔依德译,商务印书馆1984年版,第6页。
② 同上。

的权力,“仍旧集中在地主阶级的手中,它们从廉价进口品中获得好处,没有理由支持新兴产业阶级的出现”。[①] 这说的是政权掌握在哪个阶级手中,对工业化的决定性影响。

他最后指出,“除了殖民主义[②]——它限制了某些国家的工业化——以外,还有其他三个因素起了阻碍工业化的作用”:(1)“这些国家的进出口贸易在很大程度上控制在外国手里。利润恰恰产生在进出口贸易中……而铁路和采矿业的利润则颇不稳定。利润是进行再投资所需资金的主要来源,如果所积累的贸易利润掌握在国内企业手中,那么国内再投资就会比较多,而且人们必定会对国内制造业更感兴趣”,这里说的是经济殖民地对工业化的妨碍;(2)“参与国际贸易这件事本身,促进了对外国商品的需求,而在贸易的过程中又会破坏当地的工业。消费者懂得宁可吃小麦而不愿吃甘薯,宁可用水泥而不用当地的建筑材料。如果这个国家拥有原材料,能够获得加工这些外国产品的新技能,那当然没有问题;否则,它就会减少出口乘数。出口乘数就是出口收益在重新外流之前,在该国周转、对国内工业起促进作用的程度”;(3)“在农业经济中,如果不采取特殊措施以阻止市场力量的势头,改变其方向,市场力量所起的作用就是使这个国家永远成为农业国”,因为这种“国家出口的巨大成功,就给靠生产初级产品为生的那些大资本家和小农场主以及反对工业化措施的那些人创造了既得利益”,要解决这个问题,“最好是由政府采用关税和进口配额来保护新兴的制造业”,但这要以实业界已控制了政府为前提,所以,“最终结果要取决于工业利益集团和农业利益集团的政治力量的相对强弱”。[③]

以上论述的,如果还不是从两种不同的殖民地的角度进行的,那么,经过这种论述,下面的论述就是从这个角度进行的了。刘易斯说:“阿根廷和澳大利亚之间的对比特别具有启示性。这两个国家的经济,在 19 世纪 50 年代同时开始迅速增长,并且出售相同的商品——谷物、羊毛和肉类。1913 年时,两国的人均收入都处于世界前十名之内。但是,澳大利亚迅速实现了工业化,而阿根廷却没有……关于阿根廷未能实现工业化这一点,阿根廷的一

---

① 阿瑟·刘易斯:《国际经济秩序的演变》,乔依德译,商务印书馆 1984 年版,第 7 页。

② 从分析中可以看出,这里的殖民主义指的是政治上的殖民地。

③ 阿瑟·刘易斯:《国际经济秩序的演变》,乔依德译,商务印书馆 1984 年版,第 15—17 页。

些民族主义者归咎于英国在阿根廷的权益；但是，英国在澳大利亚和加拿大甚至更有影响，而这两个国家却迅速工业化了。与这两个国家相比较，主要差别在于阿根廷的政治生活为过时的、有地贵族所控制。澳大利亚不存在有地贵族，它的政治生活由城市各阶层控制，它们利用自己的权力保护工业利润和工资。”①这就是说，没有前资本主义束缚的殖民地，其工业化较易；有前资本主义束缚的殖民地则否。

先师王亚南教授对这个问题的分析，我认为值得重视。他是在抗日战争时期发表的《中国工业建设论》②这篇论文中涉及这个问题的。

作为该文的结论，王亚南指出：(1)“一个落后国家的工业建设过程……是历史发展必然通过的阶段，它是在旧社会破坏的废墟上来进行的。旧的社会因素不予革除，新的建设工程就会随之遭受阻挠而无法顺利展开”；(2)“现代化的工业建设，不是一个纯技术的范畴，而是一个社会体制改造的问题。技术性的条件，只有在一定的社会性的诸条件具备下，才能有效地利用起来。……”；(3)“技术性的诸条件，不论是属于物的，抑是属于人的，都不难由别的先进国家移植来。社会性的条件，却须在自己社会关系的改革中，才能实现”；(4)“争取民族独立自由彻底解放，收回一切主权领土，才有我们工业建设发达上的重要保证条件，而传统的落后的旧社会诸因素的革除，尤其是合理的土地关系的建立，实为我们工业建设首应实施的重要清道工作，我们应把这种工作作为我们工业建设的出发点。……”；(5)“一个关系整个社会改革的问题的解决，在作为解决问题手段的政策之确立上，固须有科学的理论作为指标，而负责推行的人，对于其所进行的艰巨任务，尤须具有社会科学的认识。……”③其中的第 4 点，显然与两种不同的殖民地有关，我们深入研究一下旧中国的工业化问题，就可以从具体的论述中，概括出一般的理论来。

王亚南认为，“收回一切主权领土”是大家容易明白的工业建设的前提条件之一。他说：对外自主的税制，“对于一切工业尤其是年幼期的民族工

---

① 阿瑟·刘易斯：《国际经济秩序的演变》，乔依德译，商务印书馆 1984 年版，第 17—18 页。

② 该文最初收入王亚南《中国经济论丛》，五十年代出版社 1944 年版；后来又收入王亚南《社会科学新论》，经济科学出版社 1946 年版。

③ 王亚南：《社会科学新论》，经济科学出版社 1946 年版，第 232—233 页。

业的发育，实具有极重要的扶植作用，不少先进的工业国家都利用过税制作为护育工业发展的重要手段，中国近百年来对外关税自主权的丧失，便利了国际商品的倾销与资源的掠夺，给我民族工业严重打击的事实，这是众所周知的”。① 由主权的丧失或不完整而引起关税权的丧失或不完整，本来是两种殖民地都存在的问题，但是奴役土著殖民地甚于移民垦殖殖民地。以英国的殖民地为例，加拿大、澳大利亚、新西兰这些移民垦殖殖民地，分别在19世纪下半期和20世纪初，就成为自治领，有了较大的自主权；奴役土著殖民地则在第二次世界大战后才成为自治领。这两种殖民地，对外实行不同的税制。对此，意大利经济学家阿希尔·洛里亚将其区分为两种帝国主义："经济的"帝国主义和"商业的"帝国主义，前者的目标是热带国家，后者的目标是其环境适于欧洲殖民的国家；两者实行不同的关税制度。这对工业化当然起不同的作用。

王亚南特别强调"合理的土地关系"，因为这是大家不易明白的工业建设的前提条件。他认为工业化所需要的合理的土地关系，即现代化的土地关系，有以下几个特征："(A)租佃关系法律化，(B)地租率不高出一般产业利润率，(C)在耕作经营上有较大的较自由的使用性。"②这里就(B)点深入论述一下。

王亚南说："如果地租率显然高于产业利润率，则社会拥有大量资金的人，也就显然不会把资金投入产业界，而会用以购买土地。……地租愈高，从事现代式农业经营者固不会出现(刘易斯再三强调的农业革命就无法深入——作者注)，而靠租入土地耕种为生者的农民的生产条件必无法改善，农民生活愈恶劣，它们就愈不能有多余的生产品抛售到市场去，从而也就愈无力向市场买进工业生产出的生活品及农具，而力求自给自足。中国经过一百年的破坏，而尚顽执地保留到了相当程度的工农结合体，就是在这种事实上得到存在依据的。"③不仅如此，无法进行再生产的农民，由于资本主义产业不发达，就成为游民，"工资"极其低下，这又妨碍了机器的使用。在旧中国的农村，由于"人工"低廉，且是逐日支付的，不像购买耕牛既昂贵，又要

① 王亚南：《社会科学新论》，经济科学出版社1946年版，第214页。

② 同上书，第217页。

③ 同上书，第218页。

一次支付和逐日喂养，就出现以人工代替役畜的现象。在这条件下想要工业化，真是从何谈起。

现在的问题是：为什么落后国家例如旧中国的地租率会高于产业利润率。这不能用通常的封建地租理论来解释。因为它只说明地租是农奴或农民的剩余劳动，他们还保有属于自己的必要劳动（能够温饱），如果将剩余劳动和必要劳动之比视为地租率，它就只表示他们被剥削的程度，与这地租率相对应的资本主义经济范畴是剩余价值率，即 v ∶ m，而不是利润率，利润率是资本家的全部垫支资本（c＋v）和它带来的收入即 m 之比。因此，和利润率有可比性的地租率应修正为地主购买土地支出的全部货币，即土地价格和地租之比。我们知道，土地价格的存在意味着土地可以买卖。封建主义的领主经济阶段，土地不能买卖，取得土地凭特权，封建主义的地主经济阶段，土地可以买卖，取得土地凭货币。土地开始买卖时的土地价格，由领主经济条件下的地租（前面谈的是这种地租）和高利贷的利息率决定。这样的土地价格一旦产生，就反过来按高利贷利息率收取地租。所不同的是放债有风险，利息包括风险，买地收租无风险，故地租略低于高利贷利息。这是封建主义地主经济的地租。由于高利贷利息率远远高于产业利润率（下面还要说明），这种地租率就高于产业利润率，这种地租侵吞部分必要劳动，使农民不能达到温饱。

高利贷利息率高于产业利润率，这是历史事实。既然这样，似乎就无法说明资本主义如何能产生了。马克思说：“整个 18 世纪都有一种呼声（立法也照此办理），要以荷兰为例，强制压低利息率来使生息资本从属于商业资本和产业资本，而不是相反”，这就是资本主义的呼声；而“在荷兰，商业信用和货币经营业已经随着商业和工场手工业的发展而发展，而在发展过程中，生息资本已从属于产业资本和商业资本。这一点已经表现在利息率的低微上”。① 资本主义的工场手工业，如列宁所指出的②，往往同封建的商业资本甚至高利贷资本相联系，即大规模地购买原料后，再高价卖给手工业者，并低价收购他们的产品，再转手高价出售，它的利润实际上包含有商业资本的

① 《马克思恩格斯全集》（第二十五卷），人民出版社 1974 年版，第 681 页。

② 《列宁全集》（第三卷），人民出版社 1959 年版，第 396 页。

利润和高利贷资本的利息，比产业利润高。但仅是这样，还不能降低高利贷利息率，使资本投到产业上。因此，最重要的是发展商业，即原始积累时的商业，用掠夺、欺诈的办法，从海外攫取巨额利润，使其转化为产业资本。随着这些条件的发展和资本主义的发展，从资本循环中形成的货币资本转变为借贷资本。这样，"立法"才有可能降低高利贷利息率，产业资本才能迅速发展。落后国例如旧中国显然缺少这个条件。因此，高利贷利率、封建地租率都高于产业利润率，如果不是有极低下的工资这个条件，资本主义工业是无法产生的。但这个条件又限制了机器的应用。因此，这种殖民地常见的是工场手工业。

移民垦殖殖民地不是这样。它没有封建的土地关系，有一段时间几乎可以自由获得土地，因为土地是无主的，只要花劳动去开垦，并缴纳少量登记费用便能取得。但这过程一结束，资本主义工业就发展。因为当时的社会条件使有资金的人，不把资金用于购买土地，而用于兴办产业。而占有土地的个体农民多，工人求过于供，工资大大高于欧洲①，又促使这种殖民地急于使用机器，有利于工业化。

王亚南的挚友郭大力教授对封建主义必然妨碍工业化的分析，也适用于奴役土著殖民地。郭老师说："封建社会不是不能有商品生产，也不是不能有工资劳动。但这种商品生产是和资本主义的商品生产不同的。在这个形态上，商品如果不是自己消费以后有余的，就是由顾客来定造的。前一种情形，是农业的通例；后一种情形，是手工业的通例。还有一点，在他们生产商品时，那也通例是为生存而生产的，绝不是为利润而生产的。封建社会能容纳高利贷者，能容纳商业家，但不能容纳产业家。在封建社会，剩余价值的主要形态，必须是地租。封建社会不容许剩余价值直接采取利润的形态，然后再在利润中，分一部分出来成为地租，却通例使剩余价值直接采取地租的形态，然后以地租的一部分成为高利贷者和商人的利益。② 这种局面，自

---

① 刘易斯谈到澳大利亚的工资高于巴黎或伦敦，但没有说明原因。参见阿瑟·刘易斯《国际经济秩序的演变》，乔依德译，商务印书馆 1984 年版，第 15 页。

② 这里是从"剩余价值"的角度，谈论高利贷资本的利息和商业资本的利润，来自"剩余价值"，不涉及地租要由高利贷利息率来调节，也不涉及利息和利润也来自必要劳动的问题，同我们前面的分析不矛盾。

然只能在小生产手工生产的情形下维持，因为它只容纳小生产。”[①]在这历史条件下，工业化当然是困难的。

将以上的论述加以比较，就可以看出，罗斯托的分析没有涉及社会制度，较为表面；刘易斯则涉及社会制度，但层次仍不深；王、郭两人，尤其是王教授，则深入生产关系，还谈到政治上层建筑，较为深刻。

第四节 殖民地国家的独立和帝国主义问题

对于原来的殖民地在第二次世界大战后发生的巨大变化，即绝大多数在政治上获得独立这一事实，我们通常用殖民体系的解体来加以概括。我不想使用这种说法。因为它多少有点不区别经济殖民地和殖民地国家，实际上用两种标准衡量殖民地[②]，和我的认识有所不同。此外，这样理解殖民地，又会导致将帝国主义只理解为是对殖民地国家的统治，后者一旦获得政治独立，帝国主义就不复存在，这和我认为帝国主义是垄断资本主义的世界体系的认识，也有所不同。因此，我对上述历史事实用殖民地国家的独立来概括，并相应地提出帝国主义是否存在的问题。

战后殖民地国家的政治独立及其发展有三种情况。第一种属于移民垦殖殖民地的国家，如加拿大，在经济上早就不是殖民地了，但在政治上的完全独立，却在 1982 年春，它已发展为发达的资本主义国家，同原来的移民垦殖殖民地美国一样，构成南北关系中的“北”；第二种属于奴役土著殖民地的国家，其政治独立是由资产阶级，或者封建地主，或者奴隶主领导的，它们成为民族独立国家，从目前看，其中的绝大多数经济上并没有独立，其经济殖民地的命运，并没有结束，它们构成南北关系中的“南”；第三种也属于奴役土著殖民地的国家，其政治独立是由无产阶级领导的，发展为社会主义国家，我们下面要说明，它们不在我们研究的南北关系这一范畴内。

在这条件下，帝国主义是否仍然存在呢？我认为仍然存在。因为垄断

① 郭大力：《生产建设论》，经济科学出版社 1947 年版，第 22 页。

② 这个问题下面具体谈。

资本不仅仍然存在，而且还在发展，而帝国主义就是垄断资本主义的世界体系。那些认为帝国主义不复存在的意见，只将帝国主义看成用武力向外侵略，兼并土地，而没有看到其经济内容是攫取垄断利润，因而是不科学的。只要有垄断资本主义，它就要向国内外经济殖民地攫取垄断利润。目前，国外经济殖民地主要有三种。

(1) 目前仍有极少数的未获得独立的殖民地国家或地区，它们当然也是经济殖民地。

(2) 政治上虽已独立，但经济被控制、被渗透。这种经济殖民地和上述的不同，仅在于土地不被侵占，形式上是独立国家，但其经济却被垄断资本主义国家所控制，情形和东印度公司设立后，土地被英国侵占前的印度类似。这类经济殖民地，在第一次世界大战前便存在，列宁指出，阿根廷在财政上这样依赖英国，以致实质上成为英国的附属国，说的就是这个意思。第二次世界大战后，绝大多数民族独立国家，在生产、金融、财政、商业、航运上，仍受垄断资本主义国家控制，仍是经济殖民地。

(3) 由不合理的国际分工和经济秩序所束缚的殖民地。上述两者其实也可以归入这一类。现在将第 3 种区分出来，是由于其土地不被占领，其经济也并没有被单独一个垄断资本主义国家所控制，但在国际分工和经济秩序中，正如在下面将谈到的，仍然处于生产以手工劳动为主或使用大量劳动的产品的地位，以此来为处于生产以使用机器为主或使用高级技术的产品的地位的另一方服务。马克思分析过的以产业革命为基础而划分的工业国和农业国，前者是宗主国，后者是经济殖民地，这情况在新的条件下，以新的形式出现。我们从前说过，奴役土著殖民地的工业生产以工场手工业为特征，农业生产以种植园的大农业生产和个体小农生产并存而向单一作物生产发展为特征。第二次世界大战后，这些殖民地国家大多数已独立，随着战后科技革命的进行，上述情况形式上有所变化，但实质上仍然一样。这就是它们大多数为工业高度发达的垄断资本主义国家，生产所谓劳动密集的产品，在工业上生产矿产品，在农业上生产原料，同对方生产的资本密集和知识密集的产品相交换。后面我们将要详细说明，国际分工的形式虽然在变化，但在这分工下两方的交换，始终是不等量劳动或不相等价值的交换。这就是我们要论述的南北经济关系的基础，或南北纯经济关系，即撇开垄断价格、价格剪刀差、货币金融和政治压迫等因素的经济关系。

由于经济殖民地的存在，垄断资本主义这个世界体系存在，帝国主义就仍然存在。

在这个问题上，我同意马格多夫的看法，尽管我不同意他关于资本主义(不是垄断资本主义)是一种世界体系的提法，也不同意他关于“没有殖民地的帝国主义”的提法，因为这里的殖民地没有区分经济殖民地和殖民地国家，但他肯定战后帝国主义的存在，则是正确的。他明确指出：殖民主义的终止，并不表明帝国主义的结束，因为被认为是直接运用军事力量和政治力量的殖民主义，对于许多附属国建立适合宗主国需要的社会制度和经济制度具有非常重要意义，这种建立一旦完成，各种经济力量，如国际价格、市场销售和金融体系等，就足以使宗主国和殖民地之间的统治和剥削关系保存下去，在这情况下，殖民地就可能享有正式的政治独立而没有什么实质性的变化，也没有严重影响原来导致征服殖民地的各种利益。

论述到这里，人们要提出问题：我们在前面说过，垄断资本主义这个世界体系，其所以表现为帝国主义，是由于宗主国和受其剥削的国外殖民地在政治上连在一起，即组成殖民帝国。现在，国外殖民地独立了，垄断资本主义世界体系依以表现为帝国主义的条件不存在了，帝国主义怎会存在？

我认为这完全是从政治形式看问题，完全不考虑经济内容，如果考虑到后者，结论就不同。况且从政治形式看问题时，也没有更深地观察问题。如果更深地观察问题，我认为旧的殖民帝国正在被新的殖民帝国所取代。

我们且不说大不列颠及爱尔兰联合王国改为大不列颠及北爱尔兰联合王国后的“联合王国”，英帝国改为英联邦后的英联邦仍然是殖民帝国，因为它不典型。典型的是战后法兰西联邦的产生及其演变为法兰西共同体。法国对其殖民地国家原来实行直接统治的政策。第二次世界大战后，殖民地国家要求独立，对此，法国一方面疯狂镇压，另一方面搞“非殖民地化”。在1946年的第四共和国宪法中，殖民地被纳入法兰西联邦。该宪法规定：“法兰西联邦由包括法国本土及海外各省与属地之法兰西共和国与各成员国家及地区组成之”。这些海外省与属地是殖民地，但和法国本土组成法兰西共和国，如同爱尔兰或北爱尔兰是殖民地，但和大不列颠组成联合王国一样；各成员国及地区是殖民地，但和法兰西共和国组成法兰西联邦，如同英国或联合王国和成员国组成英帝国或英联邦一样。1958 年第五共和国宪法,又将法兰西联邦改为法兰西共同体,实质上还是一样,是殖民帝国的新形式。换言之,英、法这两个最老和最大的殖民帝国极力设法维持自身的存在。

德国和日本这两个战败国,其原有的殖民地和在战争中建立起来的大帝国,都已独立和瓦解,它们应该再也不能建立殖民帝国了吧。从表面上看是这样,从潜在发展看就不是这样。以日本为例,它在东南亚的经济扩张和它提出的建立环太平洋经济圈的设想,已使东南亚有经验的政治家感到大东亚共荣圈的再现将是可能的,因为东南亚已是日本的经济殖民地①,经济大国的地位要与政治大国的地位相适应。

欧洲经济共同体的联系国制度,即共同体对其成员国的原有殖民地保持联系,并予以优惠,我认为也是一种殖民帝国,这种联系的经济内容,下面再分析。

第五节　殖民地国家恢复主权,是南北关系形成的契机

从各个垄断资本主义国家和其殖民地国家的关系,发展为战后的所有垄断资本主义国家为一方,所有民族独立国家为另一方的南北关系,其契机就是殖民地国家之恢复主权。这样,至少在形式上,某一民族独立国家并不受某一垄断资本主义国家统治,后者也并不只统治某一前者;两方以群体发生联系。在这条件下,民族独立国家就可以以群体力量向垄断资本主义国家提出减少对其剥削的要求,而当垄断资本主义国家之间的矛盾增加,社会主义国家对民族独立国家的支持增加时,民族独立国家的要求就更坚决,垄断资本主义国家的退让就多些。这就是说,过去那种个别的主仆关系变成现在的群体的谈判或对话关系。这不是由哪一方的主观意志决定的,而是由垄断利润的攫取规律制约的。

前面说过,垄断利润来自工人劳动力的部分价值、个体生产者的部分收

① 日本资本正大量涌入美国,首先购买夏威夷的地产和企业。美国人惊呼:夏威夷成为日本的经济殖民地。

入和中小资本家的部分剩余价值，它是有一定的经济界限的，因为总要让这些人和经济成分能够存在下去，才能源源不断地取得垄断利润，否则，杀鸡取蛋，蛋就不复得了。从这方面看，垄断利润的攫取规律是既剥削又扶植的。这既适用于国内经济殖民地，又适用于国外经济殖民地。但是，由于两者经济、政治条件的差异，其适用程度有所不同。

在国内经济殖民地，工人阶级、个体生产者、中小资本家早就有了自己的组织，要求限制剥削的斗争，是由各自的组织向垄断资本家或其组织进行的。有时还在议会进行斗争，国家机器为了垄断资本主义的长远利益，便对这种斗争加以调节，适当解决矛盾。

在国外经济殖民地或殖民地国家，战前其资本主义并不发达，相对于垄断资本主义国家而言，其工人和资本家的组织程度都很低，即使有组织也不能以国家政权为后盾，向垄断资本主义国家作斗争，因为主权旁落。极少数的垄断资本主义企业，其中一般的工人，情况也是这样。个体生产者，尤其是个体农民为数众多，他们的再生产条件，是在商品价值中取回 c＋v，m 可以奉送，如果 c＋v 收不回，个人无法生活，便以副业弥补，即恶化自己的劳动条件和生活条件，他们的组织程度最低，或无组织。此外，殖民地国家是由一个垄断资本主义国家实行统治的，相对地说，其他的垄断资本主义国家不可能以较好的条件，来争夺这些被剥削者。这样，垄断利润攫取规律就不能充分发挥作用，由垄断资本主义国家单方面决定“夺”和“予”，殖民地国家没有发言的权力，两方的关系只是主仆关系，如果夺得少些，或夺后再予，那就是主人的极大恩惠了。

第二次世界大战后，产生了一系列的民族独立国家，不论它们是独立了才迅速发展民族经济的，还是民族经济有了一定的发展才取得独立的，国家主权的恢复对其民族经济的发展有重大作用。在这条件下，国营经济，包括对外国资本主义企业以不同形式实行国有化的经济，以及私人资本主义经济发展起来了。它们的再生产条件和个体经济不同，它们都要进行扩大再生产即进行积累，私人资本主义还要为资本家提供个人消费基金。因此，它们仅收回 c＋v 是不行的，一定还要有一部分 m。垄断资本主义国家和民族独立国家对此进行分割，各占多少取决于双方力量的对比，也取决于垄断资本主义国家之间的斗争，以及社会主义国家对民族独立国家的支持。随着民族独立国家民族经济中资本主义经济的发展，总的说来这分割的斗争就愈激烈。m本来是民族独立国家的工人生产的，从前被垄断资本主义国家分去的比重很大，现在如果比重变小一些，或者拿去之后，又以其他形式归回一点，由于是由民族独立国家经过各种形式的斗争而取得的，而双方都以主权者的身份进行谈判或对话，两者就不再是主仆关系，而表现为形式上平等的南北关系，尽管其经济内容仍然是剥削和被剥削的关系。

我们说过帝国主义是垄断资本主义的世界体系，这是本质。以前，它主要表现为以殖民帝国来维系的世界经济；目前，它主要表现为由“南”和“北”所构成的经济。

第六节　南北关系概念的出现及其含义问题

严格地说，南北关系这一概念，用语并不科学，含义并不清楚，但近年来已广为流行。这一概念的出现，有深刻的政治和经济根源。

前面谈道，第二次世界大战后绝大多数殖民地国家，在政治上已独立。一般的社会科学家和政治家没有经济殖民地的概念。因此在他们看来，殖民地国家的政治独立，就是殖民地本身的消灭。他们中的一些人，还对此大肆宣传。这是一方面。另一方面，在上述认识的同一前提下，站在垄断资本主义国家立场上的人，本来就否认垄断资本主义国家是帝国主义国家，而认为从其与殖民地国家的关系而言是宗主国或母国，现在殖民地国家再也不存在，与此相应，宗主国或母国当然也不存在；站在原来殖民地国家立场上的人，本来认为垄断资本主义国家就是帝国主义国家，或实行殖民主义的国家，其表现就是本国和其他国家被它们占领，成为殖民地国家，现在殖民地国家不存在了，与此相应，帝国主义国家也不存在。但是，事实上这两种不同的国家，在原殖民地国家独立后，其中的关系虽有某些变化，但仍然存在，并有所发展。用何种概念来表示这种关系呢？有很多种。南北关系是其中的一种，流行最广。

就我接触到的文献来看，最早在用词上提出南北概念的，是美国的罗斯托。他在1960年出版的《经济成长的阶段——非共产党宣言》中认为，我们所处的时代背景是：成长阶段不仅在北半球向前推进——北半球的成长过程支配了过去两百年的历史——而且也在南半球和中国向前推进；在民主的北方所写的成长阶段论的分析就以1959年为结束，这不是以物资丰富、汽车、赊购、精神缓慢停滞，甚至也不是以美国和它的婴儿大量增加为结束，而是以雅加达、仰光、新德里和卡拉奇的人，德黑兰、巴格达和开罗的人，以及沙漠以南阿克拉、拉各斯和索尔兹伯里的人所感到的窘境和焦虑为结束。这就是说，他的著作结束时，分别研究了北半球和南半球两种经济发展不同的情况。这里说的是事实，但“民主”的北方这用语已包藏着祸心。这一点，下面就会看清楚。

如果说，罗斯托是最初提出北半球和南半球经济的，那么，联邦德国政治家维利·勃兰特先生主持的“国际发展问题独立委员会”于1980年发表的研究报告《北方与南方：争取生存的纲领》，1982年发表的研究报告《共同的危机：南北合作争取世界经济回升》则使南北关系一词完整化。报告承认发展中国家要求建立国际经济新秩序的合理性，主张南北进行对话，强调南方和北方相互依存，承认改革旧的经济体制具有互利性，提倡北方向南方大量转移资金，帮助南方发展生产，改善生活，谋求南北双方共同繁荣。

以上说的，是社会科学家和政治家如何提出南方和北方以及南北关系的概念。与此同时，这个概念广泛地在国际经济与政治生活中出现，也同国际经济与政治中的实际活动，有重大关系。

第二次世界大战后，取得政治独立的民族独立国家，为积极发展民族经济、实现经济独立进行了不懈的努力。在实践中，它们逐渐认识到，要建立独立的民族经济，改变贫困落后的状况，根本问题是要联合行动，冲破主要发达国家垄断、操纵国际贸易、金融、运输的现状，改革不平等的国际经济体系。它们将各个领域的、分散的斗争集中起来，在20世纪70年代初提出建立国际经济新秩序的战略目标，在1974年第六届特别联大上通过了《建立新的国际经济秩序宣言》和《行动纲领》，使改革旧的国际经济秩序的斗争进入一个新阶段。发展中国家的石油斗争的巨大胜利，对开创这个新局面起了重要的作用。由于这样，1975年在巴黎召开了第一次讨论南北经济关系问题的南北对话。此后，在联合国等机构中进行了一系列有关国际经济秩序改革的谈判。

南北关系一词虽已广泛流行，但其含义随使用它的人不同而不同。这有两方面。首先，南与北的范围。有人将三个世界的划分同南和北的划分加以联系，认为第三世界就是“南”，第一、第二世界都是“北”。我们知道，三个世界的划分是不问社会制度的，三个世界中都有不同社会制度的国家，即既有社会主义，又有资本主义。这样一来，南北关系和东西关系便发生交叉。为了科学地进行研究，我认为有必要将南北关系限定为资本主义经济制度内两种经济发展水平不同的国家，将社会主义国家排除在外。

其次，南北关系的性质。第一种观点认为南北相互依存，提倡全球一家，宣传通过南北经济合作，达到共同繁荣，反对任何冲突和斗争，但主张调整南北关系，发达国家应作一定的让步。第二种观点认为南北公平合理，千方百计维护现存国际经济秩序。第三种观点认为南依存于北，只有北的援助，南才可免受独裁政治之苦。第四种观点认为北剥削南，但又夸大南对北的依附，并认为南北关系愈发展，依附性愈大，只有社会主义革命才能解决问题。第五种观点认为，本质上是垄断资本主义和殖民地的关系，但同过去相比，有了新的特点，即发生了部分质变。我同意第五种，但解释不完全相同。其他四种的不正确或不完全正确，在下一篇论述过程中将谈到。

第七节　一个新的范畴应如何命名

既然南北关系这一概念用语并不科学，含义并不清楚，那么就应提出一个新的范畴来取代它。

为了解决这个问题，首先要进一步说清楚，为什么不能将发达的资本主义国家和发达的社会主义国家列为一方，将由殖民地国家发展而来的民族独立国家和社会主义国家列为另一方，然后认为双方发生关系，并命名为南北关系。能够列为一方，构成这一方的因素就必须具有质的相同性。我们从这一点看，两种经济发达的国家，除了经济发达这种非本质的因素是相同的以外，就没有什么质的相同性了。最重要的不同就是，发达的资本主义国家，对殖民地国家，不论是独立前的还是独立后的，总是要剥削和压迫的，发达的社会主义国家不是这样。因此，它们不能列为一方。

从这一点看，由殖民地国家发展而来的两种国家，有不同性，也有相同性。不同性在于：由剥削阶级领导政权的民族独立国家，同发达的资本主义国家发生经济联系，为的是发展资本主义经济；由于政权性质的限制，对发达资本主义国家的剥削和压迫，不能进行有效的斗争；社会主义国家不是这样，它同发达的资本主义国家发生经济联系，为的是利用世界资本主义来发展社会主义，发生联系不能不受剥削，但可以利用政权进行有效的斗争，这种斗争除受经验不足的限制外，不受政权性质的限制。根据这种不同性，这两种国家不能列为一方。

但是，它们之间也有相同性。它们过去由于落后，就成为殖民地，成为殖民地就更落后于发达资本主义国家。政治独立后，民族独立国家由于受政权性质的限制，不能完全消除历史上阻碍其发展的内因；社会主义国家则不是这样，两者有所不同。但两者由于落后，发展经济时，管理、技术和资金等，还要向发达资本主义国家学习和由它们提供。这是两者相同的。虽然资本主义管理有二重性：组织共同劳动和监督劳动者，社会主义国家学习时要将其监督劳动者的一面去掉，民族独立国家就不需要这样做，但它们都要学习则是相同的。由于有相同性，将这两种国家列为一方，应该说是可以的。

现在这两种国家被称为发展中国家，其着眼点当然是它们有相同性；西方的发展经济学，就是研究它们以前为何不发展以及现在如何才能发展的。但是，在我看来，西方发展经济学，由于离开特定的生产关系而去研究空洞的经济关系中的数量关系或函数关系，它揭示出来的规律并不是研究了这两种国家的经济规律之后的综合，它们不仅不适用于发展中的社会主义国家，也不适用于民族独立国家。马克思主义的发展经济学尚待建立。由于这样，如果我们抢先一步，称这两种国家为发展中国家，就要加以解释，分别对待。这个问题下面还要谈。

由于要将这两种国家分开，并在这基础上考察发达资本主义国家和民族独立国家之间的关系，有人便认为是前者对后者实行新殖民主义，以区别于以前实行的老殖民主义。关于这个问题，我们留在下面谈。

为了解决命名的问题，还要进一步谈一谈经济殖民地这个范畴。这一范畴许多人不理解，但十分重要。如不牢固掌握或完全缺乏，在研究有关问题时，就产生矛盾。例如，前面提到殖民体系瓦解这一范畴，它指的是殖民地国家不存在了，但提出这范畴时，加拿大明明还是殖民地国家，可是提出和运用这范畴的人，却认为加拿大已经不是殖民地了，因而加拿大在他们的视野之外。其实，加拿大在1982年春结束殖民地国家命运前，只是已经不是经济殖民地。这反映出有些人的殖民地观是二元的，有的从政治上着眼，有的从经济上着眼。其原因在于没有区分两种殖民地，至少是没有牢固掌握经济殖民地这一范畴。再如，前面提到，卢森堡认为资本积累要由资本家和工人以外的第三者(外部市场)来实现，第三者可分为国外的和国内的，性质或作用相同。但她又认为，只有国外的才是殖民地。这反映了她缺乏经济殖民地的概念。不然，她就可以提出这样的理论：第三者是经济殖民地，它可分为国外的和国内的，国外的再丧失主权，就是殖民地国家。

现在我们可以对发达的资本主义国家为一方，民族独立国家为另一方所结成的关系命名了，这就是世界性的发达资本主义国家和经济殖民地主权国家的关系。这表明它是从垄断资本主义国家或帝国主义国家和政治殖民地或殖民地国家的关系演变而来的。之所以不提帝国主义国家，而改为发达资本主义国家，不提殖民地国家，而改为经济殖民地主权国家，并总冠以世界性的，都是由于原来的殖民地国家已经独立，成为主权国家。因此，殖民帝国不在政治上表现出来(英法例外)，虽保存帝国主义原有的经济内容，但在政治上不表现为帝国主义；经济殖民地而又是主权国家，它就不是属于那一国的，它和发达资本主义国家结成的关系，就不是国别性的，而是世界性的。

如果说，范畴的命名要简洁，现在的命名不简洁，很难接受，而一时又找不到更简洁的，那么，约定俗成，仍然使用南北关系一词，未尝不可。但要加以解释。下面我们就是从这一意义仍然使用南北关系这一用语的。

第八节　发展中国家问题

现在所说的发展中国家，包括了由殖民地国家发展而来的民族独立国家和发展中的社会主义国家。但前面我命名新范畴时，它的内涵是将后者排除在外的。因为我们已说过，要在这两者之间找共同点，这个工作尚待进行。但是，即使将发展中的社会主义国家暂置勿论，发展中国家这个范畴的含义也要明确。我认为有三种发展中国家。

一种是现在的发达资本主义国家，当它还没有发展到现在的水平时，同现在相比，它是发展中的国家。它有这样的特点：(1)由于是世界上最早走上资本主义道路的国家，没有其他的国家侵略、压迫它，相反地，它还可以侵略、压迫其他国家，这就是从原始积累时期以来，对外掠夺和经营殖民地，用从海外得到巨大资金，加速自己的发展，这样，它很快就成为发达国家，并继续压迫、侵略其他国家；(2)它的发展，不受外国的限制，如果受到限制，就只能是本国前资本主义经济和政治因素的限制，这些因素随着资本主义的发展，较易消灭，或使其资本主义化。这是资本主义发展的自然道路。

另一种是现在的发达资本主义国家，当它还是移民殖民地时，同现在相比是发展中国家，它有这样的特点：(1)起初受母国或宗主国的侵略和压迫，不可能像母国或宗主国那样，在原始资本积累时向外得到巨大资金，它的发展，起初主要靠自己积累资金，当它成为发达国家时，才开始压迫和剥削其他国家，开始占有殖民地；(2)它的发展，除了曾经受到外国的限制外，只受容易获得土地，因而工人会变成独立生产者的限制，既没有前资本主义政治因素的限制，也没有封建主义土地私有制的限制，这样，一旦工人再也不能自由获得土地，它很快就发展为发达资本主义国家。

第三种是现在的民族独立国家，其中的大多数是从原来的奴役土著殖民地发展而来的，它们有这样的特点：(1)它一直受外国资本主义国家的剥削，起初只受上述第一种国家的剥削，后来受上述第一和第二两种国家的剥削，它根本不可能像第一种国家那样，在原始积累中向外得到大量资金，它只能在受剥削中进行积累；(2)它的发展，除受外国资本主义的限制外，还受本国前资本主义经济和政治因素的限制，外国资本主义利用这些政治因素进行统治，只破坏其自然经济，但维护其前资本主义生产关系的基础，即外国资本主义和本国前资本主义相勾结，阻碍这种国家经济的发展；(3)它的领导阶级，不可能如像第一种国家的资产阶级那样，有坚定的反前资本主义统治的立场，也不可能如像第二种国家的资产阶级那样，有坚定的反对外国资本主义的立场，因为这要发动广大劳动群众，而发动起来的劳动群众，在目前条件下，有可能走向社会主义，这是其领导阶级所不愿意的。这样，他们就很难制定一条坚定的发展民族经济的路线。总之,这种国家的发展,比前两种国家处于发展阶段时的发展,要困难得多,慢得多。

罗斯托对这个问题的看法和我们不同。他认为,在过去,在起飞阶段的10年中,人口增长率一般每年不到1.5%。法国低到只有0.5%;德国、日本和瑞典大约为1%;英国只是在1820年以前的20年中高到1.4%。19世纪的美国(2.5%以上)和1914年以前的俄国(1.5%以上),是重要的例外;但是在这两个国家,这种增长率都是发生在迅速扩大耕种面积的时期。在50年代,世界主要不发达地区每年人口增长总率如下:拉美为2.5%;南亚为1.5%;中东为2.3%;远东为1.8%;非洲为1.7%:远远超过欧洲国家处于起飞初期的人口增长率。

根据前面关于积累率的增加要超过人口增长率的分析,发展中国家要过渡到起飞阶段,其积累率就要比当时的欧洲国家高。根据他的计算,人口多增加1%,就要从国民收入中多拿出3%作为投资。由于人口的压力,这些国家没有什么剩余可供积累,运用资本从事生产的阶级就不易产生。

这种看法,从根本原理上看,我认为是不正确的。根本原理是:没有抽象的人口规律。独立之前,这些国家的人口增长率是低的,因为出生率高,死亡率也高;独立之后,人口增长率增高,是由于经济有所发展,生活有所改善,医药卫生条件有所提高,死亡率有所降低。人口问题是应该注意的,要妥善解决。但这些原奴役土著殖民地长期以来经济落后,其根本原因不在人口。

根据瑞士日内瓦大学教授保罗·贝罗赫所著的《1900年以来第三世界的经济发展的统计》,第三世界的人口,从1900年以前很久到1920年左右,每年增长率不到1%,这同我国社会学家言心哲统计出在20世纪20年代旧中国农村人口每年增长率为1.11%基本相同,这些数字比罗斯托所说的欧美国家当时的人口增长率还要低。这些国家既有外力影响,人口增长率又低,符合罗斯托说的条件,那么,为什么不能向起飞阶段过渡呢?

在罗斯托看来,原因就只能是这些国家的国民收入相对于欧美国家也低得多,以致人口增长率虽低,消费水平也低,但积累占国民收入的比重较欧美国家低,这就不能进入起飞阶段。

那么,这些国家的国民收入为什么这么低呢?我认为其中重要原因是它们在国际分工中居于不利的地位，是国外经济殖民地。这个原因至今仍然存在。

总之，第三种发展中国家，亦即现在的民族独立国家，它的发展同第一和第二种国家处于发展阶段时不同，它既有外力的压迫，又有内部历史上的束缚，不能像后两者那样，较为迅速地发展为发达的资本主义国家。

第九节　新殖民主义问题

有些人认为，第二次世界大战前，垄断资本主义实行的是老殖民主义，战后实行的是新殖民主义。所谓新殖民主义，根据列宁的解释，那就是："不带政治'兼并'的经济'兼并'。"①新殖民主义是相对于老殖民主义来说的。所谓老殖民主义，根据列宁的解释，那就是："使从属的国家和民族丧失政治独立。"②这样，根据定义，随着殖民地国家独立，民族独立国家产生，但帝国主义国家仍对它们实行殖民主义，即实行新殖民主义，似乎是毫无问题的。

我认为，单纯根据殖民主义的形式，是不能说明问题的本质的。先以老殖民主义来说，在垄断资本以前，甚至在资本主义以前，都由宗主国实行过，但由此产生的殖民地国家，它对宗主国的经济进行再生产，所起的作用是不相同的。因此，我们如果只停留在殖民主义的形式上，就不可能区分不同历史阶段的帝国主义，甚至认为资本主义从原始积累就是帝国主义。这是一。

其次，根据定义，两种殖民主义可以同时存在。例如，20 世纪初洛里亚论述的"经济的"帝国主义，就是对热带国家实行的老殖民主义；"商业的"或"贸易的"帝国主义，其中有的就是对附属国如阿根廷实行的新殖民主义。第二次世界大战后，主要的是实行新殖民主义，但老殖民主义也还是存在的。这里撇开极少数的殖民地国家仍然存在不谈，帝国主义国家发动侵略战争，企图以武力兼并来巩固和扩大经济兼并的事例，不断发生。其中较大的有 20 世纪 50 年代的美国的侵朝战争、60 年代的英法侵埃战争、70 年代的

---

① 《列宁选集》(第二卷)，人民出版社 1995 年版，第 749 页。

② 同上书，第 645 页。

美国侵越战争等。这样，由于新老殖民主义事实上是同时存在的，并且同时存在于战前和战后，单纯以新殖民主义来说明南北关系的形成，就不科学了。

最后，如果说，第二次世界大战前主要的是老殖民主义，第二次世界大战后主要的是新殖民主义，这就能说明南北关系的形成，那么，这种说明就是非常表面的。因为这等于说，大量民族独立国家的产生，就是南北关系的形成。至于这时的南北关系，同以前的垄断资本主义国家和殖民地国家的关系，除了政治关系不同外，经济关系上有何变化，就看不出来了。很明显，这种变化要由垄断利润攫取规律，即既剥削又扶植的规律，其作用在民族独立国家产生前后有何不同来说明。这就涉及民族独立国家的政权在发展民族经济中的作用，而发展起来的民族经济，为了进行扩大再生产，就必然通过政权，向垄断资本主义国家夺回一部分剩余价值和收入。这就是南北关系中以对话、谈判的形式所处理的问题。

第四章　南北经济关系分析

第一节　商品交换的经济内容

1. 两种经济水平不同的国家的商品交换

在国际分工至今没有发生质的变化的条件下，发达国家和落后国家之间的商品交换，从纯经济的角度，即撇开垄断条件和政治压力看，就已经是前者以小量劳动交换后者的大量劳动，即价值不相等的交换，但是生产价格都是相等的。

李嘉图事实上已经看到这一现象。我们在上面已谈到他的以比较成本理论为基础的国际分工理论：生产1单位葡萄酒，所需劳动英国为120单位，葡国为80单位，生产1单位毛呢，所需劳动英国为100单位，葡国为90单位，在此条件下，英国应分工生产毛呢，葡国应分工生产葡萄酒，然后两者交换，最为有利。但当时我们没有说明交换时价格如何决定，现在要说明了。李嘉图一方面明确地说：如果撇开运输费用，那么，"只要不是独占品，最后决定商品在进口国家中的售价的乃是出口国家中的自然价格"①，按照此说，毛呢和酒的售价分别为100和80，不可能是1单位毛呢交换1单位酒；另一方面又说："葡萄牙用多少葡萄酒来交换英国的毛呢，不是由各自生产上所用的劳动量决定的"，"英国将以100人的劳动产品（毛呢——引者）交换80个人的劳动产品（葡萄酒——引者）"。他将这问题加以概括，说："这种交换在同一国家中的不同个人间是不可能的。不可能用100个英国人的劳动交换80个英国人的劳动，但却可能用100个英国人劳动的产品去交换80个葡萄牙人……的劳动产品。"②这两种说法是矛盾的。因此，他说："支配一个国

---

① 大卫·李嘉图：《政治经济学及赋税原理》，郭大力、王亚南译，商务印书馆1962年版，第321页。

② 同上书，第113—114页。

家中商品相对价值的法则不能支配两个或更多国家间互相交换商品的相对价值。”①其中的原因，他认为是：“我们只要想到资本由一国转移到另一国以寻找更为有利的用途是怎样困难，而在同一国家中资本必然会十分容易地从一省转移到另一省，情形就很清楚了。”②这就是说，在一国内利润率是平均的；在国家间利润率是不等的；如上所说，在他看来，越是发展的国家，农业劳动生产率越低，平均利润率就越低，反之，就越高。

自从李嘉图提出在国际贸易中100劳动单位可以同80劳动单位相交换的命题以来，170多年来解释者很多，至今还没有一致的看法。经过多年思考，我认为这可以根据李嘉图的思想来回答。他混淆了价值和自然价格。这两者的差别在于前者包含剩余价值，后者则由平均利润构成，商品中的剩余价值和平均利润在绝大多数情况下是不等的。因此虽然全体商品的价值和自然价格是相等的，但个别商品的价值和自然价格在绝大多数情况下是不相等的。这一情形如表1-1、表1-2所示。

表1-1　发达国家：不同资本有机构成下价值和自然价格关系

发达国家				
资本	剩余价值	价值	平均利润	自然价格
Ⅰ90c+10v	10	110	20	120
Ⅱ80c+20v	20	120	20	120
Ⅲ70c+30v	30	130	20	120
总计	60	360	60	360

表1-2　落后国家：不同资本有机构成下价值和自然价格关系

落后国家				
资本	剩余价值	价值	平均利润	自然价格
甲 70c+30v	30	130	40	140
乙 60c+40v	40	140	40	140
丙 50c+50v	50	150	40	140
总计	120	420	120	420

① 大卫·李嘉图：《政治经济学及赋税原理》，郭大力、王亚南译，商务印书馆1962年版，第112页。

② 同上书，第114页。

李嘉图谈国内外商品交换时涉及利润率，所以事实上是从自然价格的角度看问题，但他又混同了价值和自然价格。这样，他就认为在国内交换中，由相同的生产成本即资本加平均利润，而构成的自然价格是相等的，其包含的劳动即价值也是相等的(其实不一定，可参看价值和自然价格栏)，这被他理解为按相等的价值交换；在国际交换中，由相同的生产成本加由不等的利润率调节的平均利润(两国平均利润不等)，而构成的自然价格是不等的，其包含的劳动即价值也是不等的(其实不一定，可参看发达国家资本Ⅲ和落后国家资本甲各自的自然价格和价值)；但两国商品要自然价格总额相等才能交换，总额相等的自然价格包含的劳动即价值也是不等的(其实不一定，以下谈到)，这被他理解为按不等的价值交换(所谓 100 和 80 单位劳动交换)。

我们根据上表来说明这一点。我们看到，发达国家资本Ⅲ的商品和落后国家资本甲的商品，价值相等，自然价格不等。按自然价格交换，1 单位甲商品便要和 1.166 单位Ⅲ商品交换，即 151.58 的价值和 130 的价值交换(以后看到，发达国家不会以大量劳动换落后国家的小量劳动。上述情况相反，这是李嘉图的例子决定了的)。其实，这种自然价格相等而价值不等的交换，也可以发生在国内，例如，发达国家资本Ⅰ和资本Ⅲ商品的交换。但在一国内，得失必然相抵；国与国之间，必然一方所得，他方所失。就李嘉图来说，在混淆自然价格和价值的条件下，由于一国内部利润率相等，他就认为是相等劳动的交换；由于两国之间利润率不等，他就认为是不等劳动的交换。其实，两国之间自然价格总额相等的交换，不一定都是价值不等的，价值相等的情况也是可能的。例如，发达国家资本Ⅰ商品和落后国家资本甲商品交换，要生产价格总额相等，就要前者以 1.166 单位和后者 1 单位相交换，即以 128.26 的价值(1.166×110＝128.26)和 130 价值相交换，价值几乎是相等，经过调整，完全相等是可能的。李嘉图由于只注意利润率不等的问题，在混淆自然价格和价值的条件下，就只看到国际交换中自然价格总额相等时，价值不等的一面，而没有看到，价值也可能相等的一面。

总之，李嘉图未能从自然价格和价值在绝大多数情况下不相等来说明问题。

根据马克思的理论，完全能够解释两种经济水平不同的国家间的商品交换，生产价格相等，但价值不等的问题。

马克思谈到上述李嘉图的命题。他说：李嘉图也认为，“一个国家的三个工作日也可能同另一个国家的一个工作日交换。价值规律在这里有了重大变化”。① 但他没有具体说明。

我认为，根据马克思的价值转化为生产价格、在一般情况下生产价格和价值有偏离的理论，就可以说明问题。马克思的这些理论，是对李嘉图有关理论的扬弃。这里无法详说，只指出他将李嘉图等人使用的自然价格一词，改为生产价格。这样，我们就可以将上表修改为表1-3。

表1-3　发达国家和落后国家的生产价格和价值关系

国家类别	部门	不变资本	可变资本	剩余价值	价值	平均利润率	平均利润	生产价格
发达国家	Ⅰ	8 000	1 000	1 000	10 000	15.15%	1 363.50	10 363.50
	Ⅱ	4 000	500	500	5 000	15.15%	681.75	5 181.75
	Ⅲ	2 000	1 000	1 000	4 000	15.15%	454.50	3 454.50
	共计	14 000	2 500	2 500	19 000	—	2 499.75	18 999.75
落后国家	甲	2 000	1 000	500	3 500	24.07%	722.22	3 722.22
	乙	4 000	2 500	1 250	7 750	24.07%	1 564.55	8 064.55
	丙	1 000	3 000	1 500	5 500	24.07%	962.80	4 962.80
	共计	7 000	6 500	3 250	16 750	—	3 249.57	16 749.57

这个表以两大类型国家之间的利润率不等，即资本不能自由流动为前提。它适用于垄断前的资本主义阶段，以及战后民族独立国实行进口替代战略因而实施保护政策时期。但其基本原理也适用于形成均等利润率的其他情况。这一点留在下面再谈。

这里假设，发达资本主义国家资本有机构成较高，全部不变资本和可变之比是14 000∶2 500，剩余价值率是100%，资本在各生产部门间的分布趋势是，有机构成越高的部门所占资本比重越大；落后国家也有资本主义生产②，其资本有机构成较低，全部不变资本和可变资本之比是7 000∶6 500，

① 《马克思和恩格斯全集》(第二十六卷第二册)，人民出版社1973年版，第112页。

② 它当然有大量的个体生产，其再生产条件是仅取回C+V，m可放弃，这一点以前已说明。

剩余价值率为50%，比发达国家低，因为生产力水平低，资本在各生产部门的分布趋势是，有机构成最低的部门所占资本比重最小，因为这里存在大量前资本主义生产，如个体农业，他们使用的不是资本，也不参加平均利润率的形成。这样，我们便可以看到，发达国家资本Ⅰ的产品，价值为10 000，生产价格为10 363.5，即在生产价格为100时，价值为96.49；落后国家资本丙的产品，价值为5 500，生产价格为4 962.8，即在生产价格为100时，价值为110.82。这样，按生产价格交换，资本Ⅰ便可以用价值为96.49的产品，同资本丙价值为110.82的产品交换，即以小量劳动交换大量劳动。

之所以发生这种情况，是由于资本有机构成高的产品，如以机器为主生产的工业品，其生产价格高于价值，以人工为主生产的初级产品和农产品，其生产价格低于价值。① 其中的经济规律是：等量资本使用活劳动多的，生产的价值（包括剩余价值）多，但按全部资本分配的平均利润，却小于其剩余价值；等量资本使用活劳动少的，情况就相反。

这个道理也适用于资本周转的不同情况，如有机构成相同，周转得快的，等于多用活劳动，其生产价格低于价值，周转得慢的，情况就相反。因此，如果落后国用麦秆编织帽子和发达国家的飞机相交换，前者就因有机构成低和周转时间短这两重原因，使其生产价格大大低于价值，后者则相反。这是决定这两种经济发展水平不同的国家，其贸易条件优劣的重要因素。

两国贸易要有运输业。运输成本（生产成本）包括运输工具的折旧、燃料、其他费用和工资，运输价格（生产价格）也可以从上述角度分析它与价值之间的偏离问题。

这就是两种类型国家通过外贸而发生的以小量劳动交换大量劳动的情况，它是由经济规律的自发作用造成的，是一种价值转移，是国家与国家间的剥削和被剥削关系。由于这样，从纯经济的角度看，即使生产价格相等的交换，发达国家得到的价值，就大于它投下的劳动，落后国家则相反。这就是这两种国家贫富悬殊、差距拉大的最一般的经济原因。

针对上述情况，马克思说，富国会剥削贫国，虽然贫国也会从这种贸易

① 农产品的价格可以在这两者之间。由于绝对地租的存在，农产品价格就高于生产价格，最高等于价值，具体高度由供求关系决定，在生产价格和价值之间波动。

中得到好处。在肯定贫国受到剥削的前提下，贫国如何得到利益，目前有两种解释。一种是根据李嘉图的比较成本论。我们用修正过的、即英国为富国、葡国为贫国为例子：生产 1 单位毛呢，英、葡各需 80 和 120 单位劳动，生产 1 单位酒，英、葡各需 90 和 100 单位劳动，英、葡分工生产毛呢和酒，按照上述，葡国虽以 100 单位劳动的酒，交换英国 80 单位劳动的毛呢，被剥削了 20 单位劳动，但如自己生产毛呢，却需 120 单位劳动，相比之下，得益 20 单位劳动。

另一种是马克思的理论。农业国同工业国交换是受剥削的，但如果它不购买对方的工业品而自己生产，由于它是农业国，开始时花的劳动可能大大超过为换取工业品而生产的农产品的劳动，不自己生产而购买反而得益。这样发展下去，它将永远是农业国，永远受剥削。这里就有一个如何处理长远利益和目前利益之关系的问题。

2. 关于工业品和农产品等比价变动的问题

以上是一种静态分析，没有涉及生产两大类型产品的劳动生产率，亦即两大类产品的价值变化问题。从动态看，就有一个这两大类产品比价变动的趋势问题，就是说，在肯定两者是不等值交换的前提下，还有一个从发展看，这两大类产品比价的变动，是有利于工业国还是农业国的问题。

有一种理论认为，在工业生产中报酬递增规律发生作用，在农业生产中报酬递减规律发生作用，因而前者价格降低，后者价格提高，后者换得的工业品增多。从纯经济关系来看，似乎是这样的。

有人从统计数字上证明，情况不是或不完全是这样。但是，用统计数字说明问题，就不是从纯经济关系来看问题了。因为这些数字必然包括经济上的垄断因素和其他政治因素，而又很难将其对数字的影响予以剔除。这些因素是应该加以考虑的，但现在应暂不予考虑。这样，我们就要在统计数字之外，寻求解决问题的途径。

我认为研究两大类产品比价变动趋势问题，除了要考虑这两大类产品的价值变动趋势外，还要考虑这两种国家货币价值变动的趋势，因为价格是价值的货币表现，价格变化与商品价值变化成正比，与货币价值变化成反比。如果商品价值变化和货币价值反变化的程度相同，那么，价格就不变。如果两种商品价值不变，或同步变化，那么，它们的比价就不变。其他情况，可根据上述基本原理说明。

引起世界分为工业国和农业国的产业革命是18世纪下半期开始的。这时欧洲主要资本主义国家同时采用金和银作为货币，但它们都不是金和银的主要生产国，即使原来有些生产金和银的，由于美洲丰饶金银矿的开采，它们有的便成为劣矿而退出生产。这就是说，欧洲的货币材料主要来自美洲（其后又有澳大利亚）。东方的农业大国如印度和中国，此时用银作为货币。印度和中国生产的银很少，作为货币的银主要来自美洲和澳大利亚。

这样，要说明工业国和东方农业国的货币价值，只要说明它们取得产自美洲的金银所耗费的劳动便可以了。很明显，东方国家耗费的劳动多，银的价值高于欧洲，这一货币价值因素，使印度和中国物价降低，使欧洲的工业品换取东方的农产品数量增加①，从而就对工业品劳动生产率提高较快，因而农产品可以换取较多的工业品的趋势起一定的遏制作用。

19世纪70年代开始，发达资本主义国家从实行金银复本位制过渡到实行单一金本位制，而印度、中国等仍实行银本位制，以及其后货币制度的变化，怎样对落后国不利，这个问题以后再谈。

这里谈一谈，还有一个原因使发达国家的货币价值比落后国家的低些，从而使前者商品价格提高，后者的下降。马克思说："货币的相对价值在资本主义生产方式较发达的国家里，比在资本主义生产方式不太发达的国家里要小"；因为"资本主义生产越发达，那里的国民劳动的强度和生产率，就越超过国际水平。因此，不同国家在同一劳动时间内所生产的同种商品的不同量，有不同的国际价值，从而表现为不同的价格，即表现为按各自的国际价值而不同的货币额"。② 从发达国家看，就有更多的货币额。这货币的相对价值可以从两方面来考察。第一，货币量比落后国家多，这就是说，用生产商品在国外市场出售的方法以获得一单位货币，发达国家花的劳动少些，因此货币的相对价值比落后国家的要小。第二，货币量比在国内市场出售商品所获得的多，这就是说，用生产商品在市场上出售的方法以获得一单位货币，在国外市场比在国内市场花的劳动少些，因此货币的相对价值在国

① 首先揭示这一经济规律的是亚当·斯密。在这之前的范德林特用印度人埋藏金银来说明印度物价较低。

② 《马克思恩格斯全集》（第二十三卷），人民出版社1972年版，第614页。

外市场上比在国内市场上小些；由于货币从相对价值小的地方流向相对价值大的地方，由此就使货币的相对价值内外一致，即比原来的下降。这两方面合起来，就是发达国家货币的相对价值较小，从而使物价水平上涨。落后国的情况则相反。

以上的问题可以归结为：关起国门，在国内，发达国家的劳动生产率是中等的，落后国家的劳动生产率也是中等的，它们分别决定商品的价值；开了国门，在世界市场上，发达和落后国生产的商品相竞争，这时的劳动生产率，在发达国家方面就成为优等的，在落后国家方面就成为劣等的，同一劳动时间生产的同种商品的不同量，分别表现为不同的价值量和不同的货币量。马克思这里说的是不同国家生产的同种商品。其实，这原理也适用于不同的商品。

我深深地感到，马克思提出的通过对外贸易、发达国家和落后国家的货币相对价值发生不同的变动的原理，对我们研究两大类经济水平不同的国家交换商品中的价格问题，具有重大的意义。过去，理论界没有注意这问题。

为了加深对马克思这一原理的理解，我们可以作一个比喻：海外发现一座富饶的金矿，花同样劳动，在那里比在国内生产更多的黄金，就是说，那里的黄金的价值比国内的小，它流入国内，国内的劣矿退出生产，所有黄金的价值都降低了，物价因而上涨。这就是美洲的廉价白银流入欧洲，致使欧洲发生“价格革命”即物价上涨三倍多的历史。现在不同的只是：不是发现富饶的金矿，而是发现一个国外市场，在那里出售商品比在国内市场获得更多的货币（对发达国家而言），致使该国货币相对价值下降，物价因而上升。这更多的货币，不是直接用劳动生产出来的，而是用在国内耗费劳动生产的商品换来的，亦即用较小的劳动换来的，所以是货币的相对价值较小。如果是开发富饶金矿，用较小的劳动生产同样多的黄金，那就是货币价值本身或绝对价值较小了。但这两者对物价的影响是相同的。①

从上述分析可以看出：一国劳动生产率提高得越快，会从商品价值方面

① 这一现象最初是李嘉图观察到的。他用货币数量理论来解释，即开采金银矿流入的货币，有利的对外贸易取得的货币，两者数量增加，货币价值下降，同样使一国物价水平上升。马克思改造了他的理论，用劳动价值理论来解释这现象。

使该国价格水平下降，但通过有利的对外贸易，又会从货币价值方面使该国价格水平上升；一国劳动生产率提高得越慢，情况就相反。

3. *如何看出垄断在商品交换中起作用*

要说明垄断资本主义产生后，发达国家是以高于价值的垄断价格出售工业品，以低于价值或生产价格的价格购买落后国的产品的，不能单纯运用国际贸易中的有关统计数字，因为数字本身不能说明哪一种价格是高于价值的，哪一种价格是低于价值或生产价格的。我们必须先撇开垄断因素，对垄断产生以来这两种产品价值变化和这两种国家货币价值变化的情况作一分析，说明两种产品价格变动的趋势，然后将这理论分析同有关统计数字相对照，便可以得出相应的结论。

19 世纪 70 年代几乎与垄断产生的同时，主要资本主义国家开始过渡到实行单一金本位制。正好从这时起，垄断资本主义国家工业劳动生产率提高较快，落后国初级产品的劳动生产率总的说来虽有提高，但慢于前者。在这条件下，假如货币价值不变，那么工业制品和初级产品的价格以黄金来表示，都应下降，但前者下降幅度应比后者大，因为前者劳动生产率提高较快，价值下降较大；假如生产黄金的劳动生产率降低，货币价值提高，并且其幅度超过工业制品和初级产品的劳动生产率提高的程度，那么这两种产品的价格都应下降，但前者下降幅度应比后者大；假如生产黄金的劳动生产率提高，货币价值下降，并且其幅度超过工业制品和初级产品的劳动生产率提高的程度，那么这两种产品的价格都应上升，但前者上升幅度应比后者小；假如货币价值上升或下降的程度都比这两种产品的劳动生产率提高的程度低，它们分别对这两种产品价格会发生怎样的影响，均可参照上述论述求出。① 货币价值变化对这两种产品的价格同样发生影响，而工业制品的价值下降得比初级产品快，因此，如果没有垄断因素的作用，这两种产品的比价就应在前面论述过的基础上，开始变得有利于初级产品②，即初级产品换到

① 这里的全部论述可参看《马克思恩格斯全集》(第二十三卷)，人民出版社 1972 年版，第 67—69 页。

② 这里的说法似乎和上述矛盾。因为前面说过，通过外贸落后国的货币价值比发达国家的大些，因而它使初级产品便宜，工业制品昂贵，从而抵消了工业制品劳动生产率提高较快，因而工业制品价值下降较快的作用。但这一点说明后，由于两种产品劳动生产率提高程度不同，两种商品价值下降程度不同，如无垄断因素的作用，两者的比价就应开始变得有利于初级产品。

的工业制品应该增加。但统计数字表明，情况恰恰相反。这就说明有垄断因素在其中起作用。

现将垄断产生后这两种产品比价的变动，分为三段来分析。

可以认为，在这期间(见表1-4)，工业制品是发达国家的产品，其余的则是落后国家的产品。表1-4中的数字表明，在1873年以后的40年间，世界市场上初级产品价格的下降幅度，都超过工业制品价格的下降幅度，只有棉花价格在1913年是例外。这时是资本主义发展为垄断资本主义的时期，在垄断价格产生时，工业制品价格指数之所以降低(初级产品价格也降低)，是由于黄金生产日渐困难，价值上升。但是，如果只是这个因素起作用，那么根据前面的分析，工业制品价格下降的幅度，就应比初级产品价格下降的幅度大，现在的情况相反，这就说明，工业制品的价格是高于价值的，初级产品的价格是低于价值或生产价格的，即有垄断因素的作用。至于1900年的价格普遍比1913年低些，是由于这年发生经济危机。

表1-4　1873—1913年世界物价指数(1873年为100)

	1873年	1900年	1913年
工业制品价格	100	67.5	71.6
小麦价格	100	49.5	57.5
咖啡价格	100	47.0	61.9
棉花价格	100	61.0	78.0

资料来源：W. Arthur Lewis. *Growth and Fluctuations 1870-1913*. London: Routledge, 1978, Table 3.1。

下列统计数字表明(见表1-5)，这时期和表1-4中物价下降的情况不同，物价先上升，然后下降，但工业制品价格始终高于1913年。物价先升后降的原因，是由于第一次世界大战后，黄金生产更为困难，当时有黄金行将枯竭之说，虽然不到10年，情况变化，黄金生产增加，生产黄金的劳动生产率也提高，但1929—1933年的经济危机，使各主要资本主义国家废除金本位制，美国并在这基础上降低美元纸币的含金量，即政府对黄金的买价，每盎司从20.67美元升为35美元，这样更刺激了黄金的生产。但是，这又使劣矿开采增加，生产黄金的劳动生产率开始降低。以这时已成为黄金重要产地的南非为例，黄金产量虽增加，但劳动生产率却降低，致使伦敦金价 1937 年比 1932 年上涨了 16.6%。黄金劳动生产率这种变化，使 1929 年物价高于 1913 年，但 1938 年物价低于 1929 年。当然 1929 年基本上是繁荣年，因为该年年底才发生危机，而 1938 年是危机年，也使物价从涨到跌。更重要的，统计数字还表明，从 1913 至 1929 年，工业制品价格上升幅度超过热带作物和谷物，从 1929 至 1938 年，工业制品价格下降幅度则小于热带作物和谷物。根据上述原理便可看出，这是垄断因素的作用所致。

表 1-5　1913—1938 年世界物价指数(1913 年为 100)

	1913 年	1929 年	1938 年
工业制品价格	100	133.0	113.5
热带作物价格	100	118.7	64.7
谷物价格	100	132.1	92.1

资料来源：W. Arthur Lewis. *Growth and Fluctuations 1870-1913*. London：Routledge，1978，Table A.13。

表 1-6 中来源不同的统计数字表明，落后国家的初级产品和发达资本主义国家的工业制品的比价下降幅度虽然不同，有下降趋势则是一致的。这意味着，初级产品能换到的工业制品有减少的趋势。根据前面说过的道理，这不仅一般地表明前者的出售价格是在价值或生产价格以下，后者的出售价格是在价值以上，而且还特殊地表明这两者之间的差距在扩大，即存在着价格剪刀差。

表 1-6　1950 年以来发展中国家贸易比价的下降幅度

指数来源	时期	下降幅度(%)
专家小组	1950—1969 年 1951—1969 年	23.2 26.2
世界银行	1953—1972 年 1954—1972 年	33.3 39.1
贸发会 34 种 初级产品	1953—1972 年 1954—1972 年	28.7 36.5
贸发会 统计手册	1954/1956 —1978 年	23.0

资料来源：转引自邓力群等《经济理论与经济史论文集》，北京大学出版社 1982 年版，第 270 页。

垄断资本主义国家通过有垄断在其中发生作用的商品交换向落后国家攫取垄断利润的理论分析，已如上述。这种情况也可表现为资本主义具有的利润率下降趋势，从这时起变成不下降，甚至相反地上升。这种趋势，在资本主义自由竞争阶段是很清楚的，以致斯密、李嘉图和马克思都叙述这现象，分析其原因。马克思在分析对利润率下降趋势规律起反作用的各种原因时指出，对外贸易是其中之一。但那时尚未有垄断因素，因此对外贸易只能起点阻止作用，未能使利润率反而上升。垄断因素发生作用后就不同了，发达资本主义国家的利润率不仅不下降，反而上升，以致很多西方经济学家根本不谈利润率下降趋势的规律。美国马克思主义经济学家保罗·巴兰(原籍波兰)和保罗·斯威齐之所以认为，在垄断资本主义条件下，"经济剩余"即社会产品的卖价和生产它的成本之间的差额，不仅绝对量增加，而且在国内生产总值中的百分比都在增加，垄断因素在对外贸易中的作用是原因之一。我们将上述定义的经济剩余以 S 来表示，其他符号则按照马克思原来使用的，那么，经济剩余增长规律就是$\frac{s}{c+v+s}$有增长趋势。利润率下降趋势规律就是$\frac{m}{c+v}$有下降趋势；为了比较，将$\frac{m}{c+v}$变为$\frac{m}{c+v+m}$，其下降应更严重。经济剩余增长规律与此不同，其原因在于 S 除了包含 m 之外，还有通过因垄断在其中起作用的对落后国的贸易获得的垄断利润。

4. 从一方反对剥削到双方谈判：例举和分析

前面指出，垄断资本主义国家对经济殖民地攫取垄断利润的规律是既剥削又扶植；它只有在战后产生大量民族独立国家、其民族经济有了一定程度的发展之后，才能充分发挥作用；这是帝国主义国家和殖民地国家的关系演变为南北关系的契机。现举例说明这规律的作用，并予以理论分析。

谈一谈曾发生重大作用的石油输出国组织在石油斗争中大幅度提高油价的问题。该组织成立于 1960 年。当时是为了抵制石油跨国公司单方面压低石油标价，以维护国家经济权益。石油标价是跨国公司据以按一定比率向石油矿所在国缴纳地租和税收的价格。海湾每桶石油的标价，1948 年为 2.17 美元，1960 年被压低到 1.8 美元，致使石油便宜得如同尘土。组织成立后，首先提高了石油生产国和石油跨国公司之间的"拆账"比例。比例虽然提高了，但由于缺乏经验，跨国公司以扩大销路为借口，把每桶石油标价从1960年的1.8美元，再降低到1970年的1.25美元。由于这样，直到1970年，石油输出国组织国家的石油收入增加不大。

石油输出国总结了经验，1971年达成德黑兰协定，协定规定：提高海湾石油标价，提高“拆账”比例，制定一套抵销西方通货膨胀的价格调整表。据此，每桶石油的标价，1973年1月1日是3.011美元。同年10月，中东战争爆发，为了反对帝国主义，石油输出国以石油为武器，实行石油禁运、减产、提价，并对石油公司实行国有化。其中石油提价的情况是：战争爆发后提为5.119美元，1974年1月1日再提为11.651美元，按此标价，石油公司要向所在国缴纳的地租和税金一共是7美元整。当时，海湾国家生产一桶石油的成本是0.12美元，因此，石油公司取得1桶石油的费用是7.12美元。将原油运抵美国，加上运费和其他费用，每桶原油的实际费用约9美元。将原油提炼为汽油和制成其他石油产品，每桶费用是0.2美元。当时美国的汽油价格，每加仑从0.3—0.4美元，提高为0.5—0.6美元，折合每桶为21—25美元，即美国石油跨国公司从每桶汽油能获利10—15美元。

对此，当时美国大叫这是对方的石油讹诈，因为石油以“垄断价格”出售；联邦德国则说，它讨厌“垄断价格”一词。我们撇开这种政治宣传，单从理论上探讨这问题。

我认为，按照提高的石油标价，石油生产国所得的收入，每桶为7美元，这根本不是什么垄断价格，而是将长期被压低的石油价格，提高到符合它的价值。当时，美国联邦能源署（还不是部）发言人索希尔说过，美国从油页岩中得到的石油，每桶价格大概是7.5美元。这是世界上最劣等的生产条件。作为矿产品的石油同工业品不一样，其价值同农产品一样，是由最劣等的条件决定的。所以，当时伊朗国王说，1974年石油提价，从中政府每桶收入7美元，是根据其他能源来源的价格作为石油价格的依据而得来的；伊朗一位大臣说，政府的这种收入，就是经济学家李嘉图称之为李嘉图式的地租的那种超额利润。是海湾国家和墨西哥的供应者以及其他生产成本较高的生产者相比后，从成本差额中产生出来的。我认为，这些说法是正确的。至于石油价格以后的变动，那或者是由美元购买力降低，或者是由供求关系变动引起的。

如果有关1974年石油大幅度提价的数据是确切的，那么，我们未尝不可以说，海湾国家在这次斗争中，反对剥削，完全获得其石油工人创造的全部价值，即包括剩余价值在内的新价值。就此例而言，石油跨国公司不能从石油生产国取得垄断利润，但可以从它们国内的中小生产者和消费者那里取得。这一事例是罕见的，为南北谈判奠定了基础。

其次谈一谈前面提到的欧洲经济共同体的联系国制度。它是《欧洲经济共同体—非洲、加勒比和太平洋地区（国家）洛美协定》的产物。① 协定数年一次，从1975年至今已有四个。最初，它以下列方法将共同体成员国和其原来的殖民地国家联系起来：(1)共同体在免税及不限量的条件下接受对方国家的产品，而不要求互惠；(2)共同体提供一笔基金，用以补偿对方因原料价格而遭受的损失；(3)共同体在5年内向对方提供总额为39.9亿欧洲计算单位的各项经济援助；(4)共同体鼓励成员国向对方进行私人投资和提供技术援助，以促进其工业发展。应该指出，共同体的这些条件是优惠的，其根本原因是攫取垄断利润这一既剥削又扶植的规律的作用，但又与共同体同美国、日本的竞争有关。这些条件曾使一些人感到困惑，尤其是其中的(2)和(3)两点。其实，共同体成员国是发达国家，对方是落后国家，两方的交换，如上所述，是不等价值的交换，既有价值转移，又有价值劫夺，在这条件下，原料价格下跌时，补偿一点，甚至提供一点经济援助，又有何不可。

第二节　刘易斯对农业生产率决定贸易条件的分析

前面谈过，刘易斯认为，现在还不清楚，为什么工业革命的结果竟使热带国家成为农产品出口国；他又指出，19世纪下半期，国际移民的两大潮流促进了农业国的经济发展。这是他说明两大类国家的产品比价或贸易条件的基础。他说："这两股移民潮流的出现，分别决定了热带农产品和温带农产品的贸易条件。就温带商品来说，市场力量确定的价格可以吸引欧洲移

① 由于共同体对方的反对，《协定》不使用"联系国"的字眼。

民；就热带商品而言，市场力量确定的价格可以维持印度契约劳工的生活。这两种价格水平迥然不同。”①

他认为这种价格差别的主要原因，在于欧洲和热带地区的农业劳动生产率有差别。1900 年，英国小麦产量，每英亩是 1 600 磅，而热带地区的谷物产量，每英亩不过 700 磅。而且欧洲机器设备比较精良，每人耕种土地较多，所以每人平均产量势必比热带地区高六七倍。② 欧洲移民大量涌入的美国，每人平均产量更高，因为它的机械化程度比较高。另一方面，热带地区，只要其茶叶、橡胶或花生的价格能使每英亩土地所提供的生活水平高于 700 磅谷物所能提供的水平，农民就会考虑减少谷物生产，而去生产这些供出口的经济作物。但是，不管农民反应如何，愿意为 1 天 1 先令而到任何地方的种植园干活的印度人和中国人都络绎不绝。他们的工资决定热带地区的物价水平。“在 19 世纪 80 年代，种植园劳工的工资是每天 1 先令，而澳大利亚非熟练工人的工资却是每天 9 先令。如果茶叶是温带作物而非热带产品的话，它的价格也许就会高四倍。如果羊毛为热带产品而不是温带作物的话，它的价格也许只不过是市价的四分之一。”③

这就是说，农业劳动生产率决定工资，工资决定价格，凡是农业劳动生产率低的，其贸易条件就不利，反之亦然。因此，“国际贸易给温带地区新殖民地带来的机会与给热带国家带来的机会迥然不同。贸易使温带地区各殖民地获得很高的收入”，而“热带国家的要素贸易条件却使这些国家仍然处于贫困”。④ 这个原理，当然也适用于欧洲，那里的农业劳动生产率，如上所述是很高的。

应该说，刘易斯对下面的事实是承认的：西欧和新殖民地（后来很快就不是殖民地了）工资高，热带殖民地工资低，贸易条件前者有利，后者不利，前者富（并且工业化），后者贫（农业国）；对此的理论解释，是新颖的。但是，我细想之后，觉得有些问题，需要研究。

---

① 阿瑟·刘易斯：《国际经济秩序的演变》，乔依德译，商务印书馆 1984 年版，第 10 页。

② 刘易斯的记载，与斯密在 18 世纪中叶时的记载相反。斯密说：印度是产米国，一年两熟或三熟；欧洲是产麦国，一年一熟；前者每次产量都多于后者。

③ 阿瑟·刘易斯：《国际经济秩序的演变》，乔依德译，商务印书馆 1984 年版，第 11 页。

④ 同上书，第 13 页。

他是以1900年的农业劳动生产率来开始论证的。其时，英国等已工业化，已是富国，热带殖民地是农业国，本来就贫。在此之前，热带殖民地刚开始同欧洲和美洲贸易时，它们各自的农业劳动生产率如何，贸易条件如何，他没有说明。这就不能从历史发展的角度，对问题有一个清晰的认识。

现在进而谈他的理论。他认为农业劳动生产率首先决定农业劳动者的工资，再决定其他部门包括工业部门劳动者的工资，商品价格就由包括工资在内的成本和利润决定。由于世界市场上的利润是均等的，这样，农业劳动生产率的高低，就决定贸易条件的优劣。这理论从方法论看，是由李嘉图曾经提出，后来摈弃的谷物利润率理论演变而来的。李嘉图将谷物产出大于投入的数量和投入数量之比，视为谷物利润率，然后由它决定包括工业在内的其他部门的利润率。这种理论的方法论意义在于，正如李嘉图著作和通信集主编斯拉法所指出的，“在农业中，同一种商品——谷物——形成了资本(被认为是由工人必需的生活资料所构成)和产品二者。……确定这种利润对资本的比例时，是直接根据谷物的数量进行的，不涉及任何估价问题”。① 很明显，它的错误在于：谷物生产上的投入和产出，严格说来自然的物质性质不同，不能有量的比较，只能从劳动即价值上进行比较；不是谷物的利润率决定工业的利润率。而是在工业部门先形成的平均利润率，决定农业部门的利润率。因此，李嘉图后来将其摈弃。刘易斯由农业劳动生产率来决定农业部门的工资，再由它决定其他部门的工资，其方法论意义与李嘉图的相同。但这样一来，利润的来源就无法说明。他虽然可以用竞争来说明利润率的统一，可是却无法说明其水平为什么在这一点上，而不在那一点上。这是一切离开劳动创造价值的原理而去说明平均利润率形成的论者，必然遇到的困难。不过，这在他的体系中并不重要，反正他认为统一利润率是事实，是说明问题的出发点。

重要的是，他认为由农业的劳动生产率决定工资这个命题存在着很多矛盾，亦即他不能自圆其说。

---

① 大卫·李嘉图：《政治经济学及赋税原理》，商务印书馆1962年版，第381页。其后，凯恩斯以生产黄金的利润率决定社会利润率，其方法论意义也是这样：投入和产出都是同一形态的物质，即货币或黄金。

首先，前面说过，他曾运用“自由的手”这理论，认为没有农业革命就不可能有工业革命，工业部门的大小是农业生产率的函数。这一理论的意思是：农业产品除供农业劳动者满足个人消费外，剩余的部分决定工业部门的大小，这时农业劳动者的工资即所需的消费资料，显然不是由农业劳动生产率决定，而是由其生活所需决定，农业劳动生产率在这里的作用是：由它决定的农产品数量大于农业劳动者生活所需的数量，其超过量决定工业部门的大小。现在，他认为农业劳动生产率决定工资，这一理论的意思是：一个农业劳动者生产的农产品，扣除其生产中消耗的生产资料外，余下的是他的工资，这工资显然与他的生活所需并无关系，和上述的不同。这是两种不同的工资理论。

这种混乱，在他的叙述中时有表现。例如，前面说过，他认为美国工资比欧洲高的原因是：每人平均的农产品数量较多。这样，他又怎样解释新开拓的温带殖民地，在与美国竞争中为什么能够吸引欧洲的移民，并使其定居下来呢？原因当然是移民的收入即工资高于欧洲。但工资又不是取决于其农业劳动生产率，而是取决于欧洲对其产品的需要，使产品的价格包含的工资，能让“这些移民的生活水准高于欧洲”。① 这不仅表明工资不由农业劳动生产率决定，而且表明价格不由工资决定，相反工资倒由价格决定。在这里论述的价格其实是两种，第一种中的工资是由新开拓的殖民地的农业劳动生产率决定的。第二种中的工资则是由欧洲人已有的生活水平调节的，即要高于这水平。这些都是混乱。

其次，农业劳动生产率决定工资，即劳动者生产出来的农产品，扣除了生产它所耗费的生产资料后，其余额是工资，这除了前面谈到的无法说明利润外，也无法说明地租。就无法说明地租而言，这种理论只适合于移民垦殖殖民地，不适合于奴役土著殖民地，前者有一段时间不存在土地私有权，因而工资和地租合而为一，后者存在土地私有权，土地之间的生产率不同，只能说明级差地租（最劣等的生产率没有级差地租），不能说明绝对地租。这就是说，最劣等条件的土地的农产品（扣除了生产时所耗费的生产资料）不能全部成为工资，而要分为工资和绝对地租，这样一来，工资就不可能由农

① 阿瑟·刘易斯：《国际经济秩序的演变》，乔依德译，商务印书馆1984年版，第10页。

业的劳动生产率决定了。谈论矿产时，刘易斯说："热带国家的劳动力价格十分低廉，所以高生产率产生了高地租。"[①]按照他的理论，劳动力价格之所以十分低廉，是由于热带地区农业劳动生产率十分低下，并且由它决定农业和其他部门的工资。这样一来，农业、最低限度是生产率最低的农业就没有地租，这在存在土地私有权条件下，是不可能的。再说，在同样的土地制度下，矿业有地租，农业没有地租，这也自相矛盾。

在另一篇文章中，他说："扩大的资本主义部门所必须支付的工资，取决于人们在这一部门以外所能赚得的收入。古典经济学家通常认为工资取决于维持生活消费的需要，而且，有时这可能是正确的答案。但是，在大多数人耕种自己的土地的农民经济里，我们有一种更加客观的标准，因为可以得到劳动的最低工资，现在是根据农民的平均产品决定的。如果工资低于人们留在家里能得到的消费，他们就不会离开家庭农业去找工作。但是，如果农民要交地租，这个客观标准就又不存在了，因为他们的纯收入将要取决于他们所必需交纳的地租量，而在人口过剩的国家里，地租可能要调整到使得农民的收入仅够维持传统的生活水平。然而，地租对于自给农业部门的收入是由客观上农民的生产力水平所决定，还是由主观上传统的生活水平所决定，这个问题并不十分重要。无论由什么机制决定，结果都是在最低收入水平时，存在着无限的劳动供给（人口过剩——引者）。"[②]从这里可以看出，对于我们提出的意见，他是预感到的。

第三节　普雷比什、伊曼纽尔和阿明的理论

普雷比什、伊曼纽尔和阿明都是激进派经济学家。

普雷比什以中心—外围理论为基础，提出著名的"普雷比什命题"，用以说明在商品交换中，中心即发达国家如何剥削外围即落后国家。

普雷比什认为，中心—外围固有的活动方式，使中心得以恶化外围的贸

① 阿瑟·刘易斯：《国际经济秩序的演变》，乔依德译，商务印书馆 1984 年版，第 12 页。

② 刘易斯：《劳动无限供给条件下的经济发展》，载《现代外国经济学文选》（第八辑），商务印书馆出版，第 56—57 页。

易条件而大量吮吸外围的收入。这可以从两方面来分析。

(1) 中心和外围的劳动生产率增长不平衡。中心国家的劳动生产率增长较快，因此，加工工业的生产费用减少得较快。但是，由于工业国家在工会的压力下保持着高水平的工资，组织工业生产的垄断寡头又保持高利润，这样，这些商品的价格并未随着劳动生产率的增长而下降。与此相反，外围国家因不存在上述的工会和垄断组织，其商品价格就随着劳动生产率增长而降低，尽管这种劳动生产率的增长小于中心国家的劳动生产率的增长。

(2) 中心和外围的不同产品，在人均收入增长从而需求增长时弹性有差异。这就是，在收入增长时，对生活中所需要的初级产品尤其是食品的需求增长甚慢，甚至不增长，而对工业品尤其是高级的工业消费品的需求增长甚快。由于这样，供求关系的变动，使产品比价的变动不利于落后国。此外，这两种国家的不同产品，在劳动生产率增长中起的作用也不同。从一个产品看，劳动生产率的增长，就意味着使用较多的工具、机器，即用较多的物化劳动，以节约更多的活劳动，从而使单位产品的价值降低；而使用的原料、材料，即初级产品则不变或减少。由于这种需求关系的变动，产品比价的变动也不利于落后国。

由此他认为以原料和初级产品价格下跌为特征的不平等贸易，正在使工业化国家发财，而使落后国家更加贫困。他指出，这种状况不完全是由落后国家的内部结构决定的，而主要是由国际关系的结构，即中心—外围体系的结构决定的。

在我看来，普雷比什的论述，思想是深刻的，见解是独特的，但论证并不严密。第一，他认为贸易条件越来越不利于外围，是由于中心的工会要保持高工资和垄断组织要保持高利润，致使劳动生产率虽然增长，而工业制成品价格却不下降。很明显，这以垄断已经产生为条件。因此，不能说明自由竞争时期的不平等交换问题。第二，他认为工具、机器等和原料、材料等，在劳动生产率增长中起的作用不同，需求不同，价格变动不同，对出口初级产品的外围不利。这不能解释同样出口初级产品，澳大利亚(出口羊毛和畜产品)为什么比印度(出口农产品)富得多。可见，即使受同一原因影响，畜产品和农产品的价格形成，仍有不同，以致两者相比，前者有利于出口国，后者则否。这一点，我们在前面已经作了说明，这就是畜产品是资本有机构成高的部门的产品，其生产价格高于价值；农产品是资本有机构成低的部门的产品，其生产价格低于价值。

伊曼纽尔认为，发达国家和落后国家交换商品，后者的部分剩余价值会转移到前者。其根本原因，是前者的工资高，后者的工资低；其机制是马克思提出的生产价格与价值的偏离，即在资本能自由流动于各国的条件下，各国统一的、平均的利润率，使前者的商品的生产价格高于价值，后者的商品的生产价格低于价值。这被称为不平等交换理论。他将不平等交换分为广义的和狭义的两种。

广义的不平等交换见表1-7。

表1-7　广义的不平等交换

国家类别	所用不变资本	所费不变资本	可变资本	剩余价值	价值	生产成本	利润率	利润	生产价格
发达国家	180	50	60	60	170	110	33.3%	80	190
落后国家	60	50	60	60	170	110	33.3%	40	150
两国	240	100	120	120	340	220	—	120	340

这就是说，发达国家资本有机构成比落后国家高：180∶60大于60∶60，但两者工资相等，即都是60，剩余价值也相等，都是60，两者尽管所用的不变资本不等，一为180，一为60，但所耗费的不变资本相等，因此两国产品价值相等，即都是170，两国剩余价值总额120，除以两国全部资本360（所用不变资本240加上可变资本120），得出两国统一利润率33.3%，按所费不变资本和可变资本之和计算的生产成本，两国相同，都是110，但按所用不变资本和可变资本之和分配到的利润，两国不同，一为80，一为40，因此由生产成本和利润构成的生产价格，两国不同，一为190，一为150，都分别与其价值不同，发达国家资本有机构成高，其商品的生产价格高于价值（190>170），落后国家资本有机构成低，其商品的生产价格低于价值（150<170），两种商品交换，生产价格相等时，价值就不等。这是广义的不平等交换。

狭义的不平等交换见表1-8。

表 1-8　狭义的不平等交换

国家类别	所用不变资本	所费不变资本	可变资本	剩余价值	价值	生产成本	利润率	利润	生产价格
发达国家	140	50	100	20	170	150	33.3%	80	230
落后国家	100	50	20	100	170	70	33.3%	40	110
两国	240	100	120	120	340	220	—	120	340

所用概念和计算方法，和前表相同，不必再说，要说的是内容上的不同。在前表，两国可变资本和剩余价值，都分别相等；在本表，两国可变资本和剩余价值，都分别不等，但可变资本和剩余价值之和，即工人创造的新价值都相等，都是 120。这就是说，两表中的工人有同样的劳动生产率，在相同时间内创造出同量的价值 120，但对这价值的分配，即可变资本和剩余价值在其中占的份额，两表不同。在前表，两国完全相同，即两国工资相等，剩余价值也相等；在本表，两国完全不同，即发达国家工资高，剩余价值低，落后国家工资低，剩余价值高，尽管两国分别的工资和剩余价值之和相等。在这条件下，两国商品交换，生产价格相等时，价值就不等。这是狭义的不平等交换。

伊曼纽尔认为，这两种不平等交换，虽然都有剩余价值的国际转移，但两者有质的区别，只有由工资水平的差别而产生的剩余价值的国际转移，才是真正的不平等交换。这是因为，第一种不平等交换，也可以发生在国内，这只要将两国看成两种生产部门，就有这现象发生；在这里，他没有看到，一国之内，得失相等，投下的劳动和实现的价值相等，国家之间，就不是这样；第二种不平等交换，是由工资差别引起的，这种差别又是由历史上和制度上的因素造成的，只要劳动力在国家之间不能自由流动，这种差别，从而不平等交换就不能消除。

伊曼纽尔的两个不平等交换图式，有的地方表面看来似乎是不合理的。例如，在两个图式中，发达国家和落后国家的劳动生产率，都是一样的，这一点在第一图式中最为清楚，因为在那里两者的可变资本相同，剩余价值也相同，这两者之和，两国都是 120；在第二图式中，这两者之和，两国也都是 120，但各自的可变资本和剩余价值不同，发达国家是 100 和 20，落后国是 20 和 100，似乎不能说明两国劳动生产率相同，因为创造等量价值的可变资本不同。但是仔细分析一下，便可看出，不是这样。因为这就表现为发达国家的资本有机构成(140∶100)，反而比落后国家的资本有机构成(120∶20)低些。表面看来，这似乎也是不合理的。其实，伊曼纽尔的真正意思是：落后国家有些部门，如外资经营的石油业，其技术构成，即劳动生产率同发达国家一样，等量的劳动创造的价值相同，但落后国家的劳动力价格远远低于发达国家，以图式二来说，发达国家是100，落后国家是20，这就不合理地表现为落后国家的资本有机构成反而高些。他说："外围国家的人民能够利用现代化的生产工具，而远远没有要求现代化的享受"①，就是这个意思。我认为，这可以启发我们思考一些问题。

阿明的不平等交换理论，就其中的主要问题来看，是受伊曼纽尔的影响的。他也运用马克思的生产价格和价值有偏差的理论，也认为国与国之间的利润率均等，而中心和外围的工资不等，以此来说明不平等交换。他认为，在相同的生产率下，如果A国的工资只是B国工资的1/5，A国的较高的剩余价值率就会提高A+B的平均利润率，工资水平较低的A国的具有同等生产率的劳动总量，在国际交换中的所得，要比其贸易伙伴的同样劳动总量所得少。

阿明对工资差异形成的原因的说明，与普雷比什不同。后者用发达国家的工会运动来说明其高工资，阿明不是这样。他认为中心和外围的工资的差异，是分别由其资本积累的不同模式来决定的。在中心，生产力水平与工资水平有关，因为工资下降到某一水平，这个制度的生产与消费就发生矛盾，再生产的实现就受到破坏。此外，中心从外围得到的好处，也使其工资水平有可能较高。外围不是这样。它的大部分现代化产品不在国内实现，外向型的经济结构决定其积累的实现不在内部。出口部门生产力水平的提高，并不要求工资水平也提高，其再生产也能实现。就是说，外围的积累模式排除了工资增长的必要。此外，外围的破产手工业者大量存在，也使其工资较低。

从上述可以看出，在分析两大不同类型的国家，即发达国家和民族独立国家之间的商品交换问题时，刘易斯、伊曼纽尔和阿明，都认为国家之间的

① 伊曼纽尔：《计划化的问题》1963年第2期。

利润率是均等的，工资是不等的，以此说明商品价格的形成，以及交换中的有利和不利。当然，他们之间也有不同：刘易斯不是以劳动价值和剩余价值理论来说明问题；伊曼纽尔和阿明则用马克思的这些基本理论来分析问题，我认为他们的努力值得称赞，成绩值得重视。

我在前面分析工业国与农业国的商品交换时，是以它们之间的利润率不等为条件的。这适合于自由竞争阶段时的资本主义国家和落后国家的情况，也适合于战后资本主义发达国家和实行进口替代战略因而实施保护政策的民族独立国家的情况，因为在这两种情况下，资本在国与国之间不能自由流动，平均利润率不能形成。但在垄断资本主义阶段，尤其是在殖民帝国这一范围内，在战后民族独立国家实行出口替代战略因而实施自由贸易政策的条件下，资本能够自由流动，在前一场合，殖民帝国范围内的平均利润率可以形成，在后一场合，在两大类型国家之间平均利润率也可以形成。当然它有新的含义，这一点下面谈。

第四节　货币关系的经济内容

1. 不同类型国家货币制度的演变

前面谈到，发达资本主义国家原来实行的是金银复本位货币制度，随着19世纪70年代垄断资本主义产生，金银复本位制度就向单一金本位制度过渡，但落后国家在这前后则仍然实行银本位制度，例如其中的印度和中国就是这样，直至1929年至1933年的经济危机时，这两大类型国家的货币制度又发生变化。现在要说明，在19世纪70年代至20世纪30年代，由于银对金的比价下跌，东方用银大国印度和中国，为了支付由于贸易条件不利而形成的国际收支逆差，付出的白银越来越多，即要用大量的积累起来的社会劳动，交换小量的现在的社会劳动。为了说明这个问题，先要简单地说一说马克思的货币理论，以及两大类型国家货币制度演变的原因。

马克思认为，货币直接是社会劳动。这就是说，货币虽然是从一般商品中分离出来的，它和一般商品都是私人劳动的产物，但生产它的私人劳动无须经过交换，直接就表现社会劳动，而生产商品的私人劳动则要同货币代表的社会劳动相交换了，即同货币相交换了，才真正实现为社会劳动。这样，货币就是价值尺度和流通手段的统一，即一般等价物，还成为贮藏手段、支付手段和世界货币。

由于货币直接是社会劳动，它就要求生产货币的劳动，即生产用来充当货币的那种商品的劳动，其自然性质大体上就是同一的、无差别的。只有这样，这种劳动的自然性质才同这种劳动的社会性质——直接是社会劳动——相适应。如果不是这样，生产当作货币的那种商品的劳动的自然性质是极不相同的，这种商品就不适宜当货币，例如，贝壳、牛皮、布帛，由于是各地生产的，质量都不相同，虽曾是货币，但终被淘汰。由于这个原因，贵金属终于取代其他的一般等价物，成为货币。

贵金属作为货币，金比银更为适宜。第一，金天然是纯的，只是混杂在石英中，数量极少，银很少天然是纯的，就是说，虽然金无足赤，但金是近于足赤的。因此，从自然属性说，金比银更适合于充当货币，执行价值尺度职能。第二，生产同等重量的金和银，金耗费的劳动多些。因此，金的价值大些，这使金比银更适合于充当货币，执行流通手段、贮藏手段、支付手段和世界货币职能。这样，经济发达的国家，金就取代银，成为货币。

就货币历史制度看，发达国家先过渡到实行单一金本位制度。英国在14世纪时实行金银复本位制度。实行这种制度，必然存在着金银的法定比价只能定期变动，而金银的市场比价却经常变动的矛盾，只要这两种比价不一致，市场比价高于法定比价的是良币，相反的是劣币，劣币必驱逐良币，即前者流通，后者退出流通。① 因此，即使在实行复本位制度时，实质上是实行单一本位制度，即有时是金本位制度，有时是银本位制度。由于这个原因，英国正式实行金本位制度是1816年，但在1774年便限制银币的法定货币资格，其使用以25镑为限，实际上从这时起，已实行金本位制度了；法国正式实行金本位制度（金块本位制度，后面将论述）是在1928年，但在1873年便限制银币的自由铸造，事实上已实行金本位制度了；美国正式实行金本位制度是1900年，但在1873年便停铸大银圆，并规定银币法偿不得超过5元，从这时起实际上已实行金本位制度；德国实行金本位制度是1871年；日本实行金

① 《马克思恩格斯全集》(第二十三卷)，人民出版社1972年版，第114—115页注53。

本位制度是1897年。关于大多数发达国家从19世纪70年代实行单一金本位制度的经济原因，后面再谈。

落后国家情况不是这样。当大多数发达国家已改为实行单一金本位制度时，它们仍然实行银本位制度。在落后国家中，实行金本位制度较早的国家是埃及，是在1885年；主要产银国墨西哥实行金本位制度是在1904年；印度在1924年才实行金块本位制度；中国在1935年废除银本位制度，由于世界主要发达国家于此时已先后废除金本位制度，中国废除银本位制度后，便没有实行金本位制度。

总起来可以这样说，当主要发达国家于19世纪70年代开始实行金本位制度时，主要落后国家仍实行银本位制度；如以印度和中国这两个东方用银大国为使用银作为本位货币的代表，那么，两个类型国家同时分别用金和银作为本位货币的时间有五六十年，大体上从垄断形成开始，到30年代经济危机时止。

2. 用银国以大量的积累的社会劳动交换用金国的小量的现在的社会劳动

由于前面谈过的原因，在国际贸易中，发达的即垄断资本主义国家这一方往往是顺差，落后的即殖民地国家这一方往往是逆差①，后者要用银来支付用金来表示的差额。在这条件下，如果银对金的比价下跌，那么，为了支付同一金额，用的银就要增加。

这期间银对金的比价，有明显的下降趋势。1717年，英国金银法定比价是1∶15.25；1792年，美国金银法定比价是1∶15，1834年是1∶16；比价有起有伏。但1870年以后，银对金的比价便明显下降。1870年至1914年发生第一次世界大战这段时间内，在伦敦市场上用金来表现1盎司银的价格，从1833年至1871年的59到61便士之间，下降到1871年至1878年的61到52.25便士之间，1878年至1891年下降为52.25到49便士之间，1900年下降到28便士，1914年下降到25便士。第一次世界大战期间，银对金的比价有所上升。但战后从1921年起，银价则一落千丈。1920年为61.4便士，1921年下降到36.7便士，其后除1924年外，都是逐年下降的，

① 旧中国有时国际收支也有顺差，那是由于侨汇较多，对贸易逆差弥补之后，还有多余。

1931 年下降到 14.69 便士。

银对金的比价下降的纯经济原因，是这个时期生产银的劳动生产率提高了，生产金的劳动生产率则降低了。1890 年，恩格斯在《资本论》(第一卷)第四版的一个脚注中说：大约 25 年以前，金银的比价是 1∶15.5，现在大约是 1∶22，而且银与金相比，其价值还要继续下跌。这主要是两种金属开采方法变革的结果，即采金耗费的劳动增多了，而采银耗费的劳动却大大地减少了。① 由于这样，为了适应经济发展的需要，发达国家就有必要采用价值趋于昂贵的金作为本位货币，并为了解决复本位制度本身所存在的矛盾，它们就在这段时期内，逐渐从复本位过渡到单一金本位制度。这样一来，在发达国家银不再作为货币，而作为商品，因供求关系的变化，银价更加下落。在第一次世界大战期间，银对金的比价上升，一方面是由于交战国对东方用银国的商品的需要增加，对银的需求增加，另一方面是由于产银大国墨西哥内乱，银的产量减少。1921 年以后银价低落的主要原因，其一是银的产量增加，其二是不用银作为货币的国家增加，银不作为货币而变为生银，生银供给增加。

在银对金的比价下降的条件下，用银国向用金国的支付贸易差额或国际收支差额，就同一数量差额而言，必然要用越来越多的银。这和实行金银复本位制度的国家不同。在这种国家里，如果银对金的市场比价下降，而原来的金银法定比价不变，并且银币铸造仍不受限制，比如金银法定比价是 1∶15，而市场比价是 1∶16，那么，在这条件下就必然用银而不用金去偿还债务。因为这样一来，用银币还债，尽管银价下跌，用银的数量并没有增加。在这条件下，由于银价下跌，用银还债还有好处。用上例来说，还 1 盎司金(其法定比价等于 15 盎司银)的债，可以得到 1 盎司银(金银市场比价是 1∶16)的利益。这种情况当然不能长久持续，因为劣币必然驱逐良币。在世界市场上，情况不是这样。这里只存在金银市场比价，不存在法定比价。这样，银对金的比价下跌，支付用金表示的差额，用银就要增加。

现在的问题是，不管用银的数量如何增加，它和支付的差额是价值相等的，是没有什么话好说的。进一步的问题是，商品的价值是由生产或再生产

① 《马克思恩格斯全集》(第二十三卷)，人民出版社 1972 年版，第 163—164 页注 108。

它的社会必要劳动时间决定的，即一批价值更低的商品生产出来后，待售的前一批商品的价值便降低了；货币的价值也是这样，一批价值更低的白银生产出来了，原有银币的价值便降低了，为了支付同样的价值，便要用更多的白银，这是经济规律作用的结果，似乎没有什么好说的。

但是，仔细分析一下便可以看出，商品和货币是有所不同的，上述原理只适用于商品，不适用于货币。商品只是作为使用价值，进入生产消费和个人消费，从这个意义上说，它不能长久地贮藏，不能积累社会劳动，不能作为价值若干个世纪地积累下来。货币不是这样，它直接是社会劳动，是价值，是贮藏手段，能若干个世纪地积累下来。更重要的是，正如马克思所说的，“年产品借以流通的货币量，是社会原有的，是逐渐积累起来的。这个货币量不是当年的价值产品，但是，用来补偿已经磨损的铸币的金（银也一样——引者）是例外”。① 这样，用银国用比价下降的银向用金国支付国际收支差额，就是用大量的积累的社会劳动交换现在小量的社会劳动，用银国在若干个世纪中积累起来的社会劳动即价值，由于这个原因减少了。这是致使落后的用银国更为贫穷的一个原因。

3. 落后国家实行依附于发达国家的货币制度

第一次世界大战后，以金币为本位货币、金币可以自由流通、自由铸造、自由输出入、各种货币符号（如银行券）可以自由兑换金币或与金币等量的黄金为特征的金本位制度，除美国外，其他主要发达国家因黄金储备日少，便无法实行。从战后20世纪20年代到30年代经济危机时，资本主义世界主要实行另外两种形式的金本位制度，即金块本位制度和金汇兑本位制度或虚金本位制度。前者为二等资本主义国家采用，后者为资本主义战败国和落后国家或殖民地国家采用。

金块本位制度的特征是：基本货币单位仍规定含金量，但不铸造和流通金币，流通的是银行券，银行券要在一定数额以上才可按含金量兑换金块。

金汇兑本位制度的特征是：国内不流通金币，只流通银行券，银行券只能兑换外汇，外汇只能在国外才能兑换黄金，本国货币同另一实行金块本位制度的国家的货币保持固定比价，并在该国存放大量黄金和外汇作为准备

---

① 《马克思恩格斯全集》（第二十四卷），人民出版社1972年版，第537页。

金。这是一种落后国家(殖民地国家)依附于发达国家(宗主国)的货币制度。

通过这种货币制度,实行金块本位制度的宗主国,就可以剥削实行该制度的殖民地国家。第一,宗主国可以视其需要,将货币贬值,即降低其流通的银行券的含金量,这样,殖民地国家存放于宗主国的外汇,便白白丧失部分价值,即被宗主国剥削了。而在20世纪30年代经济危机中,这些宗主国尚未最终停止金块本位制度时,是经常将其货币贬值以增加其输出的。第二,实行这种制度的殖民地国家,其银行券只能购买外汇、再用外汇在国外才能兑换黄金,而外汇行市还要取决于发行银行无限制地兑换外汇的能力,这种能力不是有十足保证的,外汇行市下跌,殖民地国家就受损失。

20世纪30年代世界经济危机爆发后,金块本位制度、金汇兑本位制度和仅存于美国的金本位制度,都无法继续实行,改为实行不能兑换黄金的纸币本位制度(1971年前的美国,对外国中央银行持有的纸币美元,准其以官价即35美元1盎司黄金的比率兑换黄金)。这对于持有外汇的殖民地国家,是有账不能讨。在这基础上,主要发达资本主义国家又组成货币集团,将一些在贸易、金融上与其有密切联系的国家,以及殖民地国家束缚住。这主要有英镑集团、美元集团和法郎集团。这里以英镑集团为例,加以说明。

英镑集团成立于1931年英国废除金块本位制度之后。它规定参加该集团的国家和地区的货币汇率钉在英镑上,随英镑的变动而改变汇率,它们的外汇储备,全部或大部分是英镑,并以英国国库券或活期存款的方式,存放于伦敦。这对英国控制这些国家的地区和贸易,增强英国在市场上的竞争能力,显然是有利的。不但如此,随着英镑贬值,它们存放于伦敦的、表现为英国国库券和活期存款储备,也丧失部分价值,即被英国剥削了。

第二次世界大战爆发后,参加英镑集团的国家,由于对英贸易发生困难和英国本身经济力量削弱,便纷纷离开英镑集团。于是,英国便将继续留在英镑集团内的国家和地区,用法律的形式固定下来,组成英镑区。区内各国和地区的货币对英镑保持固定比价,相互间一般地可以自由兑换;区内贸易清算都通过英镑办理;资金在区内移动不受限制,向区外移动则须经外汇管理机构批准;区内各国和地区收入的黄金和美元须按一定比例售给英国财政部,集中存入“美元总库”,作为英镑区的共同储备。就这样,英镑区成为英国控制和剥削其国外殖民地的工具。

4. 发达国家通过货币关系剥削和控制落后农业国

战后，民族独立国家开始建立独立的货币制度，退出货币区，仍留在货币区内的，其货币与前宗主国货币联系也削弱了。它们在货币关系领域进行的斗争，取得了很大的成绩。但这并不是说，它们就不再受剥削和控制了。这里谈几个主要问题。

首先，美国通过美元对它们进行控制和剥削。美国一度是战后资本主义世界的经济霸主。这种地位在国际货币制度上的表现，就是以美元为中心的布雷顿森林体系的建立。这个体系以黄金为基础，美元直接与黄金挂钩，参加这个体系的其他国家的货币则与美元挂钩，同美元保持固定的汇率。这实际上是以美元为基准通货的国际金汇兑本位制度。在这条件下，其他国家（只限于政府和中央银行）只要取得美元这种已成为世界货币的外汇，就可以按 35 美元 1 盎司黄金的比率取得黄金，美元就同黄金一样成为许多国家的储备。美国就可以多印美元纸币，到处当黄金使用，达到其政治和经济目的。但是，如果美元降低其含金量，持有美元的国家就蒙受损失，被美国剥削，如同以前实行金汇兑本位制度的国家，在实行金块本位制的宗主国将货币贬值时，遭受剥削一样。其后，美国经济地位下降，国际收支逆差增大，其所持有的黄金准备，根本不足以兑换外国政府和中央银行持有的美元纸币，布雷顿森林体系无法维持。美国就不仅将美元贬值，而且停止外国政府和中央银行将美元兑换黄金。这既是将以黄金计算的债款打折扣，又是赖账不还。据统计，1971 年底美元第一次贬值 7.89%，即从 35 美元 1 盎司黄金贬为 38 美元 1 盎司黄金，全部发展中国家的外汇贮备即损失 13.56 美元。其后美元又第二次贬值，乃至最后同黄金完全脱钩，美元购买力不断下降。1 盎司黄金曾高达 800 美元，目前（1989 年 9 月）约为 300 美元，发展中国家的损失就更大了。

其次，以美元为中心的资本主义国际货币体系崩溃后，发达国家又通过特别提款权，对落后国家进行控制和剥削。特别提款权是国际货币基金组织分配给会员国的一种使用资金的权利。自从布雷顿森林体系崩溃，尤其是黄金“非货币化”后，国际货币基金组织便将它作为主要贮备资产。它是按照国际货币基金组织的会员国缴纳基金的份额大小进行分配的。这好比股份公司按股金分配红利和股息一样。这样,富国缴纳的份额多,权利就多,贫国则相反,这种平等原则本来就是建立在不平等的基础上的,因为富国所以富,贫国所以贫,并且差距拉大,重要的原因就是前者以小量劳动交换后者的大量劳动。

特别提款权是一种记账单位,只限官方特有,在国际货币组织内和会员国官方交往中使用,以解决国际收支赤字问题。会员国之间,特别提款权和货币可以相互交换,即甲国可将其持有的特别提款权购买它所需要的乙国货币,也可以用甲国的货币向乙国购回它的特别提款权,乙国也可以这样做。特别提款权的使用是有限度的,一国 5 年内平均持有的数额不得低于同期内它平均积累分配到的 30%,一国有义务以其货币换回特别提款权,直至该国的持有量等于它的分配额的 3 倍。那些持有额少于分配额的国家,要按差额付利息;反之,要按差额收利息。

特别提款权有一个计值问题,只有这样,它才能与会员国的货币发生比价关系即汇率。计值具体办法 10 多年来略有变化,但总的原则一直是:由在世界市场上其商品和劳务出口占总量 10%以上的国家的货币单位值加权构成。1981 年 1 月 1 日以来是:美元占 42%,马克占 19%,英镑、日元、法郎各占 13%。与此相关,特别提款权的利率,也分别由这五国的利率加权构成。这就是说,五大富国货币单位值和利率起作用,其他国家则否。这样,富国尤其是其中的美国,就可以改变汇率和利率,以影响特别提款权的单位值和利率,来控制落后的贫国。

目前,特别提款权发行数额极其有限,发生的作用不大。但从前面的分析可以看出,它的使用和定值办法,就是有利于富国,不利于贫国的。首先,它要计算利息。目前严酷的事实是,总的说来贫国是富国的债务人,并且债务还有增加的趋势。其次,最重要的,它的定值办法不合理,只取决于五大富国的币值。黄金“非货币化”后,国际货币基金组织事实上是将它代替黄金充当世界货币的。这样,随着它的发行额扩大,发生作用的范围也随之扩大,世界上就出现一种其“价值”可以由若干个富国货币的汇率决定的货币,而这些富国的货币汇率的决定,除纯经济原因外,还可以有其他的原因,富国就可以通过这一点为自己谋利益,使贫国受损害。特别提款权这种潜在因素的发展,值得注意。

我们可以将这一点和上述的用金国剥削用银国的情况作一比较。从前，银对金的比价下降，及由此导致的结果，是一种纯经济关系；现在则不同，由于有人为的因素在其中，问题将更为严重。

第五节　刘易斯对用金国和用银国物价变动的分析

刘易斯对上述问题的分析，和我们有所不同。在我看来，这是很自然的。从他对温带和热带地区产品价格形成中的分析中，就可以看出，他并不主张劳动决定价值，而认为生产要素的价格合起来构成价格；与此相应，他的货币理论也不是以劳动价值理论为基础的，而是货币数量理论。根据这种理论，货币和货币流通速度之积，必然等于商品数量和物价水平之积，设货币流通速度和商品数量不变，则货币数量和价格高低成正比。他用这一点来分析 1873 年到 1895 年价格长期下降期间，农业国家中的用银国和用金国受到的影响不同。

他说，在这期间，"仍旧实行银本位的那些国家，如印度，避免了国内的通货紧缩；在这整个时期中，印度的物价实际上是上升的"。① 当我们以生产银的劳动生产率提高，即银的价值下降，这样，用银来表示的用银国的价格（主要是农产品）就因这原因而上升，以此来说明如无垄断因素的作用，用银国换得的由用金国生产的工业品就应增加时，刘易斯则用银币避免了通货紧缩，即用银币增加来解释印度的物价上升。但是，"其他一些国家，如阿根廷、智利和巴西（则）使本国货币上下浮动"②，情况就和印度不同。

他继续说："坚持实行金本位的那些农业国，例如澳大利亚和欧洲的许多殖民地，付出的代价是国内物价急剧波动"③，即物价下降。其原因是什么呢？这可从下述看出。他说："美国的情况特别令人感兴趣。美国 19 世纪整个 80 年代一直向海外借款；19 世纪 90 年代上半期，其外汇出现了周转不灵

① 阿瑟·刘易斯：《国际经济秩序的演变》，乔依德译，商务印书馆 1984 年版，第 36 页。
② 同上。
③ 同上。

的情况;这既是由于英国的贷款减少了,也是由于其出口的农产品价格非常低。"[①]这是海外借款减少,导致金币减少从而物价下降,物价下降从而农产品出口价格低,又导致外汇减少即金币减少的恶性循环。总之,是金币减少,引起物价下跌。因此,他又认为,"是否仍旧实行金本位就成为一个尖锐的政治问题"。[②]

这就是说,用金国和用银国物价变动,使贸易条件有利于如像印度这样的用银国。如无垄断因素的作用,情况应是这样。

刘易斯没有正面论述金银比价变动及其对两大类国家的影响问题。严格说来,按照货币数量理论,作为货币的金银是没有价值的,如果说它有价格,那就是指它能换取商品的数量,或它的购买力,那是它和商品之间的量的关系。但他又认为这期间金价是下跌的[③],这是什么意思呢?按照上述理论逻辑,用金国物价下降,1单位金币换取的商品数量增加,金价应是上升才对。因此,这不可能是指金换取的商品。那么,可否是金换取银的数量呢?也不是。因为按照货币数量理论,金价就应与银的数量成正比[④],而这一时期,他认为银的数量增加得较快,这样金价就应上升才是。还有什么解释呢?唯一的可能就是用金来表示用银国的商品。由于这种商品价格涨了,用同量的金能换到的商品量就减少了,即金价下跌。但这又不是直接根据运用货币数量理论,将金放在一边,将用银国的商品放在另一边得出来的结论。

总之,金价下跌的说法,同这一时期伦敦市场上金价相对于银价来说是上升的这一事实相矛盾。它的解释,也存在许多问题。

---

① 阿瑟·刘易斯:《国际经济秩序的演变》,乔依德译,商务印书馆1984年版,第36页。

② 同上。这其实是美国旧的金矿主和新的银矿主之间的斗争。这涉及共和党和民主党的货币政策之争。但如认为实行银本位制度,可以使物价提高,这依然要用银的劳动生产率提高,其价值下降来解释。

③ 同上书,第36页。

④ 麦金斯正是这样说明问题的:"留在欧洲的金银数量间的比例……约与其价值比例相同,即1对14或15。"斯密批评说:"一头值十几尼的牛的价格,约为一头值3先令6便士的羊的价格60倍。如果我们依此推想,通常市场上有牛一头,即有羊60头,那是可笑的。"(亚当·斯密:《国民财富的性质和原因的研究》(上卷),郭大力、王亚南译,商务印书馆1974年版,第203页)。

第六节　两种不同的资本运动

1. 发达国家输出借贷资本

发达国家将过剩的垄断资本输出到落后国家，以攫取垄断利润。这种垄断利润的最低水平要比垄断资本主义国家中的非垄断资本利润高，而在条件具备时，它就要比垄断资本主义国家中的垄断利润高。

资本输出有两种形式：借贷资本和生产资本；前者攫取的是利息，后者攫取的是利润。这两者都可以构成垄断利润。

落后国家的利息率一般都比发达国家的高。这有两种情况。第一种情况是：落后国家最初多数是前资本主义经济，后来即使有了资本主义经济，前资本主义经济仍然存在，而前资本主义经济的资本形式，最基本的是商业资本和高利贷资本，产业资本根本不存在。这种商业资本取得商业利润的办法是贱买贵卖，既剥削生产者又剥削消费者，商业利润是从流通中产生的让渡利润。这时由于自由竞争尚未展开，价格的形成具有偶然性，商业利润率就不能均等化。高利贷资本的活动对象是小生产者、贵族官僚和商人。小生产者借钱，表面上是为了生产，其实是为了生活，因为他的生产就是为了生活而不是为了营利。贵族官僚有时也要借钱，那是为了挥霍。在这两种条件下，高利贷资本收取的利息就没有一个客观的经济界限了，它不像资本主义的利息只能是产业利润的一部分那样，因为这时根本没有产业资本，当然也没有产业利润。这样，高利贷资本的利息率就只能由借钱者的需要程度决定了，由它决定的利息往往侵蚀生产者的必要劳动。这一点，前面事实上已谈过。商人借钱是为了营利，即取得商业利润。但是，由于这时的商业利润是让渡利润，它不受尚未产生的产业资本利润的限制，又由于高利贷资本的活动对象除商人外，还有小生产者和贵族官僚，这样，就不能由商业资本利润率来调节高利贷资本利息率，相反地，要由高利贷资本的利息率调节商业资本的利润率。经过这样的分析，就可以知道，落后国家的高利贷利息率比发达资本主义国家的利息率高。

第二种情况是：落后国家也产生了资本主义经济，它的资本主义性质的利息率，也比发达的资本主义国家的利息率高。我们知道，资本主义的利息只能是产业利润的一部分，正如下面将说明的，落后国家的资本主义的产业资本的利润率，比发达国家的产业资本的利润率高。由于这个原因，落后国家的资本主义性质的利息率也较高。

落后国家的长期借贷利息率较高，除上述原因外，还有一个特殊的经济原因。落后国家的资本主义经济不发达，使用的固定资本，无论从一个企业看，还是从全社会看，其在全部资本中占的比重都较小，其周转时间也较短，这就是说，社会折旧基金数量既少，能够贷放的时间也短，而落后国要发展资本主义经济，就特别需要数量较多的长期借款。由于这种供求关系，落后国家的长期借贷利息率就特别高。

这样，发达国家的垄断资本，由于其投资受到垄断的限制而过剩时，便向落后国家输出，攫取较高的利息。

2. 发达国家输出生产资本

发达资本主义国家以生产资本的形式，向落后国家输出资本，即在落后国家办企业，之所以获得较高的利润，就是由于它是落后的国家。输出生产资本要以落后国家已产生资本主义经济为前提，但这种经济比发达国家落后，其社会平均的资本有机构成较低，从而平均利润率较高。

马克思对此作了深刻的分析。他假定在一个欧洲国家，剩余价值率为100%，在一个亚洲国家，剩余价值率为25%，再假定欧洲国家，资本的平均构成是84c+16v，亚洲国家的资本平均构成是16c+84v。这个假定是合理的，因为虽然欧、亚都有资本主义生产，但前者生产力水平高，从而资本有机构成和剩余价值率，都较高；后者则相反。在这条件下，在欧洲国家，产品价值=84c+16v+16m=116，利润率为16÷(84+16)=16%；在亚洲国家，产品价值=16c+84v+21m=121，利润率为21÷(16+84)=21%。因此，亚洲国家的利润率比欧洲国家高25%强，尽管前者的剩余价值率只有后者的1/4。这个道理，只要看一看，随着资本主义的发展，平均利润率有下降趋势，便可理解。资本主义发展水平低的国家，平均利润率是较高的。

但是，问题并没有完全解决。问题是考茨基从某一个侧面提出来的。他在1898年的《土地问题》一书中提出：马克思认为农产品的生产价格低于价值，是由于农业部门的资本有机构成较低；即使是有机构成低，但农业资本周转缓慢，这对有机构成低会起抵销作用。① 因为有机构成低，总资本中可变资本的比重大，生产的剩余价值大于总资本分配到的平均利润，生产价格才低于价值；但是，资本周转慢，以年为单位计算，可变资本使用的次数少，生产的剩余价值就少，这等于资本有机构成高一样。考茨基这个问题，90 年来似乎无人研究。苏联经济学家曾经简单地将其斥为为资本主义土地私有权辩护，这不能解决问题。其实，他的问题无损于马克思的地租理论的正确性。因为马克思曾经说过，农业资本有机构成是否低于社会资本的平均构成，在英国是一个有待于统计来解决的问题②；如果农业资本有机构成高于社会资本的平均构成，即农产品生产价格高于价值时，农产品价格如何决定，绝对地租如何能够产生，马克思都有说明。

但是，考茨基的问题的解决，对于理解落后国家的平均利润率是否较发达国家高些，却十分重要。这就是：落后国家的资本平均有机构成是较低的，但是它的资本的平均周转时间是否也较慢，并且慢得抵消了资本有机构成低的作用？我认为答案是否定的。首先，从农业看，欧洲温带国家主要农作物一年收获一次，亚非拉美热带和亚热带国家主要农作物一年收获两次，甚至三次（考茨基说的情况，是这两种国家农业生产情况之比，而不是欧美资本主义国家内部工农业生产情况之比）；从工业看，产业革命使发达国家生产生产资料的生产资料部门发展最快，其在国民经济中的比重也大，生产消费资料的生产资料部门次之，前者为重工业，后者既有重工业，也有轻工业和农业，生产消费资料的部门更次之，它既有轻工业又有农业，总的趋势是大型机器，如轮船、机车、蒸汽机、各种工作机的生产增加，这对资本周转时间起延长的作用；落后国家就不是这样。这种情况，在第二次世界大战后新的科技革命发生时，才有某些变化。因此，无论从资本有机构成看，还是从资本周转看，落后国家的平均利润率都较高。

列宁说，落后国家的利润通常都是很高的，因为那里的资本少，地价比较贱，工资低，原料也便宜。如上所述，资本少应理解为社会固定资本折旧基金少，以及资本有机构成低，而不应理解为如像斯密所说的那样，因为他

---

① 考茨基：《土地问题》，梁琳译，生活·读书·新知三联书店 1955 年版，第 97 页。

② 《马克思恩格斯全集》（第二十五卷），人民出版社 1974 年版，第 857 页。

所说的少，一旦输入资本就会变为多，利润就会降下来。按照我们的解释，只要落后国资本有机构成较低，利润率就一定较高。

原料便宜、地价低、工资低，也是落后国利润率较高的原因。关于原料便宜的问题，就农产品和矿产品来说，前面已经谈及。第一个原因是土地不需特别耗费不变资本，肥力就较大（对农产品而言）；第二个原因是个体生产者多，产品售价仅收回 c+v 便可，m 可以奉送；第三个原因是自有土地的个体生产者，产品售价可不必包含绝对地租（以上两个原因既适合于农产品，也适合于矿产品）。

落后国家地价较低。原来的移民垦殖殖民地，有一段时间无主的自有土地很多，在经济上花费极少，在法律上便占有土地，地价极低，自不待言。它最初发生土地买卖时，地价也只取决于开垦土地耗费的活劳动和物化劳动。在其他落后国家，有土地价格问题的存在，便意味着土地（其实是土地私有权）早已能够买卖。在这条件下，土地价格＝地租÷利息率。落后国家利息率较高，这是地价较低的一个原因。

另一个原因是，落后国家的地租也较低。这种国家有两类地租。其一是农业用地地租。这些国家的农村，前资本主义经济占统治地位，其地租本是全部剩余劳动。但自从土地自由买卖后，地租就改由购买土地的资本所能够获得的高利贷资本的利息决定。它和高利贷资本的利息的不同，仅在于放债有风险，利息率便高于地租率。由于地租率由高利贷利息率调节，这种前资本主义性质的地租，就可能不仅是剩余劳动，而可能是包括了部分必要劳动了。但它仍比资本主义国家的农业地租低些。

最重要的原因是：资本主义农业地租中的绝对地租，其实体是同数量的农业资本，由于资本有机构成较低，生产的剩余价值多于工业资本生产的剩余价值的余额，即农业资本和工业资本之间的超额利润。因此，第一，这两种资本有机构成差距的扩大，即农业发展的相对落后于工业，每单位农业资本形成的绝对地租额便增加；第二，农业的绝对发展，即农业集约化程度的提高，投在同一块土地上的农业资本增加，绝对地租总额便增加。而在第二次世界大战前，农业集约化的程度虽在提高，但两种资本的有机构成的差距却在扩大，即农业的发展落后于工业。落后国大量前资本主义农业不是这样。因此，发达资本主义国家的农业用地地租便高于落后国家的农业地租。

其二是建筑地段地租或城市地租。这种地租是以农业地租为基础，再加上工商业所在地，因其位置而产生的超额利润构成的。例如，同数量的资本在冷僻区和热闹区经营商品，前者商品销售慢。后者商品销售快，前者比后者多得的利润，加上该地如经营农业所应交纳的地租，便是这块商业用地的地租。很明显，对于工商业经营者来说，最重要的是这种城市地租的基础的高低，因为其他部分只是工商业之间的超额利润。不言而喻，这个基础部分，也是落后国家的较低。

落后国的地价，因利息率和地租低这两重原因而较低。

关于落后国家的工资水平问题，要分为两种情况来谈。前面已经说过，一种是奴役土著的殖民地，其水平较低；一种是移民垦殖殖民地，其水平高于欧洲。现在后者已发展为发达国家，所以，一般说来落后国家的工资都是较低的。

发达国家将生产资本输出到落后国家，由于原料便宜、工资低廉、地租和地价较低，兴办企业，就能获得较多的利润。其中的规律是这样：原料的价格转移到商品价值中，和工人创造的价值构成商品的价值，新创造的价值分解为工资、利润和地租，工资和地租低，利润就高。这时商品是按价值或略低于世界市场上的价格出售的。如果办的是垄断企业，出售价格高于价值，就可以得到垄断利润。

3. *石油美元问题*

落后国家也有将资本输出到发达国家的情况。这也有两种形式。一种是生产资本，即在发达国家办企业，这被看成为类同于发达国家的跨国公司；一种是借贷资本，最重要的是石油美元，即石油输出国组织中的一些国家，在提高石油标价、维护权益中，获得巨额美元收入，这些收入除一部分用来援助某些因石油提价而使经济更加困难的国家外，由于石油输出国经济发展缓慢，制定发展战略又存在这样和那样的问题，这些巨额收入未能全部用于建设上，便在国外金融市场购买发达资本主义国家的股票和债券，还有一部分成为欧洲美元中的短期贷款，以获取利息、股息和红利。这个问题要谈一谈。

有人认为，这同发达国家输出生息资本，以攫取垄断利润是一样的；也有人认为，既然石油输出国富了，如今以牙还牙，向发达国家攫取垄断利润，是天公地道的。我认为这些看法是不对的。

不错，它们获得的种种收入，是从发达国家的垄断利润中来的。但是，问题在于发达国家的垄断利润，如上所述，极大部分来自落后国家。因此，从整体的落后国家看，等于是从被劫夺的东西中，讨回一极小部分，这当然不是取得什么垄断利润。问题还在于：发达国家利用这笔资金，又可以攫取更多的垄断利润。

如果说，这是资本输出，那么，就是另一种意义的资本输出。在不同条件下相同的经济现象，有不同的经济本质。

第七节　刘易斯对发达国家输出资本和落后国家偿还债务问题的看法

刘易斯认为："外国投资和帝国主义行径并不是一回事"；并且"不是根据富国贷款给穷国这一原则来进行的。美国、澳大利亚或阿根廷的人均收入高于英国、法国或德国，但美、澳、阿是借款国，而英、法、德却是贷款国"。① 他指出："19 世纪欧洲贷款国和富裕的借款国之间的差别，是由城市化的速度的不同决定的。城市人口每年增长速度低于 3％的国家……给别国贷款，城市人口每年增长超过 3％的国家……向别国借款。"②他认为城市化需要大量的钱。城市发展和农村发展费用的差别，主要不在于工厂和农村所需的资本不同，而在于基本设施费用的差别。高速城市化的原因是人口增长。欧洲的人口增长是在 19 世纪，而发展中国家则是在 20 世纪下半叶，即第二次世界大战后。当人口开始增长时，农村居民就必须迁徙，因为人口增长对家庭农场产生了威胁。如果新的可耕地很少，他们就寄希望于城镇。因此，现在"发展中国家依赖发达国家提供资金，并不是由于它们贫困，因为即使是最富裕的国家也需要借款"；它们"依赖外资的最终原因是由于这些国家人口增长率高，间接的原因是由于人口增长所造成的城市

① 阿瑟·刘易斯：《国际经济秩序的演变》，乔依德译，商务印书馆 1984 年版，第 27 页。

② 同上书，第 28 页。

化的增长率高”。①

他进而分析外国投资的用途及其变化趋势。在1929年之前，外国私人投资的部门往往是种植园、公用事业和矿山。对种植园投资，与印度和中国移民有关，第一次世界大战后这种移民停止时，对种植园的投资就停止了。现在外国资本对农业投资几乎等于零。对公用事业的投资也告结束。因为普遍的看法是：公用事业应由公共部门控制。战后20世纪50年代和60年代，对石油需求大增，国外对其投资也大增。中东国家接连购买石油公司，石油业再也不吸引外国资本了。另一个有利可图的行业是金融业。但它们经营的金融业不是把资金投入发展中国家，而是把发展中国家的资金抽走，所以，发展中国家已经不允许外国私人投资染指金融业了。随着外国私人投资在这些部门的减少，新的投资就转向制造业。现在制造业是不可多得的对经济作出贡献的部门，是发展中国家鼓励外国投资的唯一部门，但它们发现投资者比所预想的要少。可见外国投资不是根据落后国家本身的利益进行的。

他还认为，现在落后国家强调的不是资金而是技术和管理。从这点看，外国人可以在两件事情上作出贡献，一是市场联系，一是管理技能。正是这样，在他看来，“目前关于国际投资的讨论，好像问题主要是对付跨国公司似的，这种看法完全是目光短浅”。②

主要由贸易条件不利造成的国际贸易逆差和国外借款构成的债务，落后国家是要偿还的。刘易斯对此提出看法。他运用多马的公式并加以解释：如果利率是5%，每年借款增加5%，则利息恰恰等于每年增加的借款额。因此，“如果借款者借款的目的是获得净资金，那么借款增长的速度必须高于利率”。③ 这就是说：“完全可能通过这种或那种方式，使得债上加债，其中包括借新债还旧债。”④

总之，他认为：“如果用贷款进行的投资具有经济效益的话，那么，债务数量就没有什么意义”；而进行的投资具有经济效益，其意思是：“贷款的收

① 阿瑟·刘易斯：《国际经济秩序的演变》，乔依德译，商务印书馆1984年版，第31页。

② 同上书，第32页。

③ 同上书，第40页。

④ 同上书，第41页。

益必须大于其成本，这样就增加了国民收入。”但是，仅仅这样还是不够的，因为还的是外债，所以还要“该国经济能够把增加的收入兑换成外汇；如果贷款用于公共目的，就把增加的收入变为税收，然后再把这些税收兑换成外汇”；此外，“在贷款的整个使用期间，能够积累够多的这种增加的收入，也就是说，人们不是借短期贷款为长期投资提供资金”。如果能够这样，“贷款不是一种负担而是一种好事；债务负担越大，该国的经济情况就会越好”。①

他认为，“一个国家要经历一种类似投资生命周期的过程；这种周期有四个阶段。第一阶段，新的借款超过债务费用，甚至连利息也要用新的借款来偿还。第二阶段，新借款小于债务费用，但是大于分期偿还的债务。第三阶段，未偿还的债务数量不断减少。第四阶段，借款本息还清，这个国家便不是债务国了”。②

他还说明，欧洲银行是个了不起的机构，它办事效率高，人们在进行会谈和信件往来的基础上，几个星期就可以从它那里借到钱，是人们借新债还旧债的最好的机构。有人担心，要是这些政府还不出债的话，就会使整个国家银行体系崩溃。但是，他认为，“怎么会要求它们偿还呢？银行家贷款的目的是赚取利息，只要利息稳可到手，就不需要偿还本金。贷款可以延期。客户坚持要还本金，只是令人讨厌地给银行家带来了另找一个客户的麻烦”。③

第八节　劳动力国际流动方向的逆变

两大类国家间劳动力的流动，也构成它们的经济关系。

从落后国家和发达国家的角度来看劳动力的国际流动，也就是将刘易斯强调的印度和中国向热带国家的移民撇开，有一个很明显的变化，那就是由从发达国家流向落后国家尤其是其中的移民垦殖殖民地（这本来就是同义反复），变为从落后国家流向发达国家。这个现象从垄断资本主义形成时开始出现，第二次世界大战后尤为明显。

---

① 阿瑟·刘易斯：《国际经济秩序的演变》，乔依德译，商务印书馆 1984 年版，第 42 页。

② 同上书，第 44 页。

③ 同上书，第 45 页。

这个问题首先在第二国际内引起争论。前面说过，马克思根据他那个时期的情况指出，落后的农业国成为欧洲的工业国输出过剩人口的地方。既然这样，怎样解释其后的变化呢？1913 年，卢森堡在其《资本积累论》中说，资本主义经济无法实现用于积累的剩余价值，这要由资本家和工人以外的第三者，主要是个体生产者来实现；此外，资本主义农业落后于工业，工人的自然繁殖，无论在时间上，还是在数量上，都不能和资本积累的要求相适应。这样，资本家就要将用于积累的剩余价值卖给个体生产者，再从他们那里购买农产品和劳动力。这里的个体生产者既有资本主义国家的，也有落后国家的。鲍威尔不同意他的要由第三者来实现用于积累的剩余价值的理论，但认为帝国主义增加工人的数量，采用的方法就是摧毁殖民地里旧的生产方式，而迫使千百万人或者移居到资本主义地区，或者在本国，为欧洲或者美国的资本服务。单就劳动力来源问题而言，这应是符合卢森堡的理论的。但是，由于鲍威尔不同意她的剩余价值实现理论，她就将鲍威尔的劳动力来源理论称为新人口论，并且说，鲍威尔想象出一个从殖民地流向资本主义生产的古老中心的工人洪流，而事实恰恰相反，工人随着资本从古老中心输往殖民地而迁往殖民地。卢森堡这段反批评，从理论上看，同她的资本积累理论相矛盾；从事实上看，与工人已开始从奴役土著的殖民地流向宗主国或发达国家相矛盾。

列宁对这个现象作出解释。他认为这是由于垄断资本主义攫取垄断利润，其工人也得到好处，厌恶某些被视为低贱的劳动引起的，他们不干这种劳动，就从落后国家输入劳动力，作为代替。他并且指出，这是帝国主义的寄生性在工人中的反映。

第二次世界大战后，如上所述，富国和贫国的差距扩大，发达国家中工人厌恶低贱劳动的情况愈加严重，因此，从落后国家输入劳动力的现象大量发生。此外，就从事同种职业看，从落后国家输入的劳动力，其价格较低，这又可增加发达国家资产阶级的利润。

刘易斯对这个问题的看法值得注意。他说：“在经济迅速发展的国家里，享有保障的工作职位的数目，尤其是在制造业和高级服务业，增加的速度超过劳动力的增加速度。因而，人们从低工资部门被招募到高工资部门，这就损害了低工资部门的利益。这样就对低工资劳动力市场形成压力，造成非熟练劳动力的短缺，并且形成要求提高工资的威胁。第二次世界大战后，(上述国家的)人口的增长几乎为零，工业增长的速度前所未有，这样就使欧洲的剩余劳动力或低工资劳动力来源枯竭。农村劳动力迅速减少。小店主和易货商店的数目越来越少。西欧缺少护士、警察、公共汽车售票员、非熟练的工厂工人、非熟练的服务人员(旅馆职员、医院职员、佣人)”；解决这个问题有以下三种方法：“第一是把更多的妇女投入劳动力市场；第二是使低工资工作实现机械化或进行改组，这样所需的劳动力就会减少；第三是从其他国家吸收大量低工资移民，南欧、亚洲和加勒比地区有数百万移民进入西欧。”①这里的第三点，就是落后国家输出劳动力到发达国家的原因。

刘易斯进一步认为，“这种做法不得人心，而且不可能长期存在下去。要是做不到这样，仅次于此的最好办法就是从发展中国家进口低工资工人生产的制成品，使本国的自己的非熟练劳动力脱出身来，转到生产率更高的生产部门工作”。② 这已经涉及战后以来，国际分工的变化问题，这留在下面再谈。这里要指出的是，按照此说，非熟练的服务人员来源问题，仍不能解决，仍要从落后国家输入非熟练劳动力。

第九节　从南北经济关系本质看国际经济秩序问题

我们研究南北经济关系时，虽然没有将社会主义国家包括进去，但是从这研究揭示的本质，就可以看到当前国际经济秩序存在的根本问题。因为现在社会主义国家的存在本身，还不能改变这根本问题。

前面说过，有一种主张认为南北经济相互依存，提倡经济合作。但要加以调整，发达国家应作一定让步，以便达到共同繁荣。相互依存，从现象看是长期来形成的既成事实，加以调整，发达国家作些让步，也是必要的，但这是政策主张，没有揭示本质，从科学研究的角度看，没有回答问题。第二种主张认为公平合理，这倒是试图揭示本质的，但回答是错误的。这使人想起

---

① 阿瑟·刘易斯：《国际经济秩序的演变》，乔依德译，商务印书馆1984年版，第24—25页。

② 同上书，第25页。

第二国际某些领导人的说教:殖民地提高文化要靠宗主国,宗主国提高生活要靠殖民地。第三种主张认为只有“北”的援助,“南”才能避免受共产主义统治之苦,这种论调,留在下面再评说。第四种主张认为“北”剥削“南”,这是正确的,但看不到“南”的力量,认为只有“南”对“北”的依附,将南北经济关系完全等同于过去的宗主国和殖民地的经济关系,这是片面的。这种看法还认为,只有社会主义革命才能解决问题,从发展的观点看,这当然正确。但是,在这过程中,在各种条件配合下,“南”绝不是任“北”摆布的。

在我看来,南北经济关系的本质,就是落后国家被发达国家剥削,即被攫取垄断利润,从这一点看,和帝国主义宗主国对殖民地的剥削相同;但由于落后国家绝大多数是主权国家,并在发展民族经济,它们就有可能向对方作斗争,或进行谈判,减少被攫取的垄断利润,或从对方口袋里取回一部分,而这一切都是符合垄断资本主义既剥削、又扶植的经济规律的。斗争和谈判的成果,要取决于多种条件。南方成功的例子,前面谈到一些。此外,北方先答应,但实行时各国不同,大多数是打折扣的,如发达国家应将国内生产总值1%(其中官方的占0.7%)作为向发展中国家转移财富指标,大都没有达到,等等。目前,南北谈判陷入僵局。但这并不是说,不可能有转机了。

与上述问题有关的,是国际经济秩序的性质问题。除了极少数的垄断资本主义辩护士,绝大多数政治家和理论家都认为目前的国际经济秩序需要改进,或者说,要建立新的国际经济秩序。如果进一步询问,为什么要改进,回答多半是不公正,不合理。很明显,经济学家对此不能满意,他们要从理论上谈问题,要揭示本质。

我认为,在这个问题上,刘易斯的看法值得注意。在他看来,目前国际经济秩序的不公正,就在于同劳不等酬。前面说过,他认为社会各行业的工资水平,取决于农业劳动生产率,落后国家农业劳动生产率低,所以工资低,发达国家农业劳动生产率高,所以工资高。根据这种理论,要建立合理的国际经济秩序,落后国家就要提高农业劳动生产率,从而提高社会各行业的工资。

从这里出发,他还批评那种认为要建立合理的国际经济秩序,落后国就要提高工业劳动生产率的看法。他认为,如果离开提高农业劳动生产率、从而提高工资,单纯提高工业劳动生产率,并且出口这些工业品,那么,由于除工资以外的成本都降下来，得更多利益的将是发达国家。

这里存在的理论问题仍然是：工资是否决定于农业劳动生产率。

除此之外，把目前国际经济秩序的不合理和不公正，仅仅归结为同劳不等酬，我认为是片面的。即使在工资方面做到同劳等酬，从整个国民经济看，发达国家仍可通过贸易、金融、资本等方面，向落后国家取得垄断利润，合理的国际经济秩序还是无法建立。当然，这种情况的发生，最终又会导致同劳不等酬，因为投下同量劳动，得到的价值不相同，但其原因都在农业劳动生产率或工资之外。这是刘易斯没有考虑的。

在我看来，目前的国际经济秩序的不合理，其根本问题在于：发达国家通过多种渠道，向落后国家攫取垄断利润；产生这种不合理的根源在于：这两大类型国家的经济发展水平，原来就不一样，一种已实现工业化，一种尚未实现工业化，然后在这个基础上，又有垄断因素的推波助澜，使发达国家以小量劳动换取落后国家大量劳动，甚至无偿取得后者的劳动的情况愈加严重。

因此，要改变不合理的国际经济秩序，从理论上说，在落后国家这方面，就是要努力实现工业化，但这里涉及许多政治条件问题，这不是本文解决的；就是要反对发达国家用垄断因素所获得的利益，必要时以牙还牙，即原料出口国组织，也回敬以垄断价格，这里又涉及落后国家本身的团结问题，这也不是本文解决的；一句话，落后国家要有一条正确的路线。在发达国家这方面，至少要做到归还一些垄断利润，让落后国家发展得快些，缩短目前两者的差距。在我看来，在两方现有的社会经济制度下，经过努力，能够做到的大概就是这些。

目前，发展中国家提出的具体要求，如增加在世界贸易中的比重，增加在国际货币基金中的份额，建立基金以补偿初级产品价格降低而产生的损失，减免对发达国家的债务，发达国家放宽或废除保护政策，等等，都是重要的。但是，即使全部实现，也未能解决上述的重大问题。

第十节　南北经济关系的维系

根据上述可以看出，南北经济关系的实质就是发达国家对民族独立国家进行剥削；其中最为关键的是：由于形成这种关系，发达国家得到的国民收入大于它投下的国民劳动，民族独立国家得到的国民收入小于它投下的国民劳动，以致这两种类型国家的人均收入的差距越来越大，并且大于发达国家内部资产阶级的和无产阶级的平均收入的差距。现在要说明这种关系是怎样得以维系的。

首先要明确的是，维系南北经济关系指的不是维系一般的国与国之间的经济关系，这种国际经济关系除非有特殊的政治原因（包括战争），否则都是自然而然地存在的，用不着特殊地予以维系，因为这是商品经济自身的要求；维系南北经济指的是：维系一方是发达的、工业化和现代化国家，另一方是由于受制于对方而不能工业化和现代化的落后国家之间的关系，以便使一方得益，另一方受害的关系能长期继续下去。正是从这里可以看出，矛盾的主要方面是发达国家，因为它要极力维持这种关系。

在这里我要特别指出，发达资本主义国家要极力维持这种关系的更深层次的原因。我们已经知道，属于“北”的发达国家中有庞大的垄断资本主义经济，属于“南”的民族独立国家存在的是前资本主义经济和一般的资本主义经济。根据前面说过的原理，即垄断资本主义经济实现再生产的条件是攫取垄断利润，而垄断利润只能来自非垄断的经济成分，根据这一原理，我们就可以了解如果南北关系瓦解，“南”再不向“北”的垄断资本主义经济提供垄断利润，那么，后者就要加强对“北”内部的非垄断经济攫取垄断利润，这样一来，其劳动人民的生活水平就下降，社会矛盾加深。第二国际右翼领袖所说的：如果欧洲失去殖民地（包括经济殖民地在内的所有殖民地），欧洲人将过东方人的生活，这个预言就会成为现实。因此，从某一点看，南北关系瓦解，“南”的损失只是发展得慢些，因为它靠自己努力，靠南南合作，也能发展（下面谈刘易斯对这问题的看法）；“北”的损失则非同小可，简直是危及制度！战后几十年来，发达资本主义国家总的说来没有发生重大的社会制度的危机，原因之一是大量吸吮“南”的血液。

发达国家为了维持南北关系，采用的最好办法，当然是垄断它们拥有的高科技，使民族独立国家不能成为拥有高精尖工业的现代化国家。为此目的，它们根据目前国际上实施的《保护工业产权国际公约》，在法律上确保其对技术的垄断，阻碍和限制落后国家的技术发展。在这样做的时候，跨国公司在其中起着重要的作用。跨国公司通常只将一些先进技术转让给它在东道国的子公司，而不出售给东道国的当地企业，使当地企业不能掌握这些技术。对于已经扩散的技术，跨国公司在向东道国当地资本转让时，不仅索取高额费用，而且常常拒绝转让制造产品的关键技术，使其在技术上处于从属地位。

由最主要的发达国家组成的输出管制统筹委员会(巴黎统筹委员会)也间接发挥这样的作用。成立于20世纪50年代初的该委员会，要求其成员国不向社会主义国家出口军事装备、原子能方面的技术和设备，以及军民两用的工艺技术和产品。由于这给成员国带来损失，并使它们之间的矛盾加深，更由于这激发了社会主义国家的自力更生精神，其做法日益松动。但是，它认为属于关键性的高科技，仍然是禁止输出的。这样一来，一些民族独立国家虽然可以从社会主义国家方面获得某些新技术，但仍受发达国家的控制，差距仍然很大。

垄断高科技虽然是发达资本主义国家在经济上控制落后国家的最重要的手段，但是并不是最可靠的手段。因为这会引起落后国家的如下反应：第一，它作为主权国家，可以进行报复，例如在供应发达国家重要资源方面采取相应措施；第二，它们加紧相互团结，自力更生，逐步前进，最终解决问题。因此，发达国家加紧宣传世界主义，提倡全球一家，认为世界经济已客观存在，因而还强调国家主权是一种倒退的做法，妄图像过去控制殖民地国家的经济那样，控制现在的民族独立国家的经济；以此为基础，发达国家力图使民族独立国家的上层人物思想西方化，生活现代化，从而认识不到制定一条国家工业化、现代化的路线的迫切性，或者虽然制定了，由于会触犯自身的利益，就不去贯彻执行。发达国家正是这样维持南北经济关系现状的。

应该指出，发达国家自从进入垄断资本主义阶段以来，由于要从落后国家攫取垄断利润，就反对它曾用来反对封建主义、建立民族国家的民族主义，而大肆宣扬世界主义。英国工党理论家拉斯基说："国际秩序想要有效，必须控制如币制、关税、劳动标准、移民、原料供应、落后区域的开发等等事项，但要控制这些事项，它必须能够废止现有的种种用国家主权作保障的既得利益。"①他在第二次世界大战时甚至说：战后"地质学家必须以国际官员

① 拉斯基：《国家的理论与实际》，王造时译，商务印书馆1959年版，第160页。

的身份在中国勘探石油。就跟他们过去代表大石油公司勘探石油一样”。[①] 这是第二次世界大战前，强调国际秩序，反对国家主权（实质是反对落后国拥有维护经济权益的主权）的理论。第二次世界大战后，则强调由高科技导致的世界经济，以反对国家主权。《第三次浪潮》的作者托夫勒认为，目前开始的第三次浪潮（第一次是农业，第二次是工业）的基础是新工业，即以量子电子学、信息论、分子生物学、海洋工程学、核子学、生态学、太空科学为基础的工业。在这条件下，一种新型的全球经济产生了。对于这种经济，民族国家这个政治容器已过时了。新的全球经济是被大的跨国公司控制的，它的意识形态是全球主义即全球意识。这表明国家主义和民族主义已过时，全球主权远远不只为一个集团服务。正如国家主义为整个国家说话一样，全球主义为全世界说话。很明显，如果民族独立国家的统治阶层信奉这些理论，就必然将本国的经济权益“托付”给发达国家。

很明显，上述种种对民族独立国家制定和实施工业化和现代化的政策，都会产生消极的影响。对此，王亚南教授早在第二次世界大战中就指出：“一个关系整个社会改革问题的解决，在作为解决问题手段的政策之确立上，固须有科学的理论作为指标，而负责推行的人，对于其所进行的艰巨任务，尤须有社会科学的认识。否则，在实践的过程中一遇到困难，就难免不因此发生疑忌，由疑忌而表示退缩，而改变念头。”[②]王教授在这里强调的是社会科学的认识，对制定和实施工业化和现代化政策的重要性，并最终将其落实到“负责推行的人”的身上，但他不曾指出，西方思想和生活方式在其中的作用，因为这已包含在社会科学的正确认识中了。

战后数十年来，绝大多数民族独立国家制定和实施的发展战略，都归于失败。其中一个原因就是：这些战略的制定者是西方的经济学家，或者是以西方经济理论为指导的，而这些民族独立国家的领导者，由于自己方面的原因，接受并实施这些战略，结果对大多数人民不利，而极少数的上层阶层却得到很大的利益。《马克思与第三世界》的英译者马尔科姆·卡尔德说：“大量的西方经济学家都和新独立国家的政府有联系……向它们提供发展的意

① 拉斯基：《论当代革命》，朱曾汶译，商务印书馆1965年版，第262页。

② 王亚南：《中国经济论丛》，五十年代出版社1944年版，第191页。

见，并协助制定国家经济计划。还有无数的西方经济学家从他们四面八方的大学里自动地提出各种建议和主张”；“不发达国家未能从这种帮助和意见中得益”；因为这些建议和主张，都认为只要“资本加计划”，便能解决问题，“很少有人预见地注意到殖民主义作为‘不发达’的先决条件的意义，也很少注意到在中国的方式下革命作为摆脱‘不发达’的重要先决条件的意义”。① 就是说，这些方案既不反对垄断资本主义的统治，又不反对前资本主义的束缚，当然不能实现工业化和现代化。这些国家的领导者之所以接受或提出这样的方案，当然有其自身的原因；这原因的形成，其中有西方的影响。

由于上述种种，南北经济关系便得以维系。

① 翁贝托·梅洛蒂：《马克思与第三世界》，高铦、徐壮飞、涂光楠译，商务印书馆 1981 年版，第 5 页。

第五章　民族独立国家的发展战略

第一节　落后国家工业化的条件：国内市场与保护政策

民族独立国家自诞生以来，为了改变其落后的经济状况，实现工业化和现代化，纷纷制定各种发展计划，就其共同点来说，一般先实行进口替代战略，结果失败，后实行出口替代（外向型发展）战略，除少数几个国家和地区取得有待分析的成绩外，绝大多数也是失败的。

普雷比什对实行这两种战略的原因有一段颇为深刻的分析。前面说过，他认为除了某些例外，同来自发达国家日益多样化的工业品的需求相比，落后国家的初级产品出口增长相对地趋于缓慢。因此，为了获取这些工业品，也就是为了进行对外支付，落后国必须出口制成品。但这里存在着一个严重的障碍，即发达国家不愿接受落后国家因必须提高发展速度而需要输出的制成品。原因是这些制成品的竞争可能会对发达国家相应的工业产生不利的影响。发达国家这种态度迫使落后国家作出两种选择：向发达国家出口“除传统产品以外的其他产品（下面将指出，这大多是发达国家不再生产的、即补遗拾缺的产品——陈其人），以便能进口因资源缺乏或有限、或因经济和技术劣势而不宜生产的产品；或者加快国内生产速度，以这种方式获取因资金不足而不能进口的那些产品。人们认为第一种方式最合适。但如果这种选择行不通，也只好采用第二种方式来推动发展”。① 后者就是进

① 劳尔·普雷维什：《外围资本主义：危机与改造》，苏振兴、袁兴昌译，商务印书馆 1990 年版，第 176 页。

口替代,前者就是出口替代。

普雷比什用他提出的命题来解释这两种战略的关系。他认为进口替代战略是20世纪30年代大危机、第二次世界大战期间开始的,因为这时初级产品出口急剧下降。其后,需求弹性的差异促使人们去把出口的选择和替代的选择结合起来。①

这两种战略的失败原因是:不以形成广阔的国内市场作为其工业化的基础②;这种国内市场的形成,要以废除前资本主义的土地关系为前提。这样做,会从根本上损害某些阶层的物质利益。很明显,落后国家和先进国家不同,其工业化不仅特别需要国内市场,而且需要保护政策。实行出口替代战略的国家,不可能单方面实行这种政策。理论、历史和现实都是这样昭示我们的。

废除前资本主义的土地关系之所以能形成一个作为工业化基础的国内市场,是由于只有这样才能提高农业劳动生产率;较高的农业劳动生产率,一方面以食物、原料和"自由的手"保证工业发展,另一方面农业所需的由工业生产的生产资料、农业劳动者和"自由的手"所需的由工业生产的消费资料、工业部门内部所需的由工业生产的生产资料促使工业发展;这就意味着,国内市场在形成和发展。此外,废除前资本主义的土地关系,就能消灭封建主义高地租率,资本才有可能投向资本主义工业。

马克思指出,"伴随着土地所有权关系革命而来的,是耕种方法的改进,协作的扩大,生产资料的积聚等",这样,"虽然种地的人数减少了,但是土地提供的产品和过去一样多,或者比过去更多"。但是,"与独立的、自耕的农村居民稀薄化相适应的,不仅仅是工业无产阶级的稠密化",而且"随着一部分农村居民的游离,他们以前的生活资料也被游离出来。这些生活资料现在变成可变资本的物质要素"。更重要的是,"被驱逐出来的农民必须从自己的新主人工业资本家那里,以工资的形式挣得这些生活资料的价值。国内农业提供的工业原料也同生活资料的情况一样。它们成了不变资本的一

① 劳尔·普雷维什:《外围资本主义:危机与改造》,苏振兴、袁兴昌译,商务印书馆1990年版,第177页。

② 普雷比什认为,20世纪60年代初,拉美国家的工业发展方向过分偏向国内市场。这种指责和下述刘易斯的看法相反。

个要素”。[①] 总起来就是,“使小农转化为雇佣工人,使他们的生活资料和劳动资料转化为资本的物质要素的那些事件,同时也为资本建立了自己的国内市场”。[②]

历史事实说明,没有土地所有权关系的革命,资本主义工业化是不可能的。英国是最早发生产业革命、也是工业化实现得最顺利的国家。英国占有众多殖民地的事实,容易使人们错误地认为其工业发展的历史前提条件,不是消灭落后的土地关系。其实不然。英国在产业革命开始前60年中展开的圈地运动,即把耕地变为牧场的运动,虽然用血与泪写下了“羊吃人”的故事,但是英国的毛织品工业和其他工业,都是以此为条件发展起来的。法国则是通过资产阶级大革命,废除封建土地关系,为产业革命的进行奠定社会基础。

如果说,英法这些先发生产业革命的国家,虽然开始的时候,其基础是通过土地关系的变革而形成的国内市场,但其进一步发展,则有赖于夺取国外市场;那么,在英法等之后要进行产业革命的国家,由于是迟来者,不可能像英法那样夺取国外市场,则更应立足于国内市场了。

俄国1861年废除农奴制度后,资本主义工业能否发展,是民粹派和列宁争论的问题。民粹派认为,俄国是迟来者,缺少国外市场,资本主义工业不能发展,无产阶级不能壮大;列宁批判这种看法,明确指出:个体农民的分化,资本主义市场的广度加阔;资本有机构成提高,资本主义市场的深度增加;废除农奴制度后,国内市场形成和扩大,资本主义工业就能发展,无产阶级就能壮大。列宁批判民粹派的重要著作是《俄国资本主义的发展》,其副题就是《大工业国内市场的形成》。

落后国家实现工业化较晚,面对先实现工业化的国家的威胁,就有一个保护国内市场,即实行保护政策的问题。德国的经验就是这样。1873年,马克思在《资本论》(第一卷)第二版跋中意味深长地说:“在德国,直到现在,政治经济学一直是外来的科学。……它作为成品从英国和法国输入;德国的政治经济学教授一直是学生。别国的现实在理论上的表现,在他们手中变

① 《马克思恩格斯全集》(第二十三卷),人民出版社1972年版,第814页。
② 同上书,第816页。

成了教条集成，被他们用包围着他们的小资产阶级世界的精神去解释，就是说，被曲解了。"①虽然这样，德国的经济学家却清楚地看到，英法古典经济学所揭示的经济规律和由此制定的自由贸易政策，对当时的德国并不适用。因此，他们和强调它是放之四海而皆准的原理的古典学派相反，强调德国的特点，强调经济学的国民性，并在这基础上认为德国需要的不是自由贸易政策而是保护政策。德国历史学派的先驱李斯特在其巨著《政治经济学的国民体系》(1841 年)中，根据德国的实际情况，详细论述日耳曼国家的生存、独立及其将来，完全取决于日耳曼保护制度的发展。当时的情况是：1834 年德意志三分之二的邦国成立关税同盟，各邦之间的贸易障碍废除，广阔的国内市场形成；在此之前数年，即 1825 年，英国为减轻经济危机的困扰，允许机械及熟练工人输出，德国抓紧这机会将其输入，为初期的产业革命奠定基础；与此同时，英国的工业制品也大量向德输出。因此，德国的经济政策必然是：对内实行自由主义，对外实行保护政策。

美国的工业化和德国一样，实行的是保护政策。20 世纪之前，美国的经济落后于英法；19 世纪 60 年代南北战争前，美国南部的种植园实行奴隶制(以黑人为奴隶)，其产品输往欧洲，特别是英国，北部是资本主义制度；为了实现工业化，美国应实行保护政策，但南部奴隶主为了购买廉价的英国工业品，主张实行自由贸易政策，并以退出联邦要挟，北部资本家为了维持一个广阔的国内市场，便让步即同意实行自由主义，时间长达半个世纪。马克思认为，这是美国历史上的一大错误。南北战争以南部失败而结束。从这时起，美国实行保护政策，实现工业化。20 世纪初，美国改为实行自由贸易政策。

第二节　落后国家工业化的误区：仿效发达国家消费

在一些经济落后的民族独立国家中，某些阶层生活的现代化，亦即仿效发达国家富有阶层的消费，使有些激进派经济学家和发展经济学家忧心忡

① 《马克思恩格斯全集》(第二十三卷)，人民出版社 1972 年版，第 15 页。

忡。他们清楚地看出，这会妨碍这些国家的工业化、现代化和发展。领导联合国拉丁美洲经济委员会的激进派经济学家普雷比什指出，跨国公司对拉丁美洲社会“上层”进行的投资，并没有在应有的程度上促进这些国家的资本积累。这是因为，这些跨国公司在这些国家宣传发达国家的消费标准，给予某些有关的阶层以高收入，以便推广这种标准，并就地生产西方标准的消费品，借以改变这些国家的消费习惯。这样，跨国公司经营本身，以及由它培养的落后国家的高消费，就会妨碍民族资本的积累和发展，使其无法实现自身的工业化和现代化。他尖锐地指出：发达国家“消费标准的扩散直接损害了资本积累过程。我郑重声明，消费社会和根除消费不足的社会，目标是不相容的”。①

其后，他在其最重要的著作中指出：“由于外围（落后国家——陈其人）社会结构巨大的异质性，技术渗入的成果主要被处于有利地位的阶层所占有。当然，我不否认，在资本主义的历史演进中也发生过同样的情况。区别就在于，由于这种占有方式，在外围采用了中心（发达国家——陈其人）的消费方式。这种消费方式在中心国家是由于资本主义积累使得技术日益深入地渗入社会结构的情况下才逐步发展起来的。在外围却正好相反，我们是在积累尚不足以履行吸收劳动力的职能时模仿这些消费方式。”这种情况，“又由于中心国家凭借其技术经济优势和霸权地位榨取收入而变得更加严重。应该明白，外围的特性不完全在于模仿中心的消费……而是在于这种现象在外围因现行的分配不平等而达到的规模”。②

刘易斯也有类似的看法。他谈论发展中国家工业化的阻碍因素时指出，其中一个因素是：发展中国家的人民增加了对发达国家消费品的需求。在19世纪时，从英国进口而使进口国生产遭受破坏的产品，大部分是纺织品和铁制品，这些产品和替代它们的进口产品，没有什么根本的不同，只是消费者的偏好有一些不同，但它们的成本却差别很大。20世纪以来，形势朝不同的方向发展，名牌产品在许多消费者市场上确立了自己的地位，即使是成本和质量都相同的国内产品，也难以从国内市场上将它们排挤出去。

---

① 《联合国拉丁美洲经济委员会杂志》，1976年第4期第10页。

② 劳尔·普雷比什：《外围资本主义：危机与改造》，苏振兴、袁兴昌译，商务印书馆1990年版，第203页。

我想从另一个角度，进一步论述落后国工业化和现代化的误区问题。我指的是落后国盲目追随发达国家大量增加纯粹流通费用的耗费，将大量社会财富白白浪费的问题。

纯粹流通费用是商品经济特有的费用。它不是生产费用，生产费用是生产一件使用价值所必需的费用；也不是单纯的流通费用，这种费用是使用价值从生产经过运输进入生产消费和个人消费所必需的，例如完全为了出售而装潢商品所需的费用，以及为了同一目的的广告费用等。

资本主义纯粹流通费用在国内生产总值中所占的比重增加，是由资本主义基本矛盾决定的。这是因为，剩余价值的剥削和剩余价值的实现，条件不同；前者取决于生产力水平，后者主要取决于消费力水平，而资本主义生产方式又妨碍劳动群众消费水平的提高。这样，产品销售必然遇到困难，为了销售，上述费用就增加。同时，资本主义特有的生产和消费的矛盾，使普遍生产过剩的经济危机发生，危机就是消灭那部分对于消费力来说是过多的产品。消灭有多种形式，增加纯粹流通费用的耗费是其中之一。

美国著名马克思主义经济学家斯威齐说：由于垄断资本主义攫取的垄断利润不只是剩余价值因而发达国家的经济剩余不论绝对还是相对都增加；“一般说来，剩余的吸收有下列各种方式：(1)它可以被消费掉；(2)它可以用来投资；(3)它可以被浪费掉”。① (4)就包括了实行军国主义的开支和用于纯粹流通费用尤其是广告的开支。发达国家有的商品价格，其中纯粹流通费用占 50%，某些化妆品则占 90%，即是说，这些费用所代表的物质财富，既不进入生产消费，也不进入个人消费，白白地浪费掉。

应该说，落后国家出口商品，由于在世界市场进行竞争，就非按照发达国家的标准行事不可。但是，前面说过，落后国家工业化，要以国内市场为主，在国内市场就不必依葫芦画瓢了。有些落后国家不是这样。在那里虽有资本主义生产，虽有矛盾，但比发达国家缓和得多，没有垄断资本主义，可是其纯粹流通费用的开支，却极力向发达国家看齐，许多商品外包装贵于商品本身，将大量物质资料浪费掉，这是工业化和现代化的误区。

① 保罗·巴兰、保罗·斯威齐：《垄断资本：论美国的经济和社会秩序》，南开大学政治经济学系译，商务印书馆 1977 年版，第 80 页。

第三节　阿明对进口替代战略的分析

战后民族独立国家实行的进口替代战略是指：由于需求弹性的不同和初级产品价格低、工业产品价格高，使这些国家产生贸易逆差和外汇短缺，为摆脱对发达国家的依附，民族独立国家应自己生产工业品来替代进口。为此，就要提高关税，以为只要这样，就能使工业开始为已存在的国内市场而生产。但20世纪60年代以来，实行这一战略的国家普遍遇到困难，其主要表现为：收支危机更加严重，贫富分化加剧，失业率增加。

对于进口替代战略失败的原因，我认为阿明的分析最为深刻。他认为，首先，这些国家的经济本来是依附于发达国家的，这样它们实行进口替代战略就缺乏物质基础，必须进口所需的生产要素，不仅工厂设备、中间产品，甚至原料也要进口。这样一来，原来是为了减少进口的，现在反而增加了进口，加剧外汇危机。其次，这些国家在历史上已形成一个与出口初级产品相联系的社会阶层，他们有较高的收入，作为一个总体，他们的收入在国民收入中占相当大的部分，他们的消费早已西方化。这就决定实行进口替代战略首先要满足这一阶层的需要，即生产高级消费品成了进口替代的主要对象。为了维持这种生产结构，就只有加深收入的不平等。最后，进口替代建立的工业，一般都采用资本密集型的现代技术，只能吸收为数很少的由于资本主义生产方式的入侵而产生的失业者，并且产生由于剩余劳动力的存在而压低工资的社会条件。这又使国内市场狭小而妨碍工业的发展。

从这里出发，阿明进一步对民族独立国家的工业化遇到的障碍进行研究。他认为国内市场狭小对工业化造成障碍，但是由工资低而产生的市场狭小并不是无条件地构成这种障碍。这是因为，市场并不只是由生活资料构成的，生产资料也有重要的作用，低工资意味着高利润，利润对生产资料的需求，创造市场。他认为欧洲和日本的产业革命，就是在低工资的基础上进行的。但是，民族独立国家的情况与此不同。这是因为，先进国家发展为垄断资本主义时，落后国家的低工资就不能发生上述的那种作用。因为前者向后者不仅输出商品，也输出资本。前者本身的需要和后者的狭小市场，决定前者的投资集中在出口部门。后者的资本无法同控制出口部门的垄断资本竞争，也无法同其就地生产的廉价的商品竞争，就只能进入买办贸易或服务业，成为垄断资本的补充，使工业化陷入困境。这种“外向性”的发展又强化了低工资的趋势，因为它的产品不是靠国内市场，而是靠国外市场来实现的。低工资在这种条件下又妨碍工业化。进口替代战略之所以不能带动落后国家，使之工业化，是由于它无法突破落后国家卷入资本主义体系以后形成的国内市场结构，相反地不得不适应这一结构。

第四节　刘易斯对出口替代战略的分析

实行进口替代战略失败后，有些民族独立国家和有些地区就实行出口替代战略。它的含义是：既然需求弹性不同和初级产品价格低，工业产品价格高，民族独立国家就少出口初级产品，而将其加工为工业产品后才出口，并以此带动经济的发展，实现工业化。实行这种战略，总的说来，一方面是对战后以来发达国家转为生产高、精、尖产品后的拾遗补阙，另一方面机器设备依靠进口、市场面向国外，实行自由贸易政策，与发达国家的经济联系更紧密，成为它们转嫁危机的对象，因此得到发达国家的支持。就目前的情况看，实行这种战略，除少数几个国家和地区取得的成效有待分析外，其余的绝大多数只是加深了对外国资本的依赖，对实现本国的工业化，并无裨益。

在我看来，刘易斯对经济增长动力的分析，完全适用于对出口替代战略的评价。关于发展中国家依赖于以向发达国家出口商品来作为本国经济增长的动力问题，他是持否定态度的。

他根据历史事实指出：“像 1913 年以前的 30 年那样，当发达国家经济扩张时，发展中国家的经济就向前发展；如在包括两次大战在内的近 30 年中那样，当发达国家经济萎缩时，发展中国家的经济几乎停滞不前。而且，像在 1950 年到 1973 年那样，当发达国家经济复苏、增长速度超过以往时，发展中国家的经济增长速度也超过了以往。”①这是一种依赖。

---

① 阿瑟·刘易斯：《国际经济秩序的演变》，乔依德译，商务印书馆 1984 年版，第 47 页。

他又认为："当发展中国家从向富国出口初级产品变为向其出口制成品，它们就从一种性质的依赖变为另一种性质的依赖"；当然，制成品出口的潜在发展余地广阔得多，因为富国购买茶叶、可可和咖啡等初级产品的数量是有限的；但是，即使这样，"1975年发展中国家制成品的出口，仅占全世界制成品贸易的8%"；从这个比重看，发展中国家制成品的出口，可能达到的增长应该是很高的；但是，"全世界制成品贸易每年的增长速度一直是10%，发展中国家的制成品也以同样的速度增长。如果保持这种速度，则发展中国家在世界贸易中所占的比重，只不过是保持不变"；但是，"在全世界制成品生产每年仅增加5%—6%的情况下，全世界的制成品贸易，不可能以每年10%的速度无止境地增长下去"；这样，发展中国家要增加自己在全世界制成品贸易中所占的比重，"必然会遇到越来越多的阻力"。① 这就使出口替代战略的实施遇到发达国家的市场容量的阻挠。

刘易斯明确指出：这种战略的"依赖性与发展中国家的一个目标是不一致的；这个目标就是发展中国家人均收入的增长速度应高于发达国家，也就是说应该缩小、最终消灭发达国家与发展中国家生活水平之间的差距"。② 他认为这个目标靠发展中国家自己的努力，就能达到。这个问题下面再谈。

他坚决地认为："无论如何，一个发展中国家的发展战略，不必过分依赖出口；眼光应该更多地放在国内市场。面向国内市场的工业生产所受到的限制是，50%以上的劳动力生产国内消费的粮食（这是作者规定的尚未工业化的标准——引者），而剩余的农产品很少。改变这种生产率低下的状况，整个局面就会为之改观。"③

他的理论总结是："经济增长的动力应该是技术变化，国际贸易是润滑油而不是燃料。达到技术变化的途径是农业革命和工业革命，这两者是相互依赖的。国际贸易不能代替技术变化，所以依赖国际贸易、把它作为主要希望那些人必然要受到挫折。促进经济发展要考虑的最重要的问题，在于改变粮食生产的状况，使农产品有剩余，可以养活城市人口，因而为国内工业和现代化服务业奠定基础。"④刘易斯的看法，我认为是正确的。

---

① 阿瑟·刘易斯：《国际经济秩序的演变》，乔依德译，商务印书馆1984年版，第49页。

② 同上书，第47页。

③ 同上书，第51页。

④ 同上书，第52页。

第五节 关于新兴的工业化国家和地区

以上我们评述出口替代战略时，是就民族独立国家的总体来说的，这并不排除某些国家和地区实行这战略可以取得一些成绩，并已成为新兴的工业化国家和地区。这就是说，总体做不到的并不排除少数个体可以做到；反过来说，正因为少数个体做到了，作为一个总体就做不到。

从事实看，目前某些新兴工业化国家和地区，如拉美的巴西、智利、墨西哥，亚洲的印度和“四小龙”等，是从 20 世纪 60 年代中期实行出口替代战略后，才取得这样的成绩的。但是，我认为从理论看，这是前面已经提到的战后发达国家产业结构发生某些变化，即偏重生产高、精、尖的产品，而让某些传统工业由落后国家去兴办的结果，是原落后国出口某些工业产品，不再进口这些产品的结果，因为这些传统工业的产品，过去是进口的，现在本国制造了。精确地说，这是下面还要分析的世界分工发生某些变动的结果。

让我们进一步分析这些新兴工业化国家和地区同发达国家之间的以及同其他落后国家之间的经济关系。

战后以来，发达国家偏重生产高、精、尖的产品，这些产品以高技术为基础，有的是资本有机构成极高的部门(如飞机制造业)的产品，其生产价格本来就高于价值，再加上它们都以垄断价格出售，这样，这些国家对多数民族独立国家当然仍然进行剥削。但是，新兴工业化国家由于兴办了原来发达国家经营的传统工业，这些工业在新兴工业化国家里，相对于其他的物质生产部门来说，其资本有机构成是高的，就该国一国看，其生产价格应高于价值。如果确实是这样，用这些产品和发达国家的产品交换，还不能简单地说被剥削了。

我认为，在战后的条件下，再不能用从前那种方法来分析两大不同类型的国家之间的商品交换的关系了。从前，尤其是垄断资本主义产生之前，这两类国家的利润率是不相等的，因为在它们之间资本不能自由流动，由于这样，不同国家的生产价格是按不同的平均利润率来调节的；垄断资本主义产生后，在一个殖民帝国内，由于殖民地是没有国家主权的，宗主国的资本可以自由地流到那里去，将垄断资本在整个殖民帝国内攫取的来自其他经济成分的垄断利润扣除后，在殖民帝国范围内平均利润率是有条件形成的，生产价格也有条件形成，情况和在一个国家内部相同①；各殖民帝国之间，平均利润率是不等的，因为在它们之间资本不能自由流动；战后以来，民族独立国家虽然是主权国家，但是其中实行出口替代战略的，一般都要实行自由贸易政策，发达国家的资本可以自由流入，由于这样，上述那种平均利润率是可以在发达国家和这些实行出口替代战略国家之间形成的。在这条件下，两类国家工资水平不同，各自提供的剩余价值不同，这剩余价值要平均分配，这就可能有损有益；实际情况是，新兴工业化国家工资低，即工人创造的价值，成为工资的部分占的比重小，资本有机构成低，所用的不变资本和所费的不变资本的差额小，发达国家则恰恰相反，这样，按所费的工资和不变资本计算的生产成本，加上按所用的全部资本计算平均利润构成的生产价格，在新兴工业化国家就必然低于价值，在发达国家就必然高于价值，两种产品交换，发达国家就剥削新兴工业化国家。具体情况见表1-9。

表1-9　发达国和新兴国之间的商品交换关系

国家类别	产品	所用c	所费c	v	m	价值	平均利润率	平均利润	生产价格
发达国	高精尖	8 000	800	3 000	1 500	5 300	29.76%	3 273.6	7 073.6
	农畜	7 000	3 400[1]	2 000	2 000	7 400	29.76%	3 273.6	8 673.6
新兴国	工业	6 000	1 900	4 500	4 500	10 900	29.76%	3 124.8	9 524.8
	初级	5 000	1 900	4 500	4 500	10 900	29.76%	2 876.2	9 227.2
总计		26 000	8 000[2]	14 000[3]	12 500	34 500	—	12 548.2	34 499.2

注：1. 原文为“4 000”，疑误，改正为“3 400”。——编者注
2. 原文为“6 000”，随上变动，改为“8 000”。——编者注
3. 原文为“16 000”，疑误，改正为“14 000”。——编者注

① 只是这时的平均利润总和不等于剩余价值总和，生产价格总和也不等于价值总和，因已扣除垄断利润。

这里表明，由于上述原因，发达国家的产品的生产价格都高于价值，新兴工业化国家的产品的生产价格都低于价值，两者交换，后者受剥削。但是，后者的工业产品和初级产品，其生产所费的不变资本和活劳动相等，有相同的价值，但由于所用的不变资本不同，分配到的平均利润不同，两者生产价格低于价值的程度不同，即出口工业制品所受剥削较小，即较之出口初级产品有相对的利益。

由此可以看出，发达国家对于民族独立国家实现这种为前者拾遗补阙的工业化，一般不持反对态度，反而支持。但不能像它们那样发展为生产高精尖产品的工业化，即不能实现现代化。谁要这样做，它们就设置重重障碍。前面提到的垄断高科技，就是最重要的障碍。

由此也可以看出，上述的工业化既然是替代发达国家生产它们不再生产的产品，它就不可能在大多数民族独立国家里进行，因为这要面向国外市场，即以发达国家和其他民族独立国家为市场，这就必然受到限制。

很明显，实现这种工业化的国家和地区，即新兴工业化国家和地区，将其工业制品和其他落后国家的初级产品交换，虽然两者的生产价格都低于价值，但后者更低，前一类型的国家得利。

第六章　南北经济关系和国际分工的演变

第一节　世界基本矛盾中的南北经济关系

南北经济关系是世界基本矛盾中的一对矛盾，世界基本矛盾中的其他矛盾对它发生重大影响，反过来，它对世界基本矛盾中的其他矛盾也发生重大影响。不过，在这里我们只研究其他矛盾对它的影响。

垄断资本主义国家和国家集团之间的矛盾，对南北经济关系的演变，起着主要作用。这是由以下两方面决定的。

第一，它们攫取垄断利润的对象是落后国家，这是它们要争夺的，在争夺的同时，又要设法削弱其竞争对手，以便壮大自己。这就是前面提到的欧洲经济共同体的成员国，同其以前的殖民地保持经济联系，并使其制度化的原因。因为这样一来，美国和日本再想将势力渗进这些原殖民地就困难了，相对地说，共同体的力量就壮大了。联邦德国在所有的发达国家中，对南北对话、谈判，所持的态度最为灵活，其原因在于：它在两次世界大战中的失败，表明它在发达国家的竞争中是个落后者。如果说，日本在第二次世界大战中虽然也是战败国，但它很快便恢复其在东南亚的势力，现在已经建成一个经济帝国的话，那么，联邦德国还没有恢复到这样的程度，所以它对落后国家不得不采取灵活的态度。与联邦德国相反的是美国，它对南北对话、谈判，所持态度最为僵硬。这是因为，在第二次世界大战中，它的经济发展最快，战后当其他发达资本主义国家尚未恢复过来，亦即 20 世纪 50 年代中期以前，它已通过各种各样的计划，将最大的殖民国家——英国和法国——的殖民地，纳入自己的势力范围。它已成为最大的经济帝国。这样的经济地位，使它对南北对话，持僵硬态度。它考虑这个问题，不仅要使南北经济关系的调整,有利于它本身,有利于削弱共同体和日本,而且有利于抵销苏联等社会主义国家对属于"南"方的国家的影响。

第二,同社会主义国家"争夺"属于"南"方的国家。首先应该指出,从社会主义国家这一方来看,它同发达资本主义国家之间并不存在如同发达国家之间争夺垄断利润那样的矛盾,这是由社会主义的制度所决定的。从发达资本主义国家这一方来看,它同社会主义国家的矛盾,说到底也是为了使其回到旧轨道,并再度成为由它们任意攫取垄断利润的国家。在这条件下,社会主义国家为了保护自己,为了社会主义的利益,团结一切落后国家,结成统一的反对垄断资本主义的力量,在可能的情况下,对落后国家予以援助,完全不是什么争夺势力范围。但是,垄断资本主义国家不这样看。它把这说成是共产主义势力的扩张,或独裁对民主的挑战。因此,为了同它所假想的共产主义敌人争夺"南"方,它对南北对话的态度,就灵活些。

如果将社会主义国家和发达资本主义国家之间的矛盾称为东西矛盾,那么,从我们的立场出发,为了使南北经济关系朝着有利于落后国家的方向演变,我们社会主义国家在同落后国家发生商品、货币和资本方面的联系时,就要和发达国家的做法不同。当然,目前社会主义国家的经济力量不如发达国家,仅有的联系,规模也是很小的。但是,从潜在的发展看,寻求其中的规律,应是十分重要的。但这样做时,我觉得除了在借贷利息率方面问题容易解决外,其他方面很难解决,寻求不到其中的规律。现以商品交换为例,加以说明。

我们记得,分析发达国家和落后国家的商品交换时,我们采用这样的方法:先撇开垄断因素,完全从自由竞争出发,说明价值与生产价格的偏离,使不等量的劳动交换发生,然后再加上垄断因素,使这问题更加严重。运用这方法研究社会主义的对外贸易,包括对落后国家的贸易,显然行不通。我们在对外贸易中的价格决定,既有经济因素,也有政治因素,像上面那种纯经济分析法,是不适用的。当然,这是从事实看的,而规律并不就是事实。但是从更深一层看,从方法论看,研究社会主义经济,完全撇开政治因素,也是不对的。

重要的原因在于:社会主义是自觉的产物,和资本主义是自发的产物不同。从这点看,它的经济规律应该是被认识了的,是取代了必然王国的自由王国,其表现就是经济规律不是自发起作用,而由根据它所制定的经济政策起作用。这样，与落后国家进行贸易时，如何制定价格，使其既符合社会主义的经济规律，又能与发达国家相竞争而有利于落后国家，就是一个重要的亟待解决的问题。我将它提出来，为的是让大家研究。

同属于"南"方的国家和地区，它们相互之间也有矛盾，即所谓南南矛盾。从事实看，如同都是"北"方的国家，不能一致地对待南北谈判一样，都是"南"方的国家，也不能一致地对待南北对话，这对南北经济关系的演变，当然有不利于"南"方的消极作用。但要指出的是，南南矛盾的实质与北北矛盾不同。后者是为了争夺垄断利润，前者无此问题，它们同受剥削，又不向外扩张，矛盾从何而来呢？撇开某些偶然因素不谈，重要原因是石油大幅度提价，石油输出国取回了应得的利益，而进口石油的落后国却要增加巨额支出，困难更甚。但此事已因石油输出国对它们加以援助，不可能成为产生南南矛盾的重要原因。那么，还有什么原因呢？发达国家对它们挑拨离间，制造分裂，是一个原因。识破这一点是重要的。

第二节　罗斯托的民主的北方援助南方，使其免受共产主义之害的理论

罗斯托将东西方的矛盾说成是不合人情的共产主义，和合人情的民主主义的矛盾，然后认为"南"方正处于共产党阴谋夺取政权的危险之中，提出民主的"北"方必须对"南"方予以援助，使其免受共产主义之害，亦即保卫民主主义的政治主张。

他首先将共产主义说成是一种病症。他说，共产主义绝不是这样唯一有效的国家组织形式，即能够巩固由他提出的从传统社会过渡到为起飞创造前提条件阶段，并使起飞阶段开始，把社会推向技术成熟阶段。但是，如果它能在起飞阶段的几十年中解决农业生产问题，这可能是完成这种艰难任务的一种方法。可是这一点仍然有待于证实。因此，共产主义是与日本的明治维新和凯末尔的土耳其不同的一种不符合人情的政治组织形式，它能够在这样一种社会中推动和支持成长过程，这种社会在创造前提条件时期没有产生为数众多的中产阶级，也没有在社会领袖中产生政治上的一致

意见。共产主义是一种病症。如果一个过渡社会不能够有效地把它内部愿意进行社会化工作的分子组织起来,这个社会就会得这种病症。

那么,共产主义政权是在什么时机下建立起来的呢?他认为,当起飞阶段在政治、社会和组织上还没有完成和巩固以前,如果发生这种政治和社会混乱情况,共产党阴谋夺取政权是最容易的。在这种情况下,中央集权的独裁制度可以为发动阶段提供一种必不可少的前提条件,和一种向成熟推进的持久的力量,即有效的现代国家组织。

他认为,目前(1959年)许多"南"方国家正处在这种有可能被共产党阴谋夺取政权的危急状况中。他说,目前处于过渡阶段的国家所遇到的相对困难,使它们受到很大的压力。如果处于过渡阶段的国家要过渡到创造前提阶段和起飞阶段,并同时要维持政治和社会有朝着越来越民主的方向发展的可能,就要在三个主要方面采取协调行动。

第一,由于"南"方国家人口增长率高,因此对已知的能够提高农业生产力的技术的潜在能力,必须比目前更有目的和更迅速地使其发生作用,这样才有可能增加每一个人的粮食消费量。

第二,外来的援助的可能性必须在更大,特别是在更巩固的基础上组织起来,按照目前人口增长水平和目前国内资本形成和外援的水平,如果要使整个亚洲、中东、非洲和拉丁美洲进入正常成长,使按人口平均计算的收入每年增加1.5%,每年就需要增加大约40亿美元的外援(1959年的情况)。

第三,发展工作最后必须由当地的人来完成。这些过渡社会的非共产党的有学识的中坚分子对他们的人民的前途负有重大责任。但是,他们必须克服现代医药迅速推广所引起的困难,并且保证救人生命的仁慈的决定不会导致不仁慈的社会,即不要因医药发达引起人口增长率增加,因而生活贫困,使共产党有可能取得政权而建立不仁慈的社会。尽管有各种诱惑力量会使民族主义向世界其他方向发展以及使人在冷战中分散注意力的情况,他们必须专心于发展工作。他们曾经在人类自由的旗帜帮助下取得独立,并且也曾经利用他们所赞同的西方国家的信念。在他们自己的社会完成前提条件和开始持续的成长过程的时候,他们必须根据他们自己社会和文化情况,承担很大一部分的责任,使这些信念重新发生作用。

这就是罗斯托的要"南"方接受"北"方的援助,并由具有"西方国家信念”的“有学识的中坚分子”来掌握政权，以反对共产主义的纲领。不难看出，它的一般意义是妄图使“南”方国家重新成为“北”方国家的附属国；它的特殊意义是为当时的美国推行的政策服务，这个政策是要取代英法，使美国成为美元帝国，因为当时只有美国有这种经济力量。

第三节　刘易斯的靠内部力量，靠南南合作，“南”方国家经济就能增长的理论

根据刘易斯的理论，“南”方国家即发展中国家，其经济由两个不同的部门组成：一是按照现代方式组织而以先进技术进行生产的资本主义部门，二是按照传统方式组织而以落后的技术进行生产的农业部门。经济发展的动力在前一部门。传统的农业部门存在着隐蔽性的失业，因为妇女劳动力的解放和人口的迅速增长，劳动力的供给是无限的。在这情况下，经济发展的关键在于资本的积累。资本积累的主要来源是国内储蓄，国内储蓄的主要来源是利润。所以，经济发展的过程，就是资本主义部门相对地不断扩大、利润在国民收入中的比例不断增加的过程。这个过程一直延续到劳动力短缺，工资不得不上升为止。与此相应，资本主义工业的发展，又伴随着农业革命的进行。因此，在过程中，市场问题变得重要了。这在前面已谈过。

以上谈的是发展中国家本身的经济增长问题。在这基础上，刘易斯还探讨发展中国家的经济怎样才能赶上发达国家的问题。

他尖锐地提出问题：“在过去100年间，发展中世界的生产增长速度依存于发达世界的生产增长速度。当发达世界增长迅速时，发展中世界也增长迅速；当发达世界增长减慢时，发展中世界的增长也减慢。这种联系是不是不可避免的呢？”[①]这个问题的现实意义在于：在1979年以前20年的繁荣期间里，发展中国家已经证明它们具有使总产值每年增加6%的能力，它们并且已将6%作为所有发展中国家[②]最低限度的平均增长目标。但是，如果发

① 刘易斯：《增长引擎的减慢》。该文是刘易斯于1979年接受诺贝尔奖金时的演讲。中译文载《现代外国经济学论文选》（第八辑），商务印书馆1984年版。引文见该辑第249页。

② 不包括其中的社会主义国家。

达国家回到原先的增长速度，使它们的贸易每年仅增加 4%（1873—1913 年的增长率——引者）的话，情况又将如何呢？发展中国家的增长也会不可避免地大大低于它们的目标吗？

刘易斯指出，发达国家控制发展中国家的增长速度的主要环节是贸易。当发达国家增长较快时，它们进口的增长速度也加快，而发展中国家就出口得更多。1873—1913 年，世界初级产品贸易的增长速度是发达国家工业生产增长速度的 0.87 倍。在 1973 年以前的 20 年里，这种关系也恰好是这样。更有趣的是：在 100 年间，这种关系在数量上是完全相同的。这意味着，如果增长的引擎是发达国家的工业生产和发展中国家的初级产品出口，那么，发达国家的引擎就比发展中国家的引擎转动得略微快一些，即前者为 1，后者为 0.87。

相同的转动速度并不一定具有完全一样的效果。此外，还存在着增强这种联系的副效果。当转动较快时，预期贸易条件会更有利于发展中国家（虽然这种情况在 1973 年以前的 25 年中没有出现）。国内市场繁荣，因而发展中国家面向国内市场的工业化加快。发达国家放松了对制造品进口的壁垒，所以，这种贸易也加快了。外国资本流入发展中国家的采矿业和制造业等部门。发达国家接纳更多的移民，这使发展中国家在繁荣时期收到的侨汇也更多。

以上所说的一切，包括工业生产在发展中国家比在发达国家增长较快这一事实，所以，在 1973 年以前的 25 年中发展中国家和发达国家的国内生产总值增长速度大致相同，即每年是 5%左右。但是，由于发展中国家人口增长较快，两者的人均产值增长率有很大的差距。即发达国家大约为 4%，而发展中国家为 2.5%。发展中国家在绝对增长时，就人均收入而言，同发达国家的差距在继续扩大。

有什么办法能缩小这种人均收入的差距呢？刘易斯指出：如果它们都与总产值的同一增长率相联系的话，人们又怎样做到这一点呢？或者人们可以设想，从保护环境、爱护资源、增加生活中的悠闲等出发，发达国家的增长速度应该降低。但是，如果这样，发展中国家的增长速度也会下降，而且由于贸易条件变得不利于发展中国家，它们的处境将是最糟的。在这种联系已经存在了很久的条件下，发达国家应当尽可能地迅速增长，这才是对发展中国家有利的事。因此，他严肃地提出问题：发达国家的增长速度可能会出现什么情况？即使面临发达国家增长下降的情况，发展中国家也能维持迅速的增长吗？

对于前一问题，经过分析后，他认为："那种认为今后20—30年可能遇到困难的看法是并不奇怪的，但是认为今后20—30年可能变得相当繁荣的看法，也没有什么奇怪。"①他假定发达国家的工业生产比它在1973年以前的增长要慢，这些国家的进口在今后20年每年仅增加4%。他认为这不是一种预言，而只是一种假设。据此，我们也只看他的分析方法。

他以发达国家的增长减缓为前提。他假定，发展中国家想使它们的国内生产总值每年增加6%，这就需要使它们的进口每年增加6%。这种联系是从另一个假设得来的：虽然发展中国家作为一个集团或共同体变得更加自给自足，但是个别的发展中国家或许因本身太小而不能做到这一点。出口增长率与国内生产总值增长率是否相同这一点并不重要，重要的是发展中国家出口的增长率要大大高于发达国家从发展中国家进口的增长率。他假定发展中国家需要使出口每年增加6%，而发达国家从发展中国家的进口每年只增加4%。问题是怎样使这两个增长率协调起来。

在理论上有一个简单的办法，这就是使发展中国家在发达国家进口中占的份额日益增长，但这是不可能的。前者向后者增加初级产品的出口，就要后者增加对这种产品的需求，但这是一种物量方面的联系，不大受价格变动的影响。降价以增加出口，则使收入减少；联合起来，提高出口价格，则使产量减少，而且这样做，也没有把握。

工业制品情况又如何？他指出，这种产品在不属于石油输出国组织的发展中国家的出口中将近占40%，并且是它们增长最快的出口。那么，是否只要增加这种产品的出口，以代替初级产品，就能使问题得到解决呢？他认为不能。因为发达国家在繁荣时才愿意让工业制品进口，因为那时它们有许多正在发展的工业部门，可以接纳由于进口而失去工作的人们。我们既然假定发达国家的增长速度缓慢，这就排除了这种可能性。

---

① 刘易斯：《增长引擎的减慢》，载《现代外国经济学论文选》（第八辑），商务印书馆1984年版，第257页。

他还郑重地指出：从个别发展中国家看，只要拥有资源和保持灵活性，它们总是可以向较发达国家出售更多的东西。可是，这样一来，它们就取代了其他发展中国家的贸易了。一个国家可以做到的事，并不是所有国家都能做到的。

这样，问题就只有一个解决办法了。如果发展中国家的出口每年要增长6%，而对发达国家的出口每年只能增长4%，那么向其余世界（假定比重为7∶3）的销售量就必须在开头每年增加11%左右。向社会主义国家出口是其中之一，但他认为“它们能向欠发达国家购买更多的货物，但是不肯这样”。[①] 这样，发展中国家（欠发达国家）只有加速它们相互之间的贸易，才能解决这一问题。这就是说，加强南南合作，就能解决问题。

目前，发展中国家在粮食、肥料、水泥、钢和机械方面依赖发达国家。作为一个整体，发展中国家可以在四种产品方面很快结束这种依赖，并且在机械方面逐渐摆脱这种依赖，它们也进口大量的轻工业品，它们在这些产品方面毫不依赖发达国家。发展中国家如果采取适当的土地政策，现在就能养活它们自己。至于肥料、水泥和钢，这些产品是通过将标准技术应用于发达国家以外广泛可以得到的原料制造出来的。机器比较麻烦一些，因为这种行业的一些重要部门涉及规模经济的效果，需要不断改进的技术，以及已经取得专利权的或仍在保密的知识。可是，有几个发展中国家正在步入这个领域，至少有8个发展中国家（印度、巴西、新加坡、智利、韩国、阿根廷、墨西哥和以色列[②]）的机械产品已占工业制品总值的15%或更多。发展中国家出口的机械产品也在迅速增长。同流行的看法相反，这种出口在价值上超过发展中国家纺织品和成衣的出口。没有任何理由认为，作为一个整体的发展中国家，不能在标准型设备方面接近于自给自足。

为了使发展中国家以自己的力量保持高速度的增长，刘易斯认为要解决三个问题。首先，要遵循关税同盟的路线，各发展中国家对来自其他发展中国家的进口产品给予优惠待遇。要做到这一点要克服很多矛盾。例如，它们之间的经济水平相差很大，较先进的和较不先进的相比，前者有较多的

① 刘易斯：《增长引擎的减慢》，载《现代外国经济学论文选》（第八辑），商务印书馆1984年版，第259页。

② 以色列属于发达国家还是发展中国家，有不同看法。

新工业部门，后者便感到遭受了关税同盟的剥削。于是，同盟要存在下去，就要用巨资来补助较不先进的国家，这措施是难以达成协议的。

其次，要实行某种收入政策，这种政策能使发展中国家的商品在价格上同发达国家有竞争能力。当价格不再具有竞争力时，货币贬值是不可避免的，但双方都这样做时，这就不起作用了。这时，唯一的补救办法就是实行某种收入政策，从成本因素方面使价格具有竞争力。这涉及阶级利益，实行起来是很困难的。

最后，要实行某种清算协定，这协定能使发展中国家之间不必用一种或多种发达国家的货币来进行交易。他认为也许国际货币基金组织能解决这一问题。

他指出，发展中国家依靠自身的力量使经济快速增长起来后，它的主要商品也不能仅仅在政治基础上为邻近国家之间共同分享。这种新型的发展中国家的贸易将是世界范围的，就同美国和西欧的贸易是世界范围的一样。

他还指出，如果有足够多的发展中国家达到了可以自行支持的增长，那么，我们就进入了一个新的世界。因为这将意味着，不是贸易决定发展中国家的生产增长，而是发展中国家的生产增长决定它们的贸易，是内部力量决定生产增长的速度，现在，没有很多的国家已经准备好去进行这种转变。印度显然具有这种可能性。不是所有的发展中国家都有可能进行这种转变，这也不必要，因为，如果主要的发展中国家增长迅速，大量进口，那么，它们在某种程度上就会代替发达国家以前的迅速增长。对于那些使用中心和外围这种语言的人来说，这就意味着若干国家离开外围而进入了中心。这对南北经济关系的发展将有何影响，我们留在下面再谈。

他最后指出，这全部问题的困难在于，怎样通过从对发达国家的贸易依赖转到对发展中国家市场的依赖，去维持6%的增长势头。在这一转变中，主要是在工业化中的发展中国家，必须在彼此的市场上以及在其他的发展中国家的市场上建立自己的据点。还必须发生农业方面的变化，既为城市人口提供粮食，又为城市的商品和劳务提供日益扩大的市场。某些主要的发展中国家是可能会较快地解决这个问题的，例如巴西就是其中之一。

刘易斯对依靠自身力量、南南合作，促使发展中国家经济的增长比发达国家快些，充满信心。

第四节　国际分工的演变

第二次世界大战后至今，国际分工的演变表现为：原来的工业国和农业国的划分，逐渐消灭，原来的工业国成为应用高技术生产物质资料，包括工业品和农业品的国家，原来的农业国成为应用低级技术生产物质资料，包括工业品和初级产品的国家。在这条件下，我认为即使撇开垄断因素的作用不谈，前一类国家仍然可以用小量劳动交换后一类国家的大量劳动。

刘易斯对这种演变作了分析。前面说过，战后经济发展迅速的发达国家，熟练劳动力短缺，这就要吸收非熟练劳动力以资弥补，然后再从落后国家进口非熟练劳动力。最后这一点要是做不到，就从落后国家进口低工资工人生产的制成品，使本国的非熟练劳动力脱出身来。

他认为，就这样，20 世纪 60 年代国际经济开始发生变化。工业国在比较穷的国家投资以生产制成品出口。制成品成为发展中国家增长速度最快的出口产品。其增长速度每年约 10%，比发达国家出口制成品的增长速度稍微快一些。到 1975 年，制成品已占发展中国家(不包括石油生产国)的全部出口的 33%。农产品贸易正在发生的情况，也说明国际经济正在改变方向。因为人口激增和粮食的生产率仍旧很低，发展中国家已成为粮食的纯进口国；而且，如果目前的趋势继续存在下去的话，所进口的农产品很快就要超过其全部出口额。世界划分为出口农产品、进口制成品的发展中国家和出口制成品、进口农产品的发达国家这种局面即将结束。

他指出，无论是原来的划分，还是新的局面，都不能说明农产品和工业品的贸易条件谁优谁劣。如果热带国家 60%的劳动力从事低生产率的粮食生产，不管这个国家是出口农产品还是出口工业品，由于由低生产率的粮食生产决定的工资很低廉，其贸易条件就不利。反之，澳大利亚、新西兰、丹麦和其他一些国家，由于农业生产率高，工资就高，农产品(其他产品也一样)的贸易条件就有利，它们出口农产品已成为世界上最富裕的国家。

因此，在刘易斯看来，贸易条件的有利和不利，不在于国际分工的内容，不在于出口哪种产品，而在于农业劳动生产率的高低。从这一点出发，他认为，发展中国家如果能改变粮食生产的状况，提高其生产率，那么，国际经济新秩序，亦即他认为公正的国际经济秩序，就会自然而然地产生。

这里存在的问题仍然是：工资、利润和地租到底是如何决定的。

我谈谈我对战后国际分工演变的看法。说明发展中国家分工生产那些技术低（工人的工资也特别低）的产品并不困难，因为它们的经济不发达，劳动力供过于求，工资特别低，这就妨碍对高技术的使用，而这恰恰也符合发达国家的要求。困难的是要说明，为什么战后某些发达国家的农业生产有了突飞猛进的发展，以致有的国家例如美国，出现了农业资本有机构成高于工业平均资本有机构成的情况。战后，发达资本主义国家普遍扶植农业生产。重要的原因是，如上所述，一定高度的农业劳动生产率，是资本主义剩余价值生产的基础。因为直到现在为止，工人的消费资料大部分直接间接是农业生产的；要使工人的必要劳动时间缩短，生产的剩余价值增多，就要提高农业劳动生产率。第二次世界大战前，垄断资本主义国家农业生产落后于工业，殖民地附属国的农业生产也落后，但垄断资本主义国家用低价购买殖民地附属国的粮食的办法，来达到缩短工人必要劳动时间的目的。第二次世界大战后，使用这办法将越来越困难，因为殖民地国家已成为主权国家。因此，垄断资本主义国家便大力扶植农业，使其生产迅速发展。就是说，工业革命的技术方面，已在发达国家的农业领域中全部展开，使其资本有机构成迅速提高。

在这条件下，我们以前说的，工业革命使工业国农产品变得昂贵，现在已变得不完全适用了。从前之所以这样，是由于工业革命尚未全部在农业生产中展开，生产同数量农产品虽然能减少所耗费的活劳动，但为了恢复土地肥力而耗费的物化劳动，却大于减少的活劳动。因此，农产品价值增大。现在不同，由于技术进步而减少的活劳动，大于恢复土地肥力而耗费的物化劳动。因此，农产品价值降低。

要指出的是，农产品是资本有机构成高的产品，其生产价格高于价值，同发展中国家技术低即资本有机构成低，因而生产价格低于价值的产品交换，仍是不等量劳动的交换。

这里要指出，以前说过，资本主义主要农产品例如粮食，事实上是在生产价格之上加上绝对地租出售的，这个绝对地租量是在粮食的价值和生产价格之间，由竞争决定。这个分析是以农业资本有机构成较低，从而粮食价值高于生产价格为前提的。现在这个前提不存在了，因为有的国家像美国，农业资本有机构成高于工业资本的平均构成，粮食生产价格变成高于价值。这时，绝对地租的大小如何决定？马克思认为，它取决于外国农产品和本国农产品的竞争，如果外国农产品不能进口，或生产它们的资本有机构成，也高于世界平均的资本构成，那么，绝对地租的界限就是粮食的垄断价格的界限，只能由消费者的需求和支付能力来决定。现在这种情况还没有出现。

结束语——南北经济关系的未来

按照刘易斯的看法，我想作为本书结束语的这个问题是不能谈和不应谈的，因为他认为经济学家不是预言家。但是，马克思主义者不这样看，对重大社会问题或世界历史的重大问题，提出科学的预见是完全必要的，也完全有条件这样做。

马克思的社会主义理论就是一种科学预见。就我们现在论述的问题来说，马克思当然不可能有具体论述，但是他对不列颠在印度统治的未来结果的分析，对我们有重大的启示。他说，在大不列颠本国现在的统治阶级还没有被工业无产阶级推翻以前，或者在印度人民还没有强大到能够完全摆脱英国枷锁以前，印度人民是不能收获到不列颠资产阶级在他们中间所播下的社会新因素成熟的果实的。这就是说，宗主国和殖民地国家的关系的结束，殖民地人民的解放，要取决于宗主国无产阶级革命，或者殖民地国家人民的民族解放运动的胜利。这一预见是正确的。

布哈林对这个问题也提出过预见。他将强大的工业国家比作世界城市，将落后的殖民地比作世界农村，认为这种世界范围城乡对立关系的解决，要取决于世界无产阶级（包括社会主义国家的、资本主义国家的和落后国家的资本主义的）和落后国家或殖民地国家的农民的联合斗争，亦即取决于无产阶级的世界革命。这一预见并不科学。撇开了次要的问题，例如宗主国的无产阶级由于从本国资产阶级的殖民政策中也得到一些好处，因此很难和殖民地国家的农民联合斗争，最重要的问题是，垄断资本主义国家对殖民地进行剥削的对象，不仅有农民，而且有其他个体生产者和中小资本家，亦即受剥削的是一般人民。因此，科学的提法，应该是全世界无产阶级和被压迫民族联合起来，以解决世界范围的城乡对立关系。布哈林之所以强调农民，是由于不了解垄断利润的来源，而只从世界城市（工业）和世界农村(农业)两者对立的概念出发,因此强调世界无产阶级要同落后国家的农民联合起来进行斗争。不管提法如何,布哈林的思想路线是世界革命,尤其是已夺取政权的苏联无产阶级输出革命。除了其他原因之外,这由于无法了解各殖民地国家具体情况,成功的例子不多,即使成功,也留下许多问题。

有一种观点根据马克思的提法,修正了布哈林的提法,认为南北关系的最终解决,要取决于社会主义革命,包括了发达国家的和发展中国家的社会主义革命,我认为是正确的。因为前者革命成功,就使垄断利润的攫取不再存在;后者革命成功,就能运用政治力量,制定正确的路线,取得经济独立,不再提供垄断利润。这样,南北经济关系就不再存在,南北关系也不再存在。

人们可能认为,目前某些发展中国家的经济增长很快,它们很快就成为发达国家。据刘易斯说,巴西和印度就属于这情况。另外也有人提出一批所谓新兴的工业化国家。我认为,不靠自己力量解决高科技问题,不反对封建主义,不以国内市场为主,就不可能发展为发达国家。即使有些国家能步入发达国家的行列,这也只是南北范围的相对变动,而不是南北关系的消灭。

如果全部的"南"方国家,都能发展成发达国家,那么,无须社会主义革命,南北关系就再不存在了。但我认为,在特定的条件下,少数国家可能这样,全部国家不可能这样。其原因在于:如果那样,发达国家的垄断利润来源,就只有国内来源,而没有国外来源了。这样一来,或者是垄断资本主义的再生产遇到困难,或者是国内剥削加重,垄断资产阶级和其他阶级的矛盾加深,总之,垄断资本主义的生存受到威胁。因此,发达国家反对这样做。这表现为,某些发达国家或者用组织共同体之类的办法,把发展中国家拴住,或者极力阻挠其经济建设,或者甚至用武力,不仅反对那些因受到种种影响想走社会主义道路的国家,而且反对那些它认为损害其利益的国家。第二次世界大战后,发达国家之间的战争未见发生,这类战争却常发生。

目前,发达国家缺乏发生社会主义革命的条件;绝大多数民族独立国家,由民族主义者制定的发展路线,不管是出口替代战略,还是进口替代战略,实行的结果都有许多问题。在这条件下,南北关系将维持相当长的时间,不能很快就自我解决。

社会主义国家在这方面虽然能起些作用，但由于它们普遍都走过曲折的道路，经济力量比不上发达国家，还不能从经济方面真正削弱发达国家对发展中国家的影响，也还不能从榜样方面强烈影响发展中国家走社会主义道路。由于这样，从这方面看，南北关系也将维持相当长的时间。

如果说这是一个僵局，那么使它发生变化的重要因素，我认为是社会主义国家。只要我们努力把事情办好，使社会主义本来具有的优越性发挥出来，使它无论对"北"方的无产阶级，还是对"南"方的被压迫人民，都具有榜样的力量，这个僵局就必然发生变化。

这不是什么历史发展外因论，而是马克思主义的威力，使主观能动性促使客观规律性发生作用的结果。

最后，我想从马克思揭示的历史辩证法，即社会从公有制社会到私有制社会再到更高级形态的公有制社会，从经济哲学的角度来分析南北经济关系的未来。

前面说过，主要是由于自然条件不同，西欧从公有制社会进入私有制社会时，以土地公有为基础的农村公社大部分瓦解，非欧社会(包括俄国)则不是这样。由于这样，西欧进入资本主义时，非欧社会尚未产生资本主义。西欧资本主义产生促使新航路发现和地理大发现，由此导致西欧和非欧社会的大规模接触。它们之间的关系，最初是殖民主义和殖民地的关系，后来是帝国主义和殖民地的关系，这后一种关系最终结成殖民帝国。殖民地国家获得政治独立后，其中的民族独立的主权国家和发达资本主义国家的关系，就构成南北关系，其中最根本的是南北经济关系。

按照历史辩证法，私有制社会必然否定自己，发展为更高级形态的公有制社会。从发达国家这方面看，马克思很赞同摩尔根的看法："人类的智慧在自己的创造物面前感到迷惘而不知所措了。然而总有一天，人类的理智一定会强健到能够支配财富……社会的瓦解，即将成为以财富为唯一的最终目的的那个历程的终结，因为这一历程包含着自我消灭的因素……这将是古代氏族的自由、平等和博爱的复活，但却是在更高级形式上的复活。"①这一思想，同马克思在青年时代的著作《1844 年经济学-哲学手稿》中

① 《马克思恩格斯全集》(第四十五卷)，人民出版社 1985 年版，第 397—398 页。

的思想①,是极为相近的。历史发展到这阶段,南北经济关系就自行消失,因为矛盾的一方即北已改变性质。

从落后国家方面看,如果它们至今仍存在着大量以土地公有为基础的农村公社,同时又同世界市场发生联系,在一定条件下,它们就可以跨过"卡夫丁峡谷",过渡到更高形态的公有制社会。同理,这时的南北经济关系也自行消失。如果它们的农村公社由于外力的破坏而加速瓦解,在一定条件下也可以过渡到更高级的公有制社会,如像某些社会主义国家经历过的那样。这时,南北经济关系也消失。

这两种更高级公有制社会产生的物质基础是不同的。前者建立在"资本主义成就的基础上,也就是说,在协作和对土地及靠劳动本身生产的生产资料共同占有的基础上,重新建立个人所有制"②,这里的土地和生产资料的共同占有和重新建立个人所有制,就是马克思晚年所肯定的古代氏族社会在更高级形态上的复活;后者则要运用资本主义的"肯定成就"才能建立起来,如果它是从农村公社直接过渡而来的,"共同占有"和"个人所有制"就具有新的性质。

总之,历史辩证法最终必然使南北经济关系消失。

① 《马克思恩格斯全集》(第四十二卷),人民出版社1979年版,第120页。
② 《马克思恩格斯全集》(第二十三卷),人民出版社1972年版,第832页。

第二部分

世界经济发展研究

（本部分内容根据陈其人先生著、上海人民出版社2002年10月出版的《世界经济发展研究》一书校订刊印）

陈其人教授《世界经济发展研究》序

经济学成为一门独立科学，实始于18世纪后半叶，自从亚当·斯密:《国富论》(*An Inquiry into the Nature and Causes of the Wealth of Nations*，1776年初版，或译《原富》)出版以来，于今不到300年。比其他科学，历史尚浅。但是在其开始以后，就显示其内容丰富，派系纷繁，与政治关系密切，与民族生存、人民利益、国际关系紧密相连。在社会科学中，成为显学。经济学在初成立时又和道德、哲学关系较密，很多哲学家在其著作中、或在整个宇宙"现实"中、或人生哲学中，均指出过经济元素、经济利益、生存条件、人民福利;或明显指出其中的经济问题、经济的理论法则。经济学明显地出自哲学。哲学、"道德原则"，是经济学的先驱。熊彼特在其所著《文献及方法论之历史》一书中有详细论述。亚当·斯密本人在研究经济范畴时，重视道德理性，将经济学置于其"道德哲学"及自然研究中。他在格拉斯哥为哲学教授时(1755—1761)所讲授之《道德哲学体系》，已形成其经济学理论体系。那个时代，笛卡尔、洛克、牛顿及其他哲学家、自然科学家，已纷纷建立起新时代科学新体系，人类所共同追求的理想和理性，已在经济学中出现。

随着经济发展英国处于世界领先地位，继亚当·斯密之后，相继出现了许多杰出经济学家，如马尔萨斯(1766—1834)、李嘉图(1772—1823)、约翰·穆勒(1806—1873)、萨伊(1767—1832)诸人，均为经济学界所熟知。到了19世纪，德国经济及国力有较大发展，出现了以民族利益为先、保护关税为其主要经济政策的李斯特(1789—1846)，开创了历史学派经济学，其后学者辈出，勃鲁诺·希尔德布兰德、卡尔·蒲雪、韦纳·桑巴德等人，是其著名者。他们以"经济发展阶段"理论为指导，用历史研究方法，追求经济的发展道路，他们是最早的"发展经济学"先驱者。他们把经济学称为"国民经济学"，以民族利益及国家利益为最先最高原则，以区别于个人主义纯粹经济利益为最重要原则的“政治经济学”。继之，有“边际效用”学家等奥地利学派，有瑞典学派，等等。到19世纪下半叶，资本主义进一步发展，工人阶级壮大，社会主义由空想走向科学，马克思、恩格斯以历史研究方法，对古典经济学加以改造，建立了以《资本论》为中心的工人阶级政治经济学。进入20世纪，美国经济发展领先于世界，吸引了许多经济学家，经济学在美国一山突起，群峰挺秀，新的正统学派、凯恩斯学派、数理经济学、宏观经济学、微观经济学等等，影响全世界，历届诺贝尔经济学奖的得奖者，十之八九，均在美国。由此观之，经济学的发展，与一国的经济发展是否占优势，领先于世界，很有关系。因之，极希望在陈其人教授著作出版之后，我国经济学有巨大发展。

在中国，经济学的历史，始于严复的译作《原富》，若在经济思想史方面而言，则源远流长，不在此例。五四运动以后，各类新思想、新学，有大发展。至三四十年代，中国经济学界、学生及广大知识界均关心中国命运，工业化、现代化论著不断出现。因为经济学与政治现实、时局变化息息相关，随后经济学成为一个时期的“令人沮丧的科学”(dismal science)(借用吴敬琏教授在其所著《改革：我们正在过关》序言中语句)。虽然如此，从长远看，经济学还是一门独立的科学。陈其人教授近著《世界经济发展研究》是一本科学著作，它记述了中国与世界经济关系及其发展的轨迹，在长期历史发展中所出现的因果关系，值得重视和探讨，值得一读。

陈其人教授与我有长期历史渊源。1949年5月上海解放，陈毅为上海新市长，派李正文等接收复旦大学，任命新校长、院长系主任人选，名单中任我为经济系主任，我由商学院银行系调至经济系，当时萧岱云新任为经济系助教，1951年春，陈其人由余开祥介绍，再由我安排任助教，从此我们在一起工作，彼此相得，成莫逆之交。他在本乡广东新会明远中学学习期中，其老师梁朝令、陈洪有两人，是我在上海国立劳动大学的同学。他在广东中山大学法学院经济系求学时的老师王亚南、梅龚彬、彭芳草三位教授，是我在上海神州国光社及福建十九路军反蒋抗日革命人民政府时的同事和朋友。陈其人教授1941年至1945年在广东北江坪石中山大学附中和经济系求学，我曾在1937—1941年广州文明路和石牌及云南澂江中山大学经济系任教授，其时毕业生周贻真留校任教，后为陈其人的老师。如此说来，我们有三代人的历史渊源了。近年来，我们均年老，居住相近，他住十二宿舍，我住九宿舍，相往来极便。两人均经历历史风雨，人世沧桑。上下古今，中西学术，人生况味，感觉均在伯仲之间。两老相见，晤谈甚欢。今值他的新著出版，先读为快，略述数言，以为纪念。是为序。

朱伯康

2002 年 3 月 26 日于复旦大学

自　　序

一

写作这部书稿，酝酿和经历时间相当长。

大约20年前，我开始系统地研究帝国主义理论和殖民地理论，目的是给研究生开课。后来我将讲稿整理出版和交付出版社，它们是：《帝国主义理论研究》《帝国主义经济与政治概论》《殖民地经济分析史和当代殖民主义》和《南北经济关系研究》。这几本东西，并不是事先订好计划，有机地联系起来，一本一本地写出来的，而是在写某一本的过程中，觉得有些问题和材料不宜放在其中，而应该继续研究和收集，加以整理，构成另一本著作。这样有了第一本，便陆续产生其他三本。

《南北经济关系研究》的修改要特别提一下。初稿和修改稿相隔几年，在这当中，研究马克思晚年笔记的论文和专著，陆续发表和出版。其中，最吸引我的问题是：亚细亚生产方式指的是什么，它在社会发展阶段上处于什么地位，农村公社崩溃的迅速与缓慢在社会发展中起什么作用，等等。这些问题有的是我50多年前写学士论文时涉及的，现经过多年思考，我自然有些新看法，于是就把它们写进修改稿中或作为该稿的附录，主观上觉得这样做是很好的。但是，审稿人看罢，认为这些添加，从内容看是离题的。我细细一想，确实这样。因为对这些几十年前感兴趣的问题，现在是带着特别感情写的；唯其这样，这些主要是研究历史问题的东西，放在论南北经济关系的稿子中，就是离题了。最后定稿将它们割掉时，确有割肉之感。当时我就想，不能就此罢手，要以此为基础，继续研究，写出另一本著作。这是现在这本书稿产生的一个原因。

另一个原因是：近来读了一些发展经济学，总觉得它们分析问题没有涉及生产关系;即使是某些论述二元经济结构的著作,也是这样。这方面的论著,现在很多,影响颇大。对此,我也想谈些看法。本书稿有一部分内容,就是属于这方面的。

写这本书稿,除了有关家庭的演变部分外,我不能说怎样的艰辛;相反,倒感到是享受。但我很惶恐,不知道这些观点正确与否;更不知道出版社对这样的著作有没有兴趣。我知道,前者要由双百方针来解决;可是,后者又由什么来解决呢?……

(附记:这篇序言和书稿目录初稿,大概写于 1995 年中,曾寄请西北大学经济学院刘承思教授过目。承思学历不高,自学成才,被著名历史学家侯外庐看中,破格任高校教师,对经济学和书法都有很高的造诣,善于独立思考,极富个性,绝不盲从,勇于发表个人意见。我们在一起学习了一年,互相了解。他是我的诤友。不幸的是,坎坷的命运,使他的身体垮了。有一段时间,我们同时生病,他来电问候,并关心本书稿的进展;当时我们都已年过七五,相约同向百岁进军;这是由他建议,我们达成默契的;不料他虽比我年轻半岁,却违约先我而去;噩耗传来,我无法亲自接电话,也不能亲自去电慰问其家属,深感遗憾!他的学生——复旦大学经济学院石磊教授,亲自赴西安为其治丧;由于我在病中,便瞒着我。对于他的逝世,我是很悲痛的。为了纪念他,我特将他写给我的条幅,破例地予以装裱,挂于客厅。他那苍劲有力的书法和书写的深刻内容,都使我敬佩。承思永远活在我心里!)

二

在本书定稿的时刻,我觉得有必要再讲几句。

本书的基础,是我在 1994 年对复旦大学国际政治系博士生讲授的专题。他们的研究方向分别是宗主国与殖民地的关系和南北经济关系。我作为指导教师,要他们必修发展经济学。有关发展经济学的论著,书店里不是没有,但从性质上决定它们不是我期望的那种教材。理由见本书第十九单元中的"简评西方发展经济学的方法论"。因此,我决定自己撰写。这样做,还有一个好处:可以和由我讲授的其他课程,构成一个有机的体系。讲授完毕后,我又对原稿加以修订和扩充,这就构成本书的初稿。

初稿和现在的定稿相隔 5 年多。原因是当我想动手修订初稿时,就生了较为严重的病，曾三次住院。第一次住院时，我还乐观地带初稿入病房，准备修订；以为可以像 1991 年我因患甲状腺肿瘤，需住院手术，仍将稿纸带进病房，在肿瘤良恶未卜(结果是良性)的条件下，继续写作那样。谁知这一次不行了。严重的失眠，大量地服用安定，使我昏昏沉沉，不能思考、无力握管、不能动笔、痛苦之极。这种情况，直至第三次出院后，仍持续多时。大概大半年前，睡眠有所改善，精神随之振奋，我才下决心边养病、边修订和抄写，历时两个多月，完成定稿。妻儿见状，戏谑地问："你一不用再申请高一级职称，二不缺钱花，如此苦写，所为何事?"我没有豪言壮语，只能平淡地答："脑子里想着问题，不写出来不痛快。我图的是痛快!"

本书多处引用王亚南教授关于中国封建社会的特点是地主经济封建制度的论述。这对我来说，是很自然的。这是因为：还在抗日战争时期，我在中山大学附属中学读高中的时候，就和大学生一起，听过他的题为"现代、现代人、现代国家和现代政治经济学"的学术报告，印象深刻；当时，我就暗下决心，报考以他为系主任的中山大学经济系；1943 年，这个决心有了结果；从此，在校期间，就专心听他讲授的几门课程，以"中国社会经济史"印象最为深刻，离校工作，只要有可能，就阅读他的重要著作；只是由于努力不够，理解不深，引用不当，就难免了。对此，我要负责任。

本书第十八单元"社会主义苏联的再工业化"的基础，是我和陈东村合写的《社会主义发展不同阶段中的计划和市场》，曾登载在《马克思主义研究》1996 年第 2 期上；现经她同意，由我增订，收入本书。在此，我谨表谢意。

在我生病期间，同事们和学生们多次到医院、来舍下探望；我的老师朱伯康教授以 90 岁高龄登楼到寒舍探望；我的老师余开祥教授动了大手术后，到医院、来寒舍探望；同事潘玲娣、朱文忠、周韧稜同志亲自送我入院治疗，经常来寒舍探望，得知我能重新执笔著文时，予以鼓励，关心书稿的修订和本书的出版；大家对我的关怀和鼓励，给予我和我的家属一种巨大的精神力量，我所以能战胜病魔，重新执笔，并下定继续研究一些未竟的课题的决心，就是来自这种精神力量。在此，我向他们表示衷心的感谢，并以此书表示我对一切关心我的人的感谢!

本书出版，得到上海市马克思主义学术著作出版基金的资助。在这里，我要特别感谢作为书稿出版申请资助的推荐人：朱伯康教授和余开祥教授。

我恭请他们当推荐人，是有深层次的原因的。其一，恰好整整 50 年前，余老师将我调到复旦大学，由当时的经济系主任朱老师安排在经济系当助教，由于得到他们的栽培和提携，我才能实现在工作岗位上讲授和研究经济理论的夙愿，这决定了我的一生，请他们当推荐人这件事本身，就寓有纪念这个 50 周年的意思；其二，他们的道德文章、学者风范，一直是我景仰的。朱老师早在 20 世纪 30 年代初期，就参加著名的“中国社会史论战”，发表了《中国封建制度起源之史的考察》和《中国社会经济特点和性质》这两篇有影响的文章。40 年代出版《中国经济史纲》，这些成就已奠定了朱老师在中国经济史研究中的崇高地位，但他要精益求精，于 60 年代又撰写《中国经济通史》，初稿毁于文革，文革后不顾高龄，握管再写，以 120 万字定稿，交付出版，其后又再接再厉，出版《往事杂忆》，现以 94 高龄，仍手不释卷；余老师在文革中深受折磨，但他不计个人得失，以事业为重，毅然参加《战后世界历史长编》(1—5 卷)的主编工作，其后又主编《西欧各国经济》《世界政治经济和国际关系》和《欧洲共同体——体制、政策、趋势》。他们是我学习的榜样。这里附带说一下，其实，我应称朱伯康教授为太老师，因为 30 年代他在中山大学经济系任教时的学生，有的是 40 年代我在中山大学经济系读书时的老师。

我还要感谢我的同事潘玲娣、胡雨春、李美玲、周韧稜，她(他)们为了让我安心养病，就包揽了有关申请出版资助和送书稿等具体事务。

本书写的是中外古今、东西南北，既有经济学原理，又有经济学史，既有世界经济，又有中外经济史，我限于学力，错误难免。希老师、同事和其他读者指正。

陈其人

2001 年 2 月 15 日初稿

2002 年 3 月 30 日定稿于复旦大学

引　言

人类同源。这就是说，人是从某一地区由猿变成人的祖先繁衍下来的。人类社会经历了、经历着和将经历这样的发展过程：由公有制到私有制、再到更高级的公有制社会。这是一般的规律。但并不是说，每一社会或种族的发展过程都完全一样。就现有的知识来说，私有制社会的几种形式：奴隶制、封建制和资本主义社会，各个社会的经历不完全相同，或者说同中有异。如恩格斯所说，在古代，希腊、罗马是劳动奴隶制，东方是家庭奴隶制；在中世纪，西欧封建主义社会的土地是不能买卖的，东方社会尤其是中国，自商鞅变法以来，尤其是秦统一天下后，土地就可以买卖，西方殖民主义者到达印度时，它的土地也是可以买卖的，在西方学者看来，这不是封建主义，但按照马克思的有关理论，它同样是封建主义；西方的封建主义，较早孕育和分娩出资本主义，东方的封建主义却长期存在，对资本主义的产生有不利的作用；此外，有些没有发育为资本主义的社会，却比那些发育为资本主义的社会，较早地进入社会主义：这一切说明，一般之中有特殊，或一般寓于特殊之中。

我们的研究将表明：文明是从东方开始的；东方也较早进入封建社会；但是较晚进入封建社会的西方却较早进入资本主义社会；连结西方和东方的海道，是西方进入资本主义阶段时打通的；从这时起，西方的资本主义和东方的封建主义便发生大规模的、固定的联系；世界经济就是从这时开始形成的；其后，落后的东方却较早进入社会主义阶段；世界经济的内容就扩大了：揭示上述历史过程中的经济规律，揭示不同社会经济制度发生联系的经济规律，就是本书的对象。

本书有重大的理论和实际意义。因为目前绝大多数的发展中国家尚未真正解决现代化问题，更不用说解决跨越资本主义而发展的问题了。当代最著名的发展经济学家阿瑟·刘易斯的重要著作《国际经济秩序的演变》，像他一贯倡导的二元经济结构论一样，也像一般的发展经济学一样，研究经济发展问题不涉及生产关系，认为经济发展只是几个经济因素发生量变而互相影响的结果。这样，我们所揭示的经济规律，就不仅对尚未解决发展战略问题的发展中国家有重大的参考价值，而且对我国进一步发展市场经济体制也有一定的参考价值。

一、自然条件、自然力、生产力和生产关系之间的关系

马克思说过："相同的经济基础——按主要条件来说相同——可以由于无数不同的经验的事实，自然条件，种族关系，各种从外部发生作用的历史影响等等，而在现象上显示出无穷无尽的变异和程度差别……"①这是我们分析各个社会或种族的发展，其所以同中有异的方法论依据。这里先谈自然条件的作用。

人类起源于动物界中的猿。童年时代的人类，生息于自己最初生息的地方，即生息于热带或亚热带的森林中，至少部分地生活在树上，只有这样才能在猛兽中间生存。这时人类的发展受自然条件的影响是不言而喻的。即使其后人类离开了森林，在陆地、在海洋、在太空生活，仍然受自然条件的影响，因为人类最基本的活动是生产活动，也就是向自然界取得生活资料，这不能不受自然条件的影响。当然在生产活动中，人类自身在发展，其利用和征服自然力的生产力在发展，并和自然力结成相克相成的关系。

马克思辩证地分析了这种关系。他说："外界自然条件在经济上可以分为两大类：生活资料的自然富源，例如土壤的肥力，鱼产丰富的水等等；劳动资料的自然富源，如奔腾的瀑布、可以航行的河流、森林、金属、煤炭等等。在文化初期，第一类自然富源具有决定性的意义；在较高的发展阶段，第二类自然富源具有决定性的意义。"他还指出，关于前者可以用"雅典、科林斯同黑海沿岸的地方比较"；关于后者可以用"英国同印度比较"。②

我们知道。第一类自然富源，除了能养活人（人是生产力的因素；马克

① 《马克思恩格斯全集》(第二十五卷)，人民出版社 1974 年版，第 892 页。

② 《马克思恩格斯全集》(第二十三卷)，人民出版社 1972 年版，第 560 页。

思认为，自然条件可以归结为人本身的自然如人种等，以及人的周围的自然即自然富源；人种既受其周围的自然条件的影响，又受人自身再生产的方式，也就是受婚姻中是否有血缘关系的影响，这方面的问题，留在下面谈），能以此影响生产力之外，由于其物质本身一般不能当作劳动资料尤其是劳动工具（也许兽骨和树干例外），所以不能从这方面影响生产力。第二类自然富源与此不同。它不仅影响并且转化为生产力，并和生产力结成相克相成的关系。在文化初期，洪水泛滥，毁坏田地，冲走鱼虾，"人或为鱼鳖"，其破坏生产力的作用，十分明显。在较高的发展阶段，筑坝蓄洪，用以发电、灌溉和航运，其发展生产力的作用，也十分明显。

恩格斯同样重视自然条件在社会发展中的作用。他在执行马克思的遗言和参考马克思的读书笔记，并根据摩尔根的《古代社会》而写成的《家庭、私有制和国家的起源》中，十分赞同摩尔根的这种看法：生产上的技巧，对于确定人类凌驾和支配自然的程度，是具有决定意义的；在一切生物中，只有人类达到对于食物生产进行几乎无限支配的地步。人类进步的一切伟大时代，是跟生存资源扩充的各个时代多少直接相吻合的。他特别指出，摩尔根把人类的史前时期，分为蒙昧和野蛮两个时期，其标志是：前者以采集天然产物为主；后者则以经营畜牧业和农业，即增加天然产物为主。说明了这些问题之后，恩格斯强调说：由于这样，从野蛮时期到来时起，两个大陆在自然条件上的差异已具有意义了。这时，东半球，即旧大陆，拥有几乎一切适于驯养的动物和一切（除了一种以外）适于种植的植物；而在西半球，即新大陆或美洲，在适于驯养的一切哺乳动物中只有羊驼，并且只是在南部某些地方才有，而在一切可种植的谷物中只有一种，不过是最好的一种，即玉蜀黍。由于自然条件上的这种差异，每个半球上的居民就各自循着独特的途径发展。

人类利用自然力使其转化为生产力，是受生产关系制约的。生产关系是人类利用自然力时结成的关系。马克思指出：能够发展生产力的"排水、筑堤、灌溉、开凿运河、修筑道路、铺设铁路"，这些"劳动过程由于劳动对象空间上的联系就需要协作"①，这种协作在个体生产者之间，是很难实现的。再如，山涧的瀑布可以变为动力，它比用蒸汽作动力便宜，用来生产商品，就

① 《马克思恩格斯全集》(第二十三卷)，人民出版社 1972 年版，第 365 页。

可以得到超额利润;但如果这座山属于私人,这超额利润就要转化为级差地租,流入私人的腰包,这样,生产者就不一定利用这瀑布了。如果这样,它就不能转化为生产力。在资本主义条件下,将自然力转化为现实的社会生产力,还受资本主义剥削剩余价值的限制。马克思指出,资本主义使用机器的界限是,它的价值要小于它所代替的劳动力的价值;这样,在劳动力价格即工资特别低廉的地方,它就不能被采用。至于在封建社会末期,资本主义工业的产生,必然受封建地租和资本利润孰高孰低所限,这个问题以后再细谈。

根据上述理论,王亚南提出以下值得重视的看法,他说:“我还得就历史法则提出这样一个还不大有人谈到的意见,我们是公认各民族所遭遇的自然条件是不同的;且不讲在最先,历史条件的不同,是如何受着自然条件的影响,单就自然条件来说,它对于社会的发展,愈往过去,是愈有拘束限制作用的,也就是说,社会劳动生产力对自然力的克服作用,是愈来愈大的。与其说,人类社会在愈早的历史阶段,他们为维持生存,克服其所遭遇的自然,所表现的社会劳动生产力,愈益薄弱,因而,哪怕在同一历史阶段,比如说,在同一原始社会阶段,它们各别的社会经济形态,彼此间可能发现较大的特殊性;反之,如其在一个发达的社会,比如说,临到资本主义这个历史阶段,它的社会劳动生产力便相对的愈来愈大,愈有克服气候、地形、人种以及其他种种自然因素的力量,因而,由自然因素作用而形成的社会特殊性,就相对愈少了。”①根据这种方法论,他进一步指出,希腊、罗马社会的奴隶经济形态,与东方奴隶经济形态的差异性,可能较之东西方封建经济形态间的差异性更大;而两个资本主义国家间所表现的一致性或一般性,要比两个封建制国家间所表现的一致性或一般性更大。最后,他指出:“较进步社会的法则……其明确性较以往社会法则为著,其一致性,亦较以往社会法则为大。许多俗流经济史论者,就惯拿此点来否认资本主义社会以前的社会经济形态,即否认历史法则。其实,在同一历史阶段诸社会彼此间所表现的差殊性,虽愈往过去愈大,但作为它们构成一个历史阶段的共同点,却并不因此受到影响。”②王亚南的论述,对我们有很大的启发。

---

① 《王亚南文集》(第四卷),福建教育出版社1988年版,第27—28页。

② 同上书,第28页。

二、受不同自然条件制约的不同种族的相互影响

(一) 人类因赖以生活的自然条件不同而分蘖为不同的种族

谈了自然条件在社会发展中的作用之后，现在谈人本身的自然，即种族之间的影响在社会发展中的作用。

首先要解决的问题是：人类既然同源，那为什么有不同的种族？前面提到，马克思认为，人种本身是自然；恩格斯的看法与此相同，并由此说明同源的人类，在发展过程中，如何因外界自然条件的不同，而分蘖为不同的种族。前面提到，恩格斯认为，人是从猿变来的。现在进一步说明这问题。

他指出：数十万年以前，在地球发展的第三纪时期的末期，在热带某地方，大概是现今已沉到印度洋底的一片大陆上，曾有一种高度发展的类人猿生活过。从攀援在树上的猿群中产生出人类社会，大概经过了几十万年的时间。从到陆地上生活开始，猿群就只满足于吃光它们地区的所有食物，它们经常迁徙，与附近猿群斗争，以获取新的富有食物的地区。一旦所有这样的地区都被占据了，猿类的数目就不能增多了。这时的猿还是动物。恩格斯特别强调，动物的这种"掠夺经济"在物种渐变过程中起着重要的作用。因为它逼迫动物适应于越来越多的不同种的食物，因此，它们的血液就获得另一种化学成分，并且整个身体的构成也渐渐地变得不同了，而那些一成不变的物种则灭绝下去。对于那种在智力和适应力上远胜过其他一切种类的人猿，这种掠夺经济使得用来作为食物的植物愈来愈多，这些植物中可吃的部分也愈来愈多，因而就把愈来愈多种多样的物质输入到身体中去，这种物

质为这种猿类向人类的转化创造化学条件。但是,这一切还不是真正的劳动。劳动是从制造工具开始的。最早的工具是用来打猎和捕鱼的。打猎和捕鱼就意味着从只吃植物到同时也吃肉的转变,这是从猿到人的道路上重要的一步,因为肉类食物差不多现成地包含着身体为新陈代谢所必需的最重要的物质。从这一点看,如果不吃肉,猿就不可能演变为人。人分布在所有可居的地面上,他是唯一能独立这样做的动物。从气候一直炎热的故居迁移到比较寒冷的、一年分为夏冬两季的地带,就造成了新的需要,因而也造成了新的劳动部门和新的活动,使人离开动物愈来愈远了。同时,同源的人类也就因各自生活的自然条件不同,而分蘖为不同的种族。

正如前面已提到的,恩格斯认为,由于两个半球的动植物的资源不同,它们各自的居民进入野蛮时期的标志就不同。关于西半球的情况,留在下面谈。这里只简单指出,由于其资源与东半球不同,他们就没有分蘖为如像东半球那样多的种族。在东半球,野蛮时期的中级阶段,是从供乳和肉的动物的驯养开始的,而植物的种植,在这时期还不知道。牲畜的驯养与繁殖以及大规模畜群的形成,似乎是使雅利安人与闪米特人(或译闪人)同其余野蛮人区别开来的原因。畜群的形成,在适宜的地方,便导致闪米特人在幼发拉底河与底格里斯河上,以及雅利安人在印度、奥克苏斯河及雅克萨尔特斯河、顿河及第聂伯河的草原上的游牧生活。动物的初次驯养,大概是在这些牧区的边疆上实行的。在这里,谷物的种植,首先是由于牲畜饲料的需要引起的,以后才成为人类的重要食物,才有以种植谷物为主的农业,以及以经营农业为主的种族。雅利安人和闪米特人的比较顺利的发展,与他们有丰富的乳肉食物,特别是这种食物对儿童的发育有良好的影响有关。这一点,只要比较一下新墨西哥浦埃布洛的印第安人,他们处于野蛮时期中级阶段,而不得不专吃植物性食物,其脑子比处于野蛮时期最低阶段而多吃肉类和鱼类那些印第安人的脑子要小些,便可理解。这是同源的人类,后来因赖以生活的自然条件不同,就分蘖为不同种族的例子。总之,人的肉体、血液和头脑,都属于自然界,自然条件不同,它们就有差别,就形成不同的种族。

种族总是结成一定的社会关系的。马克思正是从这一角度,论述不同种族的相互影响,从而不同社会关系的相互影响,使某一社会的变化,具有对方的特点。对我们的研究有重大意义的是,他指出,依据历史的永恒规律，野蛮的征服者自己总是被那些受他们征服的民族的较高文明所征服的。[①] 这是因为，按照历史发展规律，处于发展阶段较低的种族，入侵到发展阶段较高的种族，由于受后者的影响，就会较快地发展到较高阶段。这是历史规律使然，是实质；但在形式上，必然带有后者某些既反映历史规律，又属于种族习惯的特点，这就表现为，前者被后者所征服。这个问题，下面再谈。

马克思进一步指出，在一切征服中，可以有三种情况：征服民族或者把自己的生产方式强加于被征服民族，例如，19 世纪英国人在爱尔兰和部分地在印度所做的；或者让原来的生产方式维持下去，满足于征服纳贡，例如，土耳其人和罗马人都是这样；或者由于相互影响，产生一种新的、综合的制度，日耳曼人的征服中有一部分就是这样。[②] 这个问题，下面还要谈。

(二) 欧亚大陆游牧种族和农耕种族的形成及其矛盾

现在特别谈一谈吴于廑关于游牧种族和农耕种族的相互影响，以及其在世界史中的作用的论述。这里要说明，吴的用语是游牧世界和农耕世界，将世界改为种族，是我出于论证和行文的需要，当然吴文也有此含义。以下是吴在《世界历史上的游牧世界和农耕世界》[③]中的有关论述。

他说，距今约 1 万年前，由旧石器向新石器过渡，开始发生了农耕。大概与此同时，也发生了畜牧(前面说过，恩格斯认为，是畜牧业引起种植业)。从这时起，人类从食物采集者转变为食物生产者，后者包括以种植谷物为主的农业生产者和以繁殖畜类为主的牧业生产者，这是人类历史上生产发展的一次飞跃。由此开始，世界上先后出现几个各具特色的农耕中心。最早是西亚，在美索不达米亚周围地带进行驯化野生麦类，其后就发展为种植小麦和大麦的中心。其次是包括中国在内的东亚和东南亚。中国的黄河流域可能是一个独具特色的农耕中心，因为这里培育了稷，即小麦。中国长江以南以至东南亚、印度恒河一带，则以培育水稻为特色。还有一个种植玉米的

① 《马克思恩格斯全集》(第九卷)，人民出版社 1961 年版，第 247 页。
② 《马克思恩格斯全集》(第十二卷)，人民出版社 1962 年版，第 747—748 页。
③ 全文载《云南社会科学》1983 年第 1 期；摘要载《世界历史》1983 年第 1 期。

中心是墨西哥。由于冰川北退，陆梁消失，这个中心和欧亚大陆完全断绝联系。秘鲁可能是另一个单独发展的种植玉米中心，和欧亚隔绝的情况和墨西哥相同。还有撒哈拉沙漠以南的非洲内陆，可能也有独自发展起来的农耕中心，也是长期处在和外界隔绝的状态。由于美洲和非洲农耕中心和欧亚大陆处于隔绝状态，吴的论述就以欧亚大陆为范围。

他说，农耕中心形成后，就慢慢地向其他宜于农耕的地方扩展。经过几千年之后，就欧亚大陆而言，中国由黄河至长江，印度由印度河至恒河，西亚、中亚由安那托尼亚至伊朗、阿富汗，欧洲由地中海沿岸至波罗的海之南，由不列颠至乌克兰，与欧亚大陆毗连的地中海南岸，都先后不一地成为农耕、半农耕地带。这个地带绵亘于欧亚大陆两端之间，形成一个偏南的长弧形。我们称这一地带为农耕世界。居住在这里的种族就是农耕民族。

他认为，农耕种族的经济是以农为本的经济。它的基本特征是自给自足的自然经济，具有狭隘的地方性，彼此闭塞，尽管这种闭塞不是绝对的，在不同历史阶段在程度上也并非是一致的。农本经济可以发展到较高水平，包括手工业和商业，以及市集、城镇等等的发展，各个以农为本的地区之间，也可以发生不同程度的交往，并且发生不同程度的影响；但是，只要是以农为本，总不能彻底改变各个种族和地区之间闭关自守的状态。可以这样说，在前资本主义的社会形态里，凡属农耕地带的各个地区，其基本情况都是这样。

他继续说，当农耕最初出现于历史的时候，往往是和畜牧相结合的。许多考古学家发现的最初农村遗址说明这一点。但是，由食物采集者转变为食物生产者的人类，是沿着两条不同的道路发展的，一条是从植物的驯化到农耕，另一条是从动物的驯化到畜牧。在欧亚大陆，宜于耕种的地带基本偏南，即上面所说的从东到西的长弧形的农耕世界。宜于游牧的地带基本偏北，几乎与农耕地带相平行，东起西伯利亚，经过我国的东北，蒙古，中亚，咸海，里海之北，高加索，南俄罗斯，直到欧洲中部，也是自东而西，横亘于欧亚大陆的居中地带。这个地带，我们称为游牧世界。居住在这里的种族就是游牧民族。

在这两个世界之间，从欧亚大陆的东头说起，兴安岭、燕山、阴山、祁连山、昆仑山、兴都库什山、萨格罗斯山、高加索，直到欧洲境内的喀尔巴阡山，大体上构成它们的分界线。

吴于廑在谈到欧亚大陆两大平行地带形成之后的发展时指出，农耕生产的增长率，大于游牧生产的增长率。农耕之必然趋向于定居，又使它的发展以及随之而来的社会和文化方面的发展，有更大的和较为稳定的连续承袭的可能。食物生产丰饶以后，就有可能分出一部分或更多的社会劳动力从事于农耕以外的活动。例如手工制造、金属开采、冶炼、建筑、开凿河沟、贸迁有无、社会管理、宗教祭祀等等。就是说，较早地诞生了文明，较早地出现了阶级分化和公共权力，也在较大范围内形成了有利于扩大再生产的社会秩序。由于管理、防卫和交换的需要，还逐渐兴起了城市或社会分工较细的居民密集点，这就使农耕地带富庶并文明了起来。东西方古典文明，中世纪东西方各国的封建文化，都诞生和发生于这个偏南的长弧形的农耕世界。与此相比，游牧地带的生产增长得很缓慢，不能或很少能分化出较多的社会劳动力用于游牧以外的活动。也有阶级分化，但分化得有限度，原始部族制度牢固存在，停留于一种纯朴的然而是落后的状态。这两个平行存在的世界，一个富庶先进，一个贫困落后，南农北牧，南富北穷。

农耕世界中形成国家以后，在游牧世界和农耕世界的接壤地区，并不是一个明确的、不可逾越的界线。古代国家的边界，是一个沿其领域而延伸的狭长的面的概念，而非线的概念。就在这里，发生和发展着两个世界间的各种交往和矛盾。不过交往不总是和平的、田园诗式的。马克思说，在真正的历史上，暴力起着巨大的作用。在农耕世界和游牧世界之间，同样存在着以暴力书写的历史。

(三) 游牧种族和农耕种族三次大冲突及其在历史发展中的作用

吴于廑将两大部族由矛盾爆发而引起的暴力冲突形式，自古代起，直到13世纪、14世纪，总括为游牧部族向农耕部族三次冲击的浪潮。游牧部族之所以成为冲击的主体，是由于：它在人口上虽然不如农耕部族，但在主要的关键性生产技术方面，许多游牧部族和农耕部族的差距不大。金属的冶炼和制造就是这样。这就是说，他们使用的武器水平大体相当。这样，一旦农耕部族国家因内部矛盾，包括统治阶级内部和对立阶级之间的矛盾而出现力量衰落的情况，游牧部族在这时乘机向农耕部族进行冲击，完全有可能占据优势。游牧部族有一个农耕部族无法与之比拟的特点，这就是它相对于农耕部族来说，有较高的机动能力。在军事上，机动性强的少数能够制胜安土重迁的农耕部族的多数。自从战车和马进入历史以后，游牧部族本来就具有的机动性成倍地增加。由此而形成的冲击力量，往往使农耕部族的文明先进国家，特别当它们因内部矛盾而陷于衰落的时期，处于难以防御的地位。

在分析游牧部族的冲击力量时，吴强调由马驾的战车的使用，以及骑兵的作用。他说，公元前 16 世纪初，大掠巴比伦的赫梯人，稍后从两河东部山区入侵巴比伦并且建立长期统治的迦喜特人，曾在两河北部立国的胡里特人和米丹尼人，都已知驯马，并大多有马驾的战车，而在两河偏北一带一方面和上述诸部族先后敌对，另一方面又彼此敌对的乌拉尔人和亚述人，也都使用战车，以加强他们的战斗力量。古代世界两个农耕文明发达最早的中心，即美索不达米亚和埃及，都抵挡不住以战车武装起来的来自北方的游牧、半游牧部族的冲击。到公元前 10 世纪，断续由高加索山地南侵的西密里安人、斯基泰人诸游牧部族，不仅有大群牧马，而且已使用骑兵了。在古代世界，也就是公元前 20 世纪中叶，在美索不达米亚东西两面，都有来自北方印欧人部族向南的冲击。东面，雅利安人冲入印度，有马有战车。而早于他们的印度河流域上的哈拉巴诸城邦，他们使用的是牛挽的车，这显然不是战车。只有牛挽的车的哈拉巴人，抵御不了拥有马驾的车的雅利安人。在西面，另一种印欧人，即最早一批希腊人，冲入希腊半岛，进入爱琴海文明中心的克里特。这批最早南下的希腊人，在荷马史诗中也有反映。荷马史诗所追忆和歌颂的属于这个时代后期的英雄人物，就是驾着战车去打仗的。

在战车发展为骑兵的问题上，吴还指出一点，即在欧亚大陆的东面和西面，都是先有马驾的战车，然后才有骑在马上的骑兵。骑兵一人一马，下肢驾驭，上肢战斗，人力配备少，而机动性能大为加强，还不大受地形的限制，和战车相比，骑兵的优越性是显而易见的。

他还论述了这个时期中国的情况。他说，公元前 20 世纪中叶，欧亚大陆东端的中国，经历着商朝取代夏朝的变化。消灭夏朝的商有没有战车，不能光靠后代的文献，现在只能存疑。至于商代，考古发现已经使人信而有征。如果商人确如有的人所说，是来自北方的，则他们利用双轮车也有可能是从北方来的。

以上所说，在古代欧亚大陆整个农业世界，约从公元前 20 世纪中叶开始，都经历了由北方来的以战车为武装的各个部族的入侵。这就是游牧世界向农耕世界的第一次冲击。当然，在中国灭掉夏朝的商，不能说是还处于游牧状态的部族。卜辞反映他们已经经营农耕的生活。

吴接着论述游牧世界对农耕世界的第二次冲击。他认为，在发动第二次冲击之前，游牧部族就已经掌握了骑射结合的骑兵战术，铁兵器也早已代替了青铜兵器。这时，欧亚大陆两端兴起不久的两大帝国，即罗马帝国和汉帝国，对有骑兵优势的北方游牧或半游牧部族，都基本上采取戒备防御政策。汉武帝之所以把长城一直延伸到敦煌以西玉门关，置河西四郡，沿边设置烽燧，随时报警，目的就是防止游牧民族南下。西边的罗马帝国采取类似策略。它把多瑙河、莱茵河当作自然边界，在两条河上游空缺之处，筑起城寨来堵住缺口。在进入不列颠岛之后，它又在苏格兰、英格兰之间筑了一道城，以为这样，就可以把游牧、半游牧以及正在转向农耕的部族阻止在农耕世界的边线之外。

但是，自古以来欧亚大陆两个骈列地带的矛盾运动远未结束。北方的游牧民族要求从南方富庶的农耕地带取得他们所需要的财富和物产，特别是他们部族中的上层，还倾向于农耕，要求内居，并获得比北方肥沃的土地。南方农耕世界的统治者，当条件具备的时候，也要开疆拓土，移民戍边。还有，为了强化自己的兵备，也要向游牧部族取得马匹。和平的办法是市马，但有时也用暴力手段去夺马。

吴具体介绍了游牧世界对农耕世界的中国、印度和罗马的冲击。这次冲击以建立地跨欧、亚、非三洲的阿拉伯帝国而结束。

到 13 世纪，又爆发了第三次游牧世界对农耕世界的冲击。这是最后一次、也是范围最广的冲击。发动这次冲击的主要是蒙古人，作为主力的还有大量的突厥人。冲击的范围包括东亚、中亚、南亚、西亚、东欧和中欧。在第一次和第二次冲击中作为主力的印欧人和闪米特人，原来是驾驭战车或驰马弯弓的部落，这时大都已接受了农耕世界的定居生活，时间有好几个世纪以至一两千年之久了。他们不但不再是冲击力量的主体,而且变成受冲击的客体,成为农耕世界的防御者。发动这次冲击的蒙古人,各部族估计在内,总人口大概不出 100 万,其兵源最大限额 12 万—13 万人。如果没有众多的突厥部落与他们联合,没有机动性极高的骑兵,就很难设想它们能把兵力作如此大范围、大幅度的有效分布。蒙古骑兵战马日驰约 140—150 千米,大弓射程可达 180 米,作战善于分兵突袭,围歼人数远远超过己方的敌军。其攻击力量之大,使分散的俄罗斯人、德意志人,衰落中的南宋和哈里发,都对之难以形成有力的防御。松散的、不稳定的蒙古帝国形成后,到 13 世纪末,第三次冲击高潮渐渐平息。14 世纪,自称是成吉斯汗后裔的突厥首领帖木儿对中亚、西亚、印度的入侵,只能算是这次冲击的余波,帖木儿帝国在他本人死后就随即瓦解了。

吴认为,两大世界的冲击,虽然有破坏的作用,但从根本上说,它是促进历史的发展的,对两种民族的发展都有好处。

游牧世界对农耕世界的冲击,使两者之间扩大了通道,彼此都向对方学得了自己所缺少的某些技术。喜克索斯人驾着双轮车冲进了埃及,统治埃及 100 多年,埃及原有的统治阶级却从征服者手中学得了制造和使用战车的技术。中国赵武灵王从北方的胡人那里学得了骑射之术,强化了他的国家的守备。而入侵农耕世界的游牧部族从农耕部族接受了更多的东西,即便是打了就跑、破坏了之后就引兵他去的,也学得了东西,而且传播给草原上的其他部族。蒙古人和突厥人的入侵,是历史上游牧部族对入侵地区破坏最厉害的一次。即使如此,蒙古人和突厥人在大肆破坏之后,还把有技巧的工匠带走。其目的是供应生活和战争的需要。但是,发展着的历史却通过这一点,作为当事者的他们无从意识到这一点,向游牧世界散布农耕世界经济和文化的影响,多少为打开各个民族的闭塞,向程度越来越大的世界史发展,尽到了他们自己意识不到的力量。

吴于廑论述了两大民族的冲击对彼此和世界文明的影响。总的说来,就是马克思所说的,经济水平较高的农耕民族,虽然在受到冲击时军事上处于劣势,暂时被征服,但经济和文化上的先进,却显示出吸收、融化打进来的游牧、半游牧、趋向于农耕的各部族的能力,其结果是农耕世界的扩大,游牧世界的日渐收缩。其具体表现是:在三次冲击中,部族构成的变化包含着游牧部族的农耕化这样的内容。在三次冲击中，卷入的部族最多的是第二次，有匈奴、鲜卑、拓跋各部族、突厥人、闪米特人、白匈奴、阿尔瓦人、西部印欧种人的日耳曼各支、斯拉夫各支、闪米特族的阿拉伯人等；第三次则大大减少，主要是蒙古人和与之联合的突厥人了。其可能原因是：每一次冲击的结果，来自游牧世界的游牧部族等，已经融入了农耕世界，虽然这里、那里还有游牧部族存在，但再也发动不了向南冲击的浪潮了。

他强调说，在冲击中占优势的游牧部族，是以征服者的地位定居下来的，其上层统治者成为被征服地区的新的统治者，其一般士卒则成为某些特权阶层。开头，他们都鄙视农耕，认为游牧高于农耕，挽弓优于扶犁。但是，相对于游牧而言，农耕这一先进经济的吸引力是抗拒不了的。进入农耕世界的游牧、半游牧部族，到头来很少例外，大都走上农耕化的道路，从以游牧为本的经济走向以农耕为本的经济，并按照他们进入农耕世界时社会发展所达到的阶段和水平，逐步采取和适应定居地的生产技术、生产方式、社会阶级制度、道德规范、思想、学术和文艺等等。他们还会利用被征服地区原有的统治阶级，沿袭原有的制度，把农民的生产作为他们的租税俸禄之源。他们有的建立了大帝国。强大的王朝越能够适应农耕世界社会经济政治文化，就越能维持他们的统治，这和农耕世界在不同阶段自身崛起的强大国家，在本质上没有什么区别。

蒙古人建立的大帝国，在客观上促进了欧亚大陆东西之间陆上交通。阿拉伯人的帝国除了发展欧亚两大洲之间的陆上交通之外，还发展了连接红海、印度洋、西南太平洋的海上交通。所有这一切，都有利于在某种程度上打破各民族的闭关自守，在历史发展为世界史的过程中，有着不可忽视的积极作用。

（四）西半球因自然条件不同，种族冲突不如欧亚大陆

将吴于廑关于欧亚大陆两大世界的冲突的历史作用论述完了之后，再来看西半球的情况，就看到有明显的不同。前面谈到，恩格斯指出，美洲的自然条件，使它在与人类生活有重要关系的动、植物资源方面不如欧亚大陆：所拥有的动物主要是羊驼，植物主要是玉米。这就决定它不可能像欧亚

大陆那样,有游牧世界和农耕世界的冲击,因而不利于其经济和文化的发展。亚当·斯密指出:东印度最野蛮的民族,都是游牧民族,但是美洲各地的土人,除了墨西哥和秘鲁,只是狩猎民族。① 吴于廑认为美洲有两个种植玉米的中心,而没有提游牧(不同于狩猎)地带,是正确的。由于这样,美洲的印第安人虽然因赖以生存的自然条件不同,而分为许多部族:最大的有8个,但没有游牧民族。在欧洲白种人到来之前,其农耕中心如秘鲁,因劳动生产率较高,产生了剩余生产物,已建立了奴隶制帝国;地处寒冷的北部某些部族,因劳动生产率很低,没有什么剩余生产物,阶级分化不明显,还没有进入奴隶制社会。为了夺取优良的自然条件,他们曾南侵,但因缺少马驾的战车和骑兵,就不可能引发大规模的冲突。这一切说明,美洲经济发展曾较为落后,是有其自身的原因的。

地理大发现后,欧洲白人到了美洲,他们将印第安人剿灭、赶走,随后又隔离在居留地里。美国的南部适宜种植棉花和烟草,这需要大量劳动。美国初期,无主的土地很多,从欧洲输入的工人,容易获得土地变成个体生产者;从欧洲输入的契约奴,其劳动都有一定的年限:这两者都不能解决种植棉花和烟草所需的劳动力问题。于是,就从非洲捕捉黑人来充当。其后,黑人的发展,其经济和文明水平都高于印第安人。我国陈序经教授认为,其所以如此,是由于黑人愿意接受白人的文明。印第安人则不然。② 我认为,这一分析是片面的。这是因为,他们两者都反抗白人,只是由于这种反抗,印第安人是按照他们原有的社会组织进行的,也被白人按照他们原有的社会组织隔离在居留地里,这就被说成是不接受白人的文明;黑人与此不同。他们个别地被捉来,不可能按照原有的社会组织进行反抗,白人要使用他们的劳动力,就没有将他们隔离在居留地里,这就被说成接受白人的文明。(这位教授还说,解放前海南的黎人之所以落后,是由于不接受汉人对他们施予的文明)我们将所谓接受与不接受白人的文明说清楚后,就可以看出,单就不同民族的接触会彼此发生影响来说,黑人的发展快于印第安人,原因之一就是同白人接触较多。

---

① 亚当·斯密:《国民财富的性质和原因的研究》(下卷),商务印书馆1974年版,第203页。

② 陈序经:《全盘西化的理由》,载罗荣渠主编《从"西化"到现代化》,北京大学出版社1990年版,第389—390页。

三、不同的自然条件对农村公社的瓦解作用不同

（一）自然条件和农业生产

人类利用自然力以发展社会生产力，首先发生在农业上，然后再发生在其他物质生产部门上。这是因为，为人类提供食物和衣着的农业生产，从一开始就和自然力结合在一起，农业劳动生产率的高低同自然力有关，它必须达到一定的高度，使其产品除了满足农业生产者的需要以外还有剩余，其他物质生产部门的劳动者才能独立存在，才有条件去利用自然力以发展社会生产力，社会才能发展。马克思说："农业不只是农业范围内的剩余价值的自然基础……并且是其他一切劳动部门所以能独立经营的自然基础，因而也是这一切部门所创造的剩余价值的自然基础。"①这里说的就是这个意思。

马克思对农业生产是在协同和利用自然力中进行的这些特点作了详尽的分析。他首先区分了某些经济学家至今仍在区分的农业和工业。他认为，农业的劳动对象是处在生命的生长过程中，工业则不是这样。例如种植棉花，播种、间苗、定苗、松土、施肥、除草、除虫、喷药、整枝、采棉等等，要耗费人的劳动，其时间构成劳动期间，除此之外，棉还有自己的生命的生长过程，这个过程包括劳动期间在内，就是生产时间。因此，从这方面看，农业的特点就是生产时间大于劳动期间。工业一般说来，这两者是相等的。所以，捕捞业应是工业，而不是农业，因为一网下去，鱼虾上来，其生命过程就

① 马克思：《剩余价值学说史》（第一卷），郭大力译，人民出版社 1975 年版，第 16 页。

完结了。[①] 正因农业的劳动对象是处于生命的过程中的，其产量就与自然因素有特别密切的关系。我们在种植业中看到，其产量与温度、阳光、水分、土壤、肥料、种子等自然因素，有密切的关系。农业的整个生产过程，就是人以其劳动利用这些自然因素，使其劳动对象更好地生长，从而使农业产量增加的过程。

（二）农村公社的产生

在我们的研究中有重要地位的农村公社，其产生与人类开始从事种植业，即开始利用土地，并对土地的利用要落实到家庭甚至个人，以及开始过定居生活有关。要说明这个问题，就要说明氏族公社，而要说明氏族公社，又要说明家庭的起源和变化。

关于家庭在社会生活中的作用和起源问题，恩格斯有非常重要的论述。他根据新的资料指出：不是由家庭组成氏族，相反地，氏族是以血缘为基础的人类社会的自然形成的原始形式，由于氏族纽带的开始解体，各种各样家庭形式后来才发展起来；在没有剩余生产物的原始社会，人本身的生产方式决定社会的发展；在有了剩余生产物的条件下，包括在阶级社会条件下，物质资料的生产方式决定社会的发展。这种被称为两种生产方式决定社会发展论，曾错误地被前苏联的理论界批判为历史发展动力的二元论，现在看来正确的无疑是恩格斯。他还概括地说，原始时代，家庭的发展，就在于两性共同婚姻范围，或性交对象范围的不断缩小，这个范围最初是包括全部落的，其后就依次排除亲族通婚，起初是近亲，然后是远亲，最后是有姻戚关系者，结果就剩下一对结合得还不大牢固的夫妇即分子，这种分子一解体，就无所谓婚姻了。恩格斯将家庭的发展同人类的发展联系起来，并指出这两者的关系：大体上下述三种家庭形式是与下述人类发展三阶段相适应的：群婚与蒙昧时代，对偶婚与野蛮时代，以破坏妇女贞操与卖淫为补充的一夫一

---

① 按照这个定义，酿酒是农业，捕鱼是工业，与日常生活中的认识相矛盾，这是科学研究中常遇到的事。

妻制与文明时代;在野蛮的高级阶段,在对偶婚与一夫一妻制之间,插入了男子对女奴隶的支配和一夫多妻制。以后我们将看到:在公有制的原始社会里,存在着多种婚姻或家庭形式,而在各种形式的阶级社会和将来的更高级的公有制社会里,存在的则是一夫一妻制。在这里我要说明的是,由于对婚姻、家庭的起源和人类物质生产方式之间的关系,我们的研究很不够,也由于我们的目的,这里只简单地谈一谈婚姻和家庭的发展。

人类的婚姻形式是一个发展过程。杂交是婚姻的最初形式。恩格斯说,否认人类有过杂交的历史,是一种时髦。为了抹去祖先的"耻辱",有人用鸟类严格的一夫一妻制来证明这一点;可是人类并非起源于鸟类,就脊椎动物中的哺乳动物而言,在那里可以看到性生活的一切形式:杂交、类似群婚制、一夫多妻制和专一婚制,所缺的只有人类才能办到的一妻多夫制;人类的近亲猕猴,在雌雄结合上也有种种差别;与人同属灵长目的类人猿,有的是一夫一妻制,有的是一夫多妻制。恩格斯指出,人类和其他高等脊椎动物一个家庭只能有一个丈夫不同。这种动物只有两种家庭形式:一夫多妻和一对一对的共居;只有一个成年的雄性,只有一个丈夫,雄性的嫉妒在这里起作用。但这种嫉妒,既可联系又可限制动物的家庭,使动物家庭和群对立起来。群是共居的最高形式,由于雄性的嫉妒,在一种场合下,它(群)成为不可能,在另一种场合下,它会被动摇,尤其是这些动物在交配期间的暂时离群,使它进一步发展受到阻碍。恩格斯强调说,像正在生成过程中的人类这样无防卫能力的动物,即使与世隔绝地以一对一对为群居的最高形式去奋斗,而过着某些报告所认为的大猩猩和黑猩猩那种生活,恐怕能继续生存的也会为数不多;为了在发展过程中脱离动物状态,实现那只有在自然中才有的伟大进步,还需要有一个条件,即以群的联合力量和集体行动来弥补个体力量的不足。成年雄性的互相忍耐,消除嫉妒,就是形成这样重大而永恒的集团的第一个条件,由动物转为人类,只有在这种集团的环境中才能办到。

杂交之后,就是家庭的第一阶段:血缘家庭。在这里,婚姻是按辈分进行的,所有祖父母都互为夫妻,他们的子女也是这样,以下的辈分同样如此;换言之,仅排除祖先与子孙、双亲与子女的性交,而不排除同母和同辈的兄弟与姐妹的性交,这种家庭的典型形式,是由一对配偶的子孙组成的,他们每一代互为兄弟与姐妹，因此就互为夫妻。第二阶段是“普那鲁亚”家庭，它的进步是排除了兄弟与姐妹的性交，用现代的称谓说，就是禁止同胞兄弟姐妹的子女、孙子孙女和曾孙子孙女的性交。从生物学的观点看，这非常重要，它使部落的发展健康而迅速。我们研究的氏族，就是由这一进步引起的。

上述的原始家庭，至迟经过数代之后，就要分裂。现在由于同母所生子女，不许有性交关系，它对原始家庭的分裂就产生这样的作用：一列或数列姐妹成为新家庭公社的核心；而她们的同胞兄弟则成为另一新家庭公社的核心。这样的家庭公社就是氏族。恩格斯进一步论述氏族的特点时说：一切原始家庭都是群婚家庭，谁是孩子的父亲是不能确定的，母亲则是确定的。因此，只要存在群婚，血统就只能从母亲方面确定，亦即只承认母系。在这一点上，这样的氏族和以前存在着血缘家庭和“普那鲁亚”家庭的氏族，其不同在于：全体成员有一个共同的始祖母。由于出于同一的始祖母，每一后代女性孙儿都是姐妹，但这些姐妹的丈夫们，已经不再是她们的兄弟，不能是出自这个始祖母的。当她们的兄弟成为丈夫时，就离开这个氏族而到另一个氏族去了；总之，同一女系血缘的亲族是不能通婚的。从这时起，女系血缘就使不同的氏族区分出来。

农村公社是在氏族公社的后期形成的。这时是野蛮时期的中级乃至高级阶段，与种植业从畜牧业中分离出来有关。恩格斯具体指出：“园圃种植业大概是野蛮低级阶段的亚洲人所不知道的，但它在那里作为农田耕作的先驱而出现不迟于中级阶段。在图兰平原的气候条件下，没有供漫长而严寒的冬季用的饲料准备，游牧生活是不可能的，因此，牧草栽培和谷物种植，在这里就成了必要条件。黑海以北的草原，也是如此。但谷物一旦作为家畜饲料而种植，它很快也成了人的食物。耕地仍然是部落的财产，最初是交给氏族使用，后来由氏族交给家庭公社使用，最后便交给个人使用；他们对耕地或许有一定的占有权，但是更多的权利是没有的。”①

随着性交范围的缩小和农业生产的发展，对偶婚家庭就逐渐形成，在氏族内产生了以对偶婚家庭为单位的家，亦即在大家庭（氏族）内部有了小家

① 《马克思恩格斯全集》（第二十一卷），人民出版社 1965 年版，第 184 页。

庭。这个所谓小家庭开始时并不是生产和消费的单位，而只是对偶夫妻以某一妇女为中心的居住场所。对偶婚的产生是由于禁止同血缘的婚姻。我们看到在易洛魁人及多数其他处于野蛮阶段上的印第安人中间，凡有血缘的一切亲属之间禁止结婚，且其条例多至数百。由于这种婚姻禁例日益复杂，群婚便逐渐成为不可能，它为对偶婚所排挤。这样，随着性交的对象要排除有血缘关系的人，一个妇女就找几个不同血缘的男子为丈夫，其中一个为主夫；同样，一个男子就找几个不同血缘的女子为妻子，其中一个为正妻：这种性交，有的确实是萍水相逢、露水夫妻。但女子总要有一个窝，她和她的未婚妹妹、孩子以及以主夫为主的丈夫就构成小家庭，即对偶婚的小家庭。拉法格对其说明是："家庭不是由一对夫妻，而是由血统关系密切的许多对夫妻组成的；它是一个'灶'或户，用中世纪的话来说，就是营共同生活，吃同样的食品和使用同样的瓦罐，并围绕着同一个炉灶的一群家庭。"①

前面论述两性关系的演变时，没有涉及他们的分工，现在要谈了。恩格斯指出，分工纯粹是自然地发生的，它只存在于两性之间：男子外出作战、打猎、捕鱼，获取食物，并制作为此所必需的工具；妇女在家工作，制造衣服和食物，也就是纺织、裁缝和烧饭；男子是森林的主人，妇女是家内的主人；男子是武器的所有者，妇女是家具的所有者。

（三）农村公社的二重性

现在说明随着农业生产的发展，土地关系、男女社会地位，以及剩余产品的经济性质发生的变化。从中可以看出，农村公社具有二重性。我们知道，一个部落分为几个、通常是两个氏族，人口是极其稀少的，仅在部落居住的地方，比较稠密。在该住地的周围，首先是一个广大的狩猎地带，其次为中立的防卫森林，这些将各个部落隔离开来。种植业产生后，耕地还是部落的财产，最初交给氏族使用，后来就由从氏族演变而来的家庭公社使用，最后交给每个家庭使用，但家庭对耕地仍没有所有权，只有使用权。耕地在质

---

① 拉法格：《财产及其起源》，王子野译，生活·读书·新知三联书店1962年版，第71页。

和量上尽可能平均地分配给每一个家庭，此外，还有共耕地，其产品用于公共开支，包括对“脱产”的即非物质生产劳动者提供生活资料。这种土地关系的变化，是适应农业生产力发展的要求的。随着土地关系的变化，分配和消费也发生变化：从全公社成员的平均分配和共同消费，到由每个家庭获得自己劳动的产品并进行消费。随着农业劳动生产力的提高，剩余产品就产生，家庭财富就增加。这样，一方面，由于男性在农业劳动中居于重要地位，其在家庭中的地位就逐渐取代女性，并占有财产；另一方面，剩余用来和其他公社交换。最初由双方的首领进行，后来由双方的家庭进行，这就是马克思所说的，商品交换是在公社的边界处（boundaries），在它们与其他的公社或成员接触的地方开始的（根据拉法格在上述著作中的说明，原来氏族之间的分界地带即森林，就是最初交换商品的场所）。但是，物一旦对外成为商品，由于反作用，它们在公社内部也成为商品。① 这就是说，商品交换先于商品生产。恩格斯说，公社的产品越是采取商品的形式，产品中为自己消费部分越小，为交换而生产的部分越大，在公社内部，原始的自发分工被交换排挤得越多，公社成员的财产状况就越加不平等，旧的土地公有制就被埋藏得越深，公社就越加迅速地瓦解为小农的乡村，也就是说，产生阶级的条件已具备了。以后我们看到，随着公社的解体，那些贫者成为债务人，其中有些就沦为奴隶。

现在我们要研究对偶婚如何发展为一夫一妻的家庭了。最重要的原因是：随着生产力发展和男女分工发展，男性在生产中的地位越来越重要，他们占有的剩余生产物越来越多。但是，在母系氏族条件下，死者的财产必须留在氏族里。因为最初构成财产的物品数量不多，它在事实上大概老早就落在最亲近的同族人手里了，就是说落在母方的血缘亲族的手里。但是，死亡的男子的子女，并不属于他的氏族，而是属于他们的母亲的氏族。他们最初是和母亲的其余血缘亲族共同继承母亲，后来可能是首先继承了。不过他们不能继承自己的父亲，因为他们不属于父亲的氏族，而父亲的财产仍须留在他自己的氏族内。这样，在畜群的所有者死亡后，他的畜群，首先应归于他的兄弟姐妹以及他们的子女，或者他们的母亲的姐妹的子孙所有。他

① 《马克思恩格斯全集》（第二十三卷），人民出版社 1972 年版，第 106 页。

的子女是没有继承权的。

这样,随着财富的增加,一方面给了丈夫在家庭中比妻子更有权势的地位,另一方面又产生了利用这个增强了的地位来为他的子女的利益而改变传统的继承制度的意图。不过,当血缘按母系确定的时候,这是不可能的。因此,就得废除母系制度,而它毕竟也被废除了。这并不像我们今天设想的那样困难。要知道这一革命,虽为人类所经历的最激进的革命之一,但不须侵害到氏族中的任何一个活着的成员。它的全体成员,仍能像以前那样保留下来。只要有一个简单决定,说今后氏族的男性子女应留在本氏族内,就行了。这样,就废除了按照女系确定血缘和依母系继承的办法,而确立了按男系确定血缘和依父系继承的办法。为了确定不可置疑的父亲,对偶婚就发展为一夫一妻的家庭。

要指出的是,这种所谓一夫一妻制的家庭,只是对妻子而言的。实际情况往往是,一夫多妻,甚至一家的男主人也占有女奴隶。问题只是要她们保持贞操,以确定不可置疑的父亲,目的是将财产传给他们。

这样,我们就可以看到,农村公社是既有公有财产(土地)又有私有财产(房屋、工具和产品),既有集体的为公的劳动(在共耕地上的劳动)又有家庭的为己的劳动(在家庭用地上的劳动):这就是农村公社的二重性。根据这一点,马克思指出:“农业公社既然是原生的社会形态的最后阶段,所以它同时也是向次生的形态过渡的阶段,即以公有制为基础的社会向以私有制为基础的社会的过渡。”①

现在,人类已走到阶级社会的门口了。恩格斯指出:“一切部门——畜牧、农业、家庭手工业——中生产的增加,使人的劳动力可以生产出超过维持劳动力所必需的产品。同时,这也增加了氏族、家庭公社或个体家庭的每个成员所担负的每日的劳动量。吸收新的劳动力成为人们向往的事情了。战争提供了新的劳动力:俘虏被变成了奴隶。”②在特定的历史条件下,这就引起奴隶制。这里要指出的是:奴隶的主要来源,不是让奴隶成立家庭所繁衍的后代,而是来自用强制力量得到的成年劳动者。这一点,下面再谈。

---

① 《马克思恩格斯全集》(第十九卷),人民出版社 1963 年版,第 450 页。

② 《马克思恩格斯全集》(第二十一卷),人民出版社 1965 年版,第 184 页。

但是，农村公社是否解体要受自然条件的制约；由此又决定人类进入阶级即文明社会有两条不同的道路。

（四）农村公社的解体受自然条件的制约

亚洲、非洲、东欧、美洲，尤其是其中的印度、俄国、印加和中国等，在私有制即阶级社会已经确立的条件下，农村公社仍然存在，尤其是其中的公有制仍然存在，尽管农村公社同外部的关系已发生变化，但其内部的情况大体还是和从前一样。这种情况，西欧并不是没有，但很不明显，以致如果不是由于英国的印度总督的报告提到印度到处都是自给自足的“共和国”（正如下面将谈到的，它对英国商品的销售是一种妨碍，所以总督的报告提到它），欧美（白人）学者根本不可能知道非西欧的这些社会组织，也不可能调查西欧是否有过和还有同样的社会组织。1832 年印度总督梅特加夫提出报告之前，西欧思想家以为私有制是天然的、历来如此的，即使是著有《论人类不平等的起源和基础》的大思想家卢梭，虽然认为土地私有是从被围耕过的土地开始（正确的说法，应是从公社成员拥有建屋的宅地开始），即暗含着有过土地不是私有的时候，但这只是一种推论，并不是根据从公有到私有的历史事实，再加以科学的解释。这同我国先秦诸子，尤其是孟子，对此等事情言之凿凿，其中有的论述，简直酷似农村公社，有很大的不同。这种差别当然不能从思想家个人修养和水平来解释，而应归之于社会条件的差异。由于报告的推动，欧美许多学者就开始调查和研究这类社会组织。结果发现西欧也有它的残余，以及从挖掘中发现它的原型，就是说，从印度到爱尔兰都存在着和存在过农村公社。在德国是马克、在俄国是米尔、在印度是梵天①、在中国很可能是传说中的井田、在印加是米达，等等。但是，没有哪位学者能科学地解释西欧和非西欧有如此不同的原因。马克思和恩格斯用自然条件的不同来解释，我认为至今仍有重大的意义。

马克思认为，“那些通过劳动而实际占有的公共条件，如在亚细亚各民

---

① Brah—man，吠陀经典中用来表示公社，后来这个词音译为婆罗门，专指某一阶层的人。

族中起着非常重要作用的灌溉渠道,以及交通工具等等,就表现为更高的统一体,即高居于各小公社之上的专制政府的事业。”①恩格斯在致马克思的信中说:“主要原因在于气候,且与土壤的性质有关,尤其是与广阔的沙漠地带有关系,这些沙漠,从非洲撒哈拉起,经阿拉伯、波斯、印度及蒙古,绵延到亚洲最高的高原。这里的农业,主要地是建立在人工灌溉的基础上的,而这种灌溉却已经是村社、地方当局或中央政府的事情。”②

马克思又说,无论在埃及和印度,还是东方其他国家,都是利用泛滥来施肥,河中涨水则利用来灌溉。节省和共同用水是基本要求。这种要求在西方,例如在佛兰德尔和意大利,曾使现代企业家结成自愿的联合,但是在东方,由于文明程度太低,以及地域幅员太大,不能产生自愿的联合,就要有集中统治的政府来干预,这些国家的政府就多了一个举办公共工程的职能。这种用人工方法提高土壤肥沃程度的制度,是依靠于中央政府的。马克思以印度为例说:这两种情况,即一方面,印度人民像东方各国人民一样,把作为他们农业和商业的基本条件的大规模公共工程交给中央政府去主持;另一方面,印度人民散处全国各地,因有农业和手工业相互间的宗法性的联系而聚集于各个细小中心地点,这使印度从最古的时候起,就产生了一种特殊的社会制度,即农村公社制度,它使每一个这样的细小团体具有独立的性质,并使其陷入孤独存在的地位。

这是马克思和恩格斯在 19 世纪 50 年代对印度农村公社产生原因的说明。从上述我们已看到,其实这只是包括印度在内的东方农村公社不易解体的原因,而不是产生的原因。因为前面已说明,自然条件不同的西方,同样存在过农村公社。

让我们进一步研究东方农村公社不易解体的原因。

首先要说明在中华人民共和国成立之前,或更正确地说在土地改革之前,中国仍存在着农村公社的残余。我们知道,中国的村庄大都是以血缘关系为纽带的。解放以前,在土地私有制完全占统治地位的条件下,聚居的同性宗族也有公田,包括蒸尝田和学田,出租给私人,其收入分别用于祭祀祖

---

① 《马克思恩格斯全集》(第四十六卷上册),人民出版社 1979 年版,第 474 页。

② 《马克思恩格斯〈资本论〉书信集》,人民出版社 1976 年版,第 82 页。

先和对男性求学者的奖励(当然,其管理者大多是族长,亦即豪绅之流,收支均经其手,就化公为私),这是农村公社的残余,与同时的西欧相比,有很大的不同。不仅汉族是这样,有的少数民族也是这样。这是一段报道:"徭民的农业,仍旧带有原始共产主义形态。当他们要开垦土地的时候,第一步手续是伐木(他们的田都在山坡),第二步是用火烧尽地面上的草木,第三步集合许多徭民耕土地中的树根,而那些草木灰便成为天然的基肥。这样一块土地垦成以后,便算是某甲的土地了。第二天,某甲和其余徭民再来为某乙开垦,如此轮流开垦下去,直到所有参加开垦工作的徭民,每人都得到一份土地为止。"①这也是同期的西欧社会所没有的。

王亚南对中国农村公社长期存在之原因的解释,是对马克思有关理论的运用。他说:"中国古代文明发迹在黄河流域的黄土沙漠地带,传说尧有 9 年的水患,汤有 7 年的旱灾,大禹治水定贡,以及商代时常为避水旱灾难而不常宁、不常厥居而迁都移民。"这固然说明使农村公社不易解体,但他认为,同样是这些自然条件,更要引起统一集中力量来夺取或保障较优良猎场、牧场、耕地,这是专制君主产生即农村公社不易解体的重要原因。所谓"逐水草而居","狄人之所欲吾土地也"②,都说明这一点。

赵俪生认为,马克思说的,是对干旱的畏惧和对灌溉的依赖,使农村公社不易解体,单只这样看并不适合中国历史的情况。这是因为,"夏殷周的主要地区,不外今豫北、豫西、晋南、冀南和关中以至冀西,这一带人民是习惯于对天然的降雨的依赖,和对雨多引起洪水的恐惧。中国上古也有沟洫,但那主要是排洪。当然,排洪和浇水从来不是截然分开的事情,排洪过程中必然有蓄水的事,但像阿拉伯和次大陆那样的水利灌溉工程及其与农业生产之息息相关的关系,在中国井田时期则是缺如的"。③ 这就反过来说明王亚南所说的、争夺自然条件优良的地区,是中国农村公社不易解体的原因,是正确的。

现在论述印加国处于奴隶制时,农村公社为何还大量存在的问题。马克思多次谈到印加的农村公社,但没有说明其长期存在的原因。因此,首要

---

① 蒋学楷:《徭民社会的原始生活》,载《中国农村生活描写》,新知书店 1936 年版,第 162 页。

② 王亚南:《中国地主经济封建制度论纲》,华东人民出版社 1954 年版,第 46 页。

③ 赵俪生:《中国土地制度史》,齐鲁书社 1984 年版,第 26 页。

的问题是，马克思对东方农村公社长期存在之原因的说明，是否也适合于印加？这里涉及印加人或美洲土著即印第安人的祖先，是否来自其他地方的问题。如果来自存在着农村公社的地方，这种社会组织就会随之迁入，如像古希腊人移民到荒岛上去时，连同社会组织移去，并且留存下来一样。有一种看法认为，他们来自亚洲。还有一种看法认为，中国周武王伐殷商纣王时，由于商的灭亡，部分商军逃到美洲，建立殷商的社会组织（下面说明殷在奴隶制时，仍存在大量农村公社），并约定见面时，要互称"殷地安"，即家乡好；印加即殷家。如果确是这样，这就是殷商社会组织的延伸了。但是，即使这样，仍有一个它为何长期存在，以致西班牙殖民者到达时，能够利用它来剥削那里的印第安土著的问题。

对此，张凯撇开印第安人的来源问题，在论证秘鲁的"米达"制中作了回答。所谓米达，就是轮换。古代秘鲁印第安人当中盛行的米达制是指：公社成员按一定的比例定期轮换参加社会公益劳动的义务劳动制。印加政府定期对各公社分配土地；公社的土地分为三部分：公社田、印加田和太阳田。公社田由公社成员共同使用，分配给每一家庭耕种，并根据人口的实际变动，每年作调整。社员耕种公社田，不用向政府交纳赋税。社员有耕种印加田和太阳田的义务。前者的收获，用于政府的开支，包括贵族和官员的俸禄，后者的收获，用于宗教的开支，包括僧侣的收入。很明显，这是阶级社会里的农村公社。问题是它在阶级社会里，为何仍然存在？张凯根据马克思的论述，认为是自然条件的作用所致。他说，这部分印第安人据以生活的安第斯高原，山峦起伏，可耕地极少，土壤又贫瘠。为了发展种植业，劈山开田，兴修灌溉系统和修建道路网，就是必要的。这一切，不仅单个家庭，就是一个公社，也无法进行。因此，不仅公社要保留下来，而且毗邻的公社也要协作。这就要有一个中央集权的政府，即奴隶制的帝国。我个人认为，这是一个很好的解释。①

这里要指出的是：社员为各级政府官吏提供俸禄，按规定修建的各种官邸，为僧俗两界提供生活资料和奢侈品，等等，其实质是被统治阶级剥削的

---

① 参见张凯《秘鲁历史上的"米达制"》，载中国拉丁美洲史研究会编《拉丁美洲史论文集》，东方出版社 1986 年版。

剩余劳动。正因为公社仍然存在，所以米达制从外部看，性质已有所变化，这就引起提供这种实质上是徭役劳动的社员不满和反抗。在修建萨克瓦曼堡的过程中，愤怒的印第安人奋起反抗，杀死监督劳动的王子乌尔克，就是证明。原始社会的社员参加公益劳动，从来不会发生这等事情。

（五）农村公社是地域组织还是血缘组织

以上我们是把农村公社视为血缘组织的。但是马克思的晚年笔记出版后，有些论述笔记的著作，认为它是地域组织并加以论证，于是就产生了它到底是什么的问题。

恩格斯的《家庭私有制和国家的起源》是根据马克思的思想写的。在区分氏族和国家的不同时，他说，国家和旧氏族组织不同的地方，是按地区来划分国家管制下的人民。旧的氏族组织联盟是由于血统的联系而发生和保持的。而农村公社根据恩格斯的说明，则是在氏族的基础上形成的。这样说来，它应为血缘组织；至少血缘组织的性质尚未消灭。那么，为什么发生上述问题呢？看来是由于日耳曼这一处于农村公社阶段的种族，对这组织已消灭了的罗马人加以征服后，对罗马人实行统治所采用的形式引起的。

日耳曼人征服罗马后，便将三分之二的罗马土地作为奖赏，分配给在战争中的有功者，并论功行赏。由于征服者的人数不是很多，广大的土地就未被分配，而部分地归全体人民所有，部分地归各部落和氏族所有，氏族即农村公社就再按马克的原则分配给各户。由于这样，移到罗马旧土地上的日耳曼氏族在它的村落住得越久，日耳曼人和罗马人就越趋于融合，用以联系人们的血缘关系就越为减少，而地域关系就越为增加；换言之，马克公社中的氏族消失了，但在马克公社中，公社成员间原先的亲族关系的痕迹还是很显著的。

这样，我们就看到，对被征服者的统治是同氏族制度不相容的。日耳曼人成为罗马各属领的主人，就必须对自己的征服对象加以组织。但是，他们既不能把大量的罗马人吸收到氏族组织里来，又不能用氏族组织去统治他们。于是需要设置一种新的政权，代替罗马国家。日耳曼氏族的机构就转化为国家。这也就是日耳曼国家的起源。

但是,这只是西方的情况,不适用于东方。东方至少是中国,不是这样。我们知道,中国的农村公社在奴隶制社会仍大量存在;在战争中,不论是胜是败,双方的农村公社都存在,胜者就可以通过农村公社去统治战败者,也就是对后者整个组织收取贡纳,而双方的农村公社并不因此而消灭。在这条件下,农村公社的血缘组织,就不会发生变化。只是将败者整个公社,尤其是若干个败者的公社按地域连成一片,赏给有战功者,如周灭殷后,将殷民若干族分封给周的开国功臣,等等。在这条件下,农村公社则仍是血缘组织,而不是地域组织。这个问题,下面将详细谈。

四、进入文明社会的两条路径和奴隶社会的两种形式

（一）小　　引

马克思的研究表明：农村公社是以公有制为基础的社会向以私有制为基础的社会的过渡；不同的自然条件对公社的保留和消灭起不同的作用；农村公社在西欧大体上是消灭了的，而在非西欧则基本上是保留的。这样就产生了它的存亡决定人类进入私有制社会，亦即文明社会或第一个阶级社会，应有不同的路径、这一社会应有不同的形式的问题。在我阅读过其著作的有关学者中，能够根据马克思主义创始人的重要著作，根据他们的思想，将问题说得既清晰又深刻，既有历史哲学又有历史资料的，首推已故的侯外庐。他将马克思在《政治经济学批判》的序言和导言、《资本论》、《反杜林论》、《家庭、私有制和国家的起源》、《自然辩证法》和《资本主义生产以前的各种形式》中有关的论述，加以消化，融会贯通，然后认为人类进入文明社会有两条路径，第一个阶级社会或称古代社会有两种形式。在这里我主要是介绍他50多年前的著作——《苏联历史学界诸争论解答》和其他著作的有关论述，也略谈其他的问题。① 但在介绍前，先谈文明从东方开始。

① 这里主要根据他的《苏联历史学界诸争论解答》，1946年上海建国书店发行；《中国思想通史》（第一卷），人民出版社1957年版。

(二) 文明从东方开始例举:埃及

古代东方文明的建立远在西方之先。东方文明诸国有埃及、美索不达米亚即底格里斯和幼发拉底两河流域、腓尼基、印度和中国。现以埃及为例,略加说明。

埃及是世界上最古老的具有物质文明的国家。它早在公元前4000多年就开始使用金属工具,劳动生产率已相当高,并确立了早期奴隶制度,最早建立了专制君主国家。称为法老的国王集中了所有的统辖权,下面有庞大的官僚系统,他是全国最大的土地所有者和支配者。为了确切掌握财政收入,他作了历史上第一次土地丈量和人口普查。埃及土地得到尼罗河定期泛滥之赐,成为天然的沃壤,加上国家设置的水利工程,这个流域的农田经常得到丰收。农作物品种繁多,农民懂得利用牲畜从事犁耕。同时手工业也已达到相当高的水平,从西奈开采矿产,进行金属冶炼,所织麻布精美绝伦。埃及人已有造船技术。在建筑工程方面,埃及人所造的高大庙宇与作为帝王陵寝的金字塔,为大家所熟知。埃及人最早控制海,海上运输遍及地中海区域,商人在各处从事贸易。埃及人约在公元前4241年制定历法,分1年为12个月,每月30天,加上年终节日5天,共365天。他们最早发明文字,用纸草书写。比起埃及人来,希腊人不免感到幼稚。①

(三) 维新与革命,早熟与正常

侯外庐首先明确指出,农村公社是过渡期或过渡形态,这是历史的一般规律。之所以是过渡,是由于它处于解体的过程中。这是由这些矛盾决定的:私人占有和公有土地相矛盾,以血缘为基础的社会和以地域为基础的社会相矛盾。由此又导致社会家庭的分裂,以及个人成员的分裂,即贫富悬

① 夏炎德:《欧美经济史》,生活·读书·新知三联书店上海分店1991年版,第37—38页。

殊，从单纯种族之间的分工到社会内部的分工，即从因自然条件不同而引起的各公社之间的分工，到公社内部的分工，包括物质生产劳动内部的分工，以及物质生产劳动和公共事务管理之间的分工，城市和农村之间的分工也随之产生。①

从农村公社具有世界史的普遍意义这一角度出发，侯就认为，它不是东方社会所特有的，在西方如希腊的英雄时代和罗马的王政时代，都有过这种过渡形态。马克思说：奴隶经济有一个发展过程，即从“家长制的奴隶制”发展为“后来希腊罗马时代那样的奴隶经济”。② 什么是家长制奴隶制呢？它是农村公社最后阶段产生的父家长制家庭的经济，家长是已婚男子，他是妻子、子女和若干奴隶的主人，他对他们握有生死之权。这种经济和后来希腊罗马那种大奴隶制生产，即种植园和大作坊是不同的。据此，侯指出，农村公社在西方同样存在。

一般论述农村公社的学者认为，作为过渡形态，它在东方比在西方更为明显。侯认为，恰恰相反，西方有明显的过渡形态，而东方社会则否。这是因为，它们两者进入文明社会的路径不同，而只有小土地所有制代替公有制，才是典型的形态。这就是马克思所说的：“自耕农这种自由小块土地所有制形式，作为占统治地位的正常形式……在古典古代的极盛时期，形成社会的经济基础。”③从土地公有到小块土地私有，这种剧烈的变化，表明西方农村公社作为一种过渡形态是非常明显的。东方古代社会则仍保留公社内部土地公有，因而过渡形态不明显。

因此，侯外庐指出，进入文明社会的路径，古典古代的路径，并不是唯一的路径，严格说来，这只是希腊奴隶社会由以产生的路径。这就是马克思所说的：有粗野的儿童，也有早熟的儿童。古代民族中大多数属于这一类。东方是早熟的儿童，希腊则是发育正常的儿童。

侯外庐进一步论述维新和革命两条路径，早熟和正常两种儿童。他认为，《资本论》中所说的埃及和亚洲，由农村公社瓦解不彻底所产生的特殊国家，即“收贡纳的国家”或“东方专制君主国家”，其特点显然不能从贡纳这种

① 郭沫若：《苏联历史学界诸争论解答》，上海建国书店 1916 年发行，第 32 页。

② 《马克思恩格斯全集》(第二十五卷)，人民出版社 1974 年版，第 672 页。

③ 同上书，第 909 页。

所得形态本身或专制君主这种政治形态本身来了解，它们背后的秘密仍然是生产方式，这就是亚细亚生产方式。由它决定的专制君主的国家形式，比希腊罗马的历史早了 1 000 多年(古希腊罗马诞生于公元前 800 至 700 年间，古埃及诞生于公元前 5000 至 4000 年间，比希腊罗马早 4 000 多至 3 000 多年，中国夏代奴隶制社会诞生于公元前 2070 年，比古希腊罗马早 1 000 多年。因此，侯的着眼点是中国)，两者比较，特点如下：

第一，前者不仅比后者早 1 000 多年，而且是在使用青铜器为主要生产工具的条件下诞生的，后者不仅诞生较晚，而且是在使用以铁器为主要生产工具的条件下诞生的，铁器的生产力比青铜器高些，相对而言，前者确是早熟。

第二，这种早熟，绝不是柯瓦列夫所说的是什么变种。这是因为，人类进入文明社会的路径有多条，文明的儿童有多种。相比而言，希腊是最正常的。正因为这样，马克思和恩格斯才常说：古典的古代和古亚细亚或古代东方、从古代印度到爱尔兰。希腊是由自耕农的自由小块土地所有制代替原来的公社的土地所有制，东方则是由公社的土地公有制变为君主或国君对整个公社包括人和土地的占有，这就是恩格斯在《反杜林论》中说的，在整个东方，公社或国家是土地的所有者，在那里的语言中甚至没有地主这个名词。很明显，在人类进入阶级社会时，变土地公有为土地私有，是正常的。

第三，产生这种不存在土地私有的早熟文明儿童的原因，是热带、河流、黄土地带等自然条件，以及种族林立、宗教等社会条件。

第四，早熟是和维新相结合的，正常是和革命相结合的。“古代东方国家的发生是采取了土地为国家所有的路径，一开始便是大土地所有制，这不能不说是早熟。在土地国有制之下，作为技术条件的铁还没有出现，便进行‘千耦其耘’劳动力的奴役制，换言之，在青铜时代便进入文明社会，而且在历史上也的确先行了一个时期。这并不是合理和不合理的区别，种差和变种的区别，却是像《反杜林论》所指出的，一个多少着重在传习的力量，一个是分期变革的。”[①]前者是维新，后者是革命。

关于过渡到亚细亚社会，传统的力量起着重要的作用，侯认为最好用马

---

① 侯外庐：《中国思想通史》(第一卷)，人民出版社 1957 年版，第 7 页。

克思这段话来说明;马克思说:“在这种社会生产关系以及与之相适应的生产方式所借以建立的自然形成的不发达的状态中,传统必然起着非常重要的作用。……很清楚,在这里,并且到处都一样,社会上占统治地位的那部分人的利益,总是要把现状作为法律加以神圣化,并且要把习惯和传统对现状造成的各种限制,用法律固定下来。……在生产过程以及与之相适应的社会关系的停滞状态中,一种生产方式所以能取得这个形式,只是由于它本身的反复的再生产。如果一种生产方式持续一个时期,那么,它就会作为习惯和传统固定下来,最后被作为明文的法律加以神圣化。”①这就是东方的农村公社,从内部看始终是土地公有和家庭占有相并存,并且在这个基础上经营农业和手工业相结合的自然经济,虽然从外部看,整个公社所处的社会地位已经发生变化,即整个公社已沦为被奴役和被剥削的集体奴隶。这种状态甚至可以残存到封建制社会和被西方资本主义统治的殖民地社会中,它确实不被政治的风云所触动。

关于过渡到希腊罗马社会,分期变革的力量起着重要的作用,侯外庐认为恩格斯的说明最为具体;恩格斯说:只有西方这种奴隶制,才能使农业和工业之间的更大分工成为可能,从而为古代文化的繁荣创造了条件。之所以如此,是因为小土地所有者只创造了一个未开化的阶级,这种制度妨碍劳动的社会化,妨碍社会分工的发展,它只有被兼并为大土地所有制,才能产生农业和工业之间的大规模分工。但是,这种大土地所有制,在罗马是由奴隶劳动经营的大牧场和园艺场,它就产生了不能克服的矛盾;这就是说,希腊罗马如果曾经是古代文明的摇篮,后来则成为它的坟墓了。奴隶制的出路只能是隶农制,大土地所有制又要变成小块土地所有制,农业和工业的分工又变成这两者结合的小农生产。在这里,分期变革是很清楚的。

第五,关于争论最多的亚细亚生产方式,从以上所说的进入文明社会的路径来说就是:灌溉和热带等自然环境是亚细亚古代早熟的自然条件;氏族公社的保留以及转化为土地所有者的氏族王侯(古称公族),是它的维新的路径,土地国有而没有私有地域化的所有形态,是它因袭的传习,而征服周围部落所得的俘虏,就是家族奴隶劳动力的来源。

---

① 《马克思恩格斯全集》(第二十五卷),人民出版社 1974 年版,第 893—894 页。

生产方式的含义既然是特殊的劳动力和特殊的生产资料相结合的方式，那么，亚细亚生产方式便是：氏族贵族所有的生产资料和家族奴隶的劳动力二者间的结合方式，这个关系支配着东方古代的社会构成，它和古典的古代是同一个历史阶段，只是有不同的产生路径。

第六，总起来就是："如果我们用家族、私产和国家三项来做文明路径的指标，那么，古典的古代是从家族到私产再到国家，国家代替了家族"，而"亚细亚古代则由家族到国家，国家混合在家族里面"，在中国这叫作"社稷"（古人言国言邦，亦有云社稷者，所谓社稷主即土地国有的经济上的说明①）。因此，"前者是新陈代谢，新的冲破了旧的，这是革命的路线；后者却是新陈纠葛，旧的拖住了新的，这是维新的路线"。②

这里必须指出的是，侯外庐还从恩格斯的《自然辩证法》中找出关于家族奴隶制的权威性的说明。这是我在许多中外论著中没有看到的。这个问题下面再谈。

（四）奴隶社会两种形式重要文献的解释

侯在亚细亚生产方式研究上的另一重要贡献，是在马克思的遗稿《前资本主义的财产形态》（今译《资本主义生产以前的各种形式》）刚刚发现时，就立即从中看到亚细亚生产方式确实是他早就已认识到的奴隶制的两种形式之一。从这方面看，他如果不是在世界上最早、至少也是在中国最早正确理解这文献的重要性的学者。

他首先说："最使我大悦的是在最近二年发现了发明亚细亚生产方式导师的二种遗稿，这增加了我的论断的勇气。"③又说："第 2 段最近知道的文献，与前段同在名为《前资本主义的财产形态》一个草稿，著者在做出以上结论之后，才发现的。"④这里说的第 2 段文献，同前面说的二种遗稿相应。遗

① 郭沫若：《苏联历史学界诸争论解答》，上海建国书店 1946 年发行，第 81 页。

② 侯外庐：《中国思想通史》（第一卷），人民出版社 1957 年版，第 11 页。

③ 郭沫若：《苏联历史学界诸争论解答》，上海建国书店 1946 年发行，第 26 页。

④ 同上书，第 48 页。

稿其实只有一种即《前资本主义的财产形态》，之所以有二种遗稿的说法，很可能是苏联于1937年发表遗稿时，开始只是一部分，其后才有另一部分。于是，他将这两篇东西都译出并附在《苏联历史学界诸争论解答》中，再加以解释。

他译的部分，就是现在《马克思恩格斯全集》（第四十六卷上册）第471页最后一段到478页第一段，即马克思对亚细亚所有形式和古代的所有形式的说明，以及两者的比较部分；日耳曼的所有形式部分略去。

根据马克思的说明，他说，关于两者的具体路径怎样显示了不同的所在呢？文中已有概括的比较，为了更易了解起见，我们把重要的论点列述于下：

"第一，城市和农村的分裂关系——在亚细亚形态之下，城市和农村虽然是同时形成的，但城市地位的特殊性，表现于对外族的贸易，表现于宗族的政治所在地（如所谓宗子维城）是格外重要，故常可以迁国；在古典形态之下，城市已被创造起来，并作为土地所有者的中心，而农村成了城市的领土，这便是氏族单位到地域单位的转变史。

"第二，私有关系——在第一种形态下，如文献所言，土地是伟大的实验室，所有的关系是土地国有，即文中所谓最高的所有者或唯一的所有者的姿态，所以在法律上说似乎是没有私产的，而其所得形态则为贡纳的式样；在第二种形态之下，个人的私有土地是和国有的土地划分出来，个人的财产直接地不是共同体（公社——引者）的财产，而和第一种财产相区别，这种个人地域化的发展，使土地私有权的条件更加增大，所以有法律上的平等观念，以梭伦变法为划时代的代表作。所以亚细亚形态，因了迁移关系破坏了自然成熟的路径，而古典的形态则因了地域化而助长了自然成熟的路径，即私有土地形态的路径。

"第三，劳动的征服关系——在东方形态之下，真正对劳动征服的条件起重要作用是灌溉与交通，在这场合，氏族首长的传统成为延续的，即所谓共同体的保留。在古典的形态之下，因了土地的私有占领，新的劳动条件使个人的能力更加发展，那么土地私有关系便把分工更扩展起来。

"这两个古代路径，都是由共同体的过渡而生长起来，唯第一种是和共同体密结，第二种则在后来把共同体的氏族躯壳完全冲破。文中所讲古典的形态中共同体与个人私有的相依存以及相冲突的关系，便是指路径中的生成过程。个人与劳动者的主观观念与自然前提，是指小生产者。因为希腊最初是从小生产者私有出现，后来才产生大土地所有者，并渐把小生产者并吞。”①

总起来说，侯外庐认为这两者同中有异，用文献中的话来说就是：“所有制的第二种形式（古代的所有制形式——引者）——它也像第一种形式（亚细亚的所有制形式——引者）一样，曾经在地域上、历史上等等发生一些重要的变化——是原始部落更为动荡的历史生活、各种遭遇以及变化的产物，它也要以共同体作为第一个前提，但不像在第一种情况下那样：共同体是实体，而个人则只不过是实体的附属物，或者是实体的纯粹天然的组成部分。”②

最后要指出的是：按照恩格斯关于奴隶制两种形式的提法，希腊罗马是劳动奴隶制，东方是家庭或家内奴隶制，有些历史学家就认为后者是不从事生产的家庭仆役；侯外庐指出不是这样，后者指的是家族集团成为奴隶，它和劳动奴隶制一样，是完全的奴隶制。他说：“上面两个社会既然都是完全的奴隶制，那么两者都不过是路径问题罢了。”③他并且从恩格斯的《自然辩证法》中，找到有关家庭奴隶制的说明：“家奴制是另外一回事，例如在东方：在这里它不是直接地，而是间接地构成生产的基础，作为家庭的组成部分，不知不觉地转入家庭。”④恩格斯后来在《英国工人阶级状况》美国版的序言中的说明，与此略有不同。

（五）中国进入文明社会的维新路线

侯外庐还论述了中国进入文明社会，即奴隶社会的维新路线。这里要指出的是，他认为从殷到周，是奴隶制的开始，从周到秦，是封建制的开始。

---

① 郭沫若：《苏联历史学界诸争论解答》，上海建国书店1946年发行，第50—51页。

② 《马克思恩格斯全集》（第四十六卷上册），人民出版社1979年版，第474页。

③ 侯外庐：《中国思想通史》（第一卷），人民出版社1957年版，第9页。

④ 《马克思恩格斯全集》（第二十卷），人民出版社1971年版，第676页。

周初(周公)的封国,不是秦开始的那种封建,而是罗马式的殖民。侯这种独特见解,值得注意。这里我想指出的是:这种殖民不是古希腊式的移民垦殖,而是古罗马式的奴役土著;但是古罗马人是去奴役已不存在农村公社的异族人的,周初却是去统治被征服的整个农村公社,并从被统治者中物色代理人。侯这种看法和我认为夏殷是奴隶制,周开始的封建制是领主封建制,秦的封建制是地主封建制不同。这是中国古代史分期有不同看法的表现,是很正常的。在这里,我将分期问题存而不论,仅从维新的角度介绍侯的看法。

他说:殷周之际,如王国维所说,是一个变革期,王以城市文明为标志来研究这个时期。这是符合恩格斯所特别强调的城市与农村的分裂是阶级社会分工的总表现这一方法论的。侯认为这一分裂始于殷末或周人东下之时。周初的文献才显出"作国"的大量资料,如"文王国在西土","文王作邦","斯宅镐京"等。但大规模作城的是周公。

在周公封国的时代,所封的不是后世所谓的封建,而是罗马式的殖民。鲁、卫、齐、晋的公族带上联盟的氏族,到被征服的旧部落的土地上,就是这种情况。

由于氏族制度的存在,城市就未形成经济的堡垒,并未坚固地地域化,而是"宗子维城""公侯于城"一类的政治堡垒。因此,周代有著名的"迁国",迁国即另筑城市。

侯认为,战国时代的郡县制,是向地域性转化的城市制。这就是所谓"人以群居为郡","悬而不离谓县"。西周以至春秋的城市,是"诸侯的营垒",它表现为对外族贸易的所在地,表现为宗教的政治所在地,其经济意义不如古典的城市。到了郡县制,商业城市才大量出现,战国之末,就出现了齐、秦、三晋的大商业城市。

有城市即有农村,这是文明时期的标志。古文献上农村叫鄙野。都与鄙对称。因此,"君子居国中";"域斯域,君子也"(域即国);小人押于野,小人即"四鄙之萌人",域外是被统治阶级所居住的地方。

侯外庐进一步从统治和奴役的产生,来论述中国奴隶社会产生的维新路线。

他说,到了文明时期,胜利者通过战争才能消化战败的氏族成员,即作为俘虏,从事生产。恩格斯指出:在氏族时代,对外的冲突,由战争来解决;这种战争可能以部落的消灭而告终,却决不能以奴役它而告终。氏族制度的伟大以及随之而来的它的局限性,就表现在这里没有统治和奴役的存在余地。这是它可贵的地方,也是它的受限制的所在。[①] 由于侯接着说,学者对此多不注意,故多有历史错误,我就特别查阅恩格斯对此的解释。[②] 如果我对恩格斯上述两段话的理解不错,那么侯以下的见解就有问题。他强调:商代部落(万方)林立,灭国之盛,于周始见,这说明在经济上没有分工的基础,就不可能在这样的条件之下使用俘虏的劳动力。总起来说就是,殷代难以灭国而周代大量灭国的史实,可以《家庭、私有制和国家的起源》的原则加以对比,由此可以判断周代制度的发展。其实,在经济上没有分工时,战败的公社,整个亦即全部俘虏也可以被奴役,也就是向胜利者提供以实物形式表现的剩余劳动。这正是亚细亚生产方式的特征。不过,这在侯外庐看来,大概是不成熟的方式。

这是周代的"劳动力的特征,即通过族人家室的关系间接参加生产,所以一开始便是'千耦其耘'"[③]。

这样的劳动力和生产资料的结合方式,就是支配中国古代奴隶社会的生产方式。到了战国时代,虽然土地财富的所有形式下降,劳动力分散,即所有形式从天子到诸侯,从诸侯到大夫,但这种趋势是在所谓乱臣贼子变制的条件下形成了严重的阶级斗争才导致的,始终没有产生彻底的私有制。侯认为,直到秦统一天下,才确立土地私有制。这是他理解的以农村为出发点的封建社会的开始。

中国从原始社会到奴隶社会(周代),土地都不是私有的,或者说只是由公有变为"国有"即为公子公孙的氏族贵族所有,这就是中国进入文明社会的维新路线;和希腊罗马的土地私有,即革命路线不同。

侯外庐还进一步说明,中国这条路线是"器唯求新"而"人唯求旧"的。这是什么意思呢?

他说恩格斯曾指出,奴隶主计算财富,是以所得或收入为标准的;在自

---

① 《马克思恩格斯全集》(第二十一卷),人民出版社 1965 年版,第 180 页。

② 同上书,第 172 页。

③ 侯外庐:《中国思想通史》(第一卷),人民出版社 1957 年版,第 12 页。

然经济条件下，其量的多少一般以盛器来表示，如“千万斯箱”等。殷器有鼎、彝、尊、爵，卜辞里也有这些字。但从这些盛器，除了知道对祖宗一元神的祭享权外，就看不出这些盛器具有代表政权或具有不同的政治等级的含义。殷人群饮，盛酒的器具是不会分等专用的。到了周代，“器”才“求新”。“新”在哪里呢？就是现在这些盛器表现一种政权形式，不同的盛器代表不同的政治身份或等级。我想这也是政治是经济的集中表现吧。于是，后来的所谓“问鼎”就是抢夺政权的意思。因此，“器唯求新”的器，是指社会阶级分化以来统治者的政权形式。

什么叫“人唯求旧”呢？侯认为：“周因于殷礼，并不指周人因袭殷人的全盘制度。在其命维新来讲，周人改变了殷人的制度，应该说，文王以至周公更加完成了国家制度。而人物呢？还是因袭殷代的氏族遗制，所以说人唯求旧。旧人就是被氏族血缘纽带所束缚着的人。殷末的制度并不是没有变化的，周人灭殷，依靠殷人前徒倒戈，还有殷人拿着殷器去献媚于周人的。……倒戈者可能是氏族内部的反革新者。后来管蔡叛变，殷人还可能反鄙我周邦，周公东征还认为是一大难呢？所以，殷人也可能产生社会变革，不独周人而已。”

具体地说：“所谓旧人，是指氏族的联盟体。周朝的统治者是姬姓、姜姓、姒姓、任姓等族的联盟，执行古代的维新任务——受土受民。……这些旧人，在春秋时代还掌握着政权，在张公室的名义下，延长命运。”

就这样，“中国历史一开始便走了一条曲折的道路，保存了旧人物，使旧的拖住了新的，以至一系列的旧生产方式保留到后世，形成束缚历史发展的力量”。

侯外庐对中国古代社会是由维新的路径产生的这段历史加以总结：“因了早熟，没有来得及清算氏族制度，反而在它的废址之上，建立了城市——国家。也即是诸侯的营垒，经济上的赘疣，或者是公族国家。所谓封建也者，即以殖民的形式来封树出国野的经界，绝没有古人所渲染的那一套封建大一统的情况。郡县制之所以代替了封建，是因为公族国家的城市，转化为经济的城市；在政治权力的意义上讲，公族专政转化为显族（不完全典型的国民阶级）专政，历史文献中称作私肥于公。到秦代的统一，才开始进入以农村为出发点的封建社会，汉武帝才用法律形式把封建制固定起来。”①

---

① 侯外庐：《中国思想通史》（第一卷），人民出版社 1957 年版，第 16—17 页。

(六) 问　　题

以上我扼要介绍侯外庐对古代社会产生路径和古代社会形式,尤其是对亚细亚生产方式研究的巨大贡献。这当然不是说,他的研究不存在任何问题。在我看来,问题就是应如何理解恩格斯在《反杜林论》中提出的关于产生阶级的两条道路,以及它和文明社会的关系。

恩格斯指出,产生阶级的一条道路是:农村公社的管理公共事务的职能演变为政治统治的职能,社会的公仆逐步变为社会的主人。(由于恩格斯认为国家是由管理公共事务的社会职能转化而来的,有人就断言,他同马克思认为国家的本质是阶级统治的工具相对立。其实不然。恩格斯这里是论述国家的起源;而马克思也并没有认为国家不执行管理公共事务的职能。他说:“政府的监督劳动和全面干涉包括两方面:既包括执行一切社会的性质产生的各种公共事务,又包括由政府同人民大众相对立而产生的各种职能。”①)这些公共事务不仅是一个公社内部的,而且包括处理公社之间的争端和冲突;由公仆变成的主人包括东方的总督或暴君,希腊氏族的首领,克特尔人的族长等。侯外庐和有的学者就认为,“公共职务的传统”和处理“部落间的冲突”……只是东方文明社会产生的原因。这看法是片面的。原因可能是孤立地看重由于部落的冲突而产生的家庭奴隶,而没有看到战争中的俘虏也可能成为个人奴隶,更没有注意到文献中分明有由此产生希腊氏族首领的说明。

阶级产生的另一条道路是:随着劳动生产率提高,剩余生产物出现,就有可能吸收一个或几个外面的劳动力到家族里来,战争提供了这种劳动力。奴隶制就这样出现了。这种情况,在旧的土地公有制已经崩溃,或者旧土地共同耕作制已经让位给各个家族小块土地耕作制的地方,就尤为常见。由于这种说法,侯外庐和有的学者就认为这是希腊罗马古代社会产生的原因。其实,这也适用于东方古代社会,即战败的整个公社成为集体奴隶。

① 《马克思恩格斯全集》(第二十五卷),人民出版社 1974 年版,第 432 页。

其后,吴大琨同样认为恩格斯关于阶级产生的两条道路的说明,就是对家庭奴隶制和劳动奴隶制的产生的分析。我仔细研究他的叙述,发现他将恩格斯的一段说明,即"成为希腊氏族的首领"去掉①,用以证明这段说明只适用于东方家庭奴隶制的产生。

吴进一步说明,即使用恩格斯的理论可以说明两种奴隶制的产生,问题还是没有最终解决。这个问题是:为什么有两条道路?他认为问题在于有两种不同的公社。对此,他认为苏联的历史学家作了很好的解释。

一种接近于原始公社。在这种公社里,土地和水这些主要生产资料的所有权只属于整个公社。这些公社完全是,或者一部分是自治的团体,它拥有公职人员,可以按照整个公社的工作需要(例如灌溉、排水、营造、伐木、保护田地等)使自己的成员承担一定的义务。这样的公社称为东方的或印度公社。

另一种是城市公社或市民公社。在这种公社里,其成员已成为私有者,不过通常因为他们是属于公社的人,所以才有占有土地的权利。在这里,公社占有的备用地、牧场等和私人的耕地是界限分明的。这里的公社成员所承担的义务更是有限的,而公社的公职人员很早就丧失了他们以前的职能。随着商业和手工业的发展,个别公社在许多场合下聚居在一起,农村公社就变成市民公社。

吴大琨认为,这种分析无疑是正确的,但是还不够全面。因此,他最终提出农村公社之所以会有两种发展形式的原因是什么的问题,并且回答这问题。

他同英国著名考古学家柴尔德博士讨论了人类在青铜器时代的经济生活后,得出这样的结论:东方家庭奴隶制是建立在使用青铜器的物质基础上的,古代劳动奴隶制是建立在使用铁器的物质基础上的,换言之,青铜器代表的生产力较低,提供的剩余生产物较少,由此限制商品生产的发展,使农村公社不能瓦解,铁器则否。

相对说来,这是一种新颖的见解。但是深入分析一下,仍有问题。就生

---

① 吴大琨:《中国奴隶制经济和封建制经济论纲》,生活·读书·新知三联书店1963年版,第9页。

产力来说，铁器代表的无疑高于青铜器。但由此产生的剩余生产物，孰多孰少，还要分析。吴有意无意地以东西方的劳动者的必要生产物是同一数量的为前提，才得出上述的结论。但是，这两者的必要生产物不可能是相同的。

马克思在论述剩余价值时提到，狄奥多洛斯谈到古代埃及人时这样说过：他们给孩子随便煮一点简单的食物；甚至纸草的下端，只要能用火烤一烤，也拿来给孩子们吃。因为气候非常温暖，大多数孩子不穿鞋和衣服。因此，他们抚养孩子的费用少得简直令人难以相信。埃及有那么多的人口并有可能建造那么多的宏伟建筑，主要由此可以得到说明。这段话使马克思特别感兴趣的，是古代埃及能兴建那么多宏伟建筑的经济原因。他指出，这与其说是由于埃及人口众多，还不如说是由于有很大一部分人口可供支配，即他们可以不生产生活资料（主要是农产品），而由生产这些生活资料的劳动者提供的剩余生产物来维持生活。这实质上就是下面要论述的斯图亚特的“自由的手”理论。埃及有那么多的自由人手，能说它的剩余生产物不多吗？它就是商品或者至少可以转化为商品。

我认为，青铜器论不能圆满说明东方农隶制为什么存在大量农村公社。

五、关于亚细亚生产方式问题

（一）争论简况

我们的论述，从某一方面看，已涉及马克思的亚细亚生产方式理论。对于这一理论，20世纪二三十年代发生过争论；第二次世界大战后，特别是马克思晚年的人类学笔记发表以来，直到目前都有争论。我深知这个问题难度非常大，非我学力所能解决。下面仅结合争论和平时阅读马、恩的著作，侧重谈谈将亚细亚生产方式理解为原始社会，马、恩的著作是否读得通。

亚细亚生产方式是1859年马克思在《政治经济学批判》（以下简称《批判》）的序言中，首次作为社会经济形态发展的几个时代中的一个时代提出来的，并且将它置于古代的①、封建的和现代资本主义的生产方式之前，亦即认为这四者是历史上继起的而不是空间上并存的生产方式。由于这种排列，就产生亚细亚生产方式指的是什么的问题；具体地说，它排在古代社会之前，而古代社会就是奴隶社会，奴隶社会又是第一个阶级社会，这样，亚细亚生产方式是不是没有阶级的原始社会呢？如果不是，又是什么？

在第一次争论中，有人认为是原始社会，有人认为是变种的或发育不全的奴隶社会，有人认为是东方社会进入私有社会后，却一直存在着原始社会的公有因素这样一种社会经济形态；等等。至于其原因，则更是众说纷纭。两者都没有结论。

在当前的争论中，有的论者叙述了马、恩对历史上继起的生产方式命名

---

① 吴泽指出：古代的不论德语和英语，都含有古典的、专指希腊罗马的古代之意，与其对应的俄语，也有此意。

的变化，以及亚细亚生产方式在命名中的出现和消失，然后据此断定他们使用亚细亚生产方式这概念时，指的是什么，亦即它是历史上哪一种生产方式。他们指出，马、恩在1845—1846年写的《德意志意识形态》中的提法是：部落所有制、古代公社和国家所有制，以及封建的或等级的所有制；如前所述，马克思在1859年的《批判》序言中的提法是：亚细亚的、古代的、封建的和现代资本主义的生产方式。这两种提法的不同是：以亚细亚和古代生产方式，取代部落所有制以及公社和国家所有制。从19世纪70年代末开始，马克思就再不使用亚细亚生产方式这一概念了，而用其他更精确的概念取代它。

他们认为，叙述历史上继起的生产方式时，马克思之所以用亚细亚生产方式来取代部落所有制，是由于在他看来，部落所有制已隐藏着奴隶制，因而不是历史上最早的生产方式；用古代的即奴隶制生产方式来取代古代公社和国家所有制，是由于在他看来，古代公社和国家所有制中的奴隶制不仅发展了，而且存在着君主。写作《批判》时，马克思研究了当时有关亚细亚尤其是印度的所有文献，认为一切文明民族的历史初期都经历过这种公社所有制①，于是将它称为亚细亚生产方式，并认为它具有世界性的普遍意义。这就是说，他们认为，马克思说的亚细亚生产方式指的是：奴隶制生产方式以前的无阶级的原始社会。

为了证实这一点，他们还引用马克思在《批判》和《资本论》(第一卷)第2版中都出现过的一段论述，这就是："近来流行一种偏见，认为原始的公社所有制是斯拉夫族特有的形式，甚至只是俄罗斯的形式。这种原始形式我们在罗马人、日耳曼人、克尔特人那里都可以见到，直到现在我们还能在印度人那里遇到这种形式的一整套图样，虽然其中一部分只留下残迹了。仔细研究一下亚细亚的尤其是印度的公社所有制形式，就会得到证明，从原始的公有制形式中，怎样产生出它的解体的各种形式。例如，罗马和日耳曼的私人所有制的各种原型，就可以从印度的公社所有制的各种形式中推论出

① 下面我们将看到，在马克思的《批判》和《资本论》中，印度公社是处于解体中的，即从内部看，它仍是既有公有又有私有因素的农村公社，但从外部看，却存在着国家和君主，即存在着剥削。

来。"①他们认为，这段话能够说明，当时的马克思认为，亚细亚生产方式是原始的生产方式，其他的生产方式都是其派生的。至于从19世纪70年代末开始，马克思再不使用亚细亚生产方式这一概念来表示原始社会，是因为这时出版了新的文献，它们表明亚细亚生产方式这一概念据以产生的当时的印度，以及东方其余国家，已经存在着私有的因素，因而这一概念不能确切反映不存在私有制的原始社会。此外，新的文献还表明，当时的印度农村公社还不是最原始的，因为它是从家庭公社发展而来的，家庭公社则是由氏族公社发展而来的。由于这两种原因，马克思晚年就不再使用亚细亚生产方式这个概念来表示原始社会，而改用其他概念，其中就有氏族公社、家庭公社和农村公社。

阅读了一些研究了马克思晚年人类学笔记而写成的论著后，我有一个印象，就是：现在有一种倾向，即认为马克思在70年代以前使用的亚细亚生产方式，指的是无阶级的原始社会，这和第一次讨论亚细亚生产方式时不同，那时还有不少人认为它指的是发育不全的奴隶制社会。同时，我也感到，持这种看法的人，多半是离开论述亚细亚生产方式最多的《资本论》去解释亚细亚生产方式，以至按其解释，《资本论》就读不通了。

对于他们的解释，我有不同的看法。现根据我对马、恩有关论著的理解，将我的看法简述于后。

（二）亚细亚生产方式指的不是原始社会

研读了马、恩的有关论著后，我认为它指的不是原始社会，而是原始社会解体后第一个阶级社会；更精确些说，它在《批判》序言中，指的是古代社会前的阶级社会，亦即原始社会解体后，最初的阶级社会是亚细亚生产方式，它再发展为古代社会；在《资本论》及其后的著作中，它指的是古代社会，亦即和希腊罗马奴隶制社会并列的另一种奴隶制社会，两者并无质的差别。

① 《马克思恩格斯全集》(第二十三卷)，人民出版社1972年版，第95页注；或《马克思恩格斯全集》(第十三卷)，人民出版社1965年版，第22页注1。

亚细亚生产方式的含义，之所以有如此的变化，是由于马克思深化了对它的认识，认为它不可能发展为希腊罗马式的奴隶制社会。我的理由如下：

它不是原始社会。马克思在《资本主义生产以前的各种形式》（与《批判》的写作同时，并同出一稿）中指出：在亚细亚各民族中起过非常重要作用的灌溉渠道，以及交通工具等等，就表现为更高的统一体，即高居于各小公社之上的专制政府的事情。专制政府的存在，就从根本上规定了它不可能是没有阶级的原始社会。当前，在讨论马克思晚年笔记中认为亚细亚生产方式是原始社会的论者，全部都没有考虑马克思在提出这一概念时所规定的政治上层建筑问题，这是很奇怪的。无视这一点，我们马上就看到，许多问题就解释不了。

此外，马克思在《批判》序言中提出历史上几种继起社会形态后，明确表示他在这里论述的是对抗的社会经济形态，资本主义是最后的一个，而资本主义又产生消灭这种对抗的物质条件。既然论述的是对抗社会，那么，其中的亚细亚生产方式怎能是原始社会呢？这个问题，50多年前侯外庐就提出来了，但是没有引起应有的注意。

这些论者大多从上述马克思说的那段文字来进行论证。在这里，我们有必要深入研究前面引用过的那段文字："仔细研究一下亚细亚的尤其是印度的公社所有制形式，就会得到证明，从原始的公社所有制的形式中，怎样产生出它的解体的各种形式。……"许多论者用它来证明马克思使用亚细亚生产方式时，指的是原始社会。我却认为，只要很好地研究这段话，并将它和马克思在《资本论》的其他地方，关于亚细亚生产方式和印度公社的论述联系起来理解，就会得出不同的结论。让我们详细地谈一谈。

我认为这段论述，按现在的语言表述包括中文译文来看，是不清楚的。因为可以将它理解为：印度公社是从原始公社解体出来的各种形态中的一种；也可以将它理解为：罗马和日耳曼的私人所有制，是从印度公社解体出来的；前者得不出印度公社是原始社会的结论，后者则可以得出这样的结论。为了解决问题，我特地查阅了《资本论》（第一卷）法文版（全部经过马克思校订）的中译本。相应的论述如下：公社所有制的原始形式，"直到现在我们还能在印度人那里遇到这种形式的一整套图样，虽然它们已经残缺不全。深入研究一下亚细亚的尤其是印度公社所有制形式，就会得到证明，从这些形式中怎样产生出解体的各种形式。例如，罗马和日耳曼的私人所有制的各种原型，就可以从印度的公社所有制的各种形式中推出来”。① 这里值得注意的是：公社所有制的原始形式在印度有一整套图样，但已残缺不全，——以前的提法是其中一部分只留下残迹了；最重要的是，从亚细亚尤其是印度公社所有制形式，产生出它的解体的各种形式，——以前的提法是从原始的公社所有制的不同形式，产生出它的解体的各种形式；既然印度的公社所有制形式已残缺不全，又由它的各种形式产生出罗马和日耳曼的私人所有制，那么，怎能说这种印度公社所有制，即亚细亚生产方式是原始社会呢？

不论是在《批判》中，还是在《资本论》（第一卷）第 2 版中，上述引文都是附注，是对内容基本相同的正文的进一步的解释；这正文在《批判》中是：我们就一切文明民族历史初期所见到的自然发生的公社中的劳动来看……在《资本论》（第一卷）中是：“要考察共同的劳动即直接社会化的劳动，我们没有必要回溯到一切文明民族的历史初期都有过的这种劳动的原始形式。”②这种公社既然是文明民族的历史初期的，那就应是原始社会之后的社会组织了，这正是亚细亚生产方式的特点，即在有阶级存在的文明社会中，仍然存留着有公有因素的农村公社这种社会组织，这就说明亚细亚生产方式，在马克思看来不是原始社会。

德文版和法文版《资本论》（第一卷），都详尽地描绘了印度公社的内部情况，其中值得我们注意的是：产品剩余部分才变成商品，而且首先到了国家手中，从远古以来就有一定量的产品作为实物地租归国家所有；除了从事同类劳动的群众以外，还有兼任法官、警官和税吏的“首领”，缉捕罪犯、保护旅客的官吏……③这就说明，这种公社已产生了政治权力，已在解体中，不再是原始社会无阶级的社会组织了。

如果我们再探究一下，这种公社为什么要向国家交纳地租，就可以清楚地看出，公社从内部看固然是残缺不全，从外部看则已受一个最高统治者国家的剥削，也就是整个公社成为被剥削者。论述地租时，马克思说：印度的

① 马克思：《资本论》（第一卷），中国社会科学出版社 1983 年版，第 58 页注 29。

② 《马克思恩格斯全集》（第二十三卷），人民出版社 1972 年版，第 94 页。

③ 同上书，第 395—396 页。

小农使用的土地不属于他所有，他独立地经营农业和与农业相结合的家庭工业，“这种独立性，不会因为这些小农（例如在印度）组成一种或多或少带有自发性质的生产公社而消失，因为这里所说的独立性，只是对名义上的地主而言的”。在公社内部产生了独立经营的小农，这表明公社已残缺不全。他们为什么要交地租呢？这是因为在亚洲，“国家既作为土地所有者，同时又作为主权者而同直接生产者相对立，那么，地租和赋税就会合为一体，或者不如说，不会再有什么同这个地租形式不同的赋税”。① 这表明整个公社成为一个集体的被剥削者。这正是东方家庭奴隶制的特点，怎么可能是原始社会呢？

（三）在《批判》中指的是先于奴隶制社会的阶级社会

在《批判》中与在《资本论》中不同，它指的是原始社会之后、古代社会之前的阶级社会，亦即在古代社会之前的独立的社会形态。这一排列不包括原始社会，因为排在最前的亚细亚生产方式不是原始社会，关于这一点，前面作了说明；此外，还可以从马、恩合著的《德意志意识形态》和《共产党宣言》(1847)对历史发展论述的变化中，得到证实。前者正如前面已谈到的，认为最早的所有制是部落所有制，这时的社会结构只局限于家庭的扩大：父权制的酋长、他们所管辖的部落成员以及奴隶；在这里，酋长、部落成员和奴隶之间的对立已形成；后者则明确指出，迄今存在过的一切社会历史都是阶级斗争史：这说明，马、恩写这两本著作时并不**确切**了解无阶级的社会。这种条件制约了马克思对《批判》的写作。这时的马克思看到的亚细亚生产方式主要是印度社会，即存在着大量既有公有又有私有的农村公社，并有专制政府居于其上的社会；这样的社会，同他晚年阅读许多种有关人类学的著作时，所看到的原始的农村公社，即无阶级的原始社会是不同的。印度的农村公社实质上是从公有制到私有制的过渡形态，但它在以印度为代表的东方国家，因上述自然条件的限制，却过渡即解体得非常慢，以致马克思把由它

① 《马克思恩格斯全集》(第二十五卷)，人民出版社 1974 年版，第 891 页。

构成的社会看成一个独立的社会形态。马克思确切了解氏族制度后期的农村公社是一种过渡形态，是在晚年大量阅读人类学著作的时候，这是在写作《资本论》之后，我们不能以此来否认他在《批判》中认为它是最初的存在着阶级的独立的社会形态。

这里还有一个值得注意的问题：马克思写《批判》时，尽管认为罗马的私有制可以从印度农村公社的所有制形式中看到其起源，但他并不确切了解农村公社是普遍存在的，因为在前面论述他写作英国对印度的统治的论文时，已经说明他并不认为印度残存的农村公社是由原始的农村公社演变而来的，却认为农业灌溉的必要是其产生而不是不易解体的原因，这必然使他也不了解罗马的私有制，是由在罗马存在过的农村公社演变而来的；总之，写作《批判》时，他还不了解农村公社在社会发展史中所居的地位，这一点再加上他认为印度的公社不易解体，就使他认为以印度农村公社为代表的亚细亚社会是一种先于古代社会的独立的社会形态。

最后值得注意的是：马克思写英国对印度的统治的论文时，已提到印度农村公社内部“带着种姓划分和奴隶制的标志”；种姓是印度的一种阶级。这就是说，他看到印度社会和无阶级的原始社会不同；但是，又认为它和希腊、罗马的奴隶制社会也不同。因此，在认为它是先于奴隶制社会的独立社会形态时，又蕴藏着随着认识的深化，又认为它是奴隶社会两种形式之一的种子。

在这里我还想说明，写作《批判》时，马克思不可能将亚细亚生产方式看成奴隶制社会的一种形式，还有一个深层次的原因。前面提到，侯外庐指出，马克思认为生产方式是劳动力和生产资料相结合的方式。这是马克思写《资本论》（第二卷）时才提出来的。根据这一点，就能够说明亚细亚生产方式是奴隶制社会两种形式之一。概括马克思的广泛论述，精辟地说明这一点的，是晚年的恩格斯。

（四）写《资本论》时及以后指的是另一种奴隶制社会

在《资本论》中，它指的是和古希腊、罗马一样的古代社会即奴隶制社会。上述引文在两本著作中都是一个附注,在紧接着它的《资本论》(第一卷)的正文中,马克思指出:“在古亚细亚的、古希腊罗马的等等生产方式下,产品变为商品、从而人作为商品生产者而存在的现象,处于从属地位,但是共同体越是走向没落阶段,这种现象就越是重要。真正的商业民族只存在于古代世界的空隙中……这些古老的社会生产……或者以个人尚未成熟,尚未脱掉同其他人的自然血缘联系的脐带为基础,或者以直接的统治和服从的关系为基础。”①这段话的基本内容,在《资本论》(第一卷)法文版中同样存在,但将古希腊罗马改为古代世界;将“尚未脱掉……”具体化为“历史尚未割断把他同原始部落的天然共同体联系在一起的脐带”(这里指的明显是东方的古代社会仍存在着农村公社);将“以直接的统治和服从的关系为基础”,改为“以专制制度和奴隶制度的条件为基础”。将这两者联系起来,就可以看出,在马克思看来,亚细亚社会和希腊罗马同属古代社会,即奴隶制社会。如果不这样理解,而把亚细亚社会和希腊罗马对立起来,认为它是原始社会,那么,这段话就读不通了。同时,马克思以一个古字冠于亚细亚和希腊罗马之前,就成为毫无意义的事情了。同样的思想,在《资本论》中还有,例如,“前人总是低估亚细亚的、古代的和中世纪的商业的规模和意义……”②这里我要指出的是,认为亚细亚生产方式是原始社会的论者,是不能解释这两段话的。

《资本论》以后的马克思著作,也是这种看法。值得注意的是恩格斯的有关论述。《反杜林论》(马克思看过原稿)在论述国家时,明确指出:在古代是占有奴隶的公民的国家,在中世纪是封建贵族的国家,在我们的时代是资产阶级的国家。这里没有提亚细亚国家,只提古代奴隶主的国家。首先一个问题是:这是否意味着亚细亚社会,根本没有国家,因为它是原始社会呢?当然不是,因为恩格斯曾经说过,亚细亚社会是存在着中央集权的专制君主的,这当然是一种国家形式。接着第二个问题是:那么,为什么不提亚细亚国家?原因是这时的马、恩已经认为,亚细亚生产方式是奴隶制的另一种形式,它和希腊罗马的奴隶制,同属于古代社会,所以有古代奴隶主国家的提

① 《马克思恩格斯全集》(第二十三卷),人民出版社 1972 年版,第 96 页。

② 《马克思恩格斯全集》(第二十五卷),人民出版社 1974 年版,第 372 页注 49。

法。这种认识,恩格斯在1887年即67岁时,为其在24岁时写的《英国工人阶级的状况》的美国版的序言中说得更清楚:“在亚细亚古代和古典古代,阶级压迫的支配形态,就是那不只剥夺大众的土地,并还占有他们人身的奴隶制。”①奴隶制有两种形态,亚细亚生产方式是其中一种,应该是很清楚了。在这里恩格斯是根据马克思界定生产方式的方法论,即劳动力和生产资料的结合方式,来谈论问题的。劳动力作为个人的或作为集体的被占有,主要的生产资料即土地被剥夺:这是两种形式奴隶制的共同点。

最后还有一个问题:马克思为什么在《批判》中将它看成先于奴隶制的独立社会形态,而在写《资本论》时及以后则将它看成奴隶制的另一种形式?或者说这种认识的变化的深层次原因是什么?前面说过,他看到存在着大量农村公社的印度社会不能再向前发展,从这一点看,它不能发展为希腊、罗马那样的社会,尽管他从印度农村公社的各种所有制形式中,看到罗马的私有制的来源。但是,进一步的研究,使他看到,以印度公社从外面受到剥削为特征的亚细亚生产方式,同样是一种奴隶制剥削,其实质和希腊罗马的奴隶制剥削,没有什么不同。这种认识,是他在深入研究固定资本的再生产时获得的。马克思说,奴隶是固定资本。但奴隶社会劳动生产率很低,奴隶的再生产一般不采用让奴隶成立家庭、养育后代的方法进行。因此,他又说:奴隶市场本身是靠战争、海上掠夺等等,才不断得到劳动力这一商品的,而这种掠夺又不是以流通过程作为媒介,而是要通过直接的肉体强制,对别人的劳动力实行实物占有。非西欧社会,尤其是前面加以研究的东方社会,已经发展到农村公社的氏族,在争夺自然资源时,将战败的氏族整个地加以奴役和剥削,这是获取到一种集体的奴隶。这也就是恩格斯所说的亚细亚的和古典的古代奴隶制的思想来源。

我在这里想指出的是,根据马克思对奴隶来源的分析,就可以看出,奴隶社会是要以其他生产方式的存在,即要其他生产方式为其提供奴隶,它才能存在。它是一种不能独自存在的、独特的生产方式。

---

① 《马克思恩格斯全集》(第二十一卷),人民出版社1975年版,第387页。

（五）介绍王亚南对亚细亚生产方式理解发生变化的经过

认为马克思确认亚细亚生产方式是和希腊、罗马并列的奴隶社会，我这种看法是由于读了王亚南的有关著作后得到启发，再研读马、恩的有关论述才获得的。王亚南研究这个问题长达数十年，并以此为基础，对中国经济史进行创造性的研究，提出中国地主经济封建制度理论，揭露和批判了日本帝国主义御用哲学家秋泽修二曲解亚细亚生产方式理论，妄图以此为日本发动侵华战争辩护的行径。现将他的理解发生变化的经过，简述如下：

王亚南参加了亚细亚生产方式理论第一次争论。1937 年，他在以王渔邨为笔名出版的《中国社会经济史纲》中说，争论的文献根源是马克思在 1847 年底发表的《雇佣劳动与资本》中指出，在人类历史发展中，古代社会、封建社会、资产阶级社会，每一个都是特殊阶段；但在 1859 年的《批判》中，却在古代社会之前加了一个亚细亚的，或将古代社会分出一个亚细亚生产方式来；这样一来，亚细亚生产方式指的是什么，便发生争论。他认为："著者（马克思——引者）在社会进化阶段论上的这种修正的表现，决非对其原来主张有所变更，反之，却是推进一层的认识。原来著者在著述《雇佣劳动与资本》时，尚未充分明了人类历史上之氏族秩序的位置；即在其撰著《批判》时，亦还（只）注意到亚洲特别是印度残存的原始公产制，此种事实，就是其挚友恩格斯亦不否认。"因为这时专门研究原始社会的摩尔根的《古代社会》尚未出版。但马克思在"1853 年发表的《中国印度论》，已经知道东方或亚洲的原始共产制的残余，同时又因他确认的古代社会，一定要由此种原始共产制所导出，故他在尚未充分觅得其他一切社会全部经过此种历史阶段的证迹以前，故先将大体已知道的中国印度或亚细亚的原始体制，作为古代社会所由导出的前一阶段，因之，他这里所谓'亚细亚的'含义，显然是一般地指着原始共产社会"。①

① 王渔邨：《中国社会经济史纲》，生活书店 1937 年版，第 13—14 页。

接着王亚南评述了他人的不同理解。他说:“所有把‘亚细亚生产方式’看成原始社会崩解以后的奴隶的各家,都不曾对马克思在其他文献中广泛涉及近代以前的亚细亚形态,作过合理的不自相矛盾的解析。”他自己对于马克思在其他文献中广泛涉及的亚细亚形态,例如,我们曾经提到的亚细亚商品生产和商业,等等,则认为“把马克思关于生产方式的一般历史区别,和他以亚细亚形态指称的商业、货币以及土地所有制等具体历史形态,区别来看,就似乎讲得通些”。①

1954年,他的看法发生变化。原因是掌握了新的文献。他说:“在我买了一批柏林新版的马克思恩格斯文献,把有关文句加以比照研讨之后,始觉得我以往的推论,完全是对于作者原意的误解,那是值得提出来自行检讨的。”他终于认为:“亚细亚生产方式,不是指原始社会,也不是指封建社会,而是指奴隶制度。”这是从恩格斯晚期的著作,即上述的《英国工人阶级状况》的美国版序言中,得到的新认识。因为在那里,恩格斯有在亚细亚的和古典的古代,有阶级压迫……的提法。他继续说:“当我依据恩格斯这个指示,再回头仔细体会马克思在其他场合讲到的有关文句时,我才确实认识到自己原来的想法是错了。”他特别指出并值得我们重视的是:“马克思还在其他场合,在‘亚细亚’这个词语前附上一个‘古’的帽子,如说古亚细亚的、古代的……”②这就明显表示:马、恩都认为,古代社会即奴隶社会有两种形态,亚细亚生产方式是其中之一。

(六)萨米尔·阿明关于贡纳生产方式的理论

上述内容写完后,读埃及经济学家阿明的《不平等的发展》,其中有些内容引起我的注意。这就是他将包括资本主义在内的社会形态分为五种生产方式:原始——公社方式、“贡纳”方式、“奴隶制”生产方式、“简单小商品”生产方式和资本主义生产方式。我这里不谈这种区分是否恰当,只谈他关于

---

① 王亚南:《中国地主经济封建制度论纲》,华东人民出版社1954年版,第38页。

② 同上书,第39—40页。

贡纳方式和奴隶制的看法。

他说："贡纳生产方式是最常见的接替公社方式的一种形式；这是一个规律。这个生产方式的特点是公社的继续存在与它又被国家所否定这两者之间的矛盾；而且，由于这情况，占有剩余产品的上层阶级和政治上占统治地位的阶级混淆起来了（经济上的剥削者和政治上的统治者是同一的——引者）。这种情况就不可能把生产关系简化为法定的财产关系，而使我们不得不把生产关系从它全面、原始意义上来视为从生产组织中产生的一种社会关系。这种生产方式有时被不精确地称为'亚细亚'方式。"[①]这样说来，这种方式应是处于瓦解中的农村公社。下面的说法，证实了这一点："贡纳生产方式的特征是社会分为两大阶级：组织在村社内的农民阶级，以及统治阶级，后者垄断着有关社会的政治组织的机能并从中征收贡赋（不以商品形式），当这种生产方式成为一种先进形式时，几乎总是成为封建的——那就是说，统治阶级夺取了村社的土地支配权。"[②]这就是说，不继续分化的农村公社，就是贡纳的生产方式；分化了的就成为封建的生产方式。这里我不想对封建生产方式的产生作评论，我只是对将不继续分化的公社称为贡纳制谈一点看法。我认为这是一个很好的说明，尽管他没有从另一角度说明这是奴隶制社会的另一种形式。关于奴隶制，他认为：它"缺乏贡纳制的社会形态的弹性，因为它的先决条件是存在一个取得人力的外围地区"。[③] 就是说，奴隶制社会要有一个取得奴隶来源的外围地区，这很正确。

---

① 萨米尔·阿明：《不平等的发展：论外围资本主义的社会形态》，高铦译，商务印书馆 1990 年版，第 5 页。

② 同上书，第 4 页。

③ 同上书，第 41 页。

六、中国和西欧封建制度的各自特点：地主经济和领主经济

（一）封建主义的起源和普遍性问题

马克思在《政治经济学批判》序言中所说的：大体说开来，亚细亚的、古代的、封建的与资本主义的生产方式，是社会经济形态向前发展的几个时代，过去学者对它的争论集中在什么是亚细亚生产方式上；现在争论的除了这个问题外，又多了一个封建主义是不是每个社会都要经历的问题。因为有的学者认为，农村公社发展为三种形态：亚细亚的或印度公社、希腊和罗马的古代公社，以及日耳曼公社，只有后者才发展为封建主义。这样就不仅发生封建主义是否只是直接起源于日耳曼公社，即封建主义是否继于奴隶制之后的问题，而且发生各个社会是否都要经历封建主义的问题；至少就我们现在的研究而言，发生东方或中国是否存在过封建主义制度的问题。从我阅读得不多的马、恩著作来看，我认为在他们看来，奴隶制后期的隶农就是封建制度的萌芽；东方存在过封建制度。

让我们进一步研究这个问题。

先谈方法论上的问题。马克思说："不论生产的社会形式如何，劳动者和生产资料始终是生产的因素。但是，二者在彼此分离的情况下只在可能性上是生产因素。凡要进行生产，就必须使它们结合起来。实行这种结合的方式和方法，使社会结构区分为各个不同的经济时期。"①那么，在马克思看来，区别于奴隶制的封建制是按哪一种方式将劳动力和生产资料结合起

① 《马克思恩格斯全集》(第二十四卷)，人民出版社 1972 年版，第 44 页。

来，并且它和奴隶制有什么联系呢？在论述劳动地租（这种剥削剩余劳动的方式只能是封建性的）时，他说：提供这种地租的生产者，按照假定是占有属于自己的生产资料的，即为自己进行劳动和生产自己的生活资料所必需的物质的劳动条件（除了土地）的，他和奴隶的不同在于：奴隶要用别人的生产资料来劳动，并且人身不是独立的。既然是人身独立的劳动者又要他提供劳动地租，就"必须有人身的依附关系，必须有不管什么程度的人身不自由和人身作为土地的附属物对土地的依附，必须有真正的依附农制度"。[①] 这样的结合方式，就表现为农奴制的封建制度。马克思又说："徭役劳动是同实物地租和其他农奴制义务结合在一起的，但徭役劳动是交纳给统治阶级最主要的贡赋。凡是存在这种情形的地方，徭役劳动很少是由农奴制产生的，相反，农奴制倒多半是由徭役劳动产生的。"[②]根据这些论述，我们就可以看出，奴隶这种完全没有人身自由和生产资料的劳动者，随着生产力的发展，并且为了发展生产力，就逐步获得不完全的人身自由和部分的生产资料，在这过程中奴隶就演变为农奴；他的对立面就是领主：这样的制度就是封建主义的领主制度阶段（下一阶段是地主制度阶段）。这也预示着：罗马奴隶社会后期的奴隶固然逐渐获得部分人身自由，从而成为附着于土地的农奴；而上述在农村公社里的集体奴隶，本来就在公社里因而不能离开土地，这样，随着外部关系的变化，即奴隶主被领主所取代，这些集体的奴隶也随之演变为集体的农奴，这就产生了另一种形式的领主经济封建制度。

我们再从理论上看。就在上述论述劳动地租的地方，前面已经提到，马克思说：交纳劳动地租的生产者的独立性，不会因这些小农，例如在印度组成一种或多或少带有自发性质的生产公社而消失；如果不是私有土地的生产者，而像在亚洲那样，国家既作为土地所有者，同时又作为主权者而同直接生产者对立，那么，地租和赋税就会合为一体，或者不如说，不会再有同这个地租形式不同的赋税。这里论述的就是东方的带有农村公社特色的封建制度的领主经济。它和东方家庭奴隶制的区分的困难在于：从内部看，劳动者的情况没有什么变化，都是不能离开土地的自由人，但由于外部关系的变

① 《马克思恩格斯全集》（第二十五卷），人民出版社 1974 年版，第 891 页。

② 《马克思恩格斯全集》（第二十三卷），人民出版社 1972 年版，第 265 页。

化，他们就从奴隶变为农奴，社会制度的性质也就随之发生变化。

关于西方的和东方的形式不同的封建领主经济，其剥削形式不同，马克思用以表达的经济范畴也不同：在西方，就是表现为在时间和空间上都和必要劳动分开来的直接的徭役劳动；在东方，就不一定能如此截然分开，他们提供的徭役劳动，就特殊地采取了马克思称之为进贡义务的形式。[①] 这值得我们注意。

（二）中国封建制度的产生

中国封建制度的产生先于西方。但如同对中国奴隶制度产生的时间（认为中国有奴隶制度的人，才有此问题）历史学家有不同看法一样，对中国封建制度产生的时间或朝代，也有不同看法，这里不暇涉及。现在只介绍王亚南的看法。[②] 王认为，武王伐纣[③]，建立周朝，是建立封建制度的开始。这时由于农村公社仍然存在，于是这种制度的建立在文献中的记载就是：昔武王克商，成王定之，选建明德，以屏藩周；分鲁公以殷民六族，分康叔以殷民七族：就是说，对贵族和有战功者分成公、侯、伯、子、男的等级，再将与等级相应的土地，连同其中包括了人的农村公社封赐给各级诸侯。当然，这种封建诸侯，以屏藩周室，即封建制度是要经历一段时间，才最后确立起来的。王亚南认为，这是领主经济的封建制度，其榨取剩余劳动的特点是地租和赋税结合在一起，它的形式就是要农村公社即井田制中的集体农奴耕种公田。

从周灭殷，然后将殷人连同土地一起分封给同姓贵族和异姓功臣来看，其后日耳曼人灭罗马后的做法，与此十分相同。下面将谈到，日耳曼人处于原始社会末期，罗马人则处于奴隶制度的末期，有些学者就认为，这两者的融合，其结果就产生了封建制度。这种说法，对中国历史研究的影响，就是

---

① 参见《马克思恩格斯全集》（第二十五卷），人民出版社 1974 年版，第 890 页。“进贡”二字是参照郭大力和王亚南的译本。

② 主要有关著作是：《中国社会经济史纲》（王渔邨著，生活书店 1936 年版）和《中国地主经济封建制度论纲》（王亚南著，华东人民出版社 1954 年版）。

③ 根据最新研究成果，其时为公元前 1046 年，比原来的说法晚了 76 年。

发生灭殷的周人处于社会发展哪一阶段的问题。中国马克思主义历史学家一般认为周人处于原始社会阶段。王亚南具体指出,周原是隶属于殷王朝的一个部族。殷商的"不常宁""不常厥居"的生活,周的先祖也经历过;他们大体上都是从以畜牧业为重心转变为以农业为重心的农耕民族,生产力水平也许不相上下。周人伐纣时其生产力究竟比殷商高出了多少,还很难从工具方面得到验证。但也许由于这个部族的首领,面对戎狄异族,就发奋图强,特别注意农业技术的改进,其经济情况,比之当时的奴隶主殷纣王,不知稼穑之艰难,沉溺于淫乐浪费,使殷的经济衰落下去,要进步得多。周之先祖因毗邻部族的威胁,一再东迁,到了文王的时候,就把四周的犬戎、密须、耆国、蒙侵虎先后加以征服了,经济力量加强了,军事政治力量也雄厚起来。武王伐纣的阵营,《尚书·牧誓》是这样说的:"王曰:嗟,我友邦冢君,御事,司徒,司空,司马,亚族,师氏,千夫长,百夫长及膏、蜀、羌、髦、微、卢、彭、濮人……"单就这个场面加以分析,就知道当时周的统治机构已颇不简单,为给养这些文武官员和士卒所采行的剥削制度,亦必初具规模。这样,作为殷商王朝的一个部族或属国,周的奴役的生产方式是不是比殷的程度更高些?王亚南认为,这不忙下断语,但有一点是可以肯定的,就是根据可信的史料,既不能说周初的生产方式,曾发展到古典的即劳动奴隶制,也不能说,周在伐纣灭殷之前,已经实行封建的统治,一句话,就是在牧野誓师灭纣以前,它还是和殷王朝采行大体相同的生产方式。

既然两者的生产方式大体相同,那周在灭殷以后,为什么不依照原来的生产方式统治下去呢?王认为那是不可能的。第一,在殷商的末期,无论在氏族内部还是外部,阶级分化的趋势,已因经济活动、战争要求和异族俘虏的增加,而变得非常显著,原来残留着原始民主自由因素的低级的不十分严格的奴役方式,即通过农村公社剥削集体奴隶的方式,已和这种形势不相适应了;第二,领土的扩大和氏族内部的分化,各种夷狄异族的渗入,再加上征服种族和被征服种族的互相关系,都不允许沿用原来的方式统治下去;第三,领土扩大的结果,土地生产物的复杂性增加了,即使在原有的生产工具水平和技术基础上,地域间分工的可能性也增大起来。基于这些原因,王认为,武王伐纣的进步历史意义,就在于它因此带来了新的生产方式——封建的生产方式。

这是什么意思呢?我个人认为,这就是说,殷和周都存在以血缘为纽带的农村公社，已不适合经济情况的要求，其中的血缘关系要冲破，也就是说，农村公社逐渐要变成地域的社会组织。

王亚南的整个论述，都以马克思的亚细亚生产方式理论为依据。其中最重要的是：西周封建制和欧洲中世纪的封建制不同的特点，不是表现在阶级构成上，也不是表现在剥削制度上（为了论述的需要，这些下面谈），而是表现在巩固专制主义的宗法组织上；这是因为农村公社的血缘关系还没有完全消灭，剥削阶级就利用宗法组织来巩固其统治。中国封建制度特有的宗法组织，最明显不过地表现仍然存在的农村公社血缘关系，在巩固封建剥削制度中的作用。他说："周代为加强并顺利延续其统治，曾为王族定出了一套称为宗主组织的系统，那在以前是没有的。商代虽已确立了父系氏族制，却不曾建立父系家族制，所谓谪庶长幼贵贱之别，商无有也。这原因，乃由于氏族独立分化为家族，至殷商后期始趋于显著，同时周代的封建体系，也要求结合实际情况，而有较明确的规定。'当氏族过渡到家族而分封子弟的时候，被封的子弟，获得了财产的私有权，于是他就成为别子，而对后世成始祖了。他的身份和财产，以他的长子嫡继承，遂成为继别为宗的大宗，由是继祢则为小宗，小宗的宗族，如以高祖的为范围，则同高祖的以高祖的嫡长子孙为长，同曾祖的以曾祖的嫡长子孙为长，同祖的以祖的嫡长子孙为长，同父的则以弟而长兄，就成为宗法的基本体系了。'①不过，在这里须有两点说明，其一是：封建社会的财产，基本上是土地，在颁田制禄的周代，土地最后仍属于君主，是不得买卖的，即所谓'田里不粥'，整个西周阶段，还是没有土地私有权的，这里所谓'被封的子弟，获得了财产的私有权'云云，就土地而言，还只算是领有权，不过可以承袭罢了；其二是：这个宗法系统，原来只是在王族间推行的，后来被一般的贵族所效法，而'礼不下庶人'，但统治阶级间通行的习尚与思想意识，终会传流或灌输到被统治者方面，而为此后的宗法礼教开辟道路。"②

现在我们要论述中国封建社会的阶级和剥削关系了。很明显，最基本的对立阶级就是层层占有土地的天子、诸侯和卿大夫，他们获得土地是凭身

① 曾謇：《殷周之际的农业发达与宗法社会的产生》，《食货》1935年第2期。

② 《王亚南文集》（第四卷），福建教育出版社1988年版，第117—118页。

份即政治特权,他们就是领主;他们的对立面是农奴,也就是在农村公社中的土地耕种者全家。这种在世界史上曾普遍存在的农村公社,在中国殷周的形式就是井田制。王亚南认为,论阶级关系和剥削实质,中国和西欧的封建领主经济没有什么不同;不同的只是剥削形式:领主在西欧,通过庄园制榨取主要以地租为形式的农奴的剩余劳动,在周代则通过耕种井田制中的公田,榨取集体农奴的剩余劳动。

王亚南说:从战国时期孟子口中传出的、多了掺进了他自己臆断的井田法,曾引起了历史上长期未决的争论。但以今天新史学的观点考察起来,所谓"方田而井,共九百亩,其中为公田,八家皆私百亩",虽然太理想化了一些,非当时技术条件、社会条件所许可,但接着说到的"同养公田,公事毕,然后敢治私事",却是世界各国封建力役制的通例形态,所不同的,不过是我们未经高度发达的奴隶制,以及氏族脐带还没有完全割断,还可能是由若干家族共同取得"私田",或者至少是由若干家族共同耕种"公田"。据诗经所载,那些私田领有者或公田耕种者,不但有自己的家,有自己的室,还有自备的简单农具;不但要耕公田,还要以农女织布染色制成的衣裳,纳献于公子;还要猎取狐狸制裘献于公子;还有当天子祭神的时候,贡上羔羊之类;一经收获完了,又得马上制好旨酒,以旨酒三樽,再加上羔羊,"脐彼公堂"。

王亚南认为,凡此种种,都足以说明这些公田耕种者,就是农村公社中的集体农奴,而不是有些历史学家说的奴隶。理由是:社会史上毕竟没有住在自己家里,用自备的工具劳动,并制好裘,酿好酒,牵着羔羊,拿去贡奉的奇怪的奴隶。其实,以农村公社在奴隶制的殷商仍然存在来说,它的奴隶也是住在公社里的,也有自己的家和个人经济。正是在奴隶制和领主封建制初期,这两者都存在着在农村公社中的被剥削者,他们从公社内部看,没有什么不同,才使中国的奴隶制和初期领主封建制的划分相当困难,也是中国古代史分期的困难所在。这一点,下面再谈。

(三) 西欧封建制度的产生

早在写作《德意志意识形态》时,马、恩就明确表示,封建主义绝不是当作现成的东西，由日耳曼人带来的，它的起源是在征服者方面，并且恰好是在征服期间的军队制度的战斗组织里面。这种战斗组织在完成征服后，受到被征服各国中既存的生产条件的影响，才发展为未来的封建主义，即按照军事等级而分封或占有土地的社会制度。这种思想在《政治经济学批判》导言中，就表现为：日耳曼人的征服中有一部分，由于征服民族和被征服民族的互相影响，就产生一种新的、综合的制度，即封建主义。

马克思逝世后，恩格斯在根据其遗言写的《家庭、私有制和国家的起源》中，进一步论述了西欧封建主义的产生。他说，我们从前是站在罗马文明摇篮的旁边，现在却站在这一文明的坟墓旁边了。罗马奴隶帝国统治世界的刨子，在数百年间刨削了地中海沿岸的一切国度。一切民族的差别都被消灭了，他们都变成了罗马人。作为广袤领土广大民众的唯一团结纽带的，是罗马国家，而这个国家过了一些时候却变成广大民众的最凶恶的敌人和压迫者了。结果，各属领地把罗马城消灭了：罗马本身成为一个地方性的都市，它虽然和其他都市一样享有特权，但是再也不享有统治权，再也不是世界帝国的中心，因为现在皇帝及其总督们已是住在君士坦丁堡、特里尔和米兰了。罗马国家变成了一架庞大的复杂的机器，专门用来榨取臣民的脂膏和血汗：捐税、国家的差役及各种代役租，使人民群众陷于日益贫穷的深渊；总督、税吏和士兵的勒索威逼，更加强了这种压迫，使其变得不能忍受。这就是罗马帝国及其世界霸权引起的结果：它是把他的生存权利建立在对内维持秩序、对外防御“野蛮”人（罗马人对还处于原始社会阶段的日耳曼人的贬称）的基础之上的；然而它的秩序比最乱的无秩序还要坏，他说是保护公民防御野蛮人的，然而公民却把野蛮人奉为救星。

在这里，我们着重研究一下，罗马奴隶制的矛盾所引起的社会经济包括了农业的衰落，因而为了发展农业而使土地关系发生某些变化的问题。恩格斯指出，农业是整个古代社会的有决定意义的生产部门，现在它更获得了这样的意义。在意大利，从共和国末期起就几乎遍布全境的联合大庄园有两种利用方法：或者当作牧场，那里的居民被牛羊所代替，而看管牛羊仅用少数奴隶就行了；或者当作庄园，那里靠大批奴隶从事大规模的园艺工作，这种经营，部分地是为了在市场上出售，部分地是为了给奴隶主生产奢侈品。现在大牧场保留下来了，甚至扩大了；但是农庄及园艺，却随着城市的荒芜和主人的穷困而日趋衰落了。以奴隶劳动为基础的大庄园经济，再也不能获利了；然而在当时，它仍是大规模农业的唯一可能的形式。现在小农经营又成为唯一有利的耕种形式了。庄园相继分成各小块的地产，分别租给缴纳一定租金的世袭的佃农，或者租给分成制的农民，他们只得到 1/6 或 1/9 的产品，他们与其称作佃农，不如称为田地看管人。但这种小块地，主要是租给移民的，他们每年缴纳一定的款项，而且附着在土地上，可以同那块地一同出售。这种移民不是奴隶，但不被认为是自由人，他们不能与自由人通婚，他们互相间的婚姻并不被认为是合法的，像奴隶的婚姻一样，只能看作简单的同居。很明显，他们是中世纪农奴的先驱。

总之，古代奴隶制已失去了它的活力。无论在乡村的大农业上，或在城市的工场手工业上，都已不产生可以补偿所耗费劳动的收益了，因为销售它的产品的城市已经消灭了。帝国繁荣时代的庞大的奴隶占有经济已经收缩为小农业及小手工业，没有收容大量奴隶的余地了。只有为富人服务的奴隶，还留在社会上。但是，日趋灭亡的奴隶制，还有力量使人认为一切生产劳动是自由的罗马人所不屑从事的奴隶劳动，而如今人人都是自由的罗马人了。结果，一方面，多余的、成为主人的累赘的奴隶被释放了，其数目日益增加；另一方面，属于移民和乞丐的自由人的数目（他们与美国从前的蓄奴各州的穷苦白人相似），也日益增加。奴隶制已经没有好处了，因而灭亡了。但是，垂死的奴隶制还留下它那有毒的刺，使自由人鄙视生产劳动。于是，罗马世界便陷入一种绝境：奴隶制在经济上已成为不可能的了，而自由人的劳动却在道义上受到轻视，前者已不复存在，而后者还不能成为生产的基本形式。只有根本的革命才能走出这种绝境。

灭亡或解救罗马的是被罗马人视为野蛮人的日耳曼人。当罗马奴隶制度高度发展的时候，日耳曼人还处在氏族社会的末期。关于日耳曼人的社会制度，恩格斯根据恺撒于公元前 1 世纪中叶所著的《高卢战纪》和塔西佗于公元 1 世纪末所著的《日耳曼尼亚志》进行研究，两书前后相距约一个半世纪。恩格斯认为，发展到塔西佗时代的日耳曼人到底是处于氏族公社，或是处于家庭公社，或是处于两者之间的某种形式，是可以争论的。但有一点是可以肯定的，那就是，在恺撒时代，日耳曼人部分地刚定居下来，部分地还在找寻定居的地方；而在塔西佗时代，他们已有整整百年之久的定居生活了。

因此，生活资料生产上的进步是无疑的。这时离日耳曼人灭罗马还有三百年之久。经过这几百年的定居发展，恩格斯认为，必然不仅进入家庭公社，而且由于公社的人口增加到在当时生产条件下已不可能进行共同经营的时候，必然使家庭公社解体：以前共有的耕地和草地，就按人所共知的方式由各新形成的农户实行分配，起初是暂时的，后来则是实行永久的分配，而森林、牧场及水源则仍然为公共的。很明显，这就是农村公社，即日耳曼的马克。

关于日耳曼人征服了罗马之后，如何抢夺罗马的土地并进行分配，前面论述农村公社是地域组织还是血缘组织时，为了论证的需要已经谈过了，这里不赘。

马克思说，在征服一个国家之后，征服者紧接着要做的总是把人也占有。那么，日耳曼人是怎样在分配由他们占领的土地的同时也把人占有的？分配土地是按照氏族制度中的军事组织即等级制原则进行的。至于对人的占有，就不能把大量罗马人吸收到氏族组织里来，又不能以氏族组织对罗马人进行统治，必须设置一种新的权力。于是，日耳曼人的氏族管理机构就转化为国家机构，而氏族的即军事上的各级首长，就成为政治上的统治者。这样的社会制度就是封建制度：各级土地所有者就是各级领主，租佃土地耕种的劳动者就发展为附着在土地上的农奴，前者以地租的形式向后者剥削剩余劳动。但这只是封建制度的领主经济阶段。

这里要说明一个问题：恩格斯认为，日耳曼人在马克即农村公社末期产生的隶农形式，没有发展为奴隶制，既没有发展为古代的劳动奴隶制，也没有发展为东方的家庭奴隶制；也就是说，它和罗马的隶农一起发展为农奴制。有人据此认为，从日耳曼人看，是没有经过奴隶制阶段的，以此来否定社会发展规律。这种看法是不正确的。日耳曼人没有经过奴隶制阶段，这是一回事。但是，由于他们和罗马人即两个民族的互相影响，合起来看，社会的发展还是从原始社会到奴隶社会，再到封建社会……这种情况，我们在美国南部的黑人那里，也可以看到。他们并没有经过封建制度，就从奴隶制过渡到资本主义；但他们和白人是互相影响的，合起来看，并从白人移入美洲以前看，则是从封建制度到资本主义制度。

(四) 从历史哲学看封建制度的产生

从上述分析,我们不能得出这样的结论:封建制度是原始社会和奴隶社会互相影响的产物。不错,马克思说过,征服有三种情况,其中一种是:征服者的生产方式和被征服者的生产方式,互相影响,就产生一种新的、综合的制度,日耳曼人的征服中有一部分就是这样。但是,这是从历史事实看的,不是从历史哲学,即历史唯物论看的。这正如从历史事实看,如恩格斯所说,国家是从办理公共事务的机构即氏族的机关演变而来的,而从历史哲学看,如马克思所说,国家是一个阶级统治另一个阶级的机器一样。

那么,从历史哲学即历史唯物论看,封建制度是怎样产生的呢?恩格斯在《家庭、私有制和国家的起源》中,已分析了从奴隶制的罗马大庄园经济衰落中产生的隶农,就是封建制度农奴的先驱,这在前面已论述过了。

我们看看王亚南是怎样从历史事实的叙述中,抽象出历史哲学,指出封建制度是从奴隶制度中产生的。因为谈的是历史哲学,所以他的论述不必服从历史顺序,他从晚于周人的日耳曼人的征服谈起。他说,生产方式并不是可以任意选择、任意创造的。作为它的一个方面的生产力,总是把前一社会留下来的劳动条件,作为原料,加以再组织,而作为它的另一方面的生产关系,则在基本上要求适合于生产力的性质。可是这种生产方式,虽不能任意选择,但毕竟是可以有条件的或在条件许可范围内加以选择的。在经常需要借战争来解决社会矛盾的阶级社会,战争中的胜利者总是根据他们的利害打算,来进行这种选择的。当日耳曼人征服了罗马帝国的时候,他们就把自己正在从原始共同体瓦解过程中产生出的军事组织,和那正从罗马帝国奴隶制胎内育成的半奴隶或农奴的倾向结合起来,使之成为封建生产方式,因为采取这种方式对他们是有利的。他们既不能强制罗马人倒转历史来过日耳曼生活,也不能忽视他们所以能够征服罗马,是由于得到罗马奴隶叛乱的帮忙这一事实,还继续罗马的生产方式和生活方式。周代的征服者,也是在这种因势利导、因地制宜的利害打算中,进行他们的选择的。他们首先要计算好的,就是如何巩固和加强他们的统治,这不能不使他们考虑到,如何把征服者部族和被征服者部族，诸夏之族和戎狄之邦，大部落和小集团，分化了的集团内部的首长和成员，分别予以部署和处理；而在这种考虑当中，自然要涉及最基本的，即维系那种统治和部署那种经济的问题，后者就是生产问题。不管他们在当时自觉意识到了什么程度，政治和经济的内在联系性，总要逼着他们连带加以考虑。结果“封建诸侯，以屏周室”，和分别等第，以“颁田制禄”的一整套办法，就被逐渐选择、创制出来。我们就把它们概括地称为封建制度。

王亚南这段论述值得重视之处在于：罗马奴隶制度产生的半奴隶或农奴，是新的生产方式产生的根本原因；日耳曼部族在原始社会中产生的军事制度，则决定这种制度的外部形式；就是说，它使这种生产方式具有等级制度的形式，并且使其获得封建制度之名；换句话说，从历史哲学看，封建制度是从奴隶制度中产生的。

马、恩曾经考虑过封建制度的外部形式问题。在《德意志意识形态》中，叙述社会形态的发展阶段时，他们有过“封建的或等级的所有制”的提法；后来等级的所有制是不提了，封建的所有制或封建制度则保留下来。

我想对封建制度一词谈点个人看法。我认为将一方是土地所有者（领主和下面论述的地主），另一方是个人农业劳动者（农奴和下面论述的农民）所组成的社会，称为 feudal system，并准确地汉译为封建制度，这个词会妨碍我们对以它来命名的这一社会制度之本质的认识。

封建制度（feudalism）一词，源于拉丁文 feudum，它表示国王的陪臣因军功领受土地，统称为封地。英语 feudal 这个词的根是 feud，它的意思也是采邑和封地。具有这样社会特点的土地是通过政治途径取得的，这容易使人忽视封建制度按其经济关系而言，是从奴隶制后期的隶农经济发展而来的，而认为它是从政治方面，即从分封产生的。中国社会史论战时，出现过这种观点。认为西欧的封建制度不是从奴隶制中产生的，这种观点的产生我认为与此有关。feud 即采邑和封地是不能买卖的。这样，限于概念，采邑的土地和封地慢慢地变得可以买卖，土地耕种者也变得可以不附着于土地，但社会性质还没有发生变化，即还没有进入资本主义时，这样的社会就不被认为是封建社会，亦即认为只有领主经济的封建制度，没有地主经济的封建制度。中国漫长的封建社会，其不同于西欧封建社会的特点是土地可以买卖,这在某些学者看来就不是封建社会,土地能买卖的就不是 feud,因而中国的土地可以买卖的封建制度,在一些人看来就不是封建制度。我们将地主英译为 landlord,是不准确的,因为 lord 是爵位,他们获得土地是凭身份,不是通过买卖,因而 landlord 应是领主。关于中国和印度的封建制度问题,下面再谈。

我曾想过在命名上以农奴制度取代封建制度,这样做还可以同奴隶制度在命名上取得统一。但农奴制度只能取代领主封建制度,不能取代地主封建制度,因为与地主对立的是农民而不是农奴。以农奴制度取代封建制度,西方学者也许能接受,因为他们认为封建制度就是领主封建制度,我国学者绝对不能接受,因为中国有漫长的地主封建制度。

(五) 中国和西欧进入地主封建经济阶段的原因不同

封建制度的发展可以分为两个阶段,即领主经济阶段和地主经济阶段。这从中国来看是很清楚的。我认为,相对于西欧来说,中国进入地主经济阶段,不是由于商品生产的发展,而主要是由于生产力的发展要求突破束缚其发展的大量存在的农村公社,即井田制。问题是明显的:还束缚在井田制中的农奴,每家耕种的面积是受限制的,相传是百亩,随着人口的增加和劳动生产力的提高,就必然要求耕种更多的土地。这就表现为农奴开垦荒地,尤其是在井田之外开垦。随着这种情况的发展,原来剥削的剩余劳动是采取八家合耕的公田这种形式,就必然要发生变化,即按实耕面积征收相结合的地租和赋税,这就是史书上所说的:履亩而税、鲁宣公 15 年初税亩,这是一方面;另一方面,随着这种据以征收相统一的地租和赋税的土地面积的变化,各级领主即诸侯和卿大夫,其分别占有的实际耕地,即实际得到的合而为一的租税,就慢慢地变得和其身份应占有的不相等,亦即分封的等级制的这一面,由于农村公社的突破而开始动摇。这是经济原因使其动摇的。经济的要求变为政治上的要求,这就是大小诸侯争地以战、争城以战,互相兼并土地,以致最后完全动摇了与占有相应土地面积相联系的封建等级制,这在中国历史上就是春秋和战国时期。

在这里，我强调农村公社即井田制的突破对封建等级制的消解作用，并且认为，春秋和战国时期的以兼并土地为目的的长达数百年的封建等级制的战争，也是在这个基础上发生作用的。否则，我们就很难说明西欧的封建领主阶段虽然也有争夺土地的战争，但远远没有中国那样长久，对封建等级制的动摇作用也没有那么大，因为西欧的农村公社已破坏，不存在从突破它这方面来动摇封建等级制的经济条件。

在这种经济和政治条件下，能够适应形势，以纲领的形式，运用政治力量，改变原有的经济条件，以促进经济的发展，其中做得最好的，我认为是秦国，这就是商鞅变法。秦原在西陲，地广人稀，经济文化落后，但它能看清形势，以正确的政策吸引大量劳动者和士，西向入秦。卫国人法家公孙鞅(后仕秦有功，封于商，号商鞅)就是这样的士。商鞅变法共两次，就我们研究的问题而言最重要的内容是：鼓励开垦，“耕织致粟帛多者复其身”，即解除农奴身份；家有三男而不分异者倍其赋，即废除兄弟同室的旧俗(范文澜认为，秦受邻近犬戎的影响，兄弟共妻)；废井田，开阡陌，即在开垦的基础上以法令来突破农村公社；土地民得买卖；有战功者授予爵位和土地，无战功的贵族即各级领主失去特权，变为民户中的富户：以上是变领主经济为地主经济；在开阡陌的基础上将原来的采邑打乱，合并为县，选派县令，掌管全县政事，这一点以后就发展为废封建，置郡县：以上是变贵族政治为官僚政治。这条正确路线适应社会经济发展的要求，秦国经过 130 年的努力，终于打败山东六国，统一天下，然后再在全国实行这条路线。商鞅本人，由于执行这条路线，遭到旧贵族们的反对，所谓作法自毙，受车裂之刑。他虽然死了，但秦统一天下后实行的仍是这条路线。正是这样，秦统一天下后，就在全国逐步确立地主经济的统治地位，实行土地私有制；分天下为三十六郡，探索选拔治理郡县官僚的方法(将人分为三等，每等分为三级，从优到次，按顺序被任命为官，其后就发展为从隋唐开始到 1905 年结束的科举制)，地主和官吏分开；与此相应，地租和赋税也分开；全国统一度量衡，书同文，车同轨：这一切都有利于经济的进一步发展。这标志着中国封建制度地主经济阶段的开始。

我们说，秦统一天下，废封建，置郡县，这是就历史发展趋势来说的，并不是说历史事实全部是这样。从历史事实看，秦统一天下前，各国都有郡县的产生，《通典》说：春秋时，列国相灭，多以其地为县，则县大而郡小。故传云：上大夫受县，下大夫受郡。至于战国，则郡大而县小。秦统一天下后，也仍然存在着少量封建之国，这就是未尽灭于秦始皇的：中原有卫君，江南有越君，西南夷有滇王。但是，不论怎样，秦始皇是适应了社会经济发展的要求，以纲领或路线促进了历史的发展。

综上所述，可以看出，从我们研究的问题而言，秦统一天下后确立的新体制包括两方面：一是废井田封建，开阡陌封疆，这是在突破井田制的基础上，变领主经济为地主经济在经济体制上的反映；二是废封建，置郡县，这是变领主经济为地主经济在政治体制上的反映。

这里事实上涉及中国历史阶段应如何划分的问题。与此有关的是：商鞅变法中的“复其身”和“倍其赋”的当事人，是奴隶还是农奴？前面我们谈论过王亚南认为不可能有其家，并制裘、酿酒以送公子的奴隶，其实在农村公社即井田制中的集体奴隶，是可以而且必然是有其家的，这是东方家庭奴隶制区别于西方劳动奴隶制的重要因素；现在我们又遇到类似的问题了。有的历史学家认为，既然是“复身”，就应该是解除奴隶身份，这样，变法就意味着从奴隶制进入农奴制；有的则认为，这是解除农奴的身份，这样，变法就意味着从领主制进入地主制。为了证明这一点，后者还认为，正由于是农奴，本来就有赋，才有倍其赋的说法；但认为是奴隶的，则提出家庭奴隶制的特点，就在于奴隶不仅有家，而且是要交赋的。真是公说公有理，婆说婆有理。怎么办？

我个人认为，研究一下历史唯物论，会有利于问题的解决。这个问题就是：中国从夏进入阶级社会，这应是奴隶制，在肯定存在奴隶制的条件下，奴隶能不能越过农奴阶段，直接成为人身自由的农民？回答应是否定的。因为总要有个过渡阶段，这就是农奴。既然这样，商鞅变法以后的农业劳动者，是有人身自由，并能买卖土地的，他们应是农民，那么，变法之前，他们就应是农奴，而不是奴隶。

现在要谈论封建(feudal)一词的采邑或封地的含义，对中外学者理解地主经济仍是封建制度的一个阶段的妨碍作用了。按此含义，中国自秦汉起，土地可以买卖，就当然不是封建制度；何况还有废井田封建，开阡陌封疆，废封建，置郡县之说呢。上面的说明，能否有助于纠正这种认识呢？

从西欧资本主义的产生，可以看出，西欧的封建制度也是分为两个阶段的。马克思说："资本主义社会的经济结构是从封建社会的经济结构中产生的。后者的解体使前者的要素得到解放。"①我们知道，资本主义生产的决定性特征，就是资本家用购买生产资料和劳动力的办法，然后将这两者结合起来进行其目的是取得剩余价值的生产。因此，资本主义的生产要素就是成为买卖的对象的生产资料和劳动力，即两者成为商品。很显然，在领主经济条件下，农奴由于要附着于土地，就不能出卖自己的劳动力；获得土地要凭特权，农奴对其份地仅具有使用权：这就使资本主义不可能产生。因此，以农奴不能离开土地、土地不能买卖为特征的领主经济必须解体，资本主义才能产生。而生产力的发展，引起领主经济的矛盾发展，必然动摇领主经济的基础，亦即农奴获得人身自由，土地也能买卖。这是资本主义产生的条件，但当资本主义尚未完全取代封建主义时，则是封建制度的地主经济阶段。这个问题，下面再谈。

城市经济的发展，也要求领主经济解体。封建制度下的城市，是商品交换的中心，并随着商品交换的发展而发展。这里主要是手工业和商业。从业者本来也是农奴，是从领主庄园那里逃出来的。因为西欧领主各有其庄园即领地，农奴只要逃跑到另一领地，原来的领主就管不着他；此外，当时的惯例是：农奴逃到城市一年零一天后，便获自由，这就是所谓的"城市的空气使人自由"，这虽不能使农奴作为一个阶级获得解放，但对农奴个人则是一条出路。城市手工业和商业经营的是商品，存在着竞争。当时市场较为狭小，他们因而害怕竞争，因为这必然有失败者。于是就分别组成行会即基尔特，其目的在于对外保护作为一个团体的行会的利益，对内限制同业者之间的竞争，以此来保护每个成员的利益。例如，手工业者按不同行业组成的行会，限制入会人数，规定每一店东雇佣的帮工和学徒的人数、学徒成为帮工的年限、劳动日长度、买卖价格、生产数量、产品质量、工艺流程，等等。在这里，我们看到数量对质量的限制：这种量的规定使加入行会的手工业商品生产不能质变为资本主义的商品生产，使店东不能质变为资本家。但是，这种束缚商品生产的规定，必然被商品生产的发展所冲破。首先是有些从业者

① 《马克思恩格斯全集》(第二十三卷)，人民出版社1972年版，第783页。

跑到行会管不到的城郊或城外从事经营。最后行会制度也废除了。这就是说,随着商品生产的发展,必然提出劳动力的来源和市场扩大的问题,这说到底就是要废除行会制度和领主经济制度,以解放劳动力,而在这过程中,国内市场也就形成和扩大,后者留在下面谈。

从上述可以看到,西欧领主经济制度动摇之时,资本主义经济因素就开始产生。但是,资本主义从自发地产生到大体上取代封建经济是一个非常长的过程。即使新兴的资产者最终运用政治力量来加速这一过程,资本主义从产生到最终确立,至少也经历了300—400年。马克思说,英国的农奴制度在14世纪时就开始动摇,而英国资本主义制度的完全确立,即大机器工业以其高度的劳动生产率将以手工劳动为基础的手工业击败,则是在18世纪末。这样,从领主经济动摇到资本主义制度的完全确立,在英国大约是400年,这段时间从社会制度来说,是封建主义呢,还是资本主义?这个问题,留在下面详谈。

我要指出的是:由于在西欧资本主义的产生和封建地主经济阶段的开始,是重叠的,再加上封建这个词就是采邑,总之,它意味着土地不能买卖,由于这样,西方的经济学家和历史学家,就认为这一阶段的社会性质不是封建主义,而是资本主义,也就是说,资本主义的产生将地主经济的存在掩盖了,也将某些学者的眼睛遮住了。后面我们就看到,由于这缘故,西方学者总认为,地理大发现时的东方,如印度,其土地是可以买卖的,就不是封建制度(当然也不是资本主义制度)。因此,我认为,明确这里论述的问题,对我们的研究十分重要。

(六)关于印度社会的封建制度问题

我们在这里不是研究印度如果存在过封建制度的话,它是如何产生的;这一点,我认为作为历史发展的规律,我们研究了西欧和东方中国的封建制度的产生后,再也用不着去研究印度的封建制度的产生了。我们现在要研究的是西方殖民主义者到达印度时,印度社会的性质是不是封建主义的。之所以发生这个问题,是由于马克思的晚年笔记出版后,在研究它的大量论著中，出现了将当时的印度看成不是封建社会的论点。我研读之后，深深地感到，这明显地是由于 feudal 这个词的含义，使人们不能将土地已经可以买卖，亦即领主经济已解体、资本主义又不能顺利产生的印度，看成封建社会。这种认识的发生，同中国自秦汉以来，因土地能买卖，便被认为不是封建社会，有相同的原因。

恩格斯在《反杜林论》中指出，在整个东方，公社或国家是土地的所有者，在那里的语言中甚至都没有地主这个名词；英国的法学家曾在印度徒劳地苦想过"谁是土地的所有者"这个问题。只有土耳其人才在他们所征服的东方国家推行了一种地主封建制度。印度被土耳其人征服过。可惜恩格斯对印度的地主封建制度，没有作进一步论述。

七、不同的封建经济对资本主义产生的不同作用

(一)资本主义经济产生的历史哲学

前面谈到,资本主义的要素是从封建主义的解体中产生的,因为人身自由的和丧失生产资料的劳动者,是封建经济解体的结果。但这只是历史哲学的分析,并不是说,只要有了这一条件,资本主义就产生了;资本主义的产生,还要有具体的条件。如果不是这样看,就无法解释中国自秦以来,土地就能买卖,土地兼并和剥削严重时,富者田连阡陌,贫者无立锥之地,老者转乎沟壑,壮者散之四方,这条件早就具备了,何以直到西方殖民者到达中国时,我们还留在封建主义的阶段?

根据马克思的分析,这些具体条件是:一定高度的农业劳动生产率是剩余价值产生的自然基础,因为如果生产食物的农业,其劳动生产率是如此的低下,以致劳动者的全部劳动只构成必要劳动,当然就不能有资本主义生产。从这一点看,太贫瘠的自然条件是不利于资本主义的产生的;但又不能反过来说,自然条件越是优良的地方,就越容易产生资本主义。不是的。在这样的地方,人们容易依赖自然,不去征服自然力,以发展生产力,而资本主义是要征服自然力的。这就是说,投下大量劳动得不到什么财富的地方和不投下劳动就能得到丰硕财富的地方,同样不利于资本主义的产生。此外,商品生产水平太低,也不利于资本主义的产生,这个道理自明,不用多说。正是这样,马克思说,资本的祖国不是草木繁茂的热带,而是温带;“不是土壤的绝对肥力,而是它的差异性和它的自然产品的多样性,形成社会分工的自然基础,并且通过人所处自然环境的变化,促使他们自己的需要、能力、劳

动资料和劳动方式趋向于多样化。社会地控制自然力以便经济地加以利用，用人力兴建大规模的工程以便占有或驯服自然力，——这种必要性在产业史上起着最有决定性的作用”。① 这就是说，有利于资本主义产生的自然条件是：第一，由自然产品的多样性导致的社会分工的发达，从而商品生产的发达，而不是土壤的绝对肥力本身；第二，更重要的是，人们不是消极地适应自然力，而是积极地控制和驯服自然力，主要是将劳动资料变为巨大的社会生产力；而“过于富饶的自然使人离不开自然的手，就像小孩子离不开引带一样”。② 从马克思的分析，就不难看出，资本主义之所以先在西欧产生是很自然的，因为处于地中海沿岸而又不存在农村公社残余的国家，最具备这些条件；最重要的是其商品生产，在当时是最发达的。但是，我们的分析不能停留在这里，我们要在这基础上，具体地通过对两种封建经济的分析，说明其对资本主义生产的不同作用。

（二）资本主义经济产生的历史考察

马克思具体地分析了封建地租的形式，随着生产尤其是商品生产的发展，在从劳动或劳役地租到实物地租的形式，再到货币形式的转化中，如何自发地产生出资本主义经济。

封建领主用以剥削农奴的封建地租，最初的形式是劳役地租，采用这样的形式，必然要监督农奴劳动，甚至用鞭子鞭打他们，他们没有劳动积极性，残酷的剥削使农奴逃跑。所以，在这种地租形式下，必然存在着对农奴的人身束缚。马克思指出，这种地租形式的矛盾在于：假定为领主的劳动为每周两天，这会固定下来，成为一个不变量，而由习惯法或成文法在法律上规定下来。在这两天，是要用皮鞭监督农奴劳动的。但农奴自己支配的每周其余几天的生产效率，却是一个可变量，它必然随着农奴的经验的增多而提高，因为只要他知道了新的需要，知道了产品市场的扩大，而他对这一部分

① 《马克思恩格斯全集》(第二十三卷)，人民出版社 1972 年版，第 561 页。
② 同上。

劳动力的支配越来越有保证，就会刺激他去提高自己劳动力的紧张程度；这种劳动力的使用，不仅限于农业，而且还有工业。这样，在这一问题上，领主和农奴的矛盾就产生了。于是，实物地租就取代了它。在实物地租形式下，直接生产者或多或少可以支配自己的全部劳动时间，虽然这个劳动时间的一部分仍然是无偿地属于土地所有者；只是后者现在已经不是直接在劳动时间的直接形式上得到它，而是在它借以实现的实物形式上得到它。这样，为土地所有者进行劳动所造成的麻烦，根据徭役劳动的不同管理方式而程度不同地引起的扰乱作用，在实物地租形式下，就不存在了，就是说，不必监督农奴劳动了。他们劳动的产量增加，自己也可以多得，劳动积极性较前提高。但是，这样一来，土地所有者为了多得，就提高定额。就是说，这种地租形式，说到底还是束缚生产力的发展，因为它不仅使土地所有者和直接生产者在确定实物地租额问题上发生矛盾，而且限制直接生产者生产的品种，妨碍社会分工和商品生产的发展。

马克思指出：在这种形式上，体现剩余劳动的实物地租，根本不需要把农民家庭的全部剩余劳动吮吸殆尽。相反，和劳动地租相比，生产者已有了较大的活动余地，去获得时间来从事剩余劳动的生产，这种劳动的产品，同满足他的最必不可少的需要的劳动产品一样，归他自己所有。因此，这种形式会使各个直接生产者的经济状况出现更大的差别。至少，这样的可能性已经存在。并且这些直接生产者获得再去直接剥削别人劳动的手段的可能性，也已经存在。

马克思特别指出，它还是要以农村家庭工业和农业相结合为前提，形成地租的剩余产品，是这个工农合一的家庭劳动的产品，而不管这个产品地租是像中世纪常见的情形那样，或多或少包括工业品在内，还是以真正的土地产品来交纳。这就是说，它仍然是以自然经济为基础。所以，这种形式完全适合于为静止的社会经济提供基础，如像我们在亚细亚社会所看到的那样。这是妨碍生产发展的。

由于存在上述矛盾，实物地租就转化为货币地租。这种地租形式，最能促进生产特别是商品生产的发展，最有利于资本主义的产生。马克思指出：封建的货币地租和资本主义的货币地租不同，后者只是超过平均利润的余额，而前者则是单纯的实物地租的转化，就像实物地租是单纯的劳动地租的转化一样。因此,一个实物形式的产品余额已经不够,它必须由这个实物形式转化为货币形式。虽然直接生产者仍然要继续亲自生产至少是他的生活资料的绝大部分,但是现在他的一部分产品必须转化为商品,当作商品来生产。正是这一点,就必然使整个生产方式发生变化。

马克思认为,货币形式的地租的先决条件是,土地以外的劳动条件,即农具和其他动产的所有权,在以前的地租形式中,首先在事实上,然后又在法律上,转化为直接生产者的所有权,这一点对货币地租来说,更为重要;此外,它又要以商业、城市工业、一般商品生产,从而货币流通有了比较显著的发展为前提;这种转化还要以产品有一个市场价格,并或多或少接近自己的价值出售为前提,而以前几种形式则不一定是这样。

他特别强调说,后一种转化,没有社会劳动生产力的一定程度的发展是不可能的。这一点,他用下面的事实来说明:罗马帝国屡次试图实行这种转化都遭到了失败,在试图至少把实物地租作为国税存在的部分转化为货币地租以后,又恢复了实物地租。这里告诉我们,在自然经济为主的条件下,实行租税货币化,完全是靠政治力量实现的,其对直接生产者带来的损失是巨大的。

马克思指出:货币地租在其进一步的发展中,必然或者使土地变为自由的农民财产,或者导致资本主义生产方式的形成,导致资本主义租地农场主所支付的地租。这是因为,占有并耕种一部分土地的隶属农民和土地所有者之间的传统的合乎习惯法的关系,必然会转化为一种由契约规定的,即按成文的固定规则确定的纯粹的货币关系。因此,从事耕种的土地占有者实际上变成了单纯的租佃者。这种转化,一方面会在其他方面适合的一般生产关系下,被利用来逐渐剥夺占有土地的旧式农民,而代之以资本主义租地农场主;另一方面,这种转化又使从前的占有者得以赎免交租的义务,转化为一个由他耕种的土地取得完全所有权的独立的农民。后一种情况的发生,是由于在货币地租的形式下,土地耕种者只要按照银行年利息率,将能产生等于年地租额的本金付给土地所有者,他就可以成为这块土地的所有者。因为这时原土地所有者从本金得到的利息和地租相等。就是说,土地价格由地租除以利息率决定。

此外,不仅由实物地租转化为货币地租的同时,必然形成一个无产的、为货币而受雇佣的短工阶级，而且在这种转化之前就形成这个阶级。在这个新阶级刚刚产生，还只是偶然出现的时期，在那些情况较佳的有交租义务的农民中间，必然有那种自己剥削农业雇佣工人的习惯发展起来，正如早在封建时期，就有富裕的依附农又拥有依附农一样。因此，他们积累一定的财产，并且本人转化为未来资本家的可能性就逐渐发展起来。从这些旧式的、亲自劳动的土地占有者中间，也就产生了培植资本主义租地农场主的温床。它们的发展，取决于农村以外的资本主义生产的一般发展。如果像 16 世纪的英国那样，由于发生了特别有利的情况，对他们起了促进作用，例如，当时由于美洲富饶银矿的开采和廉价白银流入欧洲，引起欧洲物价在 70—80 年内持续上涨了 3—4 倍，而由契约规定的货币地租额却几十年不变，从而使土地所有者蒙受损失，而租地农场主则发财致富。这样，租地农场主就会迅速发展起来。

马克思着重指出：地租一旦取得货币地租形式，同时交租农民和土地所有者的关系一旦取得契约关系的形式，就必然出现租赁土地给资本家的现象。这些资本家一向置身在农村之外，现在却把他们在城市中获得的资本和在城市中已经发展的资本主义经营方式，带到农村和农业中来。这个形式，只有从那些在封建主义生产方式过渡到资本主义时期支配着世界市场的国家，才能成为一般的常规。而一旦资本主义租地农场主出现在土地所有者和实际从事劳动的农民之间，一切从农村旧生产方式产生的关系就会解体。

整个问题归结为：现在租地农场主成了这种农业工人的实际支配者，而土地所有者现在只和这种资本主义租地农场主发生直接关系，而且是单纯的货币关系和契约关系。因此，地租的性质也就发生了变化，并且这种变化不仅是事实上的，偶然的，而且是正常的，是在它的公认的占有统治地位的形式上发生的。它已经由剩余价值和剩余劳动的正常形式，下降为这个剩余劳动超过从事剥削的资本家以利润形式占有的部分而留下来的余额，并且全部剩余劳动，即利润和超过利润的余额，现在都直接由他榨取，以总产品的形式由他取得，并转化为货币。现在他交给土地所有者的地租，只是他用他的资本直接剥削农业工人，即榨取到的剩余价值的一个超额部分。他平均要交给土地所有者多少，这种界限是由资本在非农业生产部门提供的平均利润和由它调节的非农业的生产价格决定的。总之,现在剩余价值的正常形式已不是地租,而是利润,地租已经不是一般剩余价值在特殊情况下独立化的形式,而只是剩余价值的一个分支,即超额利润在特殊情况下独立化的形式。就是说,生产已经变成是资本主义性质的了。

马克思总结地说:随着实物地租到货币地租的转化,就产生资本化的地租亦即土地价格,从而土地让渡的可能性和土地的让渡,就随着这种转化而变为重要的因素,这样,不仅从前有交租义务的人,能够成为独立的农民这样的所有者,而且城市的以及其他地方的货币所有者也能购买土地,以便把土地租给农民或资本家,而享有地租即他用以购买土地的资本的利息。因此,这种情况也会促使以前的剥削方式、所有者和实际耕作者之间的关系,以及地租本身发生变革。

农村的资本主义就是这样自发地产生的。

封建主义的城市,商品生产本来就比同期的农村发达些,只是由于行会制度的限制,它才不能发展为资本主义的商品生产。但是,商品生产是不能遏制的,随着它的发展,竞争日益激烈,行会制度就产生很大的矛盾。从内部看,由于越来越限制学徒变成店东,就会延长学徒的年限,使店东和学徒的矛盾加深;从外部看,一些手工业者、商人,在行会管不到的地方从事经营。这一切,都使行会制度终于消灭。我在前面说过,行会对生产和经营的量的规定,就是对它们的质的规定。只要将量的规定去掉,它们就可以发展为资本主义的生产和经营了。这样,随着商品生产的发展和行会制度的废除,资本主义就产生了;加入过行会的手工业者和商人,后来就经营资本主义工业和商业。

马克思说:“直接生产者,劳动者,只有当他不再束缚于土地,不再隶属或从属于他人的时候,才能支配自身。其次,他要成为劳动力的自由出卖者,能把他的商品带到任何可以找到市场的地方去,他就必须摆脱行会的控制,摆脱行会关于学徒和帮工的制度以及关于劳动的约束性规定。因此,使生产者转化为雇佣工人的历史运动……表现为生产者从隶属地位和行会束缚下解放出来。”①现在这些条件具备了,资本主义经济产生了。这是从生产

① 《马克思恩格斯全集》(第二十三卷),人民出版社1972年版,第783页。

者中产生资本家的途径。以后我们看到，资本家的产生还有另一条途径。

严格说来，上述从领主经济，尤其是从其货币地租形态中产生私有土地的个人和租地经营的资本家的分析，只适用于西欧，不适用于中国。西欧商品生产较为发达，由于它的作用，领主经济的地租才发展到货币地租的形态，从货币地租中产生的土地买卖即意味着地主经济的产生，产生的租地经营资本家即标志着资本主义经济的产生，这两者几乎是同时的，重叠的。因此，我们说资本主义是从封建主义中产生的，这就西欧而言，就农业领域而言，它是从领主经济中产生的，而不是从地主经济中产生的。

中国的封建性货币地租没有这种历史作用。我们且不说直到中华人民共和国成立、进行土地制度改革时，全国封建性的地租形态基本上都是实物地租①；中国领主经济就更没有货币地租。从经济史看，中国领主经济发展为地主经济，不像西欧那样是由于商品生产的发展，而是由于农奴要突破农村公社即井田制对其劳动的束缚。因此，中国领主经济不能产生资本主义；而理应更易产生资本主义的中国地主经济（土地能买卖、农民能离开土地且具有人身自由），却因种种原因，迟迟未能产生资本主义。这一重大问题，下面有详细论述。

西欧领主经济之所以能产生资本主义还有一个原因：它的城市能产生一种经济力量，将封建性的高利贷资本的利息率压低，使办资本主义企业得到的利润，高于封建性的利息和商业利润，也高于地主经济刚产生时的地租。中国不论领主经济制度的城市，还是地主经济制度的城市，都没有这样一种经济力量。

（三）封建主义利息率和资本主义利润率的高低问题

考察资本主义的产生，特别是考察中国资本主义的产生，要着重研究资本主义的利润率和封建主义的利息率孰高孰低问题。因为，假如后者高于

① 只有生产棉花、烟叶、竹木、水果、花卉的专业户才交纳货币地租。因为他们生产的全部是商品，都要换取货币。这种地租形态在全国地租中只占很小的比例。

前者，那么握有货币的人，就会用它来放债取息，或买地收取由利息率调节的地租，而不将它用来办资本主义的企业以牟取利润。事实上，封建主义的利息率是高于当封建主义还存在时，如果办资本主义企业可能产生的利润率的。这道理只要我们观察一下现在的发达国家向落后国家输出资本，以取得较高的利润和利息，便可理解。那么，西欧的资本主义为何能产生呢？

让我们进一步研究这个问题。

前面已涉及封建主义的利息率是高利贷利率，其高度只取决于供求关系[①]，商业利润率和地租率都由其调节的问题。这是因为，借高利贷的人有两种：过奢侈生活的权贵和没落地主，他们借钱是为了挥霍，他们具有特权和地权以保证其收入；小生产者，他们借钱是为了生产，而他们生产也是为了生活；马克思说：一个小农只要死了一头牛，就不得不落入高利贷的摆布。由于借高利贷是为了挥霍和生活，其利率就要取决于需求，小农荒年为了活命，借活命钱付的利息就可以高到吞噬一家几代人的劳动的程度。正是从这里我们又可以看到资本主义利润率低于高利贷资本的利息率的原因：前者是工人的剩余劳动或生产的剩余价值和全部垫支资本之比，后者是农奴或农民的剩余劳动再加上部分必要劳动和全部垫支资本之比，而这部分必要劳动的大小，则取决于需要借高利贷的人的需要程度。

这里的问题是马克思提出的和解决的。他指出，在中世纪，任何一个国家都没有一般的利息率。教会本来就禁止任何放债取息的行为。法律和法庭对于借贷很少给予保障。因此，在个别场合，利息率就会更高。由于货币的流通量少，而在大多数支付上必须使用现金，就不得不去借钱，而票据业越是不发达，情况就越是这样。那时利息率相差很大，关于高利贷的概念差别也很大。在查理大帝时，收取100%的利息，被认为是高利贷。1343年，在博登湖畔的琳道，本地市民收取216.66%的利息。在苏黎世，评议会规定43.33%为法定利息。早在13世纪，10%已是德国莱茵区的普通利息率了。正是由于高利贷利息高于经营资本主义企业可能得到的利润，所以马克思指出：整个18世纪都有一种呼声（立法也照此办理），要以荷兰为例，强制压

---

① 资本主义的利息率，在零以上和平均利润率以下，再由借贷资本的供求关系决定。高利贷利息率的决定，详见下述。

低利息率来使生息资本从属于商业资本和产业资本，而不是相反。

那么，荷兰是如何达到这一目的的呢？在回答这个问题之前，马克思先一般地论述新兴的资产者对待高利贷的态度和方法。他说，现代信用制度创始人的出发点，并不是把一般的生息资本革出教门，而是相反，对它予以公开承认。在这里，我们不谈论那种企图使贫民摆脱高利贷的措施，如公立的当铺。这种当铺之所以值得注意，只是因为它表示了一种历史的讽刺：虔诚的愿望在实现时正好走向它的反面。这里也不谈例如那位张伯伦医师或布里斯科的信用幻想，他们在 17 世纪的最后 10 年，曾企图设立农业银行，以土地所有权为基础，发行一种纸币，使英国贵族摆脱高利贷盘剥。

值得注意的是：12 世纪和 14 世纪在威尼斯和热那亚设立的信用组合，是由于海外贸易和建立在这种基础上的批发商业，需要摆脱旧式高利贷的统治和货币管理的垄断而产生的。如果说，这些城市共和国设立真正的银行，同时是使国家以未来的税收作为担保取得贷款的那种公共信用机关，那么，不应当忘记，设立这种组合的商人自己就是那些国家的第一流人物，他们一心要使他们的政府和他们自己都摆脱高利贷的盘剥，从而更牢固地控制着国家。这里值得注意的是：为了反对高利贷而成立的新式银行，是在城市共和国里，首先是由从事对外贸易，因而获得巨额利润并控制城市政治权力的商人建立起来的。如果没有这样的经济和政治力量，那是不可能的。正因为这样，计划设立英格兰银行时，代表地主阶级的英国托利党就抗议说：银行是共和国制度。在威尼斯、热那亚、阿姆斯特丹和汉堡，银行很繁荣。但是，谁听说过有什么法兰西或西班牙银行呢？

阿姆斯特丹银行（1609 年）和汉堡银行（1601 年）一样，并不是标志着现代信用制度发展中的一个时代。它纯粹是一个存款银行。银行发行的本票，事实上只是存入的贵金属铸币和贵金属条块的收据，要有它们的持票人的背书才能流通。但是，在荷兰商业信用和货币管理已随着商业和工场手工业的发展而发展，而在发展过程中，生息资本已从属于产业资本和商业资本。这一点，已表现在利息的低微上。和当时的英国一样，17 世纪的荷兰被认为是经济发展的模范国家。以贫困为基础的旧式高利贷的垄断，在那里已经自然而然地被推翻了。

新式的生息资本或借贷资本取代高利贷资本的经济规律是：由新兴的资产者掌握政权的城市共和国，其资本主义逐渐发展起来时，在资本循环中固定资本的折旧部分和流动资本的闲置部分，分别成为长期和短期贷款资本的来源，并由此产生现代银行制度，随着资本主义的发展，它逐渐壮大，于是就取代高利贷资本。马克思说："现代银行制度，一方面把一切闲置的货币准备金集中起来，并把它投入货币市场，从而剥夺了高利贷资本的垄断，另一方面又建立信用制度，从而限制了贵金属本身的垄断。"①由此可见，城市共和国的产生和发展，即资产者的壮大和发展，对促使新式借贷资本的产生，从而压低高利贷资本有着重大的作用。

由上述还可以看出，不论是在农村，还是在城市，也不论是从生产者中产生资本家，还是从商人中产生资本家（这一问题，下面还要谈），资本主义的产生都要以商品生产的发展为前提，城市共和国的产生也是这样。这就从根本上规定了西欧产生资本主义要比中国早些。因为它不存在农村公社，自然经济破坏得早，商品生产较为发达。

（四）国内市场的形成

这个问题，我们考察一下资本主义市场的形成，就会更清楚。但是，在谈论这个问题之前，先谈一下内部市场和外部市场。

在资本主义产生前，个体生产者之间，主要的就是农民之间的交换，无论是直接的交换，还是通过商人（他们也是从个体生产者中产生的）的交换，所构成的市场是个体生产者的内部市场；从个体生产者中产生资本主义的生产后，他们两者之间的交换，对各方来说都构成外部市场；资本主义产生后，它们各部门之间的交换就构成资本主义的内部市场。以后我们要说明，资本主义的内部市场和外部市场，在资本主义发展的不同阶段上有不同的作用。这里说的内部和外部市场不是以国家的政治疆界为划分标准的。我们下面论述的国内市场，同这里说的内部市场并不是同一回事，它指的

① 《马克思恩格斯全集》（第二十五卷），人民出版社 1974 年版，第 682 页。

大体上是个体生产者的内部市场如何发展并扩大为同资本主义交换的外部市场，以及资本主义的内部市场这样两部分，是以国家政治疆界为标准的。

马克思说，对农村居民的剥夺和驱逐，不断地为城市工业提供大批处于行会关系以外的无产者。但是，与独立的、自耕的农村居民稀薄化相适应的，不仅仅是工业无产阶级的稠密化。虽然种地的人数减少了，但土地提供的产品和过去一样多，或者比过去更多，因为伴随着土地所有权关系革命而来的，是耕种方法的改进，协作的扩大，生产资料的积聚等等，因为农业雇佣工人不仅加强了劳动强度，而且他们为自己劳动的生产范围也日益缩小了。因此，随着一部分农村居民的游离，他们以前的生活资料也游离出来。这些生活资料现在变成可变资本的物质要素。被驱逐出来的农民必须从新的主人即工业资本家那里，以工资的形式挣得这些生活资料的价值。国内农业提供的工业原料也同生活资料的情况一样，它变成不变资本的一个要素。

马克思进一步指出：事实上，使小农转化为工人，使他们的生活资料和劳动资料转化为资本的物质要素的那些事件，同时也为资本建立了自己的国内市场。以前，农民家庭生产并加工绝大部分供自己以后消费的生活资料和原料。现在，这些生活资料和原料都变成了商品；大租地农场主出售它们，手工业工场则成了他的市场。纱、麻布和粗毛织品，过去每个农民家庭都有这些东西的原料，并把这些东西纺出来供自己消费，现在变成了工场手工业的产品，农业地区正是这些东西的销售市场，以前由大量小生产者独自经营而造成的分散在各地的许多买主，现在集中为一个由工业资本供应的巨大市场。于是，随着以前的自耕农的被剥夺以及他们与自己的生产资料相分离，农村副业被消灭了，工场手工业与农业的分离过程发生了，只有消灭家庭手工业，才能使一个国家的国内市场获得资本主义生产方式所需要的范围和稳固性。

中国自秦代到中华人民共和国成立，在这漫长的 2 100 多年中，地主经济的土地制并未根本改革，这就无法形成发展资本主义所需要的像英国那样的国内市场。

(五)外部市场在资本主义产生中的作用

资本主义经济从个体经济中产生后,它就有两种交换关系和两种市场:同小生产者交换构成的外部市场和资本主义各部门交换构成的内部市场。很明显,随着资本主义经济的发展,由于其劳动生产率比小生产者高些,价值规律的自发作用就使小生产者消灭,即外部市场就逐步消灭。这就产生一个问题:外部市场缩小乃至消灭,资本主义经济还能存在和发展吗?

我认为,外部市场,尤其是下面予以论述的海外的外部市场,对资本主义的产生和发展起了很大的促进作用。但是,这在任何意义上都不是说,没有外部市场,资本主义就不能产生和发展。在这里,我们有必要简述一下马克思关于世界市场的理论,从中我们可以看到跨越国界的资本主义内部和外部市场及其作用。他说:“如果在16世纪,部分地说直到17世纪,商业的突然扩大和新世界市场的形成,对旧生产方式的衰落和资本主义生产方式的勃兴,产生过非常重大的影响,那么,相反地,这种情况是在已经形成的资本主义生产方式的基础上发生的。世界市场本身形成这个生产方式的基础。”①这里说的新世界市场,指的是由于地理大发现而产生的资本主义和前资本主义经济的交换,也就是资本主义外部市场的扩大。至于它为什么能起上述作用,下面将说明。这里说的世界市场,指的就是跨越国界的资本主义经济本身或内部的交换。它为什么是资本主义生产方式的基础呢?马克思的社会资本再生产理论科学地说明,资本主义的再生产完全可以以自身为条件。当它消灭小生产者时,即它的外部市场在地理上缩小时,它就在深度上扩大资本主义的生产,这是资本主义内部市场的扩大。当小生产完全消灭时,资本主义就自己进行扩大再生产,其市场就随着资本有机构成提高而扩大。就是说,资本主义可以以内部市场为存在条件。这是和下面将要论述的垄断资本主义不同的。

有一种观点认为,小生产者的破产,会使市场缩小甚至消灭。从上述马

---

① 《马克思恩格斯全集》(第二十五卷),人民出版社1974年版,第372页。

克思关于农民的离地和资本主义市场扩大的关系的分析，就可以看出，这种观点是不对的。列宁和俄国民粹派争论的就是这个问题。民粹派认为，俄国的农民即小生产者在破产，国内市场因而缩小，俄国又是一个后起的国家，国外市场已被先进国占去，由于缺少市场，俄国的资本主义将不能发展。因此，俄国的无产阶级不能发展和壮大，不能成为革命的领导阶级。据此，民粹派将革命的希望寄托在俄国的在农村公社中的农民身上。列宁反对这种看法，并根据马克思的资本再生产理论和市场理论，认为随着小生产者的破产，资本主义就产生，市场也就形成。列宁从事革命，一开始就同民粹派论战，他写了一系列论文和专著，其中最重要的著作是《俄国资本主义的发展》，其副题就是《大工业的国内市场的形成过程》。从上述马克思的分析可以看出，列宁的看法是正确的。

（六）商业资本在资本主义产生中的作用

从上述就引出商业资本在资本主义产生中起什么作用的问题。

商业资本早在奴隶社会就已产生。在封建社会中它也是存在的。在前资本主义社会，它获取利润的方法是贱买贵卖，即既欺骗生产者，又欺骗消费者，并由此瓦解自然经济，使小生产者破产，即它能破坏旧的生产方式。但是，它不能创造新的生产方式。或者说，在旧生产方式内部尚未孕育有新的生产方式时，商业资本是不能凭空创造一种生产方式的。否则，就不能解释，商业资本在奴隶社会就存在了，为何不在奴隶社会之后，创造出资本主义社会来？

这是一个重要的方法论问题，对我们的研究有重大的意义。马克思说："商业和商业资本的发展，到处都使生产朝着交换价值的方向发展，使生产的规模扩大，使它多样化并具有世界主义的性质，使货币发展成为世界货币。因此，商业对各种已有的、以不同形式主要生产使用价值的生产组织，都或多或少地起着解体作用。但是它对旧生产方式究竟在多大程度上起解体作用，这首先取决于这些生产方式的坚固性和内部结构。并且，这个解体过程会导向何处，换句话说，什么样的新的生产方式会代替旧生产方式，这不取决于商业,而是取决于旧生产方式本身的性质。”①这一方法论问题说到底就是:是生产方式决定流通方式,而不是流通方式决定生产方式。

明白了这一方法论问题,对中国传统历史学家谈得最多的这一问题,即中国封建社会,商品交换发达,城市繁荣,至少和同期的西欧相比,毫不逊色,甚至超过,为何不像西欧那样产生资本主义,就会有较深刻的认识。正如下面会谈到的,中国地主经济封建制度的流通经济,是由于政治的原因,由于租税的货币化而产生的,亦即是由于中央集权地主经济封建制度,及其政治上层建筑即官僚政治的需要而产生和发展的,这对资本主义的产生并无裨益,也不是资本主义的商品经济。

(七) 封建生产方式向资本主义过渡的两条途径

总结封建主义向资本主义过渡时,马克思说:“从封建生产方式开始的过渡有两条途径。生产者变成商人和资本家,而与农业的自然经济和中世纪城市工业的受行会束缚的手工业相对立。这是真正革命化的道路。或者是商人直接支配生产。虽然后一条途径在历史上起过巨大的过渡作用,——例如 17 世纪英国的呢绒商人曾经把那些仍然是独立的织工置于自己的控制之下,把羊毛卖给他们,而向他们购买呢绒,——但就它本身来说,它并没有引起旧生产方式(技术方式——引者)的变革,而不如说保存了这种生产方式,把它当作自己的前提予以维持。例如,直到本世纪中叶,法国的丝织业以及英国的织袜业和花边业的工厂主,大部分仍然只是名义上的工厂主,实际上只是商人,他让织工按照他们原来的分散的方式继续劳动,而他只是作为商人实行统治,织工实际上是为这种商人劳动。这个方法到处都成了真正的资本主义生产方式的障碍,它随着资本主义生产方式的发展而消灭。它不变革生产方式,只是使直接生产者的状况恶化,……在旧生产方式的基础上占有他们的剩余劳动。”②后一条途径就是所谓的包买商成

① 《马克思恩格斯全集》(第二十五卷),人民出版社 1974 年版,第 371 页。
② 同上书,第 373—374 页。

为资本家。它的特点就是在封建主义的技术基础上，产生资本主义。马克思说："较多的工人在同一时间、同一空间（或者说同一劳动场所），为了生产同种商品，在同一资本家的指挥下工作，这在历史上和逻辑上都是资本主义生产的起点。"①严格说来，这只适用于第一条途径，因为第二条途径的工人并不是在同一空间内劳动的。后者对资本家来说，可以节省厂房、照明、取暖等支出，只是工人仍保留那破产的生产者的劳动条件。对于这种包买商，恩格斯尤其是列宁对其论述很多。这是落后的俄国产生资本主义时常见的资本主义经济形态。

关于封建主义向资本主义过渡的两条途径问题，美国的斯威齐和英国的多布之间有所争论。前者强调商业和商人的作用，后者强调生产者的分化。这里不进一步介绍。

① 《马克思恩格斯全集》(第二十三卷)，人民出版社 1972 年版，第 358 页。

八、中央集权专制政府的产生及其经济作用:中国和西欧

(一)中央集权专制政府的产生

中国中央集权专制政府的产生比西欧早得多。从秦王朝开始,即公元前221年,中国统一的中央集权的专制王朝就产生了。除了个别的现象,从那时起到清王朝为止,都是这样的中央集权专制王朝。民国时期,由外国资本主义即帝国主义撑腰的军阀混战,其目的就是企图恢复这样的王朝,或者当帝国主义的儿皇帝。

在西欧,从封建社会到资本主义社会的过渡,在政治上层建筑上的反映,就是从分散的、割据的封建诸侯国家过渡为统一的、中央集权的国家,其存在时间大体上是从16世纪到18世纪,即到最终被资产阶级革命所导致的民主共和制或君主立宪制国家所取代为止。统一的中央集权专制国家的产生原因是:随着商品经济的发展和资本主义的萌芽与发展,就必然要求冲破分散的和割离的封建经济,以便形成一个以整个国家为范围的市场,这就要求建立一个中央集权的专制政府,以便统一全国;并且以整个国家为后盾,促使资本主义向国外发展。这时的政权还掌握在最大的封建主即国王手中。他既要将分散在各个诸侯手中的封建权力集中在自己手中;又要防止新兴的资产者羽毛丰满后将自己的权力夺去。只有这样,他才能在封建主义经济为资本主义经济所取代时得到并确保利益。为此,就相应地产生有利于其统治的主权理论。最早将主权问题上升为理论的,是法国的博丹。他在《共和六编》(1576年)中认为,主权是驾驭公民和臣民的不受限制的权力,这权力是最高的、不受限制的。

从形式上看,中国和西欧这两种政权是相同的。但中国的却不像西欧的那样,它对中国资本主义经济的产生并无促进作用。

我认为这个原因在于:正如中国地主经济之取代领主经济,并不是由于商品经济的产生和发展那样,中国全国统一的中央集权专制王朝的产生,也不是由于商品经济的产生和发展,而是由于对在阶级社会内存在着农村公社即井田制,及与其相适应的颁田制禄的"封建"制度的突破,也就是在前面提到的:在经济上废井田开阡陌,在政治上废封建置郡县,后者就表现为由国王任命的官僚取代世袭的封建贵族。在这种条件下产生的政治上层建筑,是适合于封建地主经济的,但对资本主义经济的产生并无促进作用。

现在我们说明两种王朝的经济政策尤其是对商业资本的政策及其不同的社会经济结果。但在说明之前,有必要先说明这两者同样存在着的商业资本是有不同的社会性质的。存在于古代的及中世纪的商业资本和从封建主义到资本主义过渡期间的商业资本,是完全不同的。前者是前资本主义的商业资本,也就是马克思说的洪水期前的资本;后者已经是资本主义意义的初期资本。对此,王亚南说:"所谓资本主义,只有在经常的和普遍的商品生产、商品贩卖,及商品分配的地方始可找到,一切未加入经济总行程中的借贷关系,当从资本主义的概念中分离出来。在一种不过是负债的和自给的经济组织基地上来谈资本主义是没有意思的;但把那种对于经济的日常生活行程未尝发生影响的公债制度和公共经济等算作资本主义,也不切实际;即在手工业者依赖任何高利贷者——即使此等货币出贷者是购买他们商品的商人——的地方去找资本主义,也同样流于错误。这就是说,古代希腊和小亚细亚的商业资本时代,与欧洲的商业资本时代不同,那些地方的商业没有发展到近代欧洲的程度,其殖民制度仅在萌芽期间,也没有大规模支展的手工业生产。"①王亚南这段论述,对我们研究两种王朝的基本经济政策:中国的重农抑商和西欧的重商主义,有重要的方法论意义。

① 王亚南:《政治经济学史大纲》,中华书局1950年版,第66页。

（二）中国专制王朝的基本经济政策——重农抑商

中国专制王朝的基本经济政策是重农抑商，与西欧的重商主义完全不同。之所以如此不同，是由于两种王朝的经济基础不同。在中国，前面已说过，由自然条件决定的治水和灌溉的必要，使大量农村公社遗留下来，对中国进入文明社会后的历史发生重大影响，已从某一方面说明重农——治水和灌溉——是很自然的。当然，这并不是说，王朝自始至终都能重农。下面将说明，王朝初建，是设法讲究水利，减轻税负，让农民休养生息，也就是重农的。但是，由于商业资本运动的规律，是不可抗拒的，它总是刺激地主和官僚的欲望，其结果是必然走向反面，即农业和农民受到地主、商人、官僚和高利贷者的侵蚀和欺压，到了某一点，就要抑商了。但是，规律是无法改变的。由商业资本引起的侵蚀作用，在不能产生新的生产方式的条件下，就只能引起农民造反。这种造反，不是由于生产力的发展改变旧的生产关系，而只是由于农民实在无法活下去，也就是由于官逼民反，其结果只能是改朝换代。新王朝伊始，又重复一次重农抑商的政策。这一中国社会经济的重要规律，是由王亚南首先予以揭示的。① 现简介如下：

王指出，中国的中央集权封建制，是商业资本活动的温床；因为在消极的意义上，商业资本是需要社会落后的，但大落后或还逗留在前封建状态，它没有展开的可能；而在积极意义上，它又是需要社会前进的，但太前进或跨上了资本主义社会，它又没有占据支配地位的可能，因为资本主义的商业是要服从于产业的。唯其封建体制对于商业资本特别有生死攸关的联系，在中国社会经济史上，商业资本就像是一直在为了使中国经济滞留在封建阶段而活动，不止一次地以身殉王朝，与王朝同归于尽，而不想产业资本取代它而在社会中居于支配地位。这是中国产业不发达，中国很久不曾走上资本主义旅程的一个重大原因。

---

① 以下参见王亚南《中国商业资本论》，该文作为附录，收入《中国经济原论》，中国经济科学出版社 1916 年版。该文现收入《王亚南文集》（第三卷），福建教育出版社 1988 年版。

中国历史上每个王朝的兴起,差不多都是在社会生产力大遭破坏的动乱之余,自秦以后的几个重要的王朝,如汉、晋、唐、宋、元、明、清都是这样。如果将生产力的破坏,看作一个王朝灭亡的基本原因,那么,新的王朝组基之始,便必然会尽一切可能的办法,促使生产力恢复。一切封建王朝的所谓明君贤臣,都是以便农利农作为它的要政,讲究生产技术,薄税敛,设置劝农力田官吏等,差不多千篇一律地被各王朝开国之君臣相率实行起来。

在封建贵族、领主、官吏是靠农业生产物维持的限度内,重视农业生产是必然的,是为了自己的生存和享受。对于商业,在理论上,他们是要敌视的,并且在实际上,他们确也不断采行了敌视的和钳制的步骤,因为商业活动,是不免要分润一部分农业剩余生产物的。商业活动越扩大,所分享的农业剩余生产物就越多。所以封建社会的整个经济政策,总是把重农抑商作为它的骨干。

但历代王朝的重农抑商政策,却从反面告诉人们:就是农所以特别要"重",无非因为前此把它看得太轻了;商所以特别要"抑",也无非因为前此让它太放纵了。所谓法律贱商人,商人已富贵矣,尊农夫,农夫已贫贱矣:就是对这种事实的写照。原因何在呢?

王亚南指出:商业的发展,是把治安和交通作为它的外在条件,把交换媒介的确定和交换对象的增殖,作为它的内在条件。每个新王朝的统一局面,和由它在这条件下必然要做到的休养生息,以及改善民生的庶政,其主旨虽在增加农业剩余生产物,但结果却大大促进了商业的发展和繁荣。商业通有于无的职能,在一定场合和一定界限之下,无疑大有助于农业生产物的增殖与发展,但商业发展到一定限度,却把原来可以助成农业的作用,转化为破坏农业了,至少是越来越厉害的破坏作用,早把它原有的助成作用掩盖了。

封建社会的工业生产,只是当作农业的副业,全部商业的交换对象,差不多都是农产品,而且只是那些以地租赋税的名义,由农民提供给官吏的农产品,即这部分农产品是因政治原因而商品化的。这在秦以来的中央集权国家表现得最清楚。这样,商业越向前发展,通有于无的范围和作用越大,被交换和消费的对象越繁多,封建上层社会的消费欲望就越受到刺激,就越来越多突破肠和胃的限制,这样,农民以地租赋税的名义提供的农业生产物就越多，甚至侵蚀到必要生产物。租税不论是侵蚀到农民的生活费用，还是侵蚀到生产费用，结果都是农业再生产规模的缩小，一旦再生产不能维持，租税所由产生的经济基础，就会发生动摇。在这场合，封建上层为维持不生产的消费性浪费，就只有两条途径可循：其一是加重对农民的剥削，从而进一步破坏其寄生的经济基础；其二是用借债等方式，多方张罗其浪费所需的资金。无论是哪一条途径，结果都是土地向着商人豪民手上集中，农民则相率离开生产过程。

商业资本投向土地，无疑是得到由它转化而来的高利贷资本的协助，但资金由商业和高利贷业转到地产上去，那并不是商业活动的中心，而是它的进一步的扩大，因为投在土地上和投在高利贷业上的收入，还可以轮番地变为商业活动的本钱。这就是我们曾经论述过的商业资本、高利贷资本和土地资本这一三位一体公式的作用。

那么，这三者为什么不转化为产业资本呢？这并不是由于它们的所有者有一种远见，认识到将资金投到产业上，产业发展起来了，他们已有的社会地位和利益将受到威胁，而是由于当前的厚利即由高利贷利息率调节的地租和商业利润，比起如果将资本用来办产业得到的利润要高些。中国在封建地主经济阶段，就这样在三位一体的公式中打转转，长期长不出资本主义经济。

中国商业资本的活动，不仅在经济领域，而且扩大到财政领域，甚至影响政策；它的化身即商人，不仅因其富厚，交通王侯，而且还能借其通神的财力，借其具有实际经营的经验，相率利用各王朝财政空乏的机缘，直接担任起理财的政务，这就是“吏道益杂不远，而多用贾人”了。在这种场合，封建社会传统的抑商政策，便只好暂时搁置起来，而采用一种为商贾豪民所能接受的折中方案了。其实，在实物地租成为商品交换的基础内，在社会生产力的恢复与发展必然附有财富的积累与豪商发达的条件下，商人由抑商政策所受到的损失，最后必然要取偿于农民，农民在多方诛求之下，只好把他们赖以维持生计的仅有的土地，以更恶劣的条件，贡献于豪商地主。

封建主义到了需要迁就豪商地主，需对商业资本妥协，并需要由豪商参加政权，决定国家政策，到了这样的阶段，就必然会把对农业的有利措施，如治水，如改良农业设备等，放在一边，同时由于浪费和不生产支出的增大，以及租税收入因农民大批离村及豪商官吏们多方逃税贪污而减少,就必然对留在农村挣扎的农民,进行更残酷的剥削。到了这一阶段,天灾人祸及各种形态的瘟疫,必然更厉害地压榨饥饿的农民,使他们不能不到处流亡,不能不由于流亡而失去一切封建意识所加于他们的安分守己的精神枷锁,而选择铤而走险的道路。于是到处发生战乱,社会生产力遭到根本破坏,实物地租及货币关系的基础,均连带丧失无遗,不仅是贵族领主,封建地主,就连豪商猾吏也成为体现在王朝上的集权封建体制的殉葬品。

王亚南总结说:一个社会的本质不曾改变过来,那些支配这一社会,使其取得历史存在的一切规律,便不顾人们的意愿,而铁一般地贯彻其作用。商业资本的运动规律,是封建经济运动规律的一个重要方面。上述中国历代商业资本兴衰存亡的演变关键,只有从中国封建社会发展规律的作用,才得到说明。

(三)西欧专制王朝的基本经济政策——重商主义

西欧各国专制王朝的基本经济政策都是重商主义。它的产生条件是:封建的自然经济发展为商品经济,海外市场即外部市场的突然扩大(这和下述的16世纪海路大通有密切关系),交换中的欺诈即贱买贵卖现象非常明显,于是人们的注意力就集中在流通领域,并认为利润是在流通中产生的,即利润是让渡利润。只要注意力集中在流通领域,就必然把流通亦即交换的结果,也就是交换价值,并且把交换价值发展的最后形态也就是货币,或金和银认为是价值本身。这就是重商主义的方法论基础。由此就产生它的政策:尽量要贱买贵卖,但在一国之内,总体地看,必然是彼多此少,不能增加一国的价值即金和银。因此,增加价值的办法,在有金银矿的国家就是尽量开采金银,在没有金银矿的国家,就是要发展对外贸易,并且在外贸中取得顺差,以便输入金和银。其实,这并没有增加一国的价值,因为撇开欺诈行为不谈,这等于是商品和货币的等价交换,只不过是向外国卖得多、买得少,但从价值看并没有增大。这就是人们最初对剩余价值产生和来源的看法,是错误的。

重商主义的具体政策，顾名思义就是：为了发展对外贸易并取得顺差，就要牺牲农业的利益，即将农产品的价格压得很低，就要对出口的手工工场的生产严加管束，这在短期内能在农业蒙受损害的条件下，发展商业和工场手工业，促使资本主义发展。但因对农业的破坏和对工场手工业限制过死，最后就使全国的工农业生产，从而商业亦即全国经济都受到不利的影响。这个问题，下面再详谈。

（四）中国专制王朝的财政收入——税收

封建主义领主经济制度，是将对农奴的经济剥削和政治统治统一起来，并且集中在各级领主手中。在这条件下，就不存在独立的、特殊的、用以支持领主政治统治的财政收入问题，这也就是前面谈过的地租和赋税合而为一。领主经济转化为地主经济尤其是产生了中央集权的专制政府后，地主是经济上的剥削者，国王和各级官僚是政治上的统治者①，这样就产生了用以支持专制王朝统治的财政收入问题。

这个问题在西欧和中国有所不同：在前者，中央集权专制政府产生，是和领主经济转化为地主经济，以及从地主经济产生资本主义经济同时的。因此，在这条件下，财政收入除了来自土地外，来自资本主义工商税也占相当的比重，并且随着资本主义经济的发展，这一比重就增大。此外，在重商主义时期，国家也兴办某些国营工商业和用于外贸的商船队，所获利润也有一部分成为财政收入。总之，西欧这一时期，财政收入来自土地的较少，采取实物形式的很少。

中国与此不同。从公元前221年秦王朝就开始的中央集权专制政府，其财政收入，长时期以来几乎全来自土地：其中有实物，也有货币；货币是由于要交赋税，因而农民只好变卖实物得来的。这种因政治原因而产生的流通经济是落后的，和资本主义的商品经济与规模不等的市场经济，不可同日而语。

① 他们虽然都是代表地主阶级的，但不是同一个人的两重身份。

这个问题，王亚南的研究很值得重视。他指出：封建社会的经济权力，归根结底是建立在田制税法上。田制税法不仅体现着支配阶级对被支配阶级的剥削榨取程度，同时也体现着支配阶级内部对于那种榨取物的分配实况。由于这样，中国自秦代以后，每个王朝就在田制税法上进行着各种各色的斗争。撇开被支配阶级总是蒙受不利这一点不谈，从支配阶级的内部斗争看，如果贵族官僚的力量较大，则全部赋税集中到中央的比例加大，相反，如果门阀强豪的力量较大，则中央所占的比例减小，这就不仅意味着中央经济权力的削弱，而且意味着政治离心局面倾向的产生。

中国封建专制王朝的税收制度经过发展，到唐代尤其是德宗时，就有了较完备的杨炎（宰相）的两税法。它是统治阶级内部在田制税法上的矛盾，由于魏晋南北朝的战乱、北方农民流亡、土地荒芜、南方豪强收容流亡和开垦荒地而加深，为了解决这些矛盾并加强中央的财政力量，提出了两税法。唐高祖时实行租、庸、调之法。“租是田税，调是户税，庸是徭役或人口税。原来农民负担着田租与户调两者，这时又加上‘有身即有庸’的封建徭役。将田税户调与身庸相结合，一方面是加重贫苦农民的负担，另方面也是企图将农民束缚在土地上面，由此保障贵族地主统治者的收入。这说明社会经济衰落时，地主统治者们没有收入或收入甚少，只有加紧榨取农民之一途。至于在这种制度下，必然产生逃户诡寄户衣食客佃户田童与奴婢等，实际上他们只是从中央的封建压制之下，逃向各别世俗的或宗教的领主压榨之下，并不能解脱其封建的束缚。”①正是为了解决后一即中央与各地封建主之间的矛盾，就在租、调、庸的基础上产生杨炎的两税制。杨炎两税法的精神，“不在字面上所示的每年两次征收……而在所谓‘先度其数而赋于人，量出制入’，尤在所谓‘户无主客，以居者为簿；人无丁中（年龄的区分：18 岁为中，20 岁为丁，60 岁为老——引者），以贫富为差’。这种税法的施行，显然把前此由国家统制土地分配的规制（如晋代的占田制、北魏乃至隋唐的均田制——引者），从根处取消了”。②

王亚南对两税制的评论，与我们的研究有重大关系的，可以简述如下：

---

① 胡伊默：《土地改革论》，中华大学经济学会 1949 年版，第 101 页。

② 王亚南：《中国官僚政治研究》，中国社会科学出版社 1981 年版，第 96 页。

它"不问主客，以居者为簿；不问丁中，以贫富为差"的规定，至少在形式上是符合赋税平等负担的原则的；它一方面虽然确定以资产为课税对象，予兼并侵夺者以打击，同时又无异默认兼并侵夺的结果，而由此为大土地所有者开一方便之门，因而中国庄园组织由唐迄宋大为增加。其后元、明、清都有发展。"此种大土地所有形态或庄园形态的产生，显（原文如此——引者）然与两税法的施行，无直接关系，但两税法都分明是建立在一种事实上，即中央政府统制土地所有权的分配成为不可能，乃不得不从赋税方面予以限制。"

王亚南总结说："这样一方面听任土地为王公、官僚、强豪占有，或干脆由专制君主赐予他们大土地庄园，同时又多方面加以限制，在形式上不让那些大土地所有者享有欧洲庄园领主所享有的'不输不纳'特权，仿佛是非常矛盾的。但这正是中国官僚社会长期存在并发展的强点或韧性。"这是因为：中国中央集权的封建专制政府，不像欧洲那样是建立在从封建主义向资本主义的过渡期，而是建立在地主的封建经济的基础上，这样，其统治在一个流通经济相当发达的社会里，是很困难的。因为"封建经济的重心仍是土地，土地如其不能由国家统制分配，又不可能使它不流通，不买卖，而土地的买卖流通，又必然相应引起人民的转移变动，结局，这个社会的政权，便随时感到根基不稳或太不安定的危险"。那么，两税法为什么能对此起维护的作用呢？这是因为："不论是王公，是猾吏，是巨商，乃至是大僧道，他们归根结底，毕竟是与这种社会统治最休戚相关的人，让他们这批人分途占有大量土地，形成各种各色的庄园，把'浮游的地客'用各种各色的方式和条件束缚在他们的大地产上、庄园上，那就无异为这种社会的整个统治平添了一些安固定着的力量。"可是，"土地的过分集中，庄园的无限发展，又将引起政治上的否定集权官僚统治的作用和经济上倒退到自然状态的不利倾向，所以把有弹性的租税体制作为一个调节的杠杆：在原则上不让步，有土斯有税，有人斯有役；而在实施上不坚持，择其可税者而税之，就其可役者而役之。那就成了恰到好处和面面兼到的灵活妙用"。① 中国地主封建经济的上层建筑就这样对其经济基础起了维护的作用，其结果则是资本主义经济的难产。

---

① 王亚南：《中国官僚政治研究》，中国社会科学出版社 1981 年版，第 97—98 页。

在这里我想补充的是:中国地主封建经济条件下的这种根据财产,而不是唯一的根据土地的税收制度,虽然符合现代税收的公平原则,但是却不利于资本主义的产生。因为从某一角度看,自原始社会以后,任何一种新的经济的产生,都是得到税收政策的支持的。这一点,我们在下面论述法国专制王朝时期重农主义的理论和政策,是将一切赋税都落实到由土地即封建地主,将矛头指向封建主义,就可以看出是反对封建主义的有力武器,并同中国构成明显的对照。

(五) 中国专制王朝的财政收入(续)——公营经济

用以支持封建王朝中央政府的财政收入,除了税收,还有国家兴办的、以取得财政收入为目的的公营经济。这在西欧实行重商主义时期,最明显的就是由国家经营的对外贸易和商船队。它有利于资本的积累,有利于资本主义的发展。中国与此不同,在尚未有资本主义萌芽的条件下,这种经济的出现不利于资本主义经济的产生。王亚南对此进行的分析是很深刻的。

他在《中国公经济研究》这篇文章中说:“一般的封建经济,原是以孤立的,各领地各庄园自给的形态为其特征的。但在中国典型的封建体制下,却不但一般地破除了那种孤立,并且很特别的很早就出现了各种形式的公经济。”远在西汉时代,除了铸币的铸造,已统于三官,显示这一“官钱局”连同“造币厂”这种公营经济已达到相当规模外,还有这样一些公营经济事业:如兴盐铁、设均输平准、设常平仓。汉武之世,除上述设施外,还有酒榷之设。降及王莽时期,更设六管五均制,不仅由国家独占主要制造部门,统制市场,并开赊贷。以上各种公营经济事业,其后各朝代,大体相沿,但有损益,而经营对外贸易一项,则降及宋、明才开始成为一大收入源泉。

中国封建经济体制之所以能产生这种公营经济,王亚南明确指出其基础是地主经济而不是领主经济。这是因为,在地主经济的中央集权政府之下,“天下之赋,皆集中到中央政府,各地的官吏,皆仰给于中央,故中央集权的官僚体制能够建立起来;唯其政府手中,以赋税贡纳的方式,取得大量的工农生产品，又因为它有全国的力量，它就能从事各种大规模的公营事业”。①

由于这样，一方面，最可盈利的经济部门由国家垄断，资本主义经济当然不易产生；另一方面，“它与官僚制度有密切联系，往往是假公济私的一个‘政治副业’”②，这同样不利于资本主义经济的产生。其后，洋务运动中的国营企业，自己并没有真正发展起来，也没有带动私营资本主义企业的发展，就是明证。

这种封建主义条件下的公营经济现象，还迷惑了某些经济史学者，使他们天真地认为：这种官家经济事业的被雇佣者就是资本主义意义上的工人，并有人由此去论证中国早就产生了资本主义经济。随着马克思主义传入中国，这些人又认为，中国早就产生了公有经济，就是说，社会主义经济早就产生，这连同亚细亚生产方式中的公有因素，是吾家祖传的宝物，只须发扬光大，就是社会主义了。

（六）试探魁奈推崇中国专制制度的原因

17、18世纪，以一批来华传教士为媒介，在中国与西欧尤其是法国之间，曾经出现过长达百余年的、以西方效法中国典章制度为特点的文化交流。魁奈创立重农学派以及该学派的主要活动时期，正处于西渐的中国文化风靡欧洲特别是法国的18世纪下半叶。魁奈的《中华帝国的专制制度》，则被看作当时的经济学家崇尚中国的顶峰之作。

应当怎样解释处于资本主义经济产生期的西欧，反而要学习经济发展阶段落后于它的中国的典章制度呢?

经济思想史专家写了大量文章解释其原因，这里不拟论述。我只从中国在公元前秦王朝即地主封建制开始时，就建立了中央集权专制制度，而西欧则在16世纪资本主义经济产生后，才建立这样的制度，只从这一角度，谈

① 王亚南：《中国经济原论》，经济科学出版社1946年版，第229页。

② 同上书，第230页。

点看法。

魁奈在上述著作中说，政权不应当同时是君主的、贵族的，又是民主的；否则，它就会彷徨歧途，被同君主分享权力的各个阶级的个别的、独特的利益引入混乱状态。很明显，这就是资本主义经济产生时，渴望结束封建割据、建立统一市场这种经济要求在政治上的反映。而在形式上，中国早就建立了这样的专制王朝。这样，不可能深入研究中国这种制度所反映的经济基础不同于西欧的西方学者，便着眼于形式而推崇中国这种制度。魁奈说，他的著作的第 8 章的内容，只是对完全可以作为一切国家的范例的中国的理论，作了一个系统的汇编。

法国实行重商主义最彻底而经济被破坏最严重，所以必然实行与重商主义截然相反的重农主义；魁奈作为这个学派的鼻祖就必然更加推崇中国中央集权政府的这些政策：重视农业、赋税出自土地、以自然秩序来解释社会秩序的天道观，也就是儒家学说，并将它定为官方的意识形态（下面将详细论述儒家学说）。他特别推崇孔子及其学说，他的弟子也将他说成欧洲的孔子。他说：我从有关的报告中得出结论，中国的法制系建立在明智和确定不移的法律之上；对于政府首先应设立学校来传授有关自然规律的知识，他认为除中国外，所有的国家都没有重视这种作为统治工作基础的设施的必要性；一个繁荣和持久的政府应当学习中华帝国的榜样，对在很大程度上已构成社会框架的自然规律，进行深刻的研究和长期的宣传，并看成自己进行统治的主要目标；对土地征收赋税，他认为是许多世纪以来一直由中国政府如此杰出地遵循着的学说的基本原则，却为欧洲人所难以接受；他反复强调中华帝国由于遵守自然规律而得以年代绵长、疆土辽阔、繁荣不息，是一个稳定、持久和不变的范例，它的统治所以能长久维持，应当归因于其内在的稳固秩序。

我这样说明西方学习中国的原因，并且与此相联系，进一步说明西方产业革命后，再也不存在学习中国典章制度的问题，是否比单纯从孤立的思想联系的角度来谈问题，要深刻些呢？

九、西欧资本主义经济产生和发展的促进因素

（一）外部市场迅速扩大和资本主义缓慢发展的矛盾

在论述欧洲封建专制王朝以前，我们是从纯经济即排除了非经济因素的角度，来谈论资本主义的产生的。从中我们看到资本主义经济如何自发地产生，这个过程就是自然经济发展为商品经济，也就是价值规律的作用使个体商品生产者分化出资本家的过程。只要是这样，它必然是十分缓慢的，真是如蜗牛爬行一样。这同 15 世纪末的地理大发现，即资本主义经济突破了在地中海沿岸和周围活动的限制，向东方以及美洲发展，亦即资本主义外部市场迅速扩大，很不适应。于是，用非经济的政治力量加速资本主义经济的产生和发展，就成为一种必然的措施。对此，西欧的封建专制王朝起了很大的作用。马克思说："大家知道，在真正的历史上，征服、奴役、劫夺、杀戮，总之，暴力起着很大的作用。但是在温和的政治经济学中，从来就是田园诗占统治地位。正义和'劳动'自古以来就是唯一的致富手段……事实上，原始积累的方法绝不是田园诗式的东西。"①在这里，我们将暴力作为原始积累的重要方法进行研究。

我要指出的是，马克思是将原始积累的实质和方法区分开来的。有些人不了解这一点，有必要在这里简要地谈谈。前面我曾谈到，从历史哲学看，资本主义的经济结构是从封建主义的经济结构中产生的。这个历史过程，就是资本原始积累，亦即资本主义产生的前史。在论述资本积累的秘密

① 《马克思恩格斯全集》(第二十三卷)，人民出版社 1972 年版，第 782 页。

时，马克思说："我们已经知道，货币怎样转化为资本，资本怎样产生剩余价值，剩余价值又怎样产生更多的资本。但是，资本积累以剩余价值为前提，剩余价值以资本主义生产为前提，而资本主义生产又以商品生产者握有大量的资本和劳动力为前提。因此，这整个运动好像是在一个恶性循环中兜圈子，要脱出这个循环，就只有假定在资本主义积累之前有一种'原始'积累（亚当·斯密称为'预先积累'），这种积累不是资本主义生产方式的结果，而是它的起点。"①根据这一分析，我们就可以清楚地看到，资本原始积累在西欧尤其是在英国，尽管充满暴力，但暴力本身不等于原始积累。在东方，资本主义产生晚于西欧，在资本主义萌芽时，大体没有像英国那样集中地使用暴力，这也不等于没有资本原始积累。关于这一重大历史哲学问题，下面还要谈。

（二）资本原始积累本身和在其中集中地使用暴力

马克思指出，虽然在 14 世纪和 15 世纪，在地中海某些城市已经出现了资本主义的最初萌芽，但是资本主义时代是从 16 世纪开始的。在这个时代到来的地方，农奴制早已废除，中世纪的顶点——主权城市也因中央集权专制王朝的产生而衰落。这里说的 16 世纪，就是海路大通，也就是资本主义突然扩大外部市场这一重大历史事件。

马克思接着说：在原始积累的历史中，对正在形成的资本家阶级起过推动作用的一切变革，都是历史上划时代的事情；但是首要的因素是：大量的人突然被强制地同自己的生存资料分离，被当作不受法律保护的无产者抛向市场。对农业生产者即农民土地的剥夺，形成全部过程的基础。这种剥夺的历史在不同的国家带有不同的色彩，按不同的顺序、在不同的历史时代通过不同的阶段。只有在英国，它才具有典型的形式，因此我们拿英国做例子。

关于英国这个例子，尤其是其中的圈地运动，即被最早空想社会主义者托马斯·莫尔称为"羊吃人"那个血泪故事，许多著作都谈过，这里就不叙述

① 《马克思恩格斯全集》（第二十三卷），人民出版社 1972 年版，第 781 页。

了。这里我只简单地谈一下马克思有一段很深刻的论述，即圈地运动的结果，竟使资本感到不存在土地所有权的妨碍。他说，自亨利七世以来，世界上没有任何地方，是由资本主义生产这样毫无怜惜地处理各种传统的农业关系，这样使它的各种条件适应于它自己，并使它们服从于它自己。从这一点看，英国要算世界上最革命的国家。一切历史上留存下来的关系，不仅农村公社的位置，而且农村公社本身，不仅农村人口的住宅，而且这个人口本身，不仅耕作的原始中心，而且耕作本身，只要它们和农村资本主义生产的条件相冲突，或不相适应，就毫不怜惜地把它去掉。那就是，毫不怜惜地把定居该处的居民赶走，把原有的村落铲平，把农业建筑物拆掉，使农业的经营发生激变，例如把耕地变为畜牧场，对一切传统的生产条件都不接受，反而历史地给予改造，使它们最有利于资本的投下。所以，在这一限度内，的确没有土地所有权存在。马克思认为，这是影响李嘉图的地租理论，也就是使他只承认由于投在土地的资本的生产率不同而形成的级差地租，而否认由于土地的私有权而产生的绝对地租存在的历史条件。

关于资本原始积累问题，我们同样可以在很多论著中找到详细的论述。因此，我们在这里只要简单提一下就可以了。对此，马克思总结说：美洲金银产地的发现，土著居民的被剿灭、被奴役、被埋葬于矿井，对东印度开始进行的征服和掠夺，非洲变成商业性地捕获黑人的场所：这一切标志着资本主义生产时代的曙光。接踵而来的是欧洲各国以地球为战场而进行的商业战争。这场战争从尼德兰脱离西班牙开始，在英国反雅各宾战争中具有巨大的规模，并且在对中国的鸦片战争中继续下去，等等。他还指出：资本原始积累的不同因素，多少是按时间顺序分配在西班牙、葡萄牙、荷兰、法国和英国。在英国，这些因素在 17 世纪末系统地综合为殖民制度、国债制度、现代税收制度和保护关税制度。这些方法一部分是以最残酷的暴力为基础，例如殖民制度就是这样。但所有这些方法都是利用国家政力，也就是利用集中的有组织的社会暴力，来大力促进从封建主义生产方式向资本主义生产方式的转变，缩短过渡时间。他特别指出："暴力是每一个孕育着新社会的旧社会的助产婆。暴力本身就是一种经济力。"①总之，用现在的话来说就

① 《马克思恩格斯全集》(第二十三卷)，人民出版社 1972 年版，第 819 页。

是:为了加速资本原始积累而集中地使用暴力是一个社会系统工程。

这里我想指出的是:有些论者将这些集中地使用的暴力本身看成资本原始积累。我认为这是误解马克思的论述。马克思说:创造资本关系的过程,只能是劳动者和他的劳动条件所有权相分离的过程,这个过程一方面使社会生活资料和生产资料转化为资本,另一方面使直接生产者转化为雇佣工人。因此,所谓原始积累不过是生产者和生产资料相分离的历史过程。这个过程所以表现为"原始的",因为它是形成资本及与之相适应的生产方式的前史。从上述的系统工程,我们可以清楚地看到这一点。以后我们看到,由于前述的混淆,我国在讨论资本主义萌芽或产生时,就有这样一种看法:中国有资本主义产生,但因种种原因,却没有资本原始积累。这反映了这些论者,在肯定资本主义萌芽的前提下,错误地把暴力的有无,看成资本原始积累的有无了。

(三) 哥伦布、伽马、麦哲伦和郑和的航海

由哥伦布、伽马和麦哲伦的航海引起西欧白种人到达美洲,以及绕过非洲南部的好望角到东方来,这是15世纪末和16世纪世界史上的重大事件。这就是说,西欧资本主义的外部市场扩大了。16世纪,西欧特别是英国羊毛织品市场扩大和价格上涨,与此尤其是与东方市场的扩大有重大的关系。前面曾提到,马克思认为,是羊毛价格的上涨加速了英国的圈地运动;换句话说,外部市场的扩大加速了西欧资本主义经济的产生。

与此同时,或者正确地说,早于哥伦布航海半个世纪,中国明朝的郑和就下西洋,先后共7次,其航行方向和伽马相反,只是没有再向西绕过好望角到大西洋。有的历史学家说,如果郑和再向西航行,中国就会像西欧一样,产生资本主义经济了。就是说,郑和再没有西行,中国因而就错过了产生资本主义的机会。

有的历史学家从技术方面对东西方这次航海加以比较研究。结论是论船队大小、船只大小、航海设备和航海人数,郑和的都超过哥伦布和麦哲伦的;并认为这是当时中国的经济水平和技术水平都高于西欧的反映。应该

说，这些都是事实。但是，郑和的航海没有像哥伦布和麦哲伦那样，没有能够对中国资本主义的产生发生作用，同样是事实。问题是怎样解释这一事实。

我个人认为，最重要的是，中国比西欧约早 1 000 年进入奴隶社会，约早 600 年进入封建制领主经济社会，郑和下西洋和哥伦布航海时，中国处于封建制地主经济阶段，西欧则处于领主经济开始崩溃，而地主经济和资本主义经济（下面将说明，后者掩盖前者）开始产生阶段。由于中国在奴隶制基础上产生的封建主义的个体经济比西欧早，尤其是在地主经济下的个体经济为同时的西欧所无，其长期存在（从秦到明初，即约 1 600 年）对生产力的推动作用，比西欧在领主经济下的个体经济即农奴经济大。因此，当时中国社会的生产力或技术水平就比西欧高得多。资本主义产生以前，中国的重大技术发明和技术水平比西欧多得多和高得多，使一些中国科技史研究者吃惊。其实，这是地主封建制比领主封建制进步的表现。但是，正如前面谈到的，中国农村公社的大量存在，农业与手工业相结合的自然经济，又使中国的商品经济，落后于当时由于商品经济发展才使农奴制动摇的西欧。

正是由于商品经济的发展，就促使西欧追求货币和寻求市场。我们知道哥伦布航海的目的，正如麦哲伦一样，是要在陆路之外找寻到东方来的海路，只是意外地到达了美洲，并且如下面要谈到的，首先被其富饶的金银矿所吸引；而到东方来则是为了寻求黄金、贵重商品，以及找寻新的海路，以便廉价地运输商品。这一切，对西欧资本主义的产生是有重大作用的，中国与此不同。自然经济的统治地位，决定了郑和的航海不能和哥伦布有相同的目的。当然，关于郑和下西洋的目的，是历史学家争论的问题，我不应发表什么看法。但从争论的论著可以看出，郑和的航海，不是出于经济或商业的目的。

由哥伦布开端的和由郑和开端的航海，还有一点不同：前者大量使用暴力，以致直到今天还遭美洲土人的咒骂，后者则传播友谊，以致直到今天我们能够说中国和西洋人民的友谊，是源远流长的。原因应该是清楚的，这就是，西欧资本主义经济的产生需要暴力来催促它，而中国此时尚未有资本主义经济，就不需要使用暴力。有人用中国自汉武帝开始奉为官方的意识形态的儒家学说来说明这一点。我不否认儒家学说的作用。但是，儒家学说本身也是由于最适合于巩固中国地主经济封建制，才被定为官方的意识形态的。这一点，下面再说明。

(四) 城市共和国在资本主义经济产生中的作用

城市共和国在西欧资本主义经济的产生中起了很大的促进作用。前面我们说明降低利息率以利于资本主义工业产生时，已提到它的巨大作用。但是，那时主要是从经济着眼的，尽管也谈到政策的作用。现在，我们完全是从政治即暴力的角度谈问题的。从中，我们看到，东西方有很大的不同。

在西欧领主封建制度下，由商品交换中心发展起来的城市原是领地的一部分，处于封建领主统治之下。城市中的商人和工场手工业者，就是离开土地逃到城市里去的农奴。换句话说就是，城市和农村一样，处于封建领主的经济和政治统治之下。随着城市经济的发展和壮大，主要是商业行会和手工业者行会的成立和发展，手工业者和商人，尤其是商人就向封建领主展开斗争，或用金钱赎买，或用武力斗争，或者两者兼用，用这种办法，向领主取得城市自治权或完全独立权。这就是城市共和国或自治城市。从12世纪开始到领主封建制度动摇，西欧这类城市，如意大利的热那亚、比萨、威尼斯、佛罗伦萨；法国的马赛、里昂、波尔多、巴黎、奥尔良、香槟集市；德国的柏林、汉堡、莱比锡、以卢贝克为主盟的汉撒同盟；英国的伦敦、约克，以及独立的佛兰德斯，它们的经济力量非常强大，有的并有武装力量，足以同封建领主相抗衡。

由于城市是一块脱离封建领主统治的、能呼吸自由空气的地方，它就吸引了越来越多的逃亡农奴。前面说过，农奴逃到城市满一年零一天就成为自由人。城市成为农奴的向往地。再加上城市的经营同封建领主的农村有不同的原则，即它主要是商品经济，并随着经济的发展自发地比农村更早地产生资本主义经济，它就具有很大的政治力量。

城市在促使资本主义经济产生中的巨大作用，其集中表现，就是市民起义和由市民领导农民并和农民一起，反对僧界和俗界封建主的资产阶级革命。这一问题，留在下面谈。

东方的情况与此不同。东晋太郎在其《欧洲经济通史》中，就这一问题对东西方加以比较时指出：大概在12世纪以后，由于贿赂、暴动，已脱离封建阶级的束缚的城市，获得城市的裁判、征税、军备等等的自由，实行了基于市民总体利益的独立经济政策，这就是市民共和国，即城市共和国。但是，"打开日本的历史来看，似乎未有看到过这种自治的城市。即是在日本，城主的势力原即宏大无比，商工民皆在其保护之下，即赖城主那种无形的城堡保障了他们的安全"。① 作者在这里并没有说明日本不存在城市共和国的原因。

让我们看中国的情况。前面说过，中国自秦开始的地主经济封建制度，其政治上层建筑是官僚政治，封建地主住在农村，周围是受其剥削的农民，即使住在城里，成为所谓的"不在地主"，他也不是城市的统治者；封建官僚的衙门设在城市即县和郡的首府里，他们集行政、司法甚至立法权（他们个人说的就是法）于一身；他们的官邸也在这里。城市连同农村，其政治上的统治者都是官僚。这样，就清楚了，城市里的所有行会组织和人员，都要受官僚的统治。在这条件下，像西欧那样的城市共和国，在中国是不可能产生的。

由于这样，中国的封建城市是不可能像西欧那样，即不仅不能以暴力促使封建主义崩溃，促使资本主义产生，相反地却同封建主义有共同的命运。关于这一问题，王亚南作了这样的分析。他说："在欧洲中世纪的末期，封建主义的动摇，恰好是都市获取'自由'，或由封建束缚解脱的机会；但中国型的都市却不能取得并利用这种机会；因为它不但不能成为封建主义的对立物，且反与封建主义结有存亡休戚与共的内缘。所以中国封建王朝每崩溃一次，中国的商业，从而中国的商业都市，都必然要随着受一次致命的摧毁。"②他并且认为，这是中国封建社会长期停滞在封建阶段的一个原因。这问题，我们留在下面再谈。

（五）资产阶级革命在加速资本主义经济发展中的作用

以上所说的暴力对资本主义经济的产生乃至发展无疑有很大的作用。

---

① 东晋太郎：《欧洲经济通史》，熊得山译，商务印书馆1936年版，第47页。

② 王渔邨：《中国社会经济史纲》，生活书店1937年版，第292页。

但是，只要政权仍然掌握在封建主手中，由于政权对经济基础的反作用，资本主义经济的发展就必然受到限制。一般说来，新兴的资产阶级是通过暴力才取得政权的。这里值得注意的是，以暴力形式进行的资产阶级革命，通常是以农民为基本群众的。其成败与资产阶级的主观和客观力量，有重大的关系。这就是说，农民起义或农民战争本身并不能产生新的生产方式——资本主义生产方式。然而，以发动农民而取得胜利的资产阶级革命，在促使资本主义经济发展的同时，却使农民为之奋斗的目标走向反面，即从取得土地到丧失土地，从成为自耕农到沦为无产者。历史的辩证法就是这样。

恩格斯指出：欧洲资产阶级反对封建制度的伟大斗争，在三次巨大的决战中达到了最紧张的程度。所有这三次资产阶级革命的战斗大军都是农民。其典型形态是农民战争。但不能反过来说，凡农民战争，即使是在资本主义经济已萌芽条件下的农民战争，提出分掉封建地主的土地的纲领，就是资产阶级性质的革命。这个问题，下面还要谈。

第一次决战是德国的所谓宗教改革。路德反对教会的号召，唤起两次政治起义：起初是 1523 年下层贵族在西肯领导下的起义，然后是 1525 年的伟大农民战争。这两次起义都遭到了失败，主要是由于最有切身利益的集团即城市资产阶级态度不坚决。

资产阶级的第二次起义是在英国发生的。城市资产阶级给了它第一个推动力，而乡间的中农则使它获得胜利。这就是 1640 年开始的英国革命。它作为一个新的出发点，就是新兴起的资产阶级同以前的封建大土地所有者实行妥协。后者在当时虽然也像现在一样被认为是贵族，其实早已转变为资产者了。这是英国历史发展特点之一，就是封建贵族资产阶级化。这是因为，对英国来说，最可庆幸的，是旧的封建贵族诸侯已经在互相作战中自相残杀殆尽。他们的继承者虽然也是这些旧世家的后裔，但是离开嫡系关系已经非常遥远，因而构成一个完全新的集团。他们的习惯和意向，与其说是封建的，不如说是资产阶级的。他们完全认识金钱的价值，立即着手增加地租，把成千上万的小佃户从田里赶走，而代之以绵羊。这种妥协，导致了 1688 年的“光荣革命”，并使封建贵族长期把持议会。这就使资产阶级化的封建特权所有者，仍然能从把持议会中得到好处。最重要的就是，通过有利于封建土地所有者的谷物条例，抬高谷物价格，以便提高地租，而由此提高工人的货币工资，降低利润，损害从事工商业的资产阶级。直到1832年改革议会选举法，资产阶级在下议院的席位才与其经济力量相适应，但上议院的席位仍由封建贵族所占据，资产阶级并没有全部掌握政权。

1789年的法国大革命是第三次资产阶级起义。这是一次真正把斗争进行到底，直至交战的一方即贵族完全被消灭，而另一方即资产阶级获得完全胜利的起义。法国大革命是典型的资产阶级革命，是没有特权的平民，包括农民、未来的资产阶级和无产阶级，亦即封建社会的第三等级，反对拥有特权的僧侣和贵族，亦即第一等级和第二等级的革命。

从阶级关系方面比较英国和法国取得成功的资产阶级革命时，马克思指出："在1648年，资产阶级和新贵族结成了同盟反对君主制度，反对封建贵族和反对占统治地位的教会。在1789年，资产阶级和人民结成了同盟反对君主制度、贵族和占统治地位的教会。"①因阶级关系不同而结成的力量对比不同，使革命的结果同中有异：马克思的这种分析，对我们的研究具有重大的方法论意义。

东方封建社会，农奴或农民的起义，真是此起彼伏，不绝于史，但是，始终未能促使资本主义生产方式产生。就中国而言，从秦末陈胜、吴广到明末李自成和张献忠这一类农民起义，不能有助于资本主义产生是不用说的了，因为这时还没有资本主义萌芽（我个人认为，迟至明代，中国尚未有资本主义萌芽，下面说明）。即使是鸦片战争以后，1851年，洪秀全以上帝会的名义，秘密串联农民，领导农民起义，并定都天京，建立太平天国，这时中国尽管已有了资本主义萌芽（下面说明），而且西方已进行了资本主义的产业革命，但是，由于中国资产者太幼稚了，力量太单薄了，对这次农民战争没有影响，就是说，与16世纪德国失败了的农民战争是具有资产阶级革命性质的不同，太平军虽是农民战争，却不是资产阶级革命。

这一点，只要我们看一看太平天国的建国纲领——《天朝田亩制度》中的经济纲领就清楚了。有些历史学家只看它反对封建土地制度，按产量将田地分为九等，最优的1亩等于最劣的3亩，16岁以上的男女分一份，16岁

① 《马克思恩格斯全集》(第六卷)，人民出版社1961年版，第124页。

以下的半之，并据此就认为是反封建而有利于资本主义的发展，就认为它是资产阶级革命性质的纲领，而没有看到，它规定每家耕种所得，连同副业及货币收入，除满足基本生活所需外，剩余部分归公。这就不可能是资本主义性质的纲领。

不错，太平天国后期还有一个经济纲领，就是洪仁玕执笔、洪秀全钦定的《资政新篇》，其中提出要兴车马之利、兴舟楫之利，即学习和引进西方的技术，准许有百万家财者办银行，发纸币，准富者请人雇工，这被认为是发展资本主义的措施。孤立地看是这样。但是，洪仁玕还有《天朝则例》，其中重申《天朝田亩制度》中的规定：男子 16 岁以上，每丁耕田 10 亩。这不是如一些人所说的是耕者有其田，而是同《天朝田亩制度》一样，是每家都要耕田，都要种桑、养蚕、织布、养鸡、养猪等，即经营农业和手工业相结合的自然经济。这就产生两个问题：第一，全国都是个体农民，主要经营自然经济，发展资本主义何来市场？第二，全国都是自耕农，何来发展资本主义经济所需的劳动力？因此，这是经济纲领中自相矛盾的条文，正如一些不中不西的方案一样，是学习西方时囫囵吞枣的产物。

这里顺便谈谈，有不少的历史学家认为这些纲领是农业空想社会主义，是不能实现的。不能实现，这当然对。但是，认为它是农业空想社会主义，我认为是不对的。因为空想社会主义和科学社会主义这对概念来自马克思和恩格斯，其中相同的地方是：要解决资本主义的矛盾。西方的空想社会主义，从 16 世纪的《乌托邦》开始，直到 19 世纪科学社会主义产生前，即欧文一系列试验和著作，都是对资本主义的矛盾提出解决的办法，只是由于生产力水平太低下，资本主义经济规律性的东西，尚未充分显示出来，受此限制，就只能从理性出发，提出种种不能实现的解决矛盾的方案。这种方案越是详尽，就越是空想。

《天朝田亩制度》不是这样。它不是解决资本主义矛盾的纲领。历来研究它的学者，很少有人从洪秀全的生活经验来看《天朝田亩制度》的由来。只有王振忠不是这样。他的《从客家的文化背景看天朝田亩制度的由来》①对《天朝田亩制度》的来源进行了深刻的研究，提出独到见解。这篇文

① 载《复旦学报》(社会科学版)1992 年第 3 期。

章对我有很大的启发。以此为基础进行研究后，我对《天朝田亩制度》的初步看法如下：洪是客家人；在闽、粤、赣一带的客家人聚居地，有很多土楼或称围屋；其特点是数十或数百户同一血缘关系的人（偶尔也有两种血缘）同住在一间圆形或方形的土楼或围屋里，每家的住宅面积和规格相同，在中国漫长的封建社会里，住宅都是分等级的，唯独它们例外。再根据王对其农耕和社会制度的研究，我认为这简直是还留在农村公社组织内的人，从中原南迁后，适应于当地的自然条件曾经重组的农村公社的残余。王的文章还提到，客家人聚居地还存在公有制的残余，这就是蒸尝田。洪仁玕提到洪秀全之父就是管蒸尝田的。笔者是客家人的邻居，先祖是从中原南移的。在闽、粤、赣从中原移来的非客家人，多半是同姓聚居，凡是这样的都有一些公有制的残余，如蒸尝田和学田等，这同样是农村公社的残余。这就是说，洪秀全不能不受到农村公社残余这一社会条件的影响。《天朝田亩制度》中规定25家为社会单位组织，设一国库，上述每家的剩余是国库的收入，婚嫁、生育、死亡、养孤、抚残、宗教活动等所费，由国库支出。如果说，上述的农工结合的经营是耕私田，那么，上交国库就是耕公田了。这不就是孟子所说的井田制的翻版吗？总之，根据农村公社的残余这种生活经验而提出来的方案，是脱离西方和我们已有的资本主义生产尤其是大生产的，也就是往后看，应该说是没有社会主义色彩的。这同以后谈论的马克思关于跨越“卡夫丁峡谷”的设想，即在俄国存在的农村公社以及集体劳动的条件下，通过资本主义世界市场，取得新的技术，不经资本主义，就向社会主义直接过渡，有本质的不同。

（六）西欧资本主义经济产生掩盖了地主经济产生

以上说明，西欧领主经济转化为地主经济，在这一过程中资本主义经济就自发产生，这两者是重叠的。由于上述几个因素的作用，资本主义经济的产生就较为迅速。既然这样，那么，这一时期应称为封建主义，还是资本主义？关于这个问题，在谈我的看法之前，先介绍几种看法。

一种认为这是资本原始积累时期。这从资本主义的产生来看当然是正确的。因为社会上最初的资本的产生是社会关系变革的结果，或者说，资本主义要有自己的前史。这种社会关系就是：一方面，劳动者从两方面来说都变成是自由的：人身自由和丧失了生产资料从而自由得一无所有；另一方面，生产资料又集中在少数人手里。在这条件下，这少数人就可以用购买前两者并使其结合起来的办法，进行资本主义的生产。这种历史上从未有过的社会条件创造过程，就是资本原始积累时期。但从社会制度属于哪一种性质来看，这并没有回答问题。

有一种看法将资本原始积累时期称为商业资本主义时期或重商主义时期。重商主义作为一种经济政策，前面已经提到，下面还要论述。我在这里抢先一步认为，这同样是不对的。前面说过，商业资本主义时期事实上是封建社会后期、孕育资本主义生产方式时期，其时，资本主义生产才刚刚开始，远远未能战胜封建经济，社会的性质还是封建性的。至于说，有人将资本主义分为商业资本主义、工业资本主义和金融资本主义三个阶段，这是就资本主义本身的发展来区分的，因与现在讨论的问题无关，我不想对此加以评论。但从这里出发，认为有一个表明社会形态发展阶段的商业资本主义，我认为是不正确的。理由一是如上所述，这时的社会经济还不是资本主义占主导地位；二是这种说法是以流通方式，而不是以生产方式来表示社会经济发展阶段的性质，在方法论上有问题。

还有一种看法是将资本原始积累时期称为资本主义生产方式的准备时期。我认为这种提法也是不对的。原因有二。其一是：除了从私有制的资本主义到公有制的社会主义，公有制不可能在私有制的社会里自发产生，因而在资本主义被推翻以前，在资本主义内部并没有新的生产方式或经济因素的萌芽，除此之外，其余的社会制度，如原始社会、奴隶制社会、封建制社会，在其末期都有后继的新生产方式或经济因素的萌芽，但马克思主义政治经济学并不认为这种状况，或者这一历史时期是某一种新的生产方式的准备时期，现在唯独资本主义生产方式有一个准备时期，这在方法论上是不通的。其二是：这种提法显然是受到社会主义生产方式有一个从资本主义到社会主义的过渡时期，作为它的准备时期这一提法的影响。后一种提法当然是正确的，因为前面已说过，社会主义经济是不能从资本主义内部自发地产生的，它要无产阶级夺取政权之后，运用政权，根据经济发展的规律来对私有经济加以改造，而原有的公营经济随着政权的改变，其社会性质也发生变化，这样，社会主义生产方式才能产生；这个过程所经历的时间，确实是社会主义生产方式的准备时期。资本主义经济是从封建主义的胎内自发地产生的，没有从封建主义到资本主义的过渡时期，同理，也没有资本主义生产方式的准备时期。

我认为，西欧领主经济动摇，尤其是农奴获得人身自由和土地可以买卖后，虽然资本主义就在这条件下自发产生，亦即从资本主义来看，这就开始了资本原始积累时期，但这正如马克思所说的是资本主义生产方式的前史，社会性质还不是资本主义的。那么，从社会发展的阶段看，这属于哪一历史阶段呢？我认为应属于封建主义从领主经济阶段进入地主经济阶段，这两个阶段的实质相同，都是土地所有者对没有土地的农奴或农民进行剥削；只是发生了部分的质变，土地从不能到能买卖，土地耕种者从不能离开土地到能离开土地，这样我们就可以看到，封建主义根据其生产关系的部分质变，是可以划分为两个阶段的，这就是领主经济阶段和地主经济阶段。

（七）现代文明诸国为何不是从古代文明诸国发展而来的

直到现代为止，我们是在东西方各自在没有对方的影响下，说明它们是如何发展的。从中我们看到，到东西方大规模接触时，东方落后于西方，其原因应在东方社会内部。这就产生一个问题：东方就其中的中国而言，比西方约早千余年进入文明社会，古代文明诸国也在东方，它们为何不能继续发展为最早的现代文明国家？

我个人认为，说到底这是由东西方有不同的自然条件，以及受其制约的社会历史条件决定的。概括地说就是：古代文明诸国，其摇篮都是生活资料的自然资源较为富饶的江河和内海沿岸；但最早产生和发展资本主义的不是它们，而是这样的国家：生活资料的自然资源不如前者，但劳动资料的自然资源却较为富饶，农村公社较早就完全消灭，生产关系促使其劳动者去开发和利用这些劳动资料，使其转化为巨大的社会生产力。它们是濒临大西洋的葡萄牙、西班牙、荷兰和英国等；而不是地中海沿岸最古的文明国家埃及，也不是较古的文明国家印度和中国。至于荷兰最早产生资本主义，为何后来被英国赶上，即英国最早发生产业革命，那是我们后面要研究的。

十、非西欧两种地区的经济及其发展问题

（一）问题的提出

由地理大发现导致的海道大通，使西欧和东方开始了大规模的经济接触，也使西欧逐渐向美洲（其后还有大洋洲）移民。这时，非西欧地区所处的社会经济发展阶段是落后于西欧的。对于这种情况，斯密有一段很概括的描述。他说："非洲及几个通称为东印度的国家，都是野蛮民族居住的。不过此等民族，并不是像可怜的无用的美洲土人那么软弱，那么无抵抗力；而且，和他们居住地的自然力相称，他们的人烟稠密得多。非洲或东印度最野蛮的民族，都是游牧民族，连好望角的土人也是游牧民族。但美洲各地的土人，除了墨西哥和秘鲁，只是狩猎民族。同样肥沃和同等面积的土地，所能维持的游牧人数与狩猎人数，相差很大。"①这里值得注意的是，美洲只有墨西哥和秘鲁的土人不是游牧民族，其他的则是；这恰好说明我们前面说过的那一问题：即墨西哥和秘鲁（其后的拉丁美洲）的土人是农耕民族，并且是存在着农村公社的（这一点，斯密没有看到）。因此，以后美洲这两部分的发展是不同的。东方最野蛮的民族是游牧民族，发展较高的是农耕民族，就是说比美洲的要处于较高的阶段。

从斯密的论述，可以看出：非西欧地区从社会发展阶段看，应区分为两种。其一是北美和其后发现的大洋洲（澳大利亚、新西兰），其居民还处于阶级社会以前，是狩猎民族，因而地广人稀，抵抗力很低，西方殖民主义者是在

① 亚当·斯密：《国民财富的性质和原因的研究》（下卷），郭大力、王亚南译，商务印书馆1974年版，第203页。

赶走或剿灭他们之后，几乎是在没有旧生产关系束缚的条件下，将母国的生产关系输进，而经营自己的经济的，就是说，这里的发展是在没有前资本主义生产关系包括亚细亚生产方式的束缚的条件下进行的。其二是东方、非洲（非洲北部如埃及等，早就和西欧等有经济上的联系，这种联系在地理大发现后当然保留下来）、中美洲和南美洲（后来的拉丁美洲），分别处于地主经济封建制和奴隶制阶段，并且存在着亚细亚生产方式，或存在着其组成要素即农村公社和专制政府，但是其中地处东北亚的日本除外。① 由于这样，这两种地区的发展就不同；东方各民族，日本的发展也和其他的不同。

这里要指出的是：发现东方和西欧的社会组织不同，是由于西方殖民者对东方土著进行掠夺的需要。因为要侵占资源和对土地征税，都涉及土地的主人是谁的问题。这使殖民者惊奇地发现，当地存在着由血缘关系维系着的人群，及其土地不属于私人的社会组织，即农村公社。

现在要研究的是，从社会经济发展阶段看，西欧当然比北美和大洋洲高；东方，尤其是印度和中国虽然都处于地主经济阶段，西欧从某一点看，也是处于地主经济阶段，但是如上所述，西欧同时在产生资本主义经济，而东方则否，就是说，双方的生产力水平可能没有什么差别，但是西欧的发展很快就超过东方；北美的发展虽然是在腾空的、没有前资本主义生产关系束缚的地区进行的，但它也存在着留待下述的特有限制，克服了这些限制之后，它的发展则是西欧资本主义的延伸。因此，其后它就和西欧一起，同其他地区构成经济上互相对立和互相联系的两方。澳大利亚和新西兰的情况，与北美相仿。

从现在开始，尚未发展到资本主义阶段的落后国家，其发展就受到资本主义先进国家的影响了，以后我们的分析，就要加上这个因素。

（二）北美和大洋洲未发展到产生农村公社阶段

恩格斯根据摩尔根的《古代社会》明确指出："到发现美洲的时候，全北

① 马克思说："日本有纯粹封建性的土地占有组织和发达的小农经济，同我们的大部分充满资产阶级偏见的一切历史著作相比，它为欧洲的中世纪提供了一幅更真实得多的图画。"[《马克思恩格斯全集》(第二十三卷)，人民出版社 1972 年版，第 785 页注 192]

美的印第安人都已依照母权制而组成为氏族。仅在某几个部落如达科塔人中间，氏族才衰落下去；在另外几个部落中间，如奥季布瓦、奥马哈部落中间，氏族已经是依照父权制而组成的了。”他又说：“绝大多数的美洲印第安人，都没有超过联合为部落的阶段。他们的人数不多的部落，彼此以广大的边境地带隔离开来，而且为不绝的战争所削弱，这样他们就以极少数的人口占有辽阔的地面。亲属部落间的联盟，常因暂时的紧急需要而结成，随着这一需要消失即告解散。但在个别地方，最初本是亲属部落的一些部落从分散状态中又重新团结为永久的联盟，这样就跨出了形成民族的第一步。在合众国，我们在易洛魁人中间，便可以见到这种联盟的最发达的形式。他们从密西西比河以西的地方（在这里他们大概是巨大的达科塔族的一个分支）迁移出来，经过长期漂泊才定居在今天的纽约州，而分成五个部落：塞纳卡、卡尤加、奥嫩多加、欧奈达和摩霍克。他们以捕鱼、打猎及原始园艺为业；住在大半用栅栏防卫起来的村落中。他们的人数从未超过二万；五个部落中有几个共同的氏族；他们说着同一种语言的非常近似的方言，占有互相联结的、为五个部落所瓜分的地区。这地区是他们不久前才征服得来的，所以这些部落便惯于团结起来，以对付被他们所驱逐的部落，这是很自然而然的事情。这样迟到 15 世纪初，就发展成为一种真正的‘永世联盟’，这种联盟，一经意识到它所具有的力量，便立刻具有了进攻的性质，在 1675 年前后，当它达到了强大的顶峰的时候，便征服了它四周的广大土地，把这些地方上的居民一部分驱逐出境，一部分使之贡纳。易洛魁人联盟是尚未越过野蛮时代低级阶段的印第安人（因而，墨西哥人、新墨西哥人和秘鲁人除外）所曾达到的最进步的社会组织。”①

恩格斯还将美洲各地的印第安人，因所受自然条件的影响以致所处的发展阶段不同，分为两大类。第一大类又可分为两种。其一是：西北各部落，特别是住在哥伦比亚河流域的各部落，尚处在蒙昧时代高级阶段，他们既不知道陶器的制造，也不知道任何植物的种植。其二是：住在密西西比河以东的印第安人是处在野蛮时代的低级阶段，到他们被发现的时候，已经知道在园圃里种玉蜀黍，可能也知道种植南瓜、甜瓜及其他园圃植物的某种方

① 《马克思恩格斯全集》（第二十一卷），人民出版社 1965 年版，第 103、108 页。

法，这些东西构成他们食物的极重要部分；他们住在木造的房子里，村落用木栅围起来。由于这两部分印第安人都还没有到达野蛮时代的中级阶段，还没有发展到农村公社阶段，就同下面论述的第二类印第安人，以及亚、非绝大多数的民族不同，他们已经进入野蛮时代的中级阶段，甚至文明时代，最重要的就是：他们进入阶级社会后，绝大部分或多或少还保留着农村公社这一影响其发展的社会组织。

（三）存在或残存农村公社的地区：中美、南美、非洲和亚洲

第二类美洲印第安人，就是新墨西哥的所谓普韦布洛印第安人，以及墨西哥人、中美洲人和秘鲁人，当他们被征服时，已经处于野蛮时代的中级阶段：他们住的房子是用砖或石头造的，类似城堡，并且在人工灌溉的园圃内种植玉蜀黍和其他各种依所住地区和气候而不同的食用植物，这些东西是他们食物的主要来源，他们甚至已驯养了若干种动物：墨西哥人饲养了吐绶鸡及其他禽类，秘鲁人饲养羊驼。而且他们还知道金属的加工——唯有铁例外，因此他们仍然不得不使用石制的武器和工具。正因为秘鲁人已进入农耕阶段，由于自然条件的作用，才使农村公社在阶级社会里仍然保留下来。这就是我们前面谈过的秘鲁印加社会的亚细亚生产方式。后来西班牙人的征服打断了他们的任何进一步的独立发展。西班牙人如何掠夺处在农村公社里的秘鲁人，我们在下面再谈。

非洲也存在农村公社。前面提到的埃及经济学家阿明认为不精确地被称为亚细亚生产方式的，应该就是他称为贡纳制的社会组织。据此，他认为："当一个社会内封建生产方式并不存在或处于萌芽状态，而且没有简单的商品关系，那么，这样的社会形态只是未发展的公社或贡纳生产方式同远距离贸易关系的结合，这种社会形态是'非洲'型的。"①他特别重视这种社会

① 萨米尔·阿明：《不平等的发展：论外围资本主义的社会形态》，高铦译，商务印书馆1990年版，第6页。

组织的土地关系。他说:“在这些公社内,取得土地对每一个人并不是平等的。在最原始的公社里,那是平等的,但是在其他公社里,取得土地的权利是分等级的,有些家庭或部族有权取得较好的土地——例如坐落位置方便或面积较大。正是在那个阶段可以观察到萌芽状态的阶级分野。这种特权按习惯总是和宗教权威的等级制度密切关联的。撒哈拉以南非洲提供了这类生产方式的广泛范围——有些(特别在班图地区)只有很少等级,而其他地方则极不平等,诸如在塞内加尔流域的图格雷加纳的阿散蒂及尼日利亚北部的豪萨,等等。可是,在所有这些人中间,农民可以取得土地:只要他属于一个部族,就有权得到这个部族的一份土地。其结果,无产阶级化(即生产资料与生产者相分离)就不会发生。”①在这里阿明用他自己特有的概念说明了一个问题:非洲(埃及和撒哈拉以南非洲),公社即农村公社还是存在的,因而连简单的商品生产都不存在,存在的只是农村公社内部已开始发生阶级分化,即前面提到的“占有剩余产品的上层阶级和政治上占统治地位的阶级混淆起来”,而一般社员仍然占有土地,这就是我们所理解的处于向阶级社会过渡的农村公社。这样的社会组织长期存在于非洲。正好说明非洲是具有亚细亚生产方式的特征的。

在阿拉伯的民族中,土地是氏族的财产。法国探险家达列斯特 1852 年说,这种氏族财产是世代相传的,但无论哪个阿拉伯人绝对不会指着任何一片土地说,这是我的土地。

亚洲,特别是印度,农村公社尽管不是原始的,而是残存的,但其存在却特别多,可以说是典型的具有亚细亚生产方式特征的社会。马尔克·威尔克斯在印度南部调查,认为每一个印度村社都是一个单独的共和国,并且在事实上也是以这样的面貌出现的。英国下议院特别委员会于 1812 年公布了它的《第五篇报告》,其中许多条文甚至条文的语言都和威尔克斯的著作有关。它指出:“从地理看,一个村社就是一片占有几百到几千英亩耕地和荒地;从政治看,它很像一个地方自治体或市镇自治区。”梅特加夫男爵在 1830 年 11 月的《下院特别委员会报告》(1831—1832 年出版)附页的备忘录中,沿

① 萨米尔·阿明:《不平等的发展:论外围资本主义的社会形态》,高铦译,商务印书馆 1990 年版,第 4 页。

用《第五篇报告》的观点，把印度农村公社描写为一个小小的共和国，几乎拥有他们自己所需的一切东西，并且几乎不依赖任何外部关系。无论朝代怎样变换、革命怎样频仍，农村公社屹然不动。遇到危险的时候，他们就武装起来，并筑堡垒自卫。遇到敌人的军队要越过国境，他们便把家畜关在屋里，让敌人过去，以免招祸。假如敌人对他们大肆劫夺，不可抵抗，把他们的村落和家庭破坏不堪，他们也会在敌人走后，立刻加以恢复。他们的子孙会回去复活祖先的田地，一切都和以前一样。梅特加夫得结论说：这种一个个自身都构成一个小国家的农村公社的联合，是印度人民不因外族和侵犯而灭绝，能存留至今的最重要的原因。

东南亚也存在农村公社。托·斯坦弗德·莱佛尔斯在其《爪哇史》中说："从远古以来国内居民就在这种简单形式下……生活。各个村庄的边界很少变动；虽然村庄有时由于战争、饥荒和瘟疫而受到侵害，甚至被弄得荒无人烟，但是同一名称，同一边界，同一利益，甚至同一家族，会维持几百年之久。居民对王国的崩溃或分裂毫不在意；只要村庄保持完整，他们就不问村庄隶属于什么权力，或受哪一个君主统治。村庄内部经济保持不变。"①

中国农村公社问题，前面已谈过，这里不赘。

俄国农村公社问题，留在下面谈。

关于在阶级社会中，还大量存在的农村公社在历史发展中的消极作用，马克思有一段著名的论述："这些公社的简单的生产机体，为揭示下面这个秘密提供了一把钥匙：亚洲各国不断瓦解、不断重建和经常改朝换代，与此截然相反，亚洲的社会却没有变化。这种社会的基本经济要素的结构，不为政治领域中的风暴所触动。"②这段话已成为马克思主义史学家论述中国封建社会的停滞性问题所常引用的经典文句。

（四）东方大国的技术水平并不比西欧低

前面论述郑和下西洋时，就遇到中国的造船和航海技术可能比西欧高

① 转引自《马克思恩格斯全集》(第二十三卷)，人民出版社1972年版，第397页注61。

② 同上书，第397页。

一些的问题。当时我曾加以解释。现在我们以印度为东方大国的代表，再谈一谈这个问题。整个问题归结为：海道大通时，西欧正处于地主经济产生和资本主义经济产生的重叠期，而东方进入地主经济阶段则比西欧早得多，地主经济比领主经济更能发展生产力。因此，在产业革命尚未发生时，以人力、畜力、风力和水力为动力，东方个体生产者的积极性和积累的经验，使他们的技术水平和同期的西欧相比，在某些方面还要高些。这是印度萨拉夫的分析：前殖民地印度和西欧经济情况的比较，清楚地说明在这两者之间并没有多大差距。某些方面的发展有量的不同，举例说，西欧各国的航海比较先进，而印度的纺织和冶金术则比较先进，但这并不具有决定的性质。

萨拉夫进一步指出：与同时代的世界水平相比较，印度经济发展得相当好的证据，出自许多的来源。17 世纪时，在印度的一些外国旅行家，都谈到这个国家的普遍繁荣。即使是殖民当局的官方调查，也承认这种情况。印度工业调查团(1916—1918 年)的报告说：当现代工业发祥地的西欧还住着未开化的部落时，印度就以其统治者的富有和工匠的高级手艺而闻名遐迩了。甚至在更晚的时期，当西方的商人冒险家最初出现于印度的时候，这个国家工业的发展无论如何不劣于当时较先进的欧洲诸国。在英国统治之前，印度的钢铁生产已高度发展，甚至达到了发展现代工业所需全部物质条件的程度。霍兰的《印度矿物资源报告》说，印度炼铁的高质量，比现代欧洲更早使用的高级炼钢的冶炼法、铜和黄铜的艺术产品等等，使印度在冶金技术方面一时居于卓越的地位。乔治・瓦特的《印度农业资源备忘录》指出，世界上没有几个国家可以说具有印度这样辉煌的农业前景。研究印度封建社会史的摩尔兰德说，据我看来，无可争议的是，当年印度在工业方面甚至比今天的欧洲还先进。在造船方面，印度人传给英国人的也许远比从英国人那里学到的要多得多。

但是由于印度本身存在的问题，它在西方殖民者到来之前，就陷入停滞不前的境地。马克思曾经论述过这原因。这就是农业和手工业相结合的农村公社的大量存在。正是这一点内因，使它虽有光辉的中世纪，但是终于在和西方接触时，形式上虽然同对方不相上下，但已经存在着在比赛中要落后于西方的因素。其后由于受到西方的控制，又多了一个妨碍其发展的外因。

我们这里说的是印度，其实也适用于除日本外的东方国家。

（五）农村公社例举

贯串在本书中有一个论点，就是由于自然条件的制约，东西方的农村公社存亡不同，就导致它们的发展同中有异。现在我们来综述一下农村公社的具体情况。由于它们本身在变化，我们叙述的就不是其原始状态。我们侧重描述德国的马克和印度公社。

德国的马克是由后人在地层里发现的。我们侧重从土地关系方面看一看它是什么样的。莱姆斯在其《社会经济发展史》(1921 年)中指出：马克的经济基础是，凡是它的界限内的森林、草原、小溪、河川、池塘、湖沼、田园、道路和桥梁等，都为公共的财产。它的界限是依森林、河流及湖沼的自然条件而构成的。每个家庭占有的土地，首先是建筑住所的地方，每个人可以选择他看中的地方作住所。耕种的土地，最初是经营野草的田园经济，后来才发展到三田制经济，即将所有农田分为三大份，在一年之中，一份夏季播种，一份冬季播种，一份休耕，以养地力。这种三田制的耕种制，曾出现在德意志、俄罗斯、瑞典、丹麦和法兰西等地。马克耕种的田地，又依照所有家庭的数量分为相应的若干小块，用抽签的办法分配各家耕种。每年重新抽签分配。因此，没有人会长久地分配到优等地或劣等地。在最古的历史时代，土地是在“原始的共产主义”中耕种的，即共同劳动和平均分配；当土地已归每家使用时，马克的成员便在公共的会议上决定大家必须何时耕地、何时下种和何时收割；他们必须互相配合，才不彼此妨碍，因为彼此都要经过对方的田地。这样经营的土地称为分配的马克。此外还有不分配的或公共的马克，如草原、森林、沼泽、水道以及一切在原始时代不能分割的公共财产，这是当人口增加时，就可以用来开垦的。此外，每个家庭也可以在公共地上伐木、放牧、捕鱼、打猎、打柴等等。他们都要参加修筑道路和防卫公社的公益劳动。由此可以看出，马克成员有平等的权利和义务。当然，我们是用现代的概念来分析原始的公社成员，因为在他们那里是没有权利和义务的区别及其概念的。

马克思从分工的角度，对印度公社进行描绘。他指出：“目前还部分地保存着的原始的规模小的印度公社，就是建立在土地公有、农业和手工业直接结合以及固定分工之上的，这种分工在组成新公社时成为现成的计划和略图。……在印度的不同地区存在着不同的公社形式。形式最简单的公社共同耕种土地，把土地的产品分配给公社成员，而每个家庭则从事纺纱织布等等，作为家庭副业。除了这些从事同类劳动的群众以外，我们还可以看到一个'首领'，他兼任警官、法官和税吏；一个记账员，登记农业账目，登记和记录与此有关的一切事项；一个官吏，捕缉罪犯，保护外来旅客并把他们从一个村庄护送到另一个村庄；一个边防人员，守卫公社边界防止邻近公社入侵；一个管水员，从公共蓄水池中分配灌溉用水；一个婆罗门，司理宗教仪式；一个教员，在沙土上教公社儿童写字读书；一个专管历法的婆罗门，以占星家的资格确定播种、收割的时间以及对各种农活有利和不利的时间；一个铁匠和一个木匠，制造和修理全部农具；一个陶工，为全村制造器皿；一个理发师，一个洗衣匠，一个银匠，有时还可以看到一个诗人，他在有些公社里代替银匠，在另外一些公社里代替教员。这十几个人的生活由全公社负担。如果人口增长了，就在未开垦的土地上按照旧公社的样子建立一个新的公社。……调节公社分工的规律在这里是以自然规律的不可抗拒的权威起着作用，而每个手工业者，例如铁匠等等，在他的工场内按照传统方式完成他职业范围内的一切操作，但是他是独立的，不承认任何权威。"①马克思这段话清楚表明了印度公社的经济自给自足性、对外独立性，确实是一个独立的共和国，内部则向着这样的方向发展：从公有到私有、从无阶级到有阶级、从平等到不平等。公社的这种趋势，本是东西方共同的，但是在东方、拉美和俄国，它却因自然条件而呈现出停滞的状态。这是前面论述过的。

（六）殖民者劫夺行为例举：暴力即不规则性就是规律

前面提到，美洲可供人类食用的动植物比欧亚大陆少得多。因此，西欧殖民者最初到达美洲时，发现当地几乎没有什么能提供食用的动物。植物

① 《马克思恩格斯全集》(第二十三卷)，人民出版社 1972 年版，第 395—396 页。

也只有当时西欧还不需要的种类。斯密说:哥伦布向西班牙宫廷陈述他所发现的是极其重要的地方。在各国,构成真实财富的,都是土地上生长的动植物,而那里当时生长的动植物,没有什么可以证明他的陈述是正确的。科里是介于鼠和兔之间的一种动物。它当时是圣多明各最大的胎生四足兽,这种动物本来就不多,而西班牙人的狗和猫老早就似乎吃掉了这种动物以及躯体比这还要小的其他动物。因而,这等动物以及大蜥蜴便是当地所能提供的最主要的动物性食物了。居民的植物性食物由于农业不发达,并不丰饶,但不像动物性食物那么稀少。其中,主要为玉米、芋、香蕉等。那些植物都是欧洲所不知道的,但不为欧洲人所十分重视,他们并不认为那些植物和欧洲原来生产的谷豆有同等的营养力。棉花是一种重要的制造业的材料,而在当时欧洲人看来,也就是那些岛上最有价值的植物性产物了。虽然在 15 世纪末,欧洲各地都极重视东印度的软棉布及其他棉织品,但欧洲各地没有棉织制造业,所以,即使这些生产物,在当时欧洲人看来,亦不很重要。由于新发现的动植物都不证明那些地方是怎样重要,殖民者就转移眼光到矿物上来。他们看到那里的居民的服装上挂着小片的金,并听后者说,那金片常可从下流的溪流或急流中发现,于是殖民者就相信那里的山必有最富饶的金矿。斯密指出:“最初冒险家输入欧洲的黄金,全部或极大部分是由极容易的方法取得,即向无抵抗的土人劫夺而得。”①其后,欧洲的移民到北美,他们的生产发展起来后,母国对他们的统治和剥削,终于引起北美反对英国的独立战争。

对于东方的财富,殖民者最初也是加以劫夺。马克思说:例如荷兰,它是 17 世纪标准的资本主义国家,其经营殖民地的历史展示出一幅背信弃义、贿赂、残杀和卑鄙行为的绝妙图画。最有代表性的是,荷兰人为了在爪哇岛得到奴隶而在苏拉威西岛实行盗人制度。为此目的训练了一批盗人的贼。盗贼、译员、贩卖人就是这种交易的主要代理人,土著王子是主要的贩卖人。盗来的青年,在长大成人可以装上奴隶船以前,被关在苏拉威西的秘密监狱中。

西方殖民者的劫夺,在存在农村公社的地方,有时是通过这种社会组织进行的。这是一段论述:“美洲的秘鲁在被西班牙人征服的时候,土著印加

① 亚当·斯密:《国民财富的性质和原因的研究》(下卷),郭大力、王亚南译,商务印书馆 1974 年版,第 133 页。

人原是统治秘鲁的种族……印加人对于共同土地的耕种以及收获的管理，自然比西班牙人完善得多。而号称文明实则野蛮、残忍、凶暴的西班牙移民，竟在这样一个仓廪充实，人民和业，社会清明的秘鲁登岸，登岸之后，就用炮火攻毁印加人的天国，把印加置于它野兽般的穷凶极恶的践踏之下，还要口口声声宣传秘鲁人的凶恶和野蛮。这便是近代号称文明人的神智和英武。美国有一位历史学家，叫作普勒士哥，曾得到一个征服秘鲁士兵的记录。据说，印加族是很善治理的民族。印加族的社会里面，没有盗贼、没有怠惰者、没有浮薄青年，也没有娼妓。山林、牧场、猎地以及一切财富都管理得很好，并分配得很好。他们各得一份使用的财产，绝不知道怕人偷窃。他们很看不起西班牙人，因为到秘鲁的移民都是些间日而食的穷鬼、乞丐、盗贼、引诱妇女的男子或卖淫妇等等。他们看见西班牙人的住所常常关闭或上锁，以为西班牙人是怕印加人杀害，绝想不到他们是防偷窃。”①

考茨基在研究帝国主义的著作中，指出帝国主义者如何通过农村公社进行剥削。他说：在英属印度的一种广泛推行的税收制度，以及在荷属印度替外国剥削者干活的农业徭役制，都是为帝国主义国家的利益而建立在这种“共产主义”基础之上的。

卢森堡在《国民经济学入门》中，对殖民者的劫夺有很深刻的描述：16 世纪西班牙和葡萄牙因有利可图就肆意狂暴地抢劫贵金属、香料、贵重装饰品及奴隶，掠夺新发现的热带国家的财宝、天然富源和人；17 世纪由荷兰开端而提供给英国示范的，就是单纯利用商业冒险，把大西洋彼岸国家的各种原料输入欧洲市场，同时对于那些国家的土人则强迫他们交换形形色色的毫无价值的废物。

用暴力进行劫夺是无规则性，无规则性是暴力的规律。

（七）两种统治和被统治关系

上面的论述事实上已说到西欧同北美、亚、非、拉地区的关系，可以分为

① 邓初民：《社会史简明教程》，生活书店 1940 年版，第 57 页。

两种。一种是和北美以及比北美大约晚200年才有白人居住的大洋洲的关系;另一种是和亚洲、非洲、拉美的关系。由于这两大地区的生产关系和居民不同,西欧对其统治的办法也不同。这一切合起来,使这两种地区的发展也不同。现论述于后:

第一种:白人移民到被腾空出来的土地(北美和大洋洲)上进行垦殖,从而这些地区成为移民垦殖殖民地。(不涉及主权问题。"这里说的是真正的殖民地,即自由移民所开拓的处女地。从经济上来说,美国仍然是欧洲的殖民地。"①)因而就产生母国对其统治或管理采用何种政策的问题。斯密说:"一切殖民地繁荣的两大原因,似乎是良好土地多,和按照自己方式处理自己事务。"就前一点说,"英国的北美殖民地,虽有很多良好土地,但不如西班牙人和葡萄牙人的殖民地,也比不上战争前法国人的殖民地。但是英国殖民地的政治制度,却比其他三国任何一国的政治制度更有利于土地的改良与耕种"。② 他指出,除了对外贸易,英属殖民地人民,就其他各方面说,都有完全的自由,都和他们国内同胞的自由相等,而且同样有个人民代表会议来保证这自由,人民代表会议,独享有权力课税以维持殖民地政府。他认为,殖民地参议院,与英国贵族院相当,但不是由世袭的贵族构成,而由人民的代表推选。没有一个英属殖民地有世袭的贵族。因此,人民在英属殖民地,就比在母国更为平等了。他们更有民主共和精神,其政府,尤其是新英格兰那三个政府,一向更有民主精神。

关于法国的专制制度也在其殖民地上建立起来的问题,要谈一谈。斯密这里指的是1789年法国资产阶级革命之前,亦即他写《国民财富》之前的情况。法国大革命后,法国在其殖民地也推行民主共和制。就是在革命前,斯密也认为:"法国殖民地的行政,与西班牙葡萄牙两国殖民地的行政相比,总是较为宽宏温和。这种较好的政治,和法国民族的性格相称,也和一切民族的性格相称,他们政府的性质,与英国相比,虽较为专横,然与西班牙葡萄牙相比,则比较守法、比较自由。"③我们知道,法国的移民垦殖殖民地主要在

---

① 《马克思恩格斯全集》(第二十三卷),人民出版社1972年版,第833页注253。

② 亚当·斯密:《国民财富的性质和原因的研究》(下卷),郭大力、王亚南译,商务印书馆1974年版,第143页。

③ 同上书,第157页。

北美，如加拿大。

总起来说就是：北美和大洋洲这些移民垦殖殖民地，既没有前资本主义生产关系的束缚，母国对其又实行较为民主（和奴役土著殖民地相比）的统治办法（美国独立后，这些殖民地多半取得自治领的地位），它们其后的发展就比另一种殖民地快些。

第二种：白人对亚、非、拉异族人实行经济和政治的统治，从而逐步使这些地区沦为奴役土著殖民地。这些地区都存在着前资本主义生产关系。宗主国对其政治统治多半是采用专制主义的手段。在经济上也是这样。如斯密所说：英国人对印度人，就不仅垄断其对外贸易，而且干涉其生产，有时命令其种罂粟，有时又命令其将罂粟锄掉，改种稻米。这样，他们的发展就比前一种殖民地慢得多。

英国经济学家霍布森，在帝国主义刚产生的条件下，从另一角度考察上述问题。他说："帝国的扩张同居民稀少的温带地区的殖民主义完全不同，在那些地区，白人殖民者带来了本国的统治方式、工业和其他文明的技术。而随着这些新领土之'占领'而来的，出现了少数白人，其中有官吏、商人和工业家，他们对广大居民实行政治和经济的统治，这些居民被认为是低等的，在政治上或工业上都不能行使相当的自治权。"①

由于这样，北美和大洋洲就较快地发展为发达国家。下面再谈这一问题。

（八）北美和大洋洲较快产生资本主义

西欧的资本家最初是将工人和生产资料一起输到移民垦殖殖民地去，以为这样就能将母国的资本主义生产关系带到那里去。但是，正如殖民经济学家威克菲尔德所说的：皮尔先生将价值 5 万镑的生产资料和消费资料带到澳大利亚的斯旺河去，他很有远见，还带了 300 名男工、女工和童工，可是，一到达目的地，他竟连一个为他铺床和到河边打水的仆人都找不到。原因

① 约·阿·霍布森：《帝国主义》，纪明译，上海人民出版社 1960 年版，第 22 页。

是新殖民地地广人稀，这些工人很容易获得土地，成为独立生产者，再也不出卖劳动力了。这里说的是大洋洲，其实也适用于北美。这就是说，移民垦殖殖民地有的经济规律同母国的相反：不是从独立生产者中分化出工人来，而是从工人中生出独立生产者来。

这里我想附带说明一个问题：威克菲尔德在资本主义母国生活惯了，只观察并屈服于现象，只知道资本是物，到达移民垦殖殖民地，才恍然大悟，资本原来不是物，而是以物为媒介的生产关系。

马克思指出：这里从事农业的大部分移民，其生产并不是资本主义生产。这是在或大或小程度上为自己从事劳动的农民。他们主要是为了保证自己的生活，为自己生产生存资料。他们的主要产品并不是商品，目的也不是做买卖。他们只把产品中超过自己消费的余额卖掉，以换取输入殖民地的工业品。当然，这里也有资本主义的生产，其目的是取得利润，但是发展得很慢。①

资本主义发展很慢的原因是独立生产者多，这样，一方面，自给自足的自然经济占统治地位，市场就很狭小；另一方面，工人很难雇佣到，即使从别处输入，他不久就获得土地，成为独立生产者。上述那位殖民经济学家曾经绞尽脑汁，提出他的殖民方案，主要是用人为的办法，即为此目的制订土地的价格，使工人积累起来购买土地的货币，要经历一段算好的时间才能获得，这时间的长度和货币的数量，要保证原来的工人成为独立生产者时，能从别处输入一个工人作为替身。这方案曾在澳洲实施，但问题还是不能解决。因为这样一来，工人就流到别处。其后，一方面，母国即英国的失业者增多，工人输入多；另一方面，美国南北战争后，土地就滥送给在战争中暴发的大资本家，澳大利亚也将土地送给资本家，容易获得土地的时代过去了，资本主义就较快地发展起来。

美国有一个为其特有的妨碍资本主义发展的原因：南部适合种植棉花和烟草，这些经济作物需要大量的劳动，输入的工人，包括契约工人，由于或者容易离开，或者有一定年限，不能解决问题，于是就在非洲捕捉黑人，输入作为奴隶，以解决劳动力的问题。这样，美国的南部就和资本主义的北部不

① 《马克思恩格斯全集》(第二十六卷第二册)，人民出版社 1973 年版，第 338—339 页。

同，它存在的是奴隶制，后者妨碍前者的发展。这个问题如何解决，下面再谈。

诺贝尔经济学奖获得者、发展经济学家刘易斯认为：奴役土著殖民地阿根廷（列宁曾详细地论述过它是英国的经济殖民地或附属国）和移民垦殖殖民地澳大利亚，这两者经济发展的对比具有特别的启示性："这两个国家的经济，在19世纪50年代同时迅速增长，并且出售相同的商品——谷物、羊毛和肉类。1913年时，两者的人均收入都处于世界前十名之内。但是，澳大利亚迅速实现了工业化，而阿根廷却没有；关于阿根廷未能实现工业化这一点，阿根廷的民族主义者归咎于英国在阿根廷的权益；但是，英国在澳大利亚和加拿大甚至更有影响，而这两个国家却迅速工业化了。与这两个国家相比较，主要差别在于阿根廷的政治为过时的、有地贵族阶层控制，澳大利亚不存在有地贵族，它的政治生活由城市各阶层控制，它们利用自己的权力保护工业利润和工资。"①事实上，移民垦殖殖民地是较早地实现工业化的。其原因，刘易斯认为是没有有地贵族，这也正确，只是不够全面，而且他也没有进一步说明有地贵族怎样妨碍工业化。下面我们就分析亚、非、拉社会为什么产业革命或工业化是困难的。

① 阿瑟·刘易斯：《国际经济秩序的演变》，乔依德译，商务印书馆1984年版，第15—16页。

十一、关于中国地主经济封建社会发展迟缓问题

（一）问题的提出

现在我们要论述：同西欧相比，中国地主经济封建社会的发展为什么这么迟缓，这么长，这么难产生和发展资本主义？

中国封建社会始于何时，历史学家看法不一。我采西周封建社会开始说。按照此说，中国封建社会自周灭殷即公元前 1046 年左右开始，到 1951 年进行消灭封建主义土地制度的土地改革运动，即从经济关系方面消灭封建主义时为止，历时约 3 000 年。西欧的封建社会，从日耳曼灭罗马即公元 476 年开始，到 17、18 世纪发生资产阶级革命（各主要国家发生的时间不同）时为止，历时约 1 300 年。就是说，中国进入封建社会比西欧早得多，其经历的时间比西欧长得多。如果将封建社会分为领主经济和地主经济阶段，情况又有所不同。中国领主经济阶段是从周到秦的统一天下，即从公元前 1046 年左右到公元前 221 年，约 825 年；余下的地主经济阶段约 2 100 年。西欧领主经济从 5 世纪到 14、15 世纪，约 1 000 年，比中国领主经济阶段略长；余下的地主经济阶段约 300 年，中国地主经济阶段比它长得多。因此，中国封建社会的发展迟缓主要在地主经济阶段。表面看来似乎是矛盾的：中国早就进入地主经济阶段，土地早就能买卖，农民早就能离开土地，这原是资本主义得以产生的社会经济条件，可是中国却迟迟未能产生和发展资本主义，以致西方殖民者到来时，西方已产生资本主义，在社会经济发展阶段上，中国远远落后于它们，双方发生经济联系后，由于前面已经分析过的经济规律的作用，又使两者的经济差距拉大。这就是中国社会科学工作

者长期以来讨论的中国封建社会的停滞性，或者在我看来应正确地称之为中国地主经济封建社会发展的迟缓性问题。这里不能评述有关的所有论点，只侧重介绍王亚南的、在我看来已形成学派的理论体系。①

王亚南首先解决研究中的方法论问题。他指出：在新史学产生前，中国和外国，都把历史看作政治的延续。而政治延续过程中显示的变动，反映在中国正统历史学家乃至一般人士心目中的规律，就是所谓天下大势，合久则分，分久则合；所谓治乱相循；所谓一朝天子一朝臣。朝代交替与治乱分合，一次又一次定型周期的表演，很容易使人把那种表演当作历史发展的自然定律来接受。在这一点上，他认为这些历史学家和演义小说作者，没有很大的区别。

将中国历史这种周期演变，看作一种停滞，首先就要把历史从狭窄的政治领域中解放出来；而认为它的发展说到底是要受经济的发展所制约。他认为，从经济发展说明历史发展，而又认为经济的发展要受政治的影响的大理论家，第一位就是《国民财富的性质和原因的研究》的作者亚当·斯密。他说："中国一向是世界上最富的国家，就是说，土地最肥沃，耕种最精细，人民最多而且最勤勉的国家。然而，许久以来，它似乎就停滞于静止的状态了。今日旅行家关于中国耕种、勤劳及人口稠密的报告，与500年前观察该国的马可波罗的记述比较，几乎没有什么区别。也许在马可波罗时代以前好久，中国的财富就完全达到该国法律所允许的发展程度。"他又说："中国似乎长期处于静止状态，其财富也许在许久以前已完全达到该国法律制度所允许的程度，但若易以其他法制，那么该国土壤、气候和位置所允许的限度，可能比上述限度大得多。"②王亚南认为，这种论述当然是一种极有意义的提示，尽管还不够明白。以后我们看到，正是在这种方法论的启发下，他认为中国的官僚政治及支持它的科举制度，是使中国地主经济封建制度能

① 这里主要根据王亚南的以下著作：《中国社会经济史纲》（笔名王渔邨，生活书店1937版），《社会科学新论》（经济科学出版社1946版），《中国官僚政治研究》（时代文化出版社1948版），《中国地主经济封建制度论纲》（华东人民出版社1954版）。此外，笔者在中山大学经济系读书时，于1946年修读王老师的《中国社会经济史》，记下的笔记，几十年来没有丢失，其中有些精辟的论点，他没有公开发表，我觉得应该介绍给学术界。我的工作主要是将他有关的论点加以整理。

② 亚当·斯密：《国民财富的性质和原因的研究》（上卷），郭大力、王亚南译，商务印书馆1974年版，第65、87页。

够长期延续的一个原因。

对于马克思以农村公社在东方的长期存在，来说明包括中国在内的东方社会的发展停滞，这其实是前面论述的亚细亚生产方式问题，王亚南当然十分重视，他的有关看法，前面已谈过，这里从另一角度再谈一谈。引用了马克思那段关于亚细亚各国社会经济的要素的结构，在政治风云的浪潮中，总是原样不动之原因的分析后，王亚南特别指出："我们对这段话的理解，须得明了，政治变动未改变社会基本经济要素的结构，固然同那种结构的顽强性有关，同时也由于当时的政治无论在变动以前，或在变动以后，有时甚至在变动当中，都在设法加强那种结构的顽强性。这就是说，中国的专制官僚体制，是把农民的无知、孤立、被束缚于宗法社会组织和对政治的不关心作为其存在的前提条件。如其看落了这一面，那种成为问题的社会的基本要素的结构本身就不像是由历代王朝多方努力予以积累和变相地强化起来的结果，而像是一开始就顽强到不能由任何政治变动所改变的'自然体'。那显然是误解了那位大经济学者的正确论旨。"①这种认识，成为王亚南分析问题的重要方法。

有些中国学者，受传统观点影响或者发展传统观点，从广义的或狭义的文化出发研究中国历史，认为中国文化不仅不比西方落后，相反地，比西方先进得多。这样研究中国问题，就不仅否认中国社会落后，而且取消了中国封建社会发展的停滞问题。因为在持这种观点的人看来，中国这种文化，能够长期存在是再好不过的；如果它竟受到破坏，那就要加以拯救、修复，然后弘扬于世界。对于这类论点，王亚南予以批判。在《社会科学新论》中，他批判的有梁漱溟、钱穆和朱谦之三人的理论。由于梁漱溟的理论几十年来不变，直到现在还有一定的影响，而王亚南几十年前就对其进行的深刻批判，现在读来仍有现实意义，应予介绍。但为了叙述的方便，我放在下面适当的地方谈。

王亚南还特别重视马克思关于自然条件和不同民族之间的影响在历史发展中的作用，以及处于历史阶段较低即文明程度较低的征服民族，必然被处于历史阶段较高即文明程度较高的被征服民族所同化的理论，并以此指导其研究。

---

① 王亚南：《中国官僚政治研究》，中国社会科学出版社 1981 年版，第 138 页。

（二）与两类异族相碰相撞改变不了汉族和中国的封建主义

西方入侵之前，汉族周边的异族，其所处的社会经济阶段都比汉族低，两者相碰相撞，以及往往由此导致的混居生活，不论汉族是胜利的征服者，还是失败的被征服者，亦不论在这过程中，中国的版图是扩大还是缩小，都是封建制度的延续，中国社会制度的封建主义性质并没有发生变化。

根据吴于廑关于游牧民族和农耕民族相碰相撞的历史作用和历史事实的分析，就可以看到，处于地主经济封建制度阶段的汉族是从事农耕的民族，而汉族周边的民族则都是游牧和向农耕过渡的游牧民族，其互相影响的结果，是加速游牧民族发展为农耕民族，这样，根据马克思阐述的有关规律，其结果总是处于封建主义阶段的汉族封建主义的延续。

具体地说，汉族有过多次征服其周边异族的行动，并成为胜利者，由于这许多异族不是处于原始社会阶段，就是处于奴隶制度，最高的就是处于封建主义的形成期，他们被征服的结果，就是汉族的封建主义领域的扩张，中国封建史上每次开疆拓土，其实质都是这样。汉族也有被征服的时候，五胡十六国、元、清，都是由于汉族被征服而建立的。但这些成为胜利者的异族，所处社会经济阶段都低于汉族，其结果是汉化，即不仅汉族的封建主义仍然保留着，而且他们原来所处的生产关系也加速向封建主义转化。这里看一看蒙古族打败汉族，建立元王朝时，蒙古族的统治阶层关于发展战略的争论及其实施结果，就能说明问题。

前面提到的吴于廑的文章说，蒙古人进入长城以后，统治阶层中，有的主张把汉人赶跑，把耕地全部改为牧场，有的主张把汉人留下来，对其征收地税、商税和酒醋盐铁税，等等。经过反复，后者胜利。尽管在实行中有很大偏差，致使北方大量土地荒芜，江南土地集中严重，全国经济较前倒退；但总的说来，元朝对汉族的统治，实行的仍然是中国原有的封建制的一套办法。其原因说到底就是，正如吴文所说的，相对于游牧而言，农耕这一先进经济的吸引力是不可抗拒的。因此，在汉人聚居地，元王朝还是按照原来的生产关系和剥削制度进行统治。这就是原来的封建生产关系的延续。吴进一步从原理上指出：进入农耕世界的游牧、半游牧部族，到头来很少例外，大都走上农耕化的道路，从以游牧为本的经济走向以农耕为本的经济，并按照他们进入农耕世界时社会发展所达到的阶段和水平，逐步采取和适应了定居地的生产技术、生产方式、社会阶级制度、道德规范、思想、学术、文艺，等等。他们还会利用被征服地区原有的统治阶级，沿袭原有的制度，把农民的生产作为他们租税俸禄之源，从而把他们的统治建立在农本经济的基础之上。他们有的建立了大帝国。强大的王朝，越是能够适应农耕世界的社会经济政治文化的，就越能维持他们的统治，这和农耕世界在不同社会阶段上自身崛起的强大的国家在本质上没有什么区别。

根据这一点，是否可以看出，满族建立的清王朝，入关前由女真发展而来的满族，所处社会经济阶段和汉族的差距较小，再加上某些杰出的最高统治者的个人作用，他们很快就适应并运用了原有的汉族的封建主义制度，所以，清王朝与元王朝相比，其统治牢固得多，历时也长得多。

地理大发现后，西方白人到达中国者日多，尤其是鸦片战争后，白人和中国人相碰相撞非常尖锐，这对中国社会经济发展产生什么作用呢？这就是马克思论述英国人对印度的统治的历史作用的同一个问题。白人所处的社会经济阶段比中国高，所以不会被后者同化；相反地，中国应该被他们带进与他们相同的社会经济阶段。但是，由于中国不是西方国家的移民垦殖殖民地，他们不允许中国发展为可以同他们竞争那样的资本主义国家，相反地，要保留中国的封建主义的经济基础，而极力破坏其自然经济，以便获得一个广大的市场。由于这样，中国的封建主义仍然继续存在。本来自然经济的破坏，就客观上为资本主义的产生创造了条件。但是，又由于外国资本主义的压迫，以及离地农民过多，工资特别低廉，中国的资本主义，一般就是易与外资周旋的工场手工业，这种以手工劳动为技术基础的小工业，无法战胜构成封建经济基础的个体农民。抗英的鸦片战争失败、抗英法联军的战争再败、太平天国覆灭后，中国兴起其目的为工业化的洋务运动，但由于内部和外部原因的综合作用，中国未能像与同时在日本发生的明治维新运动使日本成为资本主义社会那样，而仍然留在封建社会阶段。其中有些问题，我们留在下面谈。

关于异族入侵或汉族和异族的碰撞，对中国历史所起的作用，王亚南的看法总起来就是：白人到来前，与汉族相邻的异族所处的发展阶段都低于汉族，汉族和他们发生冲突，不管谁胜谁败，其结果只能是汉族的封建制度的延续或在地域上的延伸；白人所处发展阶段虽较高，但其资本主义的本质则使中国不能发展为与其相竞争的资本主义社会：这是中国长期停留在地主经济封建阶段的重要原因之一。

（三）中国原有地主经济封建制度和社会组织的强韧性

马克思指出：现代即资本主义生产方式，“只是在现代生产方式的各种条件在中世纪内已经形成的地方，才得到了发展”；而“资本主义以前的、民族的生产方式具有的内部的坚固性和结构，对商业的解体作用造成了多大的障碍，这从英国人同印度和中国的通商上可以明显地看出来。在印度和中国，小农业和家庭工业的统一形成了生产方式的广阔基础。此外，在印度还有建立在土地公有制基础上的村社形式，这种村社在中国也是原始的形式”。① 手工业和小农业相结合即自然经济的存在和农村公社的残留，这两者是统一的。根据马克思这一重要论述，王亚南在提出一条重要原理的基础上，全面地论述了中国地主经济封建制度之所以不利于资本主义的产生，是由于它的经济制度和社会组织的强韧性，使它不易解体。

王亚南提出的原理是：外力对某一民族的社会经济的发展所起的作用，同这一民族的经济制度的强韧性是成反比的。印度和中国地主经济封建制度中存在着的农村公社，以及与此有关的社会组织，使这一社会不易发生变化；虽有外力的作用，其变化也较那些强韧性较小的社会受到外力的作用所引起的变化小得多。

在论述中国地主经济封建制度的强韧性之前，有必要论述王亚南对商

① 《马克思恩格斯全集》(第二十五卷)，人民出版社 1974 年版，第 372—373 页。

鞅变法，亦即秦王朝进行土地制度改革之后，在中华人民共和国进行土地制度根本改革之前，在这大约 2 100 年中，中国有没有进行过带有变革生产关系性质的土地改革这一问题的看法。与某些历史学家的看法相反，他的回答是否定的。他概述了中国历史上最著名的均田制的形成及其实质，均田制如何变成庄田制及其实质；然后总结地指出：从秦到清这大约 2 000 年间，除了在两晋南北朝那一段时间，因战乱及外族入侵之故，曾呈现过倒退到原始形态的自然经济现象，以及以后还局部出现了庄园组织的形态外，地主经济一直是占支配地位的。这同西欧在 9 世纪才比较广泛形成的庄园经济，到了 13 世纪就趋于崩解，此后直到 19 世纪，像德俄等个别国家，又出现了赋役农奴制的情况，恰好是一个对照。

中国地主经济封建制度的强韧性，王亚南认为其根源就在于这种经济和西欧的不同，不是在商品经济较为发展的基础上产生的。由于这样，土地就成为最主要的生产资料（社会条件决定不可能有资本主义意义上的资本），土地所有者是社会的权势者；所谓有土斯有财，凭谁有钱就可以购买土地，变成超经济的榨取者，变成有权有势者。于是，由于存在中央集权的专制政权而产生的货币捐税，使土地生产物商品化和货币化，呈现出商品经济、货币经济和市场经济形成和发展的外观，但其产生原因不是生产发达和社会分工发达，而是政治上或财政上的需要。恰当地说，这样的经济是流通经济。在这样的条件下，作为出售者的农民和作为收购者的商人，就不是站在商品经济应有的平等地位上，其实质就不是资本主义的，而是封建主义的。就是说，由此积累起来的货币，不是转化为现代意义的资本，而是胡乱地消费掉，或者用来再购买土地，或者用来放高利贷和经营具有高利贷性质的商业。

王亚南将这可以互相转化的三者列为三位一体的公式：土地资本——高利贷资本——商业资本，而以高利贷资本的利息率调节其运动。这就是说，从领主经济开始转化为地主经济，土地从不能买卖到能买卖，从没有价格到开始有价格时，这时的土地价格就由原来的即领主经济的地租和高利贷利息率决定。土地价格一旦产生，以它作为前提的新的即地主经济的地租，就由这土地价格和高利贷利息率来决定了，即这时的地租是按土地价格来收取的、由高利贷利息率调节的利息。前资本主义商业资本的利润同样由高利贷利息率来调节。我们知道，这种利息率的高低，只能由需求来决定，远远高于资本主义的利息率。正是这样，我们说封建主义的地租是农民的剩余劳动，那只能是对领主经济的地租而言，地主经济的地租不仅侵占农民的剩余劳动，而且侵占其必要劳动。这就是旧中国农业衰落，农民不得温饱，被迫离开土地，而又当不成工人的社会经济原因。因为在这一公式支配下，有钱与其办工厂或工场，就不如买地收租、放债取息和经商牟利来得合算。这就是马克思所说的："在亚洲的各种形式下，高利贷能够长期延续，这除了经济的衰落和政治的腐败以外，没有造成别的结果。只有在资本主义生产方式的其他条件已经具备的地方和时候，高利贷才表现为形成新生产方式的一种手段……"①

（四）政治上层建筑对地主经济封建制度的维系作用

自秦汉至清，中国封建王朝的政治制度都是中央集权的专制主义制度。这和西欧在领主经济动摇即资本主义萌芽时，才建立起这样的制度，在社会经济发展中起的作用是不同的。主要的不同是：西欧的资本主义是在领主经济阶段的末期自发地产生的，它产生时这种政治制度如下面将分析的，对资本主义经济的发展是有利的；其后当这种制度说到底已妨碍其发展时，资本主义经济已逐渐壮大，羽毛已丰的资产者作为市民的代表，团结要求人身自由的农奴，为争取政权进行了激烈的斗争，最终取得了政权，并利用它来发展资本主义，这当中涉及的阶级关系和阶级力量对比问题，留在下面谈；中国在没有资本主义萌芽的条件下，就过渡到地主经济封建制度，并相应地产生中央集权的专制制度，这样，它就会起妨碍资本主义产生的作用。

首先，要指出的是：在经济上支持这一政治制度的，除了征收的赋税外，还有以财政为目的（因而具有政治上层建筑的性质）的国营事业，这包括生产的和销售（专卖）的，如盐、铁、茶、米、纸等，这些与民生密切相连的，也是最盈利的。但都被官家垄断了，百姓不能染指，这当然不利于资本主义的产

① 《马克思恩格斯全集》（第二十五卷），人民出版社 1974 年版，第 675 页。

生。因为在高利贷资本的作用下,不买地收租、不放债取息、不经商牟利,而想办实业牟利,最理想的就是经营这些行业了。此外,官办实业,贪污浪费,对提高生产力毫无裨益,不能为新经济的产生准备条件。

其次,与地主经济封建制度相适应的官僚政治也起了这样的作用。取代贵族政治的官僚政治,起初是有利于经济的发展的,因为根据才能选拔的官僚,比起那些凭血统为官的贵族来,理应是能够修身、齐家、治国、平天下的。选拔的方法,经过实践,从隋唐到清末是科举制,即通过考试,择优任官。这里,我们撇开其后流于形式、贪污作弊,其结果往往是买官、捐官不谈,就其理想状态而言,就是使地主、商人、高利贷者本人或其子弟,有可能经过十年寒窗,再通过考试,变为官僚。这就是说,经济上的三位一体公式:土地资本——高利贷资本——商业资本,演化为政治上的四位一体公式:地主——高利贷者——商人——官僚。这四者是你中有我,我中有你的。这样一来,被扰乱的阶级关系就不利于将农民起义纳入资产阶级革命的轨道,和西欧有很大的不同。这一点,下面再谈。

此外,科举制度又使某些要求变革社会制度的优秀人物,以为可以通过科举为官,然后国治而天下平——变革社会制度,以实现其抱负。中国的章回小说和传统戏曲,作为思想上层建筑,很大部分的内容,就是歪曲地反映科举制度的改革社会的职能的;西欧的戏剧和小说绝无此等事。因为西欧没有科举制度。在中国,科举制度起了马克思所说的这种作用:“和中世纪的天主教会的情况完全一样,当时天主教会不分阶层,不分出身,不分财产,在人民中间挑选优秀人物来建立其教阶制度,以此作为巩固教会统治和压迫俗人的一个主要手段。一个统治阶级越能把被统治阶级中的最杰出的人物吸收进来,它的统治就越巩固,越险恶。”①

最后,行会力量依赖专制制度,致使城市不能取得政治独立,从而削弱了市民革命的力量。王亚南说:“中国中世的这种组合或基尔特的发生,与欧洲中世的基尔特的发生,有其不同的特质。欧洲都市的商人基尔特,是在与当时封建组织对立的基础上发达起来的,而中国中世的基尔特,则是由商人与封建官僚的协力所形成。因欧洲都市是有独立性的,把握着都市商业

---

① 《马克思恩格斯全集》(第二十五卷),人民出版社1974年版,第679页。

特权的商人基尔特组织，它的主要任务，是要对抗一切外部的暴力的（封建势力的）干涉，而保护市场。然而中国的商人，或中国的都市商业，其本身就与封建势力结了休戚相关的不解之缘。从而中国的商人组合或商人基尔特，就是在封建官僚卵育下发展起来的。因为商人的利益由此得到保障，而带着极浓厚的'商业精神'的官僚封建利益，自然也得到保障。在这形势下，中国的商人组合或基尔特的权力，乃不得不从属于最高的地方官长。"①这样，中国中世纪的城市就不像西欧的那样，即不能取得政治独立，市民的力量就不构成对封建地主的威胁。

我们知道，马克思很同意黑格尔将中世纪的城市，即由商人和手工业者组成的社会称为市民社会，并且认为，市民对封建主取得城市的政治独立，从而由市民领导农奴或农民的资产阶级革命，是促使封建主义灭亡、资本主义产生的重要力量。这样的市民社会不仅突破了为了维持封建统治的政治束缚，而且突破了它的思想束缚，后者主要是指，宗教的禁欲和禁利，在这里，赚钱被认为是合法的追求。正是这样，马克思说："市民社会是全部历史的真正发源地和舞台，可以看出过去那种轻视现实关系而只看到元首和国家的丰功伟绩的历史观是何等荒谬。"②恩格斯也说，马克思从黑格尔的哲学出发，得出这样一种见解：要获得理解人类历史发展过程的钥匙，不应当到被黑格尔描绘成"大厦之顶"的国家中去寻找，而应当到被黑格尔那样蔑视的"市民社会"中去寻找。中国就缺少这种和封建主义对立的市民社会，从而使农民起义不能走上正轨。

（五）思想上层建筑对地主经济封建制度的巩固作用

在任何一个阶级社会里，占有社会物质的生产资料的阶级，同时必定占有或支配社会基本的精神的生产资料。后者的作用在于：将这种物质生产资料的占有说成是有根据的，不可侵犯的；继续制造或生产出维护那种占有

① 王渔邨：《中国社会经济史纲》，生活书店1937年版，第294—295页。

② 《马克思恩格斯全集》（第三卷），人民出版社1960年版，第41页。

的动力；用以缓和同一支配阶级内部的分离力量。

中国先秦即春秋战国时期，是有史料记载的社会制度发生部分质变的时期。与此相应，反映各个阶级和阶层的思想互相交锋，精彩纷呈，这就是诸子百家的争鸣。孔子的思想即儒家学说是其中的一家。本来就儒家学说的主要精神而言，它是完全适合地主经济封建制度的中央集权的专制制度的需要的。但秦王朝在建立这样的制度，选择与这样的制度相适应的思想时，是经过一段摸索过程的。秦之所以被后世的儒者责骂得非常厉害，就是因为秦始皇在统一六国，从多方面进行大改制的当时，由于还是第一次采取这种统治方式，没有经验，做了一件对他的统治大不利的事，那就是历史学家所说的焚书坑儒。秦始皇没有体会到儒家及其学说，最有利于他的统治，恰如罗马帝国在纪元初期还不曾好好体会到基督教大有利于奴隶帝国的统治，而多方加以禁压和迫害一样。然而，利益终会使人聪明，罗马到了第四世纪，就把它向来认为谣言惑众、诽谤当道的基督教作为国教；中国的专制君主到了汉朝的武帝时期，就“罢黜百家，独尊儒术”了。

根据王亚南的分析，儒家学说之所以能够巩固地主封建的中央集权的专制制度，是由于它的以下的学说：天道观念的政治思想；大一统主义；纲常之教。

天道观念的政治思想的作用。孔子不大讲神，也不大说鬼，却大谈其天，如“天子作民父母，以为天下王”；作为孔门私淑弟子的孟子也说：“天将降大任于是人也……”中国人长期以来，受其影响，老百姓也开口闭口说：天知道，天意如此，成事在天……这些说法，就是天道观念。在意识形态发展史上，天道观念是比神道观念进了一步。中国领主经济封建制度，一般显示了金字塔形的等级身份制的特点，没有多少流动融通性的固定秩序的特点，以及狭窄的地域范围和落后的锢蔽乡土关系的特点，这一切，都成了神道设教的温床。当领主经济推移到地主经济的时候，社会的固定等级秩序以及褊狭的地域观念，都受到了动摇不定的影响，在这情形下，神的说服力，就有些不够了。于是，天道观念就取代了它。天道观念的政治思想的实质，是用自然界的秩序来说明社会的秩序的根据。但是，近代欧洲的天道观念或自然主义，是建立在自然科学的初步发展之上的，而中国儒家的天道观念，即使以其最高发展的形态而言，也只是以对自然的朦胧认识为基础。因为欧洲的天道观念毕竟是在资本主义的基础上产生的，而中国的则是在封建主义的条件下产生的。

这里要指出的是，天道观的政治思想，在孔子那里还不完备，他只能说，君主是天子，是替天行道的，但他还没有说明，替天行道之事，非常复杂，天子要有大大小小官吏的辅助，他们的存在，到底在“天”的哪里可以找到根据。这个问题，要到汉武帝罢黜百家，崇尚儒术时的董仲舒，才大体上有了交代。他以天象来说明官象或官制。①

大一统主义是天道政治思想的必然产物。按照董仲舒所说的天无二日，民无二主，王者或天子就是天下的最高主权者。但是，这里毕竟存在着这样一个缺点，就是统治者强调天命天意，说他自己在位在职，是天予民归，而反对他的人，也会利用这个不可捉摸的玄理，说他们也是由天授命，要起来反叛既成的统治，并且强调说，天命不取，反受其殃。这真是以夫子或天子之道，还治夫子或天子之身了。为了补这漏洞，就有纲常之教。

纲常之教的作用。纲就是三纲：君为臣纲、父为子纲、夫为妻纲；常就是五常：父义、母慈、兄友、弟恭、子孝。这就使政治家族化和家族政治化，把国与家打成一片，这是伦理政治的精髓，其中最重要的是三纲。三纲是天定的秩序。这样，自然的大法就真像是天网恢恢。自天子以至庶人，皆莫能外。君为臣纲、父为子纲、夫为妻纲，已经把君权、父权、夫权明白确定了，而父权和夫权又是从属于君权的。中国历史上都强调国之本在家，家齐而后国治。家族关系被当作政治关系来处理。所以，在孔子看来，把家里弄妥当了，没有逆子、悍妻以及不法的兄弟，就算是为国家完成了一定的政治任务。所谓“孝乎惟孝，友于兄弟，施于有政，是亦为政也”，就是这个意思。儒家学说这种伦理政治主张，在领主经济贵族政治制度下，由于存在着金字塔般的等级制，小国寡民，层层管制，就并不怎样需要，一旦过渡到地主经济官僚政治制度，王者或天子高高在上，对领内广土民众，单靠郡首县令的管制，实难周密；最妥当的莫如通过家族宗族来管制，即把防止犯上作乱的责任，通过家庭，通过族姓关系，叫为人父的、为人夫的、为人族长家长的，去分别承担，以

① 董仲舒说：天以四时之选，与十二节相和而成岁，王以四位之选与十二臣之选相砥砺而致极。

建立起家族政治的连带责任。在所有“劝”的场合，就是一人成佛，鸡犬皆仙；在所有“惩”的场合，就是一人犯法，九族株连。结果是，父劝其子，妻励其夫，兄弟朋友互相规诫，无非是要大家安于现状，在现状下求长进，求安富尊荣，天下因此就太平了。

自从天道政治观念、大一统主义和纲常之教，当作儒家学说三根支柱，为汉代专制君主及其官僚们所赏识和重视，并被确定为文教政策的指导原则以来，历代专制王朝都把崇儒尊孔，当作维系它们封建统治的国策。儒家学说在维系地主封建专制主义统治中，确实起了重要的作用。

写到这里，我们要谈谈梁漱溟在中华人民共和国成立前，在将近30年中宣传的儒家学说所起的作用。他是以研究中西文化及其哲学而著称的。他将文化定义为生活中解决问题的方法，或生活的样法。据此，他将世界文化分为三种：一是努力取得所要的东西，这是西洋文化，以产业、科学和民主为特征；二是不改变局面而求得自我满足，这是中国文化，以调和、融合和折中为特征；三是取消问题而实行禁欲主义，这是印度文化，以后退、超脱和清静为特征。可以看出，他说的文化是广义的，不仅是思想，而且包括政治和经济。他认为最落后的是西洋文化，它不能解决问题，要向中国文化乃至印度文化发展；最先进的是印度文化，中国文化居中。他又认为，人类的本性不是贪婪，也不是禁欲，而是顺其自然地生活。因此，中国文化是最好的，应推广于世界，作为中国对世界的贡献。

那么，他认为中国文化的具体内容是什么呢？在他看来就是：以伦理为本位和只存在职业分途（分工），而不存在阶级分野。简要地说就是，人生必有相关之人，这是天伦，人生始终处于与人发生的关系中，这就是伦理，一个人似不为其自己而生活，而好像应为他人而存在的社会，这是伦理本位的社会。他认为，西洋社会是以个人为本位的社会，因为它视财产如同个人的身体；社会主义社会是以社会为本位的社会，因为它将土地和一切生产资料都归社会所有；在伦理本位社会，夫妇、父子情如一体，财产是不分的，有时祖父在堂，则祖孙财产不分，父母在堂，则兄弟财产不分，如分便被认为背理，所以这是一种共产或公产，不过，其程度取决于伦理关系之亲、疏、厚、薄。由于是自家人，兄弟乃至亲戚朋友在经济上彼此照顾，互相负责，就没有贵族与农奴阶级、资本家和劳工阶级的对立，生产资料不被一部分人所独占，而形成所谓的职业分途的社会，这是和西洋社会不同的。在这里，梁漱溟最欣赏的是中国社会中的伦理关系。其实，这是中国地主封建制中仍保留较多的农村公社的血缘关系的重要表现。强调要维持这种关系，就能维系地主经济封建制度。这同样是儒家学说的运用。

至于梁认为这种文化是世界上最好的，要弘扬于世界，这虽不属我们现在研究的问题，但是由于他所说的文化是包括了经济的，所以这就等于说，中国的地主经济封建制度是世界上最先进的，这和我们前面的分析是对立的。我们就从这一角度谈一谈。我认为，离开物质生产、离开生产方式来谈社会经济制度的先进与落后，那只能坠入唯心主义的历史观，而以主观的爱好来判别历史，应该说是错误的。在这里，我们应该区别儒家学说依以产生的社会基础是落后的，而它所包含的伦理哲学的因素及其升华，即伦理哲学的范畴，则可以远离其产生基础，而被另一性质的社会，甚至是比较先进的社会作为一个抽象范畴而接受下来，然后再具体化为与该社会相适合的概念。例如忠，其原意是忠君，但它一经产生，就可以独立发展，其后具体化为忠于国家或民族，这就可以被另一种社会制度所用了。明白了这一点，就可以看到，即使儒家学说中某些范畴，被用于管理资本主义经济，如某些国家所做的，也不能认为它依以产生的社会就是资本主义性质的。

（六）被扰乱的阶级关系不利于将农民战争引上正轨

在西欧，尤其是在封建等级制最为典型的法国，在政治上结束封建主义统治的资产阶级革命，是没有特权的第三等级，反对有特权的第一和第二等级的革命。前者是平民，包括资产者、工人和农民，后两者分别是僧界贵族和俗界贵族；革命的表现形式就是以资产者为首的市民，团结和领导农民展开反对贵族的斗争，它的最高形式是城市起义和农民起义。结果是以资产者为首的市民取得政权，从而用政治力量消灭封建的土地制度，加速资本主义发展。

在中国不是这样。前面所说的由经济上的三位一体公式转化而来的政治上的四位一体公式：地主——商人——高利贷者——官僚，对社会的阶级关系,起了扰乱的作用。这四者由于是可以互相转化的通家,就成为农民战争打击和消灭的对象,就是说,商人和高利贷者这些最有可能发展为资产者的社会成分,在西欧是和农民在一起反对地主和官僚的,在中国则被放到地主和官僚一边,一起成为被农民打击的对象。再加上中国城市由于是在专制制度卵育下存在的,不像西欧那样取得城市自治或独立,市民不可能成为领导农民进行革命的力量。由于这样,中国的农民战争,就将上述四者作为打击对象,并在战争中将积累起来的商业资本和高利贷资本分光,这就等于将有可能转化为现代意义的资本积累消灭了。

商人和高利贷者受打击,还由于:地主经济自始就把地权和商业资本纠结在一起,商人可以成为土地所有者,土地所有者也兼作商人或各种作坊经营的老板,他们之间没有严格的身份加以限制,因此就没有可能形成尖锐的阶级对立。不仅如此,每当土地所有者、专制君主及其官僚们因消费贪欲增大,超经济的剥削榨取加强的时候,也正是商人高利贷者牟取暴利的好机会。他们在压制农民,横征暴敛方面,利益相同,行动一致。每到王朝末期,不能不起来铤而走险的农民大众的反抗对象,就不仅限于贪官污吏,而且还有商人和高利贷者。历代王朝末期的农民暴动,不仅推翻王朝,而且也破坏了商业,造成牛死虱死的悲惨局面。

王亚南认为,中国地主经济封建制度时期,曾多次发生大规模的战争,不论是对外战争还是对内战争,都只是促成王朝的崩解,而并未导致社会制度的变革。其原因,与其说是取决于战争的性质,不如说取决于战争进行过程中的一般社会劳动生产力的可能的贮备条件;与其说是取决于农民战争只有破坏既成统治的消极愿望,不如说由于既成统治已把新社会所由孕育诞生的积极因素给无情摧残剥夺殆尽了;与其说是由于农民不能单独担任新的生产方法,不知道爱惜旧社会可资利用的生产资料,不如说是由于当作新社会之主导者的市民阶层,根本把自己的历史任务歪曲了,他们不论是扮演官僚的配角,抑是转化为地主豪绅的伙伴,都只能在农民战乱过程中成为没落王朝的殉葬者,而无法以新社会领导者的姿态出现。所以,中国以往农民战争没有结出积极的革命的果子,是不应也不能从农民本身的性质或其崛起反抗的单纯动机得到解释的。

他继续说,一个旧的王朝被推翻下去了,新王朝好像只是重整旧乾坤,不复能从事任何新的变革。这是有内在的必然理由，而不可能勉强的。一个新的阶级社会，即社会主义社会除外，只有它的新生产方式已在旧社会孕育好了，才能经过脱胎换骨的变革而呈现出来。中国地主经济和官僚政治，如上所述，用种种的限制，使新生产方式的各种必需条件不能积累起来；一个因利乘便起自草泽或什么场所的新统治者，就不但因为没有什么工商业的现实基础，引导他去设想什么新的生产方式，即使他有什么翻新立异的雄才大略，也不易平地起楼似的创造一个新局面。

王亚南认为这些就是中国社会长期停滞在地主经济封建阶段的重要原因。当然，不应把这个问题绝对化，以为明清时期的生产技术和文化水平，仍然是秦汉之世的。发展是有的，只是没有引起生产关系的根本质变；正如下面将谈到的，资本主义迟至清代中叶才萌芽，又由于内因和外因，发展非常困难。正是这样，我个人认为，精确地应该说，这是中国地主经济封建社会发展的迟缓性，而不是停滞性。

十二、英国产业革命及其在不同国家引出的不同结果

（一）问题的提出

海道大通导致了西方和东方大规模和固定的经济接触和联系。这时，尽管双方所处的社会经济发展阶段不同，但是在双方都是以手工和役畜为工业和农业的生产技术基础时，双方结成的纯经济关系，即将暴力予以舍象，而以商品交换为联系的重要方式，并排除了欺诈所结成的经济关系，包含在其中的贸易条件，很难说谁优谁劣。马克思认为，资本主义工场手工业的产品还不能完全战胜个体手工业产品，因为两者同样是以手工劳动为技术基础的。因此，工场手工业阶段还不是资本主义经济占统治地位的历史阶段，因为它还不能完全战胜封建的个体经济。这分析也适用于资本主义处于工场手工业阶段时同东方进行的贸易。从一般原理上说，这情况要资本主义发生产业革命后，才发生质的变化，因为大机器的产品明显地比以手工和役畜为动力而生产的产品便宜。

但是，值得注意的是，这时东方的农村公社残余，也就是农业和手工业结合的自然经济，不仅对西方手工制造业产品，而且对大机器工业产品，还有一种天然的抗拒作用。马克思说，在印度和中国，“因农业和手工制造业的直接结合而造成的巨大的节约和时间的节省，在这里对大工业产品进行了最顽强的抵抗；因为在大工业产品的价格中，会加进大工业产品到处都要经历的流通过程的各种非生产费用。同英国的商业相反，俄国的商业则没有触动亚洲生产的经济基础。”①这是因为俄国的商业比英国落后，商品价格

---

① 《马克思恩格斯全集》(第二十五卷)，人民出版社 1974 年版，第 373 页。

因经营管理落后比英国高，不能触动东方的自然经济。其后，恩格斯补充说："自从俄国竭力发展本国的资本主义生产，而这种资本主义生产完全依靠国内市场和邻近的亚洲市场以来，这种情况也开始发生变化。"[①]这就是说，要有强大的资本主义机器工业和与其相适应的现代商业，才能将东方的农村公社残余，即自然经济摧毁。

不仅如此，海道大通并没有导致世界划分为工业国和农业国。资本主义大机器的产生，才起了这个作用。历史事实是西欧诸国先成为工业国，亚、非、拉则成为农业国，前者以工业品同后者的农产品相交换。这时，由于双方的资本有机构成和资本周转时间不同，由此决定的贸易条件有利于西方，不利于亚、非、拉。这里的经济规律，留在下面谈。

在说明英国产业革命及其在不同国家引出的不同结果时，我们着重说明作为产业革命之必要条件的封建主义土地关系是如何变革的，以及指导这种变革的政策依以制定的理论（如果有的话）是怎样认识这个问题的。这些理论如果是一个学派的构成部分，我们就在简述该学派中说明其内容。我们之所以如此论述理论问题，是由于没有理论作舆论，要改革妨碍经济发展和社会进步的生产关系是不可能的。理论越正确，政策也就越正确，行动就越有力。

在论述产业革命为何首先在英国发生之前，先谈一谈美国的特殊问题。美国是移民国家，它是在被腾空出来的土地上进行产业革命的，就是说没有下述国家的前资本主义的束缚。可是它也有发展资本主义和工业的障碍。这就是：地广人稀，移入的工人，很容易获得土地，成为独立的小生产者，这使资本主义难产和不易发展；它的南部是利用从非洲捉来的黑人作为奴隶而经营的种植园，这种奴隶经济和北部缓慢发展的资本主义经济构成矛盾。南部的奴隶主要求实行自由贸易政策，以便取得欧洲廉价的工业品，而北部的资本家为了稳定奴隶主，即不让其搞分裂主义，不脱离出去而独立为一个国家，以便资本主义有一个统一的国内市场，就迁就奴隶主的要求，实行不利于落后的资本主义和进行产业革命的自由贸易政策，这一错误持续了半个世纪。美国南北部还有一个矛盾：南部种植园的劳动者是奴隶，他们没有

---

① 《马克思恩格斯全集》(第二十五卷)，人民出版社 1974 年版，第 373 页。

劳动积极性，不能使用优良的工具，对土地掠夺使土地很容易贫瘠，因此要不断向北部扩大土地。这些矛盾大体上经过南北战争，胜利的北方实行保护政策、消灭南部奴隶制，并将土地滥送给在战争中暴发的大资本家，才得到解决。自那时起，资本主义经济迅速发展，产业革命迅速进行。直到20世纪初，美国才实行自由贸易政策。

（二）英国超过荷兰先实现产业革命

前面提到，荷兰是17世纪资本主义经济最发达的国家。马克思认为，撇开其他情况不说，由渔业、工场手工业和农业打下的基础，对荷兰的发展起了很大的作用。此外，他还指出，荷兰的商业特别发达。关于这个问题，18世纪的著作家有所说明，其中，尤以约·马西的说明最为详尽。马西说：必需的和有用的自然产品在各国分布是很不均匀的，因此如果限定它们只能使用本国的产品而不进行对外贸易，两个国家就不能以相同的劳动提供相同数量的生活必需品；而人民的需要的增减则取决于生活于其中的气候寒冷和炎热；所以，不同国家的居民必须经营的商业不能不有所差别，只有根据冷热的程度才能知道这种差别的程度。“既然（这种）必要性使某些人较多地从事贸易，其他一些人则较少地从事贸易，我就不能略而不谈荷兰所独具的一种必要性，这种必要性是由国内人口过剩引起的；这情况，再加上（荷兰这块低洼地——引者）必须费去很多劳动去筑堤和排水，就使荷兰经营商业的必要性比世界上任何可以居住的地方都大。”①这就是说，荷兰商业的发达是由其自然或地理条件决定的。但是，在这条件下，如何安排工业和商业的关系，则是制定政策的问题了。政策的引导是一国经济能否发展的重要原因。正是在如何安排工业和商业的关系这一点上，荷兰是错误的，而英国则是正确的。

17世纪中叶，如马克思所说，荷兰几乎独占了东印度的贸易及欧洲西南部和东北部之间的商业往来，达到其对外贸易的最高峰。但是，它并没有及

① 约瑟夫·马西：《论决定自然利息率的原因》，胡企林译，商务印书馆1992年版，第48页。

时将由此获得的巨额利润投到制造业上，并以其进一步的发展作为商业进一步发展的物质基础。这样，如马克思所说：在18世纪初，荷兰的工场手工业已远远落后了。由于这样，它又反过来限制了它由对外贸易获得的利润的用途，只好将其用于流通领域。当自己的对外贸易遇到强大的竞争对手，因而不能进一步发展时，这些本应投到制造业上的货币就只好用作借贷资本，并且贷给最需要它的外国，这个外国不是别人，恰恰就是自己的最强大的竞争者。马克思说："荷兰在1701—1776年时期的主要营业之一就是贷放巨额资本，特别是贷给它的强大竞争者英国。"①荷兰就这样，眼看着自己的竞争对手在自己的帮助下超过自己。历史的逻辑确实是残酷无情的。

英国的政策不是这样。它在发展对外贸易的同时，又发展产业，并将产业的发展作为进一步发展对外贸易的物质基础。为此目的，它又进一步变革生产关系，深化土地制度的改革，继续进行"圈地运动"，从而为产业的进一步发展提供条件。马克思指出：在英国，17世纪最后几十年，自耕农民还比租地农民阶级的人数多；但在1750年，自耕农就消灭了；而在18世纪最后几十年，农民公有地的最后痕迹也消灭了；以前，立法对此行为斗争了150年而毫无结果，而"18世纪的进步表现为：法律本身现在成了掠夺人民土地的工具"②，其后，从1760年至1845年，圈地面积激增，占总可耕地20%以上。这种用立法手段变革土地关系的做法，是符合只有发展农业这一国民经济基础，才能发展包括产业和商业在内的全部国民经济这一经济规律的要求的。不仅如此，为了发展国民经济，如有必要就向自己的竞争对手借钱来达到这一目的。就这样，英国便逐渐超过了荷兰，最早进行了产业革命。在这前后，对荷作战三次，英国终于将其最强大的对手打败，从而获得无可争议的海上霸权。

针对这段历史，马克思写道：拿英国和荷兰比较一下就可以看出，"荷兰作为一个占统治地位的商业国家走向衰落的历史，就是一部商业资本从属于工业资本的历史。"③这就再次告诉我们，马克思所说的：是生产方式决定流通方式，是工业不断使商业发生革命，而不是商业使工业发生革命，总之，

① 《马克思恩格斯全集》(第二十三卷)，人民出版社1972年版，第824页。

② 同上书，第792页。

③ 《马克思恩格斯全集》(第二十五卷)，人民出版社1974年版，第372页。

工业决定商业，确实是一条经济规律。在这一点上，当代发展经济学家、诺贝尔经济学奖获得者刘易斯是非常正确的。他说：贸易是润滑剂而不是燃料，应该在发展农业这一国民经济的基础上再发展工业，这样就有较好的贸易条件。

（三）英国进行产业革命在思想上层建筑方面的发动

首先要指出，产业革命不单纯是技术革命，不单纯是以机器（包括动力机、传动机和工作机）的生产代替以人力、畜力、风力和水力为动力，而以人手制造的生产，而且是生产关系的革命。没有相应的生产关系的革命，就不可能有技术革命；尤其不可能在社会范围内应用这技术。这一点，前面事实上已作了大量分析。现在论述英国产业革命时，我们根据经济理论不研究技术变革（这是技术科学的对象）的原则，就将着眼点放在生产关系的变革上。而为了变革生产关系，就需要在思想上层建筑方面提出理由。因此，我们就从这两方面进行论述。

关于英国在生产关系方面的变革，前面事实上已谈论过了，现在回过头来补述一下其经济理论是如何为此作舆论准备的。就我所能接触到的经济文献而言，最早在经济理论上指责封建地主的生活方式妨碍经济规律的作用的，是爱尔兰的经济学家理查德·坎蒂隆。他在1730年左右写的《商业性质概论》中说，土地产品中归劳动者的那部分，由于是最必需的，劳动者的消费无大变化，对这些产品的需求也无大变化；归农场主的那部分，由于是利润，其中有多少进入个人消费是可变的，消费的结构也是可变的，但是他认为，这些人的消费行为主要是仿效土地所有者的消费；归于土地所有者的那部分，约占土地产品的1/3，由于是地租，全部可供挥霍，吃、喝、玩、乐在其中占的比重不同，就要引起土地产品的结构变化，引起产品供求关系的变化，从而引起市场价格的变化。他举例说：土地所有者如果“减少他的家庭仆役数目而增加他的马匹数目，那么，不仅他的一部分仆人将被迫离开……庄园，而且，与之成比例的，为养活他们而工作的一部分工匠也将被迫离去。本来用于养活这些居民的一部分土地将改成草场以饲养新的马匹”，在调整过程中,“对居民的需求而言,谷物就会变得太多,于是,谷物将会降价而干草将会涨价”。① 这反映出,这时英国的资本主义还受封建主义的限制,新兴却幼稚的资产者代言人,只能通过价格变动原因的分析,委婉地指责土地所有者阶级。

大约过了40年,在英国产业革命前夕,亚当·斯密在1776年出版的《国民财富的性质和原因的研究》中,认为等于价值的自然价格,是由具有自然率的工资、利润和地租构成的(这是斯密从由生产中投下的劳动决定价值的正确理论,滑向由交换中支配的劳动决定价值的错误理论的产物),这自然率由自由竞争决定;而行会制度和封建土地制度妨碍自由竞争,都应废除,对内对外都应实行完全的自由贸易政策。他并且强调,他所揭示的经济规律是适应于所有地方和所有时代的,亦即要其他国家都像英国那样,按照经济规律去制定自由贸易政策。从反对封建主义而言,斯密已经不是用坎蒂隆式的委婉语言,而是提出政策主张了。

从这时起,英国开始产业革命。到19世纪初,资产阶级随着资本主义经济的发展而壮大。但是,英国仍然存在着封建主义的尾巴——谷物条例,即限制廉价谷物进口以提高谷物价格的法律。它有利于地主阶级,不利于资产阶级,是资产阶级要割掉的。李嘉图的经济理论完成这个任务。他在一系列尤其是1817年的《政治经济学与赋税原理》中,从价值由生产商品投下的劳动决定、价值分解为工资和利润(这两者此大彼小,反之亦然)、利润再分解为企业利润和地租(在他看来,这两者也是此大彼小)的正确原理出发,认为这一条例,抬高谷物价格,从而提高名义工资、提高地租、减少利润,对资本积累或发展生产不利;就是说工人因名义工资提高生活不受影响,而对社会毫无贡献的地主占便宜,夹在当中的资本家最吃亏,而他们对发展生产是唯一有贡献的。以发展生产为理由,谷物条例应该废除。这是在正确理论的基础上进行分析得出的结论。对此,马克思予以很高的评价。他说,以李嘉图为代表的古典政治经济学,在经济上说明了阶级斗争;李嘉图有意识地把阶级利益的对立,工资和利润的对立,利润和地租的对立,作为他研究的出发点。对于这种评价,美国经济调和论者凯里从反面说明了问题。他

① 理查德·坎蒂隆:《商业性质概论》,余永定、徐寿冠译,商务印书馆1986年版,第31—32页。

指责李嘉图煽动阶级斗争,因而是共产主义之父。李嘉图明确指出:地主阶级是寄生虫,是雄蜂——游手好闲,吃喝玩乐,专职交配。确实是有理有力,无懈可击。这气势和坎蒂隆相比,判若天壤。盖因此时资产阶级已羽毛丰满了。在此理论相助下,英国资产阶级还经过将近 30 年的努力,才于 1846 年将谷物条例废除。

(四)法国和德国:都获成功及各自特点

1. 法国在反封建主义的同时,强调建立大农生产

在西欧,法国是仅次于英国很快就进行产业革命的。从某一点看,它是在对前此实行的重商主义加以否定的基础上,是在没有外来因素的影响下,完成这一历史使命的。

原来经济落后的法国,在实行重商主义时期,由科尔柏主其事,他整理财政、振兴工业、压制僧侣阶级、没收寺院领地为国有、减小贵族阶级的权力、努力使资产阶级向上发展;废除内地关税、开设运河、引进各国最优秀的劳动者和技师、设置补助金和奖励金、实行保护关税政策、设立技艺学校和工科大学;牺牲农业的利益、要工业服从商业,以便从对外贸易中取得顺差。由于这样,法国的国民经济发展迅速,几乎赶上英国。

但是,如所有的重商主义一样,法国实行的重商主义政策,是侧重工场手工业的生产,它奖励和保护的是罗纱、毛毡、丝、布和皮鞋一类产品,其生产有极其严格的质量规定;为执行规定的条例,就设置监察官,并实行严酷的惩罚;由于奖励这些工业部门,就增加财政支出,增加农民的负担。执行这样的政策,其结果则是限制了制造业者的企业精神,妨碍技术进步,农业凋敝,经济情况恶化。这样就导致资产阶级要从根本上改变这种社会制度,资产阶级革命是不可避免的了。

为法国 1789 年资产阶级大革命作舆论准备的,最主要的是启蒙思想家的著作;其中以"百科全书派"最为重要。但他们主张的大多是政治思想,这里就不加论述了。经济思想最重要并具有法国特色的,则是重农学派诸子

的著作；其鼻祖是魁奈。其实，他也可算作百科全书派中的一员，因为他是《百科全书》的撰稿者。

重农学派（physiocratie）意即自然统治，是重商主义对农业和工业统制过死的产物，也就是物极必反的产物，并具有法国特色。其方法论特点是：将使用价值看成价值；由此产生的理论是：在农业生产中，投下的种子、肥料，以及消耗的生活资料（包括劳动者和经营者消费的，这时的经营者还没有脱离劳动，利润还不是一个独立的经济范畴，而被认为和工资一样，是用于个人消费的），都可折合为农产品，它和产出的农产品相比是更小的，其差额就是农业生产所特有的纯产品，也就是地租，它来自自然的赐予。由此，这个学派就认为农业部门是生产的；其余的工商部门，由于只能改变使用价值的形态和性能，使其更适合人的需要，而不能增加其数量，也就是不能提供纯产品，就被认为是不生产的。重农主义认为，农业中的纯产品是在生产中生产出来的，这是正确的。但它不是自然的赐予，它也不是全部成为地租。认为工业生产不生产纯产品，这是错误的，其原因在于重农主义将使用价值看成价值，从使用价值即物的观点出发研究问题。其实，即使从物的观点看，严格地说，农业也并不生产纯产品。因为物质不灭，也不增加，农业生产中投入的物质和产出的物质，从化学的观点看是相等的。

重农学派的看法有一部分是正确的：它认为剩余价值即纯产品，不是在流通中而是在生产中产生的；农业中的纯产品确实是剩余价值，但它不是全部成为地租。此外，工业中也有纯产品，即剩余价值。

由此就产生其政策主张。第一，应实行大农业生产，因为它比小农能提供更多的纯产品，这就是经济学上大生产优越性原理的运用，但它有更深的含义，即以资本主义的大农生产代替封建主义的小农生产；具体地说，当时法国的小农，由于负担沉重，无钱改进耕种，所以土地每三年要休耕一年。第二，也是最重要的，应实行单一土地税的政策；既然只有农业是生产的，那就应由土地所有者纳税，因为如果由农业经营者纳税，它最终还是转移到纯产品上；工商部门是不生产的，如果纳税，商品价格就提高，农业部门的支出就增加，最终也使纯产品减少，即所有税收最终都由纯产品承担，亦即由地租承担；当时法国尚未进行资产阶级革命，僧侣和贵族还存在，如人们所说的，僧侣是以祈祷报国，贵族是以血统报国，而平民则以纳税报国；在这样的社会条件下,提出单一的土地税政策,要所有税收由土地所有者缴纳,矛头就是对准封建的土地所有制了。第三,实行自由贸易政策,就是重农学派遵循自然主义或自然秩序的政治结论,就是自由放任。

这理论显然是具有法国特色的。因为正如马克思所说的,将使用价值看成价值,并且将投入的和产出的都从实物的角度加以观察,亦即只有物质的观点,缺乏正确的价值理论,而大体上又能说明纯产品即农业中的剩余价值的产生,这种理论只能产生在法国这样一个以小农经济为主,航海和贸易都不发达的国家。这就是说,小农生产所需的生产资料如肥料和种子都是自己生产的,所消费的口粮亦然,都不须经过流通或贸易,这样,即使没有价值和价格概念,也可以大体上说明纯产品的产生。如果是英国,一个商业、工业和航海都发达的国家,生产资料都是买来的,并且工业生产的投入和产出,其物质形态不相同,没有正确的价值概念,就不可能理解纯产品或剩余价值的产生。还有一点,如斯密所说,反对在法国为害最深的重商主义,必然是矫枉过正的:重商主义既然从流通出发观察问题,就来一个相反的极端——从一个完全离开流通也能进行生产的部门去分析问题,这样的部门就只能是农业部门。

这里要指出的是:尽管按照重农学派的主张,就应实行自由贸易政策,但是,法国在实现产业革命的过程中,实行的却是保护主义。因为法国大革命后不久,就是拿破仑统治时期,他发动战争,几乎席卷欧洲大陆,并对英国实行大陆封锁政策,正处于产业革命中的英国也对法国实行反封锁。其后法国的复辟王朝实行的也是保护主义。

法国尽管在大革命前已受到英国产业革命的影响,但是其产业革命的真正开始,则是在 1830 年的七月王政建立后。这是因为,大革命开始不久,在政权上,就有吉龙特派和雅各宾派的斗争,在斗争中,雅各宾政权在工人和农民的支持下,才将封建主义的土地制度推翻,其后又是拿破仑统治时期及其进行的战争,然后又是封建王朝复辟:在这样的条件下,是很难进行工业建设的。从 1830 年开始,尤其是 1848 年欧洲资产阶级革命后,法国产业革命就迅速展开了。

这里要提一下,18 世纪末和 19 世纪初,在法国流行的是萨伊的经济学,按照其中的所谓萨伊定律,即产品会自行为自己开拓市场,他是主张实行自由贸易政策的。原因是:在法国大革命中,尤其是在雅各宾专政时期,无产阶级在革命中表现出来的力量,使资产阶级预感到有一个强大的敌人,于是英国的马尔萨斯(他一方面代表地主阶级,反对资产阶级,为谷物条例辩护;另一方面又代表资产阶级,反对无产阶级,提出为贫困辩护的人口理论)的经济理论和萨伊的经济理论,就承担了反对这一敌人的任务。按照萨伊定律,实行自由贸易政策,是违反拿破仑的保护政策的。萨伊之所以敢冒天下之大不韪,原因在于:他代表法国名贵葡萄酒生产者和出口商的利益,要求自由贸易。不过,这只是在保护政策大潮中一小点不起眼的浪花而已。

2. 德国在国内实行自由主义,在国门实行保护政策

这时,在西欧各国中,德国的经济是较为落后的,因为海道大通使其从中世纪末期具有的优越经济地位逐渐丧失,盛极一时的汉撒同盟瓦解后,德国即为不断的战乱和国内各小邦国的分崩离析所折磨,而眼看着荷、英、法等国走上资本主义世界舞台。从 18 世纪末到 19 世纪初,德国的封建制度才逐渐解体,近代市民社会产生的因素才在崩溃的旧社会中发育成长。在对拿破仑法国作战过程中,德国诸邦有些已在 19 世纪初十数年内,实施农奴解放法令,规定了营业自由和废除妨碍国内商品流通的保护关税和财政关税。1834 年,德国有 2/3 的邦国,共同成立了划时期的关税同盟,工商业上各种限制废除了。在这十数年前即 1825 年,英国发生经济危机,其后就允许机械及熟练工人输出,德国利用此机会将其输入,奠定了初期产业革命的物质基础。

但是,与此同时,英国的工业产品也大量进入德国。在此条件下,德国在国内雷厉风行实行自由主义,以便有一个统一的广大的国内市场,在国门则要对本国工业实行严格的保护政策,切实保护本国工业的发展。在国内实行自由主义,在国门实行保护政策,两者不可偏废。如果仅在国门实行保护政策,不在国内同时实行自由主义,没有自由竞争,或企业因特殊原因被保护起来,那么,本国的工业是不能成长起来的;反之,仅在国内实行自由主义,不在国门同时实行保护政策,先进工业国的商品自由涌进,幼小的本国工业也不能成长。因此,德国的经济理论必须同英国的相反,不能无条件地强调自由主义,而认为英国古典学派的经济理论所揭示的经济规律,并不是

适合于一切时代和一切地方的，是不适合于德国的。德国的历史条件使它有自己的“经济学”；换言之，经济学有其国民性。德国历史学派经济学就是这样产生的。其先驱是李斯特。李斯特的先驱是巴达。我们将其学说简述如下：

巴达极力攻击斯密，认为后者倡导自由主义是企图建立新的奴隶制，其实质是经济占优势的国家奴役落后的国家。但巴达的思想只是消极的攻击，并没有对他所主张的经济政策提出理论依据。

李斯特不是这样。他极力对国家主义的政策提出理论依据。他在1841年的《政治经济学的国民体系》的序言中指出：“流行学派告诉我们的是自由贸易原则。当考虑到法国取消各省间的关税，考虑到三个王国处于大不列颠一个政府之下的情况，这个原则显得是与常识相调和一致的，也是被经验证明了的。但是拿破仑大陆制度的非常有利效果以及这一制度取消以后的危害现象都是近来的、活生生的事实，这一切都不容忽视；这些与我以前凭观察所得的认识都好像是直接矛盾的。……流行理论原来是完全正确的，但是只有当一切国家都像在上述各州各省的情况下遵守着自由贸易原则时，这个理论才有其正确性。这使我要考虑到国家的性质。我所发现的是流行学派没有考虑到国家，它所顾到的，一方面是全人类，另一方面是单独的个人。我清楚地看到，两个具有高度文化的国家，要在彼此自由竞争下双方共同有利，只有当两者在工业发展上处于大体相等的地位时，才能实现。如果任何国家，不幸在工业上、商业上还远远落后于别国，那么即使具有发展这些事业的精神与物质手段，也必须首先加强它自己的力量，然后才能使它具备条件与先进各国进行自由竞争。总之，我发现世界主义经济学与政治经济学两者之间是有区别的。我认为德国必须取消国内关税，采用统一的对外商业政策，由此来努力达到别的国家凭了它们的商业在工商业发展上所达到的标准。”①

为此，他就要说明德国的经济水平和英国等不相同。他将经济发展分为五个阶段：狩猎时代、牧畜时代、农业时代、农工业时代和农工商业时代。

① 弗里德里希·李斯特：《政治经济学的国民体系》，陈万煦译，商务印书馆1961年版，第4—5页。

德国处于农工业时代，落后于英国。因此，它不能采用英国那种自由贸易政策，而要实行保护政策。

为了赶上英国，他认为就不能堕入英国学派。因此，他提出和斯密物质生产力相对立的生产力学说：除物质生产力外，教育、宗教、家庭和行政管理等，都是生产力的因素；企图由国家利用和发挥这些因素的作用，以赶上英国。

在这里我要指出：这时德国的"经济学"与其说是理论经济学，不如说是经济政策。这是因为正如马克思说的，资本主义在德国的难产，使它缺乏产生揭示资本主义经济规律的经济学的生存基础。"它作为成品从英国和法国输入；德国的政治经济学教授一直是学生。别国的现实在理论上的表现，在他们手里变成了教条集成，被他们用包围着他们的小资产阶级世界的精神去理解，就是说，被曲解了。"①在这样的社会经济条件下，理论经济学是不可能产生的。

很清楚，李斯特这些思想和主张，从政治经济学的角度看是不正确的。因为这一科学是要研究和揭示经济规律的，这样做时，是要将非经济因素予以舍象的，他没有遵守这一方法，就不能揭示经济规律。他提出的经济发展五阶段论，不是建立在对生产方式的分析上，而是从经济活动的表面现象出发得出的结论；他的生产力理论，是将经济因素和非经济因素、物质因素和精神因素混在一起的大杂拌：这些方法成为其后的历史学派，即与马克思的经济学相对立的庸俗经济学历史学派的方法论基础。尽管如此，他强调落后的国家不能无条件地采用先进国家的经济政策，他提出的政策主张，即德国要在国内实行自由主义、在国门实行保护政策，以实现产业革命，则是非常必要的、及时的和有用的。

（五）中国和日本：成败不同及其原因

1. 中国洋务运动是不成功的产业革命

前面提到太平天国的田亩制度并不是有利于经济发展的纲领，何况它

① 《马克思恩格斯全集》(第二十三卷)，人民出版社 1972 年版，第 15 页。

还没有实行，太平天国就灭亡了。太平天国覆灭之后，一些封建官僚思考前此发生的重大战乱问题，认为鸦片战争之所以失败，只是由于对方有坚船利炮；而为了富国强兵，就要学洋人的技术。于是，朝廷公卿以奕䜣为首、地方封疆大吏以曾国藩、李鸿章为首，于1862年开始，兴起了所谓的洋务运动，主要是兴办军工企业，以及与此有关的企业。我们知道，军工产品的购买者是国家，与国内市场和人民消费力，直接间接都无关系。但是，它要以人民的纳税来支持，中国不改革封建土地制度，洋务运动就没有达到富国强兵的目的。由于这样，其后在甲午战争中，中国就大败于日本。后来，洋务运动中建立起来的公营即官营企业，都变成官僚资本企业，官督民办企业不是奄奄一息，就是变成买办资本企业，对发展中国工业，并无裨益。

有的历史学家认为，洋务运动是中国产业革命的开始，王亚南不同意这种看法。因为产业革命不是孤立地只办些军工企业，而是要以社会为范围、以机器为技术基础进行生产，不变革封建的土地制度是不可能的。他在1946年出版的《社会科学新论》中指出："现在，洋务运动被进步化为工业建设运动了，大家尽管都在倡言依据民生主义原则，而对民生主义之基本部分的土地改革要求，总以为无关紧要，或者以为可借工业化所造成的进步现象，逐渐设法改进。土地改革运动，至少已在大家观念上，安置在工业化运动后面了，这种颠倒因果程序的想法，一方面固然由于我们社会在数十年来一直在内忧外患的动乱中，只要可能避免社会风波，大家就以为无妨迂回一点，在可能不破坏旧有的社会关系之下，去建设起新的社会关系来；但同时，还得从我们旧有的社会经济的特殊性上得到说明。西欧各国土地改革的主要内容，是解放农奴，确定土地的自由买卖关系，确定合理的土地租佃关系。大体上建立在地主经济基础上的中国封建制，较之大体上建立在领主经济基础上的西欧封建制，对于土地买卖上，对于农奴钳制上，一向就表现了较大的自由与宽容。这可以傲然地说是我们封建制下的土地关系的进步性，但正因为这进步性，把资本主义经济的正面冲突冲淡了，缓和了；也因了这种进步性，把它对农民的剥削文饰了，从而也把农民要求改革的意愿钝减了。还因了这些事实，使我们专家学者把它给予工业化运动的障碍小视了。然而，它的进步，并不曾超出封建社会关系的范畴，也自然不曾达到产业革命或工业化所要求的变革程度。中国工业上坎坷状况的形成，不仅因为我们在吃不进步的亏，我们同时又还在吃中国封建经济进步的亏。那种进步性，在农民及土地移动上表现的自由，便掩盖了由土地所有关系和土地使用关系，农业雇佣关系以及与其密切关联的借贷关系、买卖关系等等所构成的整个不自由不进步不合理的农村社会生产关系的实质。这种种，曾经阻挠着我们的产业革命，现在仍然阻挠我们的工业化。”①王亚南 1946 年说的话，现在读来格外觉得正确，因为现在已经证明，只有全面进行了土地改革，中国的工业化才能完成。

2. 日本在明治维新中进行产业革命

19 世纪中叶，日本和中国的经济水平和对外关系都极其相似，即都是经济落后和受外国资本主义的压迫。它虽不像中国那样有战败之耻，却同样部分丧失主权。吴于廑概括地指出，英国在鸦片战争中打败中国，在日本引起很大震惊。1853 年，美国炮舰闯进日本。其后五六年间，在以蒸汽发动和巨炮装备的西方舰队威胁之下，日本与美、英、法、荷、俄等先后订立通商条约，其性质和不久前中、英两国签订的南京条约没有什么差别。开港口、协定关税、设立外国人居留地，以及在居留地行使警备权、驻兵权、治外法权等等，未经一战，日本都被迫一一承受下来。但是，它从 1868 年即明治元年开始维新，很快就进行产业革命并获得成功，经济迅速发展，在甲午战争中打败中国，再在日俄战争中打败俄国，接着又在第一次世界大战中同英、美争夺势力范围……日本为何能完成产业革命，中国则否？

过去，人们通常认为外因的作用在阻挠中国的产业革命。诚然，外力是给中国带来很多困难，但是一对照日本的获得成功，我们就不能不找寻在同样的外因作用下，日本获得成功的内因了。关于这一点，只要我们研究一下明治维新有关土地制度方面的改革，就可以看出来的。这主要是：废除各藩领地所有制，“一律奉还版籍”；领主无权向农民征收年贡，改由国家支付俸禄，后来俸禄的支付几经变易，终以公债赎偿方式废止；承认土地私有，国民得自由买卖；农民有利用土地、选种作物的自由，有离地迁徙的自由，有弃农选择职业的自由；改革土地税，税率一律为地价的 3%，以货币交纳，承担纳

① 王亚南：《社会科学新论》，经济科学出版社 1946 年版，第 208—209 页。

税义务者为土地所有者，废止按村征收贡纳的方式。这样，直至明治六年(1874年)实施"地租改正"后，日本就真正走上产业革命的道路。

从上述我们可以看到，明治维新之前，日本是处在不存在农村公社的领主经济封建社会阶段。这时，日本的资本主义经济正在发展，土地不能买卖的领主封建制束缚它的发展是非常清楚的，不如中国土地早就能买卖，从而将真正的矛盾掩盖起来。相反地，在这重要关头，日本及时地废除封建的土地制度，土地可以买卖，农民得以离地，农民自由选择职业，租佃关系法律化，耕种自由：这些都是有利于资本主义的发展和产业革命的。

但是，这里要指出的是：明治维新是从上而下的改良，其反对封建主义是很不彻底的，农民的负担并没有减轻，只是地主积累起来的货币可以投入企业。但由于市场的狭小，就只能发展由国家力量支持的军工企业。这一点，再加上农民的劳动生产率很低，原料和粮食无法全部从国内取得，于是就形成了日本的军国主义经济，比其他发达国家更贪婪地向外扩张。

(六) 印度和俄国：成败不同及其原因

1. 印度失败的原因是不触动封建土地制度

英国产业革命对印度的冲击是很沉重的。最简单地说就是：过去印度的棉织品行销英国，这时却相反，盛产棉布的故乡，却充满了英国机器生产的产品，致使城市手工棉织业日渐萧条，农村农业和手工业的结合体，即农村公社瓦解，总之，小生产者破产，经济凋敝。对此，印度的反应是反英的民族起义。但是，起义并没有正确的政治纲领，结果失败。对于如何变革生产关系，尤其是变革封建的土地关系，以便在可能的范围内进行产业革命，则没有正确的认识。印度没有找到适应世界历史发展的可行道路。我个人认为，这与印度的土地早就可以买卖，形式上和西方国家进行产业革命所需的条件相同，因此就看不到与变革土地制度的重要性有关。

2. 俄国在解放农奴中进行产业革命

我将俄国的产业革命放在这里谈，着眼点是它一方面存在着大量农村公社(后面还要谈)，和中国，尤其是印度相似；另一方面，经过教训，又自上而下地改革封建的土地关系，和日本相似；因此，我在谈完它们之后再来谈俄国，以便有一个比较。

从17世纪末开始，由于受到荷兰的影响，俄国就向西方学习。青年沙皇彼得一世微服到荷兰和英国学习航海和造船；回国后就开始设造船、采矿和制造军械等工场。1721年，发布有名的彼得饬令，用强制的力量将大批农奴赶进工场。因此，俄国在农奴制的基础上，出现了官办的以农奴充劳役的工场，贵族办的以领地农奴充劳役的庄园：这是资本主义其表、农奴制封建主义其里的工农业。其结果，不但未能使产业发展起来，反而导致一连串的农奴暴动，而克里米亚之战的惨败，则进一步暴露了农奴制俄罗斯的脆弱与无力，才终有1861年农奴解放饬令的颁布。但这是由农奴制的国家自上而下地进行的，当然不可能彻底。农奴虽然有了人身自由，可以当工人了，但许多封建的负担仍然加在农奴的身上，就是说，他们事实上受资本主义和封建主义的双重剥削。这一改革使大规模的工业得以设立，但劳动者却过着中世纪的野蛮加现代的苛刻的生活，其经济则走上封建帝国主义的道路。

（七）非西欧国家产业革命成败分析

将中、日、印、俄四国加以比较，就可以看出以下两点。第一，中、印、俄都是存在着农村公社的国家，从这一点看是不利于产业革命的。但是，在相同条件下，俄国之所以大体上是成功的，是由于它能及时解放农奴，而中国之所以失败，印度之所以找不到正确道路，则是由于不认识变革封建土地制度的重要性。之所以如此不同，更深的原因则在于：中、印的土地早就能买卖，即外表上和西欧进行产业革命所需的条件相同，就看不到其变革的重要。俄国不是这样，农奴制的存在，使它看到不变革是不行的；尽管变革是自上而下的，但也为产业革命准备了条件。第二，日本与中、印同样受外力的压迫，但是，它能及时变革土地关系，虽然是从上而下的，同样为产业革命准备了条件。这两类国家之所以如此不同，更深的原因则在于：日本不存在农村公社，封建主义统治是很清楚的，土地不能买卖、农奴不能离开土地，对产业革命的妨碍也是很清楚的，不像中、印那样被掩盖起来。因此，在非西欧的经济落后国家，尤其是存在着农村公社的国家，是否认识改革封建的土地关系的重要性以及它改革得如何，对产业的发展至关重要。第二次世界大战后，某些摆脱外力压迫、获得国家主权的民族独立国家，其发展战略计划遭受挫折，原因与此有关。

（八）中国对改革封建土地制度之重要性的认识过程

这里，我们补述一下中国洋务运动以后的情况，用以说明中国是如何逐步认识到改革土地制度的重要性的。太平天国运动以后的新政运动，没有涉及产业革命和改革土地制度问题。孙中山的三民主义，其中民生主义中的土地纲领即平均地权，其提法有一个发展过程，与我们的研究有关的最后提法是：耕者有其田和地价上涨部分归公。后者以核定地价为前提，过高的多征税，过低的由国家按报价购买。前者即耕者有其田是在1923年国共合作条件下提出来的，是反对封建主义的土地制度的，是资产阶级革命的要求；地价上涨部分归公和土地国有，则是最激进的资产阶级企图解决资本主义社会矛盾的要求，例如，美国亨利·乔治的主张就是这样。孙中山将这两种不同社会性质的改革混在一起，要毕其功于一役，不真正认识现阶段中国革命要解决的是封建主义的土地问题。这和毛泽东在大革命期间就看到中国土地关系的封建主义性质，就强调必须解决土地问题，恰好是一个对照。王亚南指出："民生主义的提出，并没有把改革对象和主体交代明白，并不是根据唯物史观的科学论据，并不曾科学地就中国封建制度的特点，来讲明其所以必须用这种主张来改革的道理。因此，民生主义提出以前阻碍着李鸿章、张之洞一流人物之革新意识的中国社会经济形态，恐怕在某种程度上，也在民生主义提出之后，还阻碍着那些政论家和经济建设论者们。"这就无怪乎这种主张一直都处在阐述的阶段，终究无法实施。王亚南最后认为，我们由此想到，“假使像《中国社会各阶级的分析》以及《湖南农民运动考察报告》这类具体分析中国社会特质的科学论著，在大革命以后那段时间，有了较广泛传播的机会，……恐怕这期间的革命斗争实践，也另是一个面貌”。① 毛泽东写出这些当时还不能公开流传的著作，和孙中山提出的新三民主义，几乎是同时的。因此，王亚南就有此感慨。毛泽东在前一著作中早就指出：即使是自耕农，也受帝国主义、军阀、封建地主、买办大资产阶级的压迫和剥削；在后一著作中则明确指出：广大农民群众起来完成他们的历史使命，乃是乡村的民主势力起来打翻乡村的封建势力；宗法封建性的土豪劣绅和不法的地主阶级，是几千年专制政治的基础。他的论著为中国消灭封建土地制度奠定了理论基础。在毛泽东思想指导下，1947 年中国共产党提出没收封建阶级的土地为农民所有为新民主主义三大经济纲领之一；全国解放，尤其是 1951 年全国土地改革后，中国的产业革命和工业化，才迅速地完成。

末了，我要指出的是，王亚南有此感慨是有深层次的原因的。他参加国民革命，失败后义愤填膺，到杭州一个寺院里准备写一本反映革命之所以失败的小说，并以此糊口；在这里他认识了正在翻译《资本论》(第一卷)的郭大力；由于有相同的志愿，便开始与郭长期合作，从翻译英国古典派的著作到翻译三卷《资本论》；进而研究马克思的经济理论，并以此为指导研究中国社会经济史。对于中国社会经济史，王亚南最初认为中国已不存在封建主义。他说：“单纯从形式上、从政治观点上考察，说中国封建社会在周末解体了，那是不无道理的，即作者在社会史论战时，亦是如此主张……但后来对封建主义作更深一层的论究，始觉得错了。”②后来更认识到中国封建主义的特殊性，即表现为地主经济封建制度。他这种认识是 20 世纪 30 年代才得的，当时他大概还没有读到毛泽东的上述著作。因此，当他解放后读到这些著作时，知道毛泽东在大革命时就认识到中国社会的封建性，就明确提出革命的对象，同孙中山的理论一比，当然有此感慨了。

---

① 《王亚南文集》(第三卷)，福建教育出版社 1988 年版，第 64、66 页。

② 王亚南：《中国官僚政治研究》，中国社会科学出版社 1981 年版，第 52 页。

十三、世界划分为工业国和农业国

（一）概　　说

西欧主要国家产业革命后，世界就划分为工业国和农业国，两者各自以自己的产品交换对方的产品。这种情况要到第二次世界大战后才开始发生部分变化。发生世界分工的原因，以及工业品和农产品交换的比价或两大类国家的贸易条件，即这种比价如何既受商品的价值或其转化形态生产价格的制约，又受货币价值的制约。对于这些问题，处于不同条件下的经济学家都曾研究过，其中能够将世界分工和贸易比价问题这两者以统一的方法加以解释，从而提出一个浑然一体的理论的经济学家，我认为是马克思。他的理论是对斯密和李嘉图有关理论的扬弃。

在商品关系和货币关系的基础上，两大类国家还存在着资本流动的关系，这也是我们要研究的。

自由竞争的资本主义经济，在前资本主义地区亦即我们所说的外部市场，实现剩余价值和攫取利润，并使其成为经济殖民地，但这并不是资本主义经济存在的必要条件。垄断资本主义经济与此不同。垄断利润的必要性及其来源，决定了垄断资本主义经济，要从一般资本主义经济和前资本主义经济亦即外部市场，攫取垄断利润，这是垄断资本主义存在的必要条件。垄断资本主义国家最终要将存在于国外的外部市场变成政治殖民地，即殖民地国家。落后的农业国无论成为经济殖民地，还是其后又成为殖民地国家，其发展都受外部力量的制约。

（二）世界划分为工业国和农业国的经济规律

产业革命最重要的因素是机器的发明：珍妮纺织机是1764年、瓦特的单动式蒸汽机是1765年、水力纺机是1768年、走锭纺机是1779年、瓦特的复式蒸汽机是1782年、动力织布机是1785年发明的；蒸汽机首先应用在纺织业上。这一连串的发明使纺织业起了革命性的变化，并由此建立了工厂制度。斯密的《国民财富的性质和原因的研究》出版于1776年，即产业革命的前夕。受这条件的限制，他未能有意识地提出世界分工理论。但论述分工精粗不同，使制造业的生产力高于农业时，他说："现在最富裕的国家，固然在农业和制造业上都优于邻国，但制造业方面的优越程度，必定大于农业方面的优越程度。富国的土地，一般都耕耘得更好，投在土地上的劳动和费用也比较多，生产出来的产品按照土地面积与肥沃的比例来说也较多；但是，这样较大的生产量，很少在比例上大大超过所花的劳动量和费用。"这就是说，在农业生产中存在着土地报酬递减律。他继续说："贫国的耕种，尽管不及富国，但贫国生产的小麦，在品质优良及售价低廉方面，却能在相当程度上与富国竞争。但是，贫国在制造业上不能和富国竞争。"①应该说，这两段话说的都是事实，但是不能以农业分工较粗来解释。这是因为，两国的制造业和农业分别存在着分工，富国的生产先行一步，这样，按照分工对工农业生产力促进程度不同的理论，其工农业都应比贫国优越些，价格都低廉些，只是程度不同。这样，如果一定要论证贫国的农业优越些，就只能以农业中存在土地报酬递减律来说明。但这个规律不能无条件地适用。因为它以农业生产技术大体上不变为前提。可是在这条件下，耕作者是不会无限制地对土地递增劳动和费用的。对此，列宁后来的评论是正确的。

在另一个地方斯密说："在土地广大的国家，常有大部分农地，位于僻远地方，其肥料不易仰给于都市，因此耕种优良的土地其数量一定和农地自能

---

① 亚当·斯密：《国民财富的性质和原因的研究》（上卷），郭大力、王亚南译，商务印书馆1972年版，第7—8页。

生产的肥料成比例；而农地自产肥料量，又一定和农地所维持的牲畜成比例。土地施加肥料，不外二途：其一，放畜于田，因而得粪；其二，饲畜于厩，出粪肥田。”[①]这里，斯密不自觉地说明，大都市的兴起和发展，使土地不能就近取得肥料，肥料要从远处运来，这在一定条件下，使尚未发生产业革命、工厂密集的城市尚未兴起的贫国，其农产品价值低于富国。

李嘉图从事理论活动的时候，产业革命在英国已进行了将近半个世纪，世界分工的现象已较明显。他用比较成本理论来说明其原因。他说：“如果两人都能制造鞋和帽，其中一个人在两种职业上都比另一个人强些，不过制帽时只强 1/5 或 20%，而制鞋时则强 1/3 或 33%，那么这个较强的人专门制鞋，而那个较差的人专门制帽，岂不是双方都有利么?”这是从个人看的。如果从国家看则是：“一个在机器和技术方面占有极大优势因而能够运用远少于邻国的劳动来制造商品的国家，即使土地较为肥沃，种植谷物所需的劳动也比输出国更少，也仍然可以输出这些商品以输入本国消费所需的一部分谷物。”[②]他进一步用数字来说明这一原理：假设生产 1 单位毛呢，英国需用 100 单位劳动，葡国需用 90 单位劳动；生产 1 单位酒，英国需用 120 单位劳动，葡国需用 80 单位劳动；论绝对成本，英国都较高，葡国都较低，最好的办法是将英国的劳动和资本都移到葡国，从事毛呢和酒的生产。但是，他认为这是不可能的，因为资本从一国转移到另一国以找寻更有利的用途是很困难的。因此，他认为，英、葡应该分别生产比较成本低的商品，就能增加产量，然后交换，双方都有利。从英国看，两种商品的比较成本是：100/90 和 120/80，前者比值较低，英国应分工生产毛呢；从葡国看，两种商品的比较成本是：90/100 和 80/120，后者比值较低，葡国应分工生产酒。分工前，英国 220 单位劳动和葡国 170 单位劳动，合起来生产 2 单位毛呢和 2 单位酒；分工后，英国 220 单位劳动生产 2.2 单位毛呢，葡国 170 单位劳动生产 2.125 单位酒，毛呢和酒的总量都较前增加，然后再按留待下面再论述的价格交换，双方都有利。他认为，正是这一原理，决定葡萄酒应在法国和葡萄牙酿制，

① 亚当·斯密：《国民财富的性质和原因的研究》(上卷)，郭大力、王亚南译，商务印书馆 1972 年版，第 212 页。

② 大卫·李嘉图：《政治经济学及赋税原理》，郭大力、王亚南译，商务印书馆 1962 年版，第 114页脚注。

谷物应在美国和波兰种植，金属制品及其他商品应在英国制造。这就是世界分工理论的比较成本理论。

马克思的年代，产业革命在西欧已进行了将近一个世纪，世界分工已是明显的事实。我认为，他的世界分工理论主要是对斯密有关理论的扬弃，而他的国际交换价格的理论则是对李嘉图有关理论的扬弃。

马克思挖掘斯密关于农业、土地和肥料之间的关系的论述；提出产业革命的进行是工业领域快于农业领域，在这条件下，工业城市的兴起，大量农民离开土地流入城市，土地就近取得肥料日益困难，只能从远处取得，这在一定条件下，在工业品变得便宜的同时，农产品反而变得昂贵。他说："资本主义生产使它汇集在各大中心的城市人口越来越占优势，这样一来，它一方面聚集着社会的历史动力，另一方面又破坏着人和土地之间的物质变换，也就是使人以衣食形式消费掉的土地的组成部分不能回到土地，从而破坏土地持久肥力的永恒的自然条件。"①这样，为了恢复土地的肥力，就要从很远的地方，例如当时的英国就要从南美洲挖掘并运回鸟粪在土地上施肥。这要耗费大量的劳动。只要它大于因产业革命对农业的影响而节省的劳动，生产同产谷物所需的劳动就增大，谷物的价值就增大。马克思说明其中的规律："一部分不变资本的价值不会加入到俄国农业家农产品的价值中去，但会加入到英国农业家农产品的价值中去。假如价值的这个部分等于 10 人一日的劳动，并假设 1 个英国劳动者会把这不变资本推动……如果 1 个英国人借助不变资本所生产的产品，必须有 5 个俄国人才能生产出来，而俄国人所用的不变资本只等于 1 个劳动日，英国人的产品就＝10＋1＝11 劳动日，而俄国人的产品＝1＋5＝6 劳动日。如果俄国的土地比英国的土地更肥沃到这个地步，以至不用不变资本，或用 1/10 的不变资本，已经能够和那个使用 10 倍不变资本的英国人生产一样多的谷物，同量英国谷物和俄国谷物的价值，就会成 11 与 6 之比。"②这就是说，英国人使用比俄国人先进的农业工具所节省的活劳动，小于为了使其土地的肥力提高到等于俄国土地的肥力程度所需增加的劳动，这就使英国谷物的价值比俄国的高。就是这一规律

① 《马克思恩格斯全集》(第二十三卷)，人民出版社 1972 年版，第 552 页。

② 马克思：《剩余价值学说史》(第二卷)，郭大力译，人民出版社 1978 年版，第 550—551 页。

的作用，使先在工业领域发生产业革命的国家，在工业品变得便宜的同时，农产品的价值却变得昂贵，而未发生产业革命的落后国家的情况则相反，这就使世界划分为工业国和农业国。

（三）两大类国家按相等价格交换商品的经济内容

关于两大类国家交换工业品和农产品的比价问题，如果先撇开货币对价格的影响这一作用不谈，那么马克思的理论主要是对李嘉图有关理论的扬弃。李嘉图对两个国家交换商品其价格如何决定是有论述的。他首先说："只要不是独占品，最后决定商品在进口国中的售价的乃是出口国家中的自然价格。"①按前例：葡国生产 1 单位酒需用 80 单位劳动，舍去运费不算，在英国也就按此价格出卖；英国生产 1 单位毛呢需用 100 单位劳动，同理，在葡国也就按此价格出卖。这样，是不是 100÷80＝1.25，即1.25单位酒交换 1 单位毛呢呢？李嘉图又认为不是这样。他指出葡国用多少酒交换英国的毛呢，不是由各自生产上所需的劳动量决定的，情况不像两种商品都在葡国或英国生产的那样。由此他提出一个重要的原理："支配一个国家商品相对价值的法则不能支配两个或更多国家间互相交换的商品的相对价值。"②他明确指出：英国人将以 100 人生产的毛呢交换葡国人以 80 人生产的酒。这种交换在一个国家中不同个人间是不可能发生的。原因在于：资本从一国转移到另一国以寻求更有利的用途十分困难，而在一国各地之间却十分容易达到这一目的。他这一段论述暗含着这样的思想：利润率在国家之间因资本不能自由转移就不等，在一个国家内部因资本能自由转移就均等。以后我们看到，在李嘉图的理论中，先进国家的利润率低，落后国家的利润率高。

从利润率的高低看商品的价格，这价格就不是价值的直接表现，而是包含着利润的自然价格（马克思说的生产价格）。价值和自然价格的区别在于：前者包含着由工人生产商品的劳动所创造的剩余价值，后者则包含着按

① 大卫·李嘉图：《政治经济学及赋税原理》，郭大力、王亚南译，商务印书馆 1962 年版，第 321 页。

② 同上书，第 112 页。

使用的资本按平均主义原则分配到的剩余价值即平均利润，生产出来的剩余价值和分配到的剩余价值，其数量在大多数的场合下是不等的，这要取决于资本有机构成的高低和资本周转时间的长短(详见下述)。我们知道，李嘉图是混淆价值和自然价格的，原因在于他混淆剩余价值和平均利润。由于这样，他就认为，投下等量资本：在一国之内，不管哪一生产部门，尽管推动的活劳动不等(应有不等的价值)，总有等量的利润，有相等的自然价格(他认为就是价值)，商品按这价格交换就必然是等量劳动的交换(从转化为生产价格的价值看，不一定是这样，参见后文图表)；在不同国家，不管推动的活劳动是否相等，总有不等的利润，有不等的自然价格，而自然价格要换算为相等的才能交换，这样，按逻辑推论，他就认为劳动量必然不等。这就是李嘉图所以提出价值规律只能决定一国内部的商品交换，而不能决定国家之间的商品交换这一错误看法的方法论根源。

马克思谈到李嘉图的有关论述时说，自然价格(马克思说的生产价格)和价值有偏离，商品按自然价格交换，交换中的“损失和利得在一国之内会互相抵消”，因为总自然价格等于总价值。“但在国家之间不是如此。甚至李嘉图的理论也认为……一国的 3 个劳动日可以和别一国的 1 个劳动日相交换。价值规律在这里有重要的修正。不同国家劳动日的关系，能够像一国之内熟练的复杂的劳动和不熟练的简单的劳动的关系一样。在这个场合，富国会剥削贫国，纵然……贫国也会由交换得到利益。”①应该指出，很多人解释过马克思这一段论述，但是在我看来，大多是离开了马克思的原意的。例如，有人认为工业国与农业国交换中的价格问题，就是复杂劳动和简单劳动的关系。诚然，是存在这样的内容。但这并不能说明富国剥削贫国，因为一国之内也有这样的交换，但马克思并不认为这是剥削和被剥削，因为他认为在形成价值的时候，复杂劳动已化为倍加的简单劳动，这既然是形成价值的内容，当然就谈不上什么剥削和被剥削了。何况这种解释与马克思谈到的李嘉图的理论即价值规律修正，以及贫国也会在交换中得到利益等无关。看来这些人将上述引文中的“能够像”理解为“就等于”了。我们必须按照马克思的原意来解释这段论述。

---

① 马克思：《剩余价值学说史》(第三卷)，郭大力译，人民出版社 1978 年版，第 111—112 页。

让我们进一步研究这一极其重要的理论问题。

李嘉图的混淆包含着极其宝贵的思想：在自然价格相等时，生产商品所耗费的劳动即价值可能是不等的。这对马克思有很大的启发。马克思首先指出包括李嘉图在内的英国古典学派都混淆了价值和自然价格；然后将后者称为生产价格，它由生产成本或生产费用($c+v$)加平均利润($\bar{p}$)构成，而价值则分解为 c、v、m(剩余价值)；认为虽然总生产价格和总价值是相等的，因为总平均利润和剩余价值是相等的，但个别生产价格和价值在大多数情况下是不等的，**资本有机构成高和资本周转时间长的部门，其商品的生产价格高于价值，资本有机构成低和资本周转时间短的部门，其商品的生产价格低于价值，只有那些这两者合起来居于社会中等水平的部门，其商品的生产价格才与价值永远相等**，即不因工资率的变化(由此引起生产成本变化)和利润率的相反变化而变化，因为它的居中条件使它分配到的平均利润必然等于它生产的剩余价值。上述原理如表 2-1 所示(为了简明，资本周转时间没有在表中反映，但道理和资本有机构成相同：周转时间短，一年中周转次数就多，等于一年中使用的 v 总量大，即等于资本有机构成低，反之，就相反)。

表 2-1　工业国家和农业国家不同资本有机构成下生产价格与价值关系

资本		剩余价值率	剩余价值	价值	平均利润	生产价格
工业国家	A　$90c+10v$	100%	10	110	20	120
	B　$80c+20v$	100%	20	120	20	120
	C　$70c+30v$	100%	30	130	20	120
农业国家	Ⅰ　$70c+30v$	60%	18	118	24	124
	Ⅱ　$60c+40v$	60%	24	124	24	124
	Ⅲ　$50c+50v$	60%	30	130	24	124

马克思的政治经济学告诉我们：工业国资本有机构成高，剩余价值率高，利润率低，农业国则相反。这两大类国家，资本有机构成高的 A 和Ⅰ，其生产价格高于价值；资本有机构成低的 C 和Ⅲ，其生产价格低于价值①；资本

① 正是从上述可以看出，从一国内部看，商品按相等的生产价格(自然价格)交换，其相应的价值即劳动是不等的。李嘉图认为，国内交换必然是相等劳动的交换，这看法是片面的。原因是他混淆了价值和自然价格。

有机构成居中的B和Ⅱ，其生产价格等于价值。从表中可以看出，同样是100的资本，其生产价格，在工业国都是120，在农业国都是124。两国交换，前者1单位商品可换后者的0.97单位商品。A是重工业产品，它同农产品Ⅲ相交换，1单位A的价值是110，它换取的农产品Ⅲ为0.97单位，但1单位农产品Ⅲ的价值为130，0.97单位农产品Ⅲ的价值则为125.8，即工业国以110的价值换取农业国125.8的价值。这样，在按相等的生产价格交换的背后，工业国是以较小的价值即劳动换取农业国较大的价值即劳动。就是说，前者投入的国民劳动小，实现的国民价值大；农业国则相反。这就是我根据马克思的有关理论对由他提出的富国剥削贫国的解释。这也是工业国和农业国即使在等价交换条件下，其发展差距也要扩大的最根本的原因。

那么，又应怎样理解在交换中，贫国也得到利益呢？这就是：如果农业国不以农产品去交换工业国的重工业品，在技术条件不具备时，自己去生产，开始时花的劳动，必然比用生产农产品去交换重工业品的办法所花的劳动还要多些。这就有一个长远利益和目前利益应如何结合的问题。这是每个农业国实现工业化和现代化时，都要遇到的发展战略问题。如果满足于购买对方的工业品，价格是便宜了，消费者高兴了，但是工业国和农业国的差距，却无法消灭。

（四）两大类国家产品的不同供求关系对价格的影响

西方学者对上面的分析加以评论时说，按照这种理论，就要同意下面的看法：劳动生产率是工业提高得比农业快，而马克思的价值理论认为，劳动生产率制约价值，从而也制约生产价格，这就使工业品的生产价格下降得比农产品快，从发展看，农产品换到的工业品有增加的趋势；农业国不必工业化，就得到工业化的好处。对此，我们不能采取回避问题的态度，而应认真地研究问题，严肃地回答。我认为，这是撇开商品的价格，单纯从商品的价值考虑问题的结果。而商品交换是按照一定的价格进行的；影响价格的因素（撇开垄断因素，我们现在论述的资本主义还没有垄断）有二：一是商品的供求关系，二是货币的价值或相对价值。现在先论述供求关系。这里的基本思想是属于拉美学派的奠基人、阿根廷经济学家劳尔·普雷维什的。

从生产发展趋势看，劳动生产率的提高，意味着用越来越多的劳动工具，尤其是机器来代替活的劳动。这样，从一件产品看，在总的劳动量减少的前提下，活劳动绝对地和相对地都减少，物化劳动则相对增加，在没有重大技术变革的条件下，物化劳动体现在原料中的那部分的绝对量至少是不变的，绝不可能增加，体现在劳动工具或机器中的那部分则绝对地和相对地都增加。了解了这一规律，就可以说明下面的问题。

随着生产的发展，对劳动工具，尤其是机器的需求增加的速度，超过了对原材料的需求的增加速度，当落后国家进行工业化时，这一点特别明显。机器是工业国生产的，其相对价格（与农产品价格相比）因而有上涨的趋势；原材料大多数是农业国生产的，其相对价格（与工业品价格相比）因而有下降趋势。非常明显，这对工业国有利，对农业国不利。此外，从消费发展的趋势看，人均收入增加和生活水平提高时，对需求总的增长时在品种上有差异性：对农产品的需求降低，对工业品的需求则提高。这样，随着人们收入的增加，两大类商品的相对价格，农产品降低，工业品提高。以上所说的问题，在第二次世界大战后特别明显。发展中国家由此受到的损失，是巨大的。

（五）两大类国家货币的相对价值及其对价格的影响

现在论述货币的价值和相对价值对两大类国家商品价格的影响。

西方和东方国家商品的价格因受货币价值的影响而呈现出不同的水平，对此现象加以研究的经济学家，第一位是英国的范德林特。他认为印度人有埋藏金银的习俗，这样，由于货币量减少，印度的物价就比西欧低。这是一种货币数量论，它否认金属货币的贮藏手段职能能够调节其流通量，以适应其需要量。

斯密对东西方的物价问题，是以它们各自生产的主要产品即粮食，以及贵金属这两者结成的关系来说明的。首先，他认为粮食的价值，是印度的比西欧的低。原因是印度为产米国，一年两熟或三熟，西欧为产麦国，一年一熟，前者的产量大于后者，因而米的价值较低。其次，印度贵金属价值比西欧高。原因是印度的银矿不如美洲的富饶，美洲输送金银到东方来，花的劳动比输送到西欧多。他特别指出，在贵金属价值比西欧高的基础上，印度的银金比价是 10—12∶1，西欧则是 14—15∶1。就是说，与西欧相比，印度的银对金的比价高些。印度和中国是东方用银大国。因此，用银来表现，印度的谷米价格就因本身价值低和银价高这两重原因而比西欧的低许多。

我认为，李嘉图对发达的国家其货币价值较低的分析，对马克思有很大的影响，值得重视。李嘉图认为，发达国家输出的产品可以多于进口的产品，因而国际收支是顺差，于是就输入贵金属。因此，发达国家的货币流通量就超过其需要量。他又认为，贵金属货币如像商品一样，货币数量过多，"价格"就低于价值，因而商品价格就上涨；落后国的情况则相反，商品价格就下降。发生这种情况时，前者货币便宜而物价高涨，就输出货币以输入商品，后者货币昂贵而物价下降，就输入货币以输出商品。他说："当英国货币减少而使英国商品的自然价格降低时，法国货币增加却使法国商品的自然价格提高了。"结果货币的价格就"通过改变贵金属的分配情况"①，而逐渐等于其价值。李嘉图这些论述，其中集中的就是否认贵金属货币的贮藏手段职能，表明他是货币数量论者。所不同的只是，他认为贵金属货币有其由劳动决定的价值，其数量则使其"价格"环绕着价值而上下波动，并还原为价值。

马克思关于发达国家的相对价值较低的理论，明显地是受到李嘉图的影响的。马克思说："一个国家的资本主义生产越发达，那里的国民劳动的强度和生产率，就越超过国际水平。因此，不同国家在同一劳动时间内所生产的同种商品的不同量，有不同的国际价值，从而表现为不同的价格，即表现为按各自的国际价值而不同的货币额。所以，货币的相对价值在资本主义生产方式较发达的国家里，比在资本主义生产方式不太发达的国家里要小。由此可以得出结论：名义工资，即表现为货币的劳动力的等价物，在前一种国家会比后一种国家高。"②这段话包含有发达国家的物价因货币相对

---

① 大卫·李嘉图：《政治经济学及赋税原理》，郭大力、王亚南译，商务印书馆 1962 年版，第 293 页。

② 《马克思恩格斯全集》(第二十三卷)，人民出版社 1972 年版，第 614 页。

价值较低而提高的意思，许多人引用过和解释过，但理解不同。这里谈我个人看法。

最重要的是：这里论述的虽然是不同国家生产的同种商品，但也适用于生产的不同种商品。就是说，劳动生产率，关起国门时是中等的，走出国门，发达国家的由于是和落后国家的相比，就变成优等的，即比在国内市场形成更多的价值，交换到更多的货币；落后国的情况则相反。这样，我们就可以得出结论：发达国家用耗费劳动以生产商品的办法去交换货币，在国内市场进行交换，耗费的劳动多，在国际市场进行交换，耗费的劳动少，因此，发达国家货币的相对价值，在国际市场比在国内市场低，由于货币流动，其相对价值就比进入国际市场前降低，与此相应，物价就上涨；落后国的情况就相反。

由此可见，发达国家由于劳动生产率高，其商品在国际市场实现较大的价值，这已使它在国际市场上这部分商品的价格比在国内市场高，同时又因换得较多的货币，这使它的货币相对价值下降，从而又使它所有的商品价格上涨，即通过对外贸易，发达国家有两种因素使物价上涨，落后国则相反。

为了加深对马克思这一重要原理的理解，我们举一个例子：在美洲发现富饶的金银矿，在那里开采金银耗费的劳动比在旧大陆少，因而金银价值下跌，从而导致欧洲物价普遍上涨，经济史称之为“价格革命”。现在，不是在海外发现富饶的金银矿，而是发现一个有利的市场，在那里出售商品获得的货币比在国内市场多，从而也导致物价上涨。之所以是货币的相对价值，而不是价值或绝对价值，因为这货币是用生产的商品交换来的，而不是像在美洲那样耗费劳动去开采得来，如果是后者，就是货币的价值或绝对价值了。但是，不论是货币的相对价值还是绝对价值，其对商品价格的影响是一样的。不得不在海外面对不利市场的落后国家，情况就相反。

在这里，我还要附带谈一个问题：20 世纪 30 年代中期以前，中国和印度是东方用银大国；由于落后，外贸经常是逆差，要用白银支付对方用黄金计算的债务。19 世纪 70 年代以来，银的劳动生产率提高得比金快得多，银对金的比价下跌得很厉害（这是欧美多数国家此时从金银复本位制过渡到金本位制的经济原因）。这样，用来支付同一数量债务的银，就越来越多。作为货币的银，是许多世纪以来积累下来的，亦即作为价值实体的社会劳动的积累，现在由于银的比价下跌，用它来支付比价上升的金，就等于将若干世纪积累起来的社会劳动打了折扣。

（六）两大类国家利润率和利息率高低和资本输出问题

资本总是追逐尽可能高的利润和利息的。经济越是落后，其利息率和利润率就越高。前面已说明前资本主义的高利贷利息率和受它调节的商业利润率，比资本主义的利润率和利息率高的问题。现在要说明同样是资本主义，其利润率和利息率，也是低级阶段比高级阶段的高。同一国家的发展不同时期是这样，不同的国家也是这样。前者就表现为资本主义利润率有下降的趋势；后者就表现为越是落后的资本主义国家，其利润率和利息率就越高。这样，发达国家就有可能将资本输出到落后国家，以攫取比本国高的利润和利息。

这种分析和常识好像是矛盾的。让我们进一步研究这问题。

资本主义利润率下降趋势，在垄断资本主义产生以前，是非常明显的（垄断资本主义，由于向其他的经济成分攫取垄断利润，它的利润率升高，被攫取的其利润率就特别降低）。重要经济学家都探讨过其原因。斯密的看法是：随着资本的增加，工资就提高，因而倾向于减低利润。在同一行业中，如有许多富商投下了资本，他们互相竞争，自然倾向于降低这一行业的利润；同一社会各行各业的资本，如果都同样增加了，那么同样的竞争，必对所有行业产生同样的结果。这是错误的。所谓提高工资，原因是对劳动力的需求增加。这样，价值中由工资占有的份额大了，利润（剩余价值）占有的份额就小了。但是，这只能是短期现象，因为高工资能更多地繁殖工人的后代，到时工资就要降到原来水平，利润也恢复到原来的水平。至于说，同行竞争的加强，那就是为了多买原材料和多卖产品，就比别人贵些购买和贱些出卖；但是，一方的买就是另一方的卖，反之亦然。因此，各行各业都这样做，对一个企业来说，在它如是贵买贱卖，对方就是贱买贵卖，这怎样降低利润和利润率呢？

李嘉图用农业的生产率随着资本主义的发展而降低来解释。他认为：耕地是从优到劣，在同一耕地上追加投资，到一定时候，其生产率就下降。由于这样，粮食价值增大，货币工资随之增加，利润减少。这也是错误的。因为资本主义的耕地并不总是从优到劣；在技术进步的条件下对土地追加投资，其生产率不一定下降。何况李嘉图说明的只是利润量减少，而不一定是利润率下降。

马克思用资本主义的社会生产力提高，即资本有机构成的提高来解释。他说："资本主义生产，随着可变资本同不变资本相比的日益减少，使总资本的有机构成不断提高，由此产生的直接结果是：在劳动的剥削程度不变甚至提高时，剩余价值率会表现为一个不断下降的一般利润率。……因此，一般利润率日益下降的趋势，只是劳动的社会生产力日益发展在资本主义生产方式下特有的表现。……因为所使用的活劳动的量，同它所推动的物化劳动的量相比，同生产中消费掉的生产资料量相比，不断减少，所以，这种活劳动中物化为剩余价值的无酬部分同所使用的总资本的价值量相比，也必然不断减少。而剩余价值量和所使用的总资本价值的比率就是利润率，因而利润率必然不断下降。"①

马克思举了一个例子：剩余价值率，在欧洲是 100%，在亚洲是 25%；资本有机构成，在欧洲是 $84c+16v$，在亚洲是 $16c+84v$；这样，欧洲产品的价值为 $84c+16v+16m=116$，亚洲产品的价值为 $16c+84v+21m=121$；利润率，在欧洲为 16/(84+16)=16%，在亚洲为 21/(16+84)=21%。这个例子充分说明上述原理。② 我在前面为了说明两大类国家的生产价格而涉及平均利润率时，所制订的表是考虑到马克思这一原理的。

因为资本主义是由利润率制约利息率的，所以落后资本主义国家的利息率，比发达资本主义国家的高。前资本主义的高利贷利息率就不用说了。

这样，在条件具备时，发达国家的资本就输出到落后国去，以攫取比本国更高的利润和利息。落后国家就不可能这样做。这在整个资本主义历史阶段都发生，而在垄断资本主义阶段有了质的变化。这一点我们在下面谈。

---

① 《马克思恩格斯全集》(第二十五卷)，人民出版社 1974 年版，第 237 页。

② 同上书，第 168—169 页。

（七）农业国成为工业国的经济殖民地

由于上述全部经济规律的作用，世界分工中的农业国就成为工业国的经济殖民地或政治经济学上的殖民地。反映这种经济关系的殖民地概念，是由列宁根据马克思的理论概括出来的。

列宁全面论述了马克思的经济殖民地理论。他摘录了马克思的论述，将经济殖民地的特征归纳为以下两点：第一，“殖民地之所以成为殖民地，——在这里，我们只是就真正的农业殖民地而言，——不只是由于它拥有尚处于自然状态中的大量肥沃的土地。而是由于这样一种情况：这些土地还没有被人占有，还没有受土地所有权的支配”。[①] 很清楚，这里说的是初期的移民垦殖殖民地，即未被占有的自由土地的存在，但是，如果只是这样，那就只存在土地经营者自身对土地的使用关系，并不反映在生产中人和人的关系，因而还不能是殖民地。因此，第二，“几乎全部人口都从事农业，特别是从事大宗农产品的生产，他们只能用这种产品来交换工业品和各种热带产品。所以，他们的剩余产品全部都是谷物。这一点，从一开始就把以现代世界市场为基础的殖民地国家，同以前的特别是古代的殖民地国家区别开来。现代殖民地是通过世界市场现成地得到在另外的情况下必须由他们制造的那些产品，如衣服、工具等等”。[②] 这里说的是世界分工和世界市场的存在。列宁认为，具备这些特征的农业国家或农业地区，就是马克思所理解的经济殖民地。这种殖民地并不涉及主权问题。

因此，1866 年，即美国独立后约 90 年，马克思在《资本论》（第一卷）的一个脚注中仍然说：美国的经济发展本身就是欧洲特别是英国大工业的产物；目前的美国仍然应看作欧洲的殖民地。24 年后即 1890 年，恩格斯对这个注解加以补充，他说：从那时以来，美国发展成为世界第二工业国，但它的殖民地性质并没有因此完全失掉。[③] 从这里可以看出，经济殖民地不仅和国家主

---

① 《马克思恩格斯全集》（第二十五卷），人民出版社 1974 年版，第 852 页。

② 同上书，第 755 页。

③ 《马克思恩格斯全集》（第二十三卷），人民出版社 1972 年版，第 495 页注 234。

权是否丧失没有关系，甚至在它发展起来以后，也可以和土地是否仍可自由占有没有关系(1890年已是美国南北战争后20多年，美国自由占有土地的时代早已过去)，因为它反映的经济关系毕竟不是当地的生产者自己和土地的关系，而是他们和另一种经济成分的关系。这个方法论问题，我认为是很重要的。

这种经济殖民地和工业国的关系的一个重大特点是："在那里，谷物不仅低于它的价值出售，而且低于它的生产价格，即低于由较古老的国家的平均利润率决定的生产价格出售。"[①]这怎么可能呢？原因是农业殖民地，尤其是像北美和大洋洲那样的殖民地，个体生产者特别多，他们生产的商品的价格，如果用资本主义的概念来表示，即 c、v 和 m，其中的 m 即相当于资本的利润的，可以放弃，因为他们不是资本主义生产，不是为了盈利，而是为了生存，只要求得 c 和 v，即仅能糊口就可以了。因此，在对方的压力下，m 只好奉送。因此，他们的谷物价格可以很低。

由此可以推论，在世界分工中的东方农业国，情况也是这样。它们中众多的农民，情况同上述的没有什么两样。因此，我个人认为，它们即使在尚未丧失主权时，已经是经济殖民地了。

---

① 《马克思恩格斯全集》(第二十五卷)，人民出版社1974年版，第755页。

十四、世界进一步划分为宗主国和殖民地

（一）垄断资本主义的产生和垄断利润

资本主义生产方式的基本矛盾使它本身的发展经历着部分质变，发展为垄断资本主义是其中的一个环节。这一基本矛盾是生产社会化而占有却是私人的资本主义的。这首先表现为单独的即个人的资本积累和生产力迅速发展之间的矛盾。如马克思所说，如果靠单独的个人的资本积累，铁路就很难产生了。于是，在信用的基础上产生的股份资本，即集团资本就产生出来以解决这个矛盾。它推进了生产力以社会为范围迅速发展。这又使新的矛盾尖锐起来，这就是：个别企业生产的有组织性和社会生产无政府状态之间的矛盾。在股份公司的基础上，卡特尔和托拉斯这一类有计划生产的大型企业组织的产生，解决了这一矛盾。托拉斯这类垄断企业，如下面将分析的，必然向其他社会成分和经济成分攫取垄断利润，因而又产生新的矛盾：迅速发展的生产和相对落后的消费的矛盾。于是，以国家的身份在资本主义范围内调节这一矛盾的国家垄断资本主义就产生了。但国家说到底还是维护资产阶级的利益的，所以矛盾不能解决。因此，只有将资产阶级的政权夺到人民手中，将生产资料收归公有，按人民的利益和需要进行生产和分配，即资本主义生产方式发生根本质变，矛盾才能解决。这就是社会主义代替资本主义的必然性。

恩格斯是从资本主义生产方式基本矛盾的发展，来分析卡特尔这一类有计划生产的大型企业组织的产生的。他在编辑马克思的遗稿《资本论》（第三卷）时，有这样一段插话："历来受人称赞的自由竞争已经日暮途穷，必然要自行宣告明显的可耻破产。这种破产表现在：在每个国家里，一定部门

的大工业家会联合成一个卡特尔,以便调节生产。一个委员会确定每个企业的产量,并最后分配接到的订货。在个别场合,甚至有时成立国际卡特尔……但生产社会化的这个形式还嫌不足。各个公司的利益的对立,过于频繁地破坏了它,并恢复了竞争。因此,在有些部门,只要生产发展的程度允许的话,就把该工业部门的全部生产,集中成为一个大股份公司,实行统一领导。”[①]这里应该说明,当我们尚未说明参加卡特尔的企业必须攫取垄断利润时,还不能说它们就是垄断企业。它在1873年危机中陆续产生。

现在,与我们的研究有密切关系的是说明上述这些企业为何要攫取垄断利润以及它的来源。作为商品价格构成原因(不是结果)的垄断利润,其必要性我认为是要从生产条件去说明的。这里举一个例子:经营养牛业,需要较广阔的土地,要交纳比经营工业更多的地租,这和种植业一样,而且其数额起码和同等质量的种植业所用土地的地租相同。但是,种植业的资本有机构成是低的,因此其生产价格低于价值,这样,农产品的市场价格只要在生产价格和价值之间,它就有一个超过平均利润的超额利润,这就可以转化为绝对地租(农业资本之间的超额利润,转化为级差地租)。养牛业不是这样。它的资本有机构成高,像重工业一样,生产价格已高于价值,只有高于生产价格出售产品,才能获得一个转化为牧业地租的超额利润。[②] 因为它是高于价值和生产价格出售而获得的,所以其实质是垄断利润。很明显,这垄断利润是养牛业的生产条件,使它成为必需的,并作为原因构成或提高价格。这和下述情况不同:在特殊土地上栽培葡萄,再用它酿成名贵的葡萄酒,因而以垄断价格(其高度取决于饮酒者的嗜酒程度和购买能力)出售,其中包含的超过平均利润的垄断利润,不是构成垄断价格的原因,而是形成了垄断价格的结果。

现在说明上述企业为何要攫取垄断利润。我们已经知道,参加卡特尔一类组织的企业,是在股份公司的基础上产生的,其规模庞大,生产力很高,这些企业的产品在该生产部门中占大多数,其生产条件成为平均条件,其商品的个别价值决定该商品的社会价值,商品如按生产价格出售,就只得到平

① 《马克思恩格斯全集》(第二十五卷),人民出版社1974年版,第495页。对引文中“竞争”二字加上着重号的是引者。

② 同上书,第865页。

均利润;而这个平均利润相对于垫支总资本来说,还会迅速降低,因为这些企业的资本有机构成很高,导致社会平均利润率加速下降。这是一方面。另一方面,竞争迫使这些企业提高生产力,扩大生产,但要按照市场的需要计划生产,就是说有一部分机器设备要闲置起来,或者虽不闲置,而生产过剩的产品到国外市场低价倾销,不管哪一种,由此带来的损失,是不能用按照生产价格出售商品得来的平均利润来弥补的。此外,由于企业规模庞大而又要进行竞争,固定资本精神磨损厉害,企业耗费巨大;收买新发明和专利而加以垄断,以及在经济以外进行竞争,也是如此。利润率下降而必需的弥补和支出巨大,这就是这些企业的生产条件。这个矛盾的解决,就是参加卡特尔一类的企业必须攫取超过平均利润的带有固定性的垄断利润。这就是垄断利润的必要性。严格地说只有作了这样的说明,我们才能说这样的企业就是经济意义上的垄断企业。

我对垄断利润必要性的认识,最初是在1957年出版的《论资本主义基本经济规律及其在资本主义发展各个阶段上的具体形式》(上海人民出版社出版)中提出来的。40多年来我在多种场合下,重申和完善这一认识。

垄断利润不能由垄断企业自己创造。上述的养牛业说明了这一点。有一种看法事实上是将垄断企业之间的超额利润,即其中较优的对中等的所具有的超额利润,错误地当作垄断利润一般。因此这样一来,最差的就不可能有垄断利润了。就是说,垄断利润只能来自其他非垄断资本主义的经济成分,以及垄断资产阶级以外的社会成分,只能在垄断资本主义生产以外,从流通和再分配中攫取,有点类似重商主义时商业利润的来源。

(二)垄断资本主义经济是一种世界体系

我将一种不能为自己提供存在条件的经济成分称为是一种世界体系。前面论述奴隶制经济时,我说它是一种世界体系。现在论述垄断资本主义经济,我们又看到同样的情况。世界体系这一概念从方法论看,实质上是卢森堡提出来的。她的资本积累理论是反对马克思的社会资本再生产理论的。她认为,资本积累问题只是剩余价值的实现问题,在只有资本家和工人两个阶级的条件下,资本积累是不可能的。资本家只有将用于积累的剩余价值(它体现在物质资料中)出售给资本家和工人以外的第三者,主要是个体生产者,从他们手中取得货币(这是第一次交换),然后再用这货币向第三者购买原材料,以及雇佣他们为工人(这是第二次交换),这才不仅在价值上,而且在物质上实现了资本积累,即实现了社会资本的扩大再生产。换句话说,资本积累的实现要经过两次资本主义经济和个体生产者的交换,亦即资本主义如果没有同非资本主义的交换,它就不能存在。卢森堡说:“这两者都是资本主义生产与周围非资本主义世界之间的交易。所以从剩余价值的实现及不变资本物质要素的取得两方面看,国际贸易,一开始就是资本主义历史存在的首要条件。”①她认为这是一种本质的联系,因而就构成世界体系。这就是:资本主义是一个“自己不能单独存在的经济形态,它需要其他的经济形态作为传导体和滋生的场所”。② 卢森堡的资本积累理论是错误的,因为马克思的社会资本再生产理论表明,资本积累不单单是剩余价值的实现,而是包括剩余价值在内的全部价值,以及使用价值这两者统一的实现或补偿,资本主义自己能为自己提供实现的条件,它的存在无须以其他经济成分的存在为条件。但是,卢森堡错误理论中包含的方法论——有的经济成分不能独自存在就构成世界体系,却使我得到启发,它使我认识到不仅奴隶制经济是这样,根据上述分析,垄断资本主义经济也是这样。

从另一方面看,在卢森堡看来,如果资本主义经济没有外部市场,它就不能存在。卢森堡是从相交换的经济成分是否相同来区分内部和外部市场的。她说:德国资本主义工业和英国资本主义工业的交换,是内部市场,因为这是资本主义自己的交换;德国资本主义工业和德国个体农民的交换,对资本主义工业来说,是外部市场。国家政治疆界在这里意义是不大的。

我们根据这一方法论,就可以说,没有外部市场,垄断资本主义经济就不可能存在。

这里必须强调的是:我并不是将某一种经济在事实上同另一种经济是

---

① 卢森堡:《资本积累论》,彭尘舜、吴纪先译,生活·读书·新知三联书店 1959 年版,第 283 页。

② 同上书,第 376 页。

存在着联系的这一事实记录下来，就认为它是一种世界体系。不是这样的。我是根据是否有本质的联系，即是否缺少了这种联系，某一种经济就不能存在来判断其是否是世界体系的。

有的经济学家将资本主义经济看成一种世界体系。他们的方法论特点是：将资本主义经济从产生时开始，就同其他的经济成分在事实上有联系，并且一直都是如此的具体情况记录下来。这样做，就必然无法区别一般的资本主义经济和垄断资本主义经济的不同。由此必然产生的错误，下面就会看到。

（三）垄断利润的国内和国外来源

垄断利润只能来自非垄断资本主义的经济成分，以及非垄断资本家的社会成分，这是不分国家界限的。攫取垄断利润的最根本办法是：垄断企业以垄断价格，即高于价值或“生产价格”（这时由于垄断利润的存在，经济条件发生变化，平均利润已不是原来意义上的，所以生产价格也不是原来意义上的）出售商品，而以低于价值或生产价格的价格向小生产者和一般的资本主义企业购买生产资料，它们的垄断地位使它们有条件这样做。这种情况，是适用于国内和国外的。关于垄断价格的制定原则问题，一般论述垄断资本主义经济的书籍都有说明，这里不赘。

但是，国内来源和国外来源，还是有区别的。首先，由于国内外利润率不同，用输出资本的办法攫取垄断利润，就只适用于向落后国，除非垄断资本主义国家也存在实行于极落后地区的高利贷资本的利息率。其次，最重要的，在垄断资本主义国家，政权是由垄断资本家本人或其代表掌握的，因此，他们可以借助政权，制定有利于垄断资本主义经济的财政和货币政策，例如，以财政支出来购买他们以垄断价格出售的商品，或者为他们提供一个有保证的市场；还有就是为了支持由此而常常发生赤字的财政预算，就废除金本位制而实行纸币本位制，然后在这基础上滥发纸币，从而降低货币的价值，导致物价上涨，而不相应提高货币工资，从而增加所有资本家的利润包括垄断利润，但是非垄断资本的利润有一部分，如前所述，还是落到垄断资本家的腰包里。像这种直接利用政治的力量攫取垄断利润的办法，除非是殖民地国家，在国外一般说来是不适用的。

这里要指出的是：垄断资本主义用财政的办法，或者说通过由国家包买商品的办法，取得垄断利润以后，这些不管是一般商品还是军火，不管是积压着还是丢到大海中，都与垄断企业无关了。如果垄断资本主义国家将这些东西送给落后国家，或者贷款给落后国家，后者的用途指定是用来购买这些东西的，那么，在垄断资本家已经得利的条件下，又能将落后国家进一步拴住，以便以后从中得到更多的利益。这就是垄断资本主义国家的所谓经援和军援的经济内容。卢森堡资本积累理论中的军国主义理论就是建筑在这基础上的，这一点下面谈。

对于据以攫取垄断利润的外部市场，垄断资本主义更为看重的是国外的外部市场。这有两个原因。其一：落后或农业国家，有众多的小生产者，生活费用即 v 极其低廉，资本主义经济不发达或者简直没有，资本主义性质的工资，由于破产的小生产者众多而又当不成工人，所以特别低下，换句话说，土著资本主义经济的利润因工资低而较高。这样，无论是小生产者以 $c+v$（放弃 m）的价格出售商品，或者资本家以低于生产价格或价值的价格出售商品，他们的生产还可勉强维持，只是工人苦不堪言。其二：垄断资本主义国家，为了巩固其世界体系的基地，就有必要采用加深对外榨取而减轻对内榨取的办法，以缓和国内矛盾；这样做，有时还给国内工人、小生产者、一般资本家带来某些物质利益。这就是布哈林所说的：在垄断资本主义经济占统治地位的国家，受垄断资本主义剥削的各种人，甚至连工人也会产生国家主义或爱国主义的经济基础。这一点也在下面谈。

前面说明，如果没有其他因素的作用，由于工业国劳动生产率提高得比农业国快，那么，农产品就应交换到越来越多的工业品；但是，由于货币价值、供求关系和现在说明的垄断关系这几种因素的作用，农产品交换到的工业品就越来越少。表 2-2 表明从 1873 年垄断形成开始，到 1913 年第一次世界大战爆发前夕，共 40 年间世界物价指数变动情况。由于上述几个因素对指数的作用无法分开，我们就作一综合分析。

表 2-2　1873—1913 年世界物价指数

	1873 年	1900 年	1913 年
工业品	100	67.5	71.6
小麦	100	49.5	57.5
咖啡	100	47.0	61.9
棉花	100	61.0	78.0

资料来源：W. Arthur Lewis. *Growth and Fluctuations 1870-1913*. London：Routledge，1978，Table 3.1。

从表中的数据来看，在 1873 年以后 40 年间的世界市场上，农产品价格的下降幅度都超过工业品的下降幅度，只有 1913 年的棉花价格是例外。这时是资本主义发展为垄断资本主义时期，在垄断价格产生时，工业品价格指数之所以降低（农产品价格指数降低得更厉害），是由于这时黄金生产日渐困难。至于 1900 年的价格指数普遍比 1913 年低些，是由于这年发生经济危机。

（四）资本输出及其实质

资本主义处于自由竞争阶段时，它和农业国的经济联系的基本方式是商品输出；垄断资本主义国家和落后国的经济联系新方式则是资本输出。因为它是前者对后者攫取垄断利润的重要方法。这是我们已作了初步说明的。

现在我们要进一步说明，为什么产生了垄断就必然发生资本输出？这是因为，国内已垄断的部门是能够获得垄断利润的，但要以限制在其中再增加投资为前提，而非垄断部门则由于被攫取了垄断利润而利润率大为下降，于是得不到垄断利润的垄断资本就要输出到落后国家，以攫取比国内更高的利润。

为了进一步说明攫取垄断利润是垄断企业为了维持其生产所必需的经济条件，并为了使我们对资本输出的实质有正确的认识，我认为有必要说明希法亭关于资本输出的极其重要、而又未引起重视的理论。

希法亭在《金融资本》中说："我们所说的'资本输出'，是指用来在国外生产剩余价值的价值输出。这里的根本问题是，剩余价值仍然留归国内支配。例如，如果一个德国资本家携带他的资本移居加拿大，在那里进行生产，不再回归故里，这就意味着德国资本的损失，意味着资本脱离原国籍。这不是资本输出，而是资本转移。它形成本国资本的扣除和外国资本的增加。只有用于外国的资本仍由国内支配，才能谈得上资本输出。……资本输出减少了国内资本量，按所生产的剩余价值增加了国民收入。"①这段论述之所以重要，不只是它暗含着我在论证垄断利润的必要时，强调这是由垄断企业的生产条件决定的，因而它攫取到的垄断利润必须回归出发点，由原来的垄断资本支配这样的思想，如果垄断利润留在国外，这目的就达不到了，就不是资本输出；对我们的研究更为重要的是：如果是后一种情况，那么，移入资本的落后国就增加了资本，它不管投在哪一领域，总是起发展经济和增加国民收入的作用，说到底，它能使落后国变成不再是落后国。

应该指出：列宁的重要著作《帝国主义是资本主义的最高阶段》的研究对象不是具体的国家，而是将垄断资本主义国家列为一方，落后国家列为另一方，然后再研究它们之间的经济关系。在其中，由资本输出而结成的关系是最重要的。正是这样，我们就不能一看到一个国家的资本离开了国界，就不问经济内容，认为就是资本输出。我们以前谈论的资本输出，是从一般意义上说的，还不是垄断资本主义意义上的。从科学范畴说，它只有向落后国输出，并且将攫取到的垄断利润输回本国，以进一步发展本国的垄断资本主义经济，从而拉大和落后国的差距，才是严格意义上的资本输出。否则，只是资本转移。

在这里我想指出：在研究第二次世界大战后的世界经济的论著中，有的认为，战后资本输出在发达国家之间进行的，远远多于在发达国家和落后国家之间进行的，由此认为列宁的资本输出理论已不符合战后情况。我认为，这是由于不了解资本输出的方法论而产生的错误。

---

① 鲁道夫·希法亭：《金融资本——资本主义最新发展的研究》，福民等译，商务印书馆1994年版，第360页。引文中的着重号是引者加的。

（五）殖民地国家的产生和帝国主义问题

国外经济殖民地早就存在了，它早就成为工业国的农产品提供地和工业品的销售地，到了垄断资本主义阶段，它又多了一种作用：接受资本输出；这时，这三者都要为垄断资本主义提供垄断利润。本来殖民地是各自存在那里的，同母国并没有在政治上联系在一起。这就是为什么马克思研究了英国和北美、印度等殖民地的关系，但是只有殖民主义、经济殖民地和母国的概念，而没有提出帝国主义以及与其相应的政治殖民地之概念的原因。这种情况，19 世纪 70 年代开始发生变化。因为随着向垄断资本主义过渡，英国这个占有殖民地最多的国家，被一些国家赶上，并和英国争夺经济殖民地。垄断资本主义国家为了确保势力范围而进行尖锐的斗争，于是，它们便将殖民地国家的主权剥夺殆尽，用政治力量将原来的经济殖民地和宗主国联系在一起，即建立殖民帝国，并极力将其他的落后国家也变成政治殖民地，将殖民帝国的版图极力扩大。帝国主义和政治殖民地或殖民地国家就这样产生了。

政治殖民地产生后，当然并不丧失其基础即经济殖民地的性质。或者反过来说更为恰当：正是要确保其经济殖民地的地位，以便宗主国攫取垄断利润，才使其变成除了宗主国以外其他国家不能染指的政治殖民地。殖民地国家这两重性格，其中最重要的是：丧失国家主权，因而更受宗主国的控制，即宗主国用政治力量，例如，从财政、金融、币制、内贸、外贸、关税、法制、外交等方面，使其服从于宗主国。这一问题，只要我们比较一下获得自治领地位的移民垦殖殖民地和最终成为殖民地国家的奴役土著殖民地，其发展有很大的不同，便可以了解。

垄断资本主义条件下殖民地国家这种两重性格，并不因其后殖民地国家获得政治独立就完全丧失。经济殖民地的属性，只要它们还没有取得经济独立就仍然存在。

在 19 世纪和 20 世纪之交，世界之分为宗主国和殖民地国家已经划分完毕。列宁在《帝国主义是资本主义的最高阶段》中列了一个表以说明这种情况;布哈林在《世界经济和帝国主义》中引用了这个表 2-3。可见,在 1876—1914 年,列强获得了大约 2 500 万平方千米的殖民地土地,相当于欧洲面积的两倍。全世界在列强之间被瓜分了。因此,竞争令人难以置信地激烈起来;随着向其余尚未被占领的土地进行资本主义扩张的压力的增大,资本主义列强之间发生大混战的可能性也以相同的程度增大了。

表 2-3　列强占有的殖民地领土

面积单位:百万平方千米,人口单位:百万

	殖民地				宗主国		总计	
	1876 年		1914 年		1914 年		1914 年	
	面积	人口	面积	人口	面积	人口	面积	人口
英国	22.5	251.9	33.5	393.5	0.3	46.5	33.8	440.0
俄国	17.0	15.9	17.4	33.2	5.4	136.2	22.8	169.4
法国	0.9	6.0	10.6	55.5	0.5	39.6	11.1	95.1
德国	—	—	2.9	12.3	0.5	64.9	3.4	77.2
美国	—	—	0.3	9.7	9.4	97.0	9.7	106.7
日本	—	—	0.3	16.2	0.4	53.0	0.7	72.2
六大强国总计	40.4	273.8	65.0	523.4	16.5	437.2	81.5	960.6
其他强国(比利时、荷兰等)的殖民地……							9.9	45.3
半殖民地(波斯、中国、土耳其)……							14.5	361.2
其余各国……							28.0	289.9
全球……							133.9	1 657.0

由于争夺殖民地的斗争日益激烈,宗主国便将殖民地国家和自己的本土在政治上联结在一起,组成殖民帝国,以巩固和扩大其占有殖民地的利益。1887 年,英国第一次召开殖民地会议,这是把殖民地和宗主国大不列颠组成一个帝国的开始。1911 年殖民地会议改称帝国会议;1944 年又称英联邦总理会议。

这样,现代帝国主义就首先在英国形成。与此相应,在现实经济生活和政治生活中形成的现代帝国主义概念,也首先在英国产生。大概从 19 世纪 80 年代开始,英国人便把帝国主义一方面理解为一种将广大的殖民地同宗主国合并成一个统一国家的意图，另一方面理解为一种越来越扩大这个国家的意图。在大不列颠以外的其他国家中，所谓帝国主义实际上只是指后一种意图，因为没有别的国家像英国有那么多形式上是独立的殖民地。这里的帝国主义一词，是古罗马帝国主义一词在现代条件下的借用。

许多理论家都从日常生活中形成的帝国主义概念去进行研究。例如，考茨基就是这样。他认为资本主义国家的农业落后于工业，因而它必须向农业国取得农产品。当英国一国在各方面都领先于其他国家时，它便用自由贸易的政策取得农产品。但是，当有些国家赶上英国，并和它展开激烈的竞争时，各国都要改用帝国主义政策取得农产品了。因此，他认为帝国主义是取代自由贸易政策以取得农产品的另一种政策。他对帝国主义下了这样的定义："帝国主义是高度发展的工业资本主义的产物。帝国主义就是每个工业资本主义民族力图征服和吞并愈来愈多的农业区域，而不管那里居住的是什么民族。"①这个定义是错误的，因为帝国主义要征服的不仅是农业区域，即使是不毛之地和弹丸之地，只要对它称霸世界具有战略意义，它都要征服。

针对当时流传的错误理论，列宁明确指出，帝国主义是资本主义的特殊阶段，或最高阶段，其实质是垄断，因此，帝国主义是资本主义的垄断阶段。他还明确指出：这时的"资本主义已成为少数'先进'国对世界上大多数居民施加殖民压迫和金融扼制的世界体系"。②

虽然经过列宁的科学说明，有的专家学者仍然离开垄断资本主义这一实质，只从日常生活中形成的帝国主义概念去进行研究。最突出的例子就是将英国发动的鸦片战争，说成是帝国主义侵华的开始。尽管马克思认为，这是商业战争；有一本 1987 年出版的中国近代经济史专著，开宗明义的第 1 章就是《帝国主义的侵略与中国经济的变革》，他认为侵略的开始就是鸦片战争。这说明日常生活中形成的帝国主义概念，对人们的影响是多么深。

---

① 卡尔·考茨基：《帝国主义》，史集译，生活·读书·新知三联书店 1964 年版，第 2 页。
② 列宁：《帝国主义是资本主义的最高阶段》，人民出版社 1964 年版，第 7 页。

(六) 卢森堡关于国际借款和军国主义等理论

前面说到,卢森堡的资本积累理论是错误的。但是,她以此为基础对垄断资本主义国家和落后国家之关系的分析和描绘,只要将其中的错误理论去掉,就是很深刻的和有血有肉的了。她说:"资本积累的帝国主义阶段,换言之,资本的世界竞争阶段,包含对迄今为止的资本落后国家——在那里资本原来是实现它的剩余价值的——进行工业化及资本主义的解放。这一阶段的特点是外债、铁道建设、革命与战争。"①她继续说:铁道网的发展,大体上反映了资本的侵入。与铁道建设及军备有关的公债,伴随着资本积累的一切阶段,如商品经济的侵入、国家的工业化、农业的资本主义改革,以及年轻的资本主义国家的解放等而发生。对于资本的积累,借款发生下列的作用:甲,把非资本主义阶层的货币变成资本,也就是,把作为商品等价物的货币,以及作为资本家阶级的随从阶层的消费基金的货币变为资本;就是说,根据她的资本积累理论,资本积累是要在资本家和工人以外的社会成分那里进行的;乙,经营国营企业,生产铁道建设材料和军需品(向资本家购买也一样),从而把货币资本变成生产资本;丙,把被积累起来的资本从旧的资本主义国家移入新的资本主义国家。她指出:19 世纪末、20 世纪初,将近 20 年,在亚洲和非洲的铁道敷设,差不多都是服务于帝国主义的政策,使经济垄断化,并迫使落后社会的经济屈从于自己。

那么,这个经济过程的内容是怎样的呢?她说:机器、材料和其他物品,由输出资本的国家供应,并用这笔资本来偿付这些物品。就是说,这笔资本转化为贷款,成为资本输入国的借款。进一步的问题是:什么人最后偿还这笔借款,以及从她的资本积累理论来看,什么人实现那些以外债设立的资本主义企业的剩余价值呢?她说,对这个问题的典型答案是埃及的国债借款的历史。这历史可以归结为:一笔借款接着另一笔借款,旧债的利息以新债

① 卢森堡:《资本积累论》,彭尘舜、吴纪先译,生活·读书·新知三联书店 1959 年版,第 334 页。

来支付。换句话说就是:债务国只要不断地支付利息,债权国是乐得这样做的。当然,这里还有一个最终支付问题。

对此,卢森堡回答说:支付这些钱必然是埃及自身。这是非常正确的。但是,由于错误的资本积累理论作怪,她认为钱的来源是埃及的农民经济,也就是只能来自资本家和工人以外的第三者。就是说,在强迫劳动下,埃及农民提供了劳动力,而且这种劳动力是无偿地被剥削着。正是由于农民的徭役劳动,才在埃及的灌溉、运输、农业和工业领域中出现了欧洲工程师和机器所造成的技术奇迹。但是,在这里最重要的是:她认为农民经济还供给了货币,这就是对农民征收的租税。结果,埃及的农民经济,大部分被欧洲资本吞没了。对国家所有的土地缴纳的租税,无数劳动力及巨额劳动生产物,结果都成了欧洲资本,而被积累起来了。铁道建设时,使用的是外国资本主义生产的生产资料,这样,落后国家农民的谷物变成货币后,还用来把外国资本主义国家从工人身上榨取来的、体现在生产资料中的剩余价值实现为货币。至于落后国用借款办起来的企业,其生产的剩余价值,在卢森堡看来,不用说也是由农民来实现的。应该说,经济落后的、资本主义经济全无或极少的国家,对输入的机器之类生产资料的支付,事实上是来自农民的剩余劳动。但是,由此上升为理论,认为凡资本输入的国家,只能以第三者的剩余劳动,来支付资本输出国的体现在物质资料上的剩余价值(不是全部价值),则是完全错误的。

但是,在这里,我们只要将卢森堡的错误理论,即认为资本积累只是剩余价值的实现,它要由第三者来解决,只要将这些去掉,而认为现在的问题是:垄断资本主义经济将资本输出到落后国家以攫取垄断利润,它是由落后国家全体劳动者创造的价值来支付的。这样,卢森堡的描绘就是很有意义的了。

卢森堡认为,作为资本积累的领域的军国主义和国际借款是一样的。她指出:军国主义在资本的历史上,完成一种十分确定的任务,它与积累的每一个阶段相伴随;就是说,资本积累时刻都运用暴力。她认为,“军国主义还有一个重要任务。从纯粹的经济观点来看,军国主义是实现剩余价值的一个卓越的手段——它本身即资本积累的一个领域”。[①] 她指出:以间接税

① 卢森堡:《资本积累论》,彭尘舜、吴纪先译,生活·读书·新知三联书店1959年版,第365页。

和保护关税为基础的军国主义，其费用主要是由工人和农民来支付的。这就是说，这些税收使消费资料的价格上升，而工资和农民的收入并不相应增加。但是，这对工人来说，就等于将一部分劳动力价值转化为税收，再以此来实现体现在军火上的剩余价值，但工人不是第三者，因此这种说法和她的资本积累理论是矛盾的。农民与工人不同，他们是第三者。正因为这样，她才说："由农民大众——此处把农民当作非无产阶级消费者的总称——以租税形式支付给国家的货币额，最初并不是由资本预垫的，也不是由资本的流通中脱离出来的。在农民手中时，它是已实现的商品的等价物，即简单商品生产的交换价值。此处转移给国家的，是非资本家的消费者的购买力的一部分，也就是这部分购买力已经可以供实现剩余价值之用，借以进行资本主义积累。"①换句话说，这种军火是以农民的收入来实现其价值的，价值实现后，它不论如何使用，都不影响资本主义经济的生产。这样，以农民的税金来支持的军国主义，就使资本越来越多地利用军国主义作为对外政策的补充，借以占有国外非资本主义劳动者的收入。我认为，这里除了资本积累理论是错误的以外，卢森堡的分析是很深刻的。

由此，她就提出其政治殖民地的理论。她说："资本积累另一方面，涉及资本主义与非资本主义生产方式之间的关系，而这些关系是在国际舞台上出现的。它的主要方法是殖民政策，国际借款制度，势力范围政策和战争。这里是完全赤裸裸地暴露出公开的暴力、欺诈、压迫和掠夺。"②这就是政治殖民地的产生。

这里我想指出的是：卢森堡由于缺少经济殖民地的概念，所以就看不到：从她的资本积累只是剩余价值的实现的角度看(不应这样看，现在应从攫取垄断利润的角度看)，国内和国外的第三者有同样的作用，它们应有同样的经济地位，即都是经济殖民地。她所论述的政治殖民地，只是将流行的概念加以解释，或者不如说是将肉眼看得到的现象记录下来，而没有作进一步的科学分析。如像分析资本积累时那样运用抽象法(尽管结论是错误的)，这里看不到了。换句话说，她研究资本积累、分析经济关系时用的是抽

① 卢森堡：《资本积累论》，彭尘舜、吴纪先译，生活·读书·新知三联书店 1959 年版，第 374—375 页。

② 同上书，第 364 页。

象法，研究殖民地时因缺少经济殖民地的概念，就只能将已流行的政治殖民地的概念现成地接受下来，因而分析政治关系时用的是记录法。由于缺少经济殖民地的概念，就谈不上研究其经济规律，于是就只能直接从政治殖民地出发进行研究，这就必然无法说明问题。她虽然说：政治上的暴力，只是经济过程的一种工具；要想从乱纷纷的暴力和权利的掠夺中，探求出经济过程的严密规律，那是要费一点气力的。但是，这只是一种遁词，因为即使费气力，从暴力中还是揭示不出经济规律的。离开经济殖民地，必然无法说明政治殖民地。

卢森堡同样从其错误的资本积累理论去研究帝国主义。她认为，如果世界上只有一个资本主义国家进行资本积累，就由它囊括对非资本主义的国际贸易，这就不是帝国主义。但是，现在却同时有几个资本主义国家进行资本积累，彼此争夺资本积累环境，这就产生了帝国主义。所以，她对帝国主义下了这样的定义："帝国主义是一个政治名词，用来表达在争夺尚未被侵占的非资本主义环境的竞争中所进行的资本积累的。"①这个定义和她的资本积累理论有着严密的逻辑关系。按照定义，争夺已被侵占的非资本主义环境，以及侵占资本主义地区，即进行重新瓜分世界的斗争，都不是帝国主义。因为已被侵占的非资本主义环境会资本主义化，而凡是资本主义都不是第三者，都不能成为资本积累环境；相反，它们却要寻找这样的环境。因此，按照错误的资本积累理论的逻辑，到全世界都成为资本主义了，资本主义就由于再无法实现资本积累而自动灭亡。所以，她又说："帝国主义虽是延长资本主义寿命的历史方法，它也是带领资本主义走向迅速结束的一个可靠手段。"②错误的理论逻辑带来错误的政治结论。

（七）布哈林关于殖民地成为垄断资本主义倾销地的理论

布哈林的帝国主义和殖民地理论有一个与众不同的特点：他从资本主

① 卢森堡：《资本积累论》，彭尘舜、吴纪先译，生活·读书·新知三联书店1959年版，第359页。引文中的着重号是引者加的。

② 同上书。

义的利润规律说明落后国必然成为垄断资本主义经济的倾销地，并认为这是殖民地形成原因之一。他指出一个具体的资本主义企业的利润规律是：利润总量取决于商品量和从每一单位商品取得的利润量，后者等于售价减去生产成本。如果以 v 代表商品的数量，p 代表商品的价格，c 代表单位商品的生产成本，那么，总利润量就可以用公式 $v(p-c)$ 来表示。生产成本越低，单位商品的利润就越大，假如销售市场不变或扩大，那么，总利润量就越大。而投入市场的商品越多，单位商品的生产成本就越低。生产方法的改进、生产力的提高，以及因而生产的商品数量的增加，都是促使单位商品生产成本降低的因素。既然生产成本降低了，即使在国外销售市场无利可图，也就是即使按照生产成本出售，总利润量仍然可以增加。正因为这样，利润的运动，驱使商品走出国家疆界，对垄断资本主义经济来说，就必然在为攫取垄断利润而制定垄断价格的同时，极力扩大生产以降低单位商品的生产成本，而将过剩的商品低价向外倾销。倾销的对象自然就是落后的农业国。

布哈林进一步指出：旨在保护或垄断国内市场的关税所起的重要作用，就是使现代资本主义的政策带上侵略的性质。现代关税的作用，使垄断经济在垄断国内市场的条件下，获得垄断利润；这笔利润的一部分，被垄断组织在争夺市场以便进一步增加利润的斗争中，用作出口倾销的奖励金。他说："经济领土的扩大给民族卡特尔开辟了农业区，从而开辟了原料市场，并且扩大了销售市场和投资范围，取得超额利润，并且使倾销这个破城槌发生作用。"①

（八）阿明关于中心和外围的理论

阿明的中心和外围的理论，就是他特有的资本积累理论。他考察资本积累的角度和马克思不同。后者的资本积累理论是对在纯粹资本主义条件下积累过程的分析。与此同时，他也指出资本主义生产向非资本主义环境扩张的必然性。按照他的理论，资本主义对非资本主义环境的扩张，是资本

① 尼·布哈林：《世界经济和帝国主义》，蒯兆德译，中国社会科学出版社 1983 年版，第 80 页。

主义生产发展的结果，而不是其生产的存在条件（卢森堡的理论与此完全不同）。他认为，在资本主义生产扩张的过程中，非资本主义环境也会资本主义化，全世界的资本主义将是同质的。对于马克思的资本积累的方法论，阿明完全了解，不表疑义。但他认为，如果考察产业革命甚至资本原始积累以来的资本主义对世界历史发展的影响，就应该有另一种方法论。阿明认为他所分析的世界规模的积累，是马克思考察过的那种积累的必然产物，而不是那种积累在世界范围内的简单放大，这个产物有自身的特点。他认为，马克思的资本积累理论，提供了研究世界规模积累的方法，却没有提供这个理论本身。

最重要的是，同马克思的预言相反，阿明指出，中心资本扩展到外围时，产生的并不是同质的资本主义世界体系，而是资本主义和一个非同质的经济结构一体化的世界体系，它由中心资本主义和外围资本主义构成，后者其实是各种前资本主义经济的混合体。其所以如此，是因为世界体系的形成，并不是由于中心资本主义在全世界普遍摧毁前资本主义经济成分，而是使后者从属于前者。这就是说，他明确反对马克思关于“工业较发达的国家向工业较不发达国家所显示的，只是后者未来的景象”①的预言。历史已经证明阿明的看法是正确的。

从世界规模积累的角度来观察不发达现象，阿明既反对正统发展经济学家对不发达原因的解释，按照这种解释，不发达或贫困的原因，说到底还是贫困；也不同意激进派中生产方式派的解释，这种解释认为，如果坚持历史唯物论，就要从生产方式内去找寻不发达的原因。他认为，指出非西方社会特殊的社会结构无疑是重要的，但是认为这就是不发达的原因，即不发达只有内因，就失之偏颇了。这是因为，不发达不是社会闭塞的状态，而是指在外部因素作用下产生的一种特殊的发展。它同中心国家的积累有着历史和逻辑的联系。

这种联系，在阿明看来，主要是国际贸易和资本流动；前者是双向的，后者是单向的，即只存在发达国家对不发达国家输出资本。阿明认为，国际贸易对外围国家的冲击，使外围国家从传统社会向“外围资本主义”过渡。他

① 《马克思恩格斯全集》（第二十三卷），人民出版社1972年版，第8页。

特别指出，外围资本主义的起点与中心根本不同，它开始于外国产品的侵入。但是，作为中心资本主义积累的产物和补充的贸易，使外围不能像中心那样发展资本主义。这是因为，一方面，廉价的外国商品的输入，使传统手工业迅速崩溃，大量手工业者破产使地方农业失去传统出路，而对外贸易的需要则使地方农业为中心生产需要的原料和粮食，也就是使这一生产过程纳入中心资本积累的轨道；另一方面，由于手工业者的大量破产是在民族工商业尚未建立的时候发生的，所以破产的手工业者很难转化为工人，而只能返回土地，这既妨碍农业劳动生产率的提高，又为以后压低工资水平创造了条件。由于这样，外围经济就产生了外向性和依附性的特征，外围就成为为中心服务的农业国或原料国。他进一步认为，虽然国际贸易使外围的经济结构具有依附性的特征，但是使这一结构定型，成为中心积累过程的附属部分，则是中心对外围的资本输出。

阿明对中心与外围贸易中的不平等问题也有分析。他也运用马克思关于生产价格和价值在大多数情况下有偏离的理论来说明问题。这是我们在前面实质上已论述过的，不再谈了。现在要指出的是：他认为国与国之间，平均利润率是存在的，在这条件下国际生产价格是可以形成的。因此，工资水平不同，也构成不平等交换。在相同的劳动生产率下，如果甲国的工资是乙国的 1/5，甲国较高的剩余价值率就会提高平均利润率，较低工资的甲国在国际贸易中的所得，要比其贸易伙伴即较高工资的乙国所得少些。落后国中有些由外资经营的企业，其劳动生产率和发达国家的相同，而工资则低得多，这样，落后国就被剥削了。许多外国资本就是看中落后国的工资低，才来这里办企业的。阿明认为不同发展水平的国家之间存在着平均利润率，所以，他的论述在我看来，是适合于殖民帝国即政治殖民地已形成，或殖民地国家虽已独立，但实行自由主义的外贸政策这样的条件的。因为殖民帝国内部等于是一个国家的内部，或者说，在这里国与国之间资本能自由流动。这个问题，下面还要进一步谈。

十五、英国对印度统治的历史作用

（一）小　　引

现在我们研究殖民主义的历史作用。研究的角度不是殖民地对宗主国有何作用，这种作用是前面一再说明了的；而是殖民统治对殖民地的发展有何作用。英国占有的殖民地最多，马克思对英国统治印度的历史作用进行了详尽的分析。因此，我们以英国对印度的统治为例。

马克思对印度的研究历时约30年，成果有单篇的论文，有通信，也有散见于某些著作例如《资本论》中的论述。内容最为集中的是1853年在纽约《每日论坛》报上发表的两篇论文：《不列颠在印度的统治》和《不列颠在印度统治的未来结果》。但是，要指出的是：28年后，他在给查苏利奇的复信草稿中，对英国破坏印度的农村公社所起的历史作用的看法，同上述两篇论文中的看法相比，有很大的变化。这个问题在我们的研究中是非常重要的。我尽力探讨其所以发生变化的原因。《印度社会》的作者萨拉夫对印度既然在海道大通时，有的技术其水平还高于英国，却为何不在英国之前发生产业革命，提出看法，这里也作一评论。

我们知道，英国对印度有组织地实行殖民主义，始于1600年成立的东印度公司。它最初仅对印度的经济主要是贸易具有垄断权，但很快就具有政治统治权。在1756—1763年的英、普和法、俄、奥的所谓七年战争中，英国东印度公司在印度对法国人及其走卒即印度王公作战，大大增加了自己的军事力量，并利用战争侵占了印度许多领土。1757年，爆发了印度与英国在普拉西的一场战争，印度战败，英国开始从土地上占领印度。用马克思的话来说，从人种边界、政治边界和军事边界看，1849年英国对印度大陆全境最终建立了统治。1857 年爆发了著名的历时将近两年的全民反英大起义。从东印度公司成立,到 19 世纪中叶马克思评论英国对印度的统治时,英国的统治已有 250 多年了。这段长历史还可以分为两小段。与英国资本主义的发展相应,殖民主义者在每一小段的政策是不同的。1600 至 1813 年是第一小段,主要是英国商业资本对印度的掠夺,采用的方法是重商主义的,也就是贸易与掠夺相结合,谈不上有什么建设;这个阶段的初期,当英国和其他国家进行竞争还没有完全垄断印度的贸易时,尤其是这样。1813 年到垄断资本主义产生是第二小段,在这一段中,由英国产业革命所引起的工业资本对自由竞争的需要,就改变了殖民掠夺的方式:一是把由代表一群英国资本家利益的、一个单一的贸易公司所垄断的印度市场,变成由整个英国工业资产阶级进行剥削的自由市场,1813 年制定的《英属印度法令》,满足了这要求;二是使印度经济变成适合英国需要的经济,这就是在英国设定的范围内进行建设,也就是组织防卫力量以确保英国的独占,以及建设铁路、公路运输、灌溉系统等,这些都是英国出于自己的经济需要,不得不在印度建立的公共工程。我们应该这样理解殖民主义者在奴役土著型殖民地的建设。如果不是这样理解,而认为殖民主义者对这种殖民地自始至终只是暴力掠夺,不组织生产和进行建设,并且竟然可以掠夺几百年之久,那就是历史发展的暴力论了。正是从这里可以看出,殖民主义是有其独特的历史作用的。

(二) 印度免不了要受异族的统治

马克思根据历史唯物主义认为,印度免不了要被异族征服。原因是:“既然在一个国家里,不仅存在着穆斯林和印度教徒的对立,而且存在着部落与部落、种姓与种姓的对立;既然一个社会完全建立在它的所有成员普遍的互相排斥和与生俱来的互相隔离所造成的均势上面,——这样的一个国家,这样的一个社会,难道不是注定要做侵略者的战利品吗?”①因此,在它不是处于穆斯林、莫卧儿或不列颠人压迫之下的那些时期,它就分解成像它的

① 《马克思恩格斯全集》(第九卷),人民出版社 1961 年版,第 246 页。

城市甚至村庄那样多的各自独立和互相敌对的国家。只是由于征服者的宝剑,它各个分散的民族集团才能勉强统一起来。从这一点看,印度的历史不过是不断更替征服者的历史,这些征服者就在这个一无抵抗、二无变化的社会消极基础上建立他们的帝国。因此,问题不在于英国当时是不是有权征服印度,而是在于我们是不是认为印度被土耳其人、波斯人或俄罗斯人征服要比不列颠人征服好些。

马克思指出,相继征服过印度的阿拉伯人、土耳其人、鞑靼人和莫卧儿人,总是不久就被印度人同化了。野蛮的征服者总是被那些受他们征服的民族的较高文明所征服。这一点,我们在前面已作了论证。不列颠人是第一批文明程度高于印度文明的征服者,所以印度的文明就影响不了他们。

英国人对印度的统治,可以分为两个方面:破坏和建设。他们破坏了印度的农村公社,摧毁了印度的工业——主要是手工业,夷平了印度社会中高于一般水平的一切,从而消灭了印度的文明。马克思当时认为这种破坏,不仅对印度而且对亚洲的发展,都具有不可估量的巨大作用。这一点下面再论述。他认为,英国人在印度进行统治的历史,除了破坏以外恐怕就没有什么别的内容了。他们的建设工作在这废墟里很难看得出来。不过,这种建设性的工作总算已经开始做了。因为正如我们已经说明过的,殖民主义者不可能长时期只是破坏和暴力掠夺,而不组织生产或建设。关于建设问题,留在下面谈。

(三)英国机器工业彻底破坏印度农村公社

马克思说:我不同意那些相信印度有过黄金时代的人的意见;如果大家愿意追溯到更古远的古代去,那就可以拿婆罗门自己的神话纪年看一看,它把印度灾难的开端推到了甚至比基督教的世界创始时期更远的时候。但是,他又指出:"不列颠人给印度斯坦带来的灾难,与印度斯坦过去的一切灾难比较起来,毫无疑问在本质上属于另一种,在程度上不知要深重多少倍。我在这里指的还不是不列颠东印度公司在亚洲式的专制基础上建立起来的欧洲式的专制,这两种专制结合起来要比萨尔赛达庙里的狰狞的神像更为可怕。这种结合并不是英国殖民制度独有的特征，它只不过是对荷兰殖民制度的模仿……”①为什么英国人带来的灾难最深重呢？这是因为，在过去，“内战、外侮、政变、被征服、闹饥荒——所有这一切接连不断的灾难，不管它们对印度斯坦的影响显得多么复杂、猛烈和带有毁灭性，只不过触动它的表面，而英国则破坏了印度社会的整个结构，而且至今还没有任何重新改建印度社会的意思。印度失掉了它的旧世界而没有获得一个新世界，这就使它的居民现在所遭受的灾难具有了一种特殊的悲惨的色彩，并且使不列颠统治下的印度斯坦同自己的全部古代传统，同自己的全部历史，断绝了联系”。②

英国人对印度的破坏，最重要的是破坏了印度社会的基础：农村公社。我们在前面曾多次提到印度的农村公社，并指出这种农业和手工业相结合的自然经济妨碍生产力的提高，妨碍社会的发展。发现这种公社并写下调查报告的英国驻印度总督梅特加夫天真地认为，可以用法律的手段消灭这些公社，这是不可能的。前面我们谈到，即使大军入侵，公社的人群离开一下，大军过后，他们回来照样同以前一样生活。法律可以将他们消灭殆尽，如果这样，就再也没有殖民统治了；法律可以惩罚他们，但总要让他们活下来，总要让他们生产，一旦生产，农业和手工业相结合的公社就存在。马克思指出，与其说是由于英国的税吏和士兵的粗暴干涉，倒不如说英国的科技即蒸汽机和经济即自由贸易造成的结果，具体地说是英国产业革命产生的便宜纺织品将印度公社的基础——手工业彻底摧毁，才将印度公社摧毁的，是经济力量将农村公社摧毁的。

马克思说：“曾经产生无数纺工和织工的手纺车和手织机是印度社会的枢纽。欧洲从很古的时候起就得到印度制作的绝妙的纺织品同时运贵金属去交换……不列颠侵略者打碎了印度的手织机，毁掉了它的手纺车。英国起先是把印度的棉织品挤出了欧洲的市场，然后是向印度斯坦输入棉纱，最后就使这个棉织品的祖国充满了英国的棉织品。……不列颠的蒸汽和不列颠的科学在印度斯坦全境把农业和手工业的结合彻底摧毁了。”③为什么只

① 《马克思恩格斯全集》(第九卷)，人民出版社 1961 年版，第 144 页。

② 同上书，第 145 页。

③ 同上书，第 146—147 页。

有象征着产业革命的蒸汽机才能把印度农村公社的基础——手工业摧毁掉呢？我们知道，农村公社之所以能对大工业品进行最顽强的抵抗，是由于它的农业和手工业的直接结合而造成的巨大节约和时间节约。因此，不是所有的大工业品都能摧毁这种结合，因为在大工业品的价格中，会加上大工业品到处都要经历的流通过程的各种非生产费用。由于这样，即使生产部门是先进的，大机器工业的，而流通部门的经营却是落后的，就不能摧毁这种结合。正因为这样，马克思才特别指出，同英国的商业相反，俄国的商业没有触动亚洲生产的基础。

（四）亚洲历史唯一的一次革命

马克思指出：从 1818—1836 年，英国向印度输出的棉纱增长的比例是 1∶5 200。在 1824 年，输入印度的细棉布不过 100 万码，而到 1837 年就超过了 6 400 万码。在这同一时间内，达卡的人口却从 15 万减少到 2 万。印度织工的白骨遍布各地。

对于这样的事件，马克思深沉地说，从纯粹的人的感情来说，亲眼看到这无数勤劳的宗法制的和平的社会组织崩溃、瓦解、被投入苦海，是会感到悲伤的；但是我们不应该忘记：这些田园风味的农村公社不管初看起来怎样无害于人，却始终是东方专制制度的牢固基础；它们使人的头脑局限在极小的范围内，成为迷信的驯服工具，成为传统规则的奴隶，表现不出任何伟大和任何历史首创精神。我们不应该忘记：那种不开化人的利己性，他们把自己的全部注意力集中在一块小得可怜的土地上，静静地看着整个帝国的崩溃、各种难以形容的残暴行为和大城市居民的被屠杀，就像观看自然现象那样无动于衷；至于他们自己，只要某个侵略者来照顾他们一下，他们就成为这个侵略者的无可奈何的俘虏。我们不应该忘记：这种失掉尊严的、停滞的、苟安的生活，这种消极的生活方式，在另一方面反而产生野性的、盲目的、放纵的破坏力量，甚至使惨杀这样的事情在印度斯坦竟然成了宗教仪式。我们不应该忘记：这些小小公社身上带着种姓划分和奴隶制度的标记；它们使人屈服于环境，而不是把人提升为环境的主宰；它们把人的自动发展着的社会状况转化成由自然预定的一成不变的命运，因而造成野蛮的崇拜自然的迷信，身为自然主宰的人竟然向猴子哈努曼和牡牛撒巴拉虔诚地叩拜，从这个事实就可以看出这种迷信是多么残害人了。

正是基于这种理性的分析，马克思科学地指出：英国破坏了印度这种小小的半野蛮半文明的公社，“结果，就在亚洲造成了一场最大的、老实说也是亚洲历来仅有的一次社会革命”。① 因为只有这样，印度或者亚洲的历史才能发生变化，才能发展。所以，他总结说：“英国在印度斯坦造成社会革命完全是被极卑鄙的利益驱使的，在谋取这些利益的方式上也很愚钝。但是问题不在这里。问题在于，如果亚洲的社会状况没有一个根本的革命，人类能不能完成自己的使命。如果不能，那么，英国不管是干出了多大的罪行，它在造成这个革命的时候毕竟是充当了历史的不自觉的工具。”②

（五）英国在印度的建设

马克思指出，英国在印度要完成双重的使命：一个是破坏的使命，即消灭旧的亚洲式的社会；另一个是建设的使命，即在亚洲为西方式的社会奠定物质基础。这里的西方式社会指的显然是资本主义社会。

现在我们论述英国在印度的建设。马克思说：“大不列颠的各个阶级一向只是偶尔地、暂时地和例外地对印度的发展问题表示一点兴趣。旧贵族只是想降服它，财阀只是想掠夺它，工业巨头只是想用低廉商品压倒它。但是情势改变了。工业巨头们发现，使印度成为一个生产国对他们有很大的好处。为达到这个目的，首先就要供给印度水利设备和内地的交通工具。现在他们正打算在印度布下一个铁路网。他们会这样做起来，而这样做的后果是无法估量的。”③

印度存在众多孤立的农村公社，这造成道路的缺少，而道路的缺少又使公社的孤立状态长久存在下去。它极为缺少运输和交换各种产品的工具，

① 《马克思恩格斯全集》(第九卷)，人民出版社 1961 年版，第 148 页。

② 同上书，第 149 页。

③ 同上书，第 248 页。

所以它的生产力陷于瘫痪状态。自然物产是丰富的，但由于缺少交通工具而使社会非常穷困。

铁路的敷设可以很容易用来为农业服务，例如修筑路基就需要取土，在取土的地方修水库，就可以给铁路沿线的地方供水。这样一来，作为东方农业的必需条件的水利事业就会大大发展，常常因缺水而造成地方饥荒的现象就可以避免。从这样的观点来看，铁路有多方面的重要性是很明显的，因为甚至是在高山山脉的山区，只要是灌溉的土地，就比面积相同而不灌溉的土地多纳两倍的税，多用 9—11 倍的人，多得 11—14 倍的利润。既然英国人已经把农村公社的自给自足的惰性打破了，铁路就会使互相交际和互相交换的新的要求得到满足。此外，铁路系统的效果之一，就是它将把国家已有的各种改进办法和实际设备的知识带给它经过的每一村庄，从而有利于对这些办法和设备的仿用。铁路还可以减缩军事机构的人员和开支。因为如果不是像现在这样，要用好些天甚至几个星期才能从国内遥远地区收到情报，而是用几小时就能收到，如果能在较短的时间内把命令连同军队和给养送到目的地，那么这种重要性就是不可估量的。总之，在印度敷设铁路对英国工业资产阶级掠夺印度的资源和统治印度都有极其重要的作用。

（六）英国在印度建设的影响：在亚洲奠定西方社会的物质基础

马克思认为，英国的工业巨头之所以愿意在印度修筑铁路，直接的目的完全是要降低他们工厂所需的棉花和其他原料的价格。但是，只要你把机器应用到一个有煤有铁的国家的交通上，你就无法阻止这个国家自己去制造这些机器了。如果你想要在一个幅员广大的国家里维持一个铁路网，你就不能不在这个国家里把铁路交通日常急需的各种生产过程都建立起来。这样一来，也必然要在那些与铁路没有直接关系的工业部门里应用机器。所以，铁路在印度将真正成为现代工业的先驱。何况，正如英国当局所承认的，印度人民特别有本领适应完全新的劳动，并取得管理机器所必需的知识。在加尔各答造币厂看管机器多年的技师表现出来的本领和技巧，都令人信服地证明了这个事实。更为重要的是，由铁路产生的现代工业，必然会瓦解印度的种姓制度所依以存在的传统的分工方式，而种姓制度则是印度进步和强盛道路上的基本障碍。对于印度的发展，马克思是很乐观的。

他进一步从历史唯物主义的高度来分析这个问题。他说："历史中的资产阶级时期负有为新世界创造物质基础的使命：一方面要造成以全人类互相依赖为基础的世界交往，以及进行这种交往的工具，另一方面要发展人的生产力，把物质生产变成在科学的帮助下对自然力的统治。资产阶级的工业和商业正在为新世界创造这些物质条件，正像地质变革为地球创造了表层一样。只有在伟大的社会革命支配了资产阶级时代的成果，支配了世界市场和现代生产力，并且使这一切都服从于最先进的民族的共同监督的时候，人类的进步才不会再像可怕的异教神那样，只有用人头做酒杯才能喝下甜美的酒浆。"①

正是根据这种乐观分析，如我们已谈到的，马克思才在其最重要的著作——《资本论》(第一卷)的序言上说：工业较发达的国家向工业较不发达国家所显示的，只是后者未来的景象。但是，这一预言并没有完全实现。因为，像印度这种奴役土著型殖民地，和移民垦殖型的殖民地如北美不同，它未能在这物质基础上实现工业化，也未能建成西方那样的资本主义社会。原因留在下面分析。

(七) 一切取决于生产力是否归人民所有

当然，马克思清楚地看到，英国资产阶级被迫在印度实行的一切，既不会给人民群众带来自由，也不会根本改善他们的社会状况，因为这两者都不仅仅决定于生产力的发展，而且决定于生产力是否归人民所有。但是，为这两个任务创造前提则是英国资产阶级一定要做的事情。难道资产阶级做过更多的事情吗？

马克思进一步指出：在大不列颠本国现在的统治阶级还没有被工业无

① 《马克思恩格斯全集》(第九卷)，人民出版社1961年版，第252页。

产阶级推翻以前，或者在印度人民还没有强大到能够完全摆脱英国的枷锁以前，印度人民是不会收到不列颠资产阶级在他们中间播下的新社会因素的果实的。但是无论如何我们都可以满怀信心地期待，在多少是遥远的未来，这巨大而诱人的国家将复兴起来。

马克思认为，英国人在印度的统治为印度自己解放自己准备了条件。他说：使印度达到比以前在莫卧儿统治下更加牢固和占地更广的政治统一，是使印度复兴的首要条件。英国人用宝剑实现了的这种统一，现在将被电报巩固起来，永远地存在下去。由英国的教练班长组织训练出来的印度人的军队，是印度自己解放自己和不再一遇到侵略者就被征服的必需条件。在亚洲社会里第一次实行并且主要由印度人和欧洲人的共同子孙所领导的自由报刊，是改建这个社会的新的和强有力的因素。从那些在英国人监督下在加尔各答勉强受到一些很不充分的教育的土著居民中间，正在成长起一个具有管理国家的必要知识并且接触了欧洲科学的新的阶层。蒸汽使印度同欧洲经常地、迅速地来往，把印度的主要海港同东南海洋上的港口联系了起来，使印度摆脱了孤立的状态，而孤立状态是它过去处于停滞状态的主要原因。在不远的将来，铁路加上轮船，将使英国和印度之间的距离以时间计算缩短成八天，而这个一度是神话中的国度就将同西方世界实际地联结在一起了。马克思还认为，柴明达尔制度和莱特瓦尔制度虽然十分可恶，但却是亚洲社会迫切需要的两种土地占有制，即私人土地占有制的两种不同形式，换句话说就是，这两者对印度甚至亚洲的工业化或西方化都有重大的促进作用。我认为，马克思的预言在印度之所以没有全部实现，原因就在这里。

（八）马克思的预言在印度没有实现的原因

英国在印度统治时期奠定的物质基础，并没有使印度实现如像西方那样的工业化，原因何在呢？我认为除了英国统治者从政治和技术上限制印度发展为可以同他竞争的对手外，最重要的原因是印度前资本主义的生产关系，其中特别是封建的土地制度的妨碍作用。这种土地制度是印度原有的土地制度经过英国的改造而形成的，也就是上面提到的那两种土地占有制度。

马克思在《战争——议会动态——印度》一文中，对这两种土地制度有说明:“柴明达尔制度和莱特瓦尔制度是英国人用命令实现的两个性质相反的土地革命。一个是贵族性质的，另一个是民主性质的，一个是对英国大地主占有制的拙劣模仿，另一个是对法国的农民占有制的拙劣模仿。但是，这两种制度都是贻害无穷的，都包含着极大的内在矛盾，都不是为了耕种土地的人民群众的利益，也不是为了占有土地的掌管人的利益，而是为了从土地上征税的政府的利益。”①

农村公社破坏后，在孟加拉管区就实行柴明达尔制度。实行这种制度，居民立即被剥夺了自己对土地的世代相传的权利，让地方的包税人即所谓柴明达尔得到了这些权利。认为柴明达尔同英国的大地主相似是十分可笑的，他们只能得到收入中的 1/10，其余的 9/10 都要交给政府。最初的柴明达尔阶级尽管曾经残酷地和不受监督地掠夺过曾经是世代相传的土地掌管人群众，但是现在他们在东印度公司的压迫下也很快地退出了舞台，由商业投机者占据了他们的位置，现在，除了由政府直接管理的土地以外，孟加拉的所有土地都由这些投机者掌握。这些投机者制造一种柴明达尔的变种，叫帕特尼。他们对于充当英国政府的中介人的角色并不满足，他们还造成了一种叫作帕特尼达尔的世袭中介人阶级，帕特尼达尔又设立了副帕特尼达尔等等。于是就产生了一个完善的中介人的等级，这种等级制度的全部重担都压在不幸的农民身上。因此，这种制度实质上是英国的大地主占有制、爱尔兰的中介人制度、奥地利的使地主变成包税人的制度和亚洲的制度(国家是真正的土地占有者)的混合物。

在马德拉斯管区和孟买管区主要实行莱特瓦尔制度。本来占有土地的地方贵族即米拉达尔和扎吉达尔等等，都和老百姓一起，下降到小块土地掌管人的地位，为东印度公司的收税官耕种小块土地。印度的莱特是对法国农民的笨拙的模仿，他们被剥夺了对土地的永久性的权力，必须根据收成情况每年交纳不同数量的捐税。他们是法国式的农民私有者，同时又是农奴和国家的分成制佃农。莱特和法国农民一样，是私人高利贷者敲诈勒索的

① 《马克思恩格斯全集》(第九卷)，人民出版社 1961 年版，第 242—243 页。

牺牲品，但是他们不如法国农民，他们对土地没有任何世代相传的权利，没有任何永久性的权利。他们和农奴一样被强迫耕种土地，但是又不如农奴，他们在极为困苦时得不到农奴制下一般存在的所谓温情主义的保护。他们和分成制农民一样必须把自己的产品分给国家，但是国家对待他们却不像对待分成制农民那样，担负供给资金和农具的责任。

总之，印度农民肩上压着所有这些制度的缺陷，却享受不到这些制度的任何好处。“无论是在孟加拉的柴明达尔制度下，或者是在马德斯拉和孟买的莱特瓦尔制度下，占印度居民 11/12 的莱特农民都遭到了可怕的赤贫化。如果说他们事实上还没有下降到爱尔兰的贫佃农那样低的水平，那应该归功于印度的气候，因为南方国家的居民比北方国家居民的需要少些。”①

马克思对 19 世纪 50 年代印度的经济情况作了分析：纯收入中将近 3/5 来自土地，1/7 左右来自鸦片，1/9 多来自盐税。这些收入来源一共占全部收入的 85%；设在印度的英国管理印度的机构要吞掉整个印度纯收入的 3%，每年支付的内债利息和支付给东印度公司的股东的红利占 14%。这两项共占 17%。除了这些每年由印度转到英国的款项之外，在印度的支出中约有 60%作为军事费用，而公共工程的支出则不超过收入中的 2.75%。

印度的农民还受着封建土地制度的压迫，非常贫困，国内市场非常狭小，何来工业化所需的市场？印度受外国资本主义的统治，行政费用、军事费用、东印度公司的红利占总支出的比重那么大，何来工业化所需的资金？这就无怪乎印度直至第二次世界大战后初期，仍然是一个农业国家。

（九）马克思晚年的再思考

马克思对英国统治印度的历史作用的研究是逐步加深的。起初他还认为随着英国人在印度进行的建设，印度就会自然地实现工业化，印度的资本主义化也是自然地进行的。但是，进一步的研究却使他改变了看法。

马克思对英国统治印度的方法和本国生产方式有哪些关系，是有论述

① 《马克思恩格斯全集》(第九卷)，人民出版社 1961 年版，第 244 页。

的。他在1859年出版的《政治经济学批判》的导言中说：征服民族或者把自己的生产方式强加于被征服民族，例如19世纪英国人在爱尔兰和部分地在印度所做的。这就是说，英国对爱尔兰的统治是使其全面资本主义化，特别是农业也资本主义化。英国对爱尔兰发动的“农业革命的第一个行动，就是以极大的规模，像奉天之命一样，拆除耕地上的那些小屋。因此，许多工人不得不到村镇和城市里去寻找栖身之所。在那里，他们就像废物一样被抛进阁楼，洞窟，地下室和最糟糕的街区的屋角里”。① 结果，爱尔兰就成为“英格兰的一个被大海峡隔开的农业区，它为英格兰提供着谷场，羊毛，牲畜，工业新兵和军事新兵”。②

英国对印度不是这样。如上所述，印度的农村完全保留着封建的土地制度；离地的农民，因英国只发展以英国需要为限的资本主义工业和公共工程，所以能变成资本主义工人的极少。他们远远比不上爱尔兰的离地农民。至于马克思曾认为印度的柴明达尔制度和莱特瓦尔制度虽然十分可恶，但却是亚洲社会迫切需要的那种私人土地占有制的两种不同形式，这种看法后来也发生变化。

马克思晚年对俄国农村公社作了详细的研究后，改变了对农村公社的历史作用的看法。俄国的农村公社即米尔，是由普鲁士的哈克斯特豪森第一个予以报道的。他应俄皇尼古拉一世的邀请到俄国旅行，写下一本关于俄国土地制度的著作，从中人们得知在西欧已不存在的如马克那样的社会组织却在俄国大量存在着。不同的只是：马克当时是由后人在地层里发现的，而米尔则是活生生的。

马克思对俄国的米尔加以研究后，1881年在给查苏利奇的复信中认为，像俄国这样大量存在农村公社，并有共同劳动习惯的社会，就不要破坏这种公有因素，因为在俄国革命成为西欧无产阶级革命的信号，并且两者互相补充的条件下，以及在西欧为俄国提供集体劳动的一切手段，即取得先进技术和利用资本主义已有成就的条件下，农村公社就可以不必经过破坏，不必经过私有制社会的几个阶段，尤其不必经过发展为资本主义之后，才过渡到公有制社会，即可以跨越“卡夫丁峡谷”。

---

① 《马克思恩格斯全集》(第二十三卷)，人民出版社1972年版，第774页。

② 同上书，第769页。

这就是马克思关于农村公社的公有因素，直接发展为更高级的公有制社会的著名设想。正因为这样，马克思晚年对英国破坏印度农村公社的历史作用的看法有了根本的改变。他认为英国在印度消灭公有制，建立私有制，不是使当地人民前进，而是使他们后退。他这种认识，从上述的分析中也可以看出，在研究柴明达尔和莱特瓦尔这两种由英国人创立的土地私有制度时已打下基础。这就是说，马克思晚年再不认为这两种土地私有制度是亚洲社会迫切需要的土地制度。

这里我想深入研究一下马克思为什么认为，随着英国在印度进行建设，印度就会奠定西方社会即资本主义社会的物质基础；而且与此相应，又认为工业不发达的国家（印度就是这样的国家），工业较发达的国家就是其未来的景象。我认为，这同马克思对封建制度的认识只限于土地是由分封得到的，因而土地一旦可以买卖，就无条件地不再是封建制度有关。而印度农村公社瓦解后，土地就逐渐变成可以买卖。他又认为从历史哲学看，封建制度的解体就分化为资本主义的要素。这样，根据历史哲学和限于封建制度的概念，当印度土地变得可以买卖，即被认为不再是封建制度时，它当然就会发展为资本主义了。

徐若木的文章从一个方面说明了这个问题。他在《马克思古代社会史笔记中的唯物史观问题》中指出：首先，“农奴制是封建主义的本质因素……没有农奴制的封建主义在马克思看来是没有的。要确定土地所有制的封建性质，就必须确定直接生产者的不自由的农奴依附身份”。其次，“马克思从土地的占有情况方面又指出，在印度这样的国家，土地不像西欧封建时代那样具有高贵的身份即不许出让给平民……‘土地在印度的任何地方都不是贵族性的，就是说，土地并非不得出让给平民’。这是与西欧封建制度根本不同的，在西欧社会中土地只能归封建主所有，不具有可以自由买卖的商品性质”。最后，马克思对英国人菲尔对印度柴明达尔的地位的描述提出严厉的批评，说：“菲尔这个蠢驴把村社的结构叫作封建的结构。”总之，马克思认为，“亚、非这些古老社会历史上的土地所有制的变化，其性质都不是feudalism，即不是‘西欧意义上的封建主义’，或者说，不是西欧历史上的feudalism”。[①] 这样，问题的症结就很清楚了：马克思认为，封建制度就是分

① 《马克思主义来源研究论丛》（第十一辑），商务印书馆1988年版，第145—146页。

封的土地所有制，当时印度（亚、非其他国家亦然）没有分封的土地，因而就不是封建制度。而在非封建制度化的过程中，就分解出资本主义的要素，资本主义就应发展。当然，马克思晚年目睹印度的实况，清楚地看出它不是在发展资本主义。那么，不是封建制度，又不是资本主义制度，在社会发展阶段上，印度处于哪一阶段呢？问题显然无法解决。由此我们再次看到，用 feudalism 一词来表示土地所有者对直接土地耕种者的剥削关系，会引出许多由于用词而发生的错误。在我看来，当时印度所处的社会发展阶段，应该是地主经济封建制度。不过，由于受英国经济和政治统治，就成为封建的或半封建的殖民地社会。

（十）评萨拉夫对印度不先于英国发生产业革命的看法

前面谈到，海道大通时，印度和英国的技术水平不相上下。据此，萨拉夫问：为什么产业革命不在英国之前发生在印度？他的回答是：当印度社会的转变客观上成熟时，它缺乏使其实现的主观力量。他认为印度客观上已具备产业革命的条件，我认为这是不正确的。我已经说过，1832 年梅特加夫的报告指出：印度到处都是独立的“共和国”，它们几乎生产自己需要的一切。这怎能说具备了客观条件呢？他这种看法同他否认印度存在亚细亚生产方式的因素有关。他甚至认为亚细亚社会一词是马克思在其几篇文章中偶一用之的一个探讨性术语，并无实质性的意义。由此，他同样否认印度存在大量的农村公社。从他的论述中可以看出，他对于讨论亚细亚生产方式的大量文献，似乎不大了解；只是草率地甚至武断地下结论。他说的印度不具备主观条件，其具体表现为：印度的无产阶级还没有产生；印度的农民作为一个阶级，缺乏政治远见……这更使人不可理解。我们知道，产业革命是要资本主义发展到一定阶段才能发生的。无产阶级是作为资产阶级的对立面随着资本主义的产生而产生的。既然这样，怎能说印度具备产业革命的客观条件时，还没有无产阶级呢？况且即使产生了无产阶级，他们同产业革命又有什么本质的联系呢？是劳动力方面的关系呢，还是其他方面的关系？萨拉夫没有说明，我们就无法理解。至于说农民作为一个阶级缺乏政治远见,同样使人不可理解。当时印度的农民还是分散在孤立的农村公社里,确实是老死不相往来,严格说来还没有形成一个阶级,何来政治远见呢?即使形成了农民阶级,根据马克思的分析,也是没有政治远见的。农民阶级或者跟资产阶级跑,或者跟无产阶级跑,自己是没有什么政治远见的,因为他不代表新的生产方式。

十六、中国半封建半殖民地经济

(一) 小　　引

从鸦片战争到1949年中华人民共和国成立前，几个发达资本主义国家也就是我们所说的列强争夺中国，分别部分剥夺中国的主权，从而更有利于对中国经济的控制和掠夺，使中国的封建主义地主经济更不容易发展为可以同它们竞争的资本主义经济。这样被列强控制、在逐步沦为政治殖民地的过程中还没有成为某一列强的全部殖民地、封建的自然经济开始瓦解而资本主义经济又难发展的社会经济形态，我们已习惯地称为半封建半殖民地经济。从我们已进行的研究看，这个范畴并不精确。因为半殖民地的提法是从政治殖民地的角度着眼的，这就是国家主权已部分被剥夺；但从经济关系看，就应该是经济殖民地；半封建的提法是从自然经济已加速瓦解的角度着眼的，但自然经济的瓦解，并不直接就等于封建主义的消灭，就是说封建主义经济关系的根基尤其是封建主义的土地制度仍然存在；自然经济的瓦解本应有利于资本主义经济的发展，但由于受外国资本主义经济的压迫和封建土地制度的阻碍，以及为它们服务的政治上层建筑的束缚，资本主义经济却无法健康成长（这些问题在我们以下的研究中将得到进一步的阐述）：这样的经济形态似乎称为外国资本主义统治下的封建主义经济形态更为合适。但是，由于半封建半殖民地经济的提法已是约定俗成，许多论著都用这一范畴，我们改用别的，反而不习惯，有关的引文，也会连不起来，所以我们也沿用这一范畴。

我们知道，1927年国民革命失败后，中国论坛上展开了关于中国社会性质问题的论战。针对那些否认中国是半封建半殖民地社会的看法，1931年张闻天化名刘梦云，写了《中国经济之性质问题的研究——评任曙君的〈中国经济研究〉》，寄到日本东京再寄回上海《读书杂志》，在 1932 年 4 月即该刊第 1 卷第 4、5 期合刊上刊出。全文长达 4 万字，是中国共产党人第一篇公开发表的阐述中国社会经济之半封建半殖民地性质的重要论文，影响很大。我在有关地方，介绍其论点。

研究中国半封建半殖民地经济，有一个方法问题。王亚南的《中国半封建半殖民地经济形态研究》(1946 年初版叫《中国经济原论》，1955 年第 5 版增订时改为今名)的方法是：按照马克思的《资本论》的体系，依次研究商品、货币、资本……然后从正面说明它们在中国不是具有如像《资本论》所分析的那种资本主义的性质，从而反面说明它们是封建主义性质的……这种研究方法早在该书初版时，就由杨奎章一再指出这是不适用于研究中国半封建经济关系的。① 王对此作了回答：《资本论》的体系，“是不适用于封建社会经济形态的，因为封建社会，有关地租或租佃的生产关系，是说明全部经济活动的出发点或基础”。可是，“到现在为止，以地租或租佃生产关系为出发点为中心的有关封建经济的经济学体系还没有建立起来”。即使建立起来了，“也不能机械地用它来说明中国现代的生产关系，因为我们现代的封建生产关系，毕竟只是作为原始积累的基础；大小封建地主，封建军阀，还不仅是大买办大官僚或四大家族的附庸，并且还是帝国主义的爪牙”。② 从那时起，我就一直考虑这个方法问题，但将近 40 年未能解决。直到 1985 年我有机会看到商务印书馆组译的、18 世纪 30 年代爱尔兰经济学家坎蒂隆写的《论商业的性质》的译稿时，思想上才豁然开朗。该书仿佛就是王亚南渴望的那种经济学体系，它以分析土地关系为基础，来分析刚从封建主义中产生出来的资本主义的经济关系。它给我最大的启示，就是可以用这种方法来研究中国半封建半殖民地的经济关系。

《中国半封建半殖民地经济形态研究》从其写作和修订时所具备的思想材料看，我认为也有不足之处：未能从世界经济史的角度，如像斯密和马克

① 《中国经济原论》的基础，是王亚南为中山大学经济系学生开设的“高级经济学”。当时有些农业经济系的学生来旁听。杨奎章是农业经济系学生。是时为抗日战争时期，中山大学经济系设在广东湖南交界处的坪石镇，农业经济系设在湖南的栗原堡。

② 王亚南：《中国半封建半殖民地经济形态研究》，人民出版社 1957 年版，第 48 页。

思那样，对比世界上两种殖民地来进行研究。对此，我们应予弥补。

我这样简评这本有着广泛影响、译成几国文字的巨著，是仅从方法着眼的，绝非内容方面的，它的内容是非常正确的，无懈可击的。它标志着中国半封建半殖民地经济研究的发轫，并且就我所知，直到现在还无出其右。

下面我主要是吸收上述论著的成果，只从方法上对中国半封建半殖民地经济作一分析。历史资料一般略去。

（二）外国资本主义入侵前的中国经济——向资本主义缓慢发展的封建地主经济

外国资本主义入侵时，中国处于从封建地主经济缓慢地产生资本主义经济的阶段。中国封建地主经济是从封建领主经济转化而来的。其时当在秦代。从周代开始的是封建领主经济。其内容是各诸侯按等级分封领地，领地就是历史上遗留下来的农村公社，它是以血缘为纽带联结起来的人和土地相结合的社会组织。诸侯对他们剥削结合在一起的地租和赋税，它表现为还束缚在公社中的农奴八家合种井田制中的公田。各家耕种的私田则构成各家的生活来源。春秋战国是封建领主制的动摇时期。它表现为农奴在井田外开垦荒地，领主即大小诸侯则按实耕土地征收租税，并突破等级的限制，极力攻城夺地。在互相争夺的大诸侯中，以秦国最能适应经济发展的要求，以商鞅变法为契机，加速从领主经济过渡到地主经济。其集中表现为：在经济上废井田、开阡陌，土地不再由分封取得，而由买卖取得，突破农村公社对生产发展的限制；在政治上废封建、置郡县，变贵族政治为官僚政治，于是地租和赋税分开。秦统一天下后，就在全国推行这条路线，中国就进入地主经济封建制度的历史阶段。

地主经济的地租规律和领主经济的地租规律不同。后者就是前面说的耕种井田制中的公田的劳役地租，它在时间和空间上都和农奴耕种私田的劳动分开。前者不是这样。它不论表现为实物还是货币，其实质都是根据土地价格再按高利贷资本的利息率计算的利息，也就是将购买土地的货币看成资本，地租就是这资本按高利贷利息率获取的利润。从领主经济转化为地主经济时发生的土地买卖、从而历史上第一次产生的土地价格（其实质是土地私有权的资本化），是将领主经济的地租额折算为货币额，再除以高利贷资本的利息率计算出来的。这个作为始因的地租亦即调节土地价格的地租，是领主经济性质的。土地一经买卖，作为结果的那种地租，亦即地主经济的地租，就是这种土地价格按照高利贷资本的利息率收取的利息了。我们知道，高利贷资本的利息率可以高到侵蚀借款人的必要生活费用的程度。因此，地主经济的地租大多不仅是农民的剩余劳动，而往往侵蚀农民的必要劳动，使他们不得温饱。何况还有赋税的负担。因此，中国的农民有时连简单再生产都难以维持。

在地主经济和官僚政治的条件下，农业和手工业相结合的农村公社的解体，我认为政治条件起着特殊的作用，这就是由于交纳赋税而使产品进入流通。尤其是中央集权专制政府要用货币化的赋税来支付地方官员的俸禄，这种政治作用就更为明显。用政治力量使农民的产品商品化和经济的自发力量使农民的产品商品化不同，前者对农民非常不利。我们称为流通经济。

中国地主经济封建制度早就产生了城镇和都市。这是因为，地主和领主不同，他不需要住在农民的周围（农村）以监督其劳动。官僚政治的统治和流通经济的中心是都市。城市的生活水平比农村高。因此，地主、官僚、商人、高利贷者及他们的仆役就居住在政治性和消费性的城镇。他们都是非农业劳动者，其数量客观上要受农业劳动者也就是农民能够提供多少供他们消费的食物来决定，亦即由农业生产的食物除了满足农民的需要外能有多少剩余来决定，说到底就是由农业劳动生产率来决定（这是首先由经济学家斯图亚特揭示的经济规律）。在农业劳动生产率不高的条件下，中国城镇的众多人口及其高消费要以农民的低消费甚至不得温饱为条件。中国的高地租和高赋税说明了这一点。

地主经济条件下的农民有人身自由并能离开土地，这是产生资本主义经济的一个条件。但是，中国虽比西欧早进入地主经济封建制度，却比西欧晚产生资本主义经济。其中重要的原因在于：由高利贷资本的利息率调节的商业利润和地租，比如果办产业得到的利润要多些；而中国的城市又是消费性和政治性的，没有经济力量由自己提供较低的资本主义的利息率，并进一步借以压低封建主义的利息率，如像西欧尤其是荷兰那样。此外，中国的中央集权专制政府为财政目的而设立的专营事业，将最盈利的经济事业收归国家或不如说由官僚经营，这也不利于私人资本主义的产生；农民受经济的和政治的双重封建主义剥削，特别贫困，市场狭小，同样不利于资本主义的产生和发展。但是，农民贫困、破产和离开土地者日多，生存费用特别低廉，又为资本主义的产生和发展提供了特殊的条件。

中国资本主义萌芽于何时，中国历史学界和中国经济史学界对此有很大的争论，这是一个专门的学术问题，非我的学力所能解决。这里只介绍王亚南的看法。他说："到清代中叶前后，以往历史的规律虽仍发生着支配作用，但由唐宋以来的缓慢而确实的社会经济进步，毕竟使它在横遭传统剥削与周期丧乱之余，犹能在某种限度积累、保留或孕育出一些新生产力的生机，或新生产方式的可能条件。"[①]他从农、工、商业及金融业诸方面对比加以论证后指出："到了清代中叶，已有种种迹象表明，这些因素或条件都在更迫切地期待一个新社会的开端"。[②] 这就是说，中国资本主义的产生是在鸦片战争以前，是从地主经济内部产生的。

中国资本主义与西欧相比，不仅产生较难、较晚，而且其形态也较落后。在一个资本的指挥下，许多工人在一个工场里劳动，是资本主义工业的典型形态。中国有的雇佣劳动不是采取这种形态。这是斯密的记载：中国劳动工资十分低廉。"技工的状况就更为恶劣。欧洲技工总是漫无所事地在自己的工场内等候顾客，中国技工却是随身携带器具，为搜寻，或者说，为乞求工作，而不断在街市东奔西走。中国下层人民的贫困程度，远远超过欧洲最贫困国民的贫困程度。"[③]像欧洲技工那种劳动形态，称为自宅工资作业；像中国技工那种劳动形态，称为外出工资作业，即使在上海这样的大城市，30多年前，我亲眼见到，在其郊县还有这种劳动形态，当地称为"五匠"。不用说，他们的工资要比前一种劳动形态的低很多。

---

① 王亚南：《中国官僚政治研究》，中国社会科学出版社1981年版，第148页。

② 同上书，第151—152页。

③ 亚当·斯密：《国民财富的性质和原因的研究》（上卷），郭大力、王亚南译，商务印书馆1974年版，第65页。

中国有些资本主义“企业”，虽由一个资本指挥，却无工场，除了办公地方，再无任何固定资本，其工人在家里为老板的原料以最简单的自备工具加工，成品交给老板，按件计工资。以下是我亲眼见到和亲自调查的：我青少年时期，我的家乡即广东省新会县盛产葵扇，其经营方式就是资本家向葵农购买葵叶，由工人将葵叶领回家中，再用自备的针将葵叶缝合成葵扇，成品由工人送回“企业”，按件领工资。我壮年时期，在上海市七宝镇进行调查，对象之一是手工艺品厂，它经销各种花边，仅雇两名手艺好的女工，编织样品，雇一名壮汉，负责将原料分送各家工人，由工人自备钩针加工后，再将成品收回，工人按件领工资，大宗成品再送上海市区经销商。解放以前，就是如此。这样，这些“企业”就能节省厂房、设备、照明之类的开支。这是落后的资本主义经济形态。

（三）外国资本主义通过在中国的政治工具和控制的经济部门阻碍中国工业化

鸦片战争之所以具有中国社会发展转折点的重要性，原因不在这次战争本身，因为战争的规模是很小的，断续经历的时间也不过 3 年（1840—1842 年）；也不在结束这次战役的割地赔款，因为和过去的对外战争所遭受的破坏、失败和损失相比，不算太大。鸦片战争不同于过去的对外战争，以及它能对中国社会历史发生决定性的影响，原因在于战争双方当时分别所具有的完全相反的社会经济条件：在中国方面，刚好是在清代专制统治由极盛走向衰落的中叶以后，当时社会可能形成新生产方式的进步因素，对于束缚生产发展的社会统治方式已有些感到不能忍受；在英国方面，它正处于资本主义经济发展的鼎盛期。所以这次战争从社会发展的观点看，不只是两国有关鸦片的贸易问题，而是东方地主经济封建制度的专制官僚制度与西方资本主义经济政治制度的首次决战。在战争过程中，双方各别在调和、应战和结束战争中表现的一切，都充分暴露出它们不同的社会本质。中国在这次战争中的失败，是以后一系列对外战争失败的开端：1857 年的英法联军之役，1894 年的中日战争，1900 年的八国联军之役。由此发生列强对中国的长期争夺。

鸦片战争直接影响中国工商业发展的，就是因战败而订的通商条约，使中国的专制政府不能再任意停止对外贸易，不能由官商或所谓公行包办垄断对外贸易，也不能对外货流通任意加以勒索或刁难。这虽然是出于英国的强迫，但已等于为长期被囚禁的中国工商业网开一面。这样一来，中国地主封建经济的基础——农业和手工业的相结合体，就加速瓦解。在这种瓦解中起重要作用的是国外的机器纺织业制品。最初是英国的，其后加上日本的，最后甚至有英国殖民地印度的，等等。1895 年马关条约签订，外人得在中国利用廉价劳动力和原料自由开厂制造。与此同时，国内新式的纺织业，也在此刺激下，惨淡经营，逐渐发展。于是，中国旧式家庭工业和独立手工业，就濒临于破灭的悲惨境地。

作为中国地主经济及其政治上层建筑即官僚专制制度的基础，也就是自然经济赖以存在的工农结合体的解体，虽然使原来的土地所有形态和使用形态发生一些变化，但是封建的土地关系并没有就此消灭，现代性的土地所有关系、现代性的土地租佃关系并没有建立起来。事实上，随着资本主义的逐渐发展，新兴的市民对封建官僚的统治就表示不满和反抗，统治者就越需要把农村社会维持在原有的状态下，使其统治根基有所依托，并企图借此限制都市工商资本主义经济的发展。可是，客观事实尽管如此，他们在主观上，却往往自诩是工商业的振兴者，并倡言把都市工商业、交通事业建设起来了，再去变革农村。这实质上是用不变革封建的土地关系的办法，来阻止中国资本主义的发展，以维持自己的统治。这正是外国资本主义所要求的。中国自鸦片战争以来百余年，都没有触动封建的土地制度，工业化当然就无从谈起。同日本一比，就能说明问题。

这是中国在议论工业化的过程中，大大小小的封建主义官僚们装扮成建设者和实业家的基本原因，同时也是鸦片战争后百余年来，中国工业化一直在坎坷中的基本原因。我们自然没有理由忽视外国资本主义或列强对中国工业化的妨碍与束缚，但是我们同时也应该看到一切外国资本主义在中国工业化中所起的妨碍与破坏作用，都是通过他们在中国的政治工具，即封建主义的官僚们进行的，并且随着条件的变化，官僚的性质也发生变化，就是说最终产生一种既代表封建主义，又代表外国资本主义的官僚——国民革命失败后的国民党政权。

外国资本主义还利用其对中国的政治权力，操纵重要的经济命脉和经济部门，以阻止中国的工业化。关税不能自主，无法保护民族工业的产品同外国产品竞争。外资在中国的金融机构的利息率一般比在本国高，并刁难向其借款的中国企业；对中国工商业贷款，其利息率又比外资企业高。因此，在融通资金和利息负担上，中国企业无法与外资企业竞争。

外国资本主义主要在流通领域控制中国经济。外国资本伸向中国的触角，最初是商业资本，后来是金融或货币资本。抗日战争前，英国在中国的投资，地产占 39%，金融业占 29.6%，对政府贷款占22.4%，工商业仅占 9%；日本投资中工商业仅占 6%。这反映出，它们在奴役土著型殖民地里，并不生根，剥削得来的利润和利息，除了在当地挥霍外，是汇回或用军舰运回本国的。它们有时也办一些交通和公共事业，主要是为剥削提供物质手段，并不是为了生下根来发展资本主义。这和它们在移民垦殖型殖民地的做法不相同。

（四）外国资本影响下的封建性商业资本、高利贷资本和土地资本

外国资本通过中国的商业资本推销它们的工业品和取得它们所需的农产品与矿产品。一般说来，中国不存在在奴役土著型殖民地通常看到的那种种植园。这是因为，外国资本入侵时，中国自然经济已在瓦解中，生产品商品化的比率较高（有人估计抗日战争前约为 50%），外资可以通过买卖方式取得所需的农产品和矿产品，不必用强力将农民的土地剥夺，并要他们就地接受奴役性的劳动，即兴办资本主义大生产其表、奴隶制其里的大农场和大矿场，为世界市场生产；何况中国还没有被他们占领土地，还拥有部分主权（中国的台湾和东北被日本强占时期除外）。

前面说过，中国的商业资本本来就具有封建性，并且同高利贷资本和土地资本结合在一起，构成一个“三位一体”的公式。为外国资本控制后，这种封建性格并没有改变，此外又多了一重买办性。商业资本这种性质再加上

土地资本受商品经济的刺激，就使地租提高，并使高利贷资本变本加厉，从而"三位一体"公式在外国资本控制下，对中国的资本主义发展，甚至整个中华民族国民经济的发展，都起阻挠作用。

在外国资本主义控制下，"三位一体"公式中的高利贷资本和土地资本（按高利贷资本的利息率收取地租）仍然具有封建性，应该是不言而喻的；商业资本的封建性则应该这样理解：只要它不是在资本主义经济发展起来后产生的，即不是在资本循环（产业资本不断经历货币资本、生产资本、商品资本这三种形态的变化）中资本采取商品资本形态的独立化，它就不可能服务于生产者，而只能既欺诈出售者、又欺诈购者——这就是前资本主义商业资本的性格。很明显，外国资本主义的入侵，不会消灭其欺诈出售者和购买者的性格（从这一点看，中国的商业资本和外国资本也有矛盾）；而要将它纳入自己的轨道，受自己的控制，使它多一重买办性，成为自己的工具。

王亚南用上海一个大百货公司对自己职能的自述，来通俗地表示这种封建商业资本的买办性："广搜各地土产，统办全球货物。"当然，这种自述还不够精确。因为它可以被理解为：这是独立的农业国和工业国之间的交换所需要的商业，还未能将这种商业的买办性突出来。因此，王亚南着重指出："在现代国外资本未侵入中国以前，中国的商业资本是独立的，差不多是在中国社会经济所允许的限内，照着它的必然途径展开的。但在这以后，它的活动，便愿意地或不愿意地被卷入国际资本的漩涡，而且愈来愈成为后者的尾巴，对于无论采取哪种侵入方式的国际资本，它的活动，虽都不外是为他们推销制造品和采购原料，但这个任务，还不是直接以所谓民族的商业资本来担当，在 1930 年，其总数已达 8 000 多个之多的大大小小的外商洋行，差不多是以主人或监督者的资格，利用一切可资利用的特权，来推动中国整个流通界的活动。"①就是说，中国的商业资本是洋行的附庸。总起来说就是："中国的商业资本，在一方面，不仅是改变了姿态，改变了内容，且改变了原来的性质；可是在另一方面，它的性质的改变，仍不曾达到使它被剥夺去对产业资本行使支配的阶段，恰恰相反，商业资本在某些场合，在大

---

① 王亚南：《中国经济原论》，经济科学出版社 1946 年版，第 198 页；《王亚南文集》（第三卷），福州教育出版社 1988 年版，第 315 页。

都市若干新式工厂上面，虽然已像具有先进国家对产业处于隶役地位的外观，但即使把它的本质形态存而不论，它在这方面以隶属者的资格活动的范围”，较之它“在广大农村方面，以支配者资格而活动的范围，是不可以比拟的窄小的”。①

王亚南还对外国垄断资本主义对中国商业资本的影响加以分析。他说：“虽然在帝国主义阶段的资本输出要求，即在落后地域从事产业活动的要求，保有使买办商业资本活动势焰减弱的趋势，但即使资本的输出，有一部分是为了利用落后地域的资源与人力，从而，在相适应的程度内，有一部分原料无须输出，有一部分制品无须运进，但在国内的这一部分原料和制成的商品，依旧是要靠商业资本来集散的。何况事实上，帝国主义阶段竞夺商品市场和原料供给地的要求愈烈，它所输出的资本，就愈会以较大的比例用在政治性的投资上，而以较小的比例用在经济的开展上，而由前一投资成分，通过金融市场、公债证券所造出的商业资本，其作用是要比由后一投资成分所造出的产业资本作用大得多，多得多的。”②

外国资本对中国“三位一体”公式的影响，在量的方面的表现就是：由于流通经济、商品经济尤其是五光十色的进口货的影响，就刺激了地主的消费欲望，使他们对于地租的剥削再也不受其肠胃的限制。这是因为，随着商品经济活动的扩大，货币就成为地主的追逐对象，而货币按其性质来说，是可以无限制地购买任何商品的，但是，每一笔一定的货币额却只能购买一定量的商品，货币这种质的无限性和量的有限性的矛盾，就驱使地主极力提高地租。由于“三位一体”公式的作用，地租率、高利贷利息率和商业资本利润率，是互相影响的，前者提高了，后两者也随着提高。中国的地租在新中国成立前夕，一般占产品的1/2至2/3，比英国产业革命前夕即18世纪30年代的1/3高得多；为了与利息率相比较，地租率还有一种计算方法即土地购买年，也就是土地价格/年地租额，土地购买年越长意味着地租率越低，反之，就越高；土地购买年，英国产业革命前是20—30年，德国俾斯麦宰相加紧

① 王亚南：《中国经济原论》，经济科学出版社1946年版，第198—199页；《王亚南文集》（第三卷），福州教育出版社1988年版，第315页。

② 王亚南：《中国经济原论》，经济科学出版社1946年版，第199页；《王亚南文集》（第三卷），福州教育出版社1988年版，第316页。

工业化时是27—30年，中国在抗日战争前约为11年。中国的利息率，在18世纪中叶斯密写《国民财富的性质和原因》时是12%（当时英国是5%，北美和印度英属殖民地为6%—8%）；抗日战争前一般是30%，如遇特大灾害，则可达200%—300%。由于这样，在旧中国经营产业，就不如放债收利，因而工业化困难；农民受多重压迫和剥削，且日甚一日，失地者日多，土地越来越集中在少数地主手中。但是，他们并不经营农业，而坐收地租，因而自己参加劳动又雇工剥削的富农经济并不发达，因为农业利润率低于地租率。

对此，陈翰笙说：中国主要是为外国资本主义生产烟叶、因而全部是商品生产的地区，富裕农民却"宁愿从他们的13.2%的土地上面收取地租，而不是去扩展自己的种植和农业经营。这种情况同19世纪下半叶俄国的富农形成直接的对照。俄国的农民为了扩充他们的农业经营，必须租入土地，而不是将土地出租。这完全表明，当时俄国资本主义发展多么地迅速，而现在中国的农村生活却仍然停留在前资本主义的阶段"。[①] 张闻天也说过：中国农民分化过程中所产生出来的富农阶层，他们的剩余资本没有发展的余地，所以也乐于购买土地，变成地主与半地主。

这里要谈一谈中国的地租和土地价格和发达资本主义国家相比，孰高孰低的问题。我认为，中国封建性的地租虽然随着地主的消费欲望提高而提高，但仍比发达资本主义国家的低些。这是因为，资本主义的地租，其中因土地私有权而产生的绝对地租的实体，是农业资本有机构成较低，因而其利润高于工业资本的平均利润的超额利润。因此，它随着农业的发展慢于工业，即农业的相对落后而增加；其中的级差地租的实体则是农业资本之间的超额利润，而级差地租的第二形态，则是在同一块土地上递加投资，其生产率和最劣的土地投资生产率之间的超额利润。因此，它随着农业的绝对发展，即耕种集约化而增加。总之，农业的相对落后和绝对发展，都使资本主义地租增加。从这里可以看出，落后国的地租比它低。落后国地租低而利息率比发达资本主义国家高，因而落后国的土地价格也比较低。正是这一点，发达资本主义国家将资本输出到落后国家，就可以从这方面得到利益。

---

① 陈翰笙：《帝国主义工业资本与中国农民》，复旦大学出版社1983年版，第78页。

（五）农村中封建性和殖民地性的流通经济、商品经济和货币制度对商品价值实现的影响

从上述可以看出，中国农产品之进入流通过程，最初有一个显著的特点，那就是为了交纳赋税而出售，就是说具有封建政治的性质。后来又多了一个特点，即为外国资本主义生产和出售，就是说，虽是商品经济却具有殖民地的性质。抗日战争前，中国山东、河南、安徽的一些地区，主要为英美烟草公司种植美种烟草。种植这种烟草，需要较高的技术和大量资金。开始时，公司以有利的条件供应种子、肥料、技术（尤其是烤烟的）和以较高的价格收购，烟农也有发财的。待种植推广，农民已添置了耕种和烤烟设备，成为专业性和单一性的经营，即已被外资拴住后，外国资本家就同为其服务的买办一起，对烟农残酷剥削。此外，农村副业的发展和独立化，也使其产品成为商品，副业经营者为了购买其他商品就需要获得货币，即是为了生活而出售的。上述三种进入流通的商品主要是农产品，它们进入流通的社会经济条件不尽相同，但同样受半封建半殖民地经济条件的限制，从而在商品价值的实现上，都处于不利的地位。

农村中有一部分是自己占有土地的自耕农。他们的农产品价格，可以不包含绝对地租，它是土地私有权要勒索地租，因而它就加到农产品的价格上，才使农产品的出售价格高于生产价格的。其他的个体租地农民是要交纳地租的。但是，由于存在着竞争和外国资本主义的压力，一般农产品的价格就可以被压低到和自耕农农产品出售价格相同的程度。此外，中国由于资本主义不发达，又受外国资本主义控制，包括农民和手工业者在内的个体生产者众多，在竞争的压力下，如前所述，他们生产的商品其价值中相当于 m 的部分，只好奉送。马克思指出，这是个体生产者众多的国家，其农产品特别便宜的重要原因。如果认为这是土地特别肥沃的产物，那就是看不到农民的辛酸眼泪了。

以上两种情况，是由生产条件决定的。它们可以和前述的三种情况结合在一起，使农产品的价格被压得很低。

对于这个问题,王亚南有深刻的分析。他说:“中国社会这种商品价值关系的促成,即使生产物由使用价值的生产,移向交换价值生产这种转关的促成,主要是由于商业资本(国际的,买办的,国粹的)的作用,主要是由商人居间活动的结果,所以,在国内外市场上,使生产物之成本和市场价格相比较的事,并不是由生产者自己来做,而是由商人来做,这一来,商品价值的大小,就俨然不是以生产商品时所费的劳动为依据,而是以商人的意兴或慷慨为依据了;对于生产者或产业经营者,商品的价值,自然是看他们能从那里换得多少货币,自然是有浓厚的偶然的性质。而且这种事实,更由种种障碍商品流通的政治因素加强了。”①

下面从商品价值本身的实现和货币对商品价格的影响两方面来谈。我们以种植美种烟草的烟农为例。从中我们看到烟叶价值的实现和价格的取得,具有很大的偶然性,是对价值规律作用的严重破坏。

烟农卖烟叶,要持有买办发的“炕票”。抗日战争前,某一发票买办发证几年,就捞进约 19 万银圆。烟叶分等,全由洋人和买办决定,往往是压低等级;由洋人喊 AX、H、D 之类的代号决定,烟农只能接受,若不接受,下次的等级则被压得更低;分等之后是过磅,洋人常以烟叶潮湿为借口,将烟叶重量打折扣,通常是减去 10%或更多;过磅之后,烟农拿到一张记录重量和表明单价的卡,然后去拿款,拿款时要付给买办 2%的手续费……

中国由于封建主义的地方分割和列强统治所造成的地域矛盾,币制就非常不统一,这成为外商和买办欺诈农民的又一工具。例如,陈翰笙就指出:“关于付给烟农价款问题,有两点值得注意。首先,因为银圆同经常采取纸币形式的辅币(铜元)保持浮动的兑换比率,所以担任实际付款的买办往往认为,他只能付出辅币,而不能付出银圆。因此,他每付出 1 元,就任意扣掉币值的 4%。换句话说,农民每收到 1 元,实际损失 4%,到了买办手中。”其次,“这段时间,山东当地银圆能够换取 265 枚铜元,每枚当 20 文,而出售烟草的农民每收到 1 元,就被取去 25 枚铜元。这意味着每元被扣除了 9%之多”。② 此外,买办实行盘剥的另一种形式是:付款 5 元以下,即使是 4.9

① 王亚南:《中国经济原论》,经济科学出版社 1946 年版,第 38 页;《王亚南文集》(第三卷),福州教育出版社 1988 年版,第 101 页。

② 陈翰笙:《帝国主义工业资本与中国农民》,复旦大学出版社 1983 年版,第 49 页。

元，付给烟农的只是纸币形式的辅币。

以上谈的是一斑，由此可见全豹。

（六）外国在中国的资本主义企业和中国的资本主义经济

中国农民由于受封建主义的地租和赋税双重剥削，丧失土地者日众，自秦汉以来已是这样。其后再加上外国资本主义的压迫，情况就更为严重。这种离开土地的劳动力的生活费用，远远低于欧美等地劳动力的生活费用。这有两个原因：首先，外国资本主义入侵中国时，它们处于资本主义阶段，中国则处于地主经济阶段，前者需要的劳动力要有较高的技术水平和文化水平，因而其劳动力培养费用和生活费用较高；其次，北美等移民垦殖殖民地，有一段时间，移民中的工人很容易获得土地，成为个体生产者，劳动力严重供不应求，因而劳动力价格高于价值，其工资水平又高于西欧；中国的情况恰恰相反：离开土地的农民日多，资本主义经济又极不发达，劳动力供过于求，以致出现前面说及的外出工资作业这样极其落后的劳动形态，因而工资之低，令人吃惊。正因为这样，在农村就出现以人力代替畜力的现象，其原因是人工比牛工便宜。但是，这从某一方面来看，又为资本主义经济提供了养料。这种极为低廉的劳动力，成为中国各种资本主义经济生存甚至发展的条件。中国资本主义工业中的落后劳动形态——包身工、养成工等，并不是现代资本主义意义上的雇佣劳动。

外国资本在中国设立的企业，在利用中国低工资的基础上，控制中国的经济，并从中得到高额的利润。外国资本主义在经济上主要通过流通过程控制中国经济。这有两大渠道：外商银行—中国新式银行—钱庄—高利贷业；外商洋行—买办商业—土著商业—生产事业。此外，也有少数外资经营的工业和公共事业，那是外国资本主义为自己提供剥削中国的条件。外国的金融机构中心设在中国沿海大城市，通过贷款既控制又剥削中国。中国经济落后，利息率本来就比资本主义国家高。此外，发展工业，就要求长期贷款，而工业落后，资本有机构成低，固定资本的折旧基金少，可供长期贷款的基金就少，因此落后社会的长期贷款利息率，就在一般利息率较高的基础上再提高。抗日战争前，外国资本国内利息率为4%—8%，它贷款给中国的新式银行，其利息率一般为9%—20%，这些新式银行又贷款给中国的钱庄，其利息率一般为20%—30%，钱庄再以高利贷资本或以典当业形式，向最贫困的劳动者贷款，其利息率一般在30%以上，如遇特大灾害，则可高达200%—300%。政治性贷款，利息率一般低一些，但附有政治条款。中国由于资本主义经济不发达，资本主义的平均利润率对全社会的生产不起调节作用，而由利息率起这种作用。洋行通过具有买办性和封建性的商业，将触角伸到每个角落，控制和剥削中国的生产者。

这里有一个外国垄断资本如何攫取垄断利润的问题。前面说过：中国的利息率高，外国资本通过输出生息资本就得到比本国高得多的利息；中国的原料便宜、工资低廉、地租和地价低，外国资本通过输出生产资本就得到比本国高得多的利润。这些利息和利润都可以理解为垄断利润。此外，它输入和就地生产的工业品，经营的交通运输和公共事业，也可以以垄断价格出售和收费，从中就能攫取垄断利润。

中国有一种买办资本主义，这是移民垦殖殖民地所无的。它是外国资本渗入中国时，作为两者之间的桥梁，是土洋结合的产物。前面谈论过中国商业资本的买办性，这种性质的商业资本独立并发展起来，就成为严格意义上的买办资本主义。它的获利方法就是收取中间费用，并极力欺诈出售者和购买者。

中国还有一种官僚资本主义，就其具有的封建主义的性质来说，也是移民垦殖殖民地所无的。它的前身就是上述中央集权专制政府经营的如制盐、炼铁等公营企业。它的发展形态就是鸦片战争失败后，在洋务运动中兴办的现代工、矿、兵公营企业和官督商办企业。总之，和官僚有不解之缘。它的获利方法，是以政治力量实行的劫夺。随着国民革命失败和国民党右派掌握政权，买办资本主义和官僚资本主义就结合起来，成为凭借国家权力获取利润的国家垄断资本主义，并在抗日战争和其后的解放战争中发展到最高峰，即成为由四大家族掌握的国家垄断资本主义。

这几种资本主义，对发展社会生产力，对中国的工业化，都是起消极作用的。

在外国资本主义和中国买办资本主义、官僚资本主义中间的，是中国的民族资本主义。在地主经济封建制度的统治下，本来就难产的中国资本主义，再加上上述资本主义的压迫，发展就更为困难。这一点，同移民垦殖殖民地不同。后者只存在同外国资本主义的矛盾，民族革命一旦解决了这个矛盾，民族资本主义就较快地发展了。中国民族资本主义企业之所以能够取得利润，得以存在和发展，主要是由于利用大量廉价的劳动力。由于这样，它的工业的主要形态是工场手工业，一来工资低廉，用机器就不如用人力，二来固定资本很小，随时可以变换生产内容，利于同外国资本主义周旋。中国大机器工业极少，主要是在沿海大城市，并且多半是在第一次世界大战时，交战的双方无暇东顾，并需要其工业产品而发展起来的。很明显，中国的民族资本主义无力担负起中国工业化的历史重任。

（七）在种种压迫下的中国农民个体经济

"三位一体"公式对中国个体农民的压迫和剥削，在外国资本入侵后，因有商品经济尤其是洋货对地主消费欲望的刺激，比在纯粹地主经济条件下，更加深重了。此外，各种资本主义的剥削，在中国的条件下，最终也是落到个体农民身上。因为要降低工人的货币工资，以增加资本的利润，最重要的就是压低生活资料尤其是食品的价格；而个体农民的社会、政治和经济地位，又使这种欺压成为可能。

在这样的条件下，农民的生产和再生产是怎样的呢？为了生存，他们只好用减缩生产资料和恶化劳动条件的办法来艰难地过活。为了生存而减缩生产资料：王亚南将其称为生活资料压迫生产资料，是最贫困的农民的生活和生产规律。他卖掉耕牛，以自己瘦弱的身体所能发出的体力代替畜力；他不买肥料，只用家肥，或不用肥料，只掠夺土地。尽管多种土地多受剥削，但只要有可能，他还是尽量多租种土地，延长自己的劳动时间，如果说平时还可以应付，农忙时就不行了。这时，他还是不愿租用耕牛，宁可雇佣日工，因为人工比牛工便宜。所以中国的贫农，有时有人也要雇工。最重要的，他必须经营副业，以资弥补。从这一点看，经营副业，是中国农民贫困的结果。

王亚南的挚友郭大力对中国农民的副业进行了深入的研究。[1] 他说：一个农民除了耕作，还做一些别的工作；当这种工作成为农民的辅助职业时，它就有理由被称为农村副业。在耕作之外，农民可能从事其他的工作，那是因为一切农业劳动都有一种季节性，真正的农业劳动，是会被强迫停止下来的。但在耕作之外，农民必须从事其他的工作，却是因为在一定的情形下，单纯的农业劳动，已经不能够维持农民家庭的生活。就一方面说，当农民缺少粮食、种子、肥料和耕牛时，他是必须告贷于人的。从而，收获的农产品必须有一部分当作利息付给贷者。就另一方面说，当农民的土地不能为农民自己所有时，收获的产品又必须有一部分当作地租付给土地所有者。因此，比方说，一个农民家庭耕作10亩地本来刚好维持他们自己，纳租付息后，他们就必须耕作20亩地了。但当中有这样的问题会发生：第一，土地的存在量是有限的，农民不能随意把耕地面积扩大；第二，在农业技术不改进的限度内，耕地面积的单纯扩大，还包含着这样的困难——一个农民家庭的劳动供给，会在农忙时，显得不足，从而就假设土地的存在量是可以随意增加的，一个属于中等条件的农民家庭，在不借助于雇佣工人的条件下，也不能随意扩大自己的耕地。因此，农民为维持生存而要增加其劳动支出时，就不能不注意到农业以外的工作。当农业的劳动有季节性时，这些工作是没有季节性的。从发展生产的观点看，这种农村副业，应当怎样评价呢？

郭大力辩证地指出：从一方面看，一个人兼做许多种事情的结果，是减少劳动的熟练性，从而，降低劳动的生产力。所以，工业发展的趋势，不是增加农业副业，而是农村副业从农民的手中被剥夺。比如，纺织工业要发展，当作农村副业的纺织业就应衰落。并且，当农村副业的收入不过是农民的一种补助的收入时，我们宁可说，这种副业的存在，不过是前资本主义社会的最后一重壁障，是工业发展的一种阻力，因为工业品必须包含利润时，这种农村副业的产品是不计利润的。但从另一方面说，农村副业又无疑是今日农村经济一个重要的支柱。在种种负担下，农民的生活与生产仍能勉强维持下去，明显是由于有这种副业存在。此外，因为有这种副业存在，在农

---

① 参见郭大力的《我们的农村生产》。这本小册子是抗日战争期间，由江西中华正气出版社出版的。我购得一本，失于战火。有关的论点，在郭著《生产建设论》（中国经济科学出版社1947年版）中，也可见到。

村，人口过剩现象，只能在某种自然的原因或人为的原因造成大饥馑时，才发生。在大困厄后农村容易复苏，也就因为农民有这一条唯一的出路。所以，农村副业的破灭，虽是生产发展的必然趋势，但在生产力的发展及其所处的社会还没有发生质的变化时，还是应该奖励农村副业，而不是相反。

张闻天对中国个体农民遭受封建主义的剥削，也有分析。他说：关于中国农村中地主、商人、高利贷者对农民的剥削，只要稍微知道一点政治经济常识的人，就可以知道，那不是资本主义的剥削，而是封建式的剥削，因为这里对立的不是投下资本取得平均利润的资本家和得到工资的工人，而是将土地出租给农民，从农民那里收到地租的地主和农民。这种地租不管是生产品的还是货币的，同在资本主义社会中的地租有完全不相同的意义。这里的商业资本和高利贷资本的作用，同资本主义社会中的商业资本和借贷资本也是性质上完全不同的。

（八）以大量劳动交换小量劳动的对外贸易和有利于发达国家的货币制度

中国由于经济落后，在对外的经济关系中，即在同发达国家结成的贸易关系和以它为基础的国际收支关系中，也处于不利的地位。

由前面的研究可以了解，中国和发达资本主义国家之间的贸易，即农产品、手工业品和工业品之间的交换，其实质是大量劳动交换小量劳动，其中的规律前面已谈过，这里不赘。对外贸易需要运输工具，轮船、火车甚至汽车，都是工业化的国家制造的，其资本有机构成高，产品的生产价格高于价值；这种运输业本身，资本有机构成既高，资本周转时间又长，因这两种原因运输业的费用就高于其价值，直至第二次世界大战前，这种海洋运输业多半是发达国家经营的。这就是说，通过运输业，发达国家又可以以少量劳动交换中国的大量劳动。由于这样，中国的外贸经常是逆差。只是由于有大量劳工在发达国家卖苦力，有些外汇，才使国际逆差的程度没有那么严重。

现在谈一谈从19世纪70年代到20世纪30年代初这约60年中，发达国家的货币制度，从实行金银复本位制过渡到单一金本位制，而中国则实行银本位制(1935 年改为纸币本位制),这段时间银对金的比价下跌得很厉害①,对中国支付国际收支逆差,有怎样的影响。不过在谈论之前,先谈中国为什么不与发达国家同时实行金本位制。这个原因说到底,还是经济落后和外国金融机构对中国的控制。

发达国家从实行金银复本位制度过渡为实行单一金本位制,有两个原因。其一,凡实行复本位制,必存在金银的造币厂比价,即法定比价较为固定,而金银的自然比价,即市场比价却经常变动的矛盾,这矛盾发展到一定程度,劣币驱逐良币的规律(格雷欣首先揭示这规律,故称为格雷欣规律)就发生作用,即市场比价高于法定比价的是良币,反之,则是劣币,后者流通下去,是货币,前者退出流通,成为商品,加以熔化,或秘密运到国外,当作贵金属出售。② 就是说,实行这种制度必然很不稳定,事实上有时金是货币,有时银是货币,因此,要向单一货币本位制过渡。其二,金比银贵,流通既定价值的商品,需要的金量比银量少得多,随着经济发展,进入流通的商品价值就越大,就要用金充当货币,就是说实行单一金本位制。

中国由于经济落后,农民个体经济是汪洋大海,农产品的商品率在抗日战争前仅为 50%左右,整个国民经济进入流通的商品,从而为实现其价值所需的货币流通量,和发达国家相比,差距甚大。王亚南说:偌大的中国,直至 1932 年底,所有外商银行在中国发行的钞票③,折合国币 5.6 亿余元;中国新式银行至 1934 年,其纸币发行总额,尚只有 5.83 亿余元,再加上全国省市银行纸币发行,计 1 亿—1.5 亿元。此外,商号小店铺的私票,大体为铜元票,最多也不会超过数千万元之数。当然,在这总和十数亿纸币之外,还有大量的银币和铜币在流通着,但在这里也存在着纸币驱逐硬币的规律,并且硬币在极其紊乱情况下,它就会散藏在民间和成为银行的库存。因此,在流通中的银币和铜币的总额,就不会很多。④ 这样,中国就没有必要改为实行金本位制。

① 陈其人:《帝国主义经济与政治概论》,复旦大学出版社 1986 年版,第 172 页。

② 《马克思恩格斯全集》(第二十三卷),人民出版社 1972 年版,第 114 页注 53。

③ 即银行券,下面说的纸币也是银行券。银行券是由货币的支付手段职能产生的,它可以兑现为银币或金币,并且是凭票即兑;纸币是由货币的流通手段职能产生的,由国家强制流通,虽有金银作为发行准备金,但不能兑现金银。

④ 王亚南:《中国经济原论》,经济科学出版社 1946 年版,第 47 页。

中国实行银本位制，发达国家实行金本位制，而银对金的比价下跌，因此，中国就要用不断增加的大量社会劳动，去支付对发达国家欠下的债务，即体现在金上的小量社会劳动。这是因为马克思认为，货币直接是社会劳动。① 就这样，中国若干个世纪积累下来的社会劳动，被打了折扣，去支付发达国家的小量社会劳动。

（九）畸形的社会再生产和国民党政权被推翻前的城乡经济

从上述可以得出以下的结论：中国半封建半殖民地经济的各种剥削收入，很难积累起来转化为国民资本，以发展生产力。“三位一体”公式的收入，就因这个公式本身的运动，除了用于挥霍之外，就在商业资本、高利贷资本和土地资本内部互相转化，而很难转化为产业资本。外国资本不生根，多在流通领域，其剥削所得，除用于挥霍外，就汇回或运回本国。买办资本主义和官僚资本主义不能发展生产力。民族资本主义在夹缝中挣扎。农村最缺少资金，但农民不敢借高利贷。于是，各种剥削收入，反而流向利息率较低的城市。但城市的生产事业不发达，资金除了用于挥霍、用来经营“销金窝”外，便在流通领域中投机。由社会危机引起的政治危机，更使部分国民资金流到国外，不但不生利息，锁在保险箱里，还要倒贴租箱费。农业生产衰敝，最穷的农民贫困到只用人力耕种、只是掠夺地力的地步。大城市在发展，但是，是畸形的，是消费性的，是各种剥削者和权贵们过声、色、犬、马生活的“天堂”，耀眼的百货公司在执行其广搜各地土产、统办全球货物的封建主义和殖民地的职能。少数人的挥霍要以大多数劳动者尤其是农民不能温饱为条件。王亚南有一段话可以作为我们的总结。他说：一个社会的半殖民地性质，是由它的落后的封建主义生产关系引出的，是通过它的各种封建剥削造成的。而一切原始性剥削，又是把封建土地制度作为其骨干或核心。

① 生产商品和生产货币的劳动都是私人劳动。但前者要经过交换，为社会所承认，才实现为社会劳动；后者无须经过交换，没有是否为社会承认的问题，直接是社会劳动。

这就是为什么对土地这一生产条件所付太高的封建代价，竟成为破坏其他生产条件（如农具、畜力、劳动力）甚至地力的根本症结；诸种原始资本不能流动到农村乃至都市的生产事业上去，最先也是由于购买土地太有“权”“利”可图；而整个都市的中外大小权势者的寄生基础，即使是通过了买办商业资本、高利贷资本一类中间剥削榨取环节，最后终归是“斧打凿，凿入木”的要落在土地上，即农民身上。

在这些规律支配下，中国半封建半殖民地社会结束，或其政治上层建筑即国民党政权被推翻前的政治与经济情况，可以简述如下：中国长期以来是一个中央集权的封建专制国家。到近代，特别是国民革命失败后建立的国民党右派政府，其封建专制的性质并没有消除，而又多了一重买办性。官僚的、专制的、封建的和买办的国民党右派政权，使中国的一般都市都具有三重有密切联系的特点：政治的、消费的和商业的；其中如上海、天津及其他少数都市，虽然点缀着现代性的产业，但不仅其比重不足以改变其一般中国都市的性质，而且其庞大的买办商业的存在也说明它们不是真正的现代化都市，由于这样，中国的城市，一般就不得不由农村取得其营养：赋税、公债、各种方式的摊派，特别是由下述原因引起的内战所普遍推行的征买、征购，以及无情而毒辣的天文数字的通货膨胀，全是都市方面通过政治权力，向农村强制榨取的。与此同时，由于这种榨取方式，在农村造成动乱，就又把农村可能榨取的资金，集中到都市尤其是大都市；而经过买办商业带到农村的洋货或半洋货，又要农村付出大得多的代价。于是，都市愈需要从农村取得营养，就愈需要加强其对农村的统治，为了确保对农村经济的榨取，而强化和扩大的政治机构和军事组织，又反过来加深都市的消费性和商业性。这样，中国的都市就变成输入外国武器和奢侈品，和向外国输出农产品、矿产品的总枢纽。农村虽已遭受竭泽而渔般的搜刮，仍不足以弥补大量的入超；农村的生产力越来越降低，都市对农村的索求却愈大。因此，我们就看到一种离奇的现象，即农村的破产与动乱，从某一方面看，竟成了这种具有三重特点的都市变态繁荣的有利条件：一批一批的农村大小权势者，把他们从贫苦农民身上搜刮到的积累，向他们认为安稳的都市集中，其结果，中外银行的存款大大增多，“销金窝”大大繁荣，地产、公债、外汇的投机大大活跃；总之，游离在生产过程以外的资金壅塞在流通过程，在十里洋场踢球似的滚来滚去。

在这场合，封建买办商人像着了魔似的，以为农村的荒芜，并无碍于城市的“繁荣”。直到愈来愈大数额的入超，国内的黄金和白银，都被外国军舰、轮船、飞机载走了，而贫弱的农村，对于都市各种各样的消费场面，再也无法弥补和供应，而用死亡、破产、叛乱来表示反抗的时候，以“发国难财”而暴富的官僚和买办金融家，才高嚷要“复兴农村”，以农村贷款和以美国专家设计的技术改良，来进行这种所谓的“复兴”，以为可以借此继续对农村进行剥削。

在这里，我们从另一角度，看到都市和农村之间的经济和军事关系：在都市是依存于农村，是由农村取得其生存依据的限度内，都市就得从政治、军事诸方面，加强对于农村的支配，这实际上又等于对农村的经济剥削加重。由于这样，中国的具有资产阶级革命性质的内战就与西欧不同，而采取农村反对和包围城市的形式，其中以 1946—1949 年有美国介入的那一次最为激烈。

在这里，我们也看得很清楚：矛盾的解决是进行反对封建主义和帝国主义及其政治上层建筑的革命，亦即其性质为资产阶级的民主和民族革命，以解放生产力，这是历史发展的一般规律。在中国，由于资产阶级在国民革命过程中的动摇，其代表人物反过来同革命的对象勾结，最终不得不由无产阶级来领导，而基本力量则如同西方资产阶级领导的民主革命一样是农民。

十七、关于落后国家工业化的经济和政治前提的理论

(一) 概　　说

前面说过，非西欧(北美和大洋洲的生产关系是西欧的延伸)社会和国家，在经济发展阶段上的落后，始因是在内部；海道大通同西欧资本主义发生大规模和固定的经济联系后，又多了一个外因。因此，非西欧即落后国家经济发展的重要前提，一是要消灭妨碍经济发展的前资本主义的生产关系，尤其是其中的土地制度，即内因，这是民主革命的任务；二是反对束缚本国经济发展的外国资本主义和垄断资本主义，这是民族革命的任务；要完成这两重任务，就要推翻为其服务的政治上层建筑，将政权掌握在代表新的生产方式的阶级手中。这就必须解决革命的对象、领导权、基本力量和同盟者等问题，并且在此基础上制定正确的、不互相矛盾的政策体系。这里涉及对非常复杂的社会、政治、经济问题的认识是否正确，由此制定的政策是否正确，阶级力量对比是否有利于执行正确的政策等问题。这就是说，民主、民族革命非常复杂，是很难完美无缺地完成的艰巨任务。我认为，第二次世界大战后，落后国家发展情况所以有很大的差别，根本原因就在于这两重革命任务，或者没有完成，或者有片面性，或者完成的程度和情况有很大的差别。

关于民主、民族革命的理论很多，我们的论述只能以用马克思主义的观点去分析问题者为限，也就是说在马克思主义内部讨论问题。孙中山的三民主义，也是一种民主、民族革命理论；孙先生虽然不是马克思主义者(这从下面的分析将看到)，但他说过三民主义是共产主义的好朋友，再加上它有世界影响，我们也以马克思主义为指导，作一评论。所有这些，都是为了进

一步讨论问题。此外，为了进行对比，我们也对国民党右派反对民主、民族革命的论调，作一述评。

（二）马克思对爱尔兰和印度发展前途之政治条件的看法

马克思对殖民地发展前途之政治条件的分析，最集中地表现在对爱尔兰和印度问题的看法上。

在马克思看来，殖民压迫是阶级压迫的派生物，从这一点看，结束殖民地历史的，是无产阶级的社会主义革命运动；英国对爱尔兰统治方法的特点，是将英国资本主义生产关系输到爱尔兰去，就是说爱尔兰将和英国一样，两者的无产阶级都随着资本主义经济的发展而成长。因此，解决爱尔兰问题的方针不是爱尔兰的民族运动，而是爱尔兰的无产阶级和英国的无产阶级联合起来，进行社会主义革命运动，既推翻英国的、也推翻爱尔兰的资本主义制度，这时爱尔兰的殖民地历史就自然而然地结束，它和英国一起走上共产主义的光明大道。单纯从历史唯物论的角度看，马克思这一纲领是完全正确的。

但是，这一纲领迄今都不能实现。问题在于：英国的无产阶级，即使在资本主义自由竞争阶段，由于英国既垄断着世界工业和世界贸易，又垄断着世界殖民地，由此得到巨额利润的缘故，就已经资产阶级化了；他们和资产阶级，在某一点上有共同的利益。资产阶级化的无产阶级，或其上层分子，当然不能和被他们国家的资产阶级剥削的殖民地的无产阶级，或人民大众团结一致，反对本国的资本主义制度，反对本国对殖民地的压迫。这就是说，像英国这样的国家，其无产阶级滋生了一种同无产阶级的国际主义完全对立的、狭隘的爱国主义或国家主义，这是一个非常严峻的、现实的问题。

马克思和恩格斯观察英国无产阶级的资产阶级化，长达 20 多年（19 世纪 50 年代末至 80 年代）。恩格斯说：最坏的英国工联是由被资产阶级收买或至少是领取资产阶级报酬的人领导的；英国无产阶级对殖民政策的想法，和他们对一般的政策想法一样；英国没有真正的工人政党，有的只是保守党和自由激进党；工人十分安然地和他们共享英国的殖民地垄断权和英国在世界市场上的垄断权。

由于这样，英国工人就不仅不能和爱尔兰工人团结战斗，反而仇视流入英国的爱尔兰工人，将他们看成争夺英国工人饭碗的竞争者；再加上他们的宗教信仰不同，英国资产阶级就利用这些，在他们中间制造分裂，并从压低爱尔兰工人的工资入手，再压低英国工人的工资。

爱尔兰工人和英国工人团结战斗进行社会主义革命既然不可能，马克思就后退一步，提出爱尔兰实现民族革命的纲领，这种革命即使是由资产阶级领导的也可以。这样，爱尔兰就可以获得政治独立；如果不能立即摆脱同英国已结成的经济联系，那就结成邦联，以继续维持这种联系，并谋求在独立条件下的进一步发展。

马克思关于印度结束殖民地历史的纲领与爱尔兰不同。前面提到，他认为这取决于英国无产阶级革命，或者取决于包括工人、资本家和农民在内的印度人民，起来进行民族革命，取得政治独立。原因是英国对印度只是部分输入资本主义的生产关系；印度的资本主义、从而无产阶级都比爱尔兰的弱小；它远未达到进行社会主义革命的阶段。

马克思没有谈论印度的工业化，必须以民主革命为政治前提。原因是清楚的：印度不存在他所理解的封建主义，亦即印度已在资本主义化，再加上英国在印度的建设——最重要的是敷设铁路，这就使印度自然而然地工业化。其中的问题，我们已谈过了。

（三）列宁关于民族与殖民地问题的纲领

列宁是在垄断资本主义条件下谈论这个问题的。他将被压迫的、附属的、丧失主权的民族，和压迫的、剥削的、享有主权的民族区分开来；将民族问题和殖民地问题联系起来，提出全世界无产阶级和被压迫民族，即宗主国的无产阶级、苏联的无产阶级同殖民地的被压迫民族团结起来，进行共同的革命斗争，推翻地主与资产阶级统治的纲领。这里的指导思想是世界革命，并且将反封建主义即反地主统治，和反资本主义即反资产阶级统治联结在一起。1920年,他在为共产国际第二次代表大会而写的《民族与殖民地问题提纲初稿》这一著名论文中,提出这一纲领。他是代表共产国际对各国支部讲话的。

我读后感到现在具有特别重大意义的,是其中的第11条,即提出在封建关系或宗法关系及宗法农民关系占优势的比较落后的国家与民族中,应该实行的要点:甲,各国共产党必须帮助这些国家的民主解放运动,首先是该落后国在殖民地关系上与之结成关系的那个垄断资本主义国家的工人,应该负有最积极帮助的责任;我们在前面谈论过英国无产阶级资产阶级化的问题;资本主义发展为垄断资本主义后,垄断利润的攫取,使许多垄断资本主义国家的上层工人资产阶级化,这就是列宁在《帝国主义是资本主义的最高阶段》中所说的帝国主义的腐朽性在工人运动中的表现;在这样的条件下,列宁提纲中的这一点,事实上是很难办到的。乙,必须同落后国内具有影响的僧侣及其他中世纪分子作斗争;这个问题直到现在都没有解决,因为僧侣问题涉及宗教问题,必须慎之又慎。丙,必须同那些企图利用反对欧美帝国主义的解放运动来巩固其可汗、地主、毛拉等地位的大伊斯兰主义,及其他同样的流派作斗争;现在的问题就在这里;因为现在有相当数量的民族独立国家正是由这些政治力量领导的,而这些国家是政教合一的;一旦涉及宗教问题,就不易解决。丁,必须特别帮助落后国家中反地主、反大土地占有制、反各种封建表现或封建残余的农民运动,极力使农民运动具有最大的革命性;这里暂且撇开由谁帮助的问题不谈,而将其理解为强调农民运动所要达到的民主目的,那是非常重要的。戊,必须进行坚决斗争,反对在落后国家把资产阶级民主解放思想涂上共产主义色彩,这是非常重要的;但是,同前面谈的要一起推翻地主与资产阶级,似乎是矛盾的。己,必须向一切国家,特别是落后国家中最广大的劳动群众说明,并揭露帝国主义列强一贯进行的欺骗政策,它们建立政治上表面是独立的国家,却炮制在经济上、财政上、军事上都完全依赖于自己的那种国家;这段话真像是针对第二次世界大战后的状况说的。列宁提纲中这部分的重要精神,是将殖民地的民主革命和民族革命联系在一起。从我们的研究看,只有这样做,这些落后国家才能消除妨碍其发展的内部和外部原因,实现工业化,这是十分正确的。

斯大林阐述列宁的纲领时,在某些问题上,只是强调其反对帝国主义即民族革命方面，而不问它是否同时具有民主革命的性质，我认为这是不符合列宁的原意的。斯大林说："在帝国主义压迫的情况下，民族运动的革命性完全不一定要以这个运动有……民主的基础为前提。阿富汗国王为阿富汗独立而进行的斗争在客观上是革命的斗争，因为这个斗争能够削弱、瓦解和毁坏帝国主义，虽然阿富汗国王及其战友抱有君主制的观点……更不必说其他较大的殖民地和附属国，如印度和中国的民族运动了。这些国家在争取解放的道路上的每一步骤，即使违反形式上的民主的要求，也是对帝国主义的一个非常沉重的打击，就是说，毫无疑问是革命的步骤。"①斯大林讲这番话是在 1924 年，正是中国国民革命的前夕。在帝国主义统治条件下，不在民主运动的基础上进行民族解放运动，并且将反对帝国主义和民主运动对立起来，必然使前者缺乏群众基础，不仅半途而废，而且最终倒向帝国主义，同革命的对象相勾结。中国国民革命的夭折和变质，就是明证。从我们的研究看，更重要的是：这样一来，由于反对民主，前资本主义的统治反而加强，所谓工业化就无从谈起。中国的近代史难道不是这样吗？看来，斯大林之所以提出这种民族民主革命割裂论，只是为了苏联的利益，即只要能打击一下帝国主义，以减轻其对苏联的威胁就好。至于这样的国家今后的发展，就在他的考虑之外了。

（四）布哈林关于世界农村要由世界城市领导才能进行革命的理论

布哈林所论述的世界城市和世界农村，并不是其世界分工理论中的概念，而是一对政治概念。在他看来，世界农村或落后国，其经济发展或工业化，不是一个国家的问题，而是要在世界城市的帮助下，并且要在世界革命，也就是发达资本主义国家和落后国家一起进行革命，将民主民族革命和社会主义革命结合在一起的革命中解决问题。他是在 1928 年的共产国际第六次代表大会上阐述共产国际的纲领时，谈论这些问题的，内容涉及中国问

① 《斯大林全集》(第六卷)，人民出版社 1956 年版，第 125—126 页。

题，我们结合起来谈。

布哈林说：拿殖民地和工业国相比，前者是世界农村，后者是世界城市。针对“英国工人担心这样一个问题：一旦在英属殖民地或者在英国本土革命的过程广泛而深入地开展时，则英国无产阶级将得不到原来的殖民地的供养，将得不到殖民地供应的粮食，等等”，他回答说：“从经济观点来看，我们同殖民地的兄弟关系取决于强大的工业中心和广大的农村之间的经济联系的绝对必要性。而从阶级观点来看，在这方面就是在世界范围内提出世界工业无产阶级和……世界殖民地农民之间的相互关系问题。”他接着说：无产阶级反对国际资本的世界性斗争的胜利结局，取决于是否将几亿殖民地人民吸引到这个斗争中来。如果我们谈论无产阶级和它在世界革命中的领导作用问题，那么极重要的基本任务之一，就是要解决世界无产阶级对世界农民的领导作用问题。我们应当特别强调的是：“在世界革命过程中，世界无产阶级起义同殖民地农民的土地革命的结合乃是极重要的因素和我们胜利的极重要保证。”①

那么，具体进程是怎样的呢？他分两种情况来谈。第一种：殖民地已有了资本主义的发展，例如中国。“我们可以拿中国革命为例，我们谈到资产阶级民主革命转变为无产阶级革命这一未来的必然过程。好极了。但是，难道这意味着中国无产阶级将来能够依靠自己一国的力量，也就是说能够单独地建设社会主义吗？我想，不能这样。……这就是说，从社会主义建设的可能性本身的观点来看，我们应该直接从同世界革命的关系研究中国革命问题。问题在于，中国多多少少已经有了资本主义……但是，没有外部援助，它绝不能单独成功地建立社会主义制度。”②这就是说，世界无产阶级包括中国无产阶级，及在其领导下的世界农民阶级包括中国农民阶级在革命中，在解决封建主义土地问题的同时，由于世界城市的帮助，中国就可以实现工业化。换言之，这类国家没有离开世界革命的、孤立的土地革命和工业化。

第二种：在资本主义实际上还处于萌芽状态的地方，在还存在前资本主义形态的地方，在资本主义还没有特别深入社会经济生活的地方，问题就不

---

① 《布哈林文选》(下册)，东方出版社 1988 年版，第 385 页。

② 同上书，第 382 页。

一样。在这里特别明显地提出关于“跳越”资本主义阶段的可能性问题。在这里，问题差不多可以直接归结为工业中心的工人阶级直接地和农民之间互相关系的问题。工业国家的无产阶级专政，在这里就没有中间环节——无产阶级。因此，这一类殖民地国家的发展过程将是另外一个样子。“在中国，问题是这样：我们从中国内部的角度谈论过资产阶级民主革命转变为社会主义革命的问题。但在任何一个游牧民族或者在纯农业居民的国家里，问题就不是这样。从全世界历史观点来看，我们在这里也可以提出关于‘转变’的问题。可是在这些前提下，问题的提法就不一样。”①他的结论是：对这类国家我们仍可以从下面的意义上谈论其转变问题，如像苏联的工业城市影响苏联的农村那样，也就是农民基层组织变成无产阶级专政的组成部分。他最后说：“在这里也会产生朝社会主义革命方向发展的过程。这并不是因为在这个农民外围区存在着真正的无产阶级集团，而是因为其他国家的无产阶级将把这整个农民外围区纳入自己的影响范围，并且能够创造使它绕过资本主义的发展阶段而直接过渡到社会主义的条件。”②同样，这类国家也没有离开世界革命的、孤立的工业化问题。

对于布哈林的这种理论，我想最好用他自己的话来回答。他在《世界经济和帝国主义》中说：“我们已揭示了现代资本主义国家施行征服政策的三个基本动力：争夺销售市场、争夺原料市场和争夺投资范围的竞争激烈化。”根源是“生产力的增长与生产组织的‘民族的’局限性之间的冲突”。其中一个表现就是工业国“制成品的生产过剩，同时也就是农产品的生产不足”。③ 这两个部门的比例失调了，因而发生经济危机（这是由布哈林的政治经济学方法论即平衡论产生的经济危机论，我认为是错误的④）。为了解决矛盾，工业国就要征服农业国，并使其成为殖民地，然后宗主国的工业和殖民地的农业组成符合比例的有机体。这样，这个取得社会主义革命胜利的工业国，怎能让落后的农业国进行工业化，从而自己破坏这个物质生产的有机体，自己制造经济危机呢？

---

① 《布哈林文选》（下册），东方出版社 1988 年版，第 383 页。

② 同上书，第 384 页。

③ 尼·布哈林：《世界经济和帝国主义》，蒯兆德译，中国社会科学出版社 1983 年版，第 78—79 页。

④ 陈其人：《布哈林经济思想》，上海社会科学院出版社 1992 年版，第 42—47 页。

此外，他在《过渡时期经济学》中说："世界革命过程是从世界经济中发展水平最低的那部分体系开始的，那里无产阶级比较容易取得胜利，但新关系的形成却比较困难；爆发革命的速度同资本关系的成熟和革命类型的高度成反比例。"①这里具体指的就是俄国。我们撇开上述破坏比例的问题不谈；从具体问题说，这种革命条件带来的建设必然是很慢的，经济和技术水平是很低的，对落后国的援助是非常有限的。

最重要的是，正如布哈林所说："正是在殖民掠夺对无产阶级有相对利益的基础上，无产阶级同资产阶级帝国主义雇主组织之间的联系发展并加强起来，在社会主义文献里，这种心理表现在社会民主党人机会主义者的'国家'观点上面。这种在一切场合加以强调的'国家哲学'，意味着对革命的马克思主义观点的全面背叛。"②由于这样，就不能指望由这类人领导的国家，会帮助落后国家进行工业化。

（五）孙中山的新三民主义及其实施设计中的矛盾

孙中山倡导三民主义，领导辛亥革命，推翻清王朝，结束帝制，建立民国；但是，这只换了国号，并没有触动封建主义根基——封建土地制度，也没有结束帝国主义的统治，人民并没有获得政治权利。辛亥革命后，马上就是帝制复辟，以及以帝国主义为后台的军阀混战。旧的三民主义不能实现，不能解决中国的工业化问题。沉痛的教训，使孙中山于1923年改组中国国民党，并同中国共产党合作；1924年1月，在有中国共产党人参加的中国国民党第一次全国代表大会的《宣言》中，对三民主义作了新的解释；其中一个重要内容，是将民生主义中的平均地权发展为耕者有其田；并提出联俄、联共和扶助工农的三大政策。在这基础上，1926年，在国共合作下，由国民党领导的国民革命开始；在誓师北伐时提出的农民纲领是"二五减租"，以此发动农民群众，结成浩荡大军，反对帝国主义和打倒封建军阀。北伐开始，发展

---

① 尼古拉·布哈林：《过渡时期经济学》，余大章、郑异凡译，生活·读书·新知三联书店1981年版，第132—133页。

② 尼·布哈林：《世界经济和帝国主义》，蒯兆德译，中国社会科学出版社1983年版，第133页。

神速，但到1927年革命军到达长江流域中下游，即中国资本主义经济最发达的地区，国民革命军总司令蒋介石就反过来同革命的对象相勾结，残杀共产党人，镇压工农运动；一度追随革命的民族资产阶级也倒向帝国主义和封建主义。蒋介石领导的国民党右派政权确立后，只在口头上讲三民主义，在土地问题上做点表面文章，如成立地政局，所谓实行"二五减租"等，但不触动封建土地制度的基础，互相联系的三民主义就没有一个能实现，工业化也无法实现。原因是复杂的。但是，从我们研究的角度看，我认为即使是新三民主义，其理论体系也是有矛盾的，其实施设计同样有矛盾，作为政策体系，无法实施。

研究孙中山的思想发展，就可以清楚地看到，对于民族和民权问题，他的认识是很明确的，但是，对于民生问题尤其是其中的土地问题的认识，则是不明确的。1905年，他在《民报发刊词》中认为，"今者中国以千年专制之毒而不解，异族残之，外邦逼之，民族主义、民权主义殆不可以须臾缓。而民生主义，欧美所虑积重难返者，中国独受害未深，而去之易"。这就是说，虽然"欧美强矣，其民实苦，观其大同盟罢工与无政府党、社会党日炽，社会革命其将不远。吾国纵能媲迹于欧美，犹不能免于第二次之革命"。由于这样，"吾国治民生主义者，发达最先，睹其祸害于未萌，诚可举政治革命、社会革命毕其功于一役"。[①] 在这里，他最早提出民族、民权、民生三大主义，反对帝国主义，反对清王朝，并认为效法欧美资本主义是不能解决民生问题的，这表明他对中国社会经济问题的认识，同洋务派和维新派相比，有了质的不同。但是，他试图将解决中国现实的矛盾，即进行民主革命，同解决预见到的、民主革命以后的社会矛盾，即进行社会主义革命，也就是将民主革命和社会主义革命"毕其功于一役"，这是混淆社会发展阶段和与其相应的革命任务的。这种认识在孙中山的思想中根深蒂固，它带来很大的消极作用。

1906年，他在《军政府宣言》中，提出四大纲领：驱除鞑虏、恢复中华、建立民国、平均地权；也就是将民生主义具体化为平均地权；其办法是：改良社会经济组织，核定天下地价；其现有之地价，仍属原主所有；其革命后社会改良进步之增价，则归于国家，为国民所共享。这里的民生主义即平均地权，

---

① 《孙中山选集》，人民出版社1981年版，第75—76页。

主要着眼点是解决资本主义发展起来后的土地问题，也就是土地社会化；对于中国最现实的封建土地问题未能看到。

1924年，孙中山在上述《宣言》中，进一步明确提出民生主义最重要之原则不外两者：一曰平均地权；二曰节制资本。后者即："凡本国人及外国人之企业，或有独占的性质，或规模过大为私人之力所不能办者，如银行、铁道、航空之属，由国家经营管理之；使私有资本制度不能操纵国民之生计。"而前者则是："私人所有土地，由地主估价呈报政府，国家就价征税，并于必要时依报价收买之。"就是说，土地社会化的思想更明确了。此外，"国民党之主张，则以为农民之缺田地沦为佃户者，国家当给以土地，资其耕作，并为之整顿水利，移殖荒徼，以均地力"。① 这就是通常所说的：耕者有其田。

在这里，我们清楚地看到孙中山对土地问题的认识是模糊的：土地社会化是解决资本主义土地问题的办法，它可以是资本主义性质的，例如，美国的亨利·乔治就主张在资本主义条件下实行土地国有化，因为这样就能消灭因土地私有权而产生的绝对地租，降低农产品价格，降低工人货币工资，对资产阶级有利；也可以是实行社会主义的步骤，例如，俄国革命时，实行土地社会化，这会引起资产阶级的畏惧。但是，耕者有其田，则是解决封建主义土地问题的措施，是资产阶级革命的需要，不是社会主义的步骤，为资产阶级所拥护。这是土地政策中的矛盾。这一点，再加上民生主义中的节制资本，以及三大政策中的扶助工农，唤起民众，确实是资产阶级害怕的。因此，国民革命发展到资本主义较为发达的长江中下游，资产阶级的态度就发生急剧变化。在此条件下，以蒋介石为代表的国民党右派就反过来同革命的对象互相勾结，国民革命终于失败。对此，王亚南有一段分析是很精辟的。他说："平均地权，打破封建土地秩序，虽然是真正民族资本家所赞同的，但节制资本的提出，又似乎在把一切资产者层作为改造的对象；而唤起民众，团结工农群众的号召，更像很容易激起资产者阶级的疑惧与反感，结局，国民革命发展到最高潮的时候，聪明而又在都市处在极有利地位的商业金融资本家，就把握时机，扭转乾坤，结局，原来是革命对象的买办阶级，以及与他们同样立在被清算地位的封建势力，倒转过来，变为'国民革命运动'

① 《孙中山选集》，人民出版社1981年版，第593页。

的支持者了。同是国民革命运动，前半截是唤起民众，来反抗封建的帝国主义势力，后半截就愈来愈是结合后者来压制前者了。在这种变化中，以前主导革命的人物，就不少变成了买办，而大多数则变为'新兴'地主。土地革命的主体与对象，就更加弄得糊涂了。"①

孙中山对新三民主义的实施所进行的设计，也存在矛盾。总的说来：离开民生主义，离开反封建主义、进行土地改革这一根本，孤立地实施民权主义和民族主义，这样，封建地主势力依旧，农民无法抬头，所谓民权主义就是一句空话；而这种所谓民权主义，又反过来成为保护封建地主的工具；民族主义不论对内对外，都大打折扣。这一点，我们可以根据孙中山与《宣言》同时提出来的《国民政府建国大纲》加以说明。大纲规定：国民政府本革命之三民主义、五权宪法，以建设中华民国；建设之程序分为三期：军政时期、训政时期和宪政时期（后来根据国民党政府的说法，这三个时期的划分是：各省开始时间不一，但到所谓北伐胜利即 1928 年为军政时期结束；1928—1947 年是训政时期，1947 年起是宪政时期）；与我们的研究有关的是：在训政时期，政府派经训练合格之员到各省协助人民筹备自治，包括训练国民行使选举权、罢免权、创制权、复决权，以及进行全县土地测量；由地主自报私有土地之价，政府照价征税，并可随时照价购买；自报地价后，涨价部分为全县人民共享；关于耕者如何才能有其田，没有说及。由于民权主义不是在反对封建主义的基础上建立的，而是政府官员将国民加以训练的结果，这样，封建地主、官僚买办势力依旧，绝大多数国民怎样能真正行使四权？即使行使，还不是形式主义一番，政权性质依旧？在这样的政权下，难道可以实施耕者有其田的政策？

我们举些例子来说明。前面提到北伐誓师时，国民党曾对农民许愿要实行"二五减租"的政策。所谓二五减租就是在实行耕者有其田之前，先将现行的地租降低 25%；它假定一般地租率为正产品的 50%，减去 25%，即为正产品的 37.5%。这是 1926 年召开的国民党第二次全国代表大会通过，决议执行的。但是，事实上遇到很多障碍。1939 年薛暮桥写道："跟着国民革命的胜利，二五减租在粤、桂、湘、鄂、苏、浙各省次第公布施行。可是不久国

① 王亚南：《中国社会经济改造思想研究》，中华书局 1950 年版，第 98 页。

共分裂，减租运动除浙江与广西二省外都无形消灭。”①但就在国共分裂后，就在浙江省，有些地方也公然对抗国民党制订的有利于佃农的政策，叫嚣凡实行二五减租者以共产党论处。还有一个惨案，是对二五减租政策的巨大讽刺：1948年2月2日（此时是宪政时期），湖南益阳箴言乡佃农领袖邓梅魁被惨杀。邓是农民，因为号召当地佃农起来实行政府的减租法令，遭受当地土豪劣绅忌恨，是日拂晓，邓尚未起床，突有六个身穿短衣、手持武器的人闯入睡房，将邓捆绑，拖至离屋十余丈的高坑边，邓被连击三枪死亡。该乡佃农睹此惨剧，纷纷将二五减租谷子，如数还给地主，以保性命。报纸披露后，主张“限租护佃”的湖南省地政局局长萧训发表沉痛的感言：我民国三年入党，看了三民主义好才加入，我总希望能够实行一点主义才好。我提出限租护佃办法，并没有把握实行，但我觉得喊出这个要求也是好的。② 这确实是孙中山忠实信徒的悲鸣。值得可怜的是他不知道原因何在。减租政策在国民党政府统治区行不通；但在同一时候，在中国共产党领导的解放区，减租减息、土地改革，却如火如荼，成为农民进行民主革命，即解放战争的重大动力。

对比一下，就可以清楚地看到，孙中山把土地政策孤立起来，不看成实施民权主义的基础，是有很大的缺点的。

（六）毛泽东的新民主主义革命论

关于中国由半封建半殖民地经济发展为工业化的现代经济的经济和政治前提，是毛泽东的新民主主义革命理论所阐述的，那已经经过很多人研究、学习和宣传，这里没有必要详细重谈，只从我们研究的角度谈一下。

在论述孙中山的新三民主义时，我们看到，关于革命对象，他大体上是清楚的，那就是：帝国主义、妨碍中国境内各民族一律平等者，也就是妨碍合汉、满、蒙、回、藏为一家者，以及封建地主和军阀；但是，关于革命主体，他并

① 薛暮桥：《〈中国农村〉论文选》，人民出版社1983年版，第349页。

② 王亚南：《中国社会经济改造问题研究》，中华书局1949年版，第146页。

不是很清楚的，哪一阶级领导革命，哪些阶级是基本力量，哪些阶级是同盟者，这些问题都不清楚。因此，正如前面所说，国民革命失败后，有的革命对象就摇身一变，变成革命主体，竟然在那里叫喊什么从事国民革命。

毛泽东的新民主主义不是这样。不仅革命对象是清楚的，革命主体也是清楚的、科学的、符合历史唯物主义的。在这里，最重要的问题是资产阶级的地位，即到底是革命的对象，还是主体？是领导者，还是同盟者？是长期同盟者，还是有时是同盟者？这个问题的解决是非常重要的。这一点，只要我们回想一下中国的农民战争，一直都将未来的资产者——商人和高利贷者列为打击对象，而法国大革命却是没有特权的第三等级，即包括农民、资产者和无产者的平民为一边，反对具有特权的第一等级即僧侣，以及第二等级即贵族的另一边；再比较一下法国大革命的领导阶级是资产阶级，而中国的资产阶级在国民革命中，从开始追随革命，到在革命中动摇，再到革命失败后附和反革命：解决资产阶级在革命中的地位问题，是新民主主义革命论的关键。

毛泽东回顾中国共产党领导中国革命，因而同资产阶级发生关联的历史时说：在党的 18 年历史中，“同资产阶级建立过民族统一战线，又由于这种民族统一战线的破裂，同大资产阶级及其同盟者进行过严重的武装斗争。最近三年，则又处于同资产阶级建立民族统一战线的时期中。中国革命和中国共产党的发展道路，是在这样同中国资产阶级的复杂关联中走过的”。他进一步指出：由于中国是半殖民地半封建的国家，“这就不但规定了中国现阶段革命的性质是资产阶级民主革命的性质，革命的主要对象是帝国主义和封建主义，基本的革命的动力是无产阶级、农民阶级和城市小资产阶级，而在一定的时期中，一定的程度上，还有民族资产阶级的参加”。① 同民族资产阶级关系的这种变化，原因当然不在无产阶级、不在共产党方面，因为共产党对民族资产阶级的根本方针是不变的，而是在民族资产阶级方面。那么，民族资产阶级的政治态度为什么经常变化呢？

毛泽东科学地回答了这个问题。他指出：“一方面——参加革命的可能性，又一方面——对革命敌人的妥协性，这就是中国资产阶级‘一身而二任

① 《毛泽东选集》(第二卷)，人民出版社 1991 年版，第 604 页。

焉'的两面性。……大敌当前，他们要联合工农反对敌人；工农觉悟，他们又联合敌人反对工农。"①他认为这本是世界各国资产阶级的一般规律。不过中国资产阶级这个特点更加突出罢了。这说得非常正确。法国资产阶级在大革命中掌握政权后，被觉醒了的无产者吓破了胆，革命步伐从此不前，反而还要压制工农，是代表小资产阶级的雅各宾派将革命推前发展的。中国资产阶级其所以表现得更为突出，因为他们是殖民地、半殖民地的资产阶级，他们在经济上和政治上都异常软弱。由于这样，中国工业化的政治前提，即民主、民族革命就要由无产阶级通过其政党，即中国共产党来领导。

由此就产生新民主主义革命的路线和经济纲领问题。毛泽东指出：无产阶级领导的，人民大众的，反对帝国主义、封建主义和官僚资本主义的革命，这就是中国的新民主主义的革命；其三大经济纲领就是：没收封建阶级的土地归农民所有，没收蒋介石、宋子文、孔祥熙、陈立夫为首的垄断资本归新民主主义的国家所有，保护民族工商业；而土地改革的总路线和总政策则是：依靠贫农，团结中农，有步骤地、有分别地消灭封建剥削制度，发展农业生产。

由于中国新民主主义革命是由无产阶级通过自己的政党——中国共产党领导的，三大经济纲领不仅规定进行土地改革以反对封建主义，而且规定将四大家族的垄断资本没收为新民主主义国家所有，即产生了无产阶级政权的国有经济，这就为中国工业化奠定了初步的物质基础。中国从此走上社会主义道路，同其他的落后国家以后成为民族独立国家不同。

（七）国民党右派反对民主、民族革命的论调

国民党右派代表帝国主义和封建主义的利益，反对共产主义，在当时尤其反对中国共产党的新民主主义革命路线，对共产党污蔑、谩骂、屠杀，务必全部消灭而后快。中国共产党帮助孙中山提出新三民主义，并对新三民主义身体力行，因此，国民党右派在理论上也要反对新三民主义，借以反对共

① 《毛泽东选集》(第二卷)，人民出版社 1991 年版，第 674 页。

产党。然而，由于他们还打着国民党的旗帜，就不便正面反对孙中山的新三民主义，对它解释时，就用歪曲和阉割的手法，来达到反对的目的。国民党右派，我们以戴季陶和叶青为代表。

1925年，戴季陶在其《国民革命与中国国民党》一文中，除了对C.P.和C.Y.进行最恶毒的攻击，为国民党右派在组织上消灭共产党，在肉体上消灭共产党人作舆论准备外，对民族主义和民生主义还作过理论解释。该文有一节"三民主义的帝国主义观"是谈民族主义的。在他看来，帝国主义是"食色性也"的产物；食欲产生的社会经济问题，使资本主义冲破一国界线，成为帝国主义；性欲产生的人口增加问题，支配由食欲产生出来的社会经济问题，发生血统竞争和民族竞争，也成为帝国主义。他将他信奉的这些"理论"，安到共产主义者的头上，然后再指责他们，批评他们所分析帝国主义产生的原因：只谈社会经济方面的，不谈人口和民族方面的，是一种不完全的理论。他认为三民主义中的民族主义不是这样。三民主义表明，民族的生存是民生问题中最重大的问题。因此，要振作精神，振兴民族，使中国民族的"血统"在世界种族的大混合中，"得到多的分量和永久的时间"。我们且不说，从马克思主义看来，这种"理论"是多么荒谬；我们只要指出，这种"理论"对孙中山的民族主义是恣意曲解，因为民族主义的原意，对外是"自救解放"，即推翻帝国主义对中国的统治，而这种"理论"却将问题说成是保存和强化中国民族的"血统"，使其在世界种族的混合中，占有重要的地位。这就根本取消了民族主义中的反对帝国主义的任务，而将民族主义说成是要中国民族在"血统"上同化其他种族！

从戴季陶将民族问题歪曲为在世界种族的混合中保存和强化中国民族的"血统"，即民族的"血统"是民生问题中最重要的问题，就可以预料他对民生主义将作何解释了。他的文章有一节是"中国民生问题是什么"，但只字不提耕者有其田，却毫无根据地指责中国共产党，认为他们要在文化和经济落后的中国，用阶级斗争的方法，建立工业的无产阶级专政，来达到革命建设的目的，这是办不到的。这是对孙中山的民生主义的阉割，也是对中国共产党的污蔑。

戴季陶就这样取消了反对帝国主义和封建主义的任务。

叶青反对孙中山关于"民族主义是健全的反帝国主义"的基本原则。他在其《中国政治问题》一文中竟然认为，日本对中国，在中国未统一时，往往采取缓进政策，绝不施行军事侵略和进攻；但在中国走上统一之路时，因为这对日本不利，它就不能坐视，而要破坏这种统一，就采取直接的军事进攻的政策。这看法是错误的，正确的说法应该是：当某一帝国主义国家未能独霸中国时，它希望中国分裂，并支持军阀混战；当某一帝国主义国家看来可能独霸中国时，它就要通过其爪牙"统一"中国。叶青认为中国统一是原因，日本军事侵略是结果，这是汉奸的理论；这和日本帝国主义认为中国排日是原因，日本不能坐视是结果，实质相同。

叶青反对实行耕者有其田。他认为中国不存在封建剥削，没有土地问题。他在上述文章中认为，第一次世界大战后，中国便发展到资本主义初期阶段，根本不是什么半封建。关于土地所有权，现在大半已商业化，即土地已自由买卖，像法国革命和俄国革命以前那种凭特权占有土地的情况，是非常之少的，土地所有权本来就不成问题，不予解决，亦无关系。这样，所谓耕者有其田就等于是无地的农民用商业即买地的办法来达到，这就从根本上取消了民生主义的反对封建主义的历史任务。在这里，我们看得很清楚，叶青利用中国地主经济封建制度的特点，即土地可以买卖，一来否认中国封建制度的存在，二来抹杀中国土地问题的存在，反对用反封建主义来达到耕者有其田的目的。

国民党右派反对新三民主义、反对反帝国主义、反对用反封建制度的办法来实现耕者有其田，这就无法实现工业化。

十八、社会主义苏联的再工业化

(一) 小　　引

第一次世界大战末期，在资本主义薄弱环节中诞生的社会主义国家苏联(以苏俄为基础成立的)，其前身是俄国；如前所述，俄国已进行过工业化，但是由于农奴解放不彻底，俄国建立的工业，还不是现代意义的工业；苏联诞生后，要补这个不足，因此苏联的工业化是再工业化。

苏联再工业化的经济前提，同样是封建土地制度的改革。这个问题的另一面，就是在俄国大量存在的农村公社最后是怎样消灭的。前面谈到1861年俄国的农奴解放。就在这个时候，地主将农村公社中的公有地占为私有，农民称之为“割地”，农民分到只有使用权的“份地”，它仍为公有地，随着商品经济的发展，“割地”就用来租佃，“份地”事实上可以出租，富农和贫农就随之产生。1906年，斯托雷平颁布的土地法令，将份地出租推进为出卖。由于这样，农村公社就消灭了。俄国十月革命后第二天召开的第二次苏维埃代表大会，通过了土地法令，将地主的、皇室的和寺院的土地收归国有，无偿地分给农民使用。富农的土地在20世纪30年代初的农业集体化运动中，无偿地收归集体农庄。苏联对历史上遗留下来的土地问题，就是这样解决的。

社会主义工业化，是社会主义经济的一个范畴。我们知道，当社会主义还是一种理论的时候，以及已在实践中的时候，都有一些关于社会主义是不是计划生产的、计划生产同商品生产是不是对立的、社会主义商品生产只限于哪一种产品等等理论，这些理论对包括工业化在内的社会主义经济建设有重大影响。现在就我知道的，简述于下：

马克思在1864年写的《国际工人协会成立宣言》中说:资产阶级政治经济学的实质是供求规律的盲目统治,工人阶级政治经济学的实质是由社会预见指导社会生产,这就是说资本主义经济是生产无政府状态,社会主义经济是计划生产。他又说,经过这两种政治经济学的争论,资产阶级政治经济学第一次在工人阶级政治经济学面前公开投降了。他说这句话的背景是这样的:英国工人阶级利用地主阶级和资产阶级在上述谷物条例存废问题上的矛盾,争取到地主阶级的协助,在议会通过了将工人的劳动日减缩为10小时的法律。对此,资产阶级及其代言人即庸俗经济学家,起初以为这会减少利润,便反对说这是法律干预经济;后来由于劳动日缩短提高了工人的劳动生产率,利润反而提高了,于是他们就改口说,这种干预是必要的。因此,马克思说,这是公开投降。这句话还暗含着,资本主义经济将会由社会预见指导生产,同社会主义经济一样的意思。至于恩格斯认为,参加卡特尔组织的和组成托拉斯的资本主义企业,其生产是有计划的,这一点前面已谈过,这里不赘。要指出的是,这两位马克思主义创始人,都不认为,存在计划生产的地方,就不存在商品生产,不认为这两者是对立的。

认为这两者是对立的,是德国马克思主义者鲁道夫·希法亭。他在1910年出版的著名著作《金融资本》中说:卡特尔化的结果,是全国产生一个总卡特尔;这样,"整个资本主义生产将由一个主管机关自觉地进行调节……随着生产无政府状态的消失,物的外观的消失,商品的价值对象性消失,由卡特尔分配产品"。[①] 这样,全国都是计划生产,商品生产就不存在了。列宁也有这种看法。1917年,他针对二月革命后的资产阶级临时政府仍参加第一次世界大战,指出:"资本家为国防即为国家工作。这已经不是'纯'资本主义了(这是明显的事实),而是国民经济的一种特殊形式。纯资本主义是商品生产。商品生产是为不可知的自由市场工作的。"[②]1920年,俄共著名领导人和理论家布哈林在《过渡时期经济学》中,对商品下了这样的定义:"当生产过程的不合理性消失的时候,也就是当自觉的社会调节者出来

① 鲁道夫·希法亭:《金融资本——资本主义最新发展的研究》,福民等译,商务印书馆1994年版,第264页。

② 《列宁全集》(第二十五卷),人民出版社1958年版,第52—53页。

代替自发势力的时候，商品就变成产品而失去了自己的商品性质。”[①]由于列宁也有这种看法，他对其评注，首先是“对”！然后是不确切：不是变成产品，而是另一种说法，例如变成一种不经过市场而供社会消费的产品。[②] 由于这样，在理论上计划生产就同商品生产对立起来了。

1952 年，是斯大林与世长辞的前一年，也是他参加和领导社会主义建设的 35 周年，他在该年出版的《苏联社会主义经济问题》中指出：在苏联，生产资料（集体农庄生产的工业原料除外）不是商品，全部社会主义生产不受价值规律的调节；只有为了抵偿生产过程中劳动力的耗费所必需的消费品，是作为受价值规律支配的商品来生产和销售的，也正是从这里可以看出价值规律对生产的影响。

苏联的工业化，就受这些理论的影响和由它们指导。第二次世界大战后，社会主义国家的工业化又受苏联模式的影响。不过，我在这里将努力把那些错误理论所造成的影响去掉，将苏联模式的错误部分去掉，因为这都不是非产生不可的。这里我努力做的是揭示其经济规律。这些规律在我看来，是既适合于苏联的，又适合于其后的社会主义国家的。

（二）社会主义从重工业开始工业化

社会主义工业化，要从重工业开始，尤其要优先发展国防工业，这是由它面临的国际形势决定的。以苏联而论，十月革命后不久，1918 年就有 14 个帝国主义国家对它进行武装干涉，妄图将刚诞生的苏维埃政权绞杀在摇篮里；1931 年日本帝国主义强占中国的东三省，对苏联的远东地区虎视眈眈；1933 年德国法西斯主义政权成立，并和日本、意大利相勾结，妄图征服全世界……

纵观历史，可以发现，一个社会主义国家，在其刚诞生时，一般都遭受帝

---

① 尼古拉·布哈林：《过渡时期经济学》，余大章、郑异凡译，生活·读书·新知三联书店 1981 年版，第 115 页。

② 列宁：《对布哈林〈过渡时期的经济〉一书的评论》，人民出版社 1958 年版，第 50 页。

国主义国家的武装干涉。它们打着反对极权、保卫民主、遏制共产主义之类的旗号，制造这是两种社会制度的对立的假象，往往联合行动，但其实质则是：其中一个最强大的帝国主义国家一则消灭这个新产生的国家（是否社会主义是无关紧要的），以便恢复或扩大它的势力范围；二则削弱它的竞争者：这两者是统一的，即要建立世界霸权。正由于实质不是两种制度的对立，只要新生的社会主义国家能够经得起这些干涉，时间一长，同属一种社会制度的帝国主义国家就会发生分化，联合行动瓦解，其中一些就会同这个新生的社会主义国家拉关系，并且害怕成为迟来者。因此，高速度实现工业化，以增强国防力量，是新产生的社会主义能够存在所必需的。

社会主义工业化要从重工业开始，必须优先发展国防工业，但这在任何意义上都不是说，只要从世界范围看，资本主义对社会主义还占优势，社会主义国家就非一直这样做不可。以苏联而言，在完成工业化的基础上，在反对法西斯德国（后来还有日本）的卫国战争取得胜利后，经过国民经济的恢复，它就不必再坚持优先发展重工业，尤其是其中的国防工业，同美国进行军备竞赛，而理应大力发展轻工业和农业，以切实提高人民的生活水平。要知道，发展“国防”工业，增加军备，这是垄断资本家攫取垄断利润的最佳办法，因为这是由国家预算来支持的，只要有可能他们时刻都这样做。由于这样，如果社会主义国家的领导人，缺乏洞察力，不辨假象和实质，也跟着他们走，那他们就可以反过来说，因受到共产主义威胁，又进一步扩充军备……我的意思是，虽然“兵不厌诈”，但我们应善于识别诈与非诈，以决定我们发展社会主义经济的路线。

要高速度实现工业化，就不能走英国工业化，即从轻工业开始工业化的道路，而要走德国工业化，即从重工业开始工业化的道路。两者的不同在于：轻工业资本有机构成较低，资本周转时间较短，一来所需资金较少，二来从投入到产出经历的时间较短，生产的多半是生活资料如纺织品，其市场直接取决于人民的购买力，当资本主义机器工业还没有占领各个领域的时候，一般的资本家就能经营。等它发展起来了，对动力和劳动工具提出要求时，重工业才在轻工业已有的基础上，即积累了一定的资本的基础上发展起来，从而完成工业化。这种工业化经历的时间就较长。英国的工业化就是这样。重工业资本有机构成较高，资本周转时间较长，生产的多半是与人民生活无直接关系的生产资料，尤其是机器，其市场取决于不变资本中固定资本的需求，只有在机器工业在各个领域都出现时，并且积累了相当的资本后，它才能发展。但是，如果能以国家的资金兴办重工业，让它为企业提供动力和机器，那么，工业化的时间就能缩短。德国在1870—1871年的对法国的战争中获胜，取得的赔款，就用来加速发展重工业，很快就完成工业化，赶上了英国和法国。

这两种工业化从价值规律的作用形式看，还有一点不同：轻工业的资本有机构成较低和资本周转时间较短，这都是与重工业相比较而言的；当重工业还没有产生时，与工场手工业和资本主义农业相比较而言，它的资本有机构成则是高的。根据前面的分析，就可以看出，等量资本，轻工业同手工业与农业相比，在一年中所使用的可变资本较少，创造的剩余价值也较少，如果它的产品按社会价值出售，它得到的利润是较低的。这时由于机器工业尚未在各生产部门建立，平均利润率还没有形成，轻工业产品还不能按由生产成本加上平均利润构成的生产价格出售，就是说，它无法得到平均利润。但是，值得注意的是：这时与它竞争的是工场手工业，例如使用手工工具的纺织业，其劳动生产率显然比机器纺织业的低，就是说，机器纺织业可以得到超额利润。这样，就解决了平均利润率形成前轻工业的利润问题。这一点，重工业是不可能具有的。从上述可知，等量资本，重工业一年中使用的可变资本最少，它的产品工场手工业是不能制造的，就是说，在重工业开始建立，因而平均利润率尚未形成时，它的产品只能按内部竞争而形成的社会价值出售，这样，它得到的利润就比不上工场手工业，就是说，在此条件下，一般资本家是不会去经营重工业的；只有在平均利润率形成后，才有可能；要等轻工业发展起来后很久，才有可能。

社会主义的工业化，由于上述的原因，就不能用重工业自身的资金，而要用国家的资金来进行；换句话说，单从这一点看，就要以国家计划来指导。主要问题是：资金周转时间很长，企业必须得到财政和信贷的支持；利润很低，也要财政支持。

但是，在这里我要指出：在苏联已经完成了工业化，重工业和轻工业已经同时存在的条件下，斯大林对它们的盈利问题的解释是不清楚的。他认为在共产主义发展的第一阶段即社会主义阶段上，价值规律对各个生产部门间的劳动分配不起调节的作用。其明证是:在苏联,“没有用全力优先发展最能赢利的轻工业,而去发展往往赢利较少、有时简直不能赢利的重工业”;“不关闭那些暂时还不能赢利的、而且工人的劳动在其中不能产生‘应有效果’的重工业企业,也不开设确实能赢利、而且工人的劳动在其中能产生‘巨大效果’的轻工业的新企业”。① 长期主管苏联计划经济的沃兹涅辛斯基就明确地说:“在苏联,大家知道,平均利润率并不是规律。”②这都是不对的。

我们知道,商品经济的发展,由于排除了自然经济,自由竞争充分展开,平均利润率必然形成;在此条件下,不同生产部门的利润率是趋向于均等的。斯大林说的同时存在的重工业和轻工业,一个不盈利,甚至亏本,另一个则盈利,并且长期如此,这种情况的存在,除非是政治力量的作用,否则,就是不可能的。换句话说,这是苏联随着工业化的进行,必然实行计划经济体制时,执行某种价格政策的结果,不是经济规律的作用所致。至于这样做,必然对国民经济的发展有不利的影响。这一点,下面再谈。

(三)社会主义经济的运行要以计划为手段

前面提到,社会主义工业化是从重工业开始的,这已经不是经济发展的自然道路,而是国家政策或计划实施的结果;就是说,单从这一点看,社会主义经济的运行是要以计划为手段的。这样,我们就可以看到,撇开前面说到的理论问题不谈,社会主义经济,或者至少它的从重工业开始的工业化,是要以计划为手段才能运行的。这就是:首先要提出工业化的最重要的指标,例如钢、铁要达到若干万吨,以及与此相配套的其他重工业产品的指标,然后倒过来,由重工业产品的指标决定轻工业产品的指标,再倒过来,由重工业和轻工业产品的指标决定农产品的指标,等等。尽管这是违反由农业决定轻工业,再由农业和轻工业决定重工业这一经济规律的,必然使国民经济

① 斯大林:《苏联社会主义经济问题》,人民出版社 1952 年版,第 17—18 页。

② 《沃兹涅辛斯基经济论文选》,人民出版社 1983 年版,第 520 页。

比例失调,使轻工业和农业远远落后于重工业,但是这也是一种计划化。

正确的国民经济比例,是以农业为国民经济比例网的基础或起点,然后分层决定各经济部门之间的比例。这个基础,就是前面提到的、由斯图亚特首次揭示的“自由的手”产生的规律,这就是:撇开对外贸易(如不撇开,就以全球为范围),一国可以不必束缚在农业生产上的“自由的手”,其数量取决于该国农业劳动者生产的农产品除了满足自己的需要外还有多少剩余;简言之,就是取决于该国的农业劳动生产率。马克思再将这一理论具体化,提出农业生产的内部分工,社会生产各部门的分工,其规模或比例,都是由生产粮食部门这一基础决定而构成一个比例网的。现仅将其要点简介于下:

马克思说:“社会上的一部分人用在农业上的全部劳动……必须足以为整个社会,从而也为非农业工人生产必要的食物;也就是使从事农业的人和从事工业的人有实行这种巨大分工的可能;并且也使生产食物的农民和生产原料的农民有实行分工的可能。”①这里的工人、生产原料的农民,还有其他非物质生产部门的人员(他们不属于哪一国民经济部门,所以马克思在这里,以及在社会再生产理论中,都没有提到他们),都是自由的手。

根据斯图亚特的理论,尤其是马克思的再生产理论,就可以看出:撇开对外贸易,一国的生产粮食的劳动生产率,决定该国自由的手的数量;粮食生产者和自由的手对工业生产的消费品的需要(如棉花和布),决定生产原料的农业的规模(如种棉业)和生产消费品的工业的规模(如纺织业);两种农业对由工业生产的农用生产资料的需要(如化肥),决定生产农用生产资料的工业的规模(如化肥业);生产消费品的工业以及生产农用生产资料的工业对工业用生产资料的需要(如机械),决定生产工业用的生产资料的工业的规模(如机械制造业);这种工业对由工业生产的生产资料的需要(如钢铁),决定生产工业用的生产资料的生产资料的工业的规模(如采矿业);上述工、农业的规模,决定运输业的规模;运输业的规模又反过来影响生产运输业用的生产资料工业的规模(如机车制造业);等等,等等。总之,粮食的劳动生产率越高,自由的手就越多。工业和运输业就越发达;这几种物质生产部门之间的比例的决定,具有一定高度劳动生产率的粮食生产部门的规

① 《马克思恩格斯全集》(第二十五卷),人民出版社 1974 年版,第 716 页。

模是重要的因素。

以上说是简介,已很冗长了;即便冗长,也不能穷尽所有生产部门的比例关系。要知道,国民经济计划平衡表是一本厚厚的书,甚至是几本书。

现在回到苏联的重、轻、农比例关系问题。从重工业开始工业化,由于倒过来决定国民经济各部门的比例关系,就必然发生消费资料供应紧张的问题。这是因为:重工业的生产周期长,在它尚未能提供产品用以装备轻工业和农业时,轻工业和农业的发展在技术上就决定了是不能迅速的,这就是说,消费资料的生产必然远远地落后于重工业。但是,从事重工业生产的工人得来的工资,却是用来购买消费资料的。由于这样,全社会的工资额就大于全社会生产的消费资料的价格总额,消费资料的供应紧张。这是我对被贬为社会主义社会所特有的"短缺经济"之产生原因的看法。为了保证每一个劳动者都得到必需的消费资料,社会主义国家在工业化期间,就往往实行必需品的定额供应。定额供应不是计划化的必然产物(苏联解体前,只在两个五年计划期间实行过定额供应;它在卫国战争时间也实行过定额供应,但这是战争的产物,与计划化无关,一些非计划化的国家,在战时也实行),但定额供应却是一种计划化。在工业化期间,消费资料供应紧张,人民可以理解;但工业化以后,还是长期如此,人民就不理解了。

(四) 社会主义经济的计划价格

社会主义工业化的特点,也使计划价格成为必要。

社会主义国家不可能像发达资本主义国家那样,在国外用暴力掠夺,或出售以较高的劳动生产率生产的商品,从而实现超额的利润来取得工业化的资金,它必须从内部解决资金来源的问题。我们撇开货币、财政关系,从全部国民经济着眼,来分析问题。

我们知道,一切物质资料都是由人们耗费劳动向自然界取得的。工业化所需的生产资料也不例外。举凡开矿、冶炼、制造……都是这样。我们不从一个生产部门而从全社会看,人们取得物质资料时所耗费的就是劳动;而劳动是要食用消费资料来弥补的;消费资料中最重要的是农产品。因此,只要农产品是耗费少量劳动生产出来的，或者虽然是耗费较多的劳动生产出来的，但是，却按较少的劳动出售，就是说，只要农产品的价格低于价值，全社会生产物质资料所费的成本就是低的。

落后的社会主义国家从旧社会接受的经济遗产，就是个体农民较多，他们受外国资本主义和垄断资本主义的压迫，农产品的出售价格常常是在价值以下，即仅收回 $c+v$ 即可，m 则被迫放弃。社会主义国家不能立即改变这种状况（如立即消灭，就会引起各种商品比价的混乱），相反，为了加速工业化，还要将这种状况维持一段时间。就是说，农民还不能按照价值出售农产品。这里我不想涉及在苏联发生过的关于社会主义积累来源的激烈争论，只认为，从社会主义工业化的角度考虑，农产品以低于价值的价格出售，是有其必然性的。换句话说，农产品，尤其粮食是以计划价格出售的。

由全民所有的工业生产的工业品价格也是这样。工业品的价值，是由生产工业品的工人耗费的劳动所创造的价值和耗费的生产资料的价值构成的；价格等于价值，或者全部商品的价格（或生产价格）等于全部商品的价值。落后国工业化过程中的工业品，由于耗费的劳动较多，如果按价值出售，对于购买由工业生产的生产资料和消费资料的农民来说，那就必然连简单再生产都不能维持。因此，供应农民的工业品，其价格要低于价值，这是计划价格。

还有供应给工人的、由工业生产的消费资料的价格问题。工业品既然要低于价值卖给农民，生产工业品的工人的工资，就只能是较低的，就是说，在工人创造的价值中，除一部分作为社会积累基金和保险基金外，还有一部分是要送回给农民的，余下来成为工人工资的，自然就很少了。这样，供应给工人的消费资料的价格，就必定是远远低于价值的。当然，社会主义实行按劳分配原则，对于收入较高的人，他们需要的非生活必需品、高级消费品、奢侈品，其价格就可以高于价值，以便最终增加国家的收入。此外，还有一些对健康有害的商品，如香烟、酒类等，其价格也高于价值，这除了增加国家收入外，还有限制消费之意。迷信用品的价格大大高于价值，目的是从限制到严禁使用，这些同样是计划价格。

关于计划价格的制定原则，沃兹涅辛斯基有一段说明："每种单个商品的价格和价值是不相符合的，而且不能相符合，但是……在一定时期生产的全部产品的价格总和，不能不同这些产品的生产费用相等，即不能不同全部社会劳动量相等。”①实行计划经济体制时，这原则是必要的。

（五）计划经济从实际工作上否定商品经济

苏联有两个时期是否定商品经济的。第一个时期是苏俄刚产生，帝国主义国家对其实行武装干涉，它就实行战时共产主义，即不仅在城市、而且在农村和在城乡之间，都消灭商品经济，苏维埃政权用强制力量将农民的余粮征收（只付给不断贬值的纸币），以供应城市和工人。这种一举消灭商品经济的错误做法，是受错误的理论指导的，战争不过加速它，使它更彻底。对于这种错误理论和做法，列宁在《十月革命四周年》一文中作了自我批评。他说：我们曾打算，或者更正确些说，我们并未经过充分思考就预定，单凭无产阶级国家的直接法令而在小农国家里按共产主义原则来调整国家的生产以及由国家进行的产品分配。实际生活指明了我们的错误。本来是要经过国家资本主义这一过渡阶段，以便用多年的工作来准备过渡到共产主义。不是直接依据热忱，而是借助于伟大革命所产生的热忱，依据个人利益，依据个人兴趣，依据经济核算，来在这个小农国家内，首先努力建成经过国家资本主义通到社会主义去的坚固小桥，否则就达不到共产主义。

第二个时期是随着1927年第一个五年计划开始计划经济体制的建立，尤其是计划价格的制定，就从实际工作上否定了商品经济。我的意思是，从这时开始否定商品经济，与武装干涉战争时期的那一次不同，不是由错误的理论导致的。不错，列宁在前面的论述中两次强调俄国是个小农的国家，因而需要保留商品经济（当然他也谈到整个社会主义阶段都需要有国家资本主义，这也是一种商品经济），这就暗含着这样的思想：小农都参加了集体农庄，而集体农庄同国营工业、商业的交换是按合同进行的，亦即其市场是可知的，经济过程的自发性消失了，因而这里的产品交换再也不具有商品交换的性质；也就是说，列宁这里的论述还留存着过去认识的痕迹。但是，苏联

① 《沃兹涅辛斯基经济论文选》，人民出版社1983年版，第518页。

农业集体化的高潮大体是在1930年,而计划经济体制的建立是从1927年开始。因此,苏联第二次消灭商品经济,不是由列宁的理论所导致的。

计划经济怎样从实际工作上否定商品经济呢?我们知道,商品生产的基本经济规律是价值规律,它有两层含义:第一,单独一件商品的价值量由生产同种商品所必需的平均劳动时间决定,这样,这个规律的作用就是促使商品生产者努力提高劳动生产率;第二,同种商品中一件商品的价值量由该种商品在供需均衡条件下生产一件商品所必需的劳动时间决定,如供需不等,价格就会偏离价值,这样,这个规律的作用就是促使供需均衡,促使社会劳动合乎比例地分配在各个生产部门。马克思强调说:价值规律“作为起调节作用的自然规律强制地为自己开辟道路,就像房屋倒在人的头上时重力定律强制地为自己开辟道路一样”。[①] 因此,只要有一些经济条件会妨碍价值规律的作用,麻痹价值规律的作用,其经济尽管也存在着交换或流通的现象,其本质就不是商品经济。

计划经济体制及其固有的计划价格恰好就起了这样的作用。第一,从全部国民经济看,随着从重工业开始工业化而建立起来的计划经济体制,决定了它对重、轻、农分配的社会劳动是不符合比例的,在这个大环境下,计划价格是一种长时间内不变动的价格,它不反映产品供需关系的变动,就使问题不易解决;第二,从国营企业的领导者看,其产品价格不论是低于价值的,还是高于价值的,都由国家财政或予以补贴,或加以征税,因而缺乏利润观念,与个人利益无关,劳动积极性不高;第三,从广大工人看,都是低工资,企业即使获利,也与个人无关,很难提高劳动生产率;第四,农民的问题稍微复杂些。农业部门耗费的劳动,由于农产品的价格低于价值,其个别劳动并没有全部实现为社会劳动,农业劳动往往得不到利润,虽然农业部门得到的生产资料也是价格低于价值的,就是说,由此得到一部分社会劳动。但是,这是迂回曲折的,农民并没有从他们的劳动成果中看到这一点。因此,他们的劳动积极性受到影响。总之,在计划经济体制下,由于忽视个人物质利益,要提高劳动生产率,就只能靠进行思想政治教育,这虽然是永远都需要的,但是孤立地进行,就往往达不到预期的目的。

---

① 《马克思恩格斯全集》(第二十三卷),人民出版社1972年版,第92页。

这样的计划经济体制,从某一点看,就等于是将全部国民经济看成一个共同体(公社),然后由领导机构将产品分配给各生产单位和个人,其原则由领导机构决定;价格不过是分配的工具,它不反映价值,也不反映供需关系。由于这样,我认为,这不是商品经济而是产品经济。

苏联经济学家实在无法说明在计划经济体制下价值规律是怎样发生作用的,却硬要说明它的存在,就只好违反科学准则地说,它是“被改造过了”的。

(六)社会主义经济的进一步发展要以计划和市场为手段

社会主义国家完成工业化以后,其经济要进一步发展,它的运行就要突破计划经济体制,而以计划和市场两者为手段。之所以不能全部舍弃计划,而以市场完全取代之,是因为社会主义经济建设是有目标的,这样,国民收入以何种比例划分为积累基金、保险基金、消费基金,生产增长以何种速度快于消费增长,等等,都需有一个最宏观的计划加以确定;靠市场调节,靠“看不见的手”的作用,无法奔向这个目标。但是,前面说过,国民经济比例网十分庞杂,靠计划不能穷尽其事,微观比例的确定,就要借助市场。

马克思指出,任何社会化的大生产,都要求合乎比例地分配社会劳动在各个生产部门之间。他说:“要想得到和各种不同的需要量相适应的产品量,就要付出各种不同的和一定数量的社会总劳动量。这种按一定比例分配社会劳动的必要性,绝不可能被社会生产的一定形式所取消,而可能改变的只是它的表现形式,这是不言而喻的……在社会劳动的联系体现为个人劳动产品的私人交换的社会制度下,这种劳动按比例分配所借以实现的形式,正是这些产品的交换价值。”①分号以后那段话说的就是价值规律的要求,它的自发作用能使社会劳动合乎比例地分配在各生产部门之间。这种作用是通过市场的自发势力而实现的。

① 《马克思恩格斯全集》(第三十二卷),人民出版社1974年版,第541页。

在全部国民经济中,由计划决定的部分和由市场调节的部分,应有怎样的比例,这不能抽象地回答,总的说来应该是:合乎比例地分配社会劳动,人们已认识到的,就用计划决定的办法来达到目的;尚未认识到的,就用市场调节的办法来达到目的。但有一点可以确定:由发达资本主义国家发展而来的社会主义国家,其计划决定的部分,要比由落后国家发展而来的社会主义国家的大些,因为前者的垄断企业已有较高程度的计划化,无产阶级夺取政权后,是要将它保留下来的。

十九、落后国家独立后的发展战略

(一) 小　　引

第二次世界大战后，陆续获得政治独立的主权国家，都是从原来的殖民地国家和半殖民地国家发展而来的。按照政权性质和所走道路，可分为两大类：一类如中国，经过内战，由无产阶级通过其政党掌握政权，走社会主义道路，成为社会主义国家；另一类是大量的，由资产阶级、地主阶级、奴隶主阶级、国王等领导，其中极少数是逼于形势，由宗主国恩赐其独立的，从世界范围看，它们走的是资本主义道路，成为民族独立国家。总的说来，由无产阶级领导的社会主义国家，对外国资本主义和垄断资本主义统治本国的斗争，对本国前资本主义如封建土地制度的革除，除了受经验和认识的限制外，不受领导阶级本身的利害关系的限制，由于这样，同民族独立国家比较而言，它们之中有的就较为顺利地实现工业化，并走上建设社会主义的道路；由剥削阶级领导的民族独立国家，由于阶级利害关系，除极少数外，大多对内不能彻底地革除前资本主义经济制度，对外也不能坚决反对外国资本主义和垄断资本主义在经济上统治本国的斗争。民族独立国家的工业化，表现为它们的发展战略的实施。它们的发展战略的理论依据是西方发展经济学，其具体内容是从实行进口替代战略到实行出口替代战略。前者普遍遭到失败，后者除了极少数获得成效而成为新兴的工业化国家和地区外，绝大多数也是失败的。

(二) 社会主义国家的发展战略

战后产生的社会主义国家，在其产生初期，面临的国际形势同当时的苏俄有相同之处，那就是帝国主义国家对它们进行武装干涉、遏制、包围、封锁、禁运，有的甚至遭受封锁、禁运长达数十年；也有不同之处，那就是它们可能从已经完成工业化的苏联那里取得一些技术援助。但是，这并不像斯大林所说的那样，意味着和资本主义世界市场平行的社会主义世界市场的诞生；如果确实是这样，战后社会主义国家的工业化就不会那样困难。何况斯大林关于两个平行的世界市场的理论，还有点不能自圆其说。按照他的说法，随着战后产生的社会主义国家工业的迅速发展，它们就感到必须把自己生产的多余商品输往他国。那么，他国是谁呢？按照逻辑，只能是资本主义国家。但这就只有一个世界市场了。

社会主义国家的工业化，其经济规律，前面已经论述过，主要的就是：从重工业开始、实行计划经济体制、制订计划价格、忽视价值规律的作用、从实际工作上否定商品经济；遇到的困难是：农、轻、重比例失调，工农业产品价格剪刀差问题仍然存在，农业特别落后，"短缺经济"产生，人民生活水平提高很慢。

社会主义国家经济发展的困难，其原因除了从重工业开始工业化之外，还有就是受前述的传统观念的束缚，以致徘徊不前、举棋不定。

这里，以中国在计划和市场关系问题上，如何受传统观念的束缚为例，加以说明。中国社会主义改造完成后，1956 年 9 月，中国共产党召开第八次全国代表大会，大会通过的关于政治报告的决议说："全国工农业产品的主要部分都将列入国家计划，由生产单位按照计划进行生产。但是为了适应社会的多方面需要，在国家计划许可的范围内，有一部分产品将不列入国家计划，而由生产单位直接按照原料和市场的情况进行生产，作为计划生产的补充"；"为了适合于新的情况和人民的需要，……社会主义的统一市场应当以国家市场为主体，同时附有在一定范围内的国家领导下的自由市场，作为国家市场的补充"。这是中国在社会主义改造完成后，第一次提出和肯定自由市场。但在实践上，自由市场很快就受到很大的限制。两年之后，1958 年 12 月，中国共产党召开的八届六中全会关于人民公社若干问题的决议说："人民公社无论在工业方面和农业方面，既要发展直接满足本社需要的自给性生产，又必须尽可能广泛地发展商品生产。……在国家领导下，同别的公社和国营企业实行必要的生产分工和商品交换"；"这种商品生产和商品交换……是在社会主义公有制的基础上有计划地进行的"。至于以前那种以农民的自留地为基础进行生产而建立起来的自由市场，则因人民公社实行供给制、办公共食堂、种好公共的菜园、将自留地收归食堂耕种而消灭。其后虽然允许农民种"十边地"，在屋前屋后、田边地角种些蔬菜，但是农民如果将自产产品出售，则视为"资本主义尾巴"，要被坚决割掉。

以上说明，社会主义需要市场，但又受传统观念的束缚，将市场看成社会主义的异己因素，处处严加防范，始终不能与计划同等对待，被视为与计划一样，是组织经济的手段，因而在实践上就举棋不定，时有反复。直到 1992 年春，邓小平作南方谈话，在理论上拨乱反正，才将问题说清楚。这是一个逐步深入的过程。

1979 年，邓小平指出：说市场经济只限于资本主义社会，肯定是不对的，社会主义为什么不可以搞市场经济？20 世纪 80 年代，他多次强调要把市场经济和计划经济结合起来。在这一理论指导下，1982 年，中国共产党召开第十二次全国代表大会，大会的政治报告指出："我国经济体制改革……问题的核心，是正确认识和处理计划与市场的关系。"但是，因为还没有在理论上说清市场只是手段，并不表明经济体制的性质，所以以后的提法虽有变化，但仍将市场从属于计划，即含有只有计划才表明经济体制性质的意思。这表现在 1984 年的《中共中央关于经济体制改革的决定》上，该决定虽然肯定社会主义经济是"在公有制基础上的有计划的商品经济"，确认社会主义经济体制是商品经济，摆脱了有计划就不是商品经济，社会主义经济体制是计划经济的传统观念，但又认为这种商品经济是有计划的，不是"由市场调节"的市场经济，就是说没有提出和解决商品经济和市场的关系问题。其后，对这一关系问题，提法多次变化，其中有一种是计划经济和市场调节相结合。按照前面的社会主义经济是有计划的商品经济的方法论，这里说的计划经济应是经济体制，而市场调节则只能是经济手段，体制如何与手段相结合，还有待说明。这表明在理论上，还没有完全解决问题。

随着实践和认识的深入，邓小平在南方谈话中明确指出："计划多一点还是市场多一点，不是社会主义与资本主义的本质区别。计划经济不等于社会主义，资本主义也有计划；市场经济不等于资本主义，社会主义也有市场。计划和市场都是经济手段。"[①]从以上的论述可以看出，这完全符合实际。这就是说，他将错误的看法（社会主义无市场）澄清，将否认的事实（资本主义无计划）确认。

邓小平这一理论，不仅对中国、对现在的社会主义国家具有重大的意义，而且对未来的社会主义国家也具有重大的意义。

（三）实行进口替代战略

进口替代战略是指：由于需求弹性不同和初级产品价格低、工业品价格高，使原来的殖民地国家产生贸易逆差和外汇短缺，为摆脱对发达国家的依附，民族独立国家应自己生产工业品来代替进口。为此，就要提高关税，以防止外国商品进口。以为只要这样，就能使工业为已存在的国内市场而生产，并带动全部国民经济的发展。但自20世纪60年代以来，实行这种战略的国家普遍困难重重，其主要表现为：国际收支危机更严重，贫富分化加剧，失业问题日益严重。

进口替代战略所以失败，是由于：首先，这些国家的经济本来就是依附于发达国家的，因而，它实行进口替代战略就缺乏物质基础，必须进口所需的生产要素，如工厂设备、中间产品，甚至原料等等。这样，原来是为了减少进口的，现在反而增加了进口，加剧了外汇危机。其次，这些国家历史上已形成一个与出口初级产品相联系的社会阶层，他们在战后仍然存在，他们有较高的收入，作为一个总体，这种收入在国民收入中占的比重相当大，他们的消费早已西方化。这就决定实行这一战略首先要满足这一阶层的需要，即生产高级消费品成了进口替代的主要对象。生产结构一旦这样，为了维

① 《邓小平文选》(第三卷)，人民出版社1993年版，第373页。

持这种结构，就只有加深收入的不平等；由此，进一步使贫富分化加剧。最后，进口替代建立的工业，一般都采用资本密集型的现代技术，只能吸收为数很少的、由于资本主义生产方式入侵而产生的失业者，并产生由于剩余劳动力的存在而压低工资的社会条件。这又使国内市场狭窄而妨碍工业的发展。

对于这个问题，埃及经济学家阿明的研究值得注意。他认为，国内市场狭窄对工业化造成障碍，但是，由工资低而产生的市场狭窄并不是无条件地构成这种障碍。这是因为，市场并不只由生活资料构成，生产资料也有重要的作用。因为新创造的价值要分解为工资和利润（剩余价值），所以低工资，意味着高利润，利润中用于积累的部分对生产资料的需求，创造了市场。他认为欧洲和日本的产业革命，就是在低工资的基础上进行的。但是，民族独立国家的情况与此不同。这是因为，先进国家发展成为垄断资本主义的时候，落后国的低工资就不能发生上述的那种作用。因为前者向后者不仅输出商品，而且也输出资本。由于前者本身的需要和后者的狭窄市场，使前者的投资集中在出口部门。后者的资本无法同控制出口部门的垄断资本竞争，也无法同其输入资本而就地生产的优质商品竞争，就只能进入买办贸易或服务业，成为垄断资本的补充，使工业化陷入困境。进口替代战略之所以不能带动落后国家，使之工业化，是由于它无法突破落后国家卷入资本主义体系以后形成的国内市场结构，相反地，不得不适应这一结构。

（四）实行出口替代战略

有些民族独立国家实行进口替代战略失败后，就改为实行出口替代战略。出口替代战略的含义是：既然需求弹性不同和初级产品价格低，工业品价格高，那么民族独立国家就应少出口初级产品，而将其加工为工业产品后才出口，并以此带动经济的发展，实现工业化。实行这一战略，总的说来，一方面是对战后以来发达国家转为生产高、精、尖产品后的拾遗补阙，另一方面机器设备依靠进口，并且市场面向国外，实行自由主义贸易政策，与发达国家的经济联系更紧密，成为它们转嫁危机的对象，因此，得到发达国家的支持。就目前的情况看，实行这种战略，除少数几个国家和地区取得的成效有待分析外，其余绝大多数只是加深对外国资本的依赖，对实现本国的工业化并无好处。

美国发展经济学家、诺贝尔经济学奖获得者阿瑟·刘易斯对经济增长动力的分析，我认为完全适用于对出口替代战略的评价。对于发展中国家以向发达国家出口商品作为本国经济发展的动力，他是持否定态度的。他根据历史事实指出："像 1913 年以前的 30 年那样，当发达国家经济扩张时，发展中国家的经济就向前发展；如包括两次大战在内的近 30 年中那样，当发达国家经济萎缩时，发展中国家的经济几乎停滞不前。而且，像在 1950 年到 1973 年那样，当发达国家经济复苏、增长迅速超过以往时，发展中国家的经济增长速度也超过了以往。"①这种联系，其实是一种依赖。当我们将发展中国家看为一方，它们实行出口替代战略，产品就只能以发达国家这另一方为市场，情况就只能是受制于发达国家经济的变动。

他进一步指出："当发展中国家从向富国出口初级产品变为向其出口制成品，它们就从一种依赖变为另一种依赖"；当然，制成品出口的潜在发展余地广阔得多，因为富国购买茶叶、可可和咖啡等初级产品的数量是有限的；但是，即使这样，"1975 年发展中国家制成品的出口，仅占全世界制成品贸易的 8%"；从这比重看，发展中国家制成品的出口，可能达到的增长应该是很高的；但是，"全世界制成品贸易每年的增长速度一直是 10%。发展中国家的制成品也以同样的速度增长。如果保持这种速度，则发展中国家在世界贸易中所占的比重，只不过是保持不变"；但是，"在全世界制成品生产每年仅增加 5%—6%的情况下，全世界的制成品贸易，不可能以每年 10%的速度无止境地增长下去"；这样，发展中国家要增加自己在全世界制成品贸易中所占的比重，"必然会遇到越来越多的阻力"。② 这就使发展中国家实行出口替代战略遇到发达国家的市场容量的限制。有些国家之所以能在发达国家的经济增长速度较低时，以较高的速度增加其对发达国家的出口额，只是由于挤掉其他的发展中国家的出口额。当然，代价往往是高昂的。

① 阿瑟·刘易斯：《国际经济秩序的演变》，乔依德译，商务印书馆 1984 年版，第 47 页。

② 同上书，第 49 页。

刘易斯明确指出：这种战略的“依赖性与发展中国家的一个目标是不一致的；这个目标就是发展中国家人均收入的增长速度应高于发达国家，也就是应该缩小、最终消灭发达国家与发展中国家生活水平之间的差距”。[①] 他认为，这个目标靠发展中国家自己的努力就能够达到。

以上对出口替代战略的评论，是就民族独立国家的总体而说的，这并不排除某些国家和地区实行这一战略取得一些成就，并已成为新兴的工业化国家和地区。这主要就是这些国家和地区的社会经济条件具备，或者本来就没有前资本主义的生产关系的束缚，如像一些重要的海港，是在荒地上建立起来的弹丸之地，或者用购买的办法消除封建的土地制度，并且起步较早。这就是说，总体做不到的并不排除少数个体可能做到；反过来说，正因为少数做到了，作为一个总体就做不到了。

从事实看，目前某些新兴工业化国家和地区，如拉美的巴西、智利、墨西哥，亚洲的“四小龙”等，是从 20 世纪 60 年代中期实行出口替代战略后才取得这样的成果的。但是，我认为从理论看，这是前面提到的战后发达国家产业结构发生某些变化，即偏重生产高、精、尖的产品，而让传统工业由落后国家去兴办的结果，是原来的落后国出口这些产品、不再进口这些产品的结果，因为这些传统工业的产品，过去是进口的，现在由本国制造了。

（五）普雷维什对实行这两种战略的看法

阿根廷著名激进派经济学家普雷维什对发展中国家实行上述两种发展战略原因，同我们的看法不同。他认为要推动发展，有两个基本条件必须具备。其一是表现在实物资产上的资本积累和人才培养；其二是产品交换。交换是必不可少的条件。因为发展要求某个外围国家进口因自然资源缺乏、或因技术与经济能力低下而不能生产的产品。因此，为了获取这些产品，也是为了能够进行支付，就必须出口。初级产品因需求弹性方面的原因，不能满足这要求。除了某些例外，同来自中心国家日益多样化的工业品

---

① 阿瑟·刘易斯：《国际经济秩序的演变》，乔依德译，商务印书馆 1984 年版，第 47 页。

需求相比，初级产品的增长相对地趋向于缓慢。因此，必须出口制成品。但是这里有一个障碍：中心国家不愿意接受外围国家因必须提高其发展速度而需要输出的制成品。其原因说到底就是，这些制成品的竞争可能会对中心国家相应工业产生不利的影响。中心的这种态度迫使外围在国内生产本来可以进口的东西。总之，“向中心出口除传统产品以外的其他产品，以便进口……（所需）的产品；或者加快国内生产速度，以这种方式获取因资金不足而不能进口的那些产品。人们认为第一种方式最合适。但如果这种选择行不通，也只好采用第二种选择来推动发展”。①

他还以历史说明发生这种变化的情况。在中心国家大危机时期特别是在世界大萧条（20 世纪 30 年代）和第二次世界大战期间，第二种选择在外围国家得到迅速推行。初级产品出口出乎意料地急剧下降，迫切需要通过建立新工业和果断地推行以前在关税保护下已经出现的工业来促进工业化。替代性的工业化就这样开始。

（六）民族独立国家工业化的重要前提：国内市场、保护政策和南南结盟

实行以上两种战略一般说来其所以都失败，是由于它们都不以国内市场为工业化的基础。这种国内市场的形成，要以废除前资本主义的土地制度为前提。这样做，会从根本上损害某些阶级和阶层的物质利益。而有些国家的领导阶级是要维护这些人的利益的。此外，落后国和先进国不同，其工业化不仅特别需要国内市场，而且特别需要保护政策。

在这里，我认为有必要再重复一下国内市场的重要性及其形成要以消除前资本主义的土地制度为条件。因为只有这样，才能提高农业劳动生产率；较高的农业劳动生产率，一方面以食物、原料和“自由的手”（不必束缚在粮食生产上的劳动者）保证工业的发展，另一方面农业所需的由工业生产的

① 劳尔·普雷维什：《外围资本主义——危机与改造》，苏振兴、袁兴昌译，商务印书馆 1990 年版，第 176 页。

生产资料、农业劳动者和“自由的手”所需的由工业生产的消费资料、工业部门内部所需的由工业生产的生产资料:这一切在促使工业发展;这同时意味着国内市场在形成和发展。还有就是:废除前资本主义的土地制度,就能消灭封建主义的高地租率,资本才可能投向资本主义工业。

民族独立国家面对高度发达的工业化和现代化国家,要实现工业化,在国门必须实行保护民族工业的政策,在国内对民族工业则必须实行自由竞争的政策;只有这样,才能保护民族工业的发展,与此同时,民族工业又能优胜劣汰,逐渐发展到能与发达国家的工业竞争。到这个时候,在国门就可以实行自由贸易政策了。德国工业化的历史经验就是这样。

当然,在重视国内市场和保护政策的问题上,要有辩证观点。否则,真理向前跨一步,就变成谬误。普雷维什作为联合国拉丁美洲经济委员会的负责人,最早提醒人们注意这个问题。他说:该委员会在1961年发表的一篇文章中就指出:由于拉美国家实行的发展政策和缺少对其工业出口的国际性刺激,工业发展方向就过分偏向于国内市场。拉美的发展政策一直是歧视出口的。的确,通过关税和其他限制,补贴了以国内消费为目的的工业生产,但没有补贴那些面向出口的工业生产。许多大大高于国际成本的工业生产就这样发展起来了,而这些产品本来可以通过出口一些以更大的优势生产的其他工业品来换取,这样,比自己去生产,成本要低些。对于新增加的初级产品出口以及甚至在某些相对狭窄范围内的传统产品出口,也应该加以支持的。因此,问题是要恰到好处,不偏不倚。

刘易斯认为,发展中国家要实现工业化,必须结成联盟,这就是说,在南北关系中属于“南”的国家结成集团或共同体,即南南结盟。他是在探讨发展中国家怎样才能赶上发达国家时,论及这个问题的。

他孤立地从工业化所必需的生产要素来论述发展中国家的工业化问题。他认为这些生产要素不外是:粮食、肥料、水泥、钢和机械。目前,发展中国家在这方面还要依赖发达国家。但是,作为一个整体,发展中国家首先可以在前四种生产要素方面结束这种依赖,并且在机械方面逐渐结束这种依赖。他认为,发展中国家如果适当调整土地政策(这就需要改革土地制度),现在就能养活自己。至于肥料、水泥和钢,这些产品是用广泛可以得到的原料制造出来的,只要将其制造的标准技术应用于发展中国家就可以了。

机械比较麻烦一些，但已经有几个新兴的工业化国家正在步入这个领域，印度、巴西、新加坡、智利、韩国、阿根廷、墨西哥和以色列的机械制造品已占工业制品总值15%或更多。没有任何理由认为，作为一个整体的发展中国家，不能在标准型设备方面接近于自给自足。这就不必害怕发达国家对发展中国家实行保护政策的报复。

他还对已有的南南结盟提出改进意见。这一点下面谈。

（七）刘易斯对发展中国家发展战略的看法

刘易斯是最坦诚的经济学家。他对发展中国家应有的发展战略提出看法。其中有的我认为可以商榷，有的则是真知灼见。

他认为："无论如何一个发展中国家的发展战略，不必过分依赖于出口，眼光应该更多地放在国内市场。面向国内市场的工业生产所受到的限制是，50%以上的劳动力生产国内消费的粮食（这是作者规定的尚未工业化的标准——引者），而剩余的农产品很少。改变这种生产率低下的状况，整个局面就会为之改观。"①他之所以强调提高农业生产率，是因为他认为决定贸易条件的是工资，而工资是由农业劳动生产率决定的。这涉及复杂的分配理论。

他认为，农民的收入决定于农业劳动生产率。就是说，农民生产的农产品的价值，扣除了生产资料的耗费后，余下的就是其工资。这里，他没有考虑地租问题。② 因此，是以大量的自耕农的存在为前提的；或者说是将北美的自由获得土地者作为分析问题的出发点。然后又认为，农民外出做工，挣到的工资，如不比在家里种田挣得多些，或起码相等，他就不当工人。因此，农业劳动生产率说到底又决定工人的工资。这里他同样只是看到北美的情况，以为农民离开土地去当工人是自由选择职业的结果。

在这基础上，他认为，商品价格由生产成本＋平均利润构成。换言之，他认为，各国之间存在自由竞争，因而存在平均利润率规律（这一点，在一定

① 阿瑟·刘易斯：《国际经济秩序的演变》，乔依德译，商务印书馆1984年版，第51页。

② 他谈到如果要交纳地租，工资就不能这样决定。但他没有进一步说明地租是如何决定的。

条件下是对的），而成本中，属于工资部分，如果很低，分配到的利润就少，对本国不利，对对方有利。他还认为，如果不是提高农业劳动生产率，而是提高工业劳动生产率，生产成本中属于生产资料部分，因工业发展而降低，分配到的利润就减少，对本国不利，对对方有利。因此，他的着眼点不是发展工业本身，而是发展农业能改善贸易条件。只是不发展工业，农业就不能提高劳动生产率。因此，在这限度内要发展工业。

在我看来，刘易斯这种看法是可以商榷的。最重要的问题是，工资到底由什么决定？农民转化为工人不是自由选择，而是丧失生产资料后无以为生的结果，所以，工资从根本上说，不是由自己占有土地，不须交付地租的农民的收入决定，而只能由马克思所说的作为商品的劳动力的价值决定，也就是由生产和再生产劳动力所需的消费资料等的价值决定；然后以此为基础，劳动力的价格由劳动力的供求关系调节。正是因为这样，旧中国失地农民多，而资本主义经济不发达，劳动力供过于求，工资就特别低廉；反之，北美有一段时间，劳动力缺乏，其价格则很高昂。

在这里，对发展中国家来说，贸易条件由什么决定，这是最重要的问题。他们应该努力从事的，到底是发展农业和提高农业的劳动生产率，还是实现工业化并进一步实现现代化？应该说是后者。因为，只有这样，才能消除两大类国家经济水平方面的差距，才能消除不利于落后国家的世界分工，才能消除生产价格相等而价值不等的交换。如果不是这样，而是单纯提高农业劳动生产率，那么，农产品的价值就降低了，消费资料的价值，从而工人的劳动力价值也降低了。其结果，首先是相对剩余价值增加，那是有利于本国全体资本家的；其次，由于国际存在着平均利润率，这也是有利于全世界的资本家的。说到底，这不能解决两大类国家经济水平的差距问题。

刘易斯对经济增长动力问题的看法是非常正确的。他说："经济增长的动力应该是技术变化，国际贸易是润滑油而不是燃料。达到技术变化的途径是农业革命和工业革命，这两者是相互依赖的。国际贸易不能代替技术变化……促进经济发展要考虑的最重要的问题，在于改变粮食生产的状况，使农产品有剩余，可以养活城市人口，因而为国内工业和现代化服务业奠定基础。"①这里不是

① 阿瑟·刘易斯：《国际经济秩序的演变》，乔依德译，商务印书馆1984年版，第52页。

从提高农业的收入，从而工人的工资着眼，而是从增加供应自由的手所需的食物着眼，因而是一种真知灼见。不过要补充的是：农业革命和工业革命不单纯是技术革命，它们要以变革前资本主义的土地制度为前提。

（八）工业化的误区：模仿发达国家的消费方式和销售方式

在一些民族独立国家中，某些阶层模仿发达国家富有阶层的消费方式，使有些激进派经济学家和发展经济学家忧心忡忡。他们清楚地看出，这会妨碍这些国家的工业化。领导联合国拉丁美洲经济委员会的普雷比什指出：跨国公司对拉美社会“上层”的投资，并没有在应有的程度上促进这些国家的资本积累。这是因为，这些跨国公司在这些国家宣传发达国家的消费标准，给予某些有关阶层以高收入，以便推广这种标准，并就地生产西方标准的消费品，借以改变这些国家的消费习惯。这样，跨国公司经营本身，以及由它培养的落后国家的高消费，就会妨碍民族资本的积累和发展，使其无法实现自身的工业化，更不用说现代化了。他尖锐地指出：发达国家“消费标准的扩散直接损害了资本积累过程。我郑重声明，消费社会和根除消费不足的社会，目标是不相同的”。[①] 这就是说，发达国家是实现了工业化和现代化的国家，民族独立国连工业化都没有实现，它们应有不同的消费标准。何况现在的问题是后者的某些阶层模仿前者富有阶层的消费。

其后，他又在其最重要的著作中指出：“由于外围社会结构巨大的异质性，技术渗入的成果主要被处于有利地位的阶层所占有。当然，我不否认，在资本主义的历史演进中也发生过同样的情况。区别就在于，由于这种占有方式，在外围采用了中心的消费方式。这种消费方式在中心国家是由于资本主义积累使得技术日益深入地渗入社会结构的情况下才逐步发展起来的。在外围却正好相反，我们是在积累尚不足以履行吸收劳动力的职能时模仿这些消费方式。”这种情况，“又由于中心国家凭借其技术经济优势和霸

① 《联合国拉丁美洲经济委员会杂志》，1976 年第 4 期，第 10 页。

权地位榨取收入而变得更加严重。应该明白,外围的特性不完全在于模仿中心的消费……而是在于这种现象在外围因现行的分配不平等而达到(很大)的规模”。①

刘易斯也有类似的看法。他谈论发展中国家的阻碍因素时指出,其中一个是:发展中国家的人民增加了对发达国家消费品的需求。19 世纪时,从英国进口那些使进口国生产遭受破产的产品,大部分是纺织品和铁制品,这些产品和替代它们的进口产品,没有什么根本的不同,只是消费者的偏好有一些不同,但它们的成本都差别很大。20 世纪以来,形势朝着不同的方向发展,名牌产品在许多消费者市场上确立了自己的地位,即使是成本和质量都相同的国内产品,也难以从国内市场上将它们排挤出去。

这些向发达国家高消费看齐的阶层,对他们的行为加以解释:正因为有我们的高消费,相应的商品才能销售,生产才能发展。这种辩解,使我想起了贝尔纳德·孟德维尔的《蜜蜂寓言……》。寓言说:在蜜蜂的社会里,如果劣行和奢侈成风,那么这个社会就繁荣昌盛,相反,如果代之以道德和俭朴,那么它们的社会就会冷落以至衰退。我认为,这种辩解是似是而非的,经不起分析的。它只有在一个社会已根据这阶层既有消费习惯和已有购买力,对生产结构加以安排,生产出与其相适应的高级消费品或奢侈品,只有在这条件下才是对的。如果他们能为国家的工业化和现代化着想,将自己的消费基金压缩一下,经过储蓄或买国债,将一部分消费基金暂时转化为积累基金,那么,根据这变化了的消费基金和积累基金,再去调整生产结构,这种辩解就不对了。要知道,积累基金的极大部分是用来生产生产资料,尤其是机器的,它扩大了,生产就发展了,并且为以后的消费提高奠定物质基础。落后国家的国民收入就是这么小,一要用来建设,二要用于个人消费,消费太高,建设就慢了。

民族独立国家工业化还有一个阻碍的因素,那就是模仿发达国家的销售方式,这就是为了出售商品而加以豪华包装,并大登和散发宣传广告。这两者都属于纯粹流通费用。它和生产费用与一般流通费用不同,后两者是

---

① 劳尔·普雷比什:《外围资本主义——危机与改造》,苏振兴、袁兴昌译,商务印书馆 1990 年版,第 203 页。

生产商品的使用价值所必需的，因而是形成价值的；前者则只与实现商品的价值有关，因而是不形成价值的。关于纯粹流通费用的补偿方法，自20世纪50年代中期以来，中国一直有争论，这里不拟涉及；但有一点认识是相同的，那就是马克思所说的，它必须由剩余价值来补偿。这就是说，纯粹流通费用多了，用于积累的资金就少了。

马克思那时列举的纯粹流通费用，还只限于买卖时间、簿记和货币三大项。垄断资本主义产生后，由于垄断利润的攫取，生产和消费的矛盾尖锐，商品销售即价值实现日益困难，于是商品的豪华包装和宣传广告就应运而生，并迅速发展。发达国家有的商品，纯粹流通费用在价格中占50%，有些化妆品则占90%。这些费用所代表的物质财富，既不进入生产消费，也不真正进入个人消费，白白地浪费掉。

应该说，落后国家出口商品，由于在世界市场进行竞争，其销售方式，就非按照发达国家的标准办事不可。但是，落后国家工业化要以国内市场为主，在国内市场就不必依着葫芦画瓢了。有些落后国家不是这样。商品包装豪华到令人“买椟还珠”的地步；广告泛滥到被人斥为垃圾。当然，落后国家的国内市场，就是发达国家的国外市场，两者的商品进行竞争，怎么办？我认为这里有一个对人民进行教育的问题。韩国对商品包装有严格的规定。从这一点看，它是落后国家的榜样。

（九）简评西方发展经济学的方法论

现在，民族独立国家用以指导制定发展战略的经济学是西方发展经济学。西方发展经济学的科学性如何，是民族独立国家能否发展的重要关键。非西欧（北美和大洋洲的生产关系是西欧生产关系的延伸）社会经济发展的缓慢，有其内因和外因。民族独立国家取得政治独立后，外因削弱了，内因尤其是前资本主义的土地制度，大多数国家则因种种原因，还没有消除。这不能不妨碍其经济的进一步发展。西方发展经济学，在我看来有一种方法论上的缺陷，那就是只研究经济关系中的数量关系和函数关系，不研究生产关系，甚至不知道历史上和现实生活中有不同的生产关系，当然也不了解生产关系对它所揭示的函数关系的制约作用。正是这种不涉及生产关系的经济学，在社会主义制度在世界上已诞生的条件下，容易为出身于或本身为有产阶级的民族独立国家的领导者所接受。以此为指导而制定的发展战略，就必然不触动过时的生产关系。因此，就不能有效地促使经济发展。

对于这个问题，我国发展经济学家张培刚的认识，我认为是非常正确的。他在《农业与工业化——农业国工业化问题初探》上卷的自序中说："当年在撰写本书时……在分析问题时往往假定'社会制度是给定的'，或者指出'对社会制度不予考虑'。这样，就撇开了社会生产关系和阶级关系，从而也就构成了本书的最大缺陷。"①这是因为，正如他所说，"发展经济学研究的主题应是农业国家或经济落后的国家如何实现工业化和现代化，实现经济起飞和经济发展的问题"。这个任务决定了发展经济学不可能不研究生产关系对生产力发展的制约作用，从而不能不涉及生产关系的变革问题。正因为这样，他又说："(20 世纪)50—60 年代，发展经济学作为一门新的学科分支……其中有些论点和政策，如关于资本形成(包括物质资本和人力资本)，双元结构和剩余劳动力转移，进口替代和出口鼓励，国际大循环和经济起飞等等，的确曾对有些幅员狭小的发展中国家和地区(如亚洲'四小龙')的经济起飞和发展，发挥过和继续发挥积极的作用，产生了一些效果。但对于幅员广阔、人口众多、封建历史悠久，社会情况复杂的发展中国家(像印度和中国等)，则收效甚微。"②这段话尤其是其中的"封建历史悠久"，从某一方面告诉我们，对某些国家来说，不触动封建的生产关系，尤其是土地关系，是不能工业化和现代化的。

张这种认识，在其为约瑟夫·熊彼特的《经济发展理论》的中译本序言中有同样的表现。他说："熊彼特的'经济发展理论'或'创新理论'，有其根本缺陷，那就是它抹杀了生产关系及其变动，撇开了生产关系和生产力的矛盾及其在历史发展中的作用……"③

---

① 张培刚:《农业与工业化——农业国家工业化问题初探》，华中工学院出版社 1984 年版，第Ⅲ页。

② 张培刚:《发展经济学往何处去——建立新型发展经济学刍议》，《经济研究》1989 年第 6 期，第 14—15 页。

③ 约瑟夫·熊彼特:《经济发展理论——对于利润、资本、信贷、利息和经济周期的考察》，商务印书馆 1990 年版，第 xii 页。

二十、战后世界分工的局部变化及发展中国家在其中的地位

（一）世界分工局部变化的原因

第二次世界大战后，由于世界分工发生了局部的变化，由原来的农业国，即落后的殖民地、半殖民地转化而来的发展中国家，所处的地位也随之发生变化，它们同发达国家发生经济联系的内容，以及它们分为两大类型国家后发生经济联系的内容，都相应地发生变化。这就是说，发展中国家的发展受新的外因的影响。

战后，世界分工发生局部变化的表现是：原来的工业国，高、精、尖的工业兴起和发展，传统工业减缩，其中有的和污染严重的工业一起，转移到落后国家，农业加速现代化，发展较快，有的国家其农业资本有机构成，已高于社会资本的平均构成；原来的农业国，其中有的粮食生产逐渐变得不够消费，而工业开始较快发展，并产生了一批新兴的工业化国家和地区。这是由战时和战后在发达国家里发生的科技革命和殖民地获得独立这些重大的经济和政治条件决定的。

发展经济学家刘易斯在20世纪70年代说：世界划分为出口农产品和进口制成品的发展中国家，以及出口制成品和进口农产品的发达国家这种局面即将结束。事实说明，这预见是正确的。他还论述了发生这种变化的原因。他说："在经济迅速发展的国家里，享有保障的工作职位的数目，尤其是在制造业和高级服务上，增加的速度超过了劳动力的增加速度，因而，人们从低工资部门被招募到高工资部门……造成了非熟练劳动力的短缺，并且形成要求高工资的威胁。第二次世界大战后，人口的增长几乎为零，工业的

增长速度前所未有，这样就使欧洲的剩余劳动力或低工资劳动力来源枯竭。农业劳动力迅速减少……西欧缺少护士、公共汽车售票员、非熟练的服务人员。”①他认为，由于这样，“经济制度(就)从四个方面对这种压力做出反应”，其中两方面是:“从其他国家吸收大量低工资移民”，和“从发展中国家进口低工资生产的制成品，使本国自己的非熟练劳动者脱出身来，转到生产率更高的部门工作”。就这样，“60 年代国际经济开始发生变化。工业国在比较穷的国家投资以生产制成品出口”。这是工业生产在原工业国和原农业国之间发生变化的原因。而“农产品贸易正在发生的情况，也说明国际经济正在改变方向。因为人口激增和粮食的生产率很低，发展中国家已成为粮食的纯进口国”。②

在我看来，这分析虽然正确，但没有说明更深层次的原因。问题在于：第二次世界大战是在经济危机中爆发的，为什么经过战争，发达国家的经济会迅速发展；为什么战后以来，发达国家的农业会迅速现代化；为什么资本主义国家，尤其是西欧，人口的增长几乎为零，而发展中国家却人口激增；发达国家从落后国家吸收低工资移民，这是从垄断资本主义产生以来就存在的，原因何在；战后发展中国家已是主权国家，它允许发达国家到自己的国家投资以生产制成品出口，原因又何在。

我们逐一加以研究。第一，战争本身能消除资本主义的经济危机，因为它以国家预算为垄断资本提供一个已知的、可靠的、主要是销售军需品的市场；因战争需要而产生的新科技，战后在仍然用于军用生产的同时，又用于民用生产，这是战后发达国家兴起一批高、精、尖工业部门，并促使经济发展的原因。第二，战争促使发达国家大力发展粮食生产，力图自给，战后由于原殖民地国家独立，发达国家想像以前那样用压低价格取得粮食将日益困难，更何况落后国家粮食日益不能自给，而降低粮食价值，是普遍增加剩余价值的物质条件，因此，战后以来，发达国家普遍资助农业发展，加速实现农业现代化，有的国家如美国，农业资本有机构成已高于社会资本的平均构成。第三，越是贫困的人，寿命越短，其出生率就越高，只有这样，才能更快

① 阿瑟·刘易斯:《国际经济秩序的演变》，乔依德译，商务印书馆 1984 年版，第 24 页。

② 同上书，第 25 页。

地一茬接一茬，因此，贫困国家的出生率高于富裕国家；资本主义国家无产阶级的人口出生率还受经济危机和失业的影响；北美的出生率之所以高于西欧，是因为它原来是移民殖民地，缺少劳动力，因此，工人的生育率较高，这会形成社会习俗。由于这样，战后，发展中国家生活条件和医疗条件改善，死亡率降低，人口激增，西欧人口增加几乎为零。第四，发达国家攫取的垄断利润，工人从中也得到好处，无产阶级上层资产阶级化，使整个阶级产生贱视“下等”劳动的倾向。于是，就从落后国家输入工人，以从事这种所谓的下等劳动；这种情况在战后继续下来，而经济内容却发生了变化，即从事发达国家感到缺乏劳动力的职业。第五，战后以来，发展中国家运用国家主权，制定发展战略，大多数最初实行的是进口替代战略，即自己制造从前要依靠进口的产品，但很快就遇到国内市场狭小的限制，于是就改为实行出口替代战略，即自己加工制造工业品出口，以减少初级产品出口，实行这一战略，一般都要实行自由贸易政策，因此，发达国家可以在这些国家投资，生产出来的产品再运到发达国家和其他发展中国家出售。在发展中国家主权的作用下，这种在发展中国家投资的外国资本，同在未取得独立的殖民地投资的外国资本，对该国经济发展的作用，是有所不同的，有的国家或地区，实行出口替代战略，其经济发展较快，已成为新兴的工业化国家或地区。

（二）不同制度国家发生国际经济关系的方法论问题

根据前面的分析，我们看到，战后以来到现在，在国际经济关系中，即由包括资本主义世界体系和为数不多的社会主义国家所结成的国际经济关系中，有三种经济发展水平不同的国家。撇开社会制度不同，它们可以划分为发达国家，这基本上就是原来的发达资本主义国家；新兴工业化国家和地区，目前它们的数目还较少，但还有朝着这方向发展的，它们仍属于发展中国家；以及新兴工业化国家和地区以外的、经济落后的发展中国家。它们三者发生经济联系的形式主要是商品交换、资本和劳动力的国际流动。由此构成的经济内容，是我们要研究的。

这里有两个方法论问题要解决。第一，有的国际经济关系研究者认为，战后国际分工和以前不同的主要特点是水平分工，即不同国家生产的产品大体是相同的，比如都同时生产工业品和农产品，但是技术水平不同。从工业和农业这两个大范畴来说，我不否认已经没有单纯的工业国和农业国。但是，我认为从生产的使用价值相同而不从生产的使用价值不同的角度，来论述国际分工，是没有意义的。因为我们研究分工的目的是研究交换，而相同的使用价值一般是不必交换的。马克思对社会分工的定义，是从生产不同的使用价值着眼的；他说："各种使用价值或商品体的总和，表现了同样多种的、按照属、种、科、亚种、变种分类的有用劳动的总和，即表现了社会分工。"①从不同的使用价值角度看，即使在工业这一大范畴内，不同经济水平的国家生产的用于对外交换的工业品，显然也是不同的。目前，国际商品交换的总情况是：发达国家主要是高、精、尖的工业品，新兴的工业化国家和地区主要是不久前还是发达国家生产的传统工业品，其他的发展中国家主要是初级产品，如作为原料的农产品和矿产品，等等。至于粮食，不同经济水平的国家都生产，但其目的用于对外交换的，现在则和从前不同，主要是发达国家，而再也不是以前的落后国家，即现在的发展中国家了，因为它们已成为粮食纯进口国。属于调整品种的粮食交换，可以勿论。

从水平不同分工论出发研究国际交换问题，就必然否认交换中有不等量劳动交换的存在。因为如果发生工业品同工业品的交换，那么，由于各国劳动生产率不同，即不同国家生产的相同产品，各自耗费的劳动时间不同，就有必要以社会必要劳动时间来决定工业品的价值，于是，这里存在的只是价值形成问题；在价值已经形成了的条件下，商品按价值或生产价格进行交换，是谈不上什么等价不等值的。这种价值形成过程凡是有商品生产的地方都是存在的，在一国内部也是存在的。可是，这里并不存在不等量劳动交换。这就是说，水平分工论导致否认不等价交换的存在。它不能用来指导我们对不同经济水平国家间交换商品之经济内容的分析。

第二，不问社会制度性质，将不同制度的国家只根据其经济水平不同，而划分为三大类，并进而分析它们互相交换商品的经济内容，这在方法论上是否正确。这又有两个问题。其一，如上所述，斯大林说过，存在着资本主

① 《马克思恩格斯全集》(第二十三卷)，人民出版社1972年版，第55页。

义的世界市场和社会主义的世界市场;它们不仅是互相隔离的,而且存在着不同的原则。如果确实是这样,那就无法研究各个不同社会制度国家之间的交换规律了。但是,他在同一著作中又说过,在社会主义经济内部生产资料不是商品,但是在对外贸易中,社会主义的一切物质资料都是商品;并且认为,由于社会主义国家之间的互助,社会主义经济迅速发展,其产品是如此的丰富,以至需要同其他国家交换,这个其他国家不就是参加资本主义世界市场的国家吗? 于是,这就只存在一个世界市场了。这就等于说,凡是存在商品生产和商品交换的地方,由于商品的性质,它必然要冲破一切限制,开拓市场的。其二,这个方法论问题,从更深的层次看,最早是由从实际生活中研究社会主义经济的布哈林提出来的。他认为,研究社会主义经济不能离开政治、政策、计划,总之,不能离开意识。这种方法论,长期以来影响着社会主义经济包括社会主义对外交换关系的研究。现在,我们看得很清楚,布哈林是由于受到当时苏联实行的计划经济体制的限制①,才产生这种认识的。这种认识,同他一直信奉的社会劳动必须合乎比例地分配在各生产部门之间,社会生产才能进行的理论是矛盾的。只是由于苏联实行计划经济体制,使社会劳动的分配可以用政策的力量来进行,就掩盖了问题的存在;就是说,比例失调也不能在计划价格上反映出来。我们在前面已经论证了社会主义经济的进一步发展,必须以计划和市场两者为手段,而通过市场形成的平均利润必然影响计划价格包含的利润,这就满足按比例分配社会劳动的要求。这要求国内国外贸易都要满足。这样,撇开社会制度性质,研究经济水平不同国家之间的交换关系,在方法论上就是正确的。

(三) 平均利润率规律的作用范围问题

研究战后以来,三种经济水平不同国家间商品交换的经济内容,首先要解决两个问题。一是平均利润率规律在不同国家之间是否发生作用;二是

① 人们的认识,不能完全不受经验的限制。即使被人们认为是从别的星球掉下来的李嘉图也不例外。他否认绝对地租的存在,其事实根据就是北美有一段时间不存在土地私有权。

如果发生作用，那么，各国的资本有机构成同以前相比，发生了哪些变化。就是说，商品的生产价格和价值的偏离发生了怎样的变化。

但在谈论这些问题之前，先要回过头来补述一下自从垄断资本主义经济产生以来，平均利润率规律形成和作用范围的问题。关于平均利润率规律的形成，我认为，在垄断资本主义阶段，由于垄断资本主义经济要向本国的和落后国的非垄断经济攫取垄断利润，后两者中的资本主义经济的剩余价值就减少了。但是，它们和垄断资本主义经济不同，它们仍存在着自由竞争，因此，在这个范围内，平均利润率规律形成，生产价格形成，只是这时的生产价格总和小于价值的总和，因为后者已有一部分被垄断资本攫取而成为垄断利润了。我认为，从 19 世纪 80 年代开始，随着如像大英帝国那样的殖民帝国的形成，亦即殖民地占有国家将丧失主权的殖民地国家置于自己的统治之下，这样，殖民帝国内部就等于是一个国家一样，平均利润率规律就在这个范围内形成并发生作用。由于这样，我们以前谈论过的两种经济水平不同的国家(工业国和农业国)交换商品的规律就发生作用。所不同的只是这时的平均利润率，并不是发达国家的低些，落后国家的高些，而是在由它们组成的殖民帝国的范围内有一个统一的平均利润率。明白了这些，就可以谈论战后的有关问题了。

先谈平均利润率规律的作用范围问题。战后以来，落后国家全部已成为独立的主权国家，同垄断资本主义国家统治殖民地国家以前的情况相似。在这样的条件下，它们同垄断资本主义国家之间并不存在平均利润率规律。在民族独立国家实行进口替代战略因而实行保护政策时，尤其是这样。但是，这段时间很短。从 20 世纪 60 年代开始，民族独立国家大多改为实行出口替代战略，实行这种战略，一般都实行自由贸易政策，国际资本流动自由，平均利润率规律在这个范围内形成。刘易斯等经济学家以国际平均利润率的形成，作为分析问题的条件，我认为是正确的。发展中国家中的社会主义国家，只要实行自由贸易政策，情况就相同。

再谈不同国家资本有机构成变化问题。战后以来，发达国家的高、精、尖产品，资本有机构成是最高的，其生产价格高于价值，情况和从前的重工业产品一样。它们的农产品，由于是由现代化的农业生产的，同以前谈论的由落后国的农业生产的不同，其生产价格高于价值，因为它的资本有机构成已高于该国资本的平均构成。一般说来，发展中国家从总体上看，其工业品，就是发达国家以前生产的，它们逐渐减少生产后，由发展中国家拾遗补阙。其资本有机构成，在发达国家属于中等的，在发展中国家却是高的，其生产价格高于价值。发展中国家的初级产品，同以前的农产品一样，资本有机构成是低的，其生产价格低于价值。

以上是从不同的个别国家看的。在国际存在平均利润率规律的条件下，情况就不完全是这样了。主要的就是，上述发展中国家的工业资本有机构成高于农业资本有机构成，因而其生产价格高于价值这一点发生变化。因为这原是从一国内部看的，而从国际存在平均利润率规律看，这种工业资本有机构成的高低，就要相应地改为从国际范围看。这样看，由于发达国家的资本有机构成一般比落后国家的高，世界资本平均构成就相应形成。在这条件下，发展中国家的工业资本有机构成的高度就要相对降低，这就制约着其工业产品的生产价格和价值的偏离程度。

在平均利润率规律和生产价格形成的条件下，不同国家的工资水平不同，会影响它们交换商品的经济内容。刘易斯谈到这一点。现在，我们再谈一下。很明显，工资低的国家，工人劳动创造的价值，归自己的部分较少，其余部分作为利润总体，转化为国际的平均利润，分配给各国。就是说，通过国际分配机制，低工资的国家将一部分剩余价值送给高工资的国家。从历史看，发达国家的工资水平大大高于落后国家，这是前面讲过的。现在，三种经济水平不同的国家和地区，其工资水平也不同，就是发达国家最高，新兴工业化国家和地区次之，其余的发展中国家最低。这样，通过国际贸易中的生产价格机制，发达国家最占便宜，一般的发展中国家最吃亏，新兴工业化国家和地区居中。

（四）发展中国家在国际交换中的地位

以上是一些抽象的分析，现在在这基础上进一步分析发展中国家在国际交换中所处的地位。总的说来就是：发展中国家比以前多出口一种工业品，其生产价格高于价值；但是，它们从发达国家进口的，无论是高、精、尖的工业品，还是粮食之类的农产品，其生产价格都是高于价值的(高、精、尖产品的垄断价格问题存而不论)。这是一般的规律。由此结成的关系，各国到底如何，那是要具体分析的。

至于发展中国家中的新兴工业化国家和地区，向其余的发展中国家输出工业品，以换取对方的初级产品，当然得到绝对的利益。因为前者的资本有机构成高于后者，在国际平均利润率规律的作用下，按生产价格交换，新兴工业化国家和地区得益。

论述到这里，我有必要介绍法国(原籍希腊)激进派经济学家伊曼纽尔的有关理论。同阿明和刘易斯一样，他也以国际存在资本自由流动，从而存在平均利润率规律作为分析问题的前提。他按照经济水平，将国家分为两大类，它们交换商品的经济内容见表 2-4。

表 2-4　发达国家和落后国家交换商品的经济内容

国家类别	所用不变资本	所费不变资本	可变资本	剩余价值	价值	生产成本	平均利润率	利润	生产价格
发达国家	180	50	60	60	170	110	33.3%	80	190
落后国家	60	50	60	60	170	110	33.3%	40	150
两　　国	240	100	120	120	340	220	—	120	340

此表同前面的表的不同在于：两大类国家都有同一的平均利润率，不变资本分为所用的和所费的(这是不变资本中固定资本的特点，即固定资本如机器全部在使用，部分在消耗或折旧)，其差额是发达国家的较大，一个国家中内部再不分为不同的生产部门，或者说将一个国家视为一个生产部门，这样，两大类国家所费的不变资本，所用的可变资本和剩余价值，亦即商品的价值完全相同，但所用的不变资本不同，一为 180，另一为 60，但要根据所用的不变资本加上可变资本计算平均利润，因此，尽管两国的商品价值相同，而所用不变资本多的，即发达国家的商品，生产价格高于价值，落后国家的则相反。两者交换，在生产价格相等的背后，价值或劳动量却是不等的。其实，这也是资本有机构成不同所导致的。

伊曼纽尔称这种交换为广义的不平等交换。此外，还有狭义的不平等交换。我根据他的基本思想，在技术上作些修改(见表 2-5)。

表 2-5　发达国家和落后国家交换商品的经济内容(包括广义和狭义的不平等交换)

国家类别	所用不变资本	所费不变资本	新创造价值分解为		价值	生产成本	平均利润率	生产价格
			可变资本	剩余价值				
发达国家	140	50	100	20	170	150	30%	222
落后国家	140	50	20	100	170	70	30%	118
两　　国	280	100	120	120	340	220	—	340

骤然看来,这个表似乎是不可理解的。主要问题是:资本有机构成为什么发达国家的反而比落后国家的低些。因为从比值看,140∶100 低于 140∶20,但根据上面讲过的道理,就可以理解这个表深刻的社会意义和经济内容。伊曼纽尔认为,此表表明,落后国有的工业,使用的技术设备同发达国家的一样,即所用和所费资本都相同,创造的价值也相同,但这价值分解为可变资本和剩余价值的比例却不相同,这说明落后国家使用现代化的技术设备,但远远得不到现代化的消费(低工资)。其结果,在国际生产价格形成中,落后国家的一部分剩余价值就送给发达国家了。这种情况,随着发达国家向落后国家输出生产资本,就地生产高技术的产品而日益严重。

由于这样,伊曼纽尔就大声疾呼:落后国家对出口的商品要征税,以此截留那部分白白送给发达国家的剩余价值。因种种原因,这个办法没有实行。

(五) 刘易斯对发展中国家赶上发达国家的战略的看法

根据刘易斯的理论,发展中国家的经济由两个部门组成:一是按照现代方式组织而以先进技术进行生产的资本主义部门,一是按照传统方式组织而以落后技术进行生产的农业部门。传统的农业部门存在着隐蔽性的失业,随着妇女劳动力的解放和人口的迅速增长,劳动力的供给就是无限的。在这情况下,经济发展的关键在于资本的积累。资本积累的主要来源是国内储蓄,而国内储蓄的主要来源是利润。所以,经济的发展过程,就是资本主义部门相对地不断扩大,利润在国民收入中的比例不断增加的过程。这个过程一直延续到劳动力短缺，工资不得不上升时为止。与此同时，资本主义工业的发展，又随着农业革命而进行。在这过程中，由于两种革命互相影响，农业部门也慢慢地现代化了。

以上谈的是发展中国家本身的经济增长过程。在这基础上，刘易斯还探讨发展中国家怎样才能赶上发达国家的问题。

他根据经济史指出：发达国家控制发展中国家增长速度的主要环节是贸易。当发达国家增长较快时，其进口的增长速度也加快，而发展中国家就出口得更多。在1873—1913年，世界初级产品贸易的增长速度是发达国家工业增长的0.87倍。在1973年以前的20年中，这种关系也恰好是这样。更有趣的是：在100年间，这种关系在数量上是完全相同的。这意味着，如果增长的引擎是发达国家的工业生产和发展中国家的初级产品出口，那么，发达国家的引擎就比发展中国家的引擎转动得略微快一些，前者为1，后者则为0.87。

他认为，当转动较快时，预期的贸易条件会更有利于发展中国家（虽然这种情况在1973年以前25年中没有出现）。由于市场繁荣，因而发展中国家面向国内市场的工业化加快。发达国家放松对制造品进口的壁垒，所以这种贸易也加快了。外国资本流入发展中国家的采矿业和制造业等部门。发达国家接纳更多的移民，这使发展中国家在繁荣时期收到的侨汇也更多。

由于以上所说的一切，包括工业生产在发展中国家比在发达国家增长较快这一事实，在1973年以前的25年中发展中国家和发达国家的国内生产总值增长速度大致相同，即每年是5％左右。但是，发展中国家人口增长较快，因此两者的人均产值增长率就有很大的差距，即发达国家大约为4％，而发展中国家则为2.5％。这就是说，发展中国家在绝对增长时，就人均收入而言，同发达国家的差距在拉大。

有什么办法缩小这种差距呢？刘易斯认为，如果它们都与同一增长率相联系的话，人们又怎能做到这一点呢？或者人们可以设想，从保护环境、爱护资源、增加生活中的悠闲等出发，发达国家的增长就应该降低。但是，如果这样做，发展中国家的增长也会降低，而且由于贸易条件变得更不利于发展中国家，它们的处境将是最糟的。在这种联系已存在了很久的条件下，发达国家应当尽可能迅速地增长，这才是对发展中国家有利的事。因此，他严肃地提出问题：发达国家增长速度可能会出现什么情况？即使面临发达国家增长下降的情况，发展中国家也能维持迅速的增长吗？

他以发达国家的增长减缓为前提进行分析。他假定，发展中国家想使其国内生产总值每年增加6%，这就需要使它们的进口每年增加6%。这种联系是从另一个假设得来的：虽然发展中国家作为一个集团或共同体，变得更加自给自足，但是，个别的发展中国家或许因本身太小而不能做到这一点。出口增长率与国内生产总值增长率是否相同这一点并不重要，重要的是发展中国家的出口增长率要大大高于发达国家从发展中国家进口的增长率。他假定发展中国家需要使出口每年增加6%，而发达国家从发展中国家的进口每年只增加4%。问题是怎样使这两个增长率协调起来。

他说：在理论上有一个简单的办法，就是使发展中国家在发达国家进口中占的份额日益增长。但这是不可能的。因为前者向后者增加初级产品的出口，就要后者增加对这种产品的需求。但这是一种物量方面的联系，不大受价格变动的影响。退一步说，降价以增加出口，则使收入减少，提高出口价格，则使产量减少，而且这样做，也没有把握。

工业制品的情况又如何？他指出：这种产品在不属于石油输出国组织的发展中国家的出口中将近占40%，并且是它们增长最快的出口。那么，是否只要增加这种产品的出口，以代替初级产品，就能使问题解决呢？他认为不可能。因为发达国家在繁荣时才愿意让工业品进口，那时它们有许多正在发展的工业部门，可以接纳由于进口而失去工作的人们。我们既然假定发达国家的增长速度缓慢，这就排除了这种可能性。

他还郑重地指出：从个别发展中国家看，只要拥有资源和保持灵活性，它总能向发达国家出售更多的产品。可是这样一来，它们就取代了其他的发展中国家的贸易了。一个国家能做到的事，并不是所有国家都能做到。

这样，问题就只有一个解决办法了。如果发展中国家的出口每年要增长6%，而对发达国家的出口每年只能增长4%，那么，向其余世界(假定比重为7∶3)的销售量就必须在开头每年增长11%左右。向社会主义国家出口是其中之一。但他认为，它们能够向发展中国家购买更多的货物，但是不肯这样做。这样，发展中国家就只有加速它们互相之间的贸易，才能解决这问题。这就是说，加强南南结盟，就能解决问题。

南南结盟在拉美、中非、东南亚已经存在。为了使发展中国家以自己的力量保持高速度的发展，刘易斯认为要解决三个问题。

第一，要遵循关税同盟的路线，各发展中国家对来自其他发展中国家的进口产品要给予优待。要做到这一点，就要克服许多矛盾。例如，它们之间的经济水平相差很大，较先进的和较不先进的相比，前者有较多的轻工业部门，后者便感到遭受了关税同盟的剥削。于是，同盟要存在下去，就要用巨资来补助较不先进的国家。这是很难达成协议的。

第二，要实行某种收入政策，这种政策能使发展中国家的商品在价格上同发达国家有竞争能力。当价格不再具有竞争能力时，货币贬值就是不可避免的，但双方都这样做时，这就不起作用了。这时，唯一的补救办法就是实行某种收入政策，从成本方面使价格具有竞争力。这就涉及阶级利益，实行起来是很困难的。

第三，要实行某种清算协定，这种协定能使发展中国家之间不必用一种或多种发达国家的货币来进行交易。他认为也许国际货币基金组织能解决这问题。

他指出，发展中国家依靠自己的力量使经济迅速增长起来后，它们的主要商品也不能仅仅在政治基础上为邻国共同分享。这种新型发展中国家的贸易将是世界范围的，就同美国和西欧的贸易是世界范围的一样。

他还指出，如果有足够的发展中国家达到可以自行支持的增长，那么，我们就进入了一个新的世界。因为这意味着，不是贸易决定发展中国家的生产增长，而是发展中国家的生产增长决定它们的贸易。现在，没有很多的国家已经准备好去进行这种转变。印度显然有这种可能性。不是所有的发展中国家都有可能进行这种转变，这也不必要。因为，如果主要的发展中国家增长迅速，大量出口，那么，它们在某种程度上就会代替发达国家以前的迅速增长。对于那些使用中心和外围这种语言的人来说，这就意味着若干国家离开外围进入了中心。

他最后指出，这全部问题的困难在于：怎样通过对发达国家的贸易的依赖转变到对发展中国家市场的依赖，去维持6%的增长势头。在这一转变中，主要是工业化中的发展中国家，必须在彼此的市场上以及在其他的发展中国家的市场上建立自己的据点。还必须发生农业方面的变化，既为城市人口提供粮食,又为城市的商品和劳务提供日益扩大的市场。某些主要的发展中国家可能会较快地解决这个问题,例如巴西就是其中之一。

刘易斯认为依靠自身力量,南南结盟,发展中国家经济的增长就能比发达国家快些,赶上发达国家,他对此充满信心。

刘易斯这些看法,其原意只是对社会主义以外的发展中国家而言的,并且认为,社会主义国家不愿同这部分发展中国家发生贸易关系。这一看法是错误的。我们在前面已说明社会主义国家的对外贸易是包括不同社会制度的国家的。只要将这一论点去掉,我认为刘易斯的分析,是适用于包括社会主义国家在内的、作为一个整体的发展中国家的。

结语：世界经济发展的回顾与展望

我们的研究说明：出于同源的人类各族，其发展都经历了和将经历从公有制到私有制，再到更高级的公有制这样的社会经济发展过程。其中，从公有进入私有的过渡是农村公社，它具有两重性：既有公有因素，又有私有因素，既有为社会或集体的劳动，又有为家庭或个人的劳动。东方社会或地区，因自然条件的制约，进入私有制的社会后，这种农村公社仍大量存在下来。这使东方社会比西欧较早地进入奴隶制社会；也较早地进入领主封建制社会。尤其值得注意的是：东方或至少就中国而言，比西欧早了 1 000 多年进入地主封建制社会，其特点是土地可以买卖、农民可以离开土地，这原是产生资本主义的社会经济条件，但是，它反而使资本主义在东方难产。因此，海道大通时，在社会经济发展阶段上，东方落后于西欧。就是说，在世界史上，东方是早熟而其后落后。这是有其内因的。说到底，这就是由于在私有制的社会里，仍然存在着农村公社或其残余，由于它直接和间接的作用所致。同西欧发生大规模的固定的经济联系后，东方的发展由于受到外因的影响，就更为缓慢。

东方社会或地区普遍有过成为殖民地的历史。获得独立后，东方国家对不利于其发展的外因，可以运用主权与之斗争；而对内部原因则要有所认识，且不受私利的影响，努力革除，才能解决问题。这内部原因，直接间接，都与前资本主义的生产关系有关，推论到底，还是与在私有的社会里农村公社或其残余仍然存在，或发生作用有关。

我坚信，不管道路如何不同，世界经济总要发展为最高级的形态。这个形态就是既有公有、又有私有的高级的或新型的农村公社。在马克思和恩格斯看来，农村公社不仅在世界经济发展历史上发生过作用，而且在世界经济今后的发展中也起巨大的作用。

马克思分析资本主义积累的历史趋势时指出:“从资本主义生产方式产生的资本主义占有方式,从而资本主义的私有制,是对个人的、以自己劳动为基础的私有制的第一个否定。但资本主义生产由于自然过程的必然性,造成了对自身的否定。这是否定的否定。这种否定不是重新建立私有制,而是在资本主义时代的成就的基础上,也就是说,在协作和对土地及靠劳动本身生产的生产资料的共同占有的基础上,重新建立个人所有制。”①对马克思这一论述的理解一直有分歧。② 我认为,马克思谈的就是建立新型或高级的农村公社。这里说的:协作和对土地以及和生产资料的共同占有,在这条件下从事的集体劳动是为公的(不排除个人也能从中获得生活品),由个人或家庭占有的生产资料,在这条件下从事的是个体或家庭的劳动,完全是为了全面发展个人的。很清楚,这是新型的农村公社。

马克思这种理想社会观,在年轻时就产生了。1844 年,他说:“共产主义是私有财产即人的自我异化的积极的扬弃……这种复归是完全的、自觉的而且保存了以往发展的全部财富的。……它是人和自然之间、人和人之间的矛盾的真正解决……个体和类之间的斗争的真正解决。”③这里值得注意的是个体和类之间的斗争及其解决的提法。那时,他是从哲学的角度对矛盾加以分析后提出看法的。

我在这里想指出,毛泽东说:“我们的目标,是想造成一个又有集中又有民主,又有纪律又有自由,又有统一意志,又有个人心情舒畅、生动活泼,那样一种政治局面……”(《一九五七年夏季的形势》)。这是很符合作为新型农村公社的上层建筑的要求的。这里说的政治局面,原来指的是社会主义社会的,但我认为可能更适合于共产主义社会。

---

① 《马克思恩格斯全集》(第二十三卷),人民出版社 1972 年版,第 832 页。

② 恩格斯在《反杜林论》中,对这段话解释时说:对任何一个懂德语的人来说,这就是,公有制包括土地和其他生产资料,个人所有制包括产品即消费品。有人据此就认为这里说的个人所有制仅仅是指消费资料而言,把生产资料排除在外。这不符合恩格斯的思想。因为他明明说包括消费品,而不是仅仅是消费品。何况否定的否定规律在其提出者黑格尔那里,指的是“从单纯的规定性开始,而后继的总是愈加丰富和愈加具体。因为结果包含它的开端,而开端的过程以新的规定性丰富了结果”[黑格尔:《逻辑学》(下卷),杨一之译,商务印书馆 1976 年版,第 549 页]。在这里,开端是农村公社,生产资料既有共有,又有私有;而结果即新型或高级农村公社,如不包含生产资料的个人所有制,就不是开端以新的规定性丰富了结果,那就不符合由黑格尔提出的否定的否定规律的要求了。

③ 《马克思恩格斯全集》(第四十二卷),人民出版社 1979 年版,第 120 页。

正由于马克思的理想社会是建立新型的农村公社，所以，他对莫尔根在《古代社会》中这段论述十分赞同："人类的智慧在自己的创造物面前感到迷惘而不知所措了。然而，总有一天，人类的理智一定会强健到能够支配财富……社会的瓦解，即将成为以财富为唯一最终目的的那个历程的终结，因为这一历程包含着自我消灭的因素……这将是古代氏族的自由、平等和博爱的复活，但却是在更高级形式上的复活。"①恩格斯同样赞扬莫尔根这段话，其《家庭、私有制和国家的起源》一书就是以这段话来结束的。他也认为未来社会对原始社会是否定的否定。他说："未来的联合体将把后者（资本主义社会——引者）的清醒同古代联合体对共同的社会福利的关心结合起来，并且这样来达到自己的目的。"②

由于理想的社会是建立新型的农村公社，所以马克思晚年有过"跨越卡夫丁峡谷"的设想。这指的是：像俄国这样的大量存在农村公社，并有共同劳动习惯的社会，就不要破坏这种公有因素，而要在俄国革命和西欧无产阶级革命互相补充的条件下，即在必须吸收资本主义的一切肯定成果的基础上，农村公社就可以不必经过被破坏，再经过私有制社会的几个阶段，尤其不必经过发展为资本主义之后，即可以"跨越卡夫丁峡谷"，不经过这些灾难，就可以过渡到公有制的社会。就是说，利用资本主义已有的成就，建立比资本主义更高级的社会。这是马克思关于农村公社中的公有因素，直接发展为更高级的公有制社会的设想。

对于这一点，恩格斯补充说：发生在商品生产和私人交换以前的一切形式的氏族公社同未来社会只有一个共同点，就是一定的东西即生产资料由一定的集团公共所有和共同使用。但是，这一个共同特性并不会使较低的社会形态能够从自己本身产生出未来的社会主义社会，后者是资本主义社会本身的最后产物。每一特定的社会经济形态都应当解决它自己的、从它本身产生的任务；要处于较低的经济发展阶段的社会来解决只是处于高得多的发展阶段的社会才能产生的问题和冲突，这在历史上是不可能的。然而不仅可能和不可置疑的是，当西欧无产阶级取得胜利和生产资料转归公

① 《马克思恩格斯全集》（第四十五卷），人民出版社 1985 年版，第 397—398 页。

② 《马克思恩格斯全集》（第二十一卷），人民出版社 1965 年版，第 447 页。

有之后,那些刚刚踏上资本主义生产道路而仍然保存了氏族制度残余的国家,可以利用这些公社所有制的残余和与之相适应的人民风尚作为强大的手段,来大大缩短自己向社会主义社会发展的过程,并可以避免我们在西欧开辟道路时不得不经历的大部分苦难和斗争。但这方面必不可少的条件是:由目前还是资本主义的西方作出榜样和积极支持。①

① 《马克思恩格斯全集》(第二十二卷),人民出版社 1965 年版,第 502 页。

附录一　农村公社在社会发展中的作用

——马克思和恩格斯关于农村公社的论述*

社会发展的规律是从公有制社会发展为私有制社会(它有三种形式),再发展为公有制社会。(马克思的理想社会是公有制和个人所有制相结合,下面再说明。)农村公社是从公有制到私有制的过渡,它的私有因素和公有因素对其后的私有制社会,以及对从私有制社会发展为公有制社会,都发生作用。

(一) 农村公社的产生及其普遍性

农村公社的产生,同种植业从畜牧业中分离出来有关,也就是同种植业要求土地的使用要长期地落实到个人有关。恩格斯根据摩尔根在《古代社会》中的论述,将漫长的原始社会划分为两大时代,即蒙昧时代和野蛮时代,每一时代又分为低级、中级和高级三个阶段。两大时代的划分,以动物的驯养、繁殖和植物的种植,即以畜牧业和种植业的产生为标志。因为这一生产上的技能,对于人类的优越程度和支配自然的程度具有决定的意义;一切生物之中,只有人类达到了几乎绝对控制食物生产的地步。

恩格斯具体指出,农村公社产生于野蛮时代的中级阶段。他说:"园圃种植业大概是野蛮低级阶段的亚洲人所不知道的,但它在那里作为农田耕作的先驱而出现不迟于中级阶段。在图兰平原的气候条件下,没有供漫长而严寒的冬季用的饲料储备,游牧生活是不可能的;因此,牧草栽培和谷物种植,在这里就成了必要条件。黑海以北的草原,也是如此。但谷物一旦作为家畜饲料而种植,它很快也成了人类的食物。耕地仍然是部落的财产,最

* 原载于《复旦学报(社会科学版)》1999 年第 6 期,第 52—59 页。

初是交给氏族使用，后来由氏族交给家庭公社使用，最后便交给个人使用；他们对耕地或许有一定的占有权，但是更多的权利是没有的。”①

农村公社在各氏族中都是存在的，只是在东方它长期存在，在西欧则很早就消灭了。我们侧重从土地关系方面看一看农村公社是什么样的。这里以德国的马尔克为例来说明。莱姆斯在其《社会经济发展史》(1921 年)中指出：马尔克的经济基础是，凡是它的界限内的森林、草原、小溪、河川、池塘、湖沼、田园、道路和桥梁等都是公共的财产。它的界限是依森林、河川及湖沼的自然条件而构成的。每个家庭占有的土地，首先是建筑住所的地方，每个人可以选择他看中的地方做住所；耕种的土地，最初是经营野草的田园经济，后来才发展为三田制经济，即将一切农田分为三大份，在一年中，一份夏季播种，一份冬季播种，一份休种，以养地力。

由此可见，农村公社具有二重性或过渡性。因此，马克思说，农村公社有公有因素又有私有因素，“是原生的社会形态的最后阶段，所以它同时又是向次生的形态过渡的阶段，即以公有制为基础的社会向以私有制为基础的社会的过渡”②。

(二) 农村公社的存亡与奴隶社会的两种形式

农村公社的二重性或过渡性，还有一个表现，就是从没有阶级到慢慢地产生阶级。恩格斯指出，产生阶级的两条道路，都与农村公社有关。

一条道路是：农村公社的管理公共事务的职能演变为政治统治的职能，社会的公仆逐步变为社会的主人。(由于恩格斯认为国家是由管理公共事务的社会职能转化而来的，有的人就断言，他同马克思认为国家的本质是阶级统治的工具相对立。其实不然。恩格斯这里是论述国家的起源；而马克思也并没有认为国家不执行社会公共事务的职能。他说：政府的监督劳动和全面干涉包含两方面：包括执行一切社会的性质产生的各种公共事务，又包括由政府同人民大众相对立而产生的各种职能。③)这些公共事务不仅是一个公社内部的，而且包括处理公社之间的争端和冲突；由公仆变成主人包

① 《马克思恩格斯全集》(第二十一卷)，人民出版社 1965 年版，第 184 页。
② 《马克思恩格斯全集》(第十九卷)，人民出版社 1963 年版，第 450 页。
③ 《马克思恩格斯全集》(第二十五卷)，人民出版社 1974 年版，第 432 页。

括东方的总督或暴君，希腊氏族的首领，克特尔人的族长等。有的学者认为，公共职务的传统和处理部落间的冲突是东方文明社会产生的原因。这看法是片面的。原因可能是孤立地看重由于部落间的冲突而产生的家庭奴隶，而没有看到战争中的俘虏也可以成为个人的奴隶，更没有看到文献中分明有由此产生希腊氏族首领的说明。

产生阶级的另一条道路是：随着劳动生产率的提高，剩余生产物出现，就有可能吸收一个或几个外面的劳动力到家族中来，战争提供了这种劳动力。奴隶制就这样出现了。这种情况，在旧的土地公有制已经崩溃，或者旧土地共同耕种制已经让位给各个家族的小块土地耕作制的地方，就尤为常见。由于这样，有的学者认为这是希腊罗马古代社会产生的原因。其实，这也是东方古代社会产生的原因，就是说，战败的整个公社成为集体奴隶。

现在我们对奴隶制社会的两种形式，即希腊、罗马的劳动奴隶制和亚细亚的家庭奴隶制的产生进行研究，这与进入私有制社会后农村公社的大体消灭和大量存在有密切关系，而这又与农村公社所处的自然条件有关。在亚洲、非洲、东欧、美洲，尤其是其中的印度、俄国、印加和中国等，在私有制即阶级社会已经确立的条件下，农村公社仍然存在，尤其是其中的公有制仍然存在，尽管公社同外部的关系已发生变化，但公社内部的情况大体还是和从前一样。这种情况，西欧并不是没有，但很不明显，以致如果不是由于英国在印度的总督的报告提到印度到处都是自给自足的“共和国”(正如下面将要谈到的，它对英国商品的销售，是一种妨碍，所以总督的报告才提到它)，欧美(白人)学者根本不可能知道非西欧的这些社会组织，也不可能调查西欧是否有过和还有同样的社会组织。1832 年英国在印度的总督梅特加夫提出报告之前，西欧思想家以为私有制社会是天然的、历来如此的，即使是著有《论人类不平等的起源和基础》的大思想家卢梭，虽然认为土地私有是从被围耕过的土地开始，(正确的说法，应是从公社成员建屋的宅地开始)即暗含着曾经有过土地不是私有的时候，但这只是一种推论，并不是根据从公有制到私有制的历史事实，再加以科学的解释。这同我国先秦诸子，尤其是孟子，对此等事情言之凿凿，其中有的论述，简直酷似农村公社，有很大的不同。这种差别当然不能从思想家的个人修养和水平来解释，而应归之于社会条件的差异。由于报告的推动，欧美许多学者就开始调查和研究这类社会组织。结果发现西欧也有它的残余，以及从挖掘中发现它的原型，就是说，从印度到爱尔兰都存在着和存在过农村公社。但是，没有哪位学者能科学地解释西欧和非西欧有如此不同的原因。马克思和恩格斯用自然条件的不同来解释，我认为至今仍有重大的意义。

马克思认为，“那些通过劳动而实际占用的公共条件，如在亚细亚各民族中起过非常重要作用的灌溉河道，以及交通工具等等，就表现为更高的统一体，即高于各小公社之上的专制政府的事业。”①恩格斯在致马克思的信中说：“主要原因是在于气候，且与土壤的性质有关，尤其是与广阔的沙漠地带有关系，这些沙漠，从非洲撒哈拉起，经过阿拉伯、波斯、印度及蒙古，绵延到亚洲的最高的高原。这里的农业，主要地是建立在人工灌溉的基础上的，而这种灌溉却已经是村社、地方当局或中央政府的事。”②

马克思说，无论在埃及和印度，还是东方其他国家，都是利用泛滥来施肥，河中涨水则利用来灌溉。节省和共同用水是基本的要求。这种要求在西方，例如在佛兰德尔和意大利，曾使现代企业家结成自愿的联合，但是在东方，由于文明程度太低（同企业家比较而言）以及地域幅员太大，就不能产生自愿的联合，就要有集中统治的政府来干预，这些国家的政府就多了一个举办公共工程的职能。这种用人工方法提高土壤肥沃程度的制度，是依靠于中央政府的。马克思以印度为例说：这两种情况，即一方面，印度人民像东方各国人民一样，把作为他们农业和商业的基本条件的大规模公共工程交给中央政府去主持；另一方面，印度人民散处全国各地，因有农业和手工业相互间的宗法性的联系而聚集于各个细小中心点，这使印度从最古的时候起，就产生了一种特殊的社会制度，即农村公社制度，它使每一个这样的细小团体具有独立的性质，并使其陷于孤独存在的地位。这是马克思在 19 世纪 50 年代初期对印度农村公社产生原因的说明。从上述我们已看到，其实这只是包括印度在内的东方公社不易解体的原因，而不是产生的原因。因为前面已经说明，东方和西方同样存在过农村公社。

这样就形成两种不同形式的奴隶制：劳动奴隶和家庭奴隶制。马克思

① 《马克思恩格斯全集》（第四十六卷上册），人民出版社 1979 年版，第 474 页。

② 《马克思恩格斯〈资本论〉书信集》，人民出版社 1976 年版，第 82 页。

说的亚细亚生产方式指的就是家庭奴隶制，其特征就是农村公社大量存在，整个公社沦为集体奴隶，又有一个中央专制政府居于其上（这一点与原始社会中的农村公社相区别）。劳动奴隶制和家庭奴隶制这两种形式其所以都是奴隶制，恩格斯在《英国工人阶级的状况》美国版序言中作了深刻的解释，他说："在亚细亚古代和古典古代，阶级压迫的主要形式是奴隶制，即与其说是群众被剥夺了土地，不如说他们的人身被占有。"①可见亚细亚生产方式就是家庭奴隶制，应该是很清楚了。

（三）农村公社的氏族习惯使日耳曼封建社会充满生机

奴隶制社会由于必然发生的矛盾而衰落了。对生产毫无兴趣的奴隶必然要释放。但是奴隶社会的意识却认为，从事物质生产劳动只是奴隶的事情；而现在奴隶自由了，因而社会也就没有人从事物质生产劳动了。这就是说，奴隶制社会自己是没有出路的。恩格斯认为，解决这个危机的是处于氏族或农村公社阶段野蛮人的入侵；在罗马奴隶制社会荒芜的城乡中产生的新社会之所以充满生机，是由于征服罗马的日耳曼人的野蛮性。这就是氏族或农村公社中的自由、民主原则以及妇女仍然保有的崇高地位和人们的血缘关系，总之，是野蛮人的精神，在封建社会取代奴隶社会时，给封建社会输入了新鲜的血液。

鉴于有些历史著作对灭亡罗马的日耳曼人社会组织的分析颇为混乱，这里有必要谈谈恩格斯的看法。他认为，公元1世纪日耳曼人渗入罗马时，是处于氏族制度阶段。氏族的迁移过程长达数百年，因而其组织就逐渐松懈，不同血缘的氏族就成为邻居，就是说组成地域性的公社。恩格斯说：日耳曼人在罗马时代在他们渗入的土地上的居住区，以及后来在他们从罗马夺取的土地上的居住区，不是由村落组成，而是由包括许多世代的大家庭公社所组成，这种大家庭公社耕种着相当大的地带，又和他们的邻居一起，使用四边的荒地，像一个共同的公社。② 5世纪日耳曼灭罗马，将罗马2/3的土地，拿来自己分配，作为奖赏。分配是依照氏族制度的秩序进行的；由于征

① 《马克思恩格斯全集》（第二十一卷），人民出版社1965年版，第387页。

② 参见《马克思恩格斯全集》（第二十一卷），人民出版社1965年版，第161页。

服者的人数比较少，广大的土地未被分配，部分地归全体人所有，部分地归各个部落和氏族所有。各个民族用抽签方法，将耕地和草地平均分配给各户。个别份地变为可以出让的私有财产。森林及牧场未被分配，而归公共使用；它们的使用，以及所分得的耕地的耕种方式，是由古代的习惯及全体公社的决定来调整的。氏族在自己的村落里定居越久，日耳曼人和罗马人就越是逐渐融合，亲属性质的联系就越让位于地区性质的联系；氏族在马尔克公社消失了，但其成员间原先的亲属关系的痕迹还是很显著的。[①] 很清楚，这样的社会组织，不管名称有无变换，已经是农村公社了。恩格斯还指出：日耳曼人曾按氏族(genealoglae)住在多瑙河以南的被征服的土地上。这里使用的 genealoglae 一词，与后来的马尔克或农村公社的意义完全相同。由于这样，我们就应将恩格斯关于日耳曼氏族制度对欧洲历史促进作用的论述，看成是关于农村公社即马尔克之作用的论述。

恩格斯指出：使欧洲返老还童的，并不是日耳曼的特殊的民族特点，而只是他们的野蛮性，他们的氏族制度。这有以下几方面：他们个人的才能、勇武、爱好自由，将一切公共事务看成是自己的事务的民主主义，以及将生产看作是生活的一部分的本能，这从在氏族内部并没有权利和义务的差别，就可以看出来。例如，参加公共事务，实行血族复仇或接受赎罪，吃饭、睡觉和打猎，是权利还是义务：这类问题对印第安人来说，是荒诞的。正是这种意识，使日耳曼人取代罗马奴隶社会而建立的封建社会，充满了生机。他们的氏族习惯，他们的母权制时代的残余，革新了古罗马的一夫一妻制，缓和了男子在家庭中的统治权，给予妇女比古代世界任何时期所能有的更高的地位[②]。他们以马尔克形式保存了一部分真正的氏族制度，并将它带进封建社会，从而使被压迫阶级，即农民阶级，甚至在中世纪农奴制度的最残酷的条件下，具有能够形成地方性的团结及进行抵抗的手段，就是说，农奴虽然是个体劳动者，在生产过程中互不联系，但是氏族制度血缘关系的残

---

① 参见《马克思恩格斯全集》(第二十一卷)，人民出版社 1965 年版，第 171—172 页。

② 这里涉及中世纪领主在农奴结婚时对新娘具有的初夜权，是否意味着此时妇女地位突然降低了的问题。这其实是一种婚姻习俗的遗留。培培尔说："初夜权和原生的母权时代相关……自从古代家族制度消灭之后，这种习惯，变成新娘在新婚当夜，对同族男子开放。后来这种权利渐受限制，终归宗教的领袖或祭司所有。封建时代的王侯，因为对于所属领地的人民的权利关系，遂将此权收回己有。"(《妇人与社会主义》，沈端先译，开明书店 1949 年版，第 90 页)

余，使他们自然地按地区团结起来，对领主进行抵抗。从这方面看，无论是古代的奴隶阶级还是现代的无产阶级，都没有这种武器。

最后这一点，我认为十分重要。过去，我们研究中世纪的农民战争，显然没有考虑这样的问题：与奴隶和工人从事的是大生产，在生产中自然就发生联系，生产条件本身就将他们团结起来不同，农奴和农民是个体生产者，彼此在生产中不发生联系，他们怎么能团结起来进行斗争呢？恩格斯这里论述的氏族制度的残余，即血缘关系对他们起了团结的作用。中国的太平军就是这样。他们的重要将领和大多士兵，都是从中原南迁到两广的客家人，多半按同姓关系，数十乃至百余户住在一座庞大的土楼或称围屋里，每家住房结构和面积都相同。在漫长的中国封建社会里，住宅都是分等级的，唯独它们是绝对平均主义的。我个人认为，这是农村公社的残余。现在，闽西、赣南、粤东一带，仍存在着这种建筑，仍住着同族的居民。

我们不要以为，封建主义是由于罗马奴隶社会灭亡于日耳曼这一外因产生的。不是的。马克思说过：日耳曼封建的生产方式，是日耳曼这个征服民族和罗马这个被征服民族，发生一种相互作用，而产生的一种新的综合的生产方式。① 具体地说就是："趋于衰落的罗马帝国的最后几个世纪和蛮族对它的征服，使得生产力遭到了极大的破坏；农业衰落了，工业由于缺乏销路而一蹶不振了，商业停顿或被迫中断了，城乡居民减少了。在日耳曼的军事制度的影响下，现存关系以及受其制约的实现征服的方式发展了封建所有制。"②在这里要指出的是，日耳曼人的军事制度是受其正在瓦解的原始公社所制约的。日耳曼人作为"定居下来的征服者所采纳的社会制度形式，应当适应于他们面临的生产力发展水平，如果起初没有这种适应，那么社会制度形式就应当按照生产力而发生变化"，就是说，采取封建主义这种形式的社会制度，是接轨于奴隶制的，换言之，"封建主义绝不是现成地从德国搬去的；它起源于蛮人在进行侵略时的军事组织中，而且这种组织只是在征服之后，由于被征服国家内遇到的生产力的影响才发展为现在的封建主义的"。③

恩格斯又从农村公社的家庭个体经济，和奴隶制末期产生的隶农制的

---

① 参见《马克思恩格斯全集》(第十二卷)，人民出版社 1962 年版，第 161 页。

② 《马克思恩格斯全集》(第三卷)，人民出版社 1960 年版，第 27 页。

③ 同上书，第 83 页。

个体经济是相同的这一角度，来论述封建主义的产生。恩格斯说："以奴隶劳动为基础的大庄园经济，已不再有利可图；……现在小规模经营又成为唯一有利的耕作形式了。田庄一个一个地分成了小块土地……这种小块土地主要地却是租给隶农，他们每年缴纳一定的款项，附着在土地上，并且可以跟那块土地一起出售；这种隶农虽不是奴隶，但也不被认为是自由人，他们不能和自由人通婚，他们相互间的婚姻也不被认为是合法的，而是像奴隶的婚姻一样，只被看作是简单的同居。他们是中世纪农奴的前辈。"①

我国由周武王灭殷纣王开始建立的封建主义，情况和日耳曼灭罗马开始的封建主义十分相似。

（四）农村公社的平等原则与资本主义平均利润率

马克思认为，在资本主义自由竞争充分展开条件下，由价值和剩余价值转化而成的生产价格和平均利润，是资产阶级的共产主义。因为平均利润就是资产阶级"共"剩余价值之"产"。根据平均利润的实质，马克思指出："每100预付资本，不管它的构成怎样，每年或在任何期间得到的利润，就是作为总资本一个部分的100在这个期间所得的利润。就利润来说，不同的资本家在这里彼此只是作为一个股份公司的股东发生关系，在这个公司中，按每100资本均衡地分配一份利润。"②在这里，每100资本就等于一个农村公社成员的权利，资本按比例分配到的利润，就等于公社成员按权利分配到的份地。可见，资本平均利润率是农村公社平等原则的体现。

恩格斯发挥了马克思的思想，他指出，相等的利润率，在其充分发展的情况下本来是资本主义生产的最后结果之一，而这里在其最简单的形式上却表明是资本主义的历史出发点，甚至是马尔克公社直接生出的幼枝。

恩格斯从中世纪的商业开始分析。他说："中世纪的商人决不是个人主义者；他像他的所有同时代人一样，本质上是共同体（即公社——引者）的成员。在农村，占统治地位的是在原始共产主义基础上成长起来的马尔克公社。……每个农民都有同样大小的份地，其中包括面积相等的各种质量的

① 《马克思恩格斯全集》（第二十一卷），人民出版社1965年版，第169—170页。

② 《马克思恩格斯全集》（第二十五卷），人民出版社1974年版，第177—178页。

土地，并且每个人在公共马尔克中也相应地享有同样大小的权利。”他还说：“自从马尔克公社变为闭关自守的组织，没有新的土地可以分配以来，份地由于继承遗产等等原因而发生了再分割，与此相适应，马尔克的权利也发生了再分割；但是，由于仍旧以每份份地作为一个单位，结果产生了二分之一、四分之一、八分之一的份地，以及相应地在公共马尔克中分享二分之一、四分之一、八分之一的权利。以后的一切同业公会（手工业行会和商业行会——引者），都是按照马尔克公社的样子建起来的，首先就是城市的行会，它的规章制度不过是马尔克的规章制度在享有特权的手工业上而不是在一定的土地面积上的应用。”他还指出：“以上所说也完全适用于经营海外贸易的商人公会。”①这就是：每个民族都在各自的商场建立完整的商业公会；它们主要是为了对付竞争者和顾客；按照相互商定的价格来出售商品；商品都有一定的质量，要经过公开的检验并且往往盖上印记作保证；还共同规定了向当地居民购买产品时支付的价格；等等。就是说，商人有意识地和自觉地使这个利润率对所有参加者都是均等的。对大贸易公司来说，利润要按投资的大小来分配是理所当然的事情，就像马尔克的权利要按份地的大小来分配一样。

（五）马克思对农村公社历史作用的辩证看法

关于在私有制的社会里仍然大量存在的农村公社，在社会发展中起妨碍还是促进作用，马克思在 19 世纪 80 年代的看法和 50 年代的看法，有很大的不同。当一个社会还不具备向共产主义社会过渡时，他认为农村公社的存在会妨碍社会的发展。他说：“这些自给自足的公社不断地按照同一形式把自己再生产出来，当它们偶然遭到破坏时，会在同一地点以同一名称再建立起来，这种公社的简单的生产机体，为揭示下面这个秘密提供了一把钥匙：亚洲各国不断瓦解、不断重建和经常改朝换代，与此截然相反，亚洲的社会却没有变化。这种社会的基本经济要素的结构，不为政治领域中的风暴所触动。”②这是因为，这些公社既进行农业生产，又进行手工业生产，两者密

① 《马克思恩格斯全集》（第二十五卷），人民出版社 1974 年版，第 1019—1020 页。

② 《马克思恩格斯全集》（第二十三卷），人民出版社 1972 年版，第 396—397 页。

切地结合起来，自给自足程度很高，这种自然经济妨碍生产力的提高，对外来的影响，有极强大的抗拒力，不易被破坏，因而阻碍社会发展。

印度的情况就是这样。1853 年，马克思根据历史唯物论指出，由于宗教的对立、部落的对立、种姓的对立、社会成员普遍相互排斥和相互隔离等，印度免不了是要被人征服的。相继征服过印度的阿拉伯人、土耳其人、鞑靼人和莫卧儿人，总是不久就被印度人同化了。野蛮的征服者自己总是被那些受他们征服的民族的较高文明所征服。这是一条永恒的历史规律。不列颠人是第一批文明程度高于印度文明的征服者，所以印度的文明就影响不了他们。

英国人对印度的破坏，最重要的是破坏了印度社会的基础：农村公社。马克思指出：与其说是由于英国的税吏和士兵的粗暴干涉，倒不如说英国的科学即蒸汽机和经济即自由贸易造成的结果，具体地说是英国产业革命产生的便宜纺织品将印度公社的基础——手工业彻底摧毁，才将印度公社摧毁的，是经济力量将农村公社摧毁的。从 1818 年到 1836 年，英国向印度输出的棉纱增长的比例是 1∶5 200。在 1824 年，输入印度的英国细棉布不过 100 万码，而到 1837 年就超过 6 400 万码。在这同一时间内，达卡的人口却从 15 万人减少到 2 万人。印度纺织工的白骨遍布各地。

对于这样的事件，马克思深沉地说，从纯粹的人的感情上来说，亲眼看到这无数勤劳的宗法制的和平的社会组织崩溃、瓦解、被投入苦海，亲眼看到它们的成员既丧失自己的古老形式的文明，又丧失祖传的谋生手段，是会感到悲伤的。但是我们不应忘记：这些田园风味的农村公社不管初看起来怎样无害于人，却始终是东方专制制度的牢固基础；它们使人的头脑局限在极小的范围内，成为迷信的驯服工具，成为传统规则的奴隶，表现不出任何伟大和任何历史首创精神。我们不应该忘记那种不开化人的利己性，他们把全部的注意力集中在一块小得可怜的土地上，静静地看着整个帝国的崩溃、各种难以形容的残暴行为和大城市居民的被屠杀，就像观看自然现象那样无动于衷。至于他们自己，只要某个侵略者来照顾他们一下，他们就成为这个侵略者的无可奈何的俘虏。我们不应该忘记，这种失掉尊严的、停滞的、苟安的生活，这种消极的生活方式，在另一方面反而产生野性的、盲目的、放纵的破坏力量，甚至使惨杀这样的事情在印度斯坦竟成了宗教仪式。

我们不应该忘记：这些小小公社身上带着种姓划分和奴隶制度的标记；它们使人屈服于环境，而不是把人提升为环境的主宰；它们把人的自动发展着的社会状况转化成由自然预定的一成不变的命运，因而造成野蛮的崇拜自然的迷信，身为主宰自然的人竟然向猴子哈努曼和牡牛撒巴拉虔诚地叩拜，从这个事实就可以看出这种迷信是多么残害人了。

正是基于这种理性的分析，马克思科学地指出：英国破坏了印度这种小小的半野蛮半文明的公社，“结果，就在亚洲造成了一场最大的、老实说也是亚洲历来仅有的一次社会革命”①。因为只有这样，印度或者亚洲的历史才能发生变化，才能发展。所以，他总结地说：“英国在印度斯坦造成社会革命完全是被极卑鄙的利益驱使的，在谋取这些利益的方式上也很愚钝。但是问题不在这里。问题在于，如果亚洲的社会状况没有一个根本的革命，人类能不能完成自己的使命。如果不能，那么，英国不管是干出了多大的罪行，它在造成这个革命的时候毕竟是充当了历史的不自觉的工具。”②

马克思进一步指出：在大不列颠本国现在的统治阶级还没有被工业无产阶级推翻之前，或者在印度人自己还没有强大到能够完全摆脱英国的枷锁以前，印度人民是不会收到不列颠资产阶级在他们中间播下的新的社会因素的果实的。但是无论如何我们都可以满怀信心地期待，在多少是遥远的未来，这巨大而诱人的国家将复兴起来。

19 世纪 80 年代，马克思晚年时候对农村公社的作用问题的看法有很大的变化。他认为，像俄国这样大量存在着农村公社，并有共同劳动习惯的社会，就不要破坏这种公有因素，因为在俄国革命成为西欧无产阶级革命的信号，并且两者相互补充的条件下，以及在西欧为俄国提供集体劳动的一切手段，即在取得先进技术和利用资本主义已有成就的条件下，农村公社就可以不必经过破坏，不必经过私有制社会的几个阶段，尤其不必经过发展为资本主义之后，才过渡到公有制社会，即可以跨越“卡夫丁峡谷”。这是马克思关于农村公社的公有因素，直接发展为更高级的公有制社会的设想。正因为马克思有跨越“卡夫丁峡谷”的设想，所以他晚年对英国破坏印度农村公社

---

① 《马克思恩格斯全集》(第九卷)，人民出版社 1972 年版，第 148 页。

② 同上书，第 149 页。

的看法有很大的变化。他认为英国在印度消灭公有制，建立私有制，不是使当地人民前进，而是使他们后退。

马克思的理想社会就是新型的农村公社。他分析资本主义积累的历史趋势时指出："从资本主义生产方式产生的资本主义占有方式，从而资本主义的私有制，是对个人的、以自己劳动为基础的私有制的第一个否定。但资本主义生产由于自然过程的必然性，造成了对自身的否定。这是否定的否定。这种否定不是重新建立私有制，而是在资本主义时代的成就的基础上，也就是说，在协作和对土地及靠劳动本身生产的生产资料的共同占有的基础上，重新建立个人所有制。"①对马克思所说的重新建立个人所有制的理解一直有分歧，这里不拟涉及。我认为，马克思谈的就是建立新型或高级的农村公社。这里说的：协作和对土地以及对生产资料的共同占有——在这条件下从事的集体劳动是为公的（不排除个人也能从中获得生活资料），由个人或家庭占有的生产资料——在这条件下从事的是个体或家庭的劳动（生产生活资料），完全是为了全面发展个人的。很清楚，这是新型的农村公社。

马克思这种理想社会观，在他年轻时就产生了。1844 年，他说："共产主义是私有财产即人的自我异化的积极的扬弃……这种复归是完全的、自觉的而且保存了以往发展的全部财富的。……它是人和自然之间、人和人之间的矛盾的真正解决……个体和类之间的斗争的真正解决。"②这里值得注意的是个体和类之间的斗争及其解决的提法。那时，他是从哲学的角度对矛盾加以分析后提出看法的。

正由于马克思的理想社会是建立新型的农村公社，所以，他对摩尔根在《古代社会》中这段论述十分赞同："人类的智慧在自己的创造物面前感到迷惘而不知所措了。然而，总有一天，人类的理智一定会强健到能够支配财富……社会的瓦解，即将成为以财富为唯一的最终目的的那个历程的终结，因为这一历程包含着自我消灭的因素……这将是古代氏族的自由、平等和博爱的复活，但却是在更高形式上的复活。"③恩格斯同样赞扬摩尔根这段话，其《家庭、私有财产和国家的起源》一书就是以这段话来结束的。

---

① 《马克思恩格斯全集》（第二十三卷），人民出版社 1972 年版，第 832 页。
② 《马克思恩格斯全集》（第四十二卷），人民出版社 1979 年版，第 120 页。
③ 转引自《马克思恩格斯全集》（第四十五卷），人民出版社 1985 年版，第 397—398 页。

* * *

农村公社理论是马克思主义的重要内容之一。它科学地说明农村公社的二重性，即从公有制的社会中产生私有制，而在农村公社中二者并存——既有公有、又有私有，既有为公为集体的劳动、又有为个人为家庭的劳动；其中的私有制发展为三种继起的私有制，即奴隶制度、封建制度和资本主义制度，这三种在社会生产中占统治地位的、以奴役他人劳动为基础的私有制，是对农村公社的否定——既是对其中的公有制的否定、又是对其中的以个人或家庭劳动为基础的私有制的否定；由农村公社公有制和私有制分别产生的意识能延续下来，并在不同的私有制社会里产生巨大的作用；在私有制社会中，仍大量存在的农村公社，在社会发展中具有独特的作用；最终取代私有制社会的未来社会是高级的或新型的农村公社，这里既有生产资料的公有制，以及为集体的共同劳动，又有生产资料的个人或家庭所有制，以及为了全面发展个人的个人或家庭的劳动，这既是对私有制社会的否定，又是对原始农村公社否定的否定。这就是农村公社在社会发展中的作用。

附录二　剩余价值规律在资本主义发展各个阶段上的具体形式*

剩余价值生产是资本主义生产方式的绝对规律，它和资本主义共存亡。但是剩余价值规律却是过于一般的规律，因为剩余价值本身是抽象的。在资本主义生产关系下，工人好像不是出卖劳动力而是出卖劳动，因而劳动力的价格就被歪曲为劳动的价格或劳动的报酬，就转化为工资。既然全部劳动在工资形态上表现为都是有给的，无给劳动生产的剩余价值就必然好像不是由劳动产生的，而好像是由资本产生的，并且好像是由全部垫支资本产生的。这样，剩余价值就转化为利润，剩余价值和全部垫支资本之比就是利润率。在这意义上说，剩余价值规律就是利润的产生和增殖的规律。但是利润一般还是抽象的；它还要转化为产业利润、商业利润、利息和地租。所以剩余价值规律只表明利润、利息和地租的共同实体和源泉，而剩余价值本身却要具体化在各种形式之中。在剩余价值转化为各种剥削收入的具体形态的过程中，利润居于支配的地位。在整个资本主义时期中，由于剩余价值转化为利润的条件不同，利润的具体形态不同，剩余价值规律的具体形式也就不同。

(一) 剩余价值规律在简单协作阶段的具体形式

资本主义是在封建社会内部产生出来的。在资本主义产生以前，商业资本和高利贷资本就已经存在了。商人活动的动机和目的是获取利润。组织在行会中的商人按照平均权利和平均义务的马尔克原则，用同一的价格购买和出售商品及支付运输费用，从而保证商业利润成为均等的。中世纪

* 原载于《复旦学报(社会科学版)》1956 年第 1 期，第 111—133 页。编入时有删改。

的利息是离开商业利润而存在的，并且由不同的规律决定；高利贷没有一般的利息率。

封建主义向资本主义的过渡是通过两种方式实现的：生产者成为资本家和商人成为产业资本家。

封建主义末期的商品生产分化出资本主义。在商品生产不发达的时候，行会能够限制手工业者的竞争和分化。手工业者行会的种种限制，如工作日长度、工艺规程、帮工和学徒人数的限制等，使它的生产目的不可能是发财致富，使它的师傅不能变为资本家①，因而利润的范畴对这种生产来说是不存在的。随着商品生产的发展，竞争愈趋激烈，行会的限制终于变成有名无实的，其后也就废除了。于是工作日延长了，帮工和学徒的人数增加了，量变成为质变，最富裕的师傅成为资本家，贫苦的师傅、帮工和学徒成为雇佣工人，资本主义产生了。

商业资本在促进资本主义的产生上有过重大的作用。最初的商业利润是靠不等价的交换而产生的，是让渡利润。逐渐地，商人从定期购买小生产者的产品的包买商变成发原料和酬金给小生产者而把产品拿去的发货人，再从发货人变成连生产工具也供给劳动者的产业资本家，小生产者就变成完全的雇佣工人，资本主义产生了。

商人参与这个过程的目的是获取较高的利润，这是有可能的。作为发货人的商人的特征是购买暂时还有生产工具但已经不再有原料的劳动力。如果说，从前的商业利润只是小生产者的部分的剩余劳动，现在的商业利润则是全部的剩余价值了，甚至是工资的克扣。这是封建主义的利润到资本主义的利润的过渡，是剩余价值生产的最初的开端。当然，为了加速资本周转和扩大销路，商人会比他的竞争者更便宜地售卖商品，以便获取超额利润。但是，这些竞争者也会变成发货人，于是超额利润就成为一般利润，利润率的均衡又恢复了。

这样，我们可以看到，封建主义的和向资本主义生产过渡中的利润率是均等的，这种均等的利润率是在流通领域内形成的。② 均等的利润是资本主

① 《马克思恩格斯全集》（第二十三卷），人民出版社 1972 年版，第 342 页。
② 《马克思恩格斯全集》（第二十五卷），人民出版社 1974 年版，第 320 页。

义的历史出发点之一。

资本最初是按照它在历史上遇到的技术条件来支配劳动的。这就决定了资本主义在工业中发展的最初阶段是简单协作。

资本主义的简单协作：第一，是以手工技术为基础的，因而它们之间的技术水平就不可能有很大的差别；第二，同时雇佣较多数的工人，因而同一生产部门的同量可变资本所推动的劳动是近于平均的①，生产的价值和剩余价值是近于均等的；第三，由于企业规模相差不远，无所谓大生产的显著的优越性：所有这些就使同一生产部门各个企业的利润率是近于均等的。但是，不同的生产部门，由于有不同的资本有机构成和周转时间（尽管其差别还是很小的），同量资本在同一时间内推动的活劳动量不等，生产的价值和剩余价值不等，因而利润率也就不等。

资本主义的简单协作不是一个历史时期。当我们把它当作资本主义的劳动协作的唯一形态来研究时，就意味着这时的资本主义还刚刚萌芽，封建统治还很牢固。简单协作的手工技术不能有效地排挤自然经济，因此市场是狭小的，统一的国内市场尚未形成。这样，资本的自由转移就受到很大的限制，生产部门之间也缺乏联系，不均等的利润率的平均化就受到很大的限制。

这时的资本主义既然还刚在萌芽，商业资本尚未屈服于产业资本，商业资本还是封建主义的，商业利润还不是产业利润的一部分。同样道理，这时还没有形成近代的信用制度和资本主义的大农生产，所以，利息和地租依然是封建主义的，还不是利润的一部分。

（二）剩余价值规律在工场手工业阶段的具体形式

工场手工业时期是资本主义在工业中发展的第二个阶段。依照马克思的说明，这时期大体上是16世纪中叶到18世纪末。工场手工业和简单协作不同之处是企业内部有了分工，从而有较高的劳动生产率。但是，它仍然是以手工技术为基础的，因而对手工业生产还没有决定的优越性。它一方面缓慢地摧毁城市手工业和农村家内手工业，另一方面又需要它们为其加工

---

① 《马克思恩格斯全集》（第二十三卷），人民出版社1972年版，第360页。

制造原料，从而又使手工业恢复起来。所以，工场手工业只能部分地征服国民生产，国内市场的开拓是非常缓慢的。工场手工业的迅速发展，在历史上是靠国外市场的开拓来促进的，殖民制度为它保证了市场。

分工的优越性与劳动者人数有很大的关系。在同一生产部门内，大的工场手工业企业比小的工场手工业企业有较大的劳动生产率和其他的经济优越性，因而部门内大小不同的企业的利润率就开始有了某种程度的差别。

和简单协作的资本主义企业相同，不同生产部门的工场手工业的利润率也是不等的，而且不等的程度会大些。因为市场扩大了，不同生产部门资本的流通时间会有较大的差别，同时生产工具的专门化又使不同生产部门的资本有机构成有较大的差别。这时的资本主义已经有了相当的发展，行会制度及其他封建限制就逐渐废除。但是，由于自然经济尚未完全破坏，统一的国内市场尚未完成，很大部分劳动力还相当牢固地束缚在土地上(这时的工人往往还有部分的个人经济)，因而生产资料和劳动力在生产部门之间的自由转移虽然较前增进了，但是尚未以社会为范围全部完全展开。这样，同一竞争地区内不同部门的工场手工业的利润率便有了较为显著的平均化趋势，但是全社会的一个统一的平均利润率还没有形成。

工场手工业的迅速发展假定着国外市场有了迅速的发展。这时的国外贸易是以国家为后盾的，具有垄断的和显著的劫夺的性质，利润率无疑是非常高的，但在这个范围内仍是趋向于平均的。① 国内市场的利润率还是历史地平均的。这种平均化的商业利润率对产业资本的利润率的平均化发生重大的影响。

工场手工业比与它同时大量存在的手工业有较高的劳动生产率，因而它的商品的个别价值是低于商品的社会价值的，它的利润率是高的。但是，为了有更大的销路和加速资本周转，它可以比竞争者更便宜地售卖商品。这时候，如果有高于已有的商业利润率的剩余价值，那就可以毫无顾虑地赠送给购买者。② 这样，它的利润率就和商业利润率近乎相等。这情况只有在工场手工业时期才是显著的，因为在简单协作时，资本主义商品的个别价值

① 《马克思恩格斯全集》(第二十五卷)，人民出版社 1974 年版，第 1022—1023 页。

② 同上书，第 1026—1027 页。

和手工业商品的个别价值没有很大的差别。

我认为，应该从上述意义去理解马克思的说明，才不致和下面就要谈到的恩格斯的说明相矛盾。马克思的说明是："平均利润和由它调节的生产价格，是在农村关系之外，在城市和工业的范围形成的。"①

表面看来，某些工场手工业的利润是很高的。这是因为，商业资本和工业资本间的最密切与不可分离的联系，是工场手工业的最突出特点之一。大的工场手工业大规模地购买原料和售卖产品，把原料高价转卖给手工业者，并低价收购他们的产品转手出卖。这样，它的利润实际上就包含有商业资本的利润和高利贷资本的利息。

资本主义发展的这一阶段，生产的社会化程度有了发展，近代信用制度开始形成，它和高利贷之间展开了激烈的斗争。新兴的资产阶级，在整个18世纪所发出的要求生息资本服从于商业资本和产业资本的呼声，就是这种斗争的反映。但是，由于封建主义的存在，高利贷就不会消灭。把利息一般地限制为利润的一部分，是资本主义机器生产确立了统治、近代银行制度形成后的事情。

国外市场、商业和工场手工业发展到相当高度，资本家租赁土地的现象就出现了，以资本主义方式经营的农业就形成了，封建主义的地租就逐渐变为资本主义的地租。资本主义的地租不可能是全部的剩余劳动，而只能是利润的一部分。但是，这时的地租不一定就是农产品价值超过生产价格的余额和个别生产价格与社会生产价格之间的差额。这是因为，第一，资本最初经营的农业部门是畜牧业，资本主义初期，羊毛工场手工业兴起，羊毛市场价格高涨至价值以上（如16世纪的英国），因而提供了一个可以转化为地租的较高的利润余额。但这个利润余额是市场价格高于价值的结果，而不是价值高于生产价格的结果。第二，资本最初经营的是有利的土地（这不等于说资本经营的土地必然是从优良地到劣等地），资本主义农业亦较大量存在的小农有较高的劳动生产率，因而有较高的利润，其中超过平均利润的差额可以转化为地租。但这超额利润不是较优生产条件的农业资本对劣等生产条件农业资本的超额利润，而是资本主义经营的农产品个别价值低于由

① 《马克思恩格斯全集》（第二十五卷），人民出版社1974年版，第902页。

小农生产条件决定的农产品社会价值的差额。一旦资本主义在农业中已广泛发展，资本主义的地租已经生根，它就只能限为农产品价值高于生产价格的超额利润和农产品个别生产价格低于社会生产价格的超额利润。这要到资本主义机器生产确立了统治地位后才成为普遍的。

简单协作和工场手工业时期都是以手工技术为基础的，还不可能从经济上彻底战胜封建主义，资本主义生产方式还没有居于统治地位，社会的性质还是封建主义的。封建主义的束缚，使资本完全自由的转移受到限制，全部资本生产的剩余价值还不能完全平等地在资本之间进行分配，利润率的不均等还是存在的，利息还没有限制为利润的一部分，地租还不是农产品价值高于生产价格、农产品个别生产价格低于社会生产价格的超额利润。

资本主义生产方式尚未居统治地位时剩余价值规律发生作用的形式和特点，粗略说来就是如此。

（三）剩余价值规律在机器大工业阶段的具体形式

资本主义在工业中发展的第三个阶段是机器时期。资本主义工业广泛地使用机器，是在资产阶级革命之后，由资本家追逐相对剩余价值所引起的。机器的高度劳动生产率，是资本主义经济彻底地战胜封建主义经济，并在社会生产中确立绝对统治地位的物质基础。这样，自然经济彻底地被扫除了，手工业者完全破产了，自由竞争充分展开了，统一的国内市场形成了，社会性质就由封建主义的变成资本主义的。这些经济条件对剩余价值规律的作用形式，发生重大的影响。

在使用机器生产的条件下，不同生产部门的资本有机构成是极不相同的，剩余价值率即使是相同的，等量资本仍然会推动极不等的活劳动，从而有极不等的利润率。即使资本有机构成和剩余价值率是相等的，不同生产部门的资本周转时间，由于市场的扩大和生产过程的深刻的技术变革，是极不相同的，因而可变资本在一年中生产的剩余价值量是不等的，从而年利润率也是不等的。如果商品按照价值出卖，不同生产部门的利润率必然是十分悬殊的。这样，资本的有机构成极高、周转时间较长的重工业就不能发展，从而资本主义也不能发展。但是，资本主义大工业生产本身会使问题解决。正如恩格斯指出的，“它还使不同商业部门和工业部门的利润率平均化为一个一般的利润率，最后，它在这个平均化过程中保证工业取得应有的支配地位，因为它把一向阻碍资本从一个部门转移到另一部门的绝大部分障碍清除掉。这样，对整个交换来说，价值转化为生产价格的过程就大致完成了”①。

资本主义生产的绝对统治，使商业资本完全服从于产业资本，商业资本当作社会资本一个部分参加剩余价值总额的分配，于是就有了一个更低的平均利润率。

这样，我们就可以看到，正如马克思所指出的，在科学的分析中，平均利润率的形成，是由产业资本及其竞争出发，然后再由商业资本的介入而被补充和修正。但是，历史过程却与此相反，商业资本的一般利润率是早就形成了的。②

现在我们来看看，在价值转化为生产价格之后，剩余价值规律和价值规律将采取怎样的变化了的现象形态。

按照价值规律的要求，商品交换是按照商品的价值量来进行的，剩余价值生产既然不能废弃这个规律，因而每一生产部门获得的剩余价值就应该和它生产的剩余价值相等。而剩余价值规律的要求是尽可能地使资本自行增殖，当自由竞争充分展开时，这个要求就成为：在机能中的资本，不论投在哪一部门，也不论它生产的剩余价值量的大小如何，要保证和每一个同样大的机能资本一样，实现同样大的剩余价值。这样的剩余价值就转化为平均利润。全部剩余价值和全部垫支资本的比例的百分数就是平均利润率；平均利润率取决于全部资本对全部劳动的剥削程度。商品的生产费用，加全部垫支资本按照平均利润率得到的平均利润，就是生产价格。生产价格是价值的变形，总生产价格等于总价值；生产价格的变化归根结底是由价值的变化引起的。平均利润率规律就是剩余价值规律在资本主义自由竞争时期的具体形式。价值规律由于服从了剩余价值规律的这种要求，就变形为生产价格规律。依据生产价格的学说，马克思解决了古典学派不能解决的价值规律的理论和平均利润的实际似乎是矛盾的理论上的困难。

---

① 《马克思恩格斯全集》(第二十五卷)，人民出版社 1974 年版，第 1027 页。

② 参见同上书，第 320 页。

平均利润率规律反映了资本主义进入自由竞争时期两大敌对阶级之间的关系，它揭露出无产阶级全体是受资产阶级全体所剥削的。正如马克思所说的，“我们在这里得到了一个像数学一样精确的证明：为什么资本家在他们的竞争中表现出彼此都是虚伪的兄弟，但面对着整个工人阶级却结成真正的共济会团体”①。因此，反对个别的资本家，并不能根本改变无产阶级的地位，只有推翻资产阶级和消灭资本主义制度，无产阶级才能得到解放。

在自由竞争的条件下，取得平均利润，这是保存资本的起码条件，平均利润是最低下的赢利。不能取得平均利润的企业，就无法进行正常的扩大再生产，在竞争中就被淘汰。在同一生产部门内，大小不等的企业的利润率是不同的。大企业可能获得超额利润，迅速扩大生产，从而把得不到平均利润、无法进行正常扩大再生产的小企业挤倒。同一生产部门的竞争使社会资本的有机构成普遍提高，平均利润率也就有下降的趋势。

平均利润，这是每一个按照社会平均条件发生机能的资本都能获取的。但是，如果资本的所有权和使用权相分离了，同一资本当作资本使用了两次（在借贷资本家手中当作借贷资本、在机能资本家手中当作产业资本和商业资本），但资本当作真正的资本来发生机能只有一次，它只生产一次利润，而两种资本的权利都要求利润。这样，利润就要在两种资本家之间进行量的分割，其比重由竞争决定。由于有这种量的分割，利润才在质上分割为利息和企业收入部分。在生产社会化程度相当高、近代信用制度已经确立的条件下，利息率一般是低于平均利润率的，利息是平均利润的一部分。

在自由竞争的条件下，如果某些生产部门和企业，由于存在着自然的和人为的垄断，妨碍了资本的自由流入，以致妨碍了这些部门生产的剩余价值参加平均利润的形成，超过了平均利润的剩余价值余额，不论形式如何，实质上都要转化为地租。资本主义农业中存在着土地作为经营对象的垄断和土地私有权的垄断，就使农业资本之间的超额利润转化为级差地租，农业资本由于有较低的有机构成而有较多的剩余价值，超过了工业资本平均利润的超额利润，就转化为绝对地租。这样，农业资本大体上都获得平均利润。

由此可见，在自由竞争条件下，尽管资本总是要求尽可能大地生产和实

---

① 《马克思恩格斯全集》(第二十五卷)，人民出版社 1974 年版，第 221 页。

现剩余价值,但它所得到的剩余价值,是和垫支资本成比例的。这样,资本主义的基本经济规律——剩余价值规律的具体形式就是平均利润率规律。

有人不同意这种看法。他们的理由是:(1)平均利润率的规律没有表明资本主义生产的目的,而且平均利润率还有下降的趋势;(2)平均利润率的规律似乎只反映了资本主义生产发展的个别过程,即剩余价值如何在资本家集团之间进行分配的过程。这种看法是不正确的,是没有理论根据的。

当然,资本主义生产的目的不是平均利润而是尽可能大的剩余价值或利润。但是,平均利润率规律的主要内容,并不是表明资本主义生产的目的是平均利润,而是表明资本主义尽可能大地获取利润,因而在自由竞争下,资本就流向利润率最高的部门,其客观结果则是利润率趋向于平均化。平均利润率之所以有下降的趋势,是因为每个企业都要获取超额利润,同部门的竞争使社会资本有机构成普遍提高的缘故。所以,利润率的平均化和利润率的下降趋势,都是在自由竞争条件下,资本要尽可能大地获取利润的结果。

平均利润率规律的定义应该包括了以下几个要素:资本主义的目的是获取尽可能大的利润;资本的有机构成和周转时间不同,等量资本在同时间内会推动极不等的活劳动,生产不等的剩余价值,有不等的利润率;在自由竞争充分展开的条件下,不等的利润率均衡为平均利润率。

同样不能认为平均利润率规律只在分配领域中发生作用。在资本主义自由竞争充分展开的条件下,只有能够保证获取平均利润的商品才被生产出来。生产不是由价格和价值之差,不是由特殊利润率本身的高低来调节的,而是由市场价格和生产价格之差,由特殊利润率和平均利润率之差来调节的。同样的,“商品不只是当作商品来交换,而是当作资本的产品来交换”①。因而,按照生产中耗费的社会必要劳动量进行交换已经不够了,现在在交换中,生产中所耗费的资本不仅要得到等价的补偿,而且要按照生产中所使用的资本量在剩余价值总量中得到与资本量成比例的一份。这就是说,平均利润率支配交换过程。

由此可见,那种反对平均利润率规律是自由竞争时期剩余价值规律的具体形式的意见,是不正确的。

---

① 《马克思恩格斯全集》(第二十五卷),人民出版社 1974 年版,第 196 页。

（四）剩余价值规律在垄断阶段的具体形式

资本主义的发展分为垄断前的和垄断的两个阶段。依据列宁的分析，自由竞争引起生产积聚，生产积聚到一定程度便自然而然地走向垄断。一方面，数十个巨型企业彼此易于成立协定；另一方面，又因企业规模宏大，使竞争受到阻碍，这就产生了垄断的倾向。资本主义从自由竞争向垄断的过渡，是19世纪中叶以后整个资本主义经济发展的矛盾准备好了的。垄断资本主义的形成，使剩余价值规律的具体形式发生了变化。

垄断是从自由竞争中生长出来的。但垄断不仅不消灭竞争，反而使竞争更加尖锐。竞争不仅用经济的手段来进行，而且用经济以外的手段来进行。从经济上进行竞争，归根结底就要提高劳动生产率和扩大生产，这就要把巨大的利润转化为资本。占统治地位的巨大企业的资本有机构成很高，平均利润率就有显著的下降趋势。在剧烈的竞争下，巨大企业的庞大的固定资本的精神磨损更加迅速，这就要有巨额的投资来进行更新。有下降趋势的平均利润率显然不能满足这种要求。在经济以外进行竞争，包括了收买、恐吓和暴力破坏等等，同样要有巨额的利润。这样，垄断企业就不能满足于平均利润和带有不固定性质的、比平均利润稍微高一点的超额利润，而要求最大限度利润。

获取最大限度利润的可能性是由垄断资本主义本身所产生的。既然垄断资本主义把最重要的生产部门、信用机构和原料都垄断了，不仅垄断了经济，而且还掌握了国家机关，不仅控制了本国的经济和政治，而且还控制了卷入资本主义世界经济体系的国家的经济和政治，垄断了殖民地和附属国，这样，它就不仅能够从经济上，而且还能借助于政治的力量来获取最大限度利润。

斯大林对垄断资本主义基本经济规律的主要特点和要求，作了这样的表述："用剥削本国大多数居民并使他们破产和贫困的办法，用奴役和不断掠夺其他国家人民、特别是落后国家人民的办法，以及用旨在保证最高利润的战争和国民经济军事化的办法，来保证最大限度的资本主义利润。"①

垄断资本主义获取最大限度利润的手段是和各种形式的垄断结合在一

---

① 斯大林：《苏联社会主义经济问题》，人民出版社1961年第4版，第19页。

起的。由于在生产上形成了垄断，并借助于国家机关把国内市场垄断起来，就能更残酷地剥削工人，用垄断价格出售商品来剥削消费者，并用低价收买产品高价出售商品来剥削小生产者。由于有了银行的垄断，形成了财政资本，就可以不通过商品生产和商品交换，而进行各种形式的金融活动来获取最大限度利润，如进行各种欺诈、有价证券投机、土地投机、各种抵押、创办新企业和改组、合并旧企业等等，以获取巨额的利润、利息和创业利润等等。财政寡头可以使国家机关执行有利于自己的政策，使国库为自己服务，如实行扩充军备、发展军火生产、增加税收、增发通货的国民经济军事化，并发动侵略战争，以降低工人和广大劳动人民的实际收入，剥夺他们的合法权利，保证垄断企业有丰厚的利润；甚至以各种补助金、奖金的名义把国家预算资金直接送给垄断资本家。对落后国家输出资本，一方面可以用直接兴办各种企业的办法获取比本国高得多的利润，另一方面也可以用奴役性贷款的办法获取高额利息并增加以垄断价格输出的商品。对殖民地和附属国的垄断，不仅能保证资本输出的安全和巩固国外市场，而且能够进行直接的财政剥削，低价收购原料，掠夺各种物资，并增强自己在竞争和战争冲突中的力量。

垄断价格在保证最大限度利润中有着十分重要的作用。由于垄断企业把某种商品的大部分产量掌握在自己手中，并通过政府机关阻止廉价的商品从国外输入，就能够人为地把商品的价格抬高至价值以上。垄断价格是由生产费用加垄断利润构成的，它的高度不是由主观决定的，因为它无论如何不能超过对这种商品的购买力的高度。垄断价格不是一种根据供求关系有计划地订出来的价格（因为竞争和生产无政府状态排除了计划价格的可能性），而是一种市场价格，是垄断企业人为地造成紧张的供求关系的结果。

最大限度利润的主要源泉是工人创造的剩余价值。在垄断资本主义条件下，工人被剥削的程度大大增加，劳动力价值的一部分往往转化为剩余价值。非垄断企业的部分利润也往往转到垄断企业中去。除剩余价值以外，小生产者创造的价值的一部分，甚至相当于生活费用的一部分，也成为最大限度利润的源泉。用垄断价格出卖商品，往往就等于把消费者的部分收入转到垄断资本家的腰包里。工人作为消费者同样受着沉重的剥削。国家机关用沉重的捐税和增发通货来削减劳动者的收入，以增加垄断资本家的利润。最大限度利润的源泉还包括了国民财富的再分配，把以前的劳动创造的价值转移到垄断资本家手中。①

最大限度利润和平均利润是不同的经济范畴。平均利润的源泉是工人创造的剩余价值，它是一般资本家都能获得的，它反映了资本家在剥削剩余价值中的平等关系，用马克思的话来说，是资本主义的共产主义；最大限度利润的源泉除了剩余价值以外，还有工资的扣除、小生产者创造的价值的一部分和国民财富的再分配，这只有垄断资本家才能获得，它的数量比平均利润大得多，它反映了资本对劳动者剥削的进一步加深，反映了资本家在对劳动者进行剥削中的不平等关系。

既然剩余价值规律已经进一步发展和具体化为最大限度利润的规律，垄断资本主义的再生产过程也就由这规律决定。这就使再生产的矛盾更加尖锐化。只有那些能够提供最大限度利润的商品才被生产出来，生产的发展越来越服从于这个狭隘的目的。不能获取最大限度利润的资本就成为过剩的资本。第二次世界大战前，帝国主义国家，一方面有大量的过剩资本，另一方面又有非常落后的农业的原因就在于此。生产发展的不平衡性大大加剧了。同时，劳动人民更加贫困了，因为他们不仅受一般的资本主义的剥削，而且还受垄断价格和国民经济军事化的压迫，他们的收入越来越少，他们的消费水平急剧地下降。市场问题极度尖锐化了，这使生产和流通的矛盾更加加深。垄断价格是剥削劳动人民的重要工具，但垄断价格归根结底又要由劳动人民来支付，就使纯粹流通费用因商品销售困难而空前增高。因生产和消费的严重矛盾而爆发的经济危机，由于生产发展不平衡性加剧、垄断价格的维持，而成为空前深刻和持久的了。

由生产聚积而引起的垄断统治，意味着生产社会化在资本主义的基础上达到了空前的高度和生产资料越来越集中在一小部分人的手中。巨大的企业使生产力有巨大发展的可能性，但垄断统治又严重地限制了生产力的发展。垄断资本主义的生产关系和具有社会性质的生产力严重地不相适合，生产关系一定要适合生产力性质的经济规律要求建立生产资料公有制

① 参见勒·敏捷里松：《论帝国主义基本经济规律几个方面》，译文见《经济译丛》1955年10月号，第99页。

和具有社会性质的生产力相适合。垄断资本主义为社会主义准备了完满的物质条件。垄断资本主义的基本经济规律把资本主义导致灭亡。

垄断资本主义的基本经济规律使资本和劳动间、帝国主义间、帝国主义和殖民地附属国间的矛盾日益尖锐化，无产阶级革命和殖民地附属国的解放运动结合在一起。帝国主义国家之间的矛盾，由于经济发展的不平衡而激发为战争并削弱了帝国主义，社会主义首先在一国获得胜利就有了可能。在资本主义薄弱的一环，工人阶级领导了农民首先起来推翻本国的资本主义，建成了社会主义。资本主义就是这样逐渐地崩溃下去的。历史进程已证明了这一点。

(五) 关于最大限度利润规律的两个问题

谈到平均利润率规律和最大限度利润规律是资本主义的基本经济规律(剩余价值规律在自由竞争和垄断统治阶段的具体形式)时，自然会发生以下两个问题。第一，说平均利润率规律是剩余价值规律的具体形式，这是完全可以理解的，因为平均利润不外就是均等地分配于资本之间的剩余价值。但是，一方面说，最大限度利润规律是剩余价值规律的具体形式，另一方面又说，最大限度利润的源泉不仅仅是剩余价值，这应如何理解？第二，在垄断统治阶段，既然剩余价值规律已具体化为最大限度利润规律，那么，平均利润率规律是否存在和发生作用?

先谈第一个问题。有人认为这个问题根本是不存在的。在他们看来，垄断资本剥削的无论是工人、是小生产者、是消费者、是奴隶、是农奴，剥削的都是剩余价值。不错，马克思在没有资本对雇佣劳动剥削的地方，也曾谈到剩余价值的剥削，如“从奴隶身上挤出的剩余价值”，和封建主义的“地租是剩余价值或剩余劳动的唯一的支配的和通常的形态”等。但这只是从假借的意义上说的，否则，马克思的剩余价值理论就失去它的科学意义了。所以，无论如何不应认为垄断资本剥削的都是剩余价值。

即使我们假定垄断资本剥削的都是剩余价值，问题还是不能就此解决。这问题是：马克思分析剩余价值的源泉时指出，它是工人创造的价值大于劳动力价值的超过额，而没有把其他因素包括在内；平均利润的实体也只是剩余价值，而不包括其他因素；最大限度利润规律既然是剩余价值规律的具体化，那为什么最大限度利润的源泉和剩余价值或平均利润的源泉有不同之处呢？其中的空隙应该加以说明。

这个问题应该从资本主义产生的条件和垄断资本主义产生的条件有何不同，从而资本主义剥削和垄断资本主义剥削除了有其共同基础外还有哪些不同的特点去寻求答案。

资本主义产生的条件是：生产资料集中在资本家手里，而丧失了生产资料的劳动者成为劳动力的出卖者。资本主义剥削区别于其他剥削形态的特点是剥削工人创造的剩余价值。当然，现实中的资本主义不仅剥削剩余价值，而且劫夺劳动力的价值；不仅剥削工人，而且剥削小生产者和消费者；不仅剥削资本主义生产方式下的劳动者，而且剥削非资本主义条件下的劳动者。大家知道，国外市场的开拓，商业战争和殖民制度对资本主义生产方式的产生和发展都起过极大的推动作用，马克思曾经用血与火的文字说明这一点，但他不仅没有把这些利润作为剩余价值源泉之一来说明，反而对类似的论断加以驳斥。为什么呢？因为这些因素和资本主义生产的联系，并不是最基本的而是次要的联系；因为这些因素都是以不同形式出现的劫夺，那是资本主义以前商业资本获取利润的方法，并不是资本主义特有的剥削方法。须知规律并不是现象的总和，而是现象中巩固的东西。马克思正是把这些非本质的因素加以舍象，在科学的劳动价值学说和劳动力成为商品的学说基础上，才揭露了剩余价值生产的秘密的。

垄断资本主义产生的条件是：在资本主义生产一般的基础上，资本主义世界经济体系已在形成。只有在这条件下，从自由竞争而产生的生产积聚才会引起垄断的产生。所以，不仅在实际上没有而且在理论上也没有一国的垄断资本主义。列宁曾明确地指出，资本主义已变成极少数“先进”国用殖民政策压迫，用财政资本扼制地球上大多数居民的全世界体系。① 垄断前和垄断的资本主义同样实行殖民政策，但“资本主义过去各阶段的资本主义殖民政策，同金融资本的殖民政策也是有重大差别的”②。既然对资本统治下的全部劳动的剥削是垄断资本主义形成的条件，那么，分析获取最大限度

① 参见列宁：《帝国主义是资本主义的最高阶段》，人民出版社1964年版，第6—7页。

② 同上书，第74页。

利润的办法和最大限度利润的源泉时，当然就不能把资本对非资本主义生产方式下的劳动的剥削这个因素抽掉。如果这样，那就等于把现象中的基本的东西抽掉了，揭露出来的“规律”当然是不存在的。阿·莫罗佐夫认为，垄断资本主义的基本经济规律是资本主义世界经济的基本规律[①]，这是十分正确的。

人们一定会问：垄断资本除了剥削剩余价值以外所获取的最大限度利润，不论其形式如何，实质上都是由劫夺而来的，它和资本主义以前商业资本获取利润的方法是相同的，那么，垄断资本主义剥削的特点何在呢？不错，这的确也是一种劫夺，但它无一不是通过垄断而进行的，是此前的劫夺所没有的。这就是垄断资本主义剥削的特点。

在这里，应该谈到斯大林的这个著名的论点：“必须把剩余价值规律具体化并加以发展，使之适应于垄断资本主义的条件，同时要考虑到，垄断资本主义所要求的不是随便什么利润，而正是最大限度的利润。这才会是现代资本主义的基本经济规律。”[②]一般经济学家对于把剩余价值规律发展起来适应于垄断资本主义的条件这个论点几乎没有什么阐述。依照我的初步体会，斯大林这个论点是指：应该适应于垄断资本主义的条件把新的因素加到剩余价值规律中，使它更确切地反映垄断资本主义的实质，从而发展起来具体化为最大限度利润规律。在科学发展的进程中，随着新因素的出现，把它加入与它有密切联系的规律中去，使这个规律发展起来，并在原有基础上以一个新的具体形态出现，这是常有的事。商品生产的所有权规律，由于剩余价值变为资本，而转化为资本主义占有的规律，便是一个例子。

再谈第二个问题。关于这个问题，勒·敏捷里松的论文[③]提出了极其有益的见解。他首先着重指出垄断资本主义获取最大限度利润的破坏交换规律和不破坏交换规律的两种方法。垄断资本主义用金融的、掠夺的和盗窃国库的方法获取最大限度利润时，根本就没有通过商品交换和价格机构。垄断资本主义用垄断丰富矿藏、肥沃土地、交通便利的土地以获取级差地

---

① 阿·莫罗佐夫：《序言》，载库钦斯基《资本主义世界经济史研究》，陈东旭译，生活·读书·新知三联书店1955年版，第9页。

② 斯大林：《苏联社会主义经济问题》，人民出版社1961年第4版，第30页。

③ 勒·敏捷里松：《论帝国主义基本经济规律的几个方面》，《经济译丛》1955年第10期。

租，以及用垄断技术发明的专利权、提高劳动强度以降低商品的个别价值获取超额利润，并使它们固定化为最大限度利润时，虽然是通过商品交换和价格机构来进行的，但这时的价格不会超过价值，这时构成最大限度利润的剩余价值余额本来就是不参加平均利润的形成的。以上两种情况都谈不上最大限度利润规律发生作用会不会使平均利润率规律的作用消失的问题。

但是，垄断资本主义获取最大限度利润的最重要工具是垄断价格，以垄断价格出售商品显然是违背了商品交换的等价原则的。这时，平均利润率规律是否存在并发生作用呢？勒·敏捷里松的回答是肯定的。他的论证如下：垄断价格不像生产价格那样是价值的变形，不是价格的内部规律；生产价格是垄断价格的基础、最低的界限和内部的界限；垄断价格既然是高于生产价格的并保证利润超过平均利润的市场价格，可见平均利润率规律的作用是依然存在的。

这个论断是可以商榷的。取决于全部资本对全部雇佣劳动的剥削程度的平均利润率，在历史上是先于最高利润率的。但垄断资本的形成，垄断资本之间及其与非垄断资本之间的不平等地位，使这样的平均利润率不能形成。不错，纯粹的垄断资本主义是没有的，非垄断企业各部门之间的竞争使它们的利润率趋向于平均化。但这已不是社会的平均利润率了，因为它显然已不是取决于全部资本对全部雇佣劳动的剥削程度的，甚至也不完全取决于非垄断资本对其雇佣劳动者的剥削程度，因为非垄断企业的一部分剩余价值已转到垄断资本家的腰包中去了。这样，既没有统一的平均利润率，也就没有生产价格。如果说，生产费用加上根据非垄断企业各部门的垫支资本（依照非垄断企业的平均利润率而不是社会的平均利润率）所获取的平均利润构成的价格是生产价格的话，那么，这个生产价格是另外一种范畴了，它不是价值的变形，因为这些非垄断企业的商品的生产价格总和与其价值总和并不相等。须知平均利润并不是一个数学的范畴，而是一个政治经济学的历史范畴，离开自由竞争的资本主义就没有平均利润及由它决定的生产价格。

垄断企业同样也没有作为价值变形的生产价格。勒·敏捷里松在这一点上仍然是正确的：最高利润率的本质是排斥利润率的平均化的。但是，垄断统治既然不消灭竞争，这就造成利润率平均化的趋势，因而同级的垄断组织的利润率是近于均等的，垄断程度最高的企业的利润率也最高。但是，可以用这些趋向于平均化的各级垄断组织的利润率来说明生产价格的形成吗？显然是不可以的。

由此可见，无论垄断企业和非垄断企业都不可能有价值变形的生产价格。这是当然的，因为价值之转化为生产价格，是资本主义自由竞争展开，从而资本不是按照它生产的剩余价值来占有剩余价值，而是比例于它的量来占有剩余价值的结果。生产价格的形成和资本的垄断统治是不相容的。

垄断统治的出现，平均利润率规律已消失了作用，非垄断企业之间的竞争使它们的利润率趋向于平均化，各级垄断企业之间的竞争使它们相应的利润率趋向于平均化，垄断企业的利润率大大地高于非垄断企业的利润率，垄断程度最高的企业其利润率亦最高，但这不是两种不同的平均利润率。垄断企业的利润率无论怎样低，一般说来不会与非垄断企业的利润率相等，因为这是垄断与非垄断的区别的表现。

附录三 帝国主义是垄断资本主义的世界体系*

80多年前发生过关于帝国主义本质问题的争论。列宁认为帝国主义是资本主义的最高阶段，大多数马克思主义者接受这一论点，争论在马克思主义者内部暂时结束。二次大战后，争论再发生，由于各种原因，争论在马克思主义者内部迄今尚未结束。争论的再发生，是由于战后许多殖民地国家获得独立，而按照通常说法，帝国主义就是对外扩张、奴役和统治，就是占有殖民地国家，因此就发生了帝国主义是否存在，如果存在，它的本质是什么的争论。本文从一种经济成分进行再生产的必要条件这一角度，结合理论家们对帝国主义认识的历史，以及当前实际情况，提出对帝国主义本质的看法，认为它是垄断资本主义的世界体系。

(一) 世界体系的含义和历史上哪种经济成分是世界体系

我这里说的一种经济成分成为一种世界体系，指的是这种经济成分进行再生产的必要条件，有一部分不是它本身提供的，而要由其他的经济成分和社会成分来提供，这就是说，一种经济成分如果不具备再生产的全部必要条件，它就是一种世界体系。

考茨基在其研究帝国主义的著作《民族国家、帝国主义国家和国家联盟》中，描绘了一种社会制度或经济成分同另一种社会制度或经济成分发生联系——他称为扩张——的情况：

(1) 取得贡纳。这是从有文字记载的历史时期，即从奴隶社会开始，经过封建专制主义，到资本主义初期结束。

* 部分内容原载于《光明日报》1989年4月10日。

(2) 取得土地。从封建社会开始，到资本主义初期西班牙人在美洲建立大庄园制度，以及美国南部奴隶主经营的种植园，都是这样。

(3) 取得货币。货币意味着权力和财富，谁也不会嫌它太多，资本主义殖民政策动力之一，就是取得贵金属，正是在黄金财富上，人们特别明显地发现了新帝国主义的特征，但是从黄金财富的严格意义上说，它还不是帝国主义的。

(4) 取得特别商品。这就是皮货、香料和奴隶，它们在资本主义初期贸易中，起过重大的作用。

(5) 取得销售市场和海港。这在资本主义殖民政策中，起着重大的作用；取得海港对资本主义外贸有重要意义。

(6) 取得工业原料和粮食。这是他在《帝国主义》一书中特别强调的。因为任何社会生产都要求各生产部门之间存在一定的比例性，这种比例性也存在于工业和农业之间，资本主义越发展，农业就越落后于工业，先进资本主义工业国就要向落后农业国家和地区取得工业原料和粮食，当英国一国独霸世界时，它用自由贸易政策达到这目的，当多国起来和英国竞争时，它们都用帝国主义政策达到这目的。帝国主义就是取代自由贸易政策以取得工业原料和粮食的另一种政策——这就是考茨基的帝国主义理论。

考茨基的描绘并不全面。他没有提到奴隶制社会要用暴力从其他经济成分取得奴隶，他考察现代奴隶制时，是从贸易的角度说明奴隶的来源的，这样，古代奴隶制社会的奴隶来源问题，便在他的视野之外。他也没有提出金融资本或垄断资本主义，要从其他经济成分和社会成分取得垄断利润，因为他的思想里不存在这问题。他只是描绘现象，而没有说明本质，没有将这些对外扩张，同各种社会制度或经济成分的再生产联系起来加以考察，说明那些对外扩张是实现再生产的必要条件。

在我看来，取得贡纳，在奴隶制和封建制下，主要表现为取得奢侈品，以满足奴隶主和封建大地主的享受，这并不是奴隶制和封建制社会进行再生产的必要条件；在资本主义初期的一些殖民地，例如荷属印度，主要表现为农业徭役制，以维持宗主国在殖民地的统治机构，这并不是宗主国资本主义社会进行再生产的必要条件。

取得土地，虽能增加封建大地主的财富，但这扩大的土地本身，并不是封建的宗主国进行再生产的必要条件;资本主义初期在殖民地建立的大庄园制度,也是这样。

我想强调的是,取得奴隶,以及在某种条件下取得土地,是奴隶制社会或经济进行再生产的必要条件。奴隶的劳动生产率非常低,剩余生产物很少,奴隶主一般不采用让奴隶成立家庭、生育小奴隶的办法,来取得劳动力,而采用捕捉其他经济成分的劳动力,使其成为奴隶的办法,来达到这目的。在奴隶劳动以社会劳动形态出现的罗马奴隶制,这是明显的事实。美国南部在现代条件下曾实行奴隶制,尽管美国有些州是专门用来豢养奴隶的,还是不能完全解决奴隶来源问题,而要从非洲捕捉黑人,加以贩卖,来解决这问题。至于东方的奴隶社会,由于存在着一个马克思称为亚细亚生产方式的问题,即氏族公社大量存在,有的整个氏族成为奴隶,这里的奴隶劳动就不以社会劳动形态出现,奴隶来源问题与上述不同,这里不加论述。

美国南部的现代奴隶制,经营的是英国工业所需的棉花和烟叶,这是要精心耕种的经济作物,但奴隶劳动又使精心耕种成为不可能,因此这耕种就成为掠夺性的,地力很快耗尽,这样,这种现代奴隶制经济必须从其他经济成分取得土地,才能进行再生产。

基于上述分析,我认为奴隶制经济和封建制经济不同。它的再生产条件有一部分要由其他经济成分提供,它是历史上首先产生的世界体系。

取得黄金财富、皮货香料、销售市场和农业产品,对资本主义生产发展起过重大作用,这样说来,资本主义经济应该是一种世界体系。其实不然。

取得黄金,以便将它转化为货币,再转化为资本,这在欧洲资本主义产生、对美洲实行殖民政策时,表现得很清楚。但这只是促进资本主义的产生和发展,而不是资本主义再生产的必要条件。只要看一看后起的资本主义国家和地区,缺少这条件,资本主义也能产生和缓慢发展,问题便清楚。至于取得皮货香料,不是资本主义再生产的必要条件,这是不说自明的。

下面将说明,取得销售市场和农业产品,并不是资本主义再生产的必要条件;而通过外部市场,从个体经济、一般资本主义经济以及相应的社会成员那里取得垄断利润,则是垄断资本主义经济进行再生产的必要条件。

(二) 资本主义不是世界体系,垄断资本主义则是世界体系

资本主义实现扩大再生产的必要条件,要由其他经济成分来提供,即资本主义是世界体系,这首先是由卢森堡提出来的。其理论错误已见前述。但其方法论却启发我去思考问题。

运用卢森堡的方法来研究垄断资本主义,我认为它要取得垄断利润,而垄断利润不是垄断企业产生的,它只能来自个体经济、资本主义经济,以及与其相应的社会成分,即作为消费者的农民、手工业者、工人和一般资本家,取得垄断利润的重要方法,是低价购买、高价出卖,这就是说,垄断利润是通过外部市场得到的,垄断资本主义经济的再生产条件,要由其他经济成分和社会成分来提供,垄断资本主义经济是一种世界体系。

垄断资本主义必须取得垄断利润,这个论点首先是斯大林在《苏联社会主义经济问题》中提出来的。他说,垄断资本主义不能满足于平均利润,何况这种平均利润由于资本有机构成的增高而有下降的趋势;垄断资本主义要求的不是平均利润,而是比较正常地实现扩大再生产所必需的最大限度利润(即垄断利润)。但是,他没有具体论证。

从 1956 年起至今 30 多年,我一直坚持垄断企业为了实现扩大再生产就必须取得垄断利润,而它本身不能生产垄断利润,必须向其他经济成分取得的观点。① 我的看法如下:垄断企业是庞大的企业,由它们组成的垄断组织生产的产品,占同种产品的绝大多数,它们的生产条件作为一个总体,构成平均条件,这样,它们的商品如按价值或生产价格出售,就只能得到平均利润,当然垄断组织内不同的企业,生产条件不同,它们之间会有不同的超额利润,但中等的和较差的垄断企业是得不到超额利润的,而庞大垄断企业,资本有机构成很高,导致社会平均利润率下降,这是一方面。另一方面,竞争迫使垄断企业提高生产力,但垄断又要按市场调节生产,这就有一部分设备闲置起来,或生产过剩的产品在国外低价倾销,其中的损失,不能由根据市场需要生产的那部分商品按价值或生产价格出售获得的利润来弥补,此

① 参见拙作:《论资本主义基本经济规律》,上海人民出版社 1957 年版,第 36 页;《关于垄断利润的必要性及其来源的探讨》,《世界经济文汇》1983 年第 2 期;《帝国主义理论研究》,上海人民出版社 1984 年版,第 34 页;《帝国主义经济与政治概论》,复旦大学出版社 1986 年版,第 10—11 页。

外,企业规模巨大而又进行竞争,固定资本精神磨损厉害,收买新发明而加以垄断,以及在经济外进行竞争,也是如此。平均利润率下降而必需的弥补和开支巨大,这是生产条件形成的矛盾。矛盾的解决,就是垄断企业向其他经济成分和社会成分取得垄断利润。

美国的巴兰和斯威齐在1966年的《垄断资本》一书中,对垄断利润必要性的看法①,英国的米克在1956年的《劳动价值学说的研究》一书中,对垄断利润来源的看法②,与我的看法大致相同。

(三)经济上的殖民地和政治上的殖民地国家

为垄断资本主义经济提供垄断利润的是其他的经济成分和社会成分,如果这种提供和取得垄断利润的关系得以巩固和深化,提供者无法以政治力量限制和削弱这种关系,那么这种经济成分和社会成分就成为垄断资本主义的经济上的殖民地。这不是从国家政治疆界来看的。如果从政治疆界看,经济殖民地就可以分为国内的和国外的两种,因为垄断资本主义既从国内,又从国外取得垄断利润。国外的经济殖民地,如被一个垄断资本主义国家控制,并且无法逐步摆脱被控制的境地,就会变成一个政治上丧失主权的殖民地国家。这是我对垄断资本主义的经济上的殖民地和政治上的殖民地国家的看法。要说明这看法,就要说明随着社会经济的发展,殖民地所包含的经济内容在变化。

历史上最早产生的殖民地是奴隶社会的殖民地。古代希腊奴隶社会的殖民地,指的是在无主的土地上移民垦殖,移民将原有的生产关系、社会组织、宗教信仰带到垦殖地去,垦殖地和母国内任何一块土地一样。从这点看,它是国内殖民地。古代罗马奴隶社会的殖民地,指的是对被征服的土地上的居民的统治。这些土地原来是有主的。从这点看,它是奴役异族人的国外殖民地。但是,由于罗马征服的土地越来越多,为了加强统治,便将这些殖民地置于罗马统治之下,在政治上组成大罗马帝国,这些殖民地成为大罗马帝国内部的一部分。从这点看,这些国外殖民地又变为国内殖民地;或

① 保罗·巴兰、保罗·斯威齐:《垄断资本:论美国的经济和社会秩序》,南开大学政治经济学系译,商务印书馆1977年版,第30页。

② 米克:《劳动价值学说的研究》,陈彪如译,商务印书馆1963年版,第324、331页。

者说，它们的居民是罗马帝国内部受罗马奴隶主剥削的非罗马人。

中世纪封建社会的殖民地，大都是征服殖民地。中世纪的日耳曼帝国，征服了许多土地，组成如像罗马帝国那样的帝国，改造被征服地的生产关系，剥削居民，取得贡物。蒙古帝国也是这样。这样，这种征服殖民地，根据同样道理，也从国外殖民地变成国内殖民地。

资本主义初期有两种不同的殖民地，即北美、澳大利亚和新西兰这些以移民垦殖为特征的殖民地；亚、非、拉某些国家和地区这些以奴役土著为特征的殖民地。前者和希腊社会的殖民地形式相同，开始时是国内殖民地，不包含剥削和被剥削的关系；后者和罗马社会的殖民地形式相同，一开始就是奴役异族人的国外殖民地。但是，它们两者对宗主国或母国发生的经济作用，和希腊、罗马的殖民地不同。

这两种殖民地对宗主国的经济作用，如果将欧洲殖民者初到美洲时对土人掠夺贵金属不谈，主要是农产品的供应者和工业品的销售市场。为此目的，宗主国或母国就根据殖民地的不同经济条件，对它们实行不同的政策。对存在着大量农村公社和手工业与农业相结合的个体经济，即存在着亚细亚生产方式的奴役土著殖民地，例如印度，英国便用经济和政治的方法破坏农村公社和个体经济。为了使存在着大量个体经济和农村公社的中国成为殖民地，英国便用大炮和鸦片来瓦解中国的个体经济和农村公社。对于存在着大量自然经济、生产力非常低下的奴役土著殖民地，例如南美洲地区，西班牙和葡萄牙便用强夺土著的土地，强制他们就地劳动，实行大农生产，即用经营种植园(plantation)的办法来达到目的。对移民垦殖殖民地，由于这里存在着大量无主土地，移入的工人容易获得土地，成为既经营农业又经营手工业，而大部分产品用于个人消费的个体生产者，例如澳大利亚，英国便用人为的方法，限制移民获得土地。当这类殖民地的商品生产发展起来了，例如北美殖民地，英国便对它制定贸易条例和航海条例，使其利于英国。需要指出的是，移民垦殖殖民地，原是母国的分支，是国内殖民地，不包含控制和被控制的关系，发生上述变化后，它就变成被控制的国外殖民地了。

殖民地是宗主国的农产品供应地和工业品销售市场，这种地位因产业革命而日益加强。产业革命首先在工业领域中发生，在农业领域中发生要晚得多。只要情况是这样，发生产业革命的工业国，工业品价值和价格降低，农产品价值和价格反而要提高。这是因为，随着产业革命的进行，大工业城市兴起，大量农村人口流入城市，这部分人以衣服、食物形式取于土地的，不能以垃圾、排泄物、尸体的形式回到土地，土地肥力降低，为恢复土地肥力，就要另外耗费大量的劳动，这样农产品的价值和价格就要提高。落后的殖民地国家就不是这样，它们的手工业品价格较高，农产品价格却较低。这样发展下去，价值规律的作用就使宗主国成为工业国，殖民地成为农业国。马克思总结这个经济过程时指出：机器生产摧毁国外市场的手工业产品，迫使这些市场变成它的原料产地；大工业国工人的不断“过剩”，大大促进了国外移民和把外国变成殖民地，变成宗主国的原料产地；一种和机器生产中心相适应的新的国际分工产生了，它使地球的一部分成为主要从事农业的生产地区，以服务于另一部分主要从事工业的生产地区。①

这样说来，工业国工业品便宜，农业国农产品便宜，如无垄断，两者等价交换，怎么说得上宗主国剥削殖民地呢？这个问题，我认为李嘉图看到了，因为他说过一国 80 个劳动单位可以和别一国 100 个劳动单位交换；马克思也看到了，因为他说过一国的三个劳动日可以和别一国的一个劳动日相交换，在这场合，富国会剥削贫国，虽然贫国在交换中也会得到好处。但他们都没有具体解释。后人对此发生争论。我在这里提出个人看法。我认为这要以价值转化为生产价格的理论来解释。虽然总生产价格等于总价值，但个别生产价格在绝大多数情况下不等于价值。资本有机构成高的产品，生产价格高于价值；资本有机构成低的产品，生产价格低于价值。工业品属于前者，农产品属于后者。这样，工业国以其工业品和农业国的农产品交换，生产价格相等，但价值不等，即前者以小量劳动交换后者的大量劳动。这种交换的产品，要用运输工具运载，要由运输业来经营运载，运输工具和运输业，是资本有机构成高的产品和行业，因此，运费因这两重原因高于价值。历史上最初生产运输工具和经营运输业的，是工业化的宗主国。这使不等量劳动交换的情况更为严重。

垄断资本主义经济的殖民地的作用，最重要的是提供垄断利润。这一

---

① 参见马克思：《资本论》(第一卷)，人民出版社 1975 年版，第 494—495 页。

般地仍然以殖民地成为农产品和工业原料，或初级产品的供应地，工业品或高级产品的销售市场为基础，但通过垄断条件发生作用，即殖民地出售产品时，价格被压低到生产价格或价值以下，购买产品时，价格被抬高到生产价格或价值以上。这种情况，既存在于国外殖民地，也存在于垄断资本主义国内的一般资本主义企业、个体生产者、一般的消费者，所以他们是国内殖民地。此外，垄断资本主义的国家机器，通过财政政策和货币政策，对一般公民和居民的收入，进行再分配，以其有利于控制国家机器的垄断资本家。总之，垄断利润可以来自垄断资本主义的国外和国内，它们没有本质的区别，都是殖民地。

以上论述的经济殖民地，就其中的国外殖民地来说，如果它无法削弱和摆脱这种地位，发展下去就成为丧失主权的殖民地国家。例如印度曾经是这样。英国东印度公司成立于 1600 年，1608 年便以商业优势征服了印度，使印度成为经济殖民地。但英国从土地上侵占印度，始于 1757 年，毕于 1849 年，从这时起印度才成为丧失主权的殖民地国家。这种殖民地国家，如并入宗主国的版图，它又成为国内经济殖民地。例如爱尔兰于 12 世纪开始，就是不列颠的殖民地国家，但 1801 年同不列颠组成"不列颠及爱尔兰联合王国"后，它在联合王国内部，又成为国内经济殖民地。国外经济殖民地和丧失主权的殖民地国家的联系和区别就是这样。因此，1866 年即美国独立后 90 年，马克思仍然认为它是欧洲的殖民地，即经济殖民地。①

殖民地国家和经济殖民地要摆脱被剥削的殖民地位，根据上述分析，最重要的是实现工业化，从改变生产结构到改变外贸结构，改变以单一的农产品和初级产品同垄断资本主义国家工业品和高精尖产品相交换的格局，消灭以大量劳动交换小量劳动的经济根源。要达到这个目的，要有一定的政治条件，并要在这条件下，制定正确的经济建设方针。因为前面说过，落后国以农产品和先进国工业品交换，虽然是以大量劳动交换小量劳动，但在交换中也得到好处，原因在于如自己生产这工业品，开始时花的劳动，可能比生产用来交换先进国工业品的农产品花的劳动多些。这是要付出代价的。但是，只有这样，才能实现工业化，从根本上解决问题。如果不是这样，落后

① 参见马克思：《资本论》(第一卷)，人民出版社 1975 年版，第 495 页注 234、第 833 页注 253。

国也可以发展，但由于先进国也在发展，而前者要以大量劳动同后者的小量劳动交换，两者发展的差距就要扩大，落后国就无法摆脱经济殖民地的地位。以北美殖民地来说，它获得政治独立和消灭南部奴隶制后，就实行有利于资本主义工业发展的保护关税政策，逐步实现工业化，于 19 世纪 90 年代结束经济殖民地的命运。

(四) 垄断资本主义世界体系表现为帝国主义的历史条件——殖民帝国的产生

前面谈到，从再生产所必须具备的条件看，卢森堡在理论上提出，资本主义进行扩大再生产时，剩余价值的实现和实现后再转化为生产因素，都要以“第三者”的存在为条件，考茨基在事实上指出，资本主义越发展，农业就越落后于工业，资本主义进行再生产，就要以向农业国家和地区取得农产品为条件，从这点看，他们都认为资本主义是一种世界体系，其中的错误，已见上述。现在我们论述了经济殖民地和殖民地国家后，就可以明确地看出他们对帝国主义，或者反过来对殖民地下的定义是错误的。卢森堡将帝国主义看成是对尚未被占领的“第三者”的争夺，这就等于把殖民地的作用看成只是实现剩余价值和提供生产因素，不存在被剥削的问题，并把占领资本主义环境和重新瓜分已被占领的“第三者”，排除在帝国主义定义之外，这是错误的。考茨基将帝国主义看成是取代自由贸易政策的另一种取得农产品的政策，将殖民地看成只是提供农产品和其他土地产品的国家和地区。这就无法解释垄断资本主义为何侵占的不仅是农业国，而且是工业国，甚至任何国家和地区。这一切只有用垄断资本主义要取得垄断利润的理论才能解释。这就是说，我提出的垄断资本主义是一种世界体系的理论，和卢森堡、考茨基的资本主义是一种世界体系的理论是不同的。

但是，说明了垄断资本主义是一种世界体系，牢固地为垄断资本主义提供垄断利润的经济成分和社会成分是经济殖民地，国外经济殖民地在一定条件下会变成殖民地国家，并不等于就说明了帝国主义是垄断资本主义的世界体系。因为只要国外经济殖民地和殖民地国家是独自存在着，并没有和母国或宗主国在政治上组成殖民帝国，对殖民地的剥削就不可能表现为帝国主义，而只表现为殖民主义。这就是资本主义早就剥削殖民地，但它不表现为帝国主义的原因。垄断资本主义的世界体系表现为帝国主义，是由于垄断资本主义国家将它的国外经济殖民地和殖民地国家，和本国在政治上组成殖民帝国。殖民帝国是在一定历史条件下产生的。

19 世纪 80 年代以前，殖民帝国尚未产生，经济殖民地和殖民地国家独自存在着，在这条件下，宗主国对殖民地的剥削就不表现为帝国主义。不仅如此，这时占有殖民地最多的国家——英国，还产生应该“解放”即在经济上不要独占殖民地贸易的理论。这是因为，这时的英国在工业生产、航海外贸方面，都居于领先地位，几乎没有竞争的对手，这样，它与其花费巨额的军事费用和行政费用在经济上独占殖民地，不如放弃这种独占，省下这些费用，用自由贸易的方法取得利润，更为好些。这就是斯密、边沁、迪斯雷利这些理论家和政治家，主张英国“解放”殖民地的历史条件。这些主张未能实现的原因，如穆勒所指出的，是殖民官吏的反对，因为他们从独占殖民地中得到巨大的收入。

在英国产业革命发生期和完成期，一些从根本上考虑殖民地对宗主国的利益的经济学家，虽然不主张英国“解放”殖民地，但也不提出殖民地要和英国在政治上组成殖民帝国，原因还是英国几乎没有竞争的对手。这时，李嘉图只认为英国可以从殖民地输入有补贴的商品和廉价粮食中，得到好处和提高利润；韦克菲尔德只提出如何防止移民垦殖殖民地上的工人容易获得土地并变成个体生产者的理论；即使在 1776 年北美殖民地独立后，英国也只提出让移民垦殖殖民地成为自治领的方案；总之，殖民帝国尚未产生。

这也就是马克思虽然研究了英国和它的殖民地，但是只提出殖民主义理论，而没有提出帝国主义理论的历史条件。

英国一国在工业生产和航海外贸的霸权地位，在 19 世纪 70 年代中期便受到挑战。第一个研究现代帝国主义的英国经济学家霍布森指出：1870 年以后英国的经济优势大大削弱，德国、美国、比利时的进展很快，它们的竞争使英国在销售制造品以获利方面，感到越来越困难。它们侵入英国的旧市场和属地，迫使英国采取有力的措施以获取新市场；英国的竞争者为了同一的目的也这样做，它们兼并新领土，一旦兼并了，就中止英国同这些地方的贸易；这样，英国为了迫使它的新市场同自己谈判，就运用政治和武装力量；经验证明，获得和开发这些市场的最安全办法，是建立“保护地”或进行兼并。

殖民帝国就在这样的条件下产生了。1887年英国政府第一次举行的殖民地会议，就是英帝国的开始。1911年改名帝国会议。1944年又改名英联邦总理会议。英帝国或英联邦，包括两种不同的成员国：一种是移民垦殖殖民地，如加拿大、澳大利亚、新西兰；另一种是奴役土著殖民地，如印度、锡兰、南非等。

霍布森根据事实说明了殖民帝国的产生，但没有指出其中的经济原因。这个原因就是1873年较严重的经济危机发生后，在先进资本主义国家，在同一生产部门内的企业开始联合起来，组成卡特尔等组织，根据市场需要调节生产。由于前面说过的原因，这些企业要取得垄断利润，成为垄断企业。资本输出是取得垄断利润的重要途径。先进资本主义国家都输出资本，竞争激烈，加紧在经济上瓜分世界，在这基础上殖民帝国就产生了。

由于殖民帝国的产生，垄断资本主义的世界体系就表现为帝国主义。区别于古罗马帝国主义、拿破仑帝国主义，现代帝国主义这个概念是19世纪80年代出现的，它指的是宗主国和殖民地在政治上组成帝国，并不断地扩大这个帝国的政治现象。

20世纪最初15年，研究帝国主义的理论家，除了列宁，都把帝国主义看成是一种政策，布哈林把它看成既是政策，又是意识形态，正如自由主义既是政策，又是意识形态一样。列宁在《帝国主义是资本主义的最高阶段》的序言中指出，资本主义已成为少数“先进”国对世界上大多数居民施行殖民压迫和金融扼制的世界体系，这个体系在物质上是以铁路、轮船、电报、电话为基础的，在经济上是以金融密网为经纬的。我想补充的是，这个体系在政治上则表现为殖民帝国。

第二次世界大战后，绝大多数丧失主权的殖民地国家获得独立，其中的极少数成为无产阶级领导的社会主义国家，大多数成为资产阶级、封建地主领导的民族独立国家，原来的殖民帝国已经崩溃。在这样的条件下，帝国主义是否存在？我认为仍然存在。因为垄断资本主义是一种世界体系的本质没有变，为它提供垄断利润的经济殖民地仍然存在，只是殖民帝国的形式发生变化。

民族独立国家，由于领导阶级是剥削阶级，总的说来不能断绝对国际垄断资产阶级的依赖，对内较难制定一条正确的国家工业化路线，生产结构和外贸结构没有质的变化，又不能利用国家主权，在价格、关税、金融、税制等方面，同国际垄断资产阶级作有效的斗争，无法逐步减小被它们攫取的垄断利润。这样，战后以来，富国和贫国的差距不是缩小了，而是扩大了。

新的殖民帝国又在产生。例如，英帝国发展为英联邦，英联邦中有发达国家和落后国家；法国及其殖民地战后组成法兰西联邦，现改为法兰西共同体，也有发达国家和落后国家；欧洲共同体的联系国制度，也是这样。

此外，我要指出，垄断资本主义的经济殖民地，不仅有国外的，而且也有国内的，它们没有质的不同。只要资本主义社会制度还存在，垄断资本主义的国内经济殖民地总是存在的。

(五) 评两种认为资本主义是一种世界体系的理论

第二次世界大战后，在关于帝国主义和社会经济发展问题的讨论中，出现两种认为资本主义（不是帝国主义）是一种世界体系的理论。他们所说的世界体系和我所理解的世界体系，有不同的含义。这在理论研究上当然是可以的。但是，我认为将资本主义看成是一种世界体系，而不是将垄断资本主义看成是一种世界体系（因为垄断资本主义要攫取垄断利润，而垄断利润只能来自其他经济成分），在理论上就无法说清楚帝国主义和一般的资本主义有何区别。

美国经济学家哈里·马格多夫在讨论战后帝国主义是否存在时，提出了"没有殖民地的帝国主义"理论。他明确指出，殖民主义的终止并不表明帝国主义的结束，因为被认为是直接运用军事力量和政治力量的殖民主义，对于许多附属国建立适合宗主国需要的社会制度和经济制度具有非常重要的意义，这种建立一旦完成，各种经济力量，如国际价格、市场销售和金融体系等，就足以使宗主国和殖民地之间的统治和剥削关系保存下去，在这样的情况下，殖民地就可能享有正式的政治独立而没有什么实质性的变化，也没有严重影响原来导致征服殖民地的各种利益。这就是说，原来的殖民地在政治上独立了，但帝国主义仍然存在。这个结论我是同意的。当然，我认为更精确地说应该是，原来丧失主权的殖民地国家在政治上独立了，再也不是殖民地国家了，但大多数仍然是国外经济殖民地。

但是，他认为资本主义是一种世界体系，并以此为基础进行论证。追求财富的动力，促使资本主义积累越来越多的财富，并在这过程中席卷世界的每一个角落——这就是他理解的资本主义是一种世界体系。可以看出，他是在事实上将资本主义和其他经济成分发生联系记录下来，就认为这是一种世界体系，这同我理解的世界体系是指一种经济成分的再生产条件不能由它本身提供，有一部分要由其他经济成分提供(如垄断资本主义要由其他经济成分提供垄断利润，这种垄断利润是它进行再生产的条件)而构成的经济关系，是不相同的。

正因为他将资本主义看成是一种世界体系，他就认为国际贸易和资本输出，都是资本家企业的一般职能。在他看来，商业资本主义时期，欧洲资本输到美洲等地经营种植园和矿山，工业资本主义时期，欧洲国家贷款给东方国家，让它们购买欧洲的工业品，都是资本输出。总之，资本主义由于是一种世界体系，资本输出总是存在的。我认为这是对资本输出的误解，以为资本只要离开一个国家就是资本输出，而不分析它所包含的经济内容。在我看来，欧洲资本输到美洲经营矿山等，这是资本流动，如像欧洲资本在国内向边远的地区流动一样，随着这种流动，资本主义生产关系也在延伸。至于欧洲国家贷款给东方国家，这是借贷用以购买工业品的货币，货币在这里是作为流通手段和支付手段，这并不是输出生息资本。这个例子说明的是输出商品时，其中的贸易差额转化货币借贷。当然，我并不认为，垄断资本主义以前没有资本输出，我只认为那时的资本输出同垄断资本主义的资本输出，有不同的经济内容，后者是为了攫取垄断资本主义实现扩大再生产所必需的垄断利润。①

由于马格多夫认为资本主义是一种世界体系，资本输出是这个体系自然而然地存在着的，它的目的不是攫取垄断利润，他就无法说明帝国主义和一般资本主义对殖民地的剥削，有何区别。他认为帝国主义的基本决定因素是：(1)宗主国大公司的垄断结构；(2)经济中心国迫切需要控制原料来源和市场；(3)继续实行适应宗主国需要的国际分工；(4)工业强国在各自对方

① 鲁道夫·希法亭将资本输出定义为：输出一种旨在国外生产剩余价值的价值，这剩余价值要由国内资本来处理。我认为这是一个深刻的命题，它暗含着资本输出是由于国内资本主义进行扩大再生产的需要这种思想，尽管他不一定认识到这一点。

市场以及世界其他地区，为争夺资本输出和投资场所而展开的竞争。这四点按照马格多夫的理论，除(1)点外，其余二点在垄断资本主义产生前和产生后，都同样存在，只有(1)点即垄断结构是垄断资本主义特有的(这本来是同义反复)，但他又离开了垄断结构的本质——攫取垄断利润，去论述问题，这就无法说明垄断资本主义和一般资本主义有何区别。

美国社会学家伊曼纽尔·沃勒斯坦也认为资本主义是一种世界体系。他表明，他提出这一理论，是为了综合地解决战后发生的关于社会经济发展的三大争论，即拉丁美洲经济委员会提出的中心和外围的关系的理论，这后来发展为依附论；关于马克思的亚细亚生产方式理论的再度辩论，这集中在社会发展是否分为五个阶段(原始社会→奴隶社会→封建社会→资本主义社会→共产主义社会)这一问题上；关于封建主义如何过渡为资本主义，这讨论主要是在英国的多布和美国的斯威齐之间进行的。

在沃勒斯坦看来，任何社会制度都不是封闭的体系。因为社会体系中各部门、各地区都依赖于同其他部门、其他地区的经济交换。资本主义是一种世界体系，因为资本主义经济是一种由市场交换联结起来的世界经济。资本主义和世界经济是一枚分币的两面。

他认为资本主义世界体系内的国家可分为三个层次，即中心国、次外围国和外围国。首先是中心国和外围国。它们两者之间的关系，涉及不平等的交换关系、不平等的地理关系、垄断和自由竞争的关系。愈靠近中心的愈有垄断权，愈靠近外围的愈有被挤破头的竞争，中心化和外围化是两极分化的结果。次外围处在联系中心和外围的地位，中心国能从次外围产生，次外围又是中心地区衰落的归宿。资本主义世界体系有一套与它相适应的政治上层建筑，这就是由主权国家组成的国际体系。

在沃勒斯坦看来，中心国和外围国的形成，以及它们之间的不平等交换的发生，是由于前者的生产容易形成垄断，后者则否。他认为，企业者必想赢利，赢利必求垄断，从这点看，垄断是常态。但是，由于地理上的不平等，从历史上看，西欧专门从事制造业和畜牧业，这需要较高的技术，由薪金较高的劳动者来经营，这样的结构能够操纵市场，易于形成垄断；拉丁美洲从事开发矿藏，波罗的海以东的欧洲从事粮食生产，这需要较低的技术，资本家是用强制的劳动来经营的。这样一来，通过贸易，西欧就从拉美、东欧取得“剩余价值”，结果前者力量增大，后者力量削弱，前者成为中心国，后者成为外围国。

可以看出，沃勒斯坦的资本主义是一种世界体系的理论，和我论述的帝国主义是一种世界体系的理论，两者中的世界体系有不同的含义。根据他的理论，资本主义自始至终都是世界体系，这样一般资本主义和帝国主义就没有区别了。此外，他认为垄断是企业家都想采取的经营方式，也使这种区别成为不可能。

附录四　国家垄断资本主义条件下经济危机变形的原因*

预测资本主义世界经济的变化，利用其有利于我的一面，避免其有害于我的一面，对我国四个现代化的建设是有重大意义的。战后世界资本主义经济的发展仍然具有周期性，但出现了一些新的特点。我国经济学家每次预测资本主义经济的变化时，看法分歧。因此，应该怎样研究资本主义经济的发展，是一个值得探讨的理论问题。

战后世界资本主义经济发展有些新特点，各资本主义国家的情况大同小异。现以美国为例来说明。美国从 1948 年到 1981 年已爆发了 8 次危机，平均 4 年一次，与战前相比，危机更加频繁，因而周期缩短。在危机阶段，生产下降幅度较小，工业生产平均下降 10%，生产下降持续时间也较短，一般为 10 个月左右。即以 1973—1975 年和 1981—1982 年的危机来说，虽然是战后最严重的两次，但远没有 20 世纪 30 年代那次危机严重；危机阶段过后，生产发展时间较短，上升幅度较小，很快又陷入新的危机。换句话说，从前生产在大起大落中向前发展，现在则起落较小，有停滞的趋势。

我认为，战后资本主义经济危机的变形，是国家垄断资本主义的发展造成的。

（一）国家垄断资本主义的发展深化了爆发普遍危机的矛盾

马克思将植根于资本主义生产方式基本矛盾的经济危机区分为两种，即局部危机和普遍危机，前者的特点是一些部门生产过剩时另一些部门却是生产不足，后者的特点是几乎所有的部门都生产过剩。关于局部危机，马

* 原载于《经济研究》1984 年第 7 期，第 43—50 页。

克思说："不可否认，有些部门可能生产过多，因此另一些部门则可能生产过少；所以，局部危机可能由于生产比例失调而发生。"①比例失调只能使某些生产部门生产过剩，而不是所有或大多数部门生产过剩，否则就无所谓比例失调了。换言之，比例失调在使某些部门生产过剩时，必然使与其相关的部门生产不足，因而不是所有的部门生产过剩，不是普遍的危机。关于普遍的危机，马克思说："一切真正的危机的最根本的原因，总不外乎群众的贫困和他们的有限的消费，资本主义生产却不顾这种情况而力图发展生产力。"②这一矛盾必然使几乎所有部门都发生生产过剩，因为它首先使消费品过剩，从而使生产消费品的生产资料过剩，最后使生产生产资料的生产资料过剩，爆发普遍危机。

国家垄断资本主义说到底是用国家政权力量来相对降低劳动者的消费，以增加掌握国家政权的那部分垄断资本家的利润，因此，它必然深化爆发普遍的经济危机的矛盾。

国内外马克思主义经济学家对上述问题是有不同看法的。在这里我以我国经济学家吴大琨的观点为代表谈一点看法。

吴大琨在《经济研究》1983 年第 1 期发表的《战后资本主义世界的经济危机与经济周期的物质基础》中，重申了他 20 多年来坚持的经济危机原因是生产无政府状态的看法。他所说的危机，不是局部危机而是普遍危机。为此，他再次引用恩格斯在《反杜林论》中和列宁在《评经济浪漫主义》中的有关论述，然后说："在列宁的心目中，说生产的社会性和占有的个人性之间的矛盾指的就是恩格斯所首先指出的'生产的无政府状态'和生产的'无计划性'。"③他认为这是普遍危机的原因。其实，恩格斯和列宁说的是资本主义生产方式的基本矛盾的表现——生产无限扩大的趋势和消费相对落后的矛盾——是经济危机的原因。恩格斯在《反杜林论》中就说过："社会的生产无政府状态的推动力，使大工业中的机器无限改进的可能性变成一种迫使每个工业资本家在遭受毁灭的威胁下不断改进自己的机器的强制性法令"，这样一来，一方面是"大工业的巨大的扩张力"，另一方面是"市场的扩张赶不

① 马克思：《剩余价值理论(〈资本论〉第四卷)》(第二册)，人民出版社 1975 年版，第 595 页。

② 马克思：《资本论》(第三卷)，人民出版社 1975 年版，第 548 页。

③ 参见《经济研究》1983 年第 1 期，第 71 页。

上生产的扩张”，因为市场的扩张是受力量弱得多的规律支配的，于是“冲突成为不可避免的了”。[①] 这里说的就是生产扩大和消费相对落后的矛盾。列宁在《再论实现论问题》中说：“马克思的理论指出了资本主义所固有的矛盾即人民的消费没有随着生产的巨大增长而相应增长这一矛盾是怎样实现的。”从这个理论可以得出结论如下：“甚至在社会总资本的再生产和流通是理想般匀称的情况下，生产的增长和消费的有限范围之间的矛盾也是不可避免的。”[②]

吴大琨认为，生产无限扩大趋势和消费相对落后之间的矛盾是经济危机的原因的理论是斯大林违背恩格斯和列宁的教导而提出来的片面性的理论。我希望上述的引文已能澄清这个问题。

吴大琨还认为，以生产增长和消费相对落后的矛盾来说明普遍危机的发生不是马克思的理论，而是西斯蒙弟的消费不足论。我认为这是一种误解。消费不足论的错误在于：它接受了错误的斯密教条，认为价值不分解为资本，只分解为收入，而收入是用于个人消费的；因此，它只看到个人消费，抹杀生产消费。西斯蒙弟就是这样。他错误地认为，资本主义机器大生产一方面排挤小生产，使小生产者破产，另一方面排挤工人，使工人失业，这样，个人消费便绝对减少，国内市场缩小，普遍危机发生。他一点也不了解生产消费的作用，不了解小生产者破产反而能扩大国内市场，不了解生产资料的需要在扩大市场中的作用。这当然不是马克思的理论。

有人认为，生产增长和消费相对落后也就是生产力和消费力的比例失调，它和生产部门之间的比例失调一样，都是资本主义生产无政府状态的表现，因而可以用无政府状态来说明发生一切经济危机的原因。这种说法意味着资本主义的计划化可以消灭经济危机。这显然是错误的。首先，普遍危机不是由无计划性产生的，而是由于资本主义生产方式，一方面迫使所有部门扩大生产，另一方面又不随着生产的发展同时提高工人的消费造成的。这种矛盾不是资本主义的计划化所能解决的。在垄断资本主义条件下，并在这个范围内，国家的计划如果可以使消费品的生产不增长或少增长，由此也可以使生产资料的生产不增长或少增长，以便使生产与消费之间以及生

① 恩格斯：《反杜林论》，人民出版社 1971 年版，第 271—272 页。

② 《列宁全集》(第四卷)，人民出版社 1958 年版，第 71 页。

产部门之间的比例不失调，那么，由此闲置或过剩的生产资料和过剩的劳动力(失业工人)的数量必将日益增长，而这表明危机已经发生了。可见计划化不能消灭危机。

吴大琨认为生产无政府状态最容易发生在固定资本的需求和供给的不平衡上。当然，固定资本的特点是一次购买、多年使用，多年才买一次，例如锅炉就是这样。假如它能用10年，那么它每年的价值折旧是1/10，但并不每年用来买新的锅炉，即存在着价值补偿和实物补偿的不一致，要到第10年才全部用来购买新的锅炉。这时，从一个企业看，固定资本的价值补偿和实物补偿才一致。假如锅炉的产量每年相同，但是全部锅炉在同一年更新或不更新，那么锅炉生产就会发生不足或过剩。要具备什么条件锅炉的供给和需求才能平衡呢？假设一个国家有1 000个工厂，每个工厂使用1台锅炉，10年更新一次；这样，条件就是：一方面，1 000台锅炉每年的价值折旧部分要等于每年新购置的锅炉，即价值补偿和实物补偿从全社会看是完全一致的，这就是每年要有100个工厂更新1台锅炉，共更新100台；另一方面，生产锅炉的工厂每年也只生产100台锅炉。假如全国需要的锅炉在增加，生产锅炉的生产力又在变化，情况就更为复杂。上述的均衡条件，在生产无政府状态下，是很难具备的。因此，就发生局部危机。上面的叙述，就是对吴大琨提醒大家注意的《资本论》第二卷第20章中“固定资本的补偿”这一节阐述的原理的概括。① 如果我没有弄错的话，那么，吴大琨就是用固定资本同时不更新(同时更新也一样)来说明经济危机的发生，如果他不能说明同时性是由什么决定的，那么这就只能是局部危机。

(二) 国家垄断资本主义的发展抑制了普遍危机暂时调节生产与消费的矛盾的作用

马克思在指出资本主义矛盾必然爆发普遍危机的同时曾说：“危机永远只是现有矛盾的暂时的暴力的解决，永远只是使已经破坏的平衡得到瞬间恢复的暴力的爆发。”②我们知道，危机本身起着破坏生产力，使生产后退的

① 参见吴大琨：《战后资本主义世界的经济危机与经济周期的物质基础》，《经济研究》1983年第1期，第70页注7。

② 马克思：《资本论》(第三卷)，人民出版社1975年版，第548页。

作用,这样就能在较低的水平上恢复生产和消费的平衡,从而使生产得以发展,然后再和消费发生冲突,再次发生危机。如果用人为的办法削弱危机调节矛盾的作用,那么危机就会变形。

国家垄断资本主义的发展恰恰起了这样的作用。它的调节经济的措施,就是由国家集中一笔货币资金,在危机中援助那些发生困难的垄断企业。这有两种办法:发放信贷,使其解决缺乏现金的困难;购置产品,使其解决缺乏市场的困难。这样,这些企业便能存在下来,而其他有困难的企业或中小资本或者处境更加困难,或者被淘汰。实行这种政策,只能促使生产和消费的矛盾加深,因而不能消灭危机。但是,实行这种政策对危机周期中的危机阶段即生产下降时间的长短,却有重大影响。从前,危机在流通领域中的表现是物价狂跌、利息特高;在生产领域中的表现是生产大降、投资锐减。现在不是这样。贷给垄断企业的贷款利率(剔除通货膨胀因素)不高,企业不必削价拍卖,物价不跌或微跌,加上由于要筹集上述那笔国家资金,就要实行通货膨胀政策,从而使纸币和信用货币购买力降低,物价反而因此上涨,这些都使商品销售缓慢。从这点看,危机阶段是要延长的。国家的集中购买,使这些企业的生产不致下降,或下降较少,从这点看,危机阶段是要缩短的。这是两股作用相反的力量。

受国家利率调节的分期付款推销法,亦即消费者信贷,也有类似的作用。分期付款本身有利于商品的销售,但实行这种办法时商品价格或收费标准中包含了利息,这时利率的升降和商品销售量两者变化方向相反。

国家垄断资本主义调节经济的措施对固定资本的投资有重大影响。以前,例如在20世纪30年代的危机中,一方面私人资本家很少更新和扩大固定资本,另一方面国家垄断资本主义刚开始发展,国家购买很少,由此刺激私人投资也很少,因而在危机阶段私人固定资本投资锐减,促使生产猛烈下降。现在,国家购买有三种:劳务、消费品和生产资料,后者就是用来投资的,并且由于国家包买产品,生产这些产品的企业便可以继续更新固定资本,这样就出现了危机阶段私人固定资本投资下降不大的现象。这样会使危机阶段缩短。现将美国20世纪30年代危机和七八十年代危机中国家购买和国内非住宅私人投资的数字(单位10亿美元)列为表附2-1。从这里可以看出国家购买对私人投资的制约作用。20世纪30年代危机中,国家购买不仅数量少，而且增减不大，因此对非住宅投资发生的作用几乎不变，这投资便因危机本身的作用而显著下降。相反，七八十年代的危机中，国家购买不仅数量大，而且逐年增加，因而对非住宅投资的刺激增加，投资也逐年增加，只有 1982 年不同，私人投资略为减少。

表附 2-1　国家购买与私人投资数额

危机年	1929	1930	1931	1932	1933	1934	1973	1974	1975	1979*	1980	1981	1982
国家购买	8.8	9.5	9.5	8.3	8.2	10.0	270.4	304.1	339.9	474.4*	537.8	595.7	649.2
私人投资	10.6	8.3	5.0	2.7	2.4	3.2	143.3	156.6	157.7	290.2*	308.8	352.2	348.3

资料来源：〔美〕《基本经济统计手册》，1983 年 12 月，第 224、225、226 页。
* 号是指非危机年数字，为了下年与其相比而列出的。

上述几方面对危机持续时间和生产下降幅度的影响各不相同。但由于垄断资本主义国家在运用金融政策和财政政策两者对付危机时，更着重运用财政政策，垄断资产阶级从国库中直接得到的好处较多，因此，财政力量对危机起的作用较大，从而使危机时间和生产下降都较前减少。

美国危机中工业生产情况如表附 2-2 所示。

表附 2-2　美国危机中的工业生产降幅

危机	1929—1934	1973—1975	1980	1981—1982
下降幅度%	55.6	15.1	8.1	12.5
下降月数	38	16	6	17

资料来源：《世界经济》1983 年第 3 期，第 78 页。

总体来看，由于国家垄断资本主义的作用，生产下降得不够，生产在较高的水平上与消费取得均衡而向前发展，因此，它上升不久很快便又同消费发生矛盾，陷入一次新的危机，危机后没有带来真正的高涨，危机发生频繁的原因就在于此。

（三）国家垄断资本主义的发展降低了固定资本更新作为周期性危机的物质基础的作用

恩格斯认为资本主义经济危机周期地发生的原因在于资本主义生产方式基本矛盾本身。他分析了资本主义生产扩张和市场相对狭小的矛盾使危机必然爆发之后，接着说：因为“在把资本主义生产方式本身炸毁以前不能使矛盾得到解决”，所以冲突“就成为周期性的了”。[①] 这就是说，资本主义如果只存在着竞争的压力，那么其生产将不断发展，如果只存在消费落后，那么其生产将永远停滞，但因两者同时存在，所以其生产发展就周期地被打断。马克思进一步说明，两次危机之间的时间间隔是如何决定的，亦即周期性危机的物质基础是什么。他说：“这种由若干互相联系的周转组成的包括若干年的周期(资本被它的固定组成部分束缚在这种周期之内)为周期性的危机造成了物质基础。”其所以如此，他认为是由于固定资本投下的时期虽然是“极不相同和极不一致的，但危机总是大规模新投资的起点”。[②]

这段话经常被引用，但理解各不相同。为了说明现在的问题，我也谈谈对这段经典著作的理解。

前面说过，固定资本和流动资本中的原材料等的根本不同在于：它是一次购买、多年使用，多年才购买一次的，从全社会看，购买机器的年份，各个企业是不相同的，但为了供应机器的企业和需要机器的企业之间保持均衡的关系，各企业每年需要的某种机器的总和，同供应该种机器的企业生产的机器要相等。如果情况确是这样，撇开了扩大再生产需要追加的机器这一点不谈，生产机器的企业每年生产规模就是相同的，没有特别大的力量刺激它迅速地突然地扩大生产。

假定上面说的是资本主义发生第一次危机之前的情况。现在第一次经济危机发生了，在危机中资本家一般是不更新固定资本的。他们如果在危机中能幸存下来，便在危机即将过去，存货即将售完，市场不再恶化时，更新和扩大固定资本，尤其是使用更精良的机器。这有不同的情况：一种是，危机前不久才更新过机器，这时机器还能使用(假定机器的寿命是10年)，便暂不更新；另一种是，危机前夕和危机中本应更新机器的，只是由于发生危机才暂不更新，这时便集中地、大规模地更新和扩大固定资本，使用更精良的机器。由于集中地增加对精良机器的需要，生产机器的第一部类便增加生产，工人开始增加就业，对消费品的需要增加，第二部类便恢复生产。这样，

① 恩格斯：《反杜林论》，人民出版社1971年版，第272页。

② 马克思：《资本论》(第二卷)，人民出版社1975年版，第207页。

两大部类相互影响，生产便从脱离危机，经过萧条、复苏，走向高涨。

那么，第二次危机又是怎样发生的，并且和第一次危机的间隔为什么同机器更新的时间(假定是10年)大体相同呢？我们称在第一次危机大体过去之后更新机器对生产产生的刺激力为第一推动力，它促使生产向前发展，从而促使生产与消费之间的矛盾增加。在这过程中，那些尚未更新机器的企业，无论从机器的寿命来说，还是从要迎接生产即将走向高涨来说，都要陆续更新机器了，我们称之为第二推动力。由于有了这个新的推动力，生产与消费之间的矛盾便激化，新的一次危机便发生。此时，第一批更新的机器尚未更新，因为其寿命(10年)尚未完结。在新的一次危机即将过去时，第一批更新的机器的寿命大体已完结，便又集中地更新，从而又使经济逐渐走向高涨，如此循环不已。这样两次危机的间隔时间便受机器集中更新的时间制约。

由上述分析可以看出，固定资本尤其是机器的更新时期之所以成为危机周期时间的物质基础，是由于在一次危机即将过去时，机器的更新和扩大是集中地、大规模地进行的，这就是马克思所说的，“就整个社会考察，危机又或多或少地是下一个周转周期的新的物质基础”①。如果机器的更新不是集中地、大规模地进行，那对生产就没有特大的刺激力，这个物质基础的作用就削弱了。

在国家垄断资本主义条件下，国家干预经济，恰好使固定资本的投资，使机器的更新和增加，不是集中地在危机即将过去时大规模地进行(这可以从上表的有关数字中看出)，因此就削弱了固定资本更新成为危机周期时间的物质基础的作用。前面说过，为了垄断资本家的利益，垄断资产阶级的国家即使在危机时也要购买产品，其中的生产资料有些是用来进行固定资本投资的。现在进一步说明，这种固定资本投资是根据垄断资本家的需要分散在不同的时间进行的。固定资本更新的集中性变为分散性，这就使它成为危机周期时间的物质基础的作用大为削弱。

由于产生了这种新的情况，我认为当代资本主义两次经济危机的间隔时间，即经济危机的周期长短，越来越由生产和消费之间的矛盾积累程度决

---

① 马克思:《资本论》(第二卷)，人民出版社1975年版，第207页。

定，而固定资本更新时间长短对它的影响越来越小。其实，马克思也并不认为危机的间隔时间是无条件地、绝对地由固定资本更新的时间决定的。他说："当机器工业如此根深蒂固，以致对整个国民生产产生了绝对的影响时"，再加上其他的条件，这种周期的延续时间才是"十年或十一年，但绝不应该把这个数字看作是固定不变的。相反，根据我们以上阐述的资本主义生产的各个规律，必须得出这样的结论：这个数字是可变的，而且周期的时间将逐渐缩短"。① 马克思在这里并不认为周期时间的逐渐缩短是由于固定资本更新时间的缩短，而是由于在新的条件下资本主义生产各个规律的作用。

在说明当前资本主义两次危机间隔时间变化的原因方面有两种理论值得商榷。一种是吴大琨的。他从危机的原因是比例失调出发，认为固定资本更新会周期地破坏两大部类的比例，因而是经济危机周期长短的原因。他是在引用了马克思上述有关论述后得出这个结论的。但他并没有具体说明"危机总是大规模新投资的起点"和危机周期长短有何关系，也没有具体论证"大规模新投资"这个起点带来的是逐渐走向经济高涨，还是突然发生经济危机。他只说明：(1)固定资本价值形态补偿和实物形态补偿不一致，便发生经济危机；(2)如果到期应该更新的固定资本大量地同时不更新，那么，按照再生产理论，固定资本过剩，消费品也过剩，这是吴大琨同志在以前的文章中谈到的。② 但是，第一种情况只能说明局部的经济危机，原因已见上述；第二种情况虽能说明普遍的经济危机，但大量固定资本同时不更新的原因，他却不能说明。这个原因不能是别的，只能是已经发生普遍危机。所以这是一种以危机发生来说明危机发生的理论。重要的问题还在于——假如我没有理解错的话——他是认为大规模新投资导致的是比例失调，因而是危机(应是局部危机)，而不是高涨，我则认为这导致的是高涨，这在前面已经谈到了。

吴大琨认为，美国实行的加速折旧法使固定资本 5 年便在价值上折旧完毕，因而美国战后经济危机的周期也缩短为 5 年左右。这里除了存在如上所

---

① 马克思：《资本论》(第一卷)，人民出版社 1975 年版，第 695 页编者注 1。

② 参见钱俊瑞、罗元铮、滕维藻等：《加强世界经济研究为祖国四化多作贡献——本刊编辑部举行纪念中华人民共和国成立三十周年座谈会》，《世界经济》1979 年第 10 期，第 23 页。

述的问题外，还有：(1)他认为这种价值上折旧完毕的固定资本，在实物形态上不一定更新，由此存在着价值形态补偿和实物形态补偿的不一致，他以为这种不一致和前面谈的那种不一致是一回事，都导致经济危机。其实，这两种不一致是不同的。他在这里谈的是从一个企业看的，在前面谈的是从一个社会看的。(2)更为重要的是，他在前面论述的是许多固定资本同时更新或不更新，以同时性为导致经济危机的条件，现在谈的5年折旧完毕并不意味着许多固定资本在同时更新或不更新，而按照这条加速折旧法，许多固定资本的更新倒是分散在5年以内或以外进行的。我认为，同时还是分散更新或扩大固定资本，对经济发展的作用有极大的不同，这一点也在前面谈过了。

另一种理论认为同固定资本的更新一样，住房建筑和耐用消费品的更新也是周期性经济危机的物质基础。住房建筑和耐用消费品，从一次购买多年使用、多年才买一次这点看，同固定资本相同。但固定资本之所以成为周期性危机的物质基础，是由于有客观的经济条件使资本家同时更新固定资本；如果不是这些条件起作用，固定资本更新分散进行，那么，特大的推动生产的力量便不存在，生产便不会从危机走向高涨。住房建筑等和固定资本不同，因为没有一种经济条件使消费者能对它们同时进行更新。应该说，持这论点的经济学家是看到这种不同的，但他们认为这是过去的情况，现在在国家垄断资本主义条件下情况变了；现在实行分期付款推销法和抵押贷款法，利率降低和信用放宽，住房建筑等便集中在一定时间内进行。

住房建筑的销售受利率和信用政策变动的影响，这是事实。但我认为，它是受固定资本更新即受经济已从危机走向高涨这一经济条件所制约的。因为要用这种办法购买住房和耐用消费品的，绝大多数是工资劳动者。在他们当中，在业者要无失业之虞，失业者要已恢复就业，才有可能作这种购买，这就要危机大体过去，经济可能走向高涨，即在理论上说，要以固定资本同时更新为条件。所以，它们的更新不能和固定资本的更新一样，列为周期性危机的物质基础。

最根本的，从方法论上说，两个更新时间不同的因素，是无法统一说明危机周期的长短的。我们知道，固定资本可以大致分为建筑物和机器这两者的主要躯体及其零件。它们的更新时间，不仅在同一生产部门中不同，而且在不同生产部门中也不同。这样，要研究固定资本的更新对周期性危机的作用，就要确立哪一个生产部门中的哪一种固定资本的更新起决定性的作用，才能解决问题。马克思认为，大工业中最有决定意义部门中的机器更新起决定性的作用。如果不抓住这一点，那么，由于固定资本很多，更新时间分别不同，就无法说明哪一种是物质基础。两种物质基础论的问题就在这里。假设机器更新是10年，住房更新是20年，这样，两次危机的间隔是几年呢？

根据前面对经济危机变形原因的分析，我们可以探讨一下随着国家垄断资本主义的发展，危机变形的问题。我认为，除了危机自行暂时解决生产与消费的矛盾的作用削弱，因而今后的生产起伏总的说来不像从前那样显著外，值得注意的是一个大危机可以分散为若干个小危机①，也可以用其他的人为办法破坏生产力和浪费社会劳动，使所有这些合起来等于发生一次大的经济危机。总起来就是，再生产过程中的波动程度降低，经济危机分散发生或慢性化，人为破坏生产力和浪费社会劳动的情况日益严重。

这里谈一谈危机分散化问题。我们知道，经济危机如果不从发生原因而从现象看，便是买和卖的脱节。正是这样，国家干预经济，有可能使经济危机分散地进行。垄断资本家按照国家订货而生产，是国民经济的一种特殊形式。在这样的条件下，市场不存在问题，或存在的是有保障的国家市场。这样，在资本主义生产和消费的矛盾日益尖锐因而一次大的危机就要爆发前，国家可以用购买某些即将发生过剩的垄断企业产品的办法，分散地导致一些小危机来破坏过多的生产力，使大的危机不致发生。当然，对其他企业来说，这样的市场是没有的，因此从全社会看，经济危机仍要集中爆发，但规模可能小些。

为什么这是分散的小危机呢？首先，它是危机。对某些有过剩产品的垄断企业来说，由于国家的购买，它的产品出卖了，它没有发生危机。但是，矛盾不过由企业转移到国家或社会，产品可能没有最终出卖，生产它的私人

① 参见姚廷纲：《战后美国的经济危机和周期问题》，载论文集编辑组编《美国经济讨论会论文集》，商务印书馆1981年版，第23—32页。

劳动没有最终实现为社会劳动，这些产品往往是堆积起来，既不进入生产消费，也不进入个人消费，而白白地浪费掉。这是破坏生产力的一种形式，所以是危机。其次，它是分散的小危机。国家是分期分批地买，大的危机便分散为若干个小危机了。

目前，某些垄断资本主义国家在大力发展军火生产、制造过多的宇航工具之外，又开始造人工岛、海上机场、海上旅馆等，通过这些办法来避免大的危机的爆发，这种做法就是以浪费劳动来破坏过剩的生产力，从而起了危机的作用。

20 世纪 80 年代美国已发生的两次经济危机颇能说明问题。这两次危机，除了军火生产如在以前的危机中那样仍然生意兴隆外，还有这样的特点，即传统工业部门如钢铁、汽车、建筑业生产猛烈下降时，新兴工业部门，如先进技术部门、能源部门，还有服务业，却在迅速发展，以致在传统工业部门、新兴工业部门和服务业部门之间，没有共同的衰退期和繁荣期。资产阶级经济学家称之为“令人迷惑不解的周期”，其实这就是危机分散发生的表现。

由于是在国家垄断资本主义条件下，经济危机才会出现并将继续出现某些新的特点，因此我们预测资本主义经济发展趋势时，一定要抓住国家垄断资本主义这个条件。这就意味着，预测当前垄断资本主义国家的经济发展时，要运用某些新的方法。

附录五　马克思的“自行扬弃”论与国家垄断资本主义*

马克思的政治经济学方法是唯物辩证法。辩证法的本质在于：在对现存事物的肯定理解中同时包含对现存事物的否定理解，即对现存事物必然灭亡的理解。这样，马克思研究资本主义经济时，便首创地提出了资本主义生产方式自行扬弃的理论。马克思、恩格斯和列宁详尽地研究了这个扬弃的过程。从列宁的论述中，我们可以看出，国家垄断资本主义是这个过程的顶点。由于资本主义国家机器对其经济基础的维护，资本主义生产方式不可能自行扬弃为社会主义；无产阶级不夺取政权，资本主义不可能变为社会主义。马克思主义从来没有以资本主义生产方式自行扬弃论来代替社会主义革命论。

(一) 马克思主义关于“自行扬弃”的论述

马克思认为，信用的产生是资本主义生产方式自行扬弃的开始。这是因为，资本主义生产方式是以生产资料私有制，亦即是以对货币和资本的私人占有为基础的。但是，现代信用的产生，却使资本家在个人所有的货币和资本之外，可以利用别人的亦即社会的货币和资本作为自己的资本来使用，以生产和实现剩余价值。这种来自社会的资本，在形式上是对私人资本的否定。马克思指出：“信用为单个资本家或被当作资本家的人，提供在一定界限内绝对支配别人的资本，别人的财产，从而别人的劳动的权利。”①而作为现代信用机构的银行制度，则“造成了社会范围的公共簿记和生产资料的

* 原载于《经济研究》1983 年第 11 期，第 15—21、14 页。

① 马克思：《资本论》(第三卷)，人民出版社 1975 年版，第 496 页。

公共的分配形式。但只是形式而已”①。之所以是形式，正如下面会指出的，因为其内容丝毫不是公共的，而是为了最大的资本家的利益的。但不管怎样，“信用制度和银行制度扬弃了资本的私人性质，它本身，但也仅仅是就它本身来说，已经包含着资本本身的扬弃”②。

在信用制度的基础上产生的股份制企业，是资本主义生产方式自我扬弃的发展。股份制企业是由于要解决生产社会化和资本主义个人占有之间的矛盾而产生的。一些巨型企业，如果靠单个资本家积累资本来兴办，是不可能的。马克思说：“假如必须等待积累去使某些单个资本增长到能够修建铁路的程度，那么恐怕直到今天世界上还没有铁路”，但是，“股份公司转瞬之间就把这件事完成了”。③ 随着股份公司的产生，那种本身建立在社会化生产的基础上，并以生产资料和劳动力的社会集中为前提的资本，就直接取得了社会资本的形式，而与私人资本相对立，并且它也表现为社会企业，而与私人企业相对立。

需要指出的是，股份企业只是从形式上看，才表现为与私人企业相对立的社会企业。而从内容上看，它仍然是私人企业，并且是为大资本家即大股东的利益服务的私人企业。股份企业的产生，并不像伯恩施坦所胡说的那样，是资本的民主化，也不像现代资产阶级经济学家所杜撰的那样，是人民资本主义，而只是社会资本越来越被少数大资本家所控制。这是因为，小股东人数多而且分散，不常出席股东大会，这样，大股东只要占有百分之二三十，甚至百分之十几的股票，便可以控制整个股份公司，股票面额越小，购买者越多，情况就越是这样。在这基础上，股份企业创办人即大股东，便可以将股票分为优先股和普通股，前者股息固定并略高于银行利息，以吸引更多的小股东，自己则拥有足以控制企业的普通股，普通股股息不定，企业初办时可能很少、甚至为零，但以后获利日多，其股息就大增。这样，正如马克思和列宁多次指出的，股份企业便使资本家可以利用别人的资本进行欺诈和投机，为大资本家的利益服务。这是因为，在这样的条件下，欺诈和投机如

① 马克思：《资本论》(第三卷)，人民出版社 1975 年版，第 686 页。

② 同上。

③ 马克思：《资本论》(第一卷)，人民出版社 1975 年版，第 688 页。

果成功，好处便全归大股东；如果失败，大股东由于控制企业，了解情况，便可及早出售其股票，对其没有损失或损失甚微，而小股东被蒙在鼓里，待觉察问题而出售股票时，股票行市已大跌，损失都由小股东负担。股份企业内容虽然如此，但是它仍然是“作为私人财产的资本在资本主义生产方式本身范围内的扬弃”①，因为在形式上它是私人资本和私人企业的否定。

股份企业是资本主义的自行扬弃，不仅表现为它形式上是一种社会资本和社会企业，而且表现为资本主义企业不再由资本家管理，而由资本家的高级工资劳动者，即由专职管理人员管理。在这种企业中，资本家已成为多余的或寄生的阶级。马克思指出，在股份企业中，“实际执行职能的资本家转化为单纯的经理，即别人的资本的管理人，而资本所有者则转化为单纯的所有者，即单纯的货币资本家”②。资本主义企业本来是由资本家管理的，现在变成由代理人管理，即形式上由社会管理——这也是自行扬弃的一种表现。

资本主义国营企业的产生，意味着资本主义生产方式自行扬弃的进一步发展。股份企业并不能全部解决生产社会化的发展和资本主义个人占有之间的矛盾。有些特别巨大的企业如大运河，即使是股份企业也无法兴办；有些社会化的大企业，如由股份公司兴办，在产品价格和收费标准问题上会使资产阶级内部发生很大的矛盾。由于这样，资本主义国营企业便产生了。恩格斯指出，在一定的发展阶段上，股份企业的形式也嫌不够了，“资本主义社会的正式代表——国家不得不承担起对生产的领导。这种转化为国家财产的必然性首先表现在大规模的交通机构，即邮政、电报和铁路方面”③。他特别强调，只有在生产资料或交通手段真正发展到不适于由股份公司来管理，因而国有化在经济上已成为不可避免的情况下，国有化才意味着经济上的进步，才意味着在由社会本身占有一切生产力方面达到了一个新的准备阶段，总之，才是真正的自行扬弃。我想称因这个原因而产生的国营企业为国家资本主义企业。那种因政治和财政目的而实行的国有化就不是这样。当然，资本主义国营企业的产生，并没有从实质上解决资本主义生产方式的

① 马克思：《资本论》(第三卷)，人民出版社 1975 年版，第 493 页。

② 同上。

③ 《马克思恩格斯选集》(第三卷)，人民出版社 1972 年版，第 317 页。

基本矛盾，因为“现代国家，不管它的形式如何，本质上都是资本主义的机器，资本家的国家，理想的总资本家”，所以“生产力的国家所有不是冲突的解决，但是它包含着解决冲突的形式上的手段，解决冲突的线索”。① 只要这个国家变成不再是资本家的机器，冲突便能解决。

资本主义国营企业由国家雇员管理，这也是自行扬弃的表现。

列宁明确指出，随着垄断的产生并占统治地位，“生产走到最全面的社会化，它不顾资本家的愿望与意识，可以说是把他们拖进一种从完全自由竞争过渡到完全社会化的新的社会制度”②。这是资本主义生产方式的自我扬弃，意味着资本主义向社会主义过渡。

垄断企业是以股份公司为基础，为了解决资本主义生产方式基本矛盾的另一种表现，即生产社会化的发展要求社会生产是有计划的，但资本主义私有制度却使社会生产是无政府状态的这两者之间的矛盾而产生的。恩格斯指出：“历来受人称赞的自由竞争已经日暮途穷，必然要自行宣告明显的可耻破产。这种破产表现在：在每个国家里，一定部门的大工业家会联合成一个卡特尔，以便调节生产”，而在“有些生产部门，只要生产发展的程度允许的话，就把该工业部门的全部生产，集中成为一个大股份公司，实行统一领导”。③ 既然这样，那么我们关于股份企业是资本主义的自行扬弃的分析，就完全适用于前者。

这里需要补充的是，从自行扬弃的角度看，垄断企业有以下特点。第一，正如列宁指出的，庞大的垄断企业是根据精确的估计，有计划地取得全部社会生产所需要的大部分原料的；它运送原料到生产地点是有计划地进行的；它将原料加工成各种产品是由一个中心指挥的；这些产品分配给无数的消费者是按照一个计划进行的。这就是生产的高度的社会化，它要求生产资料公有制和它相适应。第二，垄断企业向社会攫取更多的贡物——垄断利润，垄断企业的创办者在此基础上则攫取创业利润，因此，它的内容更是为少数大资本家的利益服务的。这对矛盾促使垄断企业较之其他资本主义企业更要变成真正的社会企业。

---

① 《马克思恩格斯选集》(第三卷)，人民出版社 1972 年版，第 318 页。
② 列宁：《帝国主义是资本主义的最高阶段》，人民出版社 1972 年版，第 21 页。
③ 马克思：《资本论》(第三卷)，人民出版社 1975 年版，第 495 页。

(二) 国家垄断资本主义是“自行扬弃”的顶点

列宁明确地指出，国家垄断资本主义是社会主义的入口，是历史阶梯上的一级，从这一级上升到叫作社会主义的那一级，没有任何中间级。这就是说，它是资本主义生产方式自行扬弃的顶点。

国家垄断资本主义这个经济范畴的某些方面尚待研究。在这过程中有不同的看法，是很自然的。

一种意见认为，国家垄断资本主义产生的原因，是资本主义社会生产力的巨大发展，要求国家参与资本主义再生产过程，成为整个社会生产的组织者。这种观点在分析战后国家垄断资本主义迅速发展的原因时，明显地表现出来，因为它认为这原因是战后科技革命。由此它认为，国家垄断资本主义的本质，就是垄断资本和国家政权结合在一起的垄断资本主义；这里的结合，说的是国家政权参与垄断资本主义的再生产过程。

另一种意见认为，它的产生原因，是资本主义生产方式基本矛盾的另一种表现，即生产发展和消费相对落后之间的矛盾，由于垄断企业要攫取垄断利润而特别尖锐，从而使市场问题特别严重，因此垄断资本家便运用国家政权，来解决市场问题和攫取垄断利润。这只有由国家政权再分配国民收入才能办到。而再分配国民收入的最终办法就是废除金本位，以便实行通货膨胀政策。这就是为什么在20世纪30年代大危机中废除了金本位以后，国家垄断资本主义才能长期存在和发展的原因。这种观点认为，国家垄断资本主义的本质，就是垄断资本家利用国家政权再分配国民收入，使其对己有利这样的一种经济关系。

两种意见分歧的根源在于对资本主义国家事实上具有的两种职能孰轻孰重看法不同。马克思指出：资本主义“政府的监督劳动和全面干涉包括两方面：既包括执行由一切社会的性质产生的各种公共事务，又包括由政府同人民大众相对立而产生的各种特殊职能”①。这两种职能根源于资本主义生产过程的两重性：它作为劳动过程，是社会化的大生产，而凡是存在社会化生产的地方，都存在组织劳动的职能；它作为剩余价值生产过程，就存在阶

① 马克思：《资本论》(第三卷)，人民出版社1975年版，第432页。

级对抗，而凡是存在阶级对抗的地方，都存在统治和加强剥削的职能。

现在的问题是：资本主义国家这两种职能孰轻孰重，或谁服从谁？不言而喻，执行各种公共事务的职能较轻，并服从于统治和剥削人民大众的职能，否则前者本身成为一种目的，没有任何社会内容，那就成为不可理解的了。总之，所谓公共事务或组织劳动的职能，无非是剥削过程的必要条件。

在我看来，第一种意见是有缺点的。第一，它只说明资本主义国家机器参与再生产过程，而没有揭示其社会内容和经济意义；第二，它无法区分国家资本主义企业和国家垄断资本主义企业，因为前面是因生产力社会化而产生的，无论认为垄断产生后它就成为国家垄断资本主义企业，或认为垄断产生前它就是国家资本主义企业，这两种说法都不能解决问题；第三，最重要的，它只说明国家参与再生产过程，不强调国家为垄断企业的利益而再分配国民收入，这样的国家就不成其为国家，而成为单纯的社会机构，与未来社会的指导社会生产的社会机构相类似。这样一来，国家垄断资本主义就不是自行扬弃的顶点，而是完成，是一种新社会的经济形式了。

我倾向于第二种意见。从这种意见中，我们可以清楚地看到国家垄断资本主义是资本主义生产方式自行扬弃的顶点。

第一，国家垄断资本主义的计划化和上面论述过的经济形式的相比，范围更广，程度更高。由于要给控制政权的那部分垄断资本家解决市场问题和攫取垄断利润，国家便对其实行产品包买、财政赠予、信贷优惠的政策。由于这是国家实行的经济政策，国家垄断资本主义便不仅在生产过程，而且在流通过程，甚至在分配过程中都存在着计划化的因素，并且达到了在资本主义条件下所能达到的最高程度。垄断企业是通过这些计划化因素来攫取垄断利润的，因此这种计划化因素本身并不是社会主义，国家垄断资本主义仍然是资本主义，它不过为过渡到社会主义准备了最完备的物质基础。

第一个将计划化或计划化因素称为社会主义的，是希法亭。他在《金融资本论》(1910 年)中说，垄断完全消灭竞争，垄断企业完全消灭非垄断企业和前资本主义经济，最终由一个卡特尔囊括国民经济，这时计划经济就完全代替无政府状态。他在此书中虽然首创这种错误的纯粹垄断资本主义论，但还没有就此认为计划化本身就是社会主义。1927 年，他在德国社会民主党代表大会上将纯粹垄断资本主义论发展为“有组织的资本主义论”，并认为计划化就是社会主义。他说，有组织的资本主义，意味着在原则上用有计划生产的社会主义原则来代替自由竞争的资本主义原则，就是社会主义。显然这是错误的，因为资本主义在一定范围内也可以有计划生产。恩格斯就说过，在托拉斯中，自由竞争变为垄断，资本主义社会的无计划生产，向着行将到来的社会主义社会的有计划生产投降。① 希法亭的错误理论，为以后的资产阶级思想家所利用。

第二，国家垄断资本主义经济中的国家包买产品形式，是资本主义经济的一种特殊形式，因为它的市场不存在问题。列宁说：资本家为国家工作，"这已经不是'纯'资本主义（这是明显的事实），而是国民经济的一种特殊形式。纯资本主义是商品生产，商品生产是为不可知的自由市场工作的"，而为国家工作的资本家，"则完全不是为市场'工作'，而是按照国家订货……而'工作'的"。② 这样，由国家包买产品的垄断企业，它生产的虽然是商品，但商品生产的基本矛盾，即私人劳动要实现为社会劳动的矛盾，对它来说已经解决，虽然从社会来说，并没有解决，因为这些产品，或者堆积在仓库里，或者浪费掉（如军火）。

这种国民经济的特殊形式，并非像布哈林所说的那样，是什么既非资本主义、又非社会主义的经济，即第三种经济。布哈林在 1915 年说："我们可能得到一种全新的经济形式。它不再是资本主义，因为商品生产已经消失了；它更加不是社会主义，因为一个阶级对另一个阶级的权力还保持着（甚至还会加强）。这样一种经济结构可能和没有奴隶市场的奴隶制经济最为相像。"③布哈林由于全部接受希法亭的纯粹垄断资本主义论，并认为发展到最后，托拉斯、银行团和政权便结合起来，成为国家资本主义托拉斯，即国家垄断资本主义经济，所以就有这种看法。认为它不是社会主义，这当然对；但认为它不再是资本主义，因为它不是商品生产，这是错误的，理由已见上述。需要指出的是，布哈林由此认为可能有一种既非资本主义，也非社会主义，

---

① 参见恩格斯：《社会主义从空想到科学的发展》，载《马克思恩格斯选集》（第三卷），人民出版社 1972 年版，第 435 页。

② 《列宁全集》（第二十五卷），人民出版社 1958 年版，第 52—53 页。

③ 尼·布哈林：《世界经济和帝国主义》，蒯兆德译，中国社会科学出版社 1983 年版，第 126 页脚注。

即第三种经济，也是错误的，因为他论述的其实是国家垄断资本主义。布哈林的错误理论，作为一种思想材料，也被其后的资产阶级思想家所利用。

第三，国家垄断资本主义经济，只要国家政权不再由垄断资产阶级掌握，而由无产阶级掌握，它根据全社会的利益进行经营活动，就直接变为社会主义经济了。列宁说：如果国家是由民主革命派掌握的，国家垄断组织就要为民主革命派的利益服务，那就是实现社会主义的步骤，因为社会主义无非是从国家资本主义垄断向前迈进的第一步。① 这里说的是民主革命派。如果由无产阶级掌握政权，那么这就是实现社会主义本身了。这时，国家垄断资本主义经济中的计划化因素，就转化为社会主义的计划化，它那种构成国民经济特殊形式的商品生产，便转化为社会主义的计划经济，存在于前者中的经济渠道、经济杠杆，后者可以利用。

（三）不能以“自行扬弃”论来代替革命论

马克思在提出资本主义生产方式自行扬弃论的同时，又提出无产阶级社会主义革命论，他绝没有以前者来代替后者，绝不认为社会主义可以自发地从资本主义生产方式中产生。

几年前，国内曾有人对无产阶级夺取政权之前社会主义不可能产生的正确理论提出疑义，并且断言，在马克思看来，正像资本主义生产关系曾经在封建社会内形成起来一样，社会主义也已经在资本主义社会内部逐步地发展起来；由于资本主义生产方式的自行扬弃，资本主义已经发展为社会主义。我认为，这种论点是错误的，有害的。

不错，马克思认为资本主义生产关系是在封建社会内部形成起来的，他并且指出资本家产生的两条途径：个体生产者变成商人和资本家，商人直接支配个体生产者。② 之所以如此，是因为个体所有制和资本主义所有制都是私有制，前者在一定条件下是可以自发地变为后者的。然而，由于封建政权对封建制度的维护，造成了对资本主义经济进一步发展的障碍，资本主义经济要在社会生产中占统治地位，资本主义社会制度要代替封建主义社会制

① 参见《列宁选集》(第三卷)，人民出版社 1972 年版，第 163 页。

② 参见马克思：《资本论》(第三卷)，人民出版社 1975 年版，第 373 页。

度，就不能自发地完成，而要由资产阶级民主革命促成。历史已证明了这一点。

马克思从来没有认为在资本主义社会内部可以自发地产生社会主义生产关系，更不用说建立社会主义制度。他在分析资本主义积累的历史趋势时说："生产资料的集中和劳动的社会化，达到了同它们的资本主义外壳不能相容的地步。这个外壳就要炸毁了。资本主义私有制的丧钟就要敲响了。剥夺者就要被剥夺了。"①很清楚，不"炸毁"、不"剥夺"资本主义私有制，社会主义生产关系就不能产生。因此，马克思认为，"自行扬弃"只是在资本主义生产方式范围内的扬弃。之所以如此，是因为：第一，资本主义是存在着剥削的私有制，社会主义是消灭了剥削的公有制，资产阶级不可能自动地废除剥削，变私有制为公有制；第二，资本主义整个政治上层建筑以物质的力量保护私有制，真是"私有财产神圣不可侵犯"。无产阶级要变私有制为公有制，消灭剥削，不推翻资产阶级统治、不夺取政权是不可能的。

有人为了证明资本主义已自行扬弃为社会主义，还列举了五种事实，其中就有我们论述过的资本主义国家占有生产资料和计划化这两种。这也是错误的。前面说过，因生产社会化而产生的国营企业，是由国家占有生产资料的，但这里的国家是总的资本家，因而它不是社会主义的生产关系，这应该是清楚的。此外，还有一种国家占有生产资料的情况，它不是由生产社会化引起的，而是由为了满足某些垄断资本家的利益而引起的。例如，美国罗斯福总统实行新政时期，为了帮助垄断资本家度过经济危机，由国家购买某些过剩的生产资料，用于修建公共工程，以及在第二次世界大战时期，创办军火企业（战后又廉价卖给垄断资本家）。英国艾德礼政府，为了帮助那些陷入困境的垄断资本家，实行煤矿和铁路国有化，以高价收买这些陈旧企业，并任命这些资本家为国营企业负责人。恩格斯曾讽刺地指出，普鲁士俾斯麦宰相为了把铁路职员训练成政府的投票家畜而把铁路收归国有，这连社会主义的步骤都不是。那么，为了塞满垄断资本家的腰包的国有化，难道是社会主义吗？至于说资本主义国家实行某种程度的计划化是社会主义，这也是错误的。如上所述，用这种方法攫取垄断利润，这完全是国家垄断资

① 马克思：《资本论》（第一卷），人民出版社 1975 年版，第 831—832 页。

本主义。

那位同志为了证明其论点，又举出资本主义社会中的合作工厂，并引用马克思的论述，认为这是资本主义生产方式自行扬弃为社会主义的又一实例。不错，马克思说过：合作工厂表明，“一种新的生产方式怎样会自然而然地从一种生产方式中发展并形成起来”①。但是，仔细地研究马克思的论述，便可以看出，他只认为合作工厂是从资本主义生产方式中的工厂制度和信用制度中产生的，正如股份企业是从信用制度中产生的一样。马克思也说过，和股份企业是资本主义生产方式的消极扬弃不同，合作工厂是它的积极的扬弃。这就是说，这两者都具有社会化生产的形式，都是未来社会的大生产的过渡形式，但在前者资本和劳动仍然对立，而在后者这种对立已被扬弃。但是，马克思仍然认为，后者“在自己的实际组织中，当然到处都再生产出并且必然会再生产出现存制度的一切缺点”②。之所以如此，是由于：第一，在合作工厂中，主人是劳动者，这和股份企业不同，但它除根据活劳动进行分配外，在信用制度下，也要根据工人入厂的生产资料进行分配，这和股份企业相同；第二，在资本主义工厂的竞争压力下，它要进行积累和扩大再生产，它的发展决定它要雇佣工人。这种生产关系怎么可能是社会主义的呢？列宁认为它是集体的资本主义组织。由于这样，它发展得很慢，并且也不构成对资本主义制度的威胁。

目前，在西方泛滥成灾的“混合经济”或“混合经济制度”论，实质上就是认为，由于国家垄断资本主义（这是我们的用语）的产生，资本主义已经自行扬弃为一种既不是资本主义，也不是社会主义，或者既有资本主义，又有社会主义，而由这两者永远结合在一起的“混合经济”，即“第三种经济”。美国经济学家萨缪尔森说：“我国的经济是一种‘混合经济’，在其中，国家机关和私人机构都实行经济控制。”③这种论调还认为，东方国家（他们称为“共产党国家”）的“混合经济”也在形成和发展。所谓“混合经济”，指的是一方面国营经济和计划经济，这就是社会主义；另一方面私有经济和市场经济，这就是资本主义。由这两种经济构成一种新的经济。其结论是：西方和东方，殊

① 马克思：《资本论》（第三卷），人民出版社1975年版，第498页。

② 同上。

③ 萨缪尔森：《经济学》（上册），商务印书馆1981年版，第59页。

途同归，都走向“混合经济”。之所以是殊途同归，因为在他们看来，在西方先有私有经济和市场经济，即先有资本主义，后有国营经济和计划经济，即后有社会主义，在东方则相反，但最后都导致“混合经济”。

这种谬论将资本主义国营经济和某种程度的计划化说成是社会主义，其错误已见上述。

附录六　马克思主义发展经济学在中国的产生

——学习王亚南和郭大力有关著作的笔记*

读了一些发展经济学的著作后，重读王亚南的《中国经济原论》(1946)①、《中国官僚政治研究》(1948)和《中国地主经济封建制度论纲》(1954)等著作，以及郭大力的《生产建设论》(1947)，我深深地感到，目前的发展经济学著作，大多数分析落后的经济发展为现代的经济时，认为这是几个经济因素间数量关系作用的结果，即使有的著作提出二元经济结构论，即传统农业部门和现代工业部门同时存在的社会如何现代化时，也持这种看法；与此相反，王、郭的著作，着重从生产关系和维护这种生产关系的政治上层建筑，以及外国资本主义如何通过生产关系和政治上层建筑使这种经济不能正常发展，进行分析，就是说这两类著作方法论不同，理论也不同。经过比较，我认为，王、郭的论著②，标志着马克思主义发展经济学在中国的产生。

(一) 中国和西欧的历史发展同中有异的方法论解释

王亚南认为，中国和西欧的历史发展同中有异，这主要表现为，在新航路发现，即中国和西欧大规模接触前，中国有文字记载的奴隶社会和封建社会，就和西欧有很大的不同(详见下述)。他从马克思的有关论述中，首先从

---

* 原载于《复旦学报(社会科学版)》1994 年第 4 期，第 7—13 页。

① 1955 年第 5 版改名为《中国半封建半殖民地经济形态研究》。

② 郭、王长期合作，翻译斯密、李嘉图、马克思的重要经济著作；1946 年发起成立中国经济科学社和经济科学出版社，倡导经济学中国化，要以中国人的身份研究经济学；他们的学术思想，有许多共同点。

方法论上解决这问题。马克思认为，自然条件或自然力和社会生产力结成相克相成的关系，就是说，社会发展阶段越低，人类就越受自然条件的限制，社会生产力就越低下，社会发展阶段越高，人类就越能利用自然条件，社会生产力就越发展。据此，王亚南首创了一个对于研究发展经济学来说具有重大意义的方法论，这就是：各民族所处的自然条件是不同的，最初历史条件的不同，受自然条件的影响甚大，自然条件对社会发展的作用，越往过去，越有束缚限制的作用，反过来就是说，社会生产力对自然力的克服作用，是越来越大的。因此，人类社会在愈早的历史阶段，为了生存，克服其所处的自然条件，由此表现的社会生产力愈益低下，因而在同一历史阶段，比如在原始社会阶段，彼此间就可能出现较大的差异性，而在发达的历史阶段，如在资本主义阶段，社会生产力克服自然条件的力量较大，资本主义社会彼此间的差异性就较少。由此可以看出，封建社会彼此间的差异性要大于资本主义社会的差异性；奴隶社会彼此间的差异性又大于封建社会的差异性。最后，他着重指出，这种差异性虽越往过去越大，但作为它们构成一个历史阶段的根本共同点，却并不因此受到影响。①

（二）亚细亚生产方式在中国

恩格斯将奴隶制区分为古代的即希腊和罗马的劳动奴隶制，以及东方的家庭奴隶制两种；并且认为没有前者就没有农业和工业之间的更大规模的分工，就没有现代的欧洲，亦即希腊、罗马的奴隶制，以及取代罗马奴隶制的封建制，有利于欧洲资本主义的产生。东方的家庭奴隶制在历史上的作用，略有不同。对于后一问题，王亚南提出了他独有的看法。

这和他对马克思提出的亚细亚生产方式的理解有重大的关系。他探索这问题经历了近 20 年。在《中国社会经济史纲》(笔名王渔邨，1937)中，他认为亚细亚生产方式指的就是原始社会，因为 1859 年马克思指出社会经济形态发展的几个时代时，将它放在古代的、封建的与现代资本主义的生产方式之前，这样从排列顺序看，这是原始社会；马克思在其他地方指出亚细亚生产方式存在着公有制，则似乎证实了这种看法。直到 1954 年，王亚南才从更

① 以上参见《王亚南文集》(第四卷)，福建教育出版社 1988 年版，第 27—28 页。

多的文献中看到，马克思和恩格斯常常使用古典的古代和亚细亚的古代这对概念，才认识到亚细亚生产方式指的是东方的奴隶制，并作了自我批判。①

接着，他又科学地说明了东方的奴隶制为什么保留着大量的土地公有、农业和手工业结合的、从原始社会末期就开始存在的农村公社，而希腊、罗马的奴隶制则不是这样。他是从所处的地理环境不同，根据中国的实际来说明这一点的。

亚细亚生产方式就是具有上述特征的农村公社的存在及其政治上层建筑即专制主义国家的统一。王亚南首先根据恩格斯关于专制主义的产生的论述，说明它在中国奴隶制中产生的原因。他说，在生产力极度低下的太古时代，地理上的自然条件，对一个社会的生产方式的形成，当然相对的具有较大的作用，恩格斯所提示的气候、土壤，特别是从非洲撒哈拉起经过阿拉伯、波斯、印度、蒙古，绵延到亚洲最高高原的沙漠，无疑要引起集中力量来推行治水灌溉的要求；可是，他特别指出，同是这些自然条件，还更要引起统一集中力量来进行争夺或保障较优良土地或猎场牧场乃至农地的要求。所谓"逐水草而居"，所谓"狄人之所欲者吾土地也"，都说明这是各部落、大氏族、氏族不能不奉戴一个大首脑来解决他们生死攸关的土地问题的原因。

其次，他说明原始社会末期形成的土地公有的农村公社并不瓦解，而中国社会就已进入奴隶制的原因。上述的为治水和争夺良好土地而产生的专制主义就起着维护农村公社的作用。但除此之外，还有一个重要原因，那就是由自然条件制约的中国农村公社乃至奴隶制的夏殷，商品生产都不如欧洲的发达。王亚南指出，奴隶生产形态的发展，意味着分工交换的发达、商品生产的发达、私有财产关系的发达，意味着氏族关系和农村公社的解体。但是，中国周代以前的比较可靠的文献和传说，极少谈到商业，出土物也很少发现交换手段或货币。商品货币关系这样不发达的原因，是社会生产力非常低下。广阔的沙漠地带、黄土地区、青铜器的使用，使当时的农业只能提供极少的剩余生产物，其中能转化为商品的就更少了。再将夏殷政治势力范围所及的山东、河南、河北的地理环境，同古希腊罗马所在的地中海东

① 以上参见王亚南：《中国地主经济封建制度论纲》，华东人民出版社 1954 年版，第 39—40 页。

部即欧亚非三洲的切角地带相比，就清楚地看出，夏殷的地理环境是不利于商业和海运业的发展的。[①] 这样一来，中国的农村公社就不易解体。在争夺优良土地中归于失败的部落，连同其中的农村公社，整个地沦为胜利者的奴隶。农村公社中的成员，从公社内部看仍和从前一样，从公社外部看则成为集体的奴隶，要对胜利者提供贡纳。这是王对东方家庭奴隶制在中国产生的看法。

（三）中国经济落后的内因——中国地主经济封建制度研究

王亚南指出，中国和西欧一样，在奴隶制度之后都产生封建制度；所不同的是封建制度在前者，从周灭殷即公元前 1122 年开始到 1949 年中华人民共和国成立，或 1951 年的土地制度改革完成，长达近3 000 年，在后者从日耳曼灭罗马即 5 世纪开始到 17、18 世纪资产阶级革命，长约 1 300 年不到；以致新航路发现后，中西方大规模接触时，后者逐渐发展为资本主义时，前者仍处于封建阶段，其经济比前者落后。这种中国封建社会比西欧封建社会经历时间长得多的事实，撇开中国封建制度始于何时的问题不谈，为中国绝大多数马克思主义历史学家所承认。王亚南在这个领域的重要贡献在于：将封建制度划分为领主经济和地主经济两个阶段，与西欧相比，中国地主经济的产生，不是由于商品经济的发展，而是在农村公社仍然大量存在的条件下，在公社之外开垦荒地，突破领主封地的限制，然后允许土地买卖。这种地主经济及其政治上层建筑，即官僚政治不利于资本主义的产生。

他进一步指出，西欧的领主经济到 15 世纪开始崩解，虽前后长达 1 000 年，但接着产生的地主经济时期几乎与资本主义产生时期同时[②]，中国领主经济从周到秦即公元前 221 年，历时约 900 年，地主经济从秦到全国解放，长达 2 100 年，由此可见，中国社会发展迟滞，就在于地主经济这一阶段。他着重研究这个问题。

王亚南对这问题的研究是多方面的。我这里只从农村公社大量存在对地主经济的制约和官僚政治对地主经济的维持的角度，略予介绍。他指出，

---

① 参见《王亚南文集》(第四卷)，福建教育出版社 1988 年版，第 107—108 页。

② 我个人认为，这是欧洲中心论的历史学家认为封建主义就只是领主经济，而认为东方或中国的封建主义即地主经济，由于土地可以买卖就不是封建主义的原因。因为在西欧，资本主义产生时期淹没了地主经济时期，使后者不被人们认识。

武王伐纣建周，宣布普天之下，莫非王土，率土之滨，莫非王臣，将姬氏同姓和异姓有功者，封为公、侯、伯、子、男诸侯时，封以相应的领地，其经济内容是：将农村公社编组在一定面积的领地即封疆内，使原来依血族结合的单位，转变为人为的地域单位，这在历史记载上便是：武王克商（殷），成王定之，选建明德，以藩屏周，分鲁公以殷民六族，分康叔以殷民七族……这些等级不同的诸侯即领主对集体农奴的剥削，是通过农村公社进行的，这就是农村公社演变为井田制，所谓方里而井，井九百亩，其中为公田，八家皆私百亩，公事毕，然后敢治私事。这里的公事，就是成为领主的集体农奴的公社成员，对领主提供的地租。

这种制度逐渐就成为生产力发展的障碍。农奴要在井田之外开垦荒地，对于这种既成事实，剥削办法就变为履亩而税，即按实耕土地抽税。诸侯也要突破封地面积，这表现为争城夺地而战，动摇领主的等级，这就是战国。秦处于地广人稀的西陲，经过商鞅变法，取得土地不凭血统或特权，只凭货币，鼓励耕织，奖励战功，以这条适应生产力发展的路线，最终灭六国，统一天下，然后又在全国实行这条路线。中国从此进入地主经济阶段。从这里可以看出，从领主经济发展为地主经济，不是商品经济发展的作用，而是突破井田制的限制。

在政治制度上，与领主经济相适应的，是贵族政治，经济剥削者和政治统治者同为一人，地租和赋税不分；与地主经济相适应的，是官僚政治，经济剥削者和政治统治者虽然都是地主阶级，但不是同一个人，地租和赋税分开。秦统一天下后，分天下为36郡，郡内土地属于大小地主和自耕农，郡内各级统治者即官僚不一定就是该地的地主，于是选拔官僚得有一套办法。秦汉用郡国举荐制，曹魏用九品官人制，隋唐则开创科举制，即经过考试取士，任士为官。这一制度一直延续到20世纪初。这就是官僚政治。

这种经济制度和政治制度，不利于资本主义经济的产生。根据王亚南的研究，中国地主经济制度可以用高利贷资本——商业资本——土地资本这个三位一体的公式来表示。高利贷资本和商业资本是最古老的资本，在奴隶制和领主经济中就已存在，但领主经济中没有土地资本，因土地不能买卖。本来，西欧领主经济崩解后，其商品经济发展促使土地关系变革，如英国的圈地运动、法国在大革命中对封建土地关系的摧毁等，经过这种变革，土地也可以买卖，但这已是资本主义性质的。因此，从这意义上说，西欧不存在这种封建主义的三位一体公式。中国与此不同。自秦商鞅变法将土地关系从领主经济性质变为地主经济性质后，直到中华人民共和国的土地改革，其中的西汉限田创议、新莽王田制、西晋占田制、北魏均田制、唐初世业口分制，都没有触动地主经济的土地关系。由于这样，这个三位一体公式，就以高利贷资本的利率调节商业利润和土地地租，三种资本形态相互转化，就是不转化为产业资本（原因详见下述），地主经济的生产关系迟迟不能突破。

以官僚政治为特征的政治制度，也起了这样的作用。从三位一体公式可以看出，高利贷者——商人——地主，这三者是可以相互转化的。这些人中的一部分，或其子弟，经过十年寒窗，通过科举制，就可以成为官僚。这样，在地主经济制度中，高利贷者、商人、地主和官僚，是你中有我，我中有你的通家，他们四者是贫苦农民的对立面。这是实质。但从表面看，却好像是任何人只要努力读书，通过考试，被任命为官，便能解决个人、家族和社会问题，这使许多被压迫者对现存的制度寄以幻想。这是一方面。

另一方面，由此形成的阶级关系就和西欧不同。在西欧，尤其在典型封建主义的法国，有三大社会等级，即享有特权的僧侣、贵族，以及没有特权的平民，后者包含未来资产者和无产者，法国革命是平民反对僧侣和贵族，资产者不是打击的对象，而是革命的动力之一。这当然有利于资本主义的发展。中国自秦陈胜吴广起义到清太平天国运动，多次农民战争，其打击对象就是高利贷者、商人、地主和官僚，其结果，高利贷者和商人积累起来的货币，就被分光。这样，有可能转化为产业资本的货币就散失了。①

王亚南特别强调：中国农民战争未导致社会革命，“这原因，与其说是取决于战争的性质，不如说取决于战争进行过程中的一般社会劳动生产力的可能贮备条件；与其说是由于农民战争只有破坏既成统治的消极展望，不如说是由于既成统治已把新社会所孕育诞生的积极因素给无情摧残剥削净尽了；与其说是由于农民不能单独担任新生产方法，不知道爱惜旧社会可资利用的生产手段，不如说是由于当作新社会之主导者的市民阶层，根本把他们

① 参见《王亚南文集》（第四卷），福建教育出版社1988年版，第93页。

的历史任务歪曲了，他们不论是扮演官僚的配角，抑是转化为地主豪绅的伙伴，都只能在农民战乱过程中成为没落王朝的殉葬者，而无法以新社会领导者的姿态出现。所以，中国以往农民战争没有表现出积极的革命的成果，是不应也不能单从农民本身的性质或其崛起反抗的单纯动机得到理解的”①。

（四）中国经济落后的相结合的外因和内因——中国半封建半殖民地经济形态研究

王亚南绝不认为其形成与亚细亚生产方式有关的中国地主经济是永远长不出资本主义经济来的。他说，中国社会停滞，是就它没有很快地改换一个新的生产方式的相对说法，并不能认为到了清代，还维持着秦汉之世的生产技术和文化水平。实则在这一段长时期内，我们在农耕技术、商工业组织规模和经营、文化交通、社会生活等方面，都有不少的进步，尤其是土地自由买卖、农民不再附着于土地、因交纳赋税而使产品商品化等，如下面将进一步指出的，终究使工农生产相结合、自给自足的农村公社瓦解，慢慢地长出资本主义来。就是说，中国社会的内部矛盾，会促使资本主义产生，只是比西欧晚些。② 因此，他对日本御用哲学家秋泽修二，在日本发动侵华战争期间，散布这是日本用外力帮助中国社会发展的“圣战”的谬论，予以驳斥。③

但是，中国缓慢地产生资本主义的过程，却由于新航路发现所导致的和西方资本主义，尤其是其后的垄断资本主义的大规模接触而受到阻挠。由于双方所处的社会经济阶段不同，这种大规模的经济接触，就构成剥削和被剥削或侵略和被侵略关系；使中国不能发展为正常的资本主义，而成为半封建半殖民地社会。西方主要是利用中国原有的生产关系和控制中国的政治上层建筑——官僚政治，使中国不能发展为能够和它们竞争的资本主义社会的。对此，王亚南的论述如下。

第一，西方国家，特别是大英帝国侵入中国后不久，就发现中国的封建生产关系和社会政治组织，和英国的以及其他亚洲国家的，不大一样。在西

① 《王亚南文集》（第四卷），福建教育出版社 1988 年版，第 267 页。

② 王亚南认为，在清代中叶前后，已经具备产生新的生产方式的可能条件。参见同上书，第 270—271 页。

③ 参见同上书，第 90、259—260 页。

欧是领主经济，土地由分封取得，农奴附着于土地，没有人身自由。在中国从秦代开始是地主经济，土地基本上可以自由买卖，农民可以离开土地，因而在土地关系上，就有三种不同的人：一是占有土地者，即地主和自耕农；二是租用土地者，即佃农；三是为他人耕种土地者，即雇农。这种制度从本质上是封建主义的，却取得近代西欧各国资本主义萌芽的外观（详见下述）。不论何人，只要有钱，就能取得土地。同时，高利贷者、商人、地主和官僚，又可以转化或兼职。至于作为直接生产者的雇农，可以为地主劳动、为自耕农劳动，也可以为佃农劳动。这就是说，土地商品化了，劳动力成为商品。此外，大量土地产品，成为租税，也要变为货币，先归中央，部分成为各级官吏的俸禄。于是一种异常活跃的流通经济场面，在西方国家是到了近代才产生的，在中国早就出现了。这种具有极大流动性的封建体制，对于西方在中国开商埠，办工厂，经营金融交通事业，取得廉价原料和劳动力，推销商品，是不必大动手术，就可以达到目的的。因此，不列颠对中国，就不像对爱尔兰那样，即摧毁当地的生产关系，将自己的生产关系移过去，也不像对北美那样，即将土著赶走和剿灭，在腾出来的空地上，输出资本主义生产关系，而是利用中国原有的封建地主经济的生产关系。

西方资本即外国资本主要在流通领域统治中国经济，攫取利润和垄断利润。抗日战争前，英国在中国投资，其中地产占39%，金融业占29.6%，对政府贷款占22.4%，用于工商业的仅占9%；日本投资中用于工商业的仅占6%。它有时也办一些交通生产事业，主要是为其进行剥削提供物质手段，亦不是为了生下根来，发展资本主义。有些外资，也办些工业，用的是先进技术，雇佣关系却是落后的，如日资纱厂用的包身工，这种生产关系资本主义其表，封建主义其里。

外国资本主要通过金融网剥削中国。金融机构中心设在沿海大城市，以利息形式进行剥削。抗日战争前，外国资本的国内利息率为4%—8%，它贷款给中国第一层银行，其利率一般为9%—20%，这些第一层银行又贷款给第二层银行，即中国钱庄，其利息率一般为20%—30%，钱庄再以高利贷资本或以典当业形式，向最穷困的劳动者贷款，这种高利贷资本的利息率一般在30%以上，如遇特大灾害，则可高达200%—300%。这种高利贷利息率会调节农村的地租率，使农民不胜负担，也使土地资本、高利贷资本和古旧的商业资本,不能转化为产业资本。这一点后面再论述。

第二,它们对中国那种建立在地主经济之基础上的专制官僚政治,更有好感。领主经济,由于各级贵族领主是在各自的领地上,统治农奴,形成一种经济自给的庄园,这样,各级领主就容易形成割据的分立的局面。而地主经济,就不是这样,因为土地不论归谁所有,都要向国家交纳赋税,国家在各地区分设官吏,征取税收,输供中央政府,中央政府则对大小官吏给予俸禄,这就形成中央集权专制官僚统治的局面。这一政治上层建筑又反过来影响作为基础的地主经济:(1)提供中央政权的实物租税,要变成商品,这就为官僚政治乃至士大夫商人化准备了物质前提;(2)官僚政客士大夫不仅插手商业,染指高利贷业,垄断侵渔土地,并以官家名义,统制贸易,把一切有利可图的工矿业,如铁业、盐业、纸业……,都变成“官业”,使普通的工商业者无法问津。这是中国流通经济尽管相当活跃,却总是流转在土地买卖、商业和高利贷业,不易向工业方面找到出路的原因,也是不易走上资本主义道路的原因。对于这种官僚政治,西方列强看出,如果添进它们所亲自培养的更信得过的大小买办的力量,就可以完全满足它们对中国行使间接统治的要求。这样,经过鸦片战争、英法联军之役、中法战争、中日战争、八国联军之役,中国主权逐步被割削,列强在中国获得部分直接统治权之外,又在中国政权之中有其代理人。这种情况日益严重,临到解放前夜,中国的半封建半殖民地形态及其政治配合物,已突出地表现为买办官僚资本和买办官僚政治了。

第三,中国地主经济封建生产关系的支柱是农业和手工副业相结合的农村公社经济,这种手工业(尤其是副业)是作为高率的地租、利息和商业利润的补充物而存在的。这就是说,农民不经营各种可能的副业,就不可能承担起占生产物70%—80%的地租。但是,这种结合是排斥商业,排斥列强的制造品,尤其是纺织品的。于是,使用一切策略破坏中国农村的副业和手工业,就成了西方及其代理人首先要在中国完成的一大任务。在这过程中,高利贷者、土地侵渔者和贪官污吏,也起了作用。于是,农民大批破产,离开土地。这种离地农民,生活费用本来就极其低下,再加上资本主义难产,所需劳动力少,劳动力供过于求,价格更加低廉,这又为土著的资本主义工业提供了能够生存的条件。

由此可见，著名发展经济学家威廉·阿瑟·刘易斯认为，工资是根据农民的平均产品决定的，理由是如果工资低于人们留在家里能得到的消费，他们就不会离开农业家庭去找工作，这种看法明显不适合于中国，因为我们的破产农民之所以离乡背井，是由于无法生存，只要能够不饿死，更低的工资他都接受。

第四，半殖民地半封建的中国，由于劳动力价格特别低廉，使用手工劳动胜于使用机器，所以其土著资本主义工业，大多是工场手工业。王亚南认为，这是落后国家典型的工业形态。沿海若干大城市的大机器工业，为数不多，多半是在第一次世界大战中，交战的列强无法东顾，又需要我们的产品时发展起来的。但在20世纪30年代大危机和抗日战争中，又遭厄运。中国土著资本主义工业就这样艰辛地发展。

（五）中国经济改造的道路问题

王亚南探讨了中国半封建半殖民地经济改造的道路。① 他将当时流行的认识分为四类，逐一加以研究，从中提出自己的看法。

第一，认为是自然条件问题。这表现为从先前的认为地大物博，到近代的认为地大物不博，进一步又认为对于人口而言可耕地太少，这些宿命论的和浅薄的看法，当然是不正确的。但这会导致要有新技术以勘探和开发资源的观点。

第二，认为是技术落后问题。技术在生产中当然是重要的，中国当然需要先进的技术。但是，原有的生产关系不变革，是无法采用先进的技术的。同资本主义存在的机械驱逐劳动的规律相反，王亚南指出，在中国往往是劳动驱逐机械甚至驱逐畜力。前面已经说明中国劳动力价格十分低廉，使用机器不如使用劳力；现在说明中国农村，有的贫农也雇工，宁可用人工而不用畜力耕地。前面指出，由高利贷利息率调节的地租，使农民无法为生。为了生计，他们除了经营副业外，如有可能还是多租些土地耕种。平时劳动力还勉强够用，农忙如耕田时就不够了。这时，他宁可雇工，也不

---

① 王亚南于中华人民共和国成立前夕出版的《中国社会经济改造问题研究》，作为《中国半封建半殖民地经济形态研究》的下篇，就是研究这个问题的。

租赁耕畜，一来工资低，有时甚至只管一顿饭，其余雇工自己解决，这比牛工加饲料低廉些。这样，不变革生产关系，即使有先进的技术，也无法使用。

第三，认为是缺少资本问题。要购买先进技术，就要有钱。这是合乎逻辑的。但是，生产关系不变革，商业资本——高利贷资本——土地资本，这个三位一体的公式积累起来的货币，还是不能转化为产业资本的。问题在于：由高利贷利息率调节的利息、商业利润和地租，比用这些资本办一般产业可能得到的利润，要高一些。由于这样，资金就从利息率高的破产农村，向利息和利润率较低的城市集中，但不是转化为产业资本，而多半是在地产、金融业中投机，或者集中在销金窝业中，从极为需要资金的中国，向外国集中，因反动统治不稳，有些人要留后路。这样，不变革生产关系和政治上层建筑，光有资金能解决问题吗？

第四，认为是不合理的土地制度问题。王亚南认为，这是重要问题，但问题的本质，不单纯是土地过于集中，因为资本主义的英国，土地也很集中，但这并不妨碍它的工业化和现代化；也不单纯是地租率太高，中国地租率诚然是高的，一般占产量的60%—70%，为地价的10%—11%，而英国产业革命前，前者为33%左右，后者为4%左右，但是孤立地看，一国政权为发展产业，可以用法律来硬性减低地租率；而是除了地租率高、土地过于集中等之外，还有许多封建要素。这主要是：(1)土地所有表现为一种社会特权，拥有土地的大小，成为社会权势的标志；(2)租赁土地除了约定的地租外，依照惯例，还有实物和劳务的报效，此外，地主及其代理人，还无形的具有支配佃农及其家属之人格的权力；(3)土地所有者中的权势者，如文武官员地主，或明或暗免除输纳和其他义务；(4)一切摊派、徭役、兵役，都转嫁到没有土地或只有少量土地的佃农、雇农和自耕农身上或直接由他们承担，他们除公家负担外，还成为地主阶层或大小社会权势者见机或制造机会进行勒索剥削的对象；(5)作为权势者的爪牙的土棍、流氓、地痞，即使没有土地，也以欺压敲诈农民为生，因农村社会动乱而增多的、由地主、商人、官吏、军人转化而成的“不在地主”，正是借助这帮人为他们作强制性的聚敛；(6)土地所有者大多同时是高利贷者、商人，因而在赋税、徭役、摊派、高额地租压榨之下的农民，不能不成为高利贷者和商人的俘虏。

总之，这样的土地制度及为其服务的政治力量不革除，单纯从技术和资本的角度出发，就无法使中国经济发展。这里必然涉及的政权由哪一阶级掌握的问题，下面再谈。

（六）中国经济建设问题

政权问题（相关的是取消帝国主义在华特权问题）和土地制度问题解决之后，就是经济如何建设了。王亚南和郭大力对此都有论述。

第一，郭大力提出产业不能按照自然道路发展的理论。这条所谓的自然道路，就是英国工业化的道路，亦即经过工场手工业再到大机器工业，也就是个体手工业和大机器工业之间有一桥梁——工场手工业。如果走这条道路，中国和先进国的差距将扩大。前面说过，中国劳动力价格低廉，妨碍使用机器，工业大多是工场手工业。情况这样，该怎么办？他认为，应由国家兴办大机器工业，意即为了实现工业化，即使在工资低廉的条件下，国家办的工业也会使用最先进的机器。

由此就产生国营工业和私营工业的关系，以及国家的指导原则应当是怎样的等问题。王亚南指出："社会型和资本型的经济，在某种场合，尽管可以像是相互补充，相互促进。但他们彼此间相克相消的作用，却大过封建制和资本制间的矛盾"，因此，"我们的建设指导原则，必须偏重在哪一方面。它们是不能混同的，不能二重的。二重的经济指导，在实践上所发生的破坏作用，恐怕比二重的军事指挥，在军事行动上所造成的混乱，还要严重得多"。①

第二，郭大力论述了农业发展和工业发展的关系。他认为这种关系是：农业建设是工业建设的前提，因为工人所需的生活资料、工业所需的许多原料，是农业部门提供的，这就要求农业有一定高度的劳动生产率；但是，最终地说，工业建设更应当说是农业建设的前提，因为农业劳动生产率的大幅度提高，就要实现农业工业化，要由工业提供最先进的技术、肥料等。在论述前一种关系时，他除了指出生活资料和原料由农业提供外，没有提出工人和其他非农业生产者的劳动者，也要由农业中的剩余劳动力转

① 《王亚南文集》（第三卷），福建教育出版社 1988 年版，第 451—452 页。

化而来，即没有运用詹姆斯·斯图亚特提出的“自由人手”理论来说明问题[①]，这是他不如刘易斯的地方，虽然他指出，农业发展为大农业时，机器必驱逐大批农业劳动者，佃农迅速沦为日佣劳动者，日佣劳动者再迅速沦为待救济的贫民。

这个问题的另一面是，同大工业相适应的大农业将采取哪一种形态。他认为大农业有三种形态：美国的、苏联的和英国的。各国应根据具体情况，决定取舍。他认为对于中国，美国的不适合，因为它原来没有土地私有权；苏联的不可能，因为它消灭土地私有权，尤其是剥夺地主的土地，显然与中国的官方主义相悖[②]；看来只有实行英国的了，而这将消灭自耕农，也同官方主义相悖。这种欲言又止的论述，说明作者受环境所逼，说话有禁忌。

第三，郭大力论述了市场问题。他根据马克思的再生产理论，认为构成市场的，亦即构成社会的购买力的，就是社会生产本身。就是说，随着工农业生产发展，市场就扩大。他认为，这种生产发展会导致更高形态的共同体，这时的生产将不需要市场。而落后国发展为先进工业国时，则需要国外市场；国际贸易政策要有利于发展国内生产。

（七）谁来领导中国经济改造

最后，王亚南在解放战争的隆隆炮声中，在国民党政府统治区，以谁能担当改造中国经济的任务为题，隐约地论述，只有中国共产党夺取政权，才能担当这一任务。他说：“中国经济的封建性，从而，中国经济的半殖民地性，乃是它需要改造的症结。不论是谁，不论是何种社会政治集团，只要他或它们能认真的贯彻反封建、反帝国主义的政策，他们就有资格担当起改造中国经济的任务。中国国民党所领导的国民革命，其所以能成就一度统一中国的大场面，就因为它提出了反封建反帝国主义的口号，它的许多纲领迄今还是相当正确的”；其后，这些正确纲领和政策，因种种原因，被它放在一

① 毛泽东在《论联合政府》中指出：“农民——这是中国工人的前身。”参见《毛泽东选集》（第三卷），人民出版社 1991 年版，第 1077 页。

② 中国台湾的土地改革，被分的土地是有偿的。

边，它“就不能不由革命的，变为保守的；而在某种限度，与其原来要革去的对象，一鼻孔出气了”。①

在这种种原因中，有一种同我们的论题有密切的关系，那就是致力于国民革命凡40年、身为国民党总理的孙中山，并不真正认识社会经济发展规律即社会发展的阶段性，在这基础上又目睹欧美经济发达国家而社会问题日益严重的事实，因而要将政治革命与社会革命毕其功于一役；由此提出的三民主义中的民生主义，主要是平均地权与节制资本。平均地权包括耕者有其田和地价上涨部分归公，两者性质不相同：前者解决封建土地问题，为资产阶级拥护，后者解决资本主义土地问题，因涉及私有权就连同节制资本引起他们的疑惧。王亚南指出：“平均地权，打破封建土地所有秩序，虽然是真正民族资本家所赞同的……但节制资本的提出，又似乎在把一切资产者阶层作为改革的对象，而唤起民众，团结工农群众的号召，更像很容易激起资产阶级的疑惧与反感，结局，国民革命发展到最高潮的时候……买办商业金融资本家，就把握时机，扭转乾坤，结局，原来是革命对象的买办阶级，以及……封建势力，倒转过来，变为革命的‘国民革命运动’的支持者了。同是国民革命运动，前半截是唤醒民众，来反抗封建的和帝国主义的势力，后半截就越来越像结合后者来压制前者了。”②这是国民党不能领导中国经济改造的原因。

那么，谁来领导呢？解放战争本身回答了这个问题。

*　　　　*　　　　*

王亚南常用“初生之物，其形必丑”这句西谚来形容他首创的学说。我倒觉得，他和郭大力首创的马克思主义发展经济学，虽是初生之物，其形体却甚佳，是个发育正常的婴儿，只要我们精心养育，它必茁壮成长。

① 王亚南：《中国社会经济改造问题研究》，中华书局1949年版，第37—38页。

② 同上书，第144页。

附录七 资本主义生产无计划理论的终结*

(一) 资本主义生产计划性的发轫

这里所说的计划,是指以政策、法令和具体计划在一定的范围内干预经济,而不论这些政策是否反映经济规律的要求。从这一角度看,资本主义生产的计划性就发轫于资本主义产生的初期,即经济史学家所说的重商主义时期。重商主义将金银即货币看成是唯一的财富。因此,为了增加一国的财富,它就认为在有金银矿的国家,应多开采金银,在没有金银矿的国家,应禁止金银出口,或者应取得外贸顺差,以增加金银进口。重商主义的实施,以法国为典型;法国又以国王路易十四的财政大臣科尔贝的施政为典型。科尔贝为了取得贸易顺差,便以法令牺牲农业,发展以出口为目的的手工制造业;而为了保证这些产品的质量,单对罗纱等产品的制造,就颁布了150个条例。在1671年的一项法令中,就包括有317个项目,规定毛织品的颜色、花纹,并研究所用染料的药色和成分。为督促这些规定的执行,又设置种种监督人员。这些措施,短期内效果显著,但时间一长,则农业凋零,工业窒息,在经济总衰退中,国民经济严重比例失调。

于是,路易十四的顾问、法国古典经济学鼻祖布阿吉尔贝尔就从理论上批判科尔贝的施政,认为各行各业分工的基础和源泉在于农业的存在和发展,一切财富都是来源于土地的耕种,只有相互依存的各个行业,“形成了一条财富的链条,只有组成链条的各个环节连接在一起的时候,才有价值”①。各个部门和行业必须在以农业为基础的前提下,保持协调平衡的发展,才能实现国民经济的繁荣。这实质上已经提出国民经济各部门必须合乎比例才

* 原载于《当代经济研究》2001年第7期,第3—7、73页。

① 布阿吉尔贝尔:《谷物论 论财富、货币和赋税的性质》,伍纯武译,商务印书馆1979年版,第13页。

能发展，一种商品的价值要在其使用价值量合乎社会的需要量的条件下才能实现这样的理论。这对恩格斯和马克思的影响很大。1844 年 2 月底，刚过 23 周岁的恩格斯提出了价值是生产费用（劳动）对效用（使用价值）的关系的命题；其后，马克思提出决定价值的必要劳动时间的第二层含义是合乎比例的劳动时间的命题：其思想渊源就是布阿吉尔贝尔的有关论述。

英国古典经济学鼻祖斯密反对国家干预经济，抨击重商主义的政策，因而反对生产的计划性，主张由一只看不见的手来指导生产。他认为在确立了自然的自由制度之后，“君主们就被完全解除了监督私人产业、指导私人产业、使之最适合于社会利益的义务。要履行这种义务，君主们极易陷于错误，要行之得当，恐不是人间智慧或知识所能做到”①。在这里，斯密实质上指出一切计划的固有缺点：不能精确地反映规律；原因是具体的人认识能力是有限的。他认为国家不应管经济，只应尽以下的义务：保护社会；保护社会上的各个人；建设并维持某些公共事业及某些公共设施；至于经济，则应由看不见的手来指导，即由价值规律通过市场发生的自发作用来调节。他的理论反映出，在产业革命前夕，已经成长的资产阶级不再需要国家干预这根拐棍了。

但是，事实上在英国产业革命时期，国家用法律来干预经济的情况是存在的。这是一个著名的例子：1848 年英国议会通过的将工作日缩减为 10 小时的法律开始实施。能够制定这个有利于无产阶级健康的法律是有背景的，这就是英国在反拿破仑战争胜利后的 1815 年，重新修订了谷物法，这条法律限制外国廉价谷物输入英国，因而有利于地主阶级、不利于资产阶级（因为谷物价格提高，货币工资就要提高，利润就减少），因而资产阶级极力要求废除这条法律。对此，地主阶级要进行报复。无产阶级利用他们的矛盾，得到地主阶级相助，10 小时工作日的法律便得以通过。对于缩减工作日时间的一类法律，西尼耳教授多次预言，这是为英国工业敲丧钟，胡说 10 小时工作日将全部消灭工业的利润。但是，这条法律实行的结果，却是劳动生产率提高，利润增加。由于这样，资产阶级经济学家就改口说：认识在法律

① 亚当·斯密：《国民财富的性质和原因的研究》（下卷），郭大力、王亚南译，商务印书馆 1972 年版，第 252 页。

上规定工作日的必要性，是他们这门“科学”的突出的“新成就”。

对于这种所谓的“新成就”，马克思从原则的高度予以评论。他在1864年的《国际工人协会成立宣言》中指出：关于立法限制工时的斗争进行得更为猛烈，除了因为贪得无厌的资产阶级惊慌害怕以外，还因为这里的问题涉及了一个大的争论，即构成资产阶级政治经济学实质的供求规律的盲目统治和构成工人阶级政治经济学实质的由社会预见指导社会生产之间的争论。因此，10小时工作日法律不仅是一个重大的实际的成功，并且是一个原则上的胜利；资产阶级政治经济学第一次在工人阶级政治经济学面前公开投降了。资产阶级政治经济学从只承认资本主义经济由供求规律来调节，不承认法律干预经济，不承认由社会预见指导社会生产，到承认后两者的存在和必要，而后两者是构成工人阶级政治经济学的实质的，所以这“新成就”就标志着资产阶级政治经济学第一次公开向工人阶级政治经济学投降。

总之，在马克思看来，资本主义生产在一定范围内，是存在计划性的。

（二）资本主义两种垄断形式的生产计划化

恩格斯在资本主义刚刚产生垄断时，就对它进行分析。他从分析资本主义生产方式的基本矛盾开始，分析了它的横向垄断，即在同一生产部门内产生垄断，指出这种垄断形式的生产是计划化的。

他在《社会主义从空想到科学的发展》中指出：一个国度内所有同一工业部门中的一切巨大生产者，为调节生产而结合为一个托拉斯，即结合为一个联盟。它们规定应该生产的总数，将这个总数分配于彼此之间，并且强迫买主接受预先规定的卖价。但是，由于这些托拉斯在业务一有不佳时便大部分陷于瓦解，所以就引起更集中的社会化：整个工业部门变为一个庞大的股份公司，一国内部的竞争让位于这一公司在该国内部的垄断。他总结说：在托拉斯中，自由竞争变为垄断，而资本主义社会的无计划生产，向着未来社会主义社会的有计划生产投降。这句话的含义和用词，都和前面说的马克思的论述一样。

恩格斯在他为马克思编的《资本论》第三卷的插话中对这个问题有进一步的论述。他说：“历来受人称赞的自由竞争已经日暮途穷，必然要自行宣告明显的可耻破产。这种破产表现在：在每个国家里，一定部门的大工业家会联合成一个卡特尔，以便调节生产。一个委员会确定每个企业的产量，并最后分配接到的订货。在个别场合，甚至有时会成立国际卡特尔……但是生产社会化的这个形式还嫌不足。各个公司的利益的对立，过于频繁地破坏了它，并恢复了竞争。因此，在有些部门，只要生产发展的程度允许的话，就把该工业部门的全部生产，集中成为一个大股份公司，实行统一领导。"①

鲁道夫·希法亭在恩格斯对横向垄断进行分析的基础上，对他那时产生的纵向垄断，就是有关的生产部门形成垄断，即组成联合制企业，例如，英国的棉纺工业和埃及的植棉农业组成联合企业进行分析，认为这种垄断形式的生产也是计划化的。

这里有必要谈一谈希法亭关于一个总卡特尔的形成和计划生产问题。他认为随着工业和银行卡特尔化的发展，最终会出现由一个庞大的卡特尔囊括整个国民经济，非垄断资本主义经济和小商品经济消灭殆尽，从而竞争消灭的局面。由于这个庞大的卡特尔属于一个所有者，它就可以实行有计划的生产。不过，这多少是理论假设，并不是已有的现实。

尼古拉·伊万诺维奇·布哈林的国家资本主义托拉斯生产计划化理论，是上述希法亭总卡特尔生产计划化理论的发展。他的发展是：在总卡特尔之上加上国家政权。这样，在这个政治和经济相结合的组织中，国家是管理机构，银行是财务机构（由于这个托拉斯要在国外进行竞争，商品和货币就不能消灭，银行就要进行核算），工业是生产单位；国家管理包括计划生产和统治工人。不过，这多少也是理论假设，而不是已有的现实。

列宁根据垄断资本主义的实际情况和恩格斯关于横向的垄断以及希法亭关于纵向的垄断都产生生产计划化的理论，指出垄断意味着："企业变得十分庞大，并且根据对大量材料的精确估计，有计划地取得数千万居民所必需的原料的 2/3 甚至 3/4"，"运送这些原料到最便利的生产地点（有时彼此相距数百里数千里）是有步骤地进行的"，"从原料的依次加工一直到制成许多成品的各个工序是由一个中心指挥的"，"这些产品分配给数千万数万万

① 《马克思恩格斯全集》（第二十五卷），人民出版社 1974 年版，第 495 页。

的消费者是按照一个计划进行的”。① 这一切说明，生产是高度的计划化。

当然，列宁也明确指出：“完备的计划性当然是托拉斯所从来没有而且也不可能有的。尽管托拉斯有计划性，尽管资本大王们预先考虑到了一国范围内甚至国际范围内的生产规模，尽管他们有计划地调节生产，但是现在还是处在资本主义下，虽然是在它的新阶段，但无疑还是处在资本主义下。”②

以上说明，马克思、恩格斯和列宁等，对资本主义存在着计划生产，是持肯定态度的。

（三）垄断资本主义计划生产及其理论被错误否定

大概从 20 世纪 30 年代中期开始，上述情况发生了根本性的变化，垄断资本主义计划生产及其理论被错误否定。在其多种原因中，我认为最根本的是希法亭在 1927 年完整地提出了有组织的资本主义论；而这一理论及其据以产生的实际，之所以能从计划生产的角度被错误否定，则与经济学家对 20 世纪 30 年代资本主义发生空前严重的经济危机的原因看法有关，也与 1934 年斯大林与英国作家威尔斯谈话中涉及的计划经济理论有关。

希法亭在总卡特尔国民经济生产计划化理论的基础上，提出有组织的资本主义理论，是他对第一次世界大战中资本主义国家发生的社会经济变化，以及战后资本主义经历了 1920 年发生的经济危机后进入相对稳定时期的变化，加以观察和分析的结果。战时经济一般都具有“统制经济”的特点，第一次世界大战时，法国社会民主党人就提出“有组织的经济”这一概念。至于战后相对稳定时期的变化，希法亭认为是：普遍出现的技术进步，尤其是利用化学，化学使生产不必再单独依靠自然原料。因而不发生争夺原料的竞争，经济部门进一步组织成托拉斯和卡特尔，因而计划化加强，垄断组织国际化，因而计划化范围扩大。据此，1927 年，他在德国社会民主党基尔代表大会上就提出完整的有组织的资本主义理论。他说：我们现在已过渡到资本主义组织化，从自由竞争占统治地位的经济，过渡到了有组织的经

① 列宁：《帝国主义是资本主义的最高阶段》，人民出版社 1972 年版，第 116 页。

② 《列宁选集》（第三卷），人民出版社 1972 年版，第 229 页。

济。有组织的资本主义，意味着用社会主义计划生产的原则，来代替自由竞争的资本主义原则的这种有着真正原则性的更替。这个有计划的、自觉活动的经济，在相当大的程度上有可能听从于社会的自觉行动。

在这里，我们看到，希法亭的有组织资本主义理论和布哈林的国家资本主义托拉斯理论，也是十分相似的。布哈林在1920年写成的《过渡时期经济学》中，再度提出国家资本主义托拉斯理论。他说："现代资本主义的结构是这样的，即集体资本主义组织——'国家资本主义托拉斯'是经济的主体。""金融资本消灭了资本主义大国内部生产无政府状态。企业主的垄断同盟、联合企业和银行资本之渗入工业，使无组织的商品资本主义体系变成金融资本主义组织，从而造成了一种新型的生产关系。"[①]列宁对此的评论是：没有"消灭"，因为大国内还有非垄断资本主义经济，还有小生产者的个体经济，它们的生产是无政府状态的。对于其中的"使无组织的商品资本主义体系变成金融资本主义组织"，列宁则不加评论，采取默认态度，因为他也认为，金融资本即垄断资本是存在生产计划性的。

1929年4月斯大林在《论联共(布)党内的右倾》中批判布哈林的右倾时涉及希法亭。他说："照布哈林的提纲说来，目前没有发生任何动摇资本主义稳定的新现象，相反地，资本主义正在改造，并且基本上相当巩固。"这是不能同意的。因为这会使"我们的批评家得到借口，说我们采取了所谓资本主义'恢复健康'的观点，即希法亭的观点，即我们共产党人所不能采取的观点"。[②] 这里的资本主义"正在改造"和"相当巩固"，就是布哈林以其国家资本主义理论对当前形势的估计；而资本主义"恢复健康"就是希法亭的有组织的资本主义理论。当时，斯大林认为，根据这些观点和理论，就会得出当前是处于无产阶级革命运动的低潮时期的结论，从而使共产党制订的策略方针发生错误。

随后，资本主义爆发世界性的普遍生产过剩的危机。1930年6月，斯大林在联共(布)十六次代表大会上，从不能消灭经济危机的角度，来批判有组织的资本主义理论。1934年，斯大林和英国作家威尔斯的谈话：一方面认为

---

① 尼古拉·布哈林：《过渡时期经济学》，余大章、郑异凡译，生活·读书·新知三联书店1981年版，第4页。

② 《斯大林全集》(第十二卷)，人民出版社1955年版，第20页。

只有社会主义能够实行计划经济，资本主义不能够实行计划经济；另一方面指出资本主义的“计划化”不能消灭经济危机。1935年，苏联最有影响的经济学家瓦尔加的《我们的计划经济和他们的“计划”欺骗》发挥了斯大林的观点。1949年，瓦尔加在《战后资本主义经济之变化》中，认为战时资本主义国家中存在着经济调整，但否认存在计划性。由于斯大林的地位和威望，由于瓦尔加的影响，在马克思主义理论界，便对有组织资本主义理论加以全盘否定，对垄断资本主义的计划生产也加以否定。

我认为对有组织资本主义理论应该分为两个部分：一个是它的政治结论是错误的，是要害，必须否定；一个是它的生产计划化理论，是符合实际的，不能否定。它的政治结论就是希法亭所说的，有组织的资本主义的计划生产，要受到社会的自觉的影响，即国家的影响，而他认为这两者是矛盾的，就是说资本主义经济组织在一方，国家组织在另一方，就明显地对立起来的，于是，就要由一个民主的国家来代替资本家的国家，这就是社会主义。至于通过资产阶级民主、选举、议会来建立民主的国家，那是社会民主党的改良主义路线，必须否定。

有组织的资本主义理论，以及其他的资本主义生产计划化理论，认为垄断资本主义存在着计划生产，这是对存在的事实加以承认，是不容否定的。不然，恩格斯和列宁所看到的垄断组织存在的计划生产，随着垄断的发展，反而逆转为生产的无政府状态，是说不通的。至于瓦尔加认为第二次世界大战时，资本主义经济有调整(应该是国家垄断资本主义发展)而无计划性，那更是匪夷所思了。

由于无法从事实上加以否定，有的经济学家就从理论逻辑上加以否定。这就是说，按照有组织的资本主义理论和类似的理论，计划化是能消灭经济危机的，但是20世纪30年代和其后多次的经济危机，却反驳了这些理论。我认为经济危机有两种：局部危机和普遍危机。前者由比例失调引起，因此精确的计划化能消除局部危机；后者由资本主义生产有无限扩大的趋势和消费相对落后的矛盾引起，因此再精确的计划化也无法消除普遍危机。但是，**普遍危机的发生，只说明垄断经济计划生产论者的经济危机理论是错误的，不能说明他们所说的计划生产实际是不存在的**。

当然，也有这样的经济学家，认为计划生产能够消除普遍的生产过剩的经济危机。例如，布哈林就是著名的一个。在他看来，上述对普遍危机原因的解释，就是资本主义消费力和生产力增长之间的矛盾，这无非也是资本主义缺乏计划性的表现，例如，“拿西欧意义上的国家资本主义来说，在这种制度下，危机是不可能发生的，尽管工人们的‘份额’可能日益减少。这种日益减少的‘份额’是计划所能估计到的”①。怎样估计法呢？那只能是直接减少消费资料的生产，再间接减少生产资料的生产，以适应相对低下的消费水平，或者说使生产和消费的比例协调。我们且不说这样减缩资本主义生产的计划会行不通，即使后退一步认为行得通，但这意味着什么呢？它意味着生产设备部分闲置，工人部分失业：这不是别的，正是普遍危机本身。所以，计划化不能消灭普遍危机。在这两者的关系的问题上，资本主义生产计划能消灭普遍危机的理论是错误的。列宁在 1899 年的《再论实现论问题》中说，甚至在理想般匀称而又合乎比例的情况下，资本主义生产增长和消费范围有限之间的矛盾也不能避免，这值得一切信奉计划生产能消除普遍危机理论的经济学家深思。

(四) 国民经济宏观调控即计划调节及其理论

20 世纪 30 年代的大危机，引起资本主义世界的极大震荡，危及社会制度。于是，垄断资产阶级就寻找反危机的办法，终于发现通过财政和金融渠道，实行膨胀政策就可以防止经济衰退，实行紧缩政策就可以防止经济过热，从而使资本主义经济平稳地发展，不再发生大震荡。其理论我想总括为“可调节的资本主义”论。这种政策的实行，当然不能消灭普遍的生产过剩的危机。可是能使这种危机变形，变得较以前和缓，这是事实，不能否定。与此相应，可调节的资本主义论，也不能否定。我的看法，如下所述。

第一。这些政策能削弱普遍危机所起的暂时解决生产与消费的矛盾的作用，使普遍危机变形，并较以前和缓。我们知道，普遍危机意味着生产猛烈下降，企业倒闭，机器闲置，总之，是淘汰与消费力不适应的多余的生产力，使生产下降到与消费相适应的水平，然后才脱离危机，生产再发展……膨胀政策可以使生产下降得较为缓慢，因为利用国家财政，可以包买部分垄

① 《布哈林文选》(下册)，人民出版社 1983 年版，第 389 页。

断企业的产品，它们的生产不一定下降，可以兴建公共工程、发展军火生产、生产航天工具、建造人工岛屿等，它们的产品与消费无关，因而不发生生产与消费相矛盾的问题；运用金融政策，降低利息率，部分企业得到贷款，生产得以维持而不一定下降，而那些以消费者信用购买的耐用消费品、私人汽车、住房等，则因利率降低而加速销售，其生产也不一定下降。由于生产下降得很缓慢，它和消费达到均衡所需经历的时间就较长，然后再有新的生产发展。如果说，从前资本主义经济经过普遍危机的发展，犹如在山峦中要经过山峰和山谷的大起大落才能登高，那么，现在资本主义经济经过普遍危机的发展，则犹如在丘陵上要爬过很多缓坡即可走上山岗。

第二，这些政策能削弱固定资本的更新成为普遍危机周期长短的物质基础的作用，使这种周期的长短不再取决于固定资本的平均寿命，而具有自发的性质。我们知道，一次普遍危机包括四个阶段：高涨、危机、萧条、复苏。在高涨阶段，企业连开工都来不及，一般不会更新固定资本；只有在危机阶段临近结束，存货接近售罄，生产下降已近谷底，这时，在危机中幸存下来的企业，便集中地更新固定资本，并且是性能更好的，这样便刺激了生产固定资本的第一部类生产的恢复和增长，部分工人就业，对消费资料的需求增加，便刺激了第二部类生产的恢复和增长，工人就业再增加，第二部类生产再增长，又促使第一部类生产增长。这样，就使生产度过萧条、经过复苏、走上新的高涨……现在由于实行膨胀政策，国家财政支出用于固定资本建设和更新，可以根据调控的需要，分散在危机不同阶段中进行。固定资本更新的集中和分散，对生产的刺激作用是不同的。由于固定资本建设和更新的分散性，它成为普遍危机周期长短的物质基础的作用便削弱了。① 这样，两次危机相隔的时间，便越来越改为由生产增长和消费落后的矛盾发展到尖锐化所需要经历的时间来决定，越来越有自发的性质。从 1825 年到 1933 年，普遍危机大约 10 年爆发一次，这个时间和当时固定资本即最重要的机器的平均寿命大约为 10 年相一致。第二次世界大战结束后至今，两次普遍危机的间隔时间显然不是 10 年左右，其原因我认为就是固定资本更新有了新的特点。

① 参见陈其人：《帝国主义经济与政治概论》，复旦大学出版社 1986 年版，第 71—73 页。

以上说的是防治危机的膨胀政策及其作用。至于紧缩政策防治过热的作用，只要将上述的反过来便可理解。这说明：为了使经济平稳地发展，垄断资产阶级要依靠国家干预这根拐棍了，要由看得见的手来进行调节了。

从上述可以看到，宏观的调控即计划调节，并不能从根源上消灭普遍危机；还可以认识到实行膨胀政策，就意味着通货膨胀，这必然导致物价高涨，就是说这种政策在缓和危机、缓解失业时，必然给劳动者带来高物价之苦。这是资本主义制度的缺陷。但不能由此认为宏观调控是不可能的，可调节的资本主义理论是错误的。

邓小平关于计划和市场的论述，纠正了许多错误认识。我看到一些垄断资本主义经济研究者，包括我本人，明明看到研究对象中存在着计划生产，但又不能说它和资本主义制度可以相联系，与此相关，明明看到资本主义生产计划化理论是符合实际的，但又不能加以肯定。邓小平的有关论述，重申了马克思、恩格斯和列宁对资本主义计划生产的认识，使我们从矛盾状态中解脱出来。

据上所述，我认为再也不会发生导致垄断资本主义国家爆发世界大战那样严重的普遍危机了。第一次和第二次世界大战就是由这种危机导致的。帝国主义战争是无产阶级起来冲击资本主义制度的良好时机。严重的普遍危机和帝国主义战争不会再爆发，其对资本主义发展历史进程的影响，是我们应予研究的重要理论问题。

第三部分

东西方经济发展比较研究

（本部分内容根据陈其人先生著、东方出版中心 2010 年 1 月出版的《东西方经济发展比较研究》一书校订刊印）

序　　言

本书定名为《东西方经济发展比较研究》。因此，第一要说明何为“东方”和“西方”，第二要说明如何进行比较。

先谈第一个问题。这里的“东方”和“西方”，不是地理概念，而是经济概念，区别在于：它们是否在私有制的社会里，仍然存在着既有公有因素，又有私有因素的农村公社。因此，在“东方”这个概念中，不包括日本，其原因在于日本的农村公社早就消灭了；而在“西方”这个概念中，则要包括大洋洲的澳大利亚和新西兰，因为它们一直没有产生农村公社；此外，俄国则包括在“东方”这个概念中，因为它存在着大量的农村公社。

再谈第二个问题。比较是存同求异：“同”作为不需说明的前提，“异”则要加以研究才能得出结论。进行研究时，我们大体上将东方社会内部的差异，存而不论；对西方社会内部的差异，也是这样。

从思想酝酿看，本书从准备到完稿经历了60多年。记得1946年暑假，即我大学二年级读完尚未升三年级的时候，王亚南老师冒着广州的高温，从福建赶来为我们补上“中国经济史”一课。这课程引起我极大的兴趣，从此就爱好经济史的研究：大学毕业论文就是《先秦土地制度史论》。此后，由于大学毕业工作环境变化，暂停研究多年。有一段时间，只能写单篇论文发表，还不能写成专著；单篇论文有《自然条件在社会发展中的作用》《农村公社在社会发展中的作用》等。直到1995年和2002年，我才分别出版了专著《南北经济关系研究》和《世界经济发展研究》。这两者使我想到可以以它们为基础，拓宽研究范围，写一本《东西方经济发展比较研究》，这就是本书写作的酝酿过程。

在我看来，东西方经济发展不同的根本原因，是由于它们所处地理环境上的自然条件不同，以及由它决定的农村公社的存在和消灭的不同；由此又决定东西方进入奴隶社会、封建社会都不相同。前者有东方家庭奴隶制和西方劳动奴隶制的差别，后者有地主经济封建制和领主经济封建制的差别。由这两者又产生前者不能顺利发展为资本主义经济，后者则能够顺利发展为资本主义经济的差别。在这基础上，前者之中有的沦为半封建半殖民地经济而较快地发展为社会主义经济，但很快就遭遇到解体，再以此为基础，两者“跨越卡夫丁峡谷”的成败也不相同；后者则发生社会主义革命困难重重，不知何时才能发展为社会主义经济。

我的上述看法，基本上得益于王亚南讲授的“中国经济史”，因为它重点地讲授了以农村公社为基础的亚细亚生产方式理论、东方家庭奴隶制理论、地主经济封建制理论和半封建半殖民地经济理论。我获得这些理论后，再将其引申到与西方相对照地进行研究，就可以得到相应的理论。

由于上述原因，本书运用王亚南的有关理论很多，有时为了行文方便，就不一一注明出处。希望读者谅解。

我是在养病的情况下，写成这书稿的；每天大约写 2 000 字，积少成多，终于完成。

王亚南是对我影响最大的老师，60 多年来我一直浸泡在他的著作中，我之所以能发表一些论文和出版几本专著，是得益于他的著作。今年是他含冤逝世 40 周年，特以本书作为对他的祭奠。

我在养病中之所以能写完本书，是由于妻子给了我生活的勇气。她陪伴我经历了许多风雨，我们总是相濡以沫，如今她虽离我而去，但永远活在我心中，本书是纪念她的。我深信边养病，边写作，发挥主观能动性，定能战胜病魔。

本书能够写成，是由于女儿、儿子和儿媳鼎力相助，特向他们表示谢意。

末了，我还要说明一个问题：本书有几篇附录，它们原来是我写下和发表过的独立论文，它们之间以及它们和正文之间，也许有些重复的地方，我尽量去掉一些，即使这样，重复之处仍然不可避免，这也希望读者谅解。

陈其人

2009 年 7 月中旬

第一章　绪论(上)

自然条件在社会发展中的作用

——马克思论东西方发展差异的一个原因

西方一般为发达国家，比东方较早进入资本主义，较早实现工业化和现代化。对于这个问题，经济学家和历史学家进行了大量研究，探究其原因，提出过不同看法。在我看来，依据马克思的有关论述，是可以作出正确的解释的。不仅如此，研究马克思的论述，将有助于那些尚未工业化的国家制定正确的发展战略。马克思说："相同的经济基础……可以由于无数不同的经验事实，自然条件，种族关系，各种从外部发生作用的历史影响等等，而在现象上显示出无穷无尽的变异和程度差别……"①下面主要从自然条件在社会发展中的作用这一角度来论述问题。

一、自然条件、自然力和社会生产力的关系

马克思说，自然条件在经济上可分为两类："生活资料的自然富源，例如土壤的肥力、鱼产丰富的水等等"，这在文化初期具有决定性意义；"劳动资料的自然富源，如奔腾的瀑布、可以航行的河流、森林、金属、煤炭等等"，这在较高的发展阶段具有决定性意义。② 第一类自然富源，除了能养活人(而

① 马克思:《资本论》(第三卷)，人民出版社 1975 年版，第 892 页。

② 马克思:《资本论》(第一卷)，人民出版社 1975 年版，第 560 页。

人是生产力的因素)，能以此影响生产力之外，由于其产品一般不能当作劳动资料，尤其是劳动工具(也许兽骨和树干例外)，所以不能从这方面影响生产力。第二类自然富源与此不同。它不仅影响而且转化为生产力，和社会生产力结成相克相成的关系。在文化初期，洪水泛滥，毁坏田地，冲走鱼虾，“人或为鱼鳖”，其破坏生产力的作用，十分明显；在较高的发展阶段，筑坝蓄洪，用以发电、灌溉和航运，其发展生产力的作用，也十分明显。生产力和社会发展相互促进。

但是，人类利用自然力使其转化为巨大的生产力，是受生产关系制约的。马克思说，“排水、筑堤、灌溉、开凿运河、修筑道路、铺设铁路”，这无疑是能够发展生产力的，但是，这些“劳动过程由于劳动对象空间上的联系就需要协作”①，这种协作在个体所有制的条件下是很难实现的。再如，山间的瀑布可以变为动力，它比用蒸汽为动力便宜，用来生产商品，就可以获取超额利润；但如果这座山属于私人，这超额利润就要转化为级差地租，落入私人腰包，这样，生产者就不愿去利用这瀑布，使其转化为社会生产力了。马克思特别指出：“资本主义农业的任何进步，都不仅是掠夺劳动者的技巧的进步，而且是掠夺土地的技巧的进步，在一定时期内提高土地肥力的任何进步，同时也是破坏土地肥力持久源泉的进步。一个国家，例如北美合众国，越是以大工业作为自己发展的起点，这个破坏过程就越迅速。”②将自然力转化为现实的社会生产力，还受资本主义剥削剩余价值和垄断资本主义攫取垄断利润的限制。马克思明确指出采用机器或技术的资本主义界限是：它的价值要小于由它所代替的劳动力的价值③，这样，在工资特别低廉的地方，就不可能采用；对垄断资本来说，它的采用如果会导致产量扩大，因而总的垄断利润下降，也不会被采用。至于在封建社会末期产生的资本主义工业，必然受封建地租和资本利润孰高孰低所限，这问题以后谈。

共产主义制度不是这样。马克思指出，这种最高级的社会，是“在资本主义时代的成就的基础上，也就是说，在协作和对土地及靠劳动本身生产的

---

① 马克思：《资本论》(第一卷)，人民出版社1975年版，第365页。

② 同上书，第552—553页。

③ 参见同上书，第431页。

生产资料的共同占有的基础上”[①]建立起来的，是一个自由人的联合体，他们用公共的生产资料进行劳动，并且自觉地把他们许多个人劳动力当作一个社会劳动力来使用[②]。

二、特别利用自然力的农业是社会生产的基础

人类利用自然力以发展社会生产力，首先发生在农业上，然后再发生在其他物质生产部门。这是因为，为人类提供食物的农业生产，从一开始就同自然力结合在一起，农业劳动生产率的高低与自然力有关，它必须达到一定的高度，使其产品除了满足农业劳动者的消费外还有剩余，其他物质生产部门的劳动者才能独立存在，才有条件去利用自然力以发展社会生产力，社会才能发展。马克思说：“农业劳动不只是农业范围内的剩余劳动的自然基础……并且是其他一切劳动部门所以能够独立经营的自然基础，因而也是这一切部门所创造的剩余价值的自然基础。”[③]这里说的就是这个意思。

马克思对农业生产是在协同和利用自然力中进行的这些特点作了详细的分析。他首先科学地区分了资产阶级经济学家至今仍在区分的农业和工业。他认为农业的劳动对象是处在生命的生长过程中，工业则不是这样。[④] 因此，自然条件，如土壤、养分、水、温度、阳光，对农业产量有很大的作用。当然，农业不同于其前身——采集业，它不是采集野果、野稻，不是消极地接受自然的赐予，而是积极地利用自然力，使其转化为巨大的生产力，如经过人的耕耘、播种、施肥、管理等，农业产量增加。但是，即使这样，自然力仍有其作用。耗费同量劳动，在不同的自然条件下生产的农产品，数量和质量是不相同的。

当然，正如马克思所指出的，工业生产并不是不利用自然力。但是，第

---

① 马克思：《资本论》(第一卷)，人民出版社 1975 年版，第 832 页。

② 参见同上书，第 95 页。

③ 马克思：《剩余价值学说史》(第一卷)，郭大力译，人民出版社 1975 年，第 16 页。

④ 根据这个定义，酿酒是农业，捕鱼是工业，与实际生活形成的看法矛盾，这是科学研究中常常遇到的。

一，如前所述，工业之所以能够独立存在这件事本身，就是以农业利用自然力，从而有剩余农产品为前提；第二，“在农业上面，人类劳动力的增进自始至终就要有自然力这样一个自动发生作用的物体的运用和利用，方才可以完成。但在工业上自然力这样大规模的利用，却是跟着大工业的发展方才出现”①。最明显的例子，就是工业中利用蒸汽的膨胀力作为动力，这是在技术方面开始产业革命的标志。②

这里我们着重研究一下在农业生产中，人类对土地的利用如何制约社会生产关系。这是因为，在马克思看来，东西方之所以从不同的道路进入文明社会，以及这文明社会有不同的形式，都是由于这种生产关系同中有异。根据恩格斯的研究，在原始氏族社会中，农业是从游牧业中产生的。为了牲畜过冬，就要栽培稻草和种植谷物。这样一来，种植的谷物，很快也成为人类的食物。由于农业的兴起，生产关系就发生部分质变；人类从游牧到定居，耕地是部落的财产，最初交给氏族使用，后来交给同一血统的农村公社使用，即交给村社中各个家庭轮流使用，最后由各个家庭固定使用。这一切都是为了发展生产力。但这样一来，各个家庭就开始占有剩余农产品，开始贫富分化，最终导致剥削关系的形成。这意味着生产关系要发生根本质变。

三、自然条件不同使东西方农村公社变化不同

1832 年以前，欧洲的思想家和历史学家，并没有从历史上和现实中，认识到公有制，包括土地公有制的存在，也不知道有原始氏族农村公社及其发展即农村公社的存在。从 1832 年起，情况才发生变化。该年印度总督梅特加夫的报告，提到印度各村落社会都是一些“小的共和国”。以后类似的组织，也陆续发现。从此人们才知道农村公社的存在。

在东方社会，如印度和中国，在原始社会制度崩溃、奴隶制社会产生以后，农村公社这种以血缘关系为纽带、仍保留某些公有因素、农工生产结合

① 马克思：《剩余价值学说史》（第一卷），郭大力译，人民出版社 1975 年，第 17 页。

② 产业革命还有其生产关系的方面。

的社会经济组织仍大量存在。这和西方的奴隶制，如希腊和罗马完全不同。马克思分析了它的原因。这就是从非洲的撒哈拉穿过阿拉伯、波斯、印度和鞑靼区，直到亚洲高原最高地区这一广阔的荒漠地域，使利用运河和水利工程进行灌溉成为东方农业的基础。无论在埃及和印度，还是在东方其他国家，都是利用泛滥来施肥，河中涨水则用来灌溉。节省和共同用水是基本的要求。这种要求在西方，例如在佛兰德尔和意大利，曾使现代私人企业家结成自愿的联合，但是在古代东方，由于处于文明初期和地域广阔，不能产生自愿的联合，就要有集中统治的政府来干预，这些国家的政府就多了一个举办公共工程的职能。印度，一方面由于这个原因，另一方面由于居民散居全国各地，生活在那些由血缘关系所维系的农工结合体中，这样一来，农村公社就不易解体。全国各地都存在着孤立的村社(小共和国)。村社的这种状态又导致道路的缺乏，这又反过来使村社更孤立，并使其丰富产品不易变为商品，这使村社的基础——农工结合的自然生产更为牢固。①

中国的情况，与此相似。中国的农村，大都是以血缘关系为纽带的。1949 年以前，在土地私有制完全占统治地位的条件下，聚居的同姓宗族也有公田，出租给私人，其收入用于祭祀祖先(当然其管理者大多是族长，亦即豪绅之流，他们上下其手，化公为私)——这是农村公社的残余。中国之所以长期存在着农村公社，治水是一个原因。王亚南具体指出："中国古代文化发迹在黄河流域的黄土沙漠地带，传说尧有 9 年的水患，汤有 7 年的旱灾；大禹治水定贡，商代常为避水旱灾难而……迁都移民。"②这使农村公社大量存在。他更指出，由于这样，古代中国商品经济并不发达。他说："周代以前的比较可靠的文献乃至传说，极少谈到商业，就是出土物也很少把商业依以进行的交换手段或货币商品提供给我们。"③

东方社会由于进入文明社会时仍存在着大量的农村公社，这就意味着东方奴隶制和西方奴隶制有重大差别。

① 参见马克思：《不列颠在印度的统治》，载《马克思恩格斯全集》(第九卷)，人民出版社 1961 年版，第 147 页。

② 王亚南：《中国地主封建制度论纲》，华东人民出版社 1954 年版，第 46 页。

③ 同上书，第 49 页。

四、东方的家庭奴隶制和西方的劳动奴隶制

恩格斯根据马克思的研究，在《家庭、私有制和国家的起源》中，将东方国家的奴隶制称为家庭奴隶制，即存在着以血缘关系组成的农村公社，或者其中的整个家庭沦为奴隶，或者包括所有家庭在内的整个农村公社沦为其他部落的奴隶，而农村公社依然存在，从它的内部和各家庭内部看，其成员仍然是自由人，只是以劳役或实物形式提供剩余劳动，即被剥削；将西方希腊、罗马的奴隶制称为劳动奴隶制，即在农村公社瓦解、血缘关系破坏的条件下，不问血统，将债务人和战俘都变成奴隶。

在原始社会末期，随着生产力的提高，剩余产品产生，私有制产生，奴隶制必然随之产生。这在农村公社中尤为明显。恩格斯指出："农业家族内的自然形成的分工，达到一定的富裕程度时，就有可能吸收一个或几个外面的劳动力到家族里来。在旧的土地公有制已经崩溃或者至少是旧的土地共同耕作制已经让位给各个家族的小块土地耕作制的那些地方，上述情形尤为常见。……但是公社本身和公社所属的集团还不能提供多余的供自由支配的劳动力。战争却提供了这种劳动力……奴隶制被发现了。"①

在我看来，这段论述虽然是说明西方劳动奴隶制的起源的，因为各个家庭将战俘变为奴隶，随着商品交换和商品生产的发展，以血缘关系为纽带的农村公社就必然瓦解，这样，西方的劳动奴隶制就不存在农村公社；但是，深入分析一下，就可以看出，其基本原理也可以说明东方家庭奴隶制的起源。前面说过，由于自然条件较劣，尤其是治水的需要，东方农村公社就没有瓦解，但正因为其自然条件较劣，各部落为争夺自然条件较好的土地而产生的战争，经常发生，在产生了剩余产品的条件下，战败的农村公社连同其成员，即整个组织变为奴隶。这一点下面再谈。

在这样的条件下，由于农村公社本身是一个农工生产结合的自给自足组织，不易破坏，它就不仅在奴隶制的东方存在，也在封建制的东方存在，并

① 恩格斯：《反杜林论》，载《马克思恩格斯全集》(第二十卷)，人民出版社1971年版，第196页。

且妨碍资本主义在东方的发生。马克思是这样说明的:“这些自给自足的公社不断地按照同一形式把自己再生产出来,当它们偶然遭到破坏时,会在同一地点以同一名称再建立起来,这种公社的简单的生产机体,为揭示下面这个秘密提供了一把钥匙:亚洲各国不断瓦解、不断重建和经常改朝换代,与此截然相反,亚洲的社会却没有变化。”①这种在私有制的条件下,还长期大量存在着原始社会遗留下来的农村公社的社会,马克思称为存在着亚细亚生产方式的社会,或亚细亚社会。我认为,它不是一种独立的社会形态或生产方式。

马克思认为,印度和中国都是亚细亚社会,印度公社是遗留下来的农村公社的典型。② 在我看来,周武王灭商时,分鲁公以殷民六族,分康叔以殷民七族;西周实行的井田制,即田形如井字,八家各私耕其九分之一,作为生活来源,合耕余九分之一,作为被剥削的剩余产品——这些都是亚细亚生产方式的表现。中国古代社会史分期的困难,原因也在这里。根据上述史料和传说,认为西周是奴隶制的,其理由是在农村公社中的殷民成为奴隶,合耕公田是被剥削的方式;认为西周是封建农奴制的,其理由是这些殷民有个人经济、半人身自由(不能离开公社),合耕公田是被剥削的地租。中国从秦到清,从陈胜到洪秀全,其间因农民起义而改朝换代,虽然经常发生,但中国社会的性质并没有发生根本变化,这与亚细亚生产方式③有关。

五、资本的祖国不是草木繁茂的热带,而是温带

前面说过,土壤的肥力和剩余劳动成正比。但由此不能得出结论说,最肥沃的土壤最适合于资本主义生产方式的生长。马克思明确指出:“资本的祖国不是草木繁茂的热带,而是温带。”④这就是说,由自然条件导致的亚细亚生产方式,使资本主义产生困难,热带的肥沃土壤,也使资本主义产生困

① 马克思:《资本论》(第一卷),人民出版社 1975 年版,第 396—397 页。

② 参见同上书,第 396 页。

③ 其政治上层建筑是中央集权的官僚政治,官僚政治的支柱是科举制度。

④ 马克思:《资本论》(第一卷),人民出版社 1975 年版,第 561 页。

难。我们知道，有些热带地区同时又存在着亚细亚生产方式，这样，它的资本主义产生就更加困难。

马克思详细地论证了土壤的绝对肥力和资本主义产生的关系。他说："不是土壤的绝对肥力，而是它的差异性和它的自然产品的多样性，形成社会分工的自然基础，并且通过人所处的自然环境的变化，促使他们自己的需要、能力、劳动资料和劳动方式趋于多样化。社会地控制自然力以便经济地加以利用，用人力兴建大规模的工程以便占有或驯服自然力——这种必要性在产业史上起着最有决定性的作用。"①这就是说，有利于资本主义产生的自然条件是：第一，由自然产品的多样性导致的社会分工的发达，从而商品生产较发达，而不是土壤的绝对肥力本身；第二，更重要的是，人们不是消极地适应自然力，而是积极地控制和驯服自然力，主要是将劳动资料变为巨大的社会生产力，而过于"富饶的自然使'人离不开自然的手，就像小孩子离不开引带一样'"②。

马克思进一步论证这个问题。他指出，亚洲群岛东部一些岛屿上，在森林中长着野生的西米树："居民在西米树上钻个孔，确定树髓已经成熟时，就把树放倒，分成几段，取出树髓，再掺水和过滤，就得到完全可以食用的西米粉……那里的居民到森林去采伐面包，就像我们到森林去砍柴一样。"③生活资料的自然富源如此富饶，就没有足够的压力使人们去开发和利用劳动资料的自然富源，使其转化为巨大的社会生产力，资本主义产生就较为困难。纳・福斯特说："对于一个民族来说，最大的不幸莫过于他们所居住的地方天然就能出产大部分生活资料和食物，而气候又使人几乎不必为穿和住担忧……当然……投入劳动不能带来任何结果的土地，同不投入劳动就能出产丰富产品的土地是一样坏的。"④对此，马克思是同意的。

由此我们就可以了解，为什么古代文明诸国，其摇篮都是生活资料的自然富源较富饶的江河流域和内地沿海，但最早产生和发展资本主义的却不

① 马克思：《资本论》(第一卷)，人民出版社 1975 年版，第 561 页。

② 同上。

③ 弗・沙乌：《土地、植物和人》，转引自马克思：《资本论》(第一卷)，人民出版社 1975 年版，第 563 页。

④ 纳萨涅尔・福斯特：《论当前粮价昂贵的原因》，转引自马克思：《资本论》(第一卷)，人民出版社 1975 年版，第 561 页注 4。

是它们,而是这样的国家,即生活资料的自然富源不如前者,劳动资料的自然富源却较为富饶,不存在亚细亚生产方式,社会条件促使它去开发和利用这些劳动资料,使其转化为巨大的社会生产力的国家。它们是濒临大西洋的葡萄牙、西班牙、荷兰和英国等,而不是地中海沿岸最古老的文明国家埃及以及东方最古老的文明国家印度和中国等。

斯密对地中海沿岸和大江河流域国家的发展,有详细的记述。他说:"根据可靠的历史记载,开化最早的乃是地中海沿岸各国。地中海是今日世界最大的内海,没有潮汐,因而除风起浪涌外,也没有可怕的波涛。地中海,由于海面平滑,岛屿棋布,离岸很近,在罗盘针尚未发明,造船术尚不完全,人都不愿远离海岸,而视怒涛为畏途的时候,对于初期航海最为合适。"而在地中海沿岸各国中,"农业或制造业发达最早改良最大的,要首推埃及。上埃及的繁盛地区,都在尼罗河两岸数英里内。在下埃及,尼罗河分成无数支流,大大小小,分布全境……"与此相同,"印度孟加拉各省,以及中国东部各省,似乎也在极早的时候就已有农业和制造业上的改良……印度的恒河及其他大河,都分出许多可通航的支流,与埃及的尼罗河无异。中国东部各省也有若干大江大河,分成许许多多支流和水道,相互交通着,扩大了内地航行的范围"。① 斯密分析这问题的着眼点,是市场扩大促使分工发展,从而使财富增加,因而侧重谈河流对交通和市场的影响,而不谈它提供的自然富源对经济发展所起的作用。

但是,斯密感到奇怪的是:"古代埃及人、印度人和中国人,都不奖励外国贸易。他们的财富似乎全然得自内陆的航行。"②斯密未能看到,这是亚细亚生产方式对这几个国家的限制。因为直到1832年欧洲学者才知道农村公社的存在③,对其进行理论分析则更后了。

以上我们从利用劳动资料的自然富源的角度,论述它对资本主义产生和发展的作用时提到利用海洋的问题。现在进一步阐述马克思对这个问题

---

① 亚当·斯密:《国民财富的性质和原因的研究》(上卷),郭大力、王亚南译,商务印书馆1972年版,第18—19页。

② 同上书,第19页。

③ 该年英国在印度的总督在报告中提到,印度各地都存在着一种土地公有、自给自足、不易破坏的"小共和国"。

的看法。马克思认为：首先，是否和如何利用海洋，要受生产关系的制约；其次，利用海洋进行外贸，取决于生产发展，尤其是商品生产发展的程度，亦即"不是商业使工业发生革命，而是工业不断使商业发生革命"①；再次，外贸本身不是资本主义产生的条件，因为商业不能创造一种新的生产方式，但在新的生产方式已在旧的生产方式中产生时，它能加速后者瓦解和前者发展。根据这些原理，我们就可以了解西欧由于15世纪末的新航路发现而导致的对外贸易，以及比这早半个多世纪的中国明朝郑和下西洋，分别对西欧和对中国的经济之所以有不同的作用，其原因在于它们各自的经济关系不同。关于前者，马克思说："如果在16世纪，部分地说直到17世纪，商业的突然扩大和新世界市场的形成，对旧生产方式的衰落和资本主义生产方式的勃兴，产生过非常重大的影响，那么，相反地，这种情况是在已经形成的资本主义生产方式的基础上发生的。"②中国由于没有形成资本主义生产方式的基础，结果就不相同。郑和未能远航到大西洋沿岸的欧洲国家，下西洋未能导致对西欧的贸易，都不是偶然的。

现在谈一谈先产生资本主义的国家对东方亚细亚社会的作用问题。以英国对印度的作用为例加以说明。马克思认为，英国宗主国对印度殖民地的作用是二重的：以廉价的纺织品击败印度的棉织品，从而从经济上摧毁以农业和手工业结合为基础的农村公社，这是消灭旧的亚洲式的社会，是亚洲最大的，也是亚洲历来仅有的一次革命；除了这种破坏，也有建设，在经济上最主要的是，由蒸汽机产生的铁路和轮船，把印度的主要海港同东南海洋上的海港联系起来，使印度摆脱了孤立的状态。铁路在印度将真正成为现代工业的先驱。英国在印度修筑铁路，完全是为了降低其工厂所需要的原料的价格。但是只要他们把机器应用到一个有煤有铁的国家的交通上，他们就无法阻止这个国家自己去创造这些机器了。正是这样，马克思在《资本论》第一卷的"序言"中预言："工业较发达的国家向工业较不发达的国家所显示的，只是后者未来的景象。"③他当然看到，英国资产阶级所做的一切，既不会给印度人民群众带来自由，也不会改变其社会状况，因为这两者不仅仅

① 马克思：《资本论》(第三卷)，人民出版社1975年版，第372页。
② 同上书。
③ 马克思：《资本论》(第一卷)，人民出版社1975年版，第8页。

决定于生产力的发展，而且还决定于生产力是否归人民所有；后者要英国的统治阶级被无产阶级推翻，或者印度人民已强大到能够完全摆脱英国的枷锁时，才能实现。

但是，马克思的这一预言，并没有全部被证实。那时的工业较不发达国家，其中的北美一类移民垦殖殖民地，后来是工业化了，而其中的印度一类奴役土著殖民地，有很多至今还没有工业化。这是因为由落后国家转化而来的这两种殖民地，有不同的经济与政治关系，其发展就不同，这一点恩格斯后来作了说明。[①]

六、妨碍落后国利用自然力的经济关系

东方落后国家和西方资本主义发生经济联系后，妨碍其利用自然力的经济关系，便多了一个外来资本主义的影响和剥削这样的因素。

先谈农业方面的问题。同北美一类移民垦殖殖民地开始时不同，印度一类奴役土著殖民地存在着土地私有制。因此，交纳地租是在后一类国家里经营农业的必要条件。前资本主义的地租，本来是租地农民的剩余劳动，但自从土地可以自由买卖后，它就改变为由高利贷资本的利息率来调节[②]，已经突破剩余劳动的界限，侵犯到必要劳动了；外国资本主义的入侵，外国商品经济的影响，刺激和增长了土地所有者的消费欲，他们索取的地租就更加增多[③]。只有这样，才能说明这些社会里的农民，为什么终年劳动，却不能温饱，并且每况愈下。

在这里，我想特别论述一下，在1949年前的中国[④]，为什么有的农民其生产恶化到只用人力来掠夺地力的问题。抗日战争以前，中国农村高利贷资本的利率一般在年息30%左右，荒年可达200%—300%，地租为农产品的

---

① 参见恩格斯1882年9月12日给考茨基的信，载《马克思恩格斯全集》(第三十五卷)，人民出版社1971年版，第353页。

② 参见马克思：《资本论》(第三卷)，人民出版社1975年版，第690页。

③ 参见马克思：《资本论》(第一卷)，人民出版社1975年版，第263页。

④ 人们通常说旧中国是半封建半殖民地社会，根据马克思的看法，中国是经济殖民地。

2/3 左右，为地价的 11%左右，比英国产业革命前夕地租为农产品的 1/3 左右，为地价的 4%左右高得多。逐渐增加的地租，贫农很难负担，非万不得已，他不敢借高利贷。为生活所逼，有的只好卖掉耕牛，让“生活资料压迫生产资料”，这样，他就只好用自己的身体代替耕牛，用人力来掠夺地力，有的明知多租耕土地多受剥削，但只要有可能，还是延长自己的劳动时间，多租耕土地，平时用恶化自己的劳动条件来耕种，农忙时就不行了，但是，这时他还是不愿租耕牛，宁可雇短工，因为人工更为低廉，即短工部分生活仍要自己解决，耕牛却要全部喂养，并外加租金。①

再谈工业方面的问题。北美一类移民垦殖殖民地最初由于不存在土地私有权，母国虽向那里移入资本家和工人，工人很快就获得土地成为个体生产者，自己生产食物和简单的工业生活用品，资本主义包括资本主义工业就不能发展。其后，以美国来说是南北战争后，大量土地分给资本家，自由获得土地的时代已结束，再加上大量移民的到来，资本主义工业就在没有前资本主义束缚的条件下迅速发展。

东方落后国与此不同。前面说过，亚细亚生产方式阻碍这些国家的资本主义的产生。但是，撇开这个问题不谈，由封建主义社会内产生资本主义，就有一个将货币购买土地收取封建主义的地租和办工业获取资本主义的利润，两者孰高孰低的问题。只有后者高于前者，资本主义工业才能产生。但是，从前面的分析可以看出，前者比后者高。这固然可以说明东方产生资本主义的困难，但不能说明西欧为何能产生资本主义。西欧解决这矛盾的一个重要方法，是从对外掠夺中得到巨额的利润。东方国家没有这个条件。

应该指出的是，西方资本主义的入侵，以其廉价的工业品，尤其是纺织工业品，摧毁东方的手工纺织业，从这方面破坏亚细亚生产方式的自然经济。从这方面看，似乎为资本主义发展准备了国内市场。但是，这只是问题的一方面，另一方面是，贫苦的农民无力购买商品，便尽量因陋就简，自己生产，自己消费，以更差的条件维持自然经济；外国资本主义的入侵，又使市场受其控制：落后国自己的资本主义很难健康地发展。

---

① 参见《王亚南文集》(第三卷)，福建教育出版社 1988 年版，第 229 页。

这就说明,落后国的劳动资料的自然富源,在这条件下多半不是由本国,而是由先进国加以开发和利用。

我们还可以从另一个角度谈论落后国利用自然力远远比不上发达国家的问题。由上述可知,落后国贫苦农民无法维持生活,他们便要出卖劳动力,但资本主义发展困难,劳动力供过于求,工资特别低廉。这为某些资本主义企业的存在提供了条件。这些企业大量使用手工劳动,多半是生产力低下的,这又妨碍了对自然力的大规模的利用。

在这条件下,落后国是很难实现工业化和现代化的。

这些问题分析清楚了,落后国就有可能制定正确的发展战略了。从经济关系方面看,就是如何对待前资本主义和外国资本主义问题。显然,这是要以一定的政治条件为前提的。

第二章内容略，详见本卷第二部分附录一。

第三章至第十三章内容略，详见本卷第二部分二至十二节。

第十四章　中国半封建半殖民地经济形态研究

一、中国怎样成为半封建半殖民地社会

中国从地主经济封建社会成为半封建半殖民地社会，转折点是鸦片战争（1840—1842年），但必须回头说明鸦片战争前的中外关系。

在鸦片战争前，北方边疆上同俄帝国发生通商关系已有200多年的历史，在清朝康熙雍正年间，曾经发生军事冲突和签订条约（《尼布楚条约》和《恰克图条约》）。在广东、福建沿海，16、17世纪时，已有欧洲资本原始积累时期的海盗式的商人活动。葡萄牙人在1557年占领了澳门；其后，西班牙人在1575年，荷兰人在1601年，英国人在1637年，都开始到中国。法国第一条商船到中国来是1660年。

鸦片战争之后15年，又发生了第二次鸦片战争，即英法联军之役，其目的是使在鸦片战争中已经取得的政治和经济权利更加扩大，更多保障。其后，又发生了中法之战和甲午战争，中国被迫割让台湾给日本。再后来，日本又占领中国东三省。

其后，中国就成为半封建半殖民地社会。

二、马克思主义传入前对社会经济性质不可能有科学的认识

旧中国社会经济的性质，从19世纪40年代即鸦片战争发生以后，便发

生巨大的变化，即从地主型封建社会变为半封建半殖民地社会，与此相应，地主型封建经济也变为半封建半殖民地经济。但对社会经济性质这种变化的认识，即真正认识到旧中国的经济，已从封建主义的经济变为半封建半殖民地经济，则是在这种变化发生以后很久，直到马克思主义传入中国后，经过多次论战才达到的。

这有两个原因。其一，要认识一种经济的性质已经发生变化，这种性质已发生变化的经济就要趋于成熟，这样人们才能认识它，揭示其本质和规律，这是人们认识客观世界的规律所决定的，适用于认识任何事物；其二，马克思主义传入中国前，对旧中国社会经济的性质，不可能有什么真正的认识。因为人们认识社会经济的性质，目的之一就是要改造社会。这样，这种认识就不仅受这种社会经济成熟程度的限制，而且受人们的立场、观点和方法的限制。封建制度下的农民，因受小生产方式的束缚，就提不出以资本主义代替封建主义的要求，他们能提出的只是封建主义的延续，这反映出他们对封建主义的社会经济性质，并没有真正的认识，因而也不能进行改造。资本主义制度下的资产阶级也是这样。当他们要推翻封建主义的统治时，就认为资本主义和封建主义是有区别的，社会发展是一个历史过程；但他们建立了资本主义制度后，便觉得资本主义应该是天长地久的，从此社会发展再也不是一个历史过程了，这反映出他们对资本主义的社会经济性质并没有真正的认识，当然也不能进行改造。至于进行社会经济改造时，不仅要认识其性质，而且要从政治上层建筑入手，因为上层建筑是保护经济基础的，这要以历史唯物论为指导，这种哲学也不是农民和资产阶级能接受的。无产阶级认识社会经济的性质，不受来自小生产方式和生产资料私有制的限制，但当无产阶级尚未产生自己观察世界的工具——马克思主义，并用它来武装自己时，无产阶级对社会经济性质的认识也是不正确的，改造社会的运动都陷于失败。这原理也适用于对旧中国社会经济性质的认识。

从鸦片战争到中国共产党成立前后这段时间里，中国发生的太平天国运动、洋务运动、戊戌政变和辛亥革命，都说明了这一点。鸦片战争后大约十年发生的太平天国运动，是中国历史上最后一次规模巨大的农民运动，其领导人对中国社会经济的认识不正确，因而提不出改造旧社会、建设新社会的纲领，他们所提出的天朝田亩制度，是不可能实现的农业空想社会主义。因此，撇开太平军定都天京后，太平天国的领袖们政治上的倾轧、生活上的腐化不谈，作为改造社会经济的运动，太平天国必然是失败的。太平天国运动动摇了清王朝的统治，其后在这历史条件下产生的洋务运动，即认为可以不作任何社会改革，就可以直接从西洋输入工业和技术以发展经济的运动，撇开其阶级目的不谈，从历史唯物主义原理看，它也是必然失败的，因为不改变旧的生产关系和维护它的政治上层建筑，新的生产力是无法发展的。戊戌新政是在洋务运动已经失败、清王朝在甲午战争中又遭惨败的条件下发生的，其领导者理应总结以前的社会改造的经验，从认识社会经济性质入手，制定改造社会的方案，但是，由于前面说过的原因，他们认为只要在政治上消除保守顽固的人物，改革便能成功，结果也归于失败。

孙中山领导的辛亥革命，情况有所不同。1905 年，他在《民报发刊词》中，首先提出民族、民权、民生三大主义，不仅反对清王朝的统治，而且反对帝国主义的侵略，并且认为效法欧美资本主义，是不能解决民生问题的，这表明他对社会经济问题，已有进一步的认识。但他认为民生问题，即社会基本问题应该怎样解决呢？1906 年，作为国民党前身的同盟会，在其《军政府宣言》中提出“驱除鞑虏，恢复中华，建立民国，平均地权”四大纲领，企图用平均地权来解决民生问题。平均地权的办法，是核定天下地价。现有地价仍属原主所有，因社会进步而增的地价，则归国家，为国民所共享。将社会经济问题归结为土地问题，这是解决封建社会的基本矛盾，建立资本主义所必需的。这样看来，孙中山似乎对旧中国社会经济的封建性质已有所认识。但从平均地权的具体办法看，这又是解决资本主义社会土地问题的办法，例如美国改革家亨利·乔治提出使土地成为公有财产的土地纲领，就是这样。解决封建社会土地问题的办法，应该是建立资本主义土地所有制或个体农民土地所有制。这两者都是私有制，实行哪一种私有制，则由发生资产阶级民主革命时各国经济和政治条件决定。从这里可以看出，孙中山对封建主义和资本主义这两者的土地问题的本质差别，没有真正的认识，也就是对旧中国封建社会经济性质没有认识。因此，辛亥革命没有解决中国的社会问题。

三、对中国半封建半殖民地经济性质的认识

中国共产党经过反复的认识和实践，认识到中国社会经济的半封建半殖民地性质，提出了要由中国无产阶级来完成资产阶级无法完成的民主革命的任务，并在这基础上帮助孙中山改组国民党，将旧三民主义发展为新三民主义；在第一次国共合作下，进行第一次国内革命战争——北伐；在蒋介石背叛革命后，领导土地革命，进行第二次国内革命；在日本侵略加紧时，促成第二次国共合作，进行抗日战争；在蒋介石消极抗日、积极反共后，坚持抗日战争直至胜利；当蒋介石妄图夺取胜利果实，消灭革命力量时，进行解放战争，推翻代表封建主义、帝国主义、官僚资本主义的反动政权，并经过土地改革运动，彻底改变旧中国社会经济的半封建半殖民地性质。

中国共产党在这个伟大的认识和改造过程中，提出的理论和由此制定的政策，由于要损害某些阶级的利益，因此总要受到这些阶级代言人的反对。这些反对的理论，如将其手法和语言结合起来考察，可以分为三大类：一是运用马克思主义词句的；二是运用封建主义词句的；三是运用帝国主义词句的。而国民党极右派的理论，则是后两者的结合。

1923年，陈独秀在《前锋》第二期上，发表《中国革命与社会各阶级》一文，指出中国革命是殖民地或半殖民地的革命，同资产阶级的革命以及无产阶级社会革命不同，是国民革命，它“含有对内的民主革命和对外的民族革命两个意义”。这时是中国共产党发表宣言，促进“民主主义的联合战线”的成立之后，反对帝国主义和军阀统治的北伐战争之前，论文所起的作用是很大的。

由于这样，代表帝国主义，尤其是美帝国主义利益的胡适便首先起来反对这种理论。胡适是一个复杂的人物，但从政治上看，他在中国革命的各个阶段，都站在革命对立面，以其哲学观点为基础，提出理论来反对革命。

在共产党的影响下，1924年，孙中山改组中国国民党，提出新的三民主义，其中将民生主义中的“平均地权”改为“耕者有其田”，这反映出孙中山在中国共产党的帮助下，对旧中国封建社会的土地问题的性质的认识，有了质

的飞跃。以此为基础，孙中山在有中国共产党人参加的中国国民党第一次全国代表大会中，提出了联俄、联共、扶助农工的三大政策。在国共合作下，北伐战争便开始了。

这一切都触犯了帝国主义和封建主义的利益，因此遭到他们的政治代表国民党右派的反对。对此，毛泽东在北伐那一年即1926年发表的《中国社会各阶级的分析》中作了回答。毛泽东明确指出，中国社会经济的性质是半殖民地，中国“地主阶级和买办阶级完全是国际资产阶级的附庸，其生存和发展，是附属于帝国主义的。这些阶级代表中国最落后的和最反动的生产关系，阻碍中国生产力的发展。他们和中国革命的目的完全不相容”①。在这里，社会性质和革命对象，都说得清清楚楚。

这次国民革命，由于敌人力量强大，再加上中国共产党领导机构政策上的错误，归于失败，蒋介石篡夺了政权。中国共产党为了总结教训，纠正错误，使革命走上正轨，便在以前认识的基础上，加深对中国社会经济的认识，而为了达到这目的，便有必要进而研究中国农村社会经济的性质，得出的结论就是：中国是半封建半殖民地社会，革命的任务是反对封建主义和帝国主义，是进行民主革命、民族解放的斗争，但软弱的资产阶级无力领导这场革命，而要由无产阶级来领导。

这种革命理论受到国际共产主义运动中托洛斯基派的反对，在中国拥护托派观点的人，搬弄马列主义的词句，论证中国不仅城市经济是资本主义的，而且农村也是资本主义的，中国已经是资本主义社会，应由资产阶级领导革命，蒋介石取得政权，就是资产阶级革命的胜利——要等资本主义发展一段时间后，才能够进行无产阶级革命。这样一来，反对封建主义和帝国主义的任务，便被取消了。

蒋介石取得政权后，便要消灭中国共产党，中国共产党转入农村，建立根据地，进行土地革命，蒋介石派军队实行反革命围剿。在这一过程中，作为土地革命的对立面，所谓乡村建设运动即乡建派便兴起。这个运动包含许多派别，其领导人的哲学观点和政治主张也不尽相同，其中最值得注意的是梁漱溟。他站在中国封建主义一面，并且用封建主义的词句，来反对中国

---

① 《毛泽东选集》(第一卷)，人民出版社1991年版，第3—4页。

革命，这在中国革命各个阶段都有表现。

在抗日战争时期，为了动员和团结国内和国际上一切可以动员和团结的力量，消灭最主要的敌人——日本帝国主义，毛泽东在 1939 年发表了《中国革命和中国共产党》，在 1940 年发表了《新民主主义论》，两者都分析了中国社会的性质与各种矛盾，以便制定抗日的路线、纲领和具体政策。他在前文中指出："自从 1840 年的鸦片战争以后，中国一步一步地变成了一个半殖民地半封建的社会。自从 1931 年九一八事变日本帝国主义武装侵略中国以后，中国又变成了一个殖民地、半殖民地和半封建的社会。"①在后文中指出："现在的中国，在日本占领区，是殖民地社会；在国民党统治区，基本上也还是一个半殖民地社会；而不论在日本占领区和国民党统治区，都是封建半封建制度占优势的社会。"②在上述认识的基础上，毛泽东在 1940 年底为中共中央写的对党内的指示《论政策》一文中，对国内国际各种政治力量都作了分析，要求在区别上建立我们的政策，以便集中一切力量，打倒日本帝国主义。

在正确的路线、纲领和政策指导下，中国共产党在抗日战争中壮大起来了，解放区也日益扩大了，自从 1938 年武汉沦陷后，便消极抗日、积极反共的蒋介石，虽然掀起了几次反共高潮，但都达不到他所希望的目的，于是就抛出他的系统的理论，再来一次反共，这集中地表现在 1943 年出版的《中国之命运》上，它是国民党右派的理论，用的是封建主义和帝国主义即法西斯主义相结合的语言。

在解放战争时期，1947 年，毛泽东在《目前形势和我们的任务》一文中，根据中国社会经济的性质，提出无产阶级领导的资产阶级性质的民主革命，即"新民主主义的革命任务，除了取消帝国主义在中国的特权以外，在国内，就是要消灭地主阶级和官僚资产阶级（大资产阶级）的剥削和压迫，改变买办的封建的生产关系，解放被束缚的生产力"③，因而"没收封建阶级的土地归农民所有，没收蒋介石、宋子文、孔祥熙、陈立夫为首的垄断资本归新民主主义的国家所有，保护民族工商业"，"就是新民主主义革命的三大纲领"④。

---

① 《毛泽东选集》（第二卷），人民出版社 1991 年版，第 626 页。

② 同上书，第 664—665 页。

③ 《毛泽东选集》（第四卷），人民出版社 1991 年版，第 1254 页。

④ 同上书，第 1253 页。

这就是反对帝国主义和封建主义，以及反对他们两者和国家政权相结合的产物即垄断资本主义；而垄断资本主义的国有化，又为从新民主主义革命发展为社会主义革命准备了充分的物质条件。

以上说明，对中国半封建半殖民地经济性质的认识，在中国革命的各个阶段上，都存在着两条路线的斗争。

四、乡建派维护半封建半殖民地经济

从20世纪30年代到抗日战争爆发，在中国掀起一个所谓乡村建设浪潮，我称之为乡建派。其原因是：(1)这时资本主义世界发生经济危机，殃及中国，民族资本的工业陷于绝境，金融业把资金从城市暂移到农村，以便发展农村经济，开拓国内市场，这就引起人们对乡村建设的注意；(2)这时中国共产党领导的土地革命运动正在开展，作为它的对立面，必然会兴起一个乡村建设的浪潮，其目的就不是发展农村经济和开拓国内市场，而是妄图取消土地改革，借以维护封建主义的统治。

乡建派成员有不同的背景、目的和哲学观点。其中影响较大的有晏阳初领导的平民教育促进会在河北定县进行的实验；梁漱溟领导的乡村建设研究院在山东邹平县进行的实验。对于乡建派，我十分崇敬，因为他们绝大多数是知识分子，能够深入农村，与农民共同生活，这是难能可贵的。乡建工作，也能给农民带来某些好处，例如识字之类。但将乡村建设看成是中国社会改造的道路，我是不同意的。这是因为，他们都否认中国存在着帝国主义和封建主义的压迫，或者虽然看到中国存在封建主义，但认为封建主义是世界上最好的文化(广义的，包括经济)，非但不能反对，而且要发扬光大，然而痛心的是，这个宝物正受到摧残。因此，急切的任务是要保护它，恢复它的活力。

1. 晏阳初的乡村建设理论和活动

他认为，中国的问题在于愚、穷、弱、私，这在农村尤为严重。因此，他提出要实行文艺教育以救愚，生计教育以救穷，卫生教育以救弱，公民教育以救私。其实，这四者只是症状，而不是病根；穷在这四者中是主要的，而穷的根源在于帝国主义和封建主义的压迫和剥削，这当然不是进行四大教育所能解决的。

他在定县的实验，每年经费约20万元，来源于国外，尤其是美国的捐款。抗日战争胜利后，他又得到美国的资助，签订中美复兴农村协定，成立农业复兴委员会。从这一背景，我们也不难了解以教育为中心的这种乡建运动的目的是什么。

1948年，他总结以前经验以便更好地推广时说："30年来许多同志同道深入农村研究实验从事工作，且都有相当成就，尤其是在方法与技术方面，如识字教育，乡村卫生，农业推广，经济合作，农民自卫，以及整个县政建设，都有极可贵的心得提出来。抗战之前，这类工作曾普遍于南北各省，形成一个全国性的社会建设运动；抗战期间，在有过乡建工作的许多地方，更充分表现了农民力量的伟大！这些事实加强了我们的自信心，博取了国际的同情，给知识分子为民众服务开辟了一条崭新的大路。"①

由此可见，当如火如荼的解放战争预示着新中国即将诞生时，他仍然认为乡村建设是旧中国的出路。他明明看到："中国的农民负担向来最重，生活却最苦；流汗生产的是农民，流血抗战的是农民，交租交粮的还是农民，有什么'征'，有什么'派'也都加诸农民，一切的一切都由农民负担。"②按照正常的逻辑思维，他就应该分析一下其根源何在。这样，他就应该指出反动的政权和帝国主义。但是，他却只字不提。这种做法，我认为只能从他的乡村建设实验的背景中去理解。当时，费孝通就指出其目的是取消土地改革。③

2. 梁漱溟的中西文化观

梁漱溟的乡建理论是有哲学基础的。这是他所理解的东西方文化的不同。这里值得注意的是，他所说的文化是广义的，包括了经济。这是他在1921年的说法："据我们看，所谓一家文化不过是一个民族生活的种种方面。总括起来不外三方面"：(1)精神生活方面，如宗教、哲学、科学、艺术等；

---

① 罗荣渠主编：《从"西化"到现代化——五四以来有关中国的文化趋向和发展道路论争文选》，北京大学出版社1990年版，第966页。

② 同上书，第965页。

③ 参见同上书，第973页。

(2)社会生活方面,如社会组织伦理习惯政治制度及经济关系;(3)物质生活方面,如饮食,起居种种享用,人类对自然求生存的各种。[①] 据此,他将文化定义为生活中解决问题的方法,或生活的样法,并将世界文化分为三种:一是努力取得所要的东西,这是西洋文化,以产业科学和民主为特征;二是改变局面而求得自我满足,这是中国文化,以调和融合折中为特征;三是取消问题而实行禁欲主义,这是印度文化,以后退超脱清静为特征。他认为最落后的是西洋文化,不能解决问题,要向中国文化,乃至印度文化发展;最先进的是印度文化;中国文化居中。但是,他又认为,人类的本性不是贪婪,也不是禁欲,而是顺其自然地生活。因此,中国文化是最好的,应推广于世界,作为中国对世界的贡献。由此可以看出,他不是以生产关系来划分社会形态,而是以他所谓的文化来划分。

3. 中国文化崩溃的原因

梁漱溟认为崩溃前的中国文化是很好的。他之所以不改变局面而求得自我满足,其原因有二:(1)"中国社会构造本身……非常富于妥当性,调和性。因其本身妥当调和,所以不易起变动,因其不变动,乃更走向妥当调和里去。愈不变愈调和,愈调和愈不变……相延已久的老文化,亦有极高的妥当调和性"[②],这里事实上他是用玄学的语言,描绘存在于中国的、他并不了解的农村公社的残余因素;(2)"中国文化在人类所能有的文化里其造诣殆已甚高。所以他能影响于外,传播于远,而他则从不因外面影响而起任何变化。甚至为外族武力所征服,都仍须本着他的文化来统治,其结果每使外族同化于他。如是,他的文化势力圈的扩大与其文化寿命的绵长,成了相关系的正比例。卒之,成了又大又老,又老又大的文化体。……此其文化里面必有高越于人者在,亦可从知"[③],这里说的是野蛮的征服者自己总是被那些受他们征服的民族的较高文明所征服。

那么,如此老大高超的中国文化是怎样破坏的呢? 中国的问题在哪里呢? 他认为原因在于:"近百年世界大交通,西洋人过来,这老文化的中国社

① 参见罗荣渠主编:《从"西化"到现代化——五四以来有关中国的文化趋向和发展道路论争文选》,北京大学出版社1990年版,第55—56页。

② 同上书,第864页。

③ 同上书,第865页。

会为新环境所包围压迫，且不断地予以新刺激，所发生的变化而落到的地步。”[①]所谓变化，“就是学一点西洋”，“不断这变化竟是变不得的。因其文化自身既达到高度的妥当调和，改变一点，则其所以为妥当调和即不如初……这些变化的结果，除了让自身失其原有的调和外，不能有任何正面的积极的成功”。[②]

4. 帝国主义对中国经济的作用

梁漱溟说，在今天的国际大事下，中国“土货出口，惨遭排斥……外货出口，转见激增……农业工业皆支持不住，受祸惨重者首在农村。盖中国农村已非几十年前的中国农村。从前的时候……差不多还在自然经济自给自足的样子，压迫不着他。海通以后，一面是农产品日益商品化，地里出的东西都要换成钱；一面是手工业破坏，而需要多代以外货，一切都要拿着钱买。初始，丝茶等项外人未曾讲求到，自然畅销，而他们工业亦要采取中国农产原料。这时，手工业虽受摧残，农业还都不坏。但到今日，一向为出口大宗的农产输不出去(梁认为欧战后各国着眼于自给自足，农业工业并重，并以关税防止外货输入——引者注)，同时更有大量农产入口，农业亦继手工业而破坏。农民所产既换不出钱来，而需要仍要拿钱买，惨苦不堪言状……农村经济乃大崩溃，工商业亦从而陷于绝境……一些工业制品原无外在国内行销，当此农村破产，都市亦无所托之时……又向哪里销去呢?”[③]

那么，出路何在呢? 他认为在于：“农村生产力之恢复与增进，因而增进一般购买力，而后民族工业以需要刺激而兴起。”[④]即不触动封建主义，不改革土地关系，而妄想发展农村生产力。具体言之就是：(1)中国农业有基础，而工业没有，故恢复农业生产力当较兴起工业生产力为简便迅捷；(2)农业生产所需条件是土地，这在我们为现成的，而工业生产所需条件是资本是指机器的一切设备，适我所缺，工业后进国家须以农产出口易机器，而后工业可兴；(3)农业技术允许我们徐图进步，而工业竞争激烈，势不可许；(4)在前

① 参见罗荣渠主编：《从“西化”到现代化——五四以来有关中国的文化趋向和发展道路论争文选》，北京大学出版社 1990 年版，第 861 页。

② 同上书，第 866 页。

③ 同上书，第 860—861 页。

④ 同上书，第 861 页。

进的过程中，引起对工业的需求；(5)生产抬头，购买力才得抬头，许多工业因需要之刺激而兴起；(6)如是生产力购买力辗转递增，农业工业叠为推引，而产业乃日进无疆。[①]

这里说的，是从生产力方面看的农业是国民经济的基础，农业生产从生产比例方面引起工业生产。但是，这内部的生产关系问题，他却只字不提。土地在我们是现成的，这句话是完全错误的。我们的土地是有主人的，在封建的土地制度下，无地的农民不交地租，是不能种地的。在买地收取封建地租，较之办厂赚取资本利润更为有利的条件下，资本主义工业，尤其是机器工业是不能发展的；在外来资本主义商品刺激下，封建地主收取的地租越来越高，租地农民无法负担。这一切说明不分析生产关系，不反对封建的土地关系，所谓从发展农村生产力开始，来振兴国民经济，只能是一句空话。

5. 乡村建设真相

我们再看看20世纪30年代，梁漱溟在山东邹平县是怎样从事乡村建设的，就很清楚了。整个工作以乡农校来进行，它兼有平民学校和行政机关(取消区公所和乡公所)两重性质，是社会学校化的体现；它由乡村领袖、成年农民和乡建运动者三人组成；它的职能是对村内各种人进行教育，并倡导社会改良运动，如禁烟、禁赌、放足等；它的领导机构是学董会，由村中有身份的人组成，并推举“德齿并茂”“群情所归”的人为学长，另由政府派一人为理事；此外还有教员。建设从一村一县做起，然后推广到全国。

他认为中国文化之不同于西洋文化，在于它不以个人而以伦理为本位，不存在阶级对立只存在职业分工(他称为职业分途)，他的乡建运动就是要恢复这种文化。上述乡学校形式上将乡村居民看成是无阶级差别的一群人，实质上由地主豪绅“德齿并茂”者操纵一切，要一般农民接受其教育，恢复和维系原来的伦理关系。说到底，这就是维护他不称为封建主义的封建主义。

在当时土地革命运动正在开展的条件下，乡建运动的具体作用是什么呢？他明确指出：乡民愚昧而有组织，且为武装组织，其危险最大。因此，

---

① 参见罗荣渠主编：《从“西化”到现代化——五四以来有关中国的文化趋向和发展道路论争文选》，北京大学出版社1990年版，第861—862页。

第一，要开导他们，要他们向开明、进步方向发展；第二，要谨防他们为人所利用，闯出祸乱，这是最不容易对付的，只有用软功夫，不能用强硬手段来解决。政治目的已说得很清楚了。

6. 梁漱溟笔下的中国农村公社

梁漱溟的乡建根本目的，根据他在20世纪40年代初发表的《中国以什么贡献于世界》的说法，就是要建立或恢复"人生向上伦理情谊"的社会，并以此作为向世界贡献的礼物。"人生向上"比"仁爱忠孝信义和平"还要抽象，不易理解；但"伦理情谊"他是有说明的。前面说过，他认为中国文化以调和融合折中为特征，我们说这是描绘中国的农村公社。他又认为，和西方社会以个人为本位不同，中国社会是以伦理为本位的。他认为在伦理本位社会，夫妇父子情如一体，财产是不分的，有时祖父在堂，则父、儿、孙财产不分，父母在堂则兄弟财产不分，这是一种共财或共产，不过其程度要取决于伦理关系的亲、疏、厚、薄。由于自家人、兄弟，乃至亲戚朋友在经济上彼此照顾、互相负责，就没有贵族和农奴阶级、资本家与劳工阶级的对立，生产资料不被一部分人所独占，而形成所谓职业分途的社会。他认为这是最好的社会。西洋社会以个人为本位，轻经济上的平等，重政治上的自由；苏联社会以社会为本位，轻政治上的自由，重经济上的平等；以伦理为本位的中国社会，有两者的优点，而无其缺点。在我看来，这仍然是强调中国农村公社，即在私有制的社会里仍然有公有制的农村公社的重要性，来维护他不称为封建主义的封建主义统治。

乡建运动不解决土地问题，当然归于失败。

五、中国半封建半殖民地经济研究提纲

王亚南的《中国经济原论》出版于1946年，1957年第五版时改名为《中国半封建半殖民地经济形态研究》(以下简称《研究》)。

《研究》是我国第一本运用马克思的政治经济学理论，对自鸦片战争以来的旧中国经济关系进行有系统的研究、揭示其经济规律的著作。对于鸦片战争以前的中国经济关系的性质，王亚南认为它是从秦朝开始的地主封

建制度，以区别于从西周开始的领主封建制度。将中国封建社会划分为这两个，并与西欧封建社会相比较，来说明中国社会经济发展史上的重要问题，是王亚南的另一重要贡献。

在肯定《研究》的巨大成就的同时，也应该看到，即便根据他写作时所具备的思想材料来看，也有不足之处。这有两方面：(1)他用马克思分析资本主义经济关系的方法，从分析商品开始，来分析半封建半殖民地的经济关系，从方法论看，这是一个需要研究的问题；(2)他虽然注意到鸦片战争前中国的经济是地主经济，但并没有像斯密、马克思和恩格斯那样，将西欧资本主义控制下的北美、澳洲和新西兰这些移民垦殖殖民地，同亚洲、非洲和拉丁美洲某些国家和地区这些奴役土著殖民地区别开来，指出其发展不同，然后同移民垦殖殖民地相比，分析中国这实质上的奴役土著殖民地经济发展的特点。因此，需要改进。

以王亚南的《研究》为基础，参照爱尔兰经济学家坎蒂隆的《论商业的性质》的以分析土地关系为基础研究刚刚产生的经济关系的方法，我个人侧重从方法上设想一个研究中国半封建半殖民地经济的提纲。

但在提出提纲之前，先要说明我接受“半封建半殖民地”这一概念的原因。“半封建”容易理解；“半殖民地”则要解释。马克思在美国从殖民地变成独立国家，即获得主权后90年，仍称美国为欧洲，特别是英国的殖民地，这意味着美国是经济殖民地；列宁将俄国境内少数民族聚居地称为国内殖民地，尽管它们是拥有主权的。他们都没有使用“半殖民地”这一概念。那么，我为什么接受那“半殖民地”这一概念呢？因为这时，几个帝国主义国家在经济上控制了中国，中国将要沦为某一国的殖民地：这情况，抗日战争胜利前的上海租界是其缩影。当时，上海有英租界、法租界和公共租界。说明了这些，就可以提出我的提纲了。

1. 外国资本主义入侵前的中国经济——向资本主义缓慢地发展的封建地主经济

这里谈三个问题。(1)地主封建制下的地租、自然经济和商品经济。由于商业资本可以转化为高利贷资本，这两者又可以转化为土地资本，以及土地资本又可以反过来转化为商业资本和高利贷资本这一封建地主经济社会特有公式的作用，商业利润率和地租率都由高利贷利率来调节，地租就可能突破剩余劳动的界限。农工生产结合体逐渐瓦解，农产品逐渐商品化，主要原因是农民要用货币缴纳日益增多的捐税，地主要享用越来越多非其佃农生产的奢侈品。(2)乡镇和城市的商品经济。这里根据最初是坎蒂隆提出的“自由的手”理论，说明居住在乡镇和城市的人口及其消费水平是由农民提供的剩余生产物，即地租和捐税决定的。由于资本主义的难产，这些城镇是消费性的，它们的高消费要以农民的低消费为条件。(3)资本主义在难产中。说明中国从秦朝就建立的地主封建制，其产生原因和西欧14、15世纪建立的地主封建制不同，它对资本主义的产生有不利的作用，资本主义的产生很缓慢。

2. 外国资本主义怎样使中国变成半封建半殖民地经济

这里谈五个问题。(1)加速破坏自然经济，但维持封建生产关系的基础。破坏自然经济是由于外国资本主义要开拓市场和为世界市场提供廉价的土地产品，在这过程中又极力维持封建土地所有制。(2)进一步阻碍土著资本主义的发展。自然经济的加速破坏，客观上有利于中国资本主义的发展，但外国资本又从关税、金融、技术等方面阻碍它的发展。(3)主要在流通领域控制中国经济，它本身并不发展资本主义生产。和北美、澳大利亚、新西兰这些移民垦殖殖民地不同，外国资本主义在中国这个奴役土著的殖民地并不生根，它控制中国经济，除用政治手段外，主要通过银行和洋行，即金融业和商业来进行。(4)以封建土地所有制进行剥削。直接剥削的对象是工人、农民和一般消费者，但直接、间接最后大部分剥削要落实到农民身上。要减少工资劳动者的必要劳动时间，在不提高劳动生产率的条件下，主要是压低农产品的价格；为世界市场提供廉价农产品也是这样；而封建土地所有制下大量个体农民，但求温饱，不求积累，只求收回商品价值中的成本部分，剩余部分只好奉送，也为这种剥削提供了条件；外国资本使地租提高、高利贷利率提高之所以可能，也是这个原因。(5)资本主义列强的统治及其矛盾。列强都要统治中国的矛盾，使中国没有沦为一国的殖民地；它们分别和大封建主相勾结，维持封建割据，一个统一的国内市场无法形成。

3. 外国资本主义影响下的封建的商业资本、高利贷资本和土地资本

这里谈四个问题。(1)外国资本开始时通过商业资本和高利贷资本取得农产品。中国一般说来不存在通常在奴役土著殖民地里的那种种植园。

原因在于外国资本入侵时它的农产品商品率相对较高，外资可以通过买卖的方法取得农产品。这些产品一般是工业原料，一供外资在华加工生产，如河南许昌烟叶用以生产香烟；一供世界市场，如生丝、黄麻、桐油，它最初是通过中国商业资本和高利贷资本取得的，它从中取得巨额的利润。(2)农业为市场生产后，地租剥削加重。在生产使用价值条件下，地租的剥削可能受到土地所有者消费范围的限制，在生产价值的条件下，这种可能的限制必然被突破。(3)地租率的提高又反过来促使商业利润率和高利贷利息率的提高。斯密写《国民财富的性质和原因》时，利息率伦敦为5%，北美为6%—8%，中国约为12%。抗战前，中国高利贷利息率为24%，特殊情况下为300%，与此相应的地租对地价的比率约为10%，而英国在产业革命时的相应数字是4%—5%。(4)地租率和其他封建剥削率特高，妨碍土著资本主义的发展。地租高，经营农业就不如出租土地或放债取利，因此经营地主和富农相对较少，即或有，多半是兼营封建主义的商业和高利贷业。

4. 农村中封建性的商品经济和货币制度及其对商品价值实现的影响

这里谈五个问题。(1)农产品商品化的条件是封建主义的，是为外资提供市场(为买而卖)、为世界市场、为间接满足地主的奢侈品需要而商品化。(2)农村副业独立化中也有一部分商品化。农民因种种剥削，尤其是地租剥削而日益贫困，便经营和发展副业以资弥补，有些副业产品也商品化，这些副业发达是农民贫困的表现。(3)个体生产者的商品价值，如用$C+V+M$来表示，他们在经济压力下，如能收回$C+V$就很好了。(4)自耕农的商品价值，可以不包含任何地租。个体农民出售农产品的价格，应分解出一部分来缴纳地租，但自耕农是土地所有者，不存在这问题，在相同的经济压力下，农民之间的竞争使农产品的价格更低。(5)封建性货币制度使商品价格的支付对农民不利。在价格已定的条件下，在支付上最使农民吃亏，除了度量衡方面的欺诈外，是封建性的货币制度。国家、各封建军阀、各大小商行都能铸造和印刷货币，在货币成色、货币兑换上，尤其在滥印纸币时，农民都大为吃亏。

5. 离开土地的劳动力的生存费用和供过于求

这里谈四个问题。(1)生存费用大大低于欧美等地的劳动力。这有两个原因。首先，外国的资本主义入侵中国时，它们处于资本主义发生和发展时,中国则处于地主封建制末期,前者的劳动力生存费用因而高于后者。其次,北美等移民垦殖殖民地,有一段时间移民中的工人很容易获得土地,成为个体生产者,劳动力曾严重供不应求,其工资水平因此又高于欧洲的劳动力。(2)劳动力供过于求。在种种剥削下,大量农民离开土地,在地主封建制下,他们可以出卖劳动力,但由于资本主义很不发达,劳动力供过于求,工资之低令人吃惊,以致在农村出现用人力代替畜力的情况。(3)农村中落后的劳动形态——外出的工资作业。离开土地的农民如当不成工人,便自己出卖"劳动",一种形态是在家等雇主上门,称为自宅工资作业,另一种形态是携带工具外出找雇主,即外出工资作业。(4)从某种意义上为资本主义提供养料。这种极其低廉的劳动力为各种资本主义都提供了生存和发展的条件。

6. 外国资本主义的统治及其如何取得巨额利润

这里谈四个问题。(1)外国资本主义在经济上主要通过流通领域统治中国经济。这有两大渠道:外商洋行—买办商业—土著商业资本—生产事业;外商银行—新式银行业—钱庄—高利贷业。此外,也有少数外商经营的公交业。(2)怎样攫取高额商业利润。由高利贷利率调节封建商业利率本来就比欧美的高,外商洋行用从国外买进工业品、奢侈品在中国高价出卖,从中国低价买进农矿产品在国外按价值出卖的办法,取得高额利润。(3)怎样攫取高额贷款利息。高利贷利率本来就比欧美的高,外商银行大可以高于其本国的利率贷款给中国各级金融机构,取得高额利息。政治贷款亦然。此外,中国经济落后,工业中固定资金额少,周转时间短,折旧资金少,社会上能用于长期贷款的资金少,发展土著资本主义又需要这种资金,因供求关系,长期借贷利息率很高。(4)怎样取得高额产业利润。落后国家资本有机构成低,社会利润率本来就比欧美的高;外商工业因技术先进、工资较低、低价买原料、高价卖产品,取得高额利润。

7. 买办资本主义和官僚资本主义的社会性质及其获利方法

这里谈三个问题。(1)买办资本主义。这是移民垦殖殖民地所无的。它是外国资本渗入中国时,在这两者间的媒介,是土洋结合的产物,它获利的方法是用两本账,即价格二重化,以及收取佣金。(2)官僚资本主义。就其具有的封建主义因素来说,它也是移民垦殖殖民地所无的。它的前身就是中国地主封建制的政治上层建筑，即中央集权官僚国家办的国营铁盐业。它的产生是鸦片战争失败后，在洋务运动中兴办的现代工、矿、兵工企业和官督商办企业，总之，同封建官僚资本主义有不解之缘。它的获利方法，是用政治权力劫夺。(3)买办资本主义同官僚资本主义的合流。它们两者都不能发展生产力。外国资本的入侵，中国在沦为殖民地的过程中，政权为外国资本主义通过大买办所控制，从这时起，买办资本主义和官僚资本主义就结合在一起，一直发展为"四大家族"的畸形的国家垄断资本主义或新的官僚资本主义。

8. 在夹缝中图生存的民族资本主义及其利润来源

这里谈四个问题。(1)在夹缝中的民族资本主义。在地主封建制下难产着的土著资本主义，又遇到外国资本主义、买办资本主义和官僚资本主义的压迫，真是举步维艰。移民垦殖殖民地与此不同，它的工资劳动者容易获得土地的时代终于结束后，土著资本主义就发展了，它只和外国资本主义有矛盾。(2)它无法解决高利贷利率高和产业利率低之间的矛盾。资本主义产业利润率应低于封建主义高利贷利率，这似乎无法解决资本主义何以能够产生，在西欧，它是用在资本原始积累中以暴力攫取暴利，以及当资本主义发展起来后，在资本循环中形成的借贷资本的利息率必然低于产业利润率，在这种条件下国家就用压低高利贷的办法来解决的，中国缺乏这些条件。(3)封建性的劳动和工资形态。民族资本主义之所以取得利润，主要是由于利用大量廉价劳动力，在这一条件下，它的劳动和工资形态具有浓厚的封建性。(4)典型的工业是工场手工业。劳动力价格低廉，与其大量使用机器，不如大量使用劳动力。在这条件下，固定资本小，经营方向可以随时改变，便于同外资周旋。

9. 在种种压迫下的农民个体经济

这里谈三个问题。(1)为了生存而减缩生产资料。在种种剥削的条件下，个体农民的生产和再生产是怎样的呢？他卖掉耕牛，以自己瘦弱的身体所能发出的体力代替畜力；他不买肥料，只用家肥，或不用肥料，只掠夺土地。(2)多种土地。个体农民尽管知道，多种土地多受剥削，但只要有可能，他还是多租种土地，并延长自己的劳动时间，如果说平时还可以应付，农忙时就不行了。这时他还不愿租用耕牛，宁可雇佣日工，因为人工比年工便宜。所以,中国的贫苦农民,有时也要雇工。(3)他必须经营副业,以资弥补。从这一点看,经营副业,是中国农民贫困的结果。

10. 以大量劳动换小量劳动的国外贸易和有利于外资的货币制度

这里谈三个问题。(1)以农、矿产品交换工业品。以资本主义经济范畴说,前者资本有机构成低,生产价格低于价值,后者相反,两者如按生产价格交换,前者就要用大量劳动交换后者小量劳动。落后国存在着大量个体生产者,在某种压力下,其出售价格可以仅取回成本。外国资本主义发展为垄断资本主义,垄断因素使上述以大换小的问题更为严重。(2)外贸中的运输业。进出口都要有运载工具,这在以前是由外国制造的,它是资本有机构成高的重工业产品。运输业是由外资经营的,它也是资本有机构成高的,这两重原因使外资收的运费高于价值,如是垄断经营,问题就更严重。(3)从外贸看的货币制度。从同外资接触到1935年,中国用银作为本位币,美洲富饶银矿开采后,欧洲劣矿退出生产,美洲银币同时流入欧洲和亚洲,因运费关系,银价亚洲高于欧洲,这因素使亚洲物价降低,欧洲物价上升,这对中国外贸不利。19世纪70年代欧美主要国家实行单一金本位制,从这时起银对金的比价下跌,中国因支付不利贸易条件产生的逆差,所用的银便越来越多。货币是许多世纪以来社会劳动的积累,这就是中国用大量的过去劳动支付外国小量的现在劳动。这些都是剥削。

11. 国民资本积累的困难和畸形的社会再生产

作为结论谈四个问题。(1)各种剥削收入很难积累为国民资本。上述的商业资本——高利贷资本——土地资本可以相互转化的公式,使每种资本都很难变为产业资本,它们间或办的产业多半是半封建性的,外国资本不生根且多半在流通领域,买办、官僚资本不发展生产力,民族资本主义在挣扎。(2)剥削收入的运动。农村最缺乏资金,但高利贷农民不敢借,因而资金反而就流向利率较低的城市,城市生产事业不发达,资金除了用于挥霍外,便在流通领域投机。社会矛盾引起的危机感,更使部分资金流到国外。(3)畸形的社会再生产。农业生产衰敝,农民贫困到只用人力耕田,大城市畸形发展,民族资本主义弱小,大城市是消费性的,是各种剥削者、权贵们的销金窝,耀眼的商业在执行其"广搜各地土产,统办全球货物"的半封建半殖民地的职能。(4)矛盾的解决。进行新民主主义革命,推翻封建主义、外国垄断资本主义和官僚资本主义的统治，解放生产力。

12. 进行新民主主义革命

这里谈三个问题。(1)革命的主体。新民主主义，就是上述解放生产力的革命，是属于资产阶级领导的民主革命范畴。在法国典型的资产阶级民主革命中，革命的主体是社会的第三等级，尤其是其中的资产者，由他们率领第三等级中的其他阶层即平民，反对社会第一等级即僧侣和社会第二等级即贵族，其结果就是资产者获得革命胜利的成果，从而建立了典型的资本主义社会。在半封建半殖民地的中国不可能这样。中国的民族资产阶级力量太单薄，且具有"一身而二任焉"的二重性，不能成为新民主主义革命的主体。(2)革命的对象。新民主主义革命的路线和对象是：无产阶级领导的，人民大众的，反对帝国主义、官僚资本主义、封建主义的革命。其三大经济纲领就是：没收封建阶级的土地归农民所有，没收蒋介石、宋子文、孔祥熙、陈立夫为首的垄断资本归新民主主义国家所有，保护民族工商业。(3)土地改革的总路线和总政策是依靠贫农，团结中农，有步骤地、有分别地消灭封建剥削制度，发展农业生产。

改进已有的中国半封建半殖民地经济的研究方法，使它对研究一般的半封建半殖民地经济起着方法论的作用，具有重要的理论意义和现实意义。因为现在世界上还存在着大量的半封建半殖民地经济，马克思说的"工业较发达的国家向工业较不发达的国家所显示的，只是后者未来的景象"①，这一论断并不适用于像中国这样的奴役土著殖民地。所以，有必要在马克思主义的指导下，进一步研究这一具有世界意义的问题。

---

① 马克思：《资本论》(第一卷)，人民出版社1975年版，第8页。

第十五章　发达国家为何未发生社会主义革命

引　言

第一次无产阶级社会主义革命是 1871 年的巴黎公社，虽然无产阶级勇敢善战，但是由于经济条件不成熟，它仅存了 72 天便失败了。第一次世界大战中，俄国这个落后的资本主义国家，于 1917 年也发生了无产阶级社会主义革命，由于路线正确，因而成功了。但是，74 年后，它主要由于政治民主化不予重视，结果社会主义成果丧失殆尽。第二次世界大战时，1939 年共产国际曾正确地认为这是帝国主义国家之间的战争，应该实行第一次世界大战时俄国实行过的路线，即变帝国主义战争为国内革命战争，使本国失败，而利用战争危机，组织无产阶级夺取政权，这就有可能像 1917 年的俄国那样，取得社会主义革命的胜利。但是，随着德国进攻苏联，共产国际领导人就认为战争已变为民主国家和法西斯国家之间的战争，号召各国人民反对法西斯主义①，保卫民主主义。这样，就掩盖了他们之间的帝国主义国家的战争的本质，由于双方的人民都反对法西斯主义，保卫民主主义，就成为保卫资本主义制度本身。这条路线，和第一次世界大战时俄国实行的路线相比，是大倒退，它使发达资本主义国家发生社会主义革命丧失了机会。

第三国际的领导还笼统地认为，谁开始进攻，谁就是侵略者。我则认为，对德、意、日三个法西斯国家和英、美、法三个国家之间的战争，根据谁开始进攻，谁就是侵略者，是极其错误的。对落后民族和国家来说，认为谁侵

① 参见《百年潮》2003 年第 7 期，第 62 页。

略其领土主权，谁就是侵略者，这是正确的；但这不能简单地归纳为谁开始进攻，谁就是侵略者的问题。按照谁开始进攻谁就是侵略者这种逻辑，英国和荷兰的战争就不是争夺海上霸权的战争，美国和西班牙的战争就不是重新瓜分殖民地的战争，日本和俄国的战争就不是争夺势力范围的战争。这些战争是连侵犯领土主权都谈不上的，因为它们都是在交战国领土以外进行的。将其引申到国内，被压迫阶级就只能逆来顺受，不能发动国内革命战争，不能开始进攻，因而中国农民就不应揭竿而起，俄国水兵就不应炮轰冬宫，否则就要受谴责。这样，历史就要改写。因此，作为一个原则，第三国际领导的论述，是犯了严重的错误。

我们知道，历史唯物论认为，个人或领袖在历史上是起作用的，不是正面的作用，就是负面的作用，那么，在第二次世界大战时，第三国际的领袖，起了哪种作用呢？

第二次世界大战后，一些落后国家，如中国、东欧诸国、朝鲜、越南和古巴等，从发生新民主主义革命过渡到建设社会主义，也是困难重重，并且发生失误，如中国的人民公社化运动，等等，其中的东欧国家，随着苏联解体，也随着改变颜色。

那么，发达国家为何未发生社会主义革命呢？

一、实行反危机政策，从而使危机分散化

这是在国家垄断资本主义条件下实行的，和 1929 年至 1933 年大危机过后，各发达资本主义国家实行凯恩斯主义有关。

马克思在指出资本主义国家矛盾必然爆发普遍危机的同时曾说："危机永远只是现有矛盾的暂时的暴力的解决，永远只是使已经破坏的平衡得到瞬间恢复的暴力的爆发。"①我们知道，危机本身起着破坏生产力、使生产后退的作用，这样就在较低的水平上恢复生产和消费的平衡，从而使生产得以发展，然后再和消费发生冲突，再次发生危机。如用人为的办法削弱危机调

① 马克思：《资本论》(第三卷)，人民出版社 1975 年版，第 278 页。

解矛盾的作用，那么危机就会变形。

国家垄断资本主义的发展恰恰起了这样的作用。它的调节经济的措施，就是由国家集中一笔货币资金，在危机中援助那些发生困难的企业。这有两种办法：发放信贷，使其解决缺乏现金的困难；购置产品，使其解决缺乏市场的困难。这样，这些企业便能存在下来，而其他有困难的企业或中小资本家或者处境更困难，或者被淘汰。实行这种政策，只能使生产和消费的矛盾加深，因而不能消灭危机。但是，实行这种政策对危机周期中危机阶段即生产下降时间的长短，都有重大影响。从前，危机在流通领域的表现是物价狂跌、利息率特高；在生产领域中的表现是生产大降、投资锐减。现在不是这样。贷给垄断企业的贷款利率(剔除通货膨胀因素)不高，企业不必削价拍卖，物价不跌或微跌，加上由于要筹集上述那笔国家资金，就要实行凯恩斯主义所主张的通货膨胀政策，从而纸币和信用货币购买力降低，物价反而因此上涨，这些都使商品销售缓慢。从这点看，危机阶段是要延长的。国家的集中购买，使这些企业的生产不致下滑，或下跌较少，从这点看，危机阶段是要缩短的。这是两股作用相反的力量。从事实看，现在的危机阶段比1929年至1933年那次大危机，是缩短了。

实行凯恩斯主义，虽然不能消灭经济危机，但是却能使经济危机变形，使危机分散化，一个大危机变为几个小危机，表面看来对社会经济生活带来的影响，似乎不大。这里先谈危机的变形。

现在假定第一次经济危机发生了。在危机中资本家一般是不更新固定资本的。他们如果在危机中能幸存下来，便在危机即将过去、存货将售完、市场不再恶化时，更新和扩大固定资本，尤其是使用更精良的机器。这有不同的情况。一种是，危机前不久才更新过机器，这时机器还能使用(假定机器的寿命是十年)，便暂不更新；另一种是危机前夕和危机中本应更新机器的，只是由于发生危机才暂不更新，这时便集中地、大规模地增加对精良机器的需求，生产机器的第一部类便增加生产，工人开始增加就业，对消费品的需求增加，第二部类便恢复生产。这样，两大部类相互影响，生产便脱离危机，经过萧条、复苏，走向高涨。

那么，第二次危机又是怎样发生的，并且和第一次危机的间隔为什么同机器更新的时间(假定是十年)大体相同呢？我们称第一次危机大体过后更新机器对生产产生的刺激力为第一推动力，它促使生产向前发展，从而促使生产与消费之间的矛盾增加。在这过程中，那些尚未更新机器的企业，无论从机器的寿命来说，还是从要迎接生产即将走向高涨来说，都要陆续更新机器了，我们称之为第二推动力。由于有了这个新的推动力，生产与消费之间的矛盾更激化，新的一次危机又发生。此时，第一批更新的机器尚未更新，因其寿命（十年）尚未完结。在新的一次危机即将过去时，第一批更新的机器的寿命已大体完结，便又集中地更新，从而又使经济逐渐走向高涨。如此循环不已。

如上所述，危机除了自行暂时解决生产与消费的矛盾的作用有所削弱，因而今后生产的起伏总的说来不像以前那样显著外，值得注意的是一个大危机可以分散为若干个小危机，也可以用其他人为的办法破坏生产力和社会劳动，使所有这些合起来等于发生一次大的经济危机。总起来就是，再生产的波动程度降低，经济危机分散性或慢性化，表面看来对社会经济的影响不大。

进一步谈谈危机分散化的问题。我们知道，经济危机如果不从发生原因而从现象看，便是买和卖脱节。正是这样，实行凯恩斯主义，即国家反危机措施，有可能使经济危机分散地进行。这样，在资本主义生产与消费矛盾日益尖锐因而一次大危机就要爆发前，国家可以用购买某些即将发生过剩的垄断企业产品的办法，分散地导致一些小危机来破坏过多的生产力，使大危机不致发生。当然，对其他非垄断企业来说，这样的待遇是没有的，因此从全社会看，经济危机仍要集中爆发，但规模可能小些。

为什么这是分散的呢？首先，它是危机，对某些有过剩产品的垄断企业来说，由于国家的购买，它的产品出卖了，它没有发生危机。但是，矛盾不过由企业转移到国家或社会，产品可能没有最终出卖，生产它的私人劳动没有最终实现为社会劳动，这些产品往往是堆积起来，既不进入生产消费，也不进入个人消费，而是白白地浪费掉，这是破坏生产力的一种形式，所以是危机。其次，它是分散的小危机。国家是分期分批地买，大危机便分散为若干个小危机了。

总起来说就是，这种措施对社会经济和人们生活的影响，使人表面看来没有 1929 年至 1933 年那次空前危机那么严重。

二、在国际分工和国际贸易中居于有利地位

国家经贸委负责人曾说，我们要 100 亿条裤子，才能换一架波音飞机。这表明我们是贸易大国，但不是强国。但是，他没有说明其中的道理。

其实，李嘉图在 1817 年就已经说过：在外贸中，100 个劳动日，可以同 80 个劳动日交换。50 年后，马克思谈到李嘉图的有关论述时说："损失和利得在一国之内会互相抵消。但在国家之间不是如此，甚至李嘉图的理论也认为……一国的 3 个劳动日可以和别一国 1 个劳动日相交换。价值规律在这里有重要的修正。不同国家劳动日的关系，能够像一国之内熟练的复杂劳动和简单劳动的关系一样。在这场合，富国会剥削贫国……"①这段文字表明马克思关于发达国家和落后国家之间的关系，就是富国剥削贫国的关系，亦即 1 个劳动日交换 3 个劳动日的关系。

打个比方说：将贸易壁垒去掉(参加世界贸易组织就是这样)，整个世界就是一个股份公司，等量资本就得到同样数量的利润，即平均利润，而不问资本中有多少是用来购买生产资料即 C 和雇佣工人即 V 的。这就是说平均利润规律在全世界起作用。这样，商品就不按价值，而按生产成本即 $C+V$，再加上平均利润即 P，即按生产价格 $C+V+P$ 出售。按照劳动价值理论，只有劳动才创造价值和剩余价值。这样，雇佣工人多的，生产的剩余价值就多，但要被其他资本分掉一部分，即商品的价值高于生产价格，也就是自己得到的平均利润小于自己生产的剩余价值；使用机器多的，则相反。两者按生产价格交换，就等于前者以大量劳动交换后者的小量劳动。我们知道，落后国家生产的产品是使用劳动力较多，就要送掉一部分剩余价值给发达国家。

马克思的政治经济学告诉我们，工业国资本有机构成高，剩余价值率高，而利润率则低；农业国则相反。这样，在按相等的生产价格交换的背后，工业国是以较小的价值即劳动换取农业国的较大的劳动。就是说：前者投入的国民劳动小，实现的国民劳动大；后者则相反。这就是富国和贫国即便

① 马克思：《剩余价值学说史》(第三卷)，郭大力译，人民出版社 1978 年，第 111—112 页。

是等价交换，其发展差距也要扩大的根本原因。

上面我们谈到世界贸易组织问题，现在继续下去。世界贸易组织就是一个大股份公司，成员国的企业以经济力量入股。分红就是获得平均利润。资本的国别差别消失在分红中，都成为股份资本。有人说，在这条件下，民族工业不存在了，只有不分社会性质的境内分工，这是有道理的。"股东"要做的就是努力改进技术与管理，以便获取超额利润。在理论上说，生产要素可以在世界贸易组织范围内流动，但事实上，落后国家人口多，不可能全部自由流动到发达国家，就是说，落后国家的工资，不可能借此提高到发达国家的水平，而发达国家到落后国家投资，就是冲着其工资较低。落后国家的工人可以有发达国家工人的技术水平，生活水平却较低，提供的剩余价值事实上包括劳动力的部分价值。落后国家个体生产者如农民出卖产品，由于压力，其价格可以仅等于成本，"利润"只好奉送。

江泽民在联合国千年首脑会议上说："在经济全球化的过程中，各国的地位和处境是很不相同的。在发达国家享尽全球化'红利'的同时，广大发展中国家却仍然饱受贫穷落后之苦。"这是很深刻的，完全适用于对世界贸易组织的分析。

这就是说，发达国家由于在国际分工和国际贸易中居于有利的地位，可以以本国的小量劳动交换落后国的大量劳动，它们本国的无产阶级生活水平就能够比落后国的人民生活水平高得多，这是他们不要求进行社会主义革命的一个重要原因。

三、两党制和多党制的迷惑作用及收买工人贵族

发达资本主义国家尚未发生社会主义革命还有一个原因：两党制和多党制对人民、尤其对无产阶级所起的迷惑作用，以及收买工人贵族。

列宁说：美国和英国的两党制"是阻止独立的工人政党即真正的社会主义政党产生的最强大的工具之一"①。

① 《列宁全集》(第十八卷)，人民出版社1959年版，第398页。

英国和美国都是实行两党制的国家。1858年,马克思在评论英国的议会斗争时曾经指出,英国资产阶级的寡头政体“不是靠把政权经常保存在同样一些手中而使自己永存下去的,而是采用这样的办法:它轮流地使政权从一只手中放下,又立刻被另一只手抓住”①。这就形象地向我们指明,两大政党同是资产阶级的两只手,两党制是资产阶级有意识地轮流使用两只手来统治人民的方法。马克思还指出,议会斗争的技巧恰好在于“在短兵相接的格斗中打击的不是职位,而仅仅是当时占据职位的人,并且在进行打击的时候,要使这个人在作为大臣下台以后,马上又能作为大臣的候选人而上台”②。这就进一步向我们指明,在两党制中,两大资产阶级政党表面上扮演着互相反对的角色,但就反对党来说,它反对的并不是政府即资产阶级政权本身,而是当时在这个政权中执行权力的党,同时自己也随时准备去执行权力。这样,两大政党之间的关系是:在台上的党是现职政府,在台下的另一个政党就是预备政府,两者随时准备互相替换。英国就是如此,执政党组织内阁时,反对党同时组织“影子内阁”,两者随时可以接手换班。

两党制对独立工人政党的破坏,是采用灵活的、多种的手段,主要的有以下六点。

(1) 当工人运动起来、要求建立自己的政党时,两大资产阶级政党就虚张声势地互相反对,着力渲染他们之间的分歧,极力把自己打扮成也是代表工人群众利益的,似乎两党中总有一个是为工人说话的,力图让工人相信,他们可以通过现有的政党来表达和实现自己的要求,根本没有必要再建立新的政党。例如,民主党在鼓吹低关税政策时,就说这是为了降低消费品价格,有利于工人和农民的利益;共和党在鼓吹高关税政策时,就声称这会带来高就业和高工资。两党都极力影响工人群众,把工人群众吸引到自己一边。两党这一类宣传,确实收到了相当的效果。

(2) 垄断组织对工人运动上层进行收买,使工人组织的领袖蜕变为依附于两大政党的政客和工人官僚,使已经成立的工人组织追随某一个资产阶级政党,把它们的经济和政治斗争纳入资产阶级两党制的轨道。例如,在

① 《马克思恩格斯全集》(第十一卷),人民出版社1962年版,第399页。
② 同上。

1886年罢工浪潮中诞生的美国联合会，初期在组织工人争取八小时工作日的罢工斗争中起过积极的作用。但其领导者冈珀斯等人，在资产阶级的威吓和收买两手政策前，都逐渐堕落为工人贵族。这种收买政策的一个重要表现，就是两大资产阶级政党在他们相互争夺政治职位的竞选运动中，直接出钱贿赂工会领袖，把他们拉到自己一边，要他们影响工会会员投票。例如，1913年，共和党全国委员会曾经通过代理人花了几十万美元收买劳联的工会干部，雇佣他们帮助竞选。劳联和后来的产联等组织的领导人，都先后走上了这条道路，成为两党竞选的帮办。

（3）两党中的资产阶级政客直接混入工人阶级组织和社会主义团体，篡夺了领导权，从而把这些团体当作自己进行政治活动的资本，借此在资产阶级政客之间进行讨价还价。例如，当第一国际美国支部成立后，就有一些资产阶级分子混入，并控制了若干支部，把这些支部篡改为资产阶级自由主义的团体。希尔奎特在《美国社会主义史》一书中曾注意到这一点，他在谈到全国劳工同盟及其他劳工政党时指出，当时工人们建立的一切独立政党的共同命运就是："它一获得相当可观的力量，就遭到职业政客的侵袭，他们使它卷入到同其他政党联合的纠葛中去；它的纲领慢慢被冲淡，它的阶级性被湮没，它的本来面目被弄得模糊不清，它终于消灭在一个占优势的政党之中。"①

（4）对那些正在发展壮大、富有革命性的工人政党，两大资产阶级政党控制的政府就竭力压制，甚至公开镇压和强行解散，例如，被列宁称为"美国无产阶级最敬爱领袖之一"的美国社会党领导人尤金·德布斯，就曾被威尔逊政府逮捕入狱。1905年成立的世界产业工人同盟，开始时以科学社会主义为指导，反对劳联的机会主义政策，积极领导了工人的罢工斗争，引起资产阶级的憎恨。资产阶级就先后将同盟的优秀领导人海伍德等人秘密逮捕，老罗斯福总统甚至公开举行记者招待会，宣布海伍德是"讨厌的公民"。第二次世界大战后，美国的工人运动出现了新的高涨，美国共产党在清算了白劳德的修正主义路线以后，在福斯特领导下也有了很大的发展。这时，资产阶级两大党又操纵国会和政府，迫不及待地接连颁布和通过了《联邦忠诚

① 希尔奎特：《美国社会主义史》，商务印书馆1974年版，第159页。

法》《麦卡伦法》，宣布共产党是所谓“阴谋破坏型组织”，禁止共产党员在政府任职，规定共产党员必须向法院登记，共产党的宣传品必须经政府审查，等等。1954年，国会又专门通过了《共产党管制法》，重申上述法令，并宣布共产党“非法”。这期间，美国政府大批逮捕美国共产党领导人和干部，监视共产党的办事处，对共产党和其他进步团体进行种种迫害和破坏。

(5) 两大资产阶级政党通过其党内的派别斗争、形形色色的社会团体，转移工人群众的视线，削弱真正社会主义政党的影响。美国两党制下的利益集团、跨党派别，吸引了广大工人群众，使他们只去注意狭隘的、民族的、行业的、职业的、宗教的、地区的利益，等等，这样，既分裂了工人阶级的队伍，又使工人阶级把两党、两派和利益集团作为自己的理想寄托，造成了全国性独立工人政党发展的困难，这说明两党制阻碍着真正社会主义政党的建立和发展。

(6) 当社会主义政党已经取得相当发展、拥有较多的群众和广泛影响时，两大资产阶级中的某些政客，常常故意从原来的政党中分裂出来，或者成立新党投入总统竞选，或者以独立总统候选人的名义竞选总统，以抵消社会主义政党的影响。这些新政党往往接过工人和其他劳动群众要求政治、经济改革的某些口号，装饰一下自己的政纲，冒充代表人民的利益，攻击和反对原来的两党，借以把社会主义政党影响下的群众吸引到自己一边去。

以上我们侧重从美国的资产阶级两党制，分析它如何迷惑无产阶级、阻碍无产阶级政党的产生，或者虽然产生了，但其作用受到限制等方面，说明发达国家未发生社会主义革命的原因。其中的原理也适用于多党制，因为多党制必然分解为一部分在“朝”，一部分在“野”，相互攻击，同样是资产阶级统治人民的“两只手”。下面就略微分析英国或欧洲国家的两党制以及有关资产阶级政党制度的刷新等问题。

英国从形成两党制后，长期由保守党和自由党轮流执政。但到了1922年，工党在议会中取得了仅次于保守党的席位，成为下议院中第二大政党，从而取代自由党成为正式的法定反对党。1923年底，英国举行大选，保守党议席未过半数，结果工党在自由党支持下组织了联合内阁，但它仅存在了十个月就垮台了。这期间，许多自由党人转入工党，成为工党议员。1929年，当英国经济形势恶化、失业严重、经济危机来临之际，工党第一次独立组阁。在这之后，英国就一直由工党和保守党轮流执政。这说明，英国工党已正式成为英国资产阶级两党制中的一员。与此同时，欧洲资本主义各国属原第二国际的社会民主党、社会党和工党，也或迟或早参加或组织政府了。

有些社会民主党虽然自称为社会主义政党，标榜所谓“民主社会主义”，然而实际上是信奉和实行资产阶级改良主义。现在以英国工党为例，它是在 1900 年由工人贵族操纵的英国职工会发起，由三个“社会主义”的团体组成的，其领袖就是一批工人官僚和资产阶级知识分子，它的纲领和政策则是以费边派①的理论为指导的，企图通过温和的改良，一点一滴地实现社会主义。其他各国社会民主党也大都成立于 19 世纪最后 30 年，当时欧美资本主义各国处于和平发展时期，无产阶级的力量也在这个时期有了较大的发展，于是资产阶级与无产阶级的矛盾日益尖锐化了，社会民主党最初在工人运动高涨和马克思主义广泛传播的基础上建立起来了。在马克思、恩格斯指导下，这些党在推进各国工人运动和社会主义学说的传播中曾起过积极的作用。然而就在这时，各国已经由资本主义向垄断资本主义过渡，垄断组织从国内和殖民地得到大量的额外的垄断利润，就从垄断利润中拿出一部分收买工人运动的上层分子，培植起一个贵族阶层，从而使各国社会民主党内本来就存在的形形色色的机会主义、改良主义有了更有利的滋生土壤。因此，在马克思和恩格斯逝世后，某些社会民主党就逐渐被机会主义、改良主义派别控制，并在第一次世界大战期间完成了蜕变为资产阶级改良主义政党的过程。所以，列宁当时就指出：“现在‘资产阶级工人政党’在所有帝国主义国家里都成了不可避免的和典型的现象。”②由此可见，这时参加和组织政府的社会民主党并不是新型的政党，不过是新的旧式政党，它们与一个老的旧式政党或政党联合组织了新的资产阶级两党制或多党制，实现了资产阶级政党制度的刷新。

社会民主党和工党参加资产阶级的两党制或多党制，与国家垄断资本主义发展这两者之间是有必然联系的。国家垄断资本主义作为一种经济形式，意味着垄断组织直接控制国家政权、加强国家政权的经济职能和社会职

---

① 费边派反对马克思主义关于国家的阶级性的基本原理，错误地认为在资产阶级专政下的工厂立法、捐税制度和市政企业是社会主义性质的，宣扬不知不觉就“滑进社会主义”的所谓“理论”。

② 《列宁选集》(第二卷)，人民出版社 1972 年第 2 版，第 894 页。

能，以攫取垄断利润。因此，在这个由一般垄断资本主义发展为国家垄断资本主义的过程中，资产阶级的经济政治理论也由自由放任转向国家干预主义，由消极的有限政府主张转向积极的大政府主义，凯恩斯主义就是这种新理论的集大成者。凯恩斯主义承认资本主义制度下的经济危机和失业问题，但认为只要国家采取一定政策干预经济生活就可以解决这些问题，并宣称国家干预经济生活是为了全社会的利益，为了实现"普遍福利国家"。这样，垄断资产阶级就需要社会民主党为他们宣传和实行国家垄断资本主义，因为社会民主党理论的重要特点，就是宣传社会民主，否认国家是统治和压迫的工具，而把国家说成是超阶级的社会福利机构。社会民主党则对发展国家垄断资本主义表示出极高的热情，它们认为无需改变国家的资产阶级性质，只要采取收所得税、发展社会福利措施、对某些经济部门实行国有化等政策，加强政府的作用，就能实现社会收入的公平分配，消除资本主义的弊病，进而宣称这就是社会主义，亦即把国家垄断资本主义与社会主义加以混淆。这样，社会民主党就与垄断资产阶级有相同之处，在由一般垄断资本主义发展为国家垄断资本主义的问题上完全取得了一致。由此可见，刷新两党制或多党制，是在社会民主党或工党的参与下完成的。

从 20 世纪 30 年代大危机以来，社会民主党、社会党和工党在欧洲各主要资本主义国家积极活动，在有的国家里连续单独执政长达数十年之久，如北欧瑞典就是这样。这些党在执政期间强调国家干预经济的作用，竭力推行凯恩斯主义的经济政策，即实行以通货膨胀和赤字财政为基础的社会福利主义，以为通过现有的资产阶级政府，只要"完善"和"改进"现行的制度，宣称它们的目标就是实现公平地分配收入，就能建立它们所希冀的社会主义制度。因此，各垄断资本对社会民主党、社会党和工党参加或组织政府是持赞成态度的，而且，由于这些党对工人群众有较大的影响，控制着一些较大的工会组织，每当阶级斗争形势严峻时，垄断资产阶级为了稳定政局，常常支持这些党上台维持局面。

上面我们对欧洲资产阶级两党制、多党制的刷新作了综合的分析，看到刷新是一个普遍的现象。然而在美国情况却有所不同。因为美国的社会主义运动、工人运动没有发展到欧洲那样的水平，没有产生一个有强大影响和号召力、有广泛群众基础的社会主义政党，因而也就产生不了一个有足够力量参加和组织政府、由社会主义政党蜕变出来的资产阶级改良主义政党。但是，美国垄断资产阶级为了巩固统治基础和美国国家垄断资本主义的发展，仍然需要刷新两党制，需要一个带有改良主义色彩的政党，参加并轮流执政，因此，美国就成为刷新两党制的一个特例。美国两党制刷新的特殊之处在于：它不是由一个名义上的工人政党和社会主义政党即英国工党类型的资产阶级工人政党进入两党制，而是由两个旧政党中的一个变形为带有资产阶级改良主义色彩的政党使两党制从内部发生演变，实现垄断资产阶级所要求的刷新。这个变形的带有资产阶级改良色彩的政党就是美国民主党。

根据前面的对欧洲和美国两党制刷新情况的分析，就可以看出刷新后的两党制，必然一个唱“红脸”，另一个唱“白脸”，表面看来两者完全对立，但事实上仍然是统治阶级的两只手；不仅如此，两党中还有一个是由资产阶级豢养出来的工人贵族担任领袖的党，如欧洲的社会民主党、社会党和工党，它们就更容易冒充是代表工人群众的，是要建设社会主义和高福利国家的，因为这符合工人的利益，工人就容易受其迷惑和受骗，其结果就是资产阶级对工人的统治更加牢固，这就是马克思所说的，统治阶级越能将被统治阶级中的优秀代表吸收到统治阶级这边来，其统治就越牢固、越险恶。在这条件下，如像北欧国家瑞典那样，社会民主党连续执政长达数十年，但不发生无产阶级社会主义革命，就不奇怪了。

四、两党制下三权分立的一致

在资产阶级政治思想中，有一条重要的原则即“三权分立”，它是在资产阶级革命初期提出来的。它首先把国家权力分成立法权、行政权和司法权，并主张由三个不同的机关分别掌握着三种权力，让它们相互制约。这样就能防止专横与暴政，保障公民的个人安全与政治自由。当时“三权分立”原则的提出，反映了资产阶级运用已经取得的部分立法权去限制尚掌握在封建贵族手中的行政机关和审判机关的权力，反对封建王权的专横的要求，具有革命的积极意义。但是，从根本上说，作为统治阶级的统治权，国家权力是一个统一的整体，是不可分割的。在资产阶级全面取得政权以后，一切国家权力就都集中在资产阶级手里，一切国家机关都是资产阶级的统治机器。这时，资产阶级虽然设立了立法、行政和司法三大权力机关，让它们各自掌握一方面的国家权力，鼎力而立，但实质上它们都合作一致，共同实现着加强和巩固资产阶级统治的任务，相互保证任何一个机关都不会偏离和破坏资产阶级统治；同时也便于调整资产阶级内部的矛盾，掩盖资产阶级统治的实质。正如恩格斯所指出的，"这种分权只不过是为了简化和监督国家机关而实行的日常事务上的分工罢了"①。这样，就能调整资产阶级内部矛盾，加强对无产阶级的统治，使无产阶级不能起来进行社会主义革命。

五、世界革命的道路走不通

能否设想发生发达国家之间的战争，让无产阶级利用时机，发生社会主义革命，像俄国当时那样，取得胜利呢？

最好用事实来回答。第二次世界大战后，至今已 60 多年，发达国家之间没有发生过战争。原因何在？我认为有两点：第一，战后大多数殖民地获得政治独立，虽然其经济殖民地的性质没有变化，但是它们成为公共的经济殖民地，各发达国家对其进行渗透，一般不会引起武装冲突；第二，跨国公司的发展，使世界大资产阶级联合起来，在相互斗争中共同剥削世界劳动阶级，形成我中有你、你中有我的局面，也不会引起武力冲突。

那么，能否由苏联实行世界革命的路线，就是将已取得无产阶级社会主义革命胜利的苏联，比作世界城市，而将某些落后国家比作世界农村，由苏联领导它们走向社会主义革命呢？历史已经回答了这个问题：此路不通。第二次世界大战结束后，苏联实行输出革命的路线，让苏联红军所到的东欧，都建立了无产阶级政权，这种输入的政权是不牢固的，苏联变色，它们就随着垮台。这从某一侧面看，也是"跨越卡夫丁峡谷"的失败。

总之，要发达国家发生社会主义革命，现在看来，就要现在的社会主义

① 《马克思恩格斯全集》(第五卷)，人民出版社 1958 年版，第 224—225 页。

国家搞好建设，做出榜样，让榜样去影响发达国家的人民，使他们进行社会主义革命。

六、金融危机中的发达国家共产党

如果说1871年巴黎公社无产阶级革命失败的客观原因是经济条件不成熟，那么，当前的金融危机则是条件已成熟，但是，发达国家的共产党并没有组织无产阶级进行社会主义革命。情况如下。

美国共产党认为，政府采取那种试图通过不危及大资本家的权力和财富来解决金融危机的举措，是国家垄断金融资本主义。当前应立即采取一些恢复金融市场秩序、促进经济发展、改善人们生活的措施，如政府可以采取宣布延期偿付抵押赎回权、债务豁免或者重新协商抵押期限等必要方式抑制房贷危机，进而缓解整个经济和市场的混乱局面；通过5 000亿美元的经济刺激议案；通过取消布什政府的减税政策以及对金融交易和金融机构征收特别税来支付这笔资金；调控金融市场，规定“对冲基金”等金融工具为非法。从长期看，则必须在政府和企业层面建立一种新的经济治理模式。它将秉承和平与平等原则，将能源和金融部门变为公有，将使国家的经济和社会去军事化。这虽然不是一种社会主义模式，但将对资本主义代理人的权力和实践构成挑战。

法国共产党认为，金融危机随着时间推移对全球产生越来越大的影响。在金融领域已失去控制的情况下，法国房产业、中小型企业、制造业都蒙受了相当大的损失。同时，从2008年夏季便开始持续上升的失业率，也将伴随危机持续走高。面对这种形势，法国萨科齐总统决定注资扶植国家银行体系，这并非一个解决实质性问题的有力措施。恰恰相反，这位总统是在牺牲公共利益去挽救资本家个人的损失。这证明了当今世界资本主义就像马克思主义者所分析的那样，是“国家垄断资本主义”。在这一体系下，国家完全而且只为垄断资本家服务。法共提出的应对危机紧急举措包括：对金融机构进行监督；建立完全透明化的银行体系；拒绝任何新形式的私有化；加快社会服务部门的现代化发展；提高薪酬和退休金；保障受危机影响无法还贷者的住房;重新把资金投入到民生经济领域,并增加就业岗位;将一些私有化银行重新公有化,严惩以投机为目的的信贷行为;监督资本流向,严厉打击不符合规定的避税行为。

金融危机发生后,英国共产党多次阐明自己的主张,强调工党政府和伦敦金融垄断机构负有不可推卸的责任并指出了为服务于大企业及其市场体系的利益,包括公共部门在内的几乎英国所有的经济部门都被置于金融资本的控制下。由于工资、福利和养老金的实际价值下降,人们被迫诉诸建立在虚高房价基础上的贷款,以维持和改善其生活水平。银行等金融机构利用贷款和其他交易手段建立起与实体经济产生的实际价值毫无联系的虚拟资本。它们利用这种方式不受限制地聚敛暴利。随着货币市场和金融机构逐渐丧失信誉,经济周期重新出现。如果贷款持续不断地注入金融市场,将会引起通货膨胀,导致社会工资下降,而国家将不得不承受巨额不良债务,并将其转换成人们的纳税义务。

德国共产党指出,这场金融危机具有全球性影响,它使全球经济陷入衰退,并且越来越影响到实体经济部门。危机产生的原因不是银行家的失误,也不是国家对银行监督不力。前者只是利用这一体系本身的漏洞,造成投机行为泛滥。投机一直是资本主义经济的构成要素,但在新的垄断资本主义发展阶段,它已经成为一个决定性因素,渗入经济生活的方方面面。金融投机成为资本主义积累的主要工具。全球资本都在追求最高利润率,投机行为有了新的内涵,不仅股票和企业,而且国家货币也成为投机的目标。国际金融市场操纵着国家经济政策,这些金融市场现在陷入深刻危机之中。德国共产党看到这场危机有不同以往的特点,即生产过剩、金融危机、生态和粮食危机以及帝国主义在阿富汗和伊拉克可以预期的失败等危机因素相互交织、相互作用。因此,他们明确反对政府出资直接补贴银行等金融机构,而建议将所有主要银行转为公有,并将其置于民主控制之下;要求阻止私有化的进一步发展;进行针对金融资本的税收调整;向富人直接征收1.5%的税;所有金融机构和保险组织必须受到来自工会、民主协会、社会组织等的代表监督;采取直接政治措施禁止投机行为,废除“对冲基金”。

总的来看,欧美发达国家共产党对资本主义经济危机的分析批判及其展开的实际斗争,是当前仍处于低潮之中的世界社会主义运动的新亮点。

通过鲜明地表达自己独特的政治立场和主张，通过在活跃的反资本主义斗争实践中争取广大劳动群众的支持和信任，有利于共产党在各国的斗争中重新获得立足的基点，并在此基础上谋求新的发展。可以肯定，随着资本主义固有矛盾的深化，必将给欧美共产党和世界社会主义运动的发展带来新的希望和机会。

第十六章　“跨越卡夫丁峡谷”——苏联和中国的比较研究

苏联是从旧俄国十月革命，开始社会主义建设的。旧俄国是落后的资本主义国家，它建设社会主义，从某一点看是“跨越卡夫丁峡谷”，由于对民主与法制不予重视，结果“跨越”失败，并且影响东欧的社会主义国家(前面已经论述过)。这里专门论述苏联是怎样“跨越”失败的。

中国是落后国家，是从由无产阶级领导的新民主主义革命，过渡到社会主义建设的，就是说在社会发展阶段上没有经历过资本主义阶段，就开始社会主义建设，从这一点看，同样是“跨越卡夫丁峡谷”，它虽经历挫折，如不再犯错误，“跨越”即将成功。

旧俄国和旧中国同样存在着农村公社，如何对待它的存在，是跨越成败的关键。苏联对待不正确，就导致跨越失败；中国对待虽有曲折，但最后还是正确的，就跨越成功。

一、苏联失败原因：缺乏民主与法制

苏联“跨越卡夫丁峡谷”终于失败，其原因如下。

(1) 1906 年，沙皇政府大臣会议主席斯托雷平下令破坏农村公社，但到 1916 年底俄国还有 1/3 的农户和 4/5 属于农民的份地在农村公社里；就是说，俄国的农村公社在十月革命后还存在很久，直到全盘集体化才最终消失。苏联进行农业集体化时，根本没有研究过马克思这一“跨越卡夫丁峡谷”的设想，无论赞成还是反对都不予考虑。苏联进行农业集体化时，西方没有发生无产阶级革命，就是说，缺少马克思设想中的政治形势。马克思的意思是:缺少这一条件,西方就不会对俄国的农村公社提供技术援助,公社的共同劳动就不易巩固。可是苏联进行农业集体化时,西方正处在严重的经济危机中,这使发达国家的矛盾加深,苏联有可能利用这矛盾,从西方输入所需的民用技术。这以法国和德国利用英国的经济危机,从英国输入比较先进的技术,完成本国的工业化为例。苏联和西方国家不同,不是不能这样做的理由。苏联共产党对马克思的设想不予重视,使马克思的设想丧失实践的机会。这不能不说是一大遗憾。农村公社去向,不得而知。

(2) 缺乏党内民主,对不同派别的领导人采用极端手段,以政治标准审判理论问题。现以布哈林案为例。

斯大林对布哈林的批判,是在宣布党内存在布哈林右倾集团之后进行的。1929 年 4 月,他在《论联共(布)党内的右倾》中,对布哈林的理论进行批判,问题有三个。现在选择“关于富农长入社会主义的问题”,加以评论。

布哈林说:“富农合作社的窝巢也会通过银行等长入到这个体系中去(即同一般农民的合作社那样成为社会主义经济链条中的环节——引者),不过,它们在某种程度上将是异物,例如像租让企业那样。”[①]他为什么有这种认识呢?因为他认为,各种合作社的发展和性质,要取决于它存在的社会经济制度。“在资本主义制度下,各种形式的农民合作社必然处于资本主义经济影响之下。”因此,“在这种情况下,合作社组织,如果要得到发展,就必然受资产阶级和地主阶级的经济领导,逐渐地同这些资本家和地主的经济组织结合起来,并且在很大程度上自身也变成以利用剥削雇佣劳动为基础的某种资本主义组织”。[②] 根据这种方法论,他认为在社会主义条件下的农民合作社,也将变成社会主义经济的一种形式。当然他也看到,富农合作社这种转变,从某一点看,和一般农民合作社有所不同,所以说是如同租让企业那样是“异物”,因为两者都存在着剥削分子。

斯大林引用了布哈林的论述,认为这就是主张富农长入社会主义,并且认为,既然将租让企业家和富农相提并论,那么,租让企业家也长入社会主义;结论是,虽然在某种程度上是社会主义经济的异物,但是“城乡资本家,

① 布哈林:《到达社会主义之路和工农联盟》,载《布哈林文选》(下册),人民出版社 1983 年版,第 428 页。

② 同上书,第 417 页。

富农和承租企业家,都长入社会主义——请看布哈林说出了多么愚蠢的话"①,因为"这等于说城乡资本家会长入无产阶级专政体系"②。斯大林的批判,没有涉及理论问题,而是根据字眼进行政治审判。

布哈林于 1938 年被肉体消灭,1988 年才平反。

他留下遗嘱:我从 18 岁起就在党内,毕生的目标都是为工人阶级的利益,为社会主义的胜利而斗争。但《真理报》这几天却刊登了卑鄙无耻的谎言,说我企图消灭十月革命的成果,复辟资本主义。这就等于说,沙皇一辈子从事和资本主义、君主制度作斗争,为实现无产阶级革命而斗争。如果说在社会主义建设的方法上我不止一次犯过错误,那么,望后代对我的批评,不要严于列宁的批评。我们是第一次走向一个共同目标,走在人们未曾走过的道路上。

我向未来党的领导者呼吁!历史赋予你们的使命是把骇人听闻的各种罪行的一团乱麻解开,这团乱麻越来越大,像火焰一样越烧越厉害,勒得我们党喘不过气来。

我向所有的党员呼吁!在这可能是我生命的最后几天里,我坚信,历史的过滤器早晚必然会把我头上的污秽去掉。我从来没有当过叛徒,为了列宁的生命我会毫不犹豫地献出自己的生命。我热爱基洛夫,没有做过什么反对斯大林的事情。我请求新的一代党的领导人在党的大会上宣读我的遗嘱,宣布我无罪并恢复我的党籍。

同志们,你们知道,在你们胜利地走向共产主义的旗帜上也有我的一滴血。

(3) 缺乏学术民主,不搞百家争鸣,对不同学派的领导人,采取流放政策。现以生物学为例,加以评论。

生物学有两个学派,一个强调遗传,另一个强调变异,两者都是正确的,都是唯物主义的。但是在苏联,变异学派掌权,将遗传学派说成是唯心主义的,并打击其领导人。农业科学院院长李森科就将苏联遗传学派的领导人,

---

① 斯大林:《论联共(布)党内的右倾》,载《斯大林全集》(第十二卷),人民出版社 1972 年版,第 27 页。

② 同上书,第 28 页。

像沙皇对待革命党人那样，流放到最艰苦、荒凉和寒冷的西伯利亚。

这对中国也有影响。中国有一段时间学习苏联，于是变异学派掌权，打击遗传学派，并将其称为伪科学。它们两者之间的矛盾，最后是由周恩来出面调解的。

(4) 将小事情无原则地提高，并将涉及人员投入监狱。这里介绍一本书的有关记载。

在2002年7月21日到23日的《报刊文摘》第1667期的第二版上，有一篇文章，它介绍一本书：《一个朝圣者的囚徒经历……》。此书叙述一名叫姚艮的中国共产党党员，九一八事变后被派遣到苏联求援，而被冤枉为“反革命”被劳改。原因是他到苏联后，在教中国工人汉语拉丁化拼音文字的时候，同时教工人汉字的写法。殊不知在苏联“要不要打倒老汉字是大是大非问题”，是“革命与反革命”的鲜明标志。这样，他就成了间谍，被劳改。你喊冤枉吗？就对你说：“你要记住个人的利益什么时候都要服从共产国际的利益，苏联的利益。”你喊冤枉，为此绝食，抗议不公正吗？这就意味着“你今天或将来告诉世人，苏联不公正，坏得很”，这当然是“对抗苏联国家，对抗共产国际”。这是在苏联冤狱而提出申诉的人，经常听到的“大道理”。仅仅这个例子，就足以说明当时的苏联是何等的缺乏民主与法制。文章最后指出：“这本书有助于我们从一个侧面认识苏联，从中明白苏联共产党被下令解散，何以竟没有人站出来反抗乃至抗议也没有一声，从中明白苏联何以终于解体。”

(5) 所谓“大清洗”。

苏联解体后，1992年8月3日，俄联邦安全部公布了1917—1990年“由于犯刑事罪以及根据刑法典犯类似罪”的总人数，共3 853 900人，其中在1937—1938年“大清洗”中被判刑的大约130万—150万人，这些人绝大多数是不经法律程序就判刑甚至枪决的。这使苏联人民人人自危，比贫穷更威胁生命。仅仅这些例子，就足以说明苏联是如何缺乏民主与法制。这是“跨越”不成，终于失败的原因。

(6) 苏联解体原因多元论。

苏联解体和东欧剧变无疑是人类20世纪的一件大事，对这件大事如何认识，在西方和在中国，都可以说是“众说纷纭”。

有人认为，苏联解体、东欧剧变，是历史的倒退，是资本主义复辟，戈尔巴乔夫和叶利钦是无产阶级的叛徒，是历史的罪人。应该说，苏联解体不是社会主义的失败和国际共产主义运动的终结，而是苏联社会主义模式的失败，斯大林社会主义经济、政治体制的终结。社会主义经济经过这严重的挫折，有可能吸取教训日益成熟起来，将来再以新的姿态、新的模式屹立在国际舞台上。

对这种变化的原因，也有不同的认识。一种看法是：苏联所以发生这种变化，主要是苏联出现了戈尔巴乔夫、叶利钦这种叛徒集团，是叛徒集团起了作用。就是他们，取消了共产党，瓦解了苏联。这是个人在历史上发生作用的结果。一种看法是，这是西方敌对势力进行颠覆活动的结果，其目的是要使苏联由社会主义国家演变成资本主义国家，或者类似西方式的国家。我个人认为，这两种说法不无道理，但还没有找到内在的根本原因。帝国主义国家对社会主义国家的收买、腐蚀与和平演变会起作用，但这是外因。外因要通过内因起作用，因此演变的主要原因，必须从苏联内部去找。中国记者金雁在《新饿乡纪程》一书中，试图对这个问题作出交代和释疑。她说，当苏共总书记下令解散共产党，为什么从中央到基层没有发生一次有组织的抗议？为什么有成千上万的群众把党中央大厦围得水泄不通，向苏共大员大吐唾沫？苏共遭此命运，主要在于内部原因。内部原因归结为政治方面和经济方面两种。

政治方面的原因很多，集中表现为对社会主义民主的破坏。

第一，党内没有真正的民主。苏共党章虽然规定“党的最高机关是代表大会”，但实际上是政治局、书记处以至斯大林个人。党章规定党的领导机关由选举产生，但实际是层层委派制，党委书记在当选之前就已经被批准了。党员的选举权、罢免权、监督权客观上被剥夺。1933 年的“清党”，并不是最高权力机关——代表大会的决定，而是拥有全权的机关——政治局 1932 年 12 月的决定。由于对斯大林的个人迷信及他本人的个人专断，使斯大林超越中央全会、政治局之上，一切由他个人说了算。原来与党中央平行的中央监察委员会，斯大林把它改为由党中央任命、中央书记处直接领导。这样，使党中央和党的领袖失去了监督。

第二，党与国家政府的关系不正常，苏维埃制度形式主义化，党政职能不分、以党代政。党中央事实上成了国家的最高权力机关。党包揽一切，代替一切，党的领导也就是国家政权的领导，党的指挥人员也就是国家机关的指挥人员。由于党的机关侵占了苏维埃的部分立法权和监督权，一方面使苏维埃的权力大为削弱，成了纯属履行批准党政机关决议的工具；另一方面，把党组织混同于苏维埃政权组织，包办代替国家政权机关的工作，使得党不管党，影响党的自身建设。国家的最高权力机关——最高苏维埃成了执行联共发指示任命干部的一个象征性机构，一种附属品，一种“装饰品”，不能充分履行国家权力机关的职能。国家权力机关的代表，在当选之前，早已由党组织决定，只是通过选举走走形式而已，甚至有时不顾基层反对，强行指定、强行委派代表候选人。苏联长期实行等额选举，选民没有选择余地。候选人由上级确定，造成人民代表缺乏代表性，只对上级领导人负责，不对人民负责。一些代表缺乏参政议政能力，影响了苏维埃本身的质量和活动。

第三，领袖与党的关系不正常，领袖权力失去制约和监督。表现为对斯大林的个人迷信、个人集权和职务终身制。斯大林长期担任党的总书记，又担任人民委员会主席、国防委员会主席，集党、政、军大权于一身。他既作为党的领袖，又作为国家的最高领导人。这样，斯大林就代表党，就代表国家，成了党和国家的化身。谁反对斯大林，谁就是反对党，就是反对苏维埃政权。斯大林实际拥有超越党、国家和人民之上，超越法律之上，而不受任何法律约束和人民监督的最高权力。这样，个人集权制、个人专断和个人独裁就不可避免地产生了。

第四，破坏人民民主，破坏法制，把斗争锋芒由专阶级敌人的政变为专人民的政。表现为建立超乎党之上，压制其他国家机构、组织严密、体系庞大的镇压机构。斯大林为了对付党内反对派和不同意见的人民群众，建立了拥有各种特权的内务部及人数众多的政治警察即秘密警察队伍，秘密地展开活动，包括采用秘密监视、严刑拷问、流放以至杀害等办法。在 20 世纪 30 年代的“大清洗”运动中，民主被践踏，法制被破坏，不少革命同志被无辜逮捕和杀害。根据苏联透露的材料，在斯大林时期原是冤假错案后来被平反恢复名誉的达 800 万人。原克格勃副主席波罗日列夫透露，1930 年到 1953 年因“反革命罪”被判刑的有 377.8 万人，有 78.61 万人被处决。其中，很大一部分是错判错杀。

第五，党的工作命令化、官僚化，社会结构官僚主义化。官僚特权分子掌权的结果是，人民不能充分行使民主权利，主仆关系完全颠倒。正如戈尔巴乔夫所说："社会结构的官僚主义化和各级官僚阶层的'不断繁衍'，这些官僚阶层在整个国家、行政乃至社会生活中都有不可估量的影响。"①党政机关重叠臃肿，人浮于事，官僚主义、命令主义盛行。

第六，损害联邦制原则，引起加盟共和国的不满，积累了严重的民族关系问题。斯大林时期，加盟共和国权力逐步削弱，有异议者常以"民族主义"治罪。以后又采取条条(部门)管理为主的方式加强联盟集权，经济大权操纵在各部委手中。联盟与加盟共和国的权力失衡，挫伤了后者的积极性，伤害了民族感情。

第七，表现在意识形态上，实行"无产阶级全面专政"，用粗暴的政治手段去解决思想问题和学术问题。对各个学术研究领域，对一批科学家、诗人、作曲家等动辄扣上"反党""资产阶级""唯心主义"帽子进行批判。如生物学上李森科学派与摩尔根学派的争论，前者取得"全面胜利"，后者却被冠以"反动"的政治帽子。他们中有的人被禁止讲授，有的人被撤职、逮捕、判刑，甚至迫害致死。斯大林把对马列主义的解释权、发展权以及是非的判断权看作自己的"专利"，认为只有他才有这方面的资格。他成为当时公认的哲学、经济学、语言学、历史学等各学科的泰斗、奠基者、裁判人。个人崇拜使得理论研究成了为领导者的讲话、报告作注释的工具。群众只能根据党和国家领导人的态度而不是根据事实的本来面目判断是非。马列主义的教条化，使得意识形态偏离真理轨道，唯心唯上。很多理论工作者为求自保往往回避对重大问题或尖锐理论问题的研究，研究课题逃避现实，脱离实际。科研工作诸多禁区的存在，造成学术研究僵化、精神压抑、万马齐喑、教条主义泛滥，理论脱离实际，社会生活也成了一潭死水。

第八，干部工作的委任制、终身制，造成一批干部官僚化、特权化，严重脱离群众。委任制的实行和列宁提出的"选举制、报告制、监督制"被抛弃，使得干部"只对上负责，不对下负责"，拉帮结派，"一朝天子一朝臣"，阿谀奉

① 米·谢·戈尔巴乔夫：《改革与新思维》，苏群译，新华出版社1987年版，第50—52页。

承,吹牛拍马。终身制造成干部老化,思想僵化,明哲保身,不求进取,大批中青年干部被埋没。

第九,苏联国内破坏社会主义民主的行为还涉及国际,把意识形态上的分歧扩展到党与党、国家与国家之间的相互关系上。例如 20 世纪 40 年代,对南斯拉夫的批判与斗争就是一例。哪个国家不按苏联模式去做,谁就不是社会主义国家,谁就要从社会主义大家庭中被开除出去。企图用整治国内反对派的办法来整治国际共产主义运动中的不同意见者,用“老子”党的地位、大国沙文主义的办法压服其他社会主义国家。

苏联模式在经济上也有问题。它集中表现为传统的、僵化的、高度集中的计划经济体制的缺陷。

第一,经济上实行单一的生产资料公有制(全民所有制和集体所有制),排除了其他一切经济成分。

第二,实行产品经济的管理体制,把商品货币关系和价值规律看作社会主义的异己力量,尽量加以限制,甚至不承认生产资料是商品,认为全民所有制之间的交换不是商品交换。

第三,实行单一的分配方式,名为按劳分配,实际是吃大锅饭,搞平均主义分配,企业效益与工资不挂钩,客观上养了一批懒汉,并否认按资分配等其他分配方式。

第四,在企业管理上统得过死,缺乏生机和活力。产品生产、产品销售、商品价格、原材料来源、劳动力调配、资金来源、人事任命等都按国家管理机构的意志行事。企业缺乏真正的独立核算,经营好坏与企业自身利益无关,亏本、赚钱由国家承担,企业实际成为政府机构的附属物,企业依赖政府,政府控制企业,企业间不存在竞争机制,不存在优胜劣汰。

第五,实行高度集中的计划体制,一切都通过指令性计划调节,否定市场调节和市场经济的作用,甚至把自留地、社员个人副业看作资本主义自发势力。

第六,经济政策从总体看,比较死,比较“左”。

经济体制上的缺点,使苏联经济发生许多问题,其集中表现就是人民生活水平的下降:十月革命前,俄国人的生活水平在欧洲排第 5 位,20 世纪 70 年代被排到欧洲最后几位,在全世界被排到第 50 位。

根据金雁上面的分析，苏联之所以“跨越”失败，终于解体，是由于忽视民主与法制的建设，苏联从历史上接收下来的中央集权专制主义，在试图“跨越”时，不仅没有改进，相反地都得到加强，因为它的政治建设，就是一层一层地加强官僚统治，站在各层顶上的则是斯大林个人的统治。而它的经济体制则是计划经济，这就必然产生一批计划长官，对全国经济、政治、文化实行管理，这又反过来加强了中央集权专制主义。由于这样，苏联就“跨越”失败。

二、中国成功原因：虽然曲折，但是终于建立了民主与法制

中国“跨越卡夫丁峡谷”终于成功，其原因如下。

(1) 在中国少数民族地区，1949 年前有的还存在农村公社。一项调查指出：“徭民的农业，仍旧带着原始共产社会形态。当他们开垦土地的时候，第一步手续是伐木……第二步是用火烧尽地面上的草木，第三步集合许多徭民耕起埋在土中的树根，而那些草木灰变成为天然的肥料。这样一块土地垦成之后，便算是某甲的土地了。第二天某甲和其他的徭民再来为某乙去开垦，如此轮流垦下去，直到所有参加工作的徭民，每人得到一份土地为止。”①

中华人民共和国刚成立时的东北也存在着变工互助这种农村公社的劳动形态。对此，国家和党的高级干部高岗和刘少奇开展了一次争论。高岗认为：“今后农村经济发展的方向，在一方面，应该是奖励农民生产发家，勤劳致富，使绝大多数农民上升为丰衣足食的农民；而另一方面又必须使绝大多数农民‘由个体逐步地向集体方向发展’。新民主主义的农业经济的发展道路应该是逐步地……引向合作社方向发展的道路。”刘少奇则认为：“现在的变工互助能否发展为将来的集体农庄？我认为是不可能的。这是两个不

① 蒋学楷：《瑶民社会的原始生活》，载中国农村经济研究会编《中国农村描写——农村通讯选集》，新知书店 1936 年版，第 162 页。

同阶段。要防止急性病。转变得早了，是不对的。由个体生产到集体农庄，这是一个生产方式上的革命，没有机器工业的集体农庄是巩固不了的。”对于这次争论，毛泽东对刘少奇的看法，持否定态度。

现在进一步的问题是：在没有机器工业的条件下，以人力或畜力为技术，互助变工这种农村公社的劳动形态，能否立即过渡到集体农庄？从我国的经验可以得出结论：刘少奇正确，毛泽东不正确。毛泽东这种无视生产力水平，而拔高生产关系的唯意志论，是发动大跃进和人民公社化运动的思想根源。

争论表明中国和苏联不同，是重视农村公社的命运的。

(2) 跨越的第一个曲折：发动大跃进。

从 1958 年到 1962 年，中国展开的大跃进运动，使全国经济遭遇严重破坏，比例失衡，人口死亡率陡增；其中尤以虽提出“以钢为纲”的口号，但钢的产量却反而降低最值得注意；同样道理，虽提出“人有多大胆，地有多大产”的口号，但粮食和棉花这最重要的食、穿之源的产品产量却反而降低。总之，全国经济从大跃进变成大倒退。

大跃进的特征之一是当时提出了一些急于求成的不切实际的动员口号。例如：苦战 3 年，使大部分地区面貌基本改变；在 5—7 年，使各省的地方工业产值超过农业总产值，使农业基本实现机械化和半机械化；在 15 年或者更短时间内钢产量和其他重要工业产品的产量赶上或超过英国；等等。毛泽东在 1958 年 6 月 21 日的军委扩大会议上说：我们三年基本超过英国，十年超过美国，有充分的把握。很多报刊，按照新华社来电，不断宣传“高产卫星”，如小麦亩产达到 7 320 斤，早稻亩产达到 36 900 多斤。

大跃进另一个特征是高指标。1958 年 8 月，中共中央政治局扩大会议，估计当年粮食将从 1957 年的 3 700 亿斤增加到 6 000 亿—7 000 亿斤，棉花产量将达到 7 000 万担左右，比 1957 年增产一倍以上。1958 年的钢产量要从 1957 年的 535 万吨增加到 1 070 万吨，并设想 1959 年超过 3 000 万吨，1962 年达到 1 亿吨。这次会议以后，掀起了一个空前规模的“全民大炼钢铁运动”，全国几千万人一齐上阵，大搞小(小高炉)、土(土法炼铁炼钢)、群(群众运动)。实现钢产量 1 070 万吨，成为压倒一切的中心任务，各行各业都支援“钢铁元帅升帐”。据此，农村不顾秋收大忙，抽调 5 000 万劳动力炼钢，城市机关、团体、学校以至街道居民都支起土高炉大炼钢铁，到1958年10月，小土高炉增加到数百万座，增加人数达到9 000万人。

大跃进的主要错误：第一，违背客观经济规律，没有按价值规律、国民经济有计划按比例发展规律办事，只算“政治账”，不算经济账，不进行经济核算，经济上得不偿失；第二，严重破坏社会生产力，打乱正常生活秩序，造成国民经济各部门、积累和消费之间比例严重失调，人民生活困难，1960年积累率高达39.6%，1958—1960年三年财政赤字达169亿元，货币流通量增加了82%；第三，为了炼钢，造成全国性的滥伐森林，许多农村山冈变成一片荒野，水土大量流失，生态严重破坏。

大跃进造成的损失大约3 000亿元，相当于几年的国民收入。1958年钢产量为1 108万吨，合格的只有800万吨。于是，就进入1960年到1962年的“三年困难时期”。

大跃进也造成经济倒退，人民生活水平下降，人畜死亡。“二五”期间，工农业产值年平均增长速度仅为0.6%，社会总产值、农业劳动总产值和国民收入都是负增长。1962年与1959年比较，轻工业产值下降了32.5%，棉纱产量下降64.3%，棉布产量下降66.6%。特别是农业，大约后退了10—11年，倒退到1950年前后水平。1960年，粮食总产量比1957年减少了1 031亿斤，降低了26.4%，大约与1951年相等。棉花总产量1962年比1957年降低了54.3%，比抗战前的1936年少了198万担。城市职工生活水平也大幅下降。1959年农村出现人口负增长。1960年农村人口减少1 702万人。农村饥荒十分严重，各种疾病流行。从全国看，1960年人口死亡率为28.58‰，自然增长率为－9.23‰。这就是说，全国人口出现中国历史上少有的绝对下降。

由毛泽东发动的大跃进，结果带来“三年困难时期”，造成国民经济比例失调，人民生活水平下降，其原因是要在很短的时间内“超英”“赶美”，即要追上发达国家的经济水平，从某一点看，就是急于实现“跨越卡夫丁峡谷”，结果归于失败。

(3) 在中国，与“大跃进”同时掀起的是一个在生产力水平不具备的条件下，急于过渡，急于变革生产关系的人民公社化运动。

在运动的整个发展过程中，毛泽东始终起着指挥和领导的作用，早在

1955年12月，毛泽东在《中国农村的社会主义高潮》一书写的“按语”中，就提出了小社并大社、办大社的观点。1958年3月，毛泽东提出把小型农业生产合作社有计划地合并为大型农业生产合作社以适应大兴水利的要求。1958年4月8日，中共中央发出了《关于把小型农业生产合作社适当地合并为大社的意见》，各地开展了并社工作。对合并扩大后的农业生产合作社，群众称为“共产主义公社”“大社”“集体农庄”等。1958年8月上旬，毛泽东在河南视察时说：“人民公社这个名字好，包括工农兵学商：管理生产，管理生活，管理政权。”同时指出人民公社的特点是“一曰大，二曰公。”8月9日在山东视察时又说：“还是叫人民公社好，它可以把工、农、兵、学、商合在一起，便于领导。”这些消息在报刊发表后，各地相继仿效。8月17日至30日在北戴河召开中央政治局扩大会议，通过了《中共中央关于在农村建立人民公社问题的决议》。该决议认为：“人民公社是形势发展的必然趋势”，“在目前形势下、建立农林牧副渔全面发展，工农商学兵互相结合的人民公社，是指导农民加速社会主义建设，提前建设社会主义并逐步过渡到共产主义所必须采取的基本方针”。该决议又认为：“看来，共产主义在我国的实现，已经不是什么遥远的事情了，我们应该积极地运用人民公社形式，去摸索出一条过渡到共产主义的具体途径。”该决议下达后，把人民公社化运动推向了高潮。从1958年夏季到年底，全国74万多个农业生产合作社就改组成了26 000多个人民公社，参加公社的农民有1.2亿多户，占全国总农户99%以上，在全国实现了人民公社化。由于人民公社是在“左”的思想下进行的，因此不仅没有解决合作化运动中存在的问题，而且使得以“共产风”为核心内容的各种错误更加泛滥起来。

人民公社化运动的错误在于以下几个方面。第一，人民公社的“一大二公”不合适当时的国情。一般一乡一社，2 000户左右，有的万户以上，平均拥有四五千农户，有的地方甚至一县一社。公社这样大的规模，又要对农林牧副渔各业和工农商学兵实行统一管理，既缺乏生产力基础，又缺乏群众觉悟水平，因而使得生产合作社原来的问题没有解决，又产生了新的更大的问题。它远远不能适应当时的生产力水平和经营管理能力。第二，人民公社的“一平二调”损害了群众利益。全公社实行统一经营、统一核算、统一分配，这实际上是在公社范围内抹杀队与队之间的差别，实行贫富队拉平，平均分配，对生产队的某些财物无代价地上调，破坏了等价交换原则，否认各生产队在生产资料、公共财物、经营管理和收入分配方面的差别，既伤害了富队的积极性，也加强了穷队的依赖性。第三，在公社内部抹杀人与人之间在劳动数量和质量上的差别，实行供给制，实行平均主义分配，大大伤害了群众的利益，挫伤了群众的生产积极性。规定把自留地变成集体经营，社员加入合作社的股份基金也“不必急于处理”，在一二年后“自然变为公有”，这就侵占了社员个人的生产资料和生活资料，成了“共产风”。第四，当时提出人民公社的集体所有制完成向全民所有制过渡，快的三四年，慢的五六年，认为共产主义在我国的实现，已经不是遥远将来的事情，而且主张“穷过渡”“早过渡”，显然是一种空想。它违背了生产关系必须适应生产力水平的原则，以主观随意性代替客观经济规律。第五，人民公社初期实行政社合一，把政治组织和经济组织合为一体，把各种权力集中到县社两级，以致基层经济组织没有自主权，完全受政权机构的直接指挥，不能分级管理，也没有生产责任制，这就必然造成劳动纪律松弛，生产无人负责，“吃大锅饭”，分配更平均化，经济核算全部被抛弃。它也为强迫命令、瞎指挥、共产风提供了温床。第六，人民公社开始实行供给制以后又实行工资制与供给制相结合的分配制度，把供给制作为“共产主义因素”，把公共食堂看作是“农村的社会主义阵地”，要求社员都到公共食堂打饭，实行“吃饭不要钱”，实际上是绝对平均主义，取消按劳分配，把一家一户的传统生活方式改为集体生活方式，实行低水平的军事配给。其结果必然造成平均主义的普遍贫穷，也大大降低了共产主义在人们心目中的形象。

总之，人民公社是一种具有平均主义色彩的空想社会主义模式，它的愿望或许是良好的，但究其实质却是排斥商品经济和市场经济，提倡自给自足的小生产方式。当时普遍宣传的“共产主义是天堂，人民公社是桥梁”，认为人民公社是实行“两个过渡”的最好形式，这反映了毛泽东急于在中国实现共产主义的空想，也反映了他急于完成“跨越”。

人民公社化运动和前面论述的“大跃进”一样，在经济上也造成了严重的后果。从 1957—1960 年，农业产量下降了 22%。1959 年粮食产量比 1958 年减少 600 亿斤。1960—1962 年，中国进入了“三年困难时期”，人民生活苦不堪言。这主要是由于“大跃进”和人民公社化运动的“人祸”造成的。

“三分天灾，七分人祸”的估计是比较切合实际的，而“人祸”中主要是政策偏差：过“左”。

由于人民公社是要急于向共产主义过渡、急于完成“跨越”的产物，不适合中国国情，不适合生产力的水平，所以很快就解散了。一方面，政权组织恢复为原来那样独立存在；另一方面，经济组织取消公社所有制，恢复以生产队为基础的所有制，亦即将拔高了的生产关系降了下来，以适应生产力的发展水平。

毛泽东也设想过办城市人民公社，由于不合国情，试点不久，便中途而废。

(4) 从上述苏联“跨越”终于完全失败，导致苏联解体，中国“跨越”折腾的分析，可以看出如像斯大林和毛泽东等领导人的决策错误起了很大的作用。他们的错误决策之所以能够实行，是由于政治民主化和法制建设的缺乏所致。所以，东方落后国家要跨越到共产主义社会，就必须实行政治民主化和法制建设。

因此，东方落后国家跨越到共产主义社会，在经济建设的同时，必须加紧政治建设——实行政治民主。我个人认为，建设政治民主这一政治上层建筑，最重要的是，要有相适应的经济基础，这就是大力发展商品经济。否则，这样的上层建筑是建立不起来的。因为正如马克思所说的，商品是天生的平等派，货币是比商品更进一步的平等派，商品经济的发展不可避免地会产生民主政治和法制建设。民主政治不建立，缺少这一上层建筑的作用，商品经济也不能发展。落后国家的商品经济原来就不是发达的。因为农村公社的经济是农业和手工业相结合的经济，是自然经济的统治。它们跨越到社会主义后，由于传统观念的影响，又实行计划经济体制，这不仅不能消灭专制主义，反而助长了专制主义，因为计划经济体制必然产生一批计划长官，他们既掌握政治权力，又掌握经济权力。这一点，邓小平说得很清楚。他说：我国的官僚主义，“同我们长期认为社会主义制度和计划管理必须对经济、政治、文化、社会都实行中央高度集权的管理体制有密切的关系”①。苏联“跨越”终于失败，中国“跨越”折腾，都与民主政治缺乏即官僚专制主义

① 《邓小平文选》(第二卷)，人民出版社 1994 年版，第 328 页。

有关。

(5)党的庄严保证。胡锦涛在纪念党的十一届三中全会召开30周年大会上的讲话中,指出:要“大力发展社会主义民主政治,人民当家作主权利得到更好保障”;“社会主义法制国家建设取得重要进展,公民有序政治参与不断扩大,人权事业全面发展”。这是对民主政治和法制建设的保证。他又指出:“到我们党成立100年时建成惠及十几亿人口的更高水平的小康社会,到新中国成立100年时基本实现现代化,建成富强民主文明和谐的社会主义现代化国家。”这是“跨越”成功的时间表,比起上述“超英”“赶美”,要在三五年过渡到共产主义社会来,实事求是得多,并且符合科学的分析。

三、跨越结束与过渡时期定义的修改

马克思晚年有过“跨越卡夫丁峡谷”的设想。其含义就是落后的国家如俄国,可以不必经历资本主义这个苦难的阶段,就跨越到共产主义社会(其第一阶段是社会主义);过渡时期的经典定义,是马克思在《哥达纲领批判》中提出来的,那就是:“在资本主义社会与共产主义社会之间,横着一个从前者到后者的革命转变时期。同这个时期相适合的也有一个政治过渡期,而这个时期的国家则只能是无产阶级的革命专政。”在这里可以看出,“跨越”结束的时间和过渡时期结束的时间是一致的,因为这两者指的都是从无产阶级建立政权之日开始,到私有制改造完毕时为止。

1953年6月和8月,毛泽东分别对过渡时期下的定义,是完全根据马克思的定义的。他说:过渡时期是逐步过渡到社会主义。又说:从中华人民共和国成立到社会主义改造基本完成,这是一个过渡时期。他在1956年12月4日给黄炎培的信中说:我国国内的阶级斗争已基本解决,这也表明过渡时期于此时结束。这是毛泽东在不同时间对中国过渡时期定义的第一次含义相同的表述。

但是,在1962年9月党的八届十中全会上,毛泽东又对中国过渡时期定了另一个含义不同的定义。他说:“在无产阶级革命和无产阶级专政的整个历史时期,在由资本主义过渡到共产主义的整个历史时期(这个时期需要几十年，甚至更多时间）存在着无产阶级和资产阶级之间的阶级斗争，存在着社会主义和资本主义这两条道路的斗争。”他以这里的定义，来代替前面的定义，而不说明理由。正是这里的定义，成为中国“文化大革命”就是无产阶级专政下继续革命的理论依据。事实上“文化大革命”已给中国带来很大的损失，这是毛泽东所犯的大错误。

他为什么会这样做？主要原因是：1957 年的反右派斗争和 1959 年反右倾机会主义的斗争，使他反对“八大”关于以经济建设为中心的纲领，而提出以阶级斗争为纲来取代之。而这是错误的。因为按照过渡时期第一个定义，剥削阶级已不存在，就不可能有什么真正的阶级斗争。

第二个定义后来引入《关于国际共产主义运动总路线的建议》中，并被认为与马克思的定义相同，然后加以解释：马克思的基本思想是，由资本主义过渡到共产主义的整个历史时期，即在消灭了一切阶级差别和进到无阶级社会以前的时期，在进入共产主义社会的高级阶段以前的时期，无产阶级专政不可避免地要继续存在。这里将消灭一切阶级差别和无阶级这两者等同起来，这样一来，就发生错误。

本来马克思提出的无产阶级专政，其职能只是消灭剥削阶级。1852 年他在给魏德曼的信中提出无产阶级专政的职能时说：这个专政不过是达到消灭一切阶级进入无阶级社会的过渡。按照马克思对过渡时期的定义，这里的消灭一切阶级是不包括小农的，因为马克思的研究对象是英国，而大家知道，英国是没有什么小农的；当然小农事实上是存在的，尤其是在资本主义不很发达的国家；至于以集体的大生产的原则对小农进行社会主义改造，根据恩格斯在《法德农民问题》中的教导，是要进行示范和遵守自愿的原则的，这就不是严格意义上的无产阶级专政的职能了。《关于国际共产主义运动总路线的建议》说的消灭一切阶级差别，是包括了消灭工农差别的，但是，仅仅就后者而言，是不需要无产阶级专政的。我们知道无产阶级专政的另一面是：无产阶级和农民拥有民主权利，如果消灭工农差别，要对拥有民主权利的农民实行专政，岂非成了悖论？不过我国是这样做了的。我国是进行了声势浩大的政治动员，甚至运用强大的政治压力，使小农非入社不可的。

结束语　高级农村公社展望

我们的研究说明，出于同源的人类各族，其发展都经历或将经历从公有制到私有制，再到更高级公有制这样的社会经济发展过程。其中，从公有进入私有的过渡是农村公社，它具有两重性：既有公有因素，又有私有因素，既有为社会或集体的劳动，又有为家庭或个人的劳动。东方社会或地区，因自然条件制约，进入私有制的社会后，这种农村公社仍大量存在下来。这使东方社会比西欧较早地进入奴隶制社会，也较早地进入领主封建制社会。尤其值得注意的是：东方或至少就中国而言，比西欧早 1 000 多年进入地主封建社会，其特点是土地可以自由买卖，农民可以离开土地，这原是产生资本主义的社会经济条件，但是，它反而使资本主义在东方难产。因此，东西方发生联系后，在社会发展阶段上，东方落后于西方。就是说，在世界史上，东方是早熟而后落后。这是有其内因的。说到底，是由于在私有制的社会里，仍然存在着农村公社或其残余，由于它直接和间接的作用所致。同西方发生大规模的固定的经济联系后，东方的发展由于受到外国的影响，就更为缓慢。

东方社会或地区，其中有的有过成为殖民地的历史。它们获得独立后，对不利于其发展的外因，可以运用主权与之斗争，而对内部原因则要有所认识，且不受私利的影响，努力革除，才能解决问题。这内部原因，直接间接，都与前资本主义生产关系有关，推论到底，还是与在私有的社会里农村公社或其残余仍然存在，或发生作用有关。

我坚信，不管道路如何不同，东西方经济总要发展为相同的形态，这个形态就是既有公有，又有私有的高级或新型的农村公社。

马克思分析资本主义积累的历史趋势时指出："从资本主义生产方式产生的资本主义占有方式，从而资本主义的私有制，是对个人的、以自己劳动为基础的私有制的第一个否定。但资本主义生产由于自然过程的必然性，造成了对自身的否定。……这种否定不是重新建立私有制，而是在资本主义时代的成就的基础上，也就是说，在协作和对土地及靠劳动本身生产的生产资料的共同占有的基础上，重新建立个人所有制。”①对马克思这一论述的理解一直有分歧。我认为，马克思说的就是建立新型或高级农村公社。这里说的：协作和对土地及靠劳动本身生产的生产资料的共同占有的条件下，从事的集体劳动是为公的（个人也可以获得生活品）；由个人或家庭占有的生产资料，在这条件下从事的是个体或家庭的劳动，完全是为了全面发展个人的。很清楚，这是新型的农村公社。

正由于马克思的理想社会是建立新型的农村公社，所以他对摩尔根在《古代社会》中的这段话十分赞同：“人类的智慧在自己的创造物面前感到迷茫而不知所措了。然而，总有一天，人类的理智一定会强健到能够支配财富……社会的瓦解，即将成为以财富为唯一的最终目的的那个历程的终结，因为这一历程包含着自我消灭的因素……这将是古代氏族的自由、平等和博爱的复活，但都是在更高级形式上的复活。”②恩格斯同样赞扬摩尔根这段话，其《家庭、私有制和国家起源》一书就是以这段话来结束的。他也认为未来社会对原始社会是否定的否定。他说：“未来的联合体将把后者（即资本主义社会——引者）的清醒同古代联合体对共同的社会福利的关心结合起来，并且这样来达到自己的目的。”③

由于理想的社会是建立新型的农村公社，所以马克思晚年有过“跨越卡夫丁峡谷”的设想。这指的是：像俄国这样大量存在农村公社，并有共同劳动习惯的社会，就不要破坏这种公有因素，而要在俄国革命和西欧无产阶级革命相互补充的条件下，即在必须吸收资本主义的一切肯定成果的基础上，农村公社就可以不必经过被破坏，再经过私有制社会几个阶段，尤其不必经过发展为资本主义之后，即可以“跨越卡夫丁峡谷”，不经过这些灾难，就可以过渡到公有制社会，就是说，利用资本主义已有的成就，建立比资本主义更高级的社会，这是马克思关于农村公社的公有因素，直接发展为更高级的

---

① 《马克思恩格斯全集》（第二十三卷），人民出版社 1972 年版，第 832 页。

② 《马克思恩格斯全集》（第四十五卷），人民出版社 1985 年版，第 397—398 页。

③ 《马克思恩格斯全集》（第二十一卷），人民出版社 1965 年版，第 447 页。

公有制社会的设想。

对于这一点，恩格斯补充说：发生在商品生产和私人交换以前的一切形式的氏族公社同未来社会只有一个共同点，就是一定的东西即生产资料由一定公共所有和共同使用。但是，这一共同特征并不会使较低的社会形态能够从自己本身产生出社会主义社会，后者是资本主义社会本身的最后产物。每一特定的社会经济形态都应当解决它自己的、从它本身产生的任务；要处于较低的经济发展阶段的社会来解决只是处于高得多的发展阶段才能产生的问题和冲突，这在历史上是不可能的。然而不仅可能和毋庸置疑的是，当西欧无产阶级取得胜利和生产资料转归公有之后，那些刚刚踏上资本主义生产道路而仍然保持了氏族残余的国家，可以利用这些公社所有制的残余和与之相适应的人民风尚作为强大的手段，来大大缩短自己向社会主义社会的发展过程，并可以避免我们在西欧开辟道路时不得不经历的那大部分苦难和斗争，但这方面必不可少的条件是：由目前还是资本主义的西方做出榜样和积极支持。①

按照前面所述，高级农村公社中有共同占有生产资料为公进行的劳动，又有以家庭占有生产资料为全面发展个人进行的劳动，这样，商品生产连同政治经济学都可以不存在了。著名的马克思主义理论家卢森堡和布哈林都是这样看的。② 我同意他们的观点。我在这里要提出的理论问题是：商品生产不存在，为实现商品价值所耗费的纯粹流通费用也应不存在；在这个领域中从事工作的社会成员就应脱离这个领域，而改为从事物质生产和文化事业的劳动：这样，这高级农村公社的面貌将会怎样呢？我的看法是：

先从节省物力方面看。(1)广告业不存在了，耗费在它上面的开支，可以节省下来，转而用于物质生产和文化事业上。(2)银行和金融业不存在了，与此相应，货币不存在了。这就可以节省大量用于铸造货币和印刷纸币的物质资料，将它们用来进行物质资料生产和文化建设。作为货币准备金的贵金属即黄金，也可以节省下来，按照列宁的说法，应该将黄金用来建造公共厕所，以此来教育人们：为追逐黄金，人类进行世界大战，现在看来，不

① 参见《马克思恩格斯全集》(第二十二卷)，人民出版社 1965 年版，第 502 页。

② 参见陈其人：《卢森堡资本积累理论研究》，东方出版中心 2009 年版，卷首语 2—4 页。

一定用来建造公共厕所，而应制造艺术品和装饰品，用来美化人民生活。(3)用来记账的簿记不存在了，也可以节省大量物质资料，转而用来进行物质生产和文化建设。

再从节省人力方面看。总的说来，单纯为实现商品价值工作的社会成员，如广告从业员、银行金融业从业员、商业从业员等这些非物质生产劳动者，可以转变为从事物质生产和文化建设的劳动者，这样，高级农村公社全部物质劳动量就大为增加，而每个社会成员的劳动量就相应地大为缩短，使余下的自由时间大为增加，这对全面发展个人大为有利。

附录一　东西方经济发展同中有异的历史哲学

——王亚南对经济史方法论的贡献

已故的王亚南教授的中国经济史研究，从某一点看，已经形成一个学派。如何从其有关论述中，抽象出其中的方法论，再以历史哲学去说明东西方经济史的同中有异，一直是我的心愿。现在这个尝试，主要根据王亚南的以下著作：《中国社会经济史纲》(三联书店 1937 年版)、《中国经济原论》(经济科学出版社 1946 年版)、《中国官僚政治研究》(时与文出版社 1948 年版)、《中国地主经济封建制度论纲》(华东人民出版社 1954 年版)以及 1946 年我的听课笔记写成。如有错误，责任在我。

(一) 社会越发展受自然的影响就越小，共同性就越大，差异性就越小

人类的发展是从被动地适应到主动利用自然条件的过程。与此相应，不同民族的人结成的生产关系也在发展，其差异性越来越小，共同性越来越大。根据这一历史唯物论理论，王亚南提出以下值得重视的看法，他说："我还得就历史法则提出这样一个还不大有人谈到的意见，我们是公认各民族所遭遇的自然条件是不同的；且不讲在最先，历史条件的不同，是如何受着自然条件的影响，单就自然条件来说，它对于社会的发展，愈往过去，是愈有着拘束限制作用的，也就是说，社会劳动生产力对于自然力的克服作用，是愈来愈大的。如其说，人类社会在愈早的历史阶段，他们为维持生存，克服其所遭遇的自然，所表现的社会劳动生产力，愈益薄弱，因而，哪怕在同一历史阶段，比如说，在同一原始社会阶段，它们个别的社会经济形态，彼此间可能发现出较大的特殊性；反之，如其在一个发达的社会，比如说，临到资本主

义这个历史阶段，它的社会劳动力便相对地愈来愈大，愈有克服气候、地形、人种以及其他种种自然因素的力量，因而，由自然因素作用而形成的社会特殊性，就相对愈少了。”根据这种方法论，他进一步指出，希腊、罗马社会的奴隶经济形态，与东方奴隶经济形态的差异性，可能较之东西方封建经济形态间的差异性更大，而两个资本主义国家间所表现的一致性或一般性，要比两个封建制国家间所表现的一致性或一般性更大。他特别指出：“许多流俗经济史论者，就惯拿此点来否认资本主义社会以前的社会经济形态，即否认历史法则。其实，在同一历史阶段诸社会彼此间所表现的差殊性，虽愈往过去愈大，但它们构成一个历史阶段的根本共同点，却并不因此受到影响。”①王亚南的论述，对我们的研究，有很大的启发。

（二）人类和自然的关系

童年时代的人类，生息在热带的或亚热带的森林中，至少部分地生活在树上，只有这样才能在猛兽中间生存。这时人类的发展受自然条件的影响是不言而喻的。即使其后人类离开了森林，在陆地、在海洋、在太空生活，仍然受自然条件的影响，因为人类最基本的活动是生产活动，也就是向自然界取得生活资料，这不能不受自然条件的影响。当然，在生产活动中，人类自身在发展，从被动地适应到主动地利用自然条件，在这过程中形成和发展生产力，并和自然力结成相克相成的关系。

马克思辩证地分析了这种关系。他说：“外界自然条件在经济上可以分为两大类：生活资料的自然富源，例如土壤的肥力、渔产丰富的水等；劳动资料的自然富源，如奔腾的瀑布、可以航行的河流、森林、金属、煤炭等。在文化初期，第一类自然富源具有决定性的意义；在较高的发展阶段，第二类自然富源具有决定性的意义。”②

恩格斯同样重视自然条件在社会发展中的作用。他在执行马克思遗言和参考马克思的阅读笔记，并根据摩尔根的《古代社会》而写成的《家庭、私有制和国家的起源》中，十分赞同摩尔根的这种看法：生产上的技巧，对于确

---

① 《王亚南文集》（第四卷），福建人民出版社1988年版，第27—28页。

② 《马克思恩格斯全集》（第二十三卷），人民出版社1972年版，第560页。

定人类凌驾和支配自然的程度，是具有决定意义的；在一切生物中，只有人类达到对于食物生产进行几乎无限支配的地步。人类进步的一切伟大时代，是跟生存资源扩充的各个时代多少直接相吻合的。他特别指出，摩尔根把人类的史前时期，分为蒙昧和野蛮两个时期，其标志是：前者以采集天然产物为主；后者则以经营畜牧业和农业，即增加天然产物为主。说明了这些问题之后，恩格斯强调说：由于这样，从野蛮时期到来时起，两个大陆在自然条件上的差异已具有意义了。这时，东半球，即旧大陆，拥有几乎一切适于驯养的动物和一切（除了一种以外）适于种植的植物；而在西半球，即新大陆或美洲，在适于驯养的一切哺乳动物中只有羊驼，并且只是在南部某些地方才有，而在一切可种植的谷物中只有一种，不过是最好的一种，即玉蜀黍。由于自然条件上的这种差异，两个半球上的居民就各自循着独特的途径发展。

人类利用自然力使其转化为生产力，是受生产关系制约的。生产关系是人们在利用自然力时结成的关系。马克思指出：能够发展生产力的“排水、筑堤、灌溉、开凿运河、修筑道路、铺设铁路”，这些“劳动过程由于劳动对象空间上的联系就需要协作”①，这种协作在个体生产者之间，是很难实现的。在封建社会末期，资本主义工业的产生，必然受封建地租和资本利润孰高孰低所限。山涧的瀑布可以变为动力，它比用蒸汽作为动力便宜，用来生产商品，就可以获得超额利润；但如果这座山属于私人，这超额利润就要转化为级差地租，流入私人的腰包，这样，生产者就不一定利用这瀑布了。在资本主义条件下，将自然力转化为现实的社会生产力，还受资本主义剥削剩余价值的限制。马克思指出，资本主义使用机器的界限是：它的价值要小于它所代替的劳动力的价值；这样，在劳动力价格即工资特别低廉的地方，它就不能被采用。

（三）农村公社的两重性：公有和私有的并存

马克思所说的人类利用自然力以发展社会生产力，以及摩尔根所说的人类能生产食物，首先发生在农业上，然后再发生在其他物质生产部门上。这是因为，为人类提供食物的农业生产，从一开始就同自然力结合在一起，

---

① 《马克思恩格斯全集》（第二十三卷），人民出版社1972年版，第365页。

农业劳动生产率的高低同自然力有关；它必须达到一定的高度，使其产品除了满足农业劳动者自己的消费外还有剩余，其他物质生产部门的劳动者才能独立存在，才有条件去利用自然力以发展社会生产力，社会才能发展。

马克思对农业生产是在协同和利用自然力中进行的这些特点作了详细的分析。他首先区分了某些经济学家至今仍在区分的农业和工业。他认为，农业的劳动对象是处于生命的生长过程中，工业则不是这样。正因为农业的劳动对象是处于生命的过程中的，其产量就与自然因素有密切的关系。

在我们的研究中，占有重要地位的农村公社，其产生与人类开始从事种植业，即开始利用土地而过定居生活有关。随着种植业即农业生产的发展，土地关系、男女社会地位，以及剩余产品的经济性质发生了变化。农村公社是从氏族公社，经过家庭公社发展而来的。一个部落分为几个通常是两个氏族，人口是极其稀少的，仅在部落居住的地方比较稠密，在住地的周围，首先是一个广大的狩猎地带，然后是中立的防卫森林，这些将各个部落隔离开来；种植业产生后，耕地还是部落的财产，最初交给氏族使用，后来就由从氏族演变而来的家庭公社使用，最后交给每个家庭使用，家庭对耕地仍没有所有权，只有使用权。耕地在质和量上尽量可能平均地分配给每个家庭。此外，还有共耕地，其产品用于公共开支。这种土地关系的变化，是适应农业生产力发展的要求的。随着土地关系的变化，分配和消费也发生变化：从全公社成员的平均分配和共同消费，到由每个家庭获得自己生产的产品并进行消费。随着农业劳动生产力的提高，剩余产品就产生，家庭财产就增加。这样，一方面，由于男性在农业劳动中居于重要地位，其在家庭中的地位就逐渐取代女性，并占有财产；另一方面，剩余用来和其他公社交换，最初由双方的首领进行，后来由双方公社的家庭进行。这就是马克思说的：商品交换是在公社的边界处(boundaries)，在它们与其他的公社或其成员接触的地方开始的。但是物品一旦对外成为商品，由于反作用，它们在公社内部也成为商品。① 恩格斯说，公社的产品愈是采取商品的形式，产品中为自己消费的部分愈小，为交换目的而生产的部分愈大，在公社内部，原始的自发的分工被交换排挤得愈多，公社各社员的财产状况就愈加不平等，旧的土地公有制

① 参见《马克思恩格斯全集》(第二十三卷)，人民出版社1972年版，第106页。

就被埋藏得愈深，公社也就愈加迅速地瓦解为小农的乡村，也就是说，产生阶级的条件已经具备了。随着公社的解体，那些贫者成为债务人，就有可能沦为奴隶。

这样，我们就可以看到，农村公社是既有公有财产（土地）又有私有财产（房屋、工具和产品），既有集体的和为公的劳动（在共耕地上的劳动），又有家庭的和为己的劳动（在家庭用地上的劳动），并且在无阶级的社会中开始产生阶级：这就是农村公社的二重性。根据这一点，马克思指出：农村公社有公有因素又有私有因素，“是原生的社会形态的最后阶段，所以它同时也是向次生形态过渡的阶段，即从以公有制为基础的社会向以私有制为基础的社会过渡”①。但是，公社是否解体要受自然条件的制约：由此又决定人类进入阶级即文明社会有两条不同的道路。

（四）公社解体受自然条件的制约

亚洲（日本除外）、非洲、东欧、南美，尤其是其中的印度、俄国、印加和中国等，在私有制即阶级社会已经确立的条件下，农村公社仍然存在，尤其是其中的公有制仍然存在，尽管公社同外部的关系已发生变化，但公社内部的情况大体还是和从前一样。这种情况，西欧并不是没有，但很不明显，以致如果不是由于英国在印度的总督的报告提到印度到处都是自给自足的“小共和国”，欧美（白人）学者根本不可能知道非西欧的这些社会组织，也不可能调查西欧是否有过和还有同样的社会组织。

但是，没有哪位学者能科学地解释西欧和非西欧有如此不同的原因。马克思和恩格斯用自然条件的不同来解释，我认为至今仍有重大的意义。

马克思认为：“那些属于全体的以劳动实际占用的条件，如在亚细亚各民族中起着非常重要作用的灌溉河道，如交通工具等，通常是由最高统一体亦即君临于各小公社之上的专制政府处理。”②恩格斯在致马克思的信中说：“主要原因是在于气候，且与土壤的性质有关，尤其是与广阔的沙漠地带有关系，这些沙漠，从非洲撒哈拉起，经过阿拉伯、波斯、印度及蒙古，绵延到亚

① 《马克思恩格斯全集》（第十九卷），人民出版社 1963 年版，第 450 页。

② 《马克思恩格斯全集》（第四十六卷上册），人民出版社 1979 年版，第 474 页。

洲的最高的高原。这里的农业，主要地是建立在人工灌溉的基础上的，而这种灌溉却已经是村社、地方当局或中央政府的事。”①

马克思说，从非洲的撒哈拉穿过阿拉伯、波斯、印度和鞑靼区，直到亚洲高原最高地区这一广阔的荒漠地带，使利用运河和水利工程进行灌溉成为东方农业的基础。无论在埃及和印度，还是东方其他国家，都是利用泛滥来施肥，河中涨水则利用来灌溉。节省和共同用水是基本的要求。这种要求在西方，例如在佛兰德尔和意大利，曾使现代企业家结成自愿的联合，但是在古代的东方，由于处于刚脱离野蛮时期的文明初期，以及幅员太大，不能产生自愿的联合，就要有集中统治的政府来干预，这些国家的政府就多了一个举办公共工程的职能。这种用人工方法提高土壤肥沃程度的制度，是依靠于中央政府的。马克思以印度为例说：这两种情况，即一方面，印度人民像东方各国人民一样，把作为他们农业和商业的基本条件的大规模公共工程交给中央政府去主持；另一方面，印度人民散处全国各地，因有农业和手工业相互间的宗法性的联系而聚集于各个细小中心地点，这使印度从最古的时候起，就产生了一种特殊的社会制度，即农村公社制度，它使每一个这样的细小团体具有独立的性质，并使其陷于孤独存在的地位。这是马克思在 19 世纪 50 年代初期对印度农村公社产生原因的说明。从上述我们已看到，其实这只是包括印度在内的东方公社不易解体，而不是产生的原因。因为晚年的马克思对作为普遍规律的公社产生有新的解释，即认为东方和西方同样存在农村公社。

王亚南对中国农村公社长期存在之原因的解释，是对马克思有关理论的深化。他说：“中国古代文明发迹在黄河流域的黄土沙漠地带，传说尧有 9 年的水患，汤有 7 年的旱灾，大禹治水定贡，以及商代时常为避水旱灾难而不常宁、不常厥居而迁都移民。”这固然说明这使公社不易解体，但他认为，同样是这些自然条件，更要引起统一集中力量来夺取或保障较优良的猎场、牧场、耕地，这是专制君主产生即农村公社不解体的重要原因。所谓“逐水草而居”“狄人之所欲者吾土地也”②，都说明这一点。

① 《马克思恩格斯〈资本论〉通信集》，人民出版社 1976 年版，第 82 页。

② 王亚南：《中国地主经济封建制度论纲》，华东人民出版社 1954 年版，第 46 页。

(五)私有制的发展及其形式,公有因素的存亡对私有制形式的影响

前面说明,农村公社在西欧大体上是消灭了的,在非西欧则基本上是保留的。这样就产生了它的存亡决定人类进入私有制社会,亦即文明社会或第一个阶级社会,应该有不同的路径,这一社会应该有不同的形式的问题。

第一个阶级社会是奴隶社会。社会形态的区别在于劳动力和生产资料相结合的方式不同。过去在讨论奴隶社会形态时,特别是在讨论由马克思提出的亚细亚生产方式的含义是什么时,产生各种看法,长期不能解决。其实,对这个问题,恩格斯在1887年即67岁时,为其在24岁写的《英国工人阶级的状况》的美国版的"序言"中,就说得很清楚了:"在亚细亚古代和古典古代,阶级压迫的主要形式是奴隶制,即与其说是群众被剥夺了土地,不如说他们的人身被占有。"①奴隶制有两种形态,亚细亚生产方式是其中的一种,应该是很清楚了。

这里要指出的是:奴隶的主要来源,不是来自让奴隶成立家庭所繁衍的后代,而是来自用强制力量得到的成年劳动者。认识这一点十分重要。

恩格斯指出,产生阶级的一条道路是:农村公社的管理公共事务的职能演变为政治统治的职能,社会的公仆逐步变为社会的主人。这些公共事务不仅是一个公社内部的,而且包括处理公社之间的争端和冲突。由公仆变成的主人包括东方的总督或暴君,希腊氏族的首领,克特尔人的族长等。冲突和战争中的俘虏就成为这些主人的奴隶。

产生阶级的另一条道路是:随着剩余生产物的出现,就有可能吸收一个或几个外面的劳动力到家族里来,战争提供了这种劳动力。奴隶制就这样出现了。这种情况,在旧的土地公有制已经崩溃,或者旧土地共同耕作制已经让位给各个家族的小块土地耕作制的地方,就尤为常见。这在东方古代社会是很明显的,即战败的整个公社成为集体奴隶。

由于这样,恩格斯就认为奴隶社会有两种形式:希腊、罗马的劳动奴隶制,东方社会的家庭奴隶制,即不易解体的农村公社在冲突中,战败的公社

① 《马克思恩格斯全集》(第二十一卷),人民出版社1965年版,第387页。

“成建制”地成为奴隶：这就是亚细亚生产方式。

从上述不难看出，亚细亚生产方式的基础——农村公社在私有制社会里仍大量存在，必然伴随着专制主义的统治；换言之，专制主义是亚细亚生产方式的政治上层建筑。这是因为，农村公社之所以在东方私有制的社会中仍然大量保存下来，不易解体，是由于东方自然条件的恶劣（需要治水和灌溉），需要一个首领统率公社成员，统一行动，去与恶劣的自然条件作斗争。这些首领原来只是公社的公职人员，代表公社执行公共事务的职能，也就是没有政治职能的权威。这从我国传说的大禹治水，就可以理解。恩格斯指出：“政治统治到处都是以执行某种社会职能为基础，而且政治统治只有在它执行了它的这种社会职能时才能维持下去。”①由于这样，进入奴隶制阶级社会后，东方社会的专制主义的存在，就是必然的了。它甚至表现为：个人的财产“是间接的财产，因为这种财产，是由作为这许多共同体之父的专制君主所体现的统一总体，通过这些单个公社而赐予他的。”②这就是：普天之下，莫非王土。

专制主义的长期影响，是中国封建社会与西欧封建社会相比，中央集权专制制度的产生早得多、历时长得多的原因，也是东方产生资本主义和建设社会主义的障碍。

（六）西欧和中国封建制度的各自特点：领主经济和地主经济

封建社会经济从一个社会看，可以分为领主经济和地主经济两个阶段：从不同的社会看，可以有以领土经济阶段为主，和以地主经济阶段为主之分。王亚南认为西欧的封建社会是以领主经济阶段为主，中国的封建社会则以地主经济阶段为主。

封建社会的劳动者和奴隶的不同在于：后者要用别人的生产资料来劳动，并且不是独立的；前者不是这样。既然封建制度的劳动者是独立的，而又要提供劳动地租，就“必须有人身的依附关系，必须有不管什么程度的人身不自由和人身作为土地的附属物对土地的依附，必须有真正的依附农制

① 恩格斯：《反杜林论》，人民出版社 1971 年版，第 176—177 页。

② 《马克思恩格斯全集》（第四十六卷上册），人民出版社 1979 年版，第 473 页。

度"[①]。这样的结合方式就表现为农奴制的封建社会。马克思说:"徭役劳动是同实物地租和其他农奴制义务结合在一起的,但徭役劳动是交纳给统治阶级的最主要的贡赋。凡是存在这种情形的地方,徭役劳动很少是由农奴制产生的,相反农奴制倒多半是由徭役劳动产生的。"[②]根据这些论述,我们就可以看出,奴隶这种完全没有人身自由和生产资料的劳动者,随着生产力的发展,并且为了发展生产力,就逐步获得不完全的人身自由和部分的生产资料,在这过程中奴隶就演变为农奴;他的对立面就是领主,这样的制度就是封建主义的农奴制或领主经济封建制度。这就说明:罗马奴隶社会后期的奴隶固然会逐渐获得部分人身自由,从而成为附着于土地的农奴;而上述在农村公社里的集体奴隶,本来就在公社里因而不能离开土地,这样,随着外部关系的变化,即奴隶主被领主所取代,这些集体的奴隶也就随之演变为集体的农奴,这就产生了另一种形式的领主经济封建制度。

封建社会经济的发展可以分为两个阶段,就是领主经济阶段和地主经济阶段。这从西欧资本主义如何从封建制度中产生,应该是看得清楚的。马克思说:"资本主义社会的经济结构是从封建社会的经济结构中产生的。后者的解体使前者的要素得到解放。"[③]资本主义社会的经济要素就是生产资料和劳动力都成为买卖的对象,即成为商品。很显然,在领主经济条件下,由于农奴要附着于土地,就不能出卖自己的劳动力;获得土地要凭特权,而农奴对于其份地则有使用权。这就使资本主义不可能产生。因此,以农奴不能离地和土地不能买卖为特征的领主经济必须解体,资本主义才能产生。而生产力的发展,引起领主经济的矛盾发展,促使它用以剥削农奴的地租形式发生变化,随着这种变化,必然动摇领主经济的基础,亦即农奴获得人身自由,土地也能买卖。

城市经济的发展,也要求领主经济解体。封建制度下的城市,是作为商品交换的中心,并随着商品交换大发展而形成和发展的。这里主要是手工业和商业。从业者本来也是农奴,是从领主庄园那里逃出来的。因为西欧

① 《马克思恩格斯全集》(第二十五卷),人民出版社 1974 年版,第 891 页。
② 《马克思恩格斯全集》(第二十三卷),人民出版社 1972 年版,第 265 页。
③ 同上书,第 783 页。

领主各有其领地，农奴只要逃到另一领地，原来的领主就管不着他。此外，当时的惯例是：农奴逃到城市一年零一天后，便获得自由，这就是俗语所说的“城市的空气使人自由”。这些从业者经营的是商品，存在着竞争。当时市场较为狭小，他们因而害怕竞争，因为这必然有失败者，于是就分别组成行会即基尔特，其目的在于对外保护作为一个团体的行会的利益，对内限制同业者之间的竞争，以此来保护每一个成员的利益。例如，手工业者按不同行业组成的行会，限制入会人数，规定每一店东雇用的帮工和学徒的人数、学徒成为帮工的年限、劳动日长度、买卖价格、生产数量、产品质量，等等。在这里，我们看到数量对质量的限制：这种数量的规定使参加行会的商品生产不能发展为资本主义的商品生产，使店东不能变成资本家。但是这种束缚商品生产发展的规定，必然被商品生产发展所冲破。首先是有些从业者跑到行会管不到的城郊或城外从事经营。最后行会制度也废除了。

从上述可以看到，西欧领主经济动摇，即土地变为可以买卖、农奴变为可以离开土地，也就是地主经济产生之时，资本主义经济因素就开始产生。但是，资本主义从自发地产生到大体上取代封建经济是一个非常漫长的过程。即使新兴的资产者最终运用了政治力量以加速这一过程，资本主义制度的最终确立，至少也历时 300—400 年。

我要指出的是：由于在西欧资本主义的产生和封建主义地主经济阶段的开始，是重叠的，再加上封建这个词也就是采邑，总之，它意味着土地不能买卖，由于这样，西方的经济学家和历史学家，就认为这一阶段的社会性质不是封建主义，而是资本主义，也就是说，资本主义的产生将地主经济的存在掩盖了，也将某些学者的眼睛遮住了。由于这缘故，西方学者总认为，地理大发现时的东方如中国和印度等国，其土地是可以买卖的，就不是封建制度（当然也不是资本主义制度）。

中国由封建的领主经济阶段进入地主经济阶段，在我看来是很清楚的。王亚南认为，相对于西欧来说，中国进入地主经济阶段不是由于商品生产的发展，而主要是由于生产力的发展要求突破束缚其发展的大量存在的农村公社，即井田制。问题是清楚的：还束缚在井田制中的集体农奴，每家耕种的土地面积是受限制的，相传是百亩，随着人口的增加和劳动生产力的提高，就必然要求耕种更多的土地。这就表现为农奴开垦荒地，尤其是在公社之外开垦。随着这种情况的发展,原来剥削剩余劳动是八家合耕公田这种形式,就必然发生变化,即改为按实耕面积征收相结合的地租和赋税。这就是史书上所说的:履亩而税和鲁宣公十五年(公元前 574 年)初税亩,这是一方面;另一方面,随着这种据以征收相统一的地租和赋税的土地面积的变化,各级领主即诸侯卿大夫,其分别占有的实际耕地,即实际所得到的合而为一的租税,就慢慢地变得和其身份应占有的不相等,亦即封建的等级制的这一面,由于农村公社的突破而开始动摇。这是经济原因使其动摇的。经济的要求变为政治上的要求,这就是大小诸侯争地以战、争城以战,相互兼并土地,以致最后完全动摇了与占有相应的土地面积相联系的封建等级制,这在中国历史上就是战国时期。

在这种经济和政治条件下,能够适应形势,以纲领的形式,运用政治力量改变原有的经济条件,以促进经济的发展,其中做得最好的是秦国,这就是著名的商鞅变法。王亚南认为,秦统一天下后确立的新体制包含两方面:一是废井田封建,开阡陌封疆,这是在突破井田制的基础上变领主经济为地主经济在经济体制上的反映;二是废封建,置郡县,变贵族政治为官僚政治,这是变领主经济为地主经济在政治体制上的反映。这样,中国就从封建主义的领主经济阶段进入地主经济阶段。

(七)不同的封建经济对资本主义产生的不同作用

资本主义的产生与自然条件有关。它们是:一定高度的农业劳动生产率是剩余价值产生的基础,因为如果生产食物的农业,其劳动生产率是如此的低下,以致劳动者的全部劳动只构成必要劳动,当然就不可能有资本主义生产。从这一点看,太贫瘠的自然条件是不利于资本主义经济的产生的;但也不能反过来说,自然条件越是优良的地方,就越容易产生资本主义。不是的。在这样的地方,人们容易依赖自然,不去利用自然力,以发展生产力,而资本主义是要利用乃至征服自然力的。此外,商品生产的水平太低,不利于资本主义的产生,这个道理自明,不用多说。正是这样,马克思说:资本的祖国不是草木繁茂的热带,而是温带:“不是土壤的绝对肥力,而是它的差异性和它的自然产品的多样性,形成社会分工的自然基础,并且通过人所处的自然环境的变化,促使他们自己的需要、能力、劳动资料和劳动方式趋于多样化。社会地控制自然力以便经济地加以利用，用人力兴建大规模的工程以便占有或驯服自然力——这种必要性在产业史上起着最有决定性的作用。”①这就是说，资本主义先在西欧产生是很自然的。因为处于地中海沿岸而又不存在亚细亚生产方式的基础——农村公社——的国家，最具备这些条件；最重要的是其商品经济，在当时是最发达的。但是，我们的分析不能停留在这里，我们要在这基础上，具体地通过对两种封建经济的分析，说明其对资本主义产生的不同作用。

封建社会的最重要经济规律是地租规律。地主经济的地租规律和领主经济的地租规律的表现形式不同。后者就是前面说过的耕种公田的劳役地租，它在时间和空间上都和农奴耕种私田的劳动分开。前者不是这样。它不论表现为实物还是货币，其实质都是根据土地价格再按高利贷资本的利息率计算的利息，也就是将购买土地的货币看成是资本，地租就是这资本按高利贷资本利率收取的利息。从领主经济转为地主经济时发生的土地买卖、从而历史上第一次产生的土地价格（其实质是土地私有权的资本化），是将领主经济下的地租额折算为货币额，再除以高利贷的利息率计算出来的。这个作为始因的地租亦即调节地价的地租，是领主经济性质的。土地一经买卖，作为结果的那种地租，亦即地主经济下的地租，就是这地价按照高利贷资本利息率收取的利息了。我们知道，高利贷的利息率可以高到侵蚀借款人的必要生活费用的程度。因此，地主封建制的地租往往侵蚀农民的必要劳动，使他们不得温饱。何况还有赋税的负担。因此，中国的农民有时连简单再生产都难以维持。

中国封建地主经济制度早就产生了城镇和都市。这是因为，地主和领主不同，他不需要住在农民（农村）的周围以便监督其劳动。官僚政治的统治和流通经济的中心是都市。城市的生活水平比农村高。因此，地主、官僚、商人、高利贷者及其仆役就居住在政治性和消费性的城镇。他们都是非农业劳动者，其数量客观上要受农业劳动者，也就是农民能提供多少食物来决定，亦即由农业的劳动生产率除了满足农民的需要外能有多少剩余生产物来决定。在农业劳动生产率不高的条件下，城镇的众多人口及其高消费

---

① 《马克思恩格斯全集》（第二十三卷），人民出版社 1972 年版，第 561 页。

要以农民的低消费，甚至不得温饱为条件。

王亚南认为：地主经济下的农民有人身自由、能离开土地，这是产生资本主义经济的一个条件。但是，中国虽比西欧早进入地主经济阶段，却比西欧晚产生资本主义经济。其中重要的原因在于：由高利贷的利息率调节的商业利润和地租，都比办产业得到的利润高些；而中国的城市又是消费性和政治性的，没有经济力量由自己提供较低的资本主义的利息率，并进一步借以压低封建主义的利息率。

中国地主经济的政治上层建筑，也使资本主义经济难产生。

第一，在此条件下，地租和赋税分开，农民受经济的和政治的双重封建主义剥削，特别贫困，市场狭小。

第二，中央集权专制政府为财政目的而设立的专营事业，将最有利的经济事业收归国家经营，或不如说由官僚经营。

第三，作为中央集权专制政府的杠杆的科举制度，能巩固地主经济封建制度，因为它可以将被统治者中的优秀人物，拉到统治者方面来，并且搅乱封建社会的阶级关系，从而延长封建社会的寿命。由于地主、商人和高利贷者本人或其子弟，通过科举考试便可为官，因此，在中国就出现一个为西欧各国所无的四位一体的公式：地主——商人——高利贷者——官僚，他们是你中有我，我中有你的通家，这就使地主经济制度下爆发的农民战争，必然将商人和高利贷者这些未来的资产者，和地主与官僚一起列为打击对象，并在斗争中将积累起来的商业资本和高利贷资本这些未来的资本分光。这当然不利于资本主义的产生。这和法国大革命是一鲜明的对比：法国大革命是第三等级的平民，包括农民、资产者和无产者起来反对第一等级僧侣和第二等级贵族，这有利于资本主义的产生。

（八）资本主义社会更能控制自然条件

资本主义社会之间的共同性，比过去任何社会形态都大些，这是凭感官都能解决的问题，这里就不必谈了。至于一些由于上述原因不能正常发展为资本主义社会的地区，则成为资本主义国家的殖民地。它和前资本主义的殖民地不同在于：不是用于移民垦殖，如像古希腊的移民殖民地那样，资本主义的移民殖民地，如北美、大洋洲等，已较快地发展为资本主义社会；也不是用于榨取贡品，如像古罗马的殖民地那样；而是用作销售市场、原料供应地、资本输出地。其典型为：农业生产是资本主义其表、奴隶制其里的种植园，工业生产则是以手工劳动为主的工场手工业……总之，同正常的资本主义生产有质的区别。

第二次世界大战后，东方的原殖民地国家绝大多数已获得独立，恢复对外主权，妨碍发展的外因已经消除，但是由于其中的民族独立国家的统治阶级是有产阶级，对于妨碍发展的内因即前资本主义经济关系，以及亚细亚生产方式的上层建筑即专制主义，则大多不能正确对待。因此，不能发展为正常的发达资本主义国家。

我坚信资本主义必然被共产主义代替。马克思曾设想落后国家如俄国可以跨越资本主义阶段而向共产主义发展，因为它有大量农村公社的残余和共同劳动的习惯，这样在西欧各国同时革命和俄国革命相互影响下，俄国就有可能从西欧市场上取得技术援助，其农村公社的共有因素和共同劳动就可以发展为共产主义。上述革命形式并没有出现。但是，苏联和东欧也是跨越发展的。它们成功了吗？没有。原因何在？我认为最重要的是：马克思没有提出跨越发展的必须政治条件：政治民主。因为正是根据他自己的分析，亚细亚生产方式的政治上层建筑是专制主义。苏联此病不除，冤案遍于国中，比贫困更威胁人民的生命。人民不拥护它，结果就……

我坚信未来的高级社会形态，将是农村公社的高级形态，即共有和私有并存的高级形态，其共同性将更大。这就是我国传统思想所憧憬的世界大同吧！但这是未来的事情……

附录二内容略，详见本卷第二部分附录六。

译 名 表

阿尔弗雷德·索维	Alfred Sauvy
阿尔文·托夫勒	Alvin Toffler
阿吉里·伊曼纽尔	Arghiyi Emmanuel
阿·莫罗佐夫	Aleksandr Morozov
阿希尔·洛里亚	Achille Loria
爱德华·吉本·韦克菲尔德	Edward Gibbon Wakefield
保罗·巴兰	Paul Baran
保罗·贝罗赫	Paul Bairoch
保罗·萨缪尔森	Paul Samuelson
保罗·斯威齐	Paul Sweezy
贝尔纳德·孟德维尔	Bernard Mandeville
本杰明·迪斯雷利	Benjamin Disraeli
比尔·海伍德	Bill Haywood
彼得·阿尔卡季耶维奇·斯托雷平	Pyotr Arkadyevich Stolypin
俾斯麦	Otto von Bismarck
勃鲁诺·希尔德布兰德	Bruno Hildebrand
布阿吉尔贝尔	Boisguilbert
查尔斯·梅特加夫	Sir Charles Metcalfe, Bt
大卫·李嘉图	David Ricardo
狄奥多罗斯	Diodorus
厄尔·拉塞尔·白劳德	Earl Russell Browder
弗拉基米尔·伊里奇·列宁	Vladimir Ilyich Ulyanov, Lenin
弗朗斯瓦·魁奈	Francois Quesnay
弗里德里希·恩格斯	Friedrich Engels
弗里德里希·李斯特	Friedrich List

伽马	Gama
戈登·柴尔德	Vere Gordon Childe
格雷欣	Gresham
哈克斯特豪森	Haxthausen
哈里·马格多夫	Harry Magdoff
哈罗德·拉斯基	Harold Joseph Laski
赫伯特·乔治·威尔斯	Herbert George Wells
亨利·查尔斯·凯里	Henry Charles Carey
亨利·乔治	Henry George
霍兰	Holland
卡尔·海因里希·马克思	Karl Heinrich Marx
卡尔·考茨基	Karl Kautsky
卡尔·蒲雪	Karl Knies
恺撒	Caesar
柯瓦列夫斯基	Kovalevsky
克里斯托弗·哥伦布	Cristoforo Colombo
莱姆斯	Reimes
劳尔·普雷维什	Raul Prebisch
理查德·坎蒂隆	Richard Cantillon
鲁道夫·希法亭	Rudolf Hilferding
路易斯·亨利·摩尔根	Lewis Henry Morgan
罗伯特·欧文	Robert Owen
罗纳德·林德利·米克	Ronald Lindley Meek
罗纳德·米克	Ronald Meek
罗莎·卢森堡	Rosa Luxemburg
马尔科姆·卡尔德	Malcolm Caldwell
马尔克·威尔克斯	Mark Wilkes
麦哲伦	Magellan
梅特加夫	Metcalf
莫里斯·赫伯特·多布	Maurice Herbert Dobb
莫里斯·希尔奎特	Morris Hillquit
纳萨涅尔·福斯特	Nathaniel Forster
纳索·威廉·西尼尔	Nassau William Senior

尼古拉·伊万诺维奇·布哈林	Nikolai Ivanovich Bukharin
皮埃罗·斯拉法	Piero Sraffa
乔治·瓦特	Sir George Watt
让-巴蒂斯特·科尔贝	Jean-Baptiste Colbert
让·巴蒂斯特·萨伊	Jean-Baptiste Say
让·博丹	Jean Bodin
让·夏尔·莱昂纳尔·德·西斯蒙第	Jean Charles Léonard de Sismondi
萨拉夫	Saraf
萨米尔·阿明	Samir Amin
塞缪尔·冈珀斯	Samuel Gompers
塔西佗	Tacitus
托马斯·罗伯特·马尔萨斯	Thomas Robert Malthus
托马斯·莫尔	Thomas More
托马斯·斯坦弗德·莱佛尔斯	Thomas Stanford Raffles
威廉·阿瑟·刘易斯	William Arthur Lewis
威廉·莱姆斯	Wilhelm Reimes
韦纳·桑巴特	Werner Sombart
维利·勃兰特	Willy Brandt
沃尔特·罗斯托	Walter Rostow
沃兹涅辛斯基	Voznesensky
雅各布·范德林特	Jacob Vanderlint
亚当·斯密	AdamSmith
伊曼纽尔·沃勒斯坦	Immanuel Wallerstein
尤金·德布斯	Eugene Debs
约翰·阿特金森·霍布森	John Atkinson Hobson
约翰·斯图亚特·穆勒(小穆勒)	John Stuart Mill
约瑟夫·马西	Joseph Massie
约瑟夫·维萨里奥诺维奇·斯大林	Joseph Vissarionovich Stalin
约瑟夫·魏德曼	Joseph Weydemeyer
约瑟夫·熊彼特	Joseph Chumpeter
詹姆斯·斯图亚特	James Steuart
E. S. 瓦尔加	Eugen Samuilovich Varga